HISTOIRE GÉNÉRALE

DE LA SOCIÉTÉ

DES

MISSIONS-ÉTRANGÈRES

PAR

Adrien LAUNAY

DE LA MÊME SOCIÉTÉ

TOME TROISIÈME

PARIS
TEQUI, LIBRAIRE-ÉDITEUR

HISTOIRE GÉNÉRALE DE LA SOCIÉTÉ
DES
MISSIONS-ÉTRANGÈRES

DÉCLARATION DE L'AUTEUR

*Nous protestons de notre pleine et entière soumission aux lois du Saint-Siège et particulièrement au décret d'Urbain VIII. S'il nous arrive dans l'*Histoire Générale de la Société des Missions-Étrangères, *d'employer certaines expressions comme celles de Saint, de Bienheureux, de Martyr, nous déclarons simplement suivre l'impulsion de notre cœur, sans vouloir prévenir les jugements de l'Église.*

HISTOIRE GÉNÉRALE

DE LA SOCIÉTÉ

DES

MISSIONS-ÉTRANGÈRES

PAR

Adrien LAUNAY

DE LA MÊME SOCIÉTÉ

TOME TROISIÈME

PARIS
TÉQUI, LIBRAIRE-ÉDITEUR
33, RUE DU CHERCHE-MIDI, 33
1894

CHAPITRE I

1836-1838

I. La Société des Missions-Étrangères dans les Indes. — Le protestantisme. — Le patronage portugais. — Bulle *Multa prœclarè*. — Le schisme de Goa. — Le Maduré donné aux Jésuites. — II. Visite pastorale de Mgr Bonnand. — État du Vicariat apostolique de Pondichéry. — III. Persécutions en Annam. — Leurs causes. — Leurs avantages et leurs inconvénients. — IV. Vie des missionnaires. — Mgr Havard, Vicaire apostolique du Tonkin. — Projet de M. Borie. — Arrestation et martyre de M. Cornay. — Martyre de prêtres et de catéchistes tonkinois. — Lettre de M. Retord au P. Khoan. — V. Souffrances de M. Jaccard. — Son martyre. — VI. Arrestation de M. Borie. — Son martyre. — La salle des Martyrs. — VII. La Société des Missions-Étrangères en Chine. — Mort de M. Escodeca et de Mgr Fontana. — Statistique de 1836 à 1838.

I

Parler dans les prétoires pour soutenir la foi catholique, souffrir dans les cachots pour la glorifier, mourir pour la conserver et témoigner de sa vérité est une des plus belles destinées auxquelles puisse être appelée une Société apostolique. Mais ces enseignements, ces souffrances, ces martyres ne sont que des moyens pour conquérir des âmes : lorsque le champ de bataille est différent et que l'ennemi se transforme, les moyens changent.

Dans les immenses contrées qu'elle évangélise, depuis le Palar jusqu'à la mer du Japon, la Société des Missions-Étrangères ne rencontre pas que les mandarins chinois ou annamites, les douaniers coréens, les fièvres des forêts laotiennes ou des îles Nicobar; elle trouve devant elle, ou plutôt devant la croix qu'elle porte, des chrétiens, fils renégats ou insoumis de la sainte Église. Elle doit lutter contre eux, afin de défendre la foi chancelante des catholiques, d'attirer les âmes encore païennes et de soutenir les droits méconnus du Pontife romain.

Pour qui regarde seulement l'extérieur des choses, l'action est moins glorieuse et la victoire moins éclatante; mais à qui sait que la gloire et la victoire relèvent de Dieu, il ne peut échapper que de tels efforts sont également utiles, également méritoires et éminemment grands.

C'est aux Indes que la Société a ce champ de bataille si différent de celui de la Chine ou de l'Annam, et les principaux ennemis qu'elle y rencontre sont, avec le paganisme indou, le protestantisme et le patronage du Portugal. Examinons d'abord la propagande protestante dans le sud de l'Inde.

Le protestantisme n'avait pas attendu la conquête anglaise pour envahir ce pays. Les Hollandais vouèrent au catholicisme une guerre à mort, et partout où ils passèrent au XVIIe et au XVIIIe siècle, ils firent plus de martyrs que d'adeptes.

En 1706, les luthériens, envoyés par Frédéric IV de Danemark, parurent à Tranquebar, et l'un d'eux, Christian-Frédéric Swartz mort en 1798, fonda à Tanjore une église florissante; à la fin du XVIIIe siècle et au commencement du XIXe, les ministres affluèrent dans l'Inde: les Américains vinrent les premiers; les Unitaires les suivirent en 1810; la Société de Londres en 1812; les Wesleyens en 1820; la Société pour la Propagation de l'Évangile en 1826; la Société des Missions de l'Église en 1830; en 1836, la Société des Missions de l'Inde se fonda.

Tout d'abord, les ministres protestants eurent le prestige de leur nationalité, puisqu'ils appartenaient et appartiennent très souvent à la nation maîtresse de l'Inde et que leur religion est celle des hommes qui sont à la tête du gouvernement. Leur richesse accrut encore leur prestige.

Dès le début, en effet, leurs ressources furent considérables ; la Société biblique de Londres, qui fut fondée le 2 mai 1804, avait, dès 1826, établi en Angleterre 629 Sociétés auxiliaires travaillant sous sa direction et recueillant chaque année près de 2,000,000 de francs. Ces secours ont rapidement et notablement augmenté, puisque deux seules sociétés protestantes, il est vrai, les plus importantes et les plus actives du sud de l'Inde, recevaient de leurs associés en 1883, 7,205,928 francs. Cet argent fut premièrement employé à la traduction, à la publication et à la distribution de la Bible. Dans son compte rendu de 1874, la Société biblique de Londres accusait 68,477,031 exemplaires de la Bible distribués pendant les 69 ans de son existence

Cette diffusion des Saintes Écritures parmi les païens et parmi les Orientaux étrangers aux idées chrétiennes, aux mœurs judaïques, et fermés dans leurs usages, qui leur semblent sacrés et inviolables, n'est pas sans de graves dangers.

M. Dubois, qui connaissait parfaitement les Indiens et les Bibles plus ou moins bien traduites par les protestants, a exposé ces inconvénients qui peuvent se résumer à deux : « Un grand nombre de récits de la Bible choquent les préjugés des Indiens, les traductions sont le plus souvent fautives, d'un style négligé qui attire le mépris sur le livre lui-même. La lecture éloigne donc le païen du christianisme plus qu'elle ne l'en approche, elle devrait être précédée d'une instruction chrétienne assez complète et accompagnée de commentaires variés. »

A ce premier moyen s'en ajoutèrent naturellement d'autres : la construction de temples, l'établissement de collèges et d'écoles, la fondation d'hôpitaux et d'orphelinats, le recrutement de nombreux ministres indigènes, catéchistes, maîtres et maîtresses d'école. Dans cette énumération des moyens qui aident l'action du protestantisme, nous ne pouvons oublier la facilité avec laquelle les ministres acceptent comme adeptes ceux qui se présentent à eux.

Le missionnaire catholique veut que le converti croie tous les enseignements de l'Église et pratique tous ses préceptes, il ne connaît qu'une catégorie de néophytes. Le ministre hérétique a plus de latitude pour grossir le nombre des adhérents à sa doctrine, car les sectes de la religion réformée ont chacune leur Credo, quand elles n'en ont pas plusieurs.

Divisés sur ce qu'ils veulent édifier, les protestants sont réunis sur ce qu'ils veulent détruire : le catholicisme. Leur propagande seule jette le doute dans l'âme des païens et leur inspire l'argument suivant, contre lequel les missionnaires se sont trouvés, bien souvent, impuissants et désarmés :

« Vous, missionnaires catholiques, vous nous dites que la vérité est de votre côté, et que vos antagonistes, les missionnaires protestants, sont dans l'erreur : ces derniers, venus longtemps après vous, nous disent le contraire.

« Vous adorez le même Dieu, et vous ne pouvez vous accorder ensemble; vous catholiques, vous nous tirez d'un côté; vous protestants, vous nous tirez de l'autre. Dans cette position, quel parti voulez-vous que nous prenions, nous, pauvres ignorants, qui ne connaissons rien ou presque rien au sujet de vos disputes? Commencez donc par vous accorder entre vous, et vous viendrez ensuite nous prêcher vos dogmes. »

Le fait de l'enseignement positif ne suffit donc pas aux protestants; ils s'acharnent à décrier le catholicisme, les missionnaires et leurs fidèles. Eux, qui enseignent ailleurs que le salut est assuré à tout homme baptisé, éloignent de l'Église romaine, non seulement leurs adeptes, mais même les païens qu'ils ne peuvent amener à leurs croyances. Souvent incapables d'opérer des conversions, ils veulent encore empêcher les apôtres de Jésus-Christ d'en obtenir. Tel fut l'obstacle qui se dressa sur la route de Mgr Brigot, de Mgr Hébert, de Mgr Bonnand, de leurs collaborateurs, et qui existe encore aujourd'hui, plus grand à cause de l'accroissement des ressources et de l'augmentation du nombre des ministres de l'erreur.

Le patronage portugais, dont nous avons déjà parlé longuement, créa également de notables difficultés à l'action de la Société des Missions-Étrangères et de ses prêtres dans les Indes; les premiers Vicaires apostoliques avaient eu à combattre ses excès, les missionnaires à subir ses emportements et ses haines, les procureurs de Macao ses colères et ses ambitions. Peu à peu il se calma dans certaines contrées, à Siam, en Cochinchine, au Tonkin, mais il releva la tête aux Indes.

Malgré des décrets solennels émanés du Souverain Pontife et de la Propagande, les évêques portugais ou leurs représentants persistent à affirmer leur droit d'exercer la juridiction dans les pays confiés aux Vicaires apostoliques, lors même que ces pays ne sont pas compris dans les domaines de la couronne de Portugal et que le roi Très Fidèle ne les entoure plus de sa protection active et efficace. L'archevêque de Goa, soutenu par le vice-roi de cette ville, croit qu'en sa qualité de primat d'Orient, il peut, à l'instar des patriarches de Constantinople, « faire la loi à tout le monde, sans se soumettre au contrôle de personne[1] ».

---

1. Bussière, *Histoire du schisme portugais dans les Indes*, p. 48.

Quoique l'Angleterre soit maîtresse de l'Inde presque entière et que le Portugal n'y soit plus rien ou à peu près, la cour de Lisbonne s'attache à ce qui n'est plus qu'un souvenir, un hochet flattant sa vanité, sans s'inquiéter ni du salut des âmes, ni des ordres de Rome.

L'archevêque de Goa disperse à travers le pays des prêtres, objets de mépris pour les païens et pour les chrétiens. Les Indiens, accoutumés à voir des missionnaires européens, respectant leurs usages, prêchant la religion avec dignité dans les différents idiomes, honorant leur ministère par l'abstinence, la gravité, la continence la plus parfaite, s'étonnent et s'indignent qu'on leur envoie des prêtres ignorants des coutumes, de la langue, grossiers, parfois hélas! livrés sans honte à leurs passions, et pratiquant la simonie, car dans un bon nombre de localités, plusieurs en étaient venus à faire payer les sacrements, à taxer les confessions de chaque mois ou de chaque semaine à un ou deux sous, celles de deux années à une roupie, celles de trois ans à deux roupies, et le baptême à sept sous.

Si nous faisions l'Histoire des missions des Indes, nous citerions des faits et des noms à l'appui ; ces faits et ces noms n'ont pas de place dans l'Histoire de la Société des Missions-Étrangères, et il suffit d'exposer la situation en général, pour faire comprendre les travaux qu'eurent à accomplir les missionnaires et les obstacles qu'ils eurent à vaincre.

Plusieurs fois Mgr Hébert porta ses plaintes aux pieds du Souverain Pontife.

Avant son élévation sur le siège de saint Pierre, Grégoire XVI avait été préfet de la Propagande et savait à fond ce qui se passait dans les Indes; il entreprit de remédier à cette situation.

Par ses ordres, en 1832, le cardinal Pédicini, nouveau préfet de la Propagande, présenta à l'ambassadeur de

Portugal une requête, tendant à obtenir que Sa Majesté Très Fidèle remplît ses obligations envers les évêchés des Indes, ou qu'elle renonçât officiellement et définitivement à l'exercice d'un privilège, qui rendait impossible le gouvernement ecclésiastique.

Il lui faisait observer que la couronne, ne possédant plus que Goa sur ces plages éloignées, devait y nommer un archevêque et que les autres districts, où la force des circonstances l'empêchait d'exercer son patronage, ne pouvaient plus être considérés que comme pays de missions.

La cour de Lisbonne ne répondit pas, et les choses restèrent dans le même état.

Après deux années d'attente, Grégoire XVI se décida à agir : il érigea, du consentement du gouvernement anglais, des Vicariats apostoliques à Calcutta, par un bref du 18 avril, et à Madras le 25 avril 1834.

Cette disposition si juste, si nécessaire au salut des âmes, irrita au plus haut degré le clergé goanais et le gouvernement portugais, et souleva de terribles clameurs.

On opposa aux ordres du Pape des refus formulés en termes audacieux et insolents, en se fondant, suivant la coutume, sur le droit de patronage et sur les anciennes constitutions apostoliques, auxquelles, disait-on, aucun pontife ne pouvait déroger. Les ecclésiastiques de Goa trouvaient qu'il valait mieux laisser périr les âmes que de les voir assistées par des évêques turcs; tel était le nom qu'ils donnaient aux Vicaires apostoliques[1]; le chapitre osa interdire à ses ouailles, sous peine d'anathème, toute espèce de communications et de rapports avec les délégués du Saint-Siège, et il s'adressa aux autorités

---

1. Parce que les sièges épiscopaux des Vicaires apostoliques sont généralement situés en Turquie, *in partibus infidelium*.

anglaises des Indes, en les priant de s'opposer à l'exécution des mesures ordonnées par le Pape.

Grégoire XVI ne tint pas compte de cette résistance. bien plus, il infligea aux opposants un blâme sévère dans une allocution adressée au sacré collège, réuni en consistoire le 1er février 1836.

A la fin de cette même année, il érigea la mission de Pondichéry en Vicariat apostolique.

Jusqu'alors, la Société n'avait eu qu'un supérieur pour ses missions des Indes, qui, à partir de ce moment, furent soumises au même régime que l'Indo-Chine et la Chine. Un décret du 3 juin 1837 confirma ou augmenta la juridiction du nouveau Vicaire apostolique sur le Maduré, le Tanjore, le Marava et le Maïssour.

Enfin, le 24 avril 1838, Grégoire XVI publia la célèbre bulle : *Multa præclarè*, qui détermine les attributions et les pouvoirs des Vicaires apostoliques aux Indes, et déclare révoquées les constitutions de ses prédécesseurs.

Cette bulle, après avoir payé un juste tribut d'éloges aux soins que les Souverains Pontifes ont toujours donnés aux progrès de la religion dans les contrées les plus éloignées de l'Orient, rappelle les privilèges accordés au Portugal, leur but et leurs motifs.

Le Pape relate ensuite les lettres apostoliques, par lesquelles ses prédécesseurs ont décerné aux rois Très Fidèles le patronage des diocèses de Cranganor, de Cochin et de Méliapour ou San-Thomé, puis il ajoute que, pendant qu'il était préfet de la Congrégation de la Propagande, il a pu se convaincre que la religion périclitait dans ces régions ; aussi, dès qu'il s'est vu élevé sur la chaire de saint Pierre, il a porté de ce côté sa sollicitude pastorale, et a pris des mesures pour arrêter les progrès du mal ; c'est pourquoi il a nommé successivement des Vicaires apostoliques à Calcutta, à Madras, à Ceylan et sur la côte de Coromandel.

Mais, considérant que les sièges épiscopaux des Indes sont vacants depuis de longues années, que la foi et les mœurs des peuples de la plupart des diocèses penchent vers leur ruine, que les pasteurs manquent, que le clergé s'est relâché dans la discipline, qu'il résiste aux Vicaires apostoliques et excite les populations au schisme, le Souverain Pontife ordonne, en vertu de la plénitude de sa puissance, que la juridiction des Vicaires apostoliques s'étendra également sur les régions comprises dans les anciens diocèses. — La bulle détermine avec soin les lieux où chacun des Vicaires apostoliques exercera son autorité, elle déclare que ces délégués dépendent uniquement du Saint-Siège, que seuls ils ont des pouvoirs, et qu'il est dérogé aux lettres des anciens Papes, relatives à la création des diocèses de Cranganor, de Cochin et de Méliapour.

Grégoire XVI finit en enjoignant aux récalcitrants de se soumettre et d'obéir, et en répétant que les anciens privilèges des rois de Portugal ne leur ont jamais été accordés que dans l'intérêt de l'Église et pour le salut des âmes; par conséquent, qu'ils doivent cesser, lorsque les besoins de l'Église et des peuples chrétiens l'exigent.

Voici dans ce grave document le texte qui concernait directement la Société des Missions-Étrangères et rappelait la décision dont nous avons parlé plus haut.

« Désirant pourvoir aux nécessités de la religion parmi les peuples fixés dans la partie de la Péninsule qui s'étend à l'orient de la chaîne des Ghâtes, depuis le fleuve Chavery jusqu'au cap Comorin, et comprenant les royaumes de Maduré, de Tanjore, de Marava et de Maïssour, nous les avons soumis, par notre congrégation de Propaganda Fide, le 3 juin 1837, à titre provisoire, aux soins et à la juridiction de notre vénérable frère Clément, évêque de Drusipare, Vicaire apostolique de la côte de Coromandel, jusqu'au temps où le Saint-Siège en décidera autrement. »

L'évêque de Drusipare à qui le Souverain Pontife confiait le Vicariat de la côte de Coromandel était Mgr Clément Bonnand, parti de France en 1824, professeur au séminaire de Pondichéry pendant 18 mois et ensuite missionnaire dans le Condévir et le Palnar. Dans ces deux derniers postes, ses efforts se portèrent tout d'abord sur la visite et l'instruction de ses chrétiens, qui n'avaient pas vu de prêtre depuis quatre ans. Cette première et plus pressante besogne achevée, il tourna son zèle vers les païens. Quand il ne voyait pas de succès immédiats couronner ses travaux, il se consolait par la conscience d'un devoir accompli, par l'espoir d'un avenir meilleur : « J'aurai en cela rempli ma tâche, disait-il, *necessitas mihi incumbit*, du reste, à force de semer, n'y aura-t-il donc aucun grain qui germe tôt ou tard? »

En 1833, Mgr Hébert le choisit pour son coadjuteur. Avant de partir pour recevoir la consécration épiscopale, Bonnand résuma les résultats de ses labeurs, par ces chiffres : baptisé 310 adultes, construit 5 églises, établi 3 écoles. Il prit en main le gouvernement de la mission après la mort de Mgr Hébert, le 3 octobre 1836.

Un de ses premiers soins fut de poursuivre une négociation engagée à Rome par son prédécesseur, pour la cession d'une portion du territoire qui lui était confié.

A la requête de M. Méhay[1], un de ses missionnaires au Maduré, Mgr Hébert avait écrit plusieurs fois au Pape, en exprimant le désir que ce pays fut érigé en Vicariat apostolique, et confié à une Congrégation chargée d'un moins grand nombre de missions que la Société.

---

1. Du diocèse d'Arras, parti en 1832, mort en 1884.

Mgr Bonnand réitéra cette demande avec preuves à l'appui : le Maduré renfermait 118,000 chrétiens et plus de 200 églises, ce qui rendait évidemment l'administration laborieuse ; les protestants y étaient fort nombreux et les affidés de Goa très audacieux. Le Saint-Siège eut égard à cette requête motivée, et confia le Maduré à la Compagnie de Jésus. L'évêque s'empressa de faire part au Cardinal préfet de la Propagande de ses sentiments sur cette décision :

« Nous sommes prêts à recevoir avec la plus grande affection ces dignes successeurs de saint François Xavier, et à les aider de tout notre pouvoir [1]. »

Après l'arrivée de ces religieux, il écrivit de nouveau [2] : « Nous les avons reçus avec grande joie et consolation spirituelle. Ils resteront au moins pendant trois mois à Pondichéry. Nous les regarderons comme des frères chéris, et nous les aiderons de tout notre pouvoir. »

II

Les Jésuites du Maduré firent à Pondichéry leur apprentissage de la vie apostolique ; ils y reçurent des enseignements analogues à ceux que leurs frères avaient donnés à Mgr Brigot et à ses prêtres en 1776.

Sur l'ordre de Mgr Bonnand, M. Méhay les conduisit à Trichinopoly, et les mit au courant d'une mission dans laquelle il avait travaillé pendant sept ans.

Quelque temps après, l'évêque lui-même s'y rendit, afin d'affermir l'autorité des nouveaux ouvriers apostoliques fortement battue en brèche par les Goanais, et, comme il le dit, « de faire comprendre à tous, en se

---

[1]. Arch. M.-É., vol. 996.
[2].   Id.

montrant au nom du Saint-Siège, et en agissant selon les pouvoirs qu'il lui avait donnés, sur un pays dont les neuf dixièmes n'avaient pas vu d'évêque, que Rome venait réellement de faire des changements dans la juridiction. »

Il partit de Pondichéry le 27 mai 1839 et passa d'abord à Tranquebar et à Négatapam, dont les églises étaient occupées par des prêtres schismatiques, appuyés par les agents du gouvernement.

Dans ces deux villes, il se contenta de convertir deux maisons en chapelles et d'administrer les sacrements, puis il se dirigea vers Trichinopoly, la ville principale de la nouvelle mission. Son entrée dans cette cité, son séjour chez les Jésuites, ses enseignements sur l'obéissance au Saint-Siège, retentirent au loin, et causèrent un véritable trouble dans le parti schismatique.

Les Goanais, qui avaient mis à leur tête un prêtre malabare interdit, usèrent de toutes leurs armes pour empêcher la défection de leurs fidèles et paralyser les effets de la présence de l'évêque. Dès le lendemain, leur chef fit parcourir la ville et les environs par ses émissaires et avertir les chrétiens de venir assister à la messe, le dimanche prochain, parce qu'il avait de graves nouvelles à leur communiquer.

Trois ou quatre cents personnes seulement se rendirent à son invitation. Il parla néanmoins avec une vigueur digne d'une meilleure cause, et ne recula devant aucun mensonge. Il déclara qu'un loup s'étant précipité dans la bergerie, il devait les prévenir et ne faillirait pas à son devoir. « L'évêque Bonnand n'a aucune juridiction sur Trichinopoly, dit-il; les prêtres Jésuites venus ici n'en ont pas davantage; aucun catholique ne peut sans faute mortelle assister à leur messe, ni recevoir d'eux les sacrements. D'ailleurs, l'évêque Bonnand est Français, et les Français sont des impies, qui ont renversé les églises, brisé les croix, massacré les religieuses et les prêtres, et fait mourir le Pape dans leurs prisons. »

Enfin, il concluait par le grand argument des Portugais : le Pape a promis aux souverains du Portugal de ne jamais rien faire dans l'Inde sans leur agrément, et la reine Dona Maria n'a pas consenti aux dernières dispositions qu'il a prises. Ces dispositions sont donc nulles.

Ces diatribes ne servirent à rien, et le vide continua de se faire autour du malheureux égaré.

Mgr Bonnand adressa plusieurs pastorales aux fidèles, pour les prémunir contre les fourberies des schismatiques, leur témoigner sa joie de leur conduite, et faire toucher du doigt aux contumaces la nécessité de se soumettre au bref *Multa prœclarè;* il y joignit ensuite une monition d'un caractère plus précis.

De Trichinopoly, il entra dans le Marava. Deux prêtres goanais habitaient cette province, l'un d'eux fit une circulaire contre l'évêque, les missionnaires de Pondichéry et les Jésuites. Il disait entre autres choses que ni l'évêque, ni ses prêtres n'avaient de juridiction; que tous ceux qui allaient à leur messe étaient excommuniés; qu'à leur mort on ne pourrait pas sonner les cloches, ni les enterrer dans le cimetière; que l'évêque de Pondichéry avait eu pendant quelque temps la juridiction, mais que le Saint-Père la lui avait retirée; et que ce changement avait été notifié par un décret envoyé au Vicaire apostolique de Ceylan.

Il pensait sans doute que personne n'irait s'informer de la vérité ou de la fausseté de son assertion, qui aurait ainsi tout l'effet désiré. Mais deux des principaux chrétiens, mis en défiance, écrivirent au Vicaire apostolique de Ceylan, lui envoyèrent une copie de la circulaire et demandèrent une réponse.

Cette réponse arriva et détruisit les calomnies, elle disait en substance : loin d'avoir été frappé par Rome, l'évêque Bonnand est le seul pasteur légitime, tout le pouvoir spirituel est entre ses mains, les prêtres goanais n'en ont aucun, et personne ne peut recourir à leur ministère.

L'évêque continua son voyage, pendant que deux prêtres des Missions-Étrangères, Méhay et Mousset[1], travaillaient d'un autre côté au même labeur. Partout où il passa, il publia la Monition et les Pastorales. Lorsque les villages qu'il traversait n'avaient pas d'église, ou qu'elle était fermée, il publiait la Monition dans les rues. La marche était lente, retardée par de multiples incidents et par les cérémonies, dont les Indiens embellissent toute réception solennelle.

Voici quelques détails racontés par lui-même sur sa manière de voyager et sur les réceptions qu'on lui faisait. Ce récit donnera mieux que toutes les réflexions générales, une idée de la vie des missionnaires dans l'Inde, des coutumes et des mœurs de leurs chrétiens[2] :

« Les voyages ici sont lents et pénibles. On ne marche pour ainsi dire qu'à pas de tortue : six ou huit lieues font une bonne journée. Vous savez de plus que l'Inde n'a pas d'auberges. A chaque marche, il faut, après la halte, se procurer tout ce dont on a besoin pour le repas, qu'on prépare le plus souvent en plein air. On peut compter au moins sur deux ou trois heures d'attente, avant de pouvoir se procurer un ou deux mets, souvent assez mal assaisonnés pour que le goût ne puisse s'y complaire. Ma suite se composait de deux disciples pour le service divin, d'un pion[3] pour le décorum de mon rang et d'un cuisinier pour préparer

---

1. Du diocèse de Poitiers, parti en 1835, mort en 1888.
2. *Les Missions catho. dans l'Inde*, p. 216.
3. Domestique armé.

le repas que je viens de décrire. Je marchais, il est vrai, en palanquin, ce qui était indispensable ; mais je n'avais pas même un secrétaire avec moi, et pour ne pas multiplier les frais de voyage, et pour ne pas priver quelque district d'un missionnaire pendant si longtemps. Lorsque je devais quitter un district, le missionnaire qui le desservait m'accompagnait quand il le pouvait jusqu'au district voisin.

« A mon arrivée dans chaque village, rien de ce qui, d'après l'usage des Indiens, doit y faire une honorable réception n'était négligé. Le tapage le plus bruyant et les mouvements qu'on se donne constituent chez eux la plus belle des solennités. Suivant l'étiquette en pareil cas, il faut planter un mât de pavillon devant l'église, aller au-devant de celui qu'on veut recevoir, accompagné d'une nombreuse musique ; il faut des sabres nus, des fusils, des boîtes ou petits mortiers, de nombreux petits pavillons, attachés à des bambous en forme d'enseignes ; il faut planter de distance en distance de longs bambous, y attacher dans le haut des guirlandes, des feuillages figurant des arcs de triomphe ; étendre des toiles pour tapisseries sur le chemin où doit passer le héros de la fête, le faire marcher bien lentement et avoir soin que d'intrépides trompettes, faisant de comiques contorsions, tirent de leurs instruments, presque à bout portant, des sons si forts et si aigus, que toutes les fibres du cerveau en sont ébranlées. Outre cela, de nombreux tambours ouvrent la marche, et voici comment on en fait usage : Le porteur armé de deux baguettes bat tant qu'il peut son tambour, en faisant des zigzags, pirouettant sur ses talons, s'accroupissant, sautant en l'air et faisant toutes sortes de gambades vraiment originales et curieuses. Je vous donne à penser le charme physique d'une telle réception ; mais l'intention des bonnes gens qui se mettent ainsi en frais, touche assez le cœur, pour qu'on leur en conserve une véritable reconnaissance. »

Les réceptions étaient moins brillantes lorsque les Goanais étaient maîtres de la position.

A la fin du mois d'octobre, le Marava fut le théâtre de graves complications: « Les deux prêtres[1] schismatiques de la côte de la Pêcherie, aidés par le prince des Paravas, chassèrent les Jésuites d'un bon nombre d'églises et se disposèrent à envahir celles de l'intérieur. Un d'eux, appelé par un catéchiste destitué et par un autre chrétien, qui avait été pendant longtemps le bras droit du missionnaire, mais qui avait été mis de côté pour de bonnes raisons, allait pour s'emparer de la principale église ; mais un de nos missionnaires, qui se trouvait à Toutoucourin, le voyant prendre le chemin qui conduisait à cette église, partit quelque temps après lui, le devança pendant la nuit, et y arriva le matin une heure avant lui. Il ferma l'église, s'empara de la clef, et prit possession du presbytère. Le schismatique trouva partout nez de bois, excepté chez le catéchiste expulsé, où il alla se loger. De là, il envoya ses hommes, pour intenter en son nom un procès au missionnaire, qui lui avait fermé la porte. Mais il le perdit; après un mois et demi de délai, il fut obligé de retourner à Toutoucourin. Jusque vers le 20 novembre, nous ne savions trop ce que nous deviendrions. Nous nous attendions chaque jour à être chassés de toutes les églises de cette partie sud; les manœuvres iniques des schismatiques leur réussissaient. Dieu nous a conduits jusqu'aux portes de l'expulsion et nous a ensuite sauvés. »

Quatre jours plus tard, Mgr Bonnand entrait en triomphe au village de Périat-teley, à six lieues au nord du cap Comorin. Un prêtre syriaque s'était emparé de l'église,

---

1. *Les Missions cath. dans l'Inde*, p. 223.

les chrétiens voulurent y pénétrer de force, l'évêque s'opposa à cette démonstration, qui aurait pu le faire accuser d'avoir forcé les portes et pillé le temple; « il attendit que le syriaque partît de lui-même, ce qui eut lieu dix-huit jours plus tard. »

Devant Toutoucourin, le prince des Paravas le fit attendre dix jours; mais il le dédommagea en le recevant presque royalement et en « le faisant arroser d'eau de senteur ainsi que le chemin qu'il parcourait ». L'évêque rentra ensuite à Pondichéry par Maduré et par Dindigul. Sa visite avait duré neuf mois et trois jours; le résultat en fut très grand, et la plupart des catholiques qui avaient tenu pour Goa obéirent aux ordres du Souverain Pontife.

En même temps qu'il travaillait lui-même à ramener les brebis à leur véritable pasteur, Mgr Bonnand avait échelonné les meilleurs de ses prêtres dans les paroisses envahies par les Goanais, et ceux-ci obtinrent pendant les années suivantes les plus beaux succès.

Dans le travail auquel il a consacré ses derniers jours, Mgr Laouënan, archevêque de Pondichéry, a résumé en chiffres éloquents les triomphes remportés quelques années après, par les missionnaires sur le terrain si bien préparé par Mgr Bonnand: « Les chrétiens de la plaine du Cavery, sous l'impulsion de MM. Dépommier[1] et Brisard[2], firent leur soumission au nombre d'environ 30,000; M. Benjamin Goust[3], avec ses collaborateurs, ramena à l'obéissance les 35,000 catholiques des districts de Pratacoudy, Vadougarpatti et autres de la même région; M. Bardouil[4], aidé par le prêtre

---

1. Du diocèse d'Annecy, incorporé à Chambéry, parti en 1845, Vicaire apostolique du Coïmbatour en 1865, mort en 1873.
2. Du diocèse de Nantes, parti en 1847, mort en 1878.
3. Du diocèse de Luçon, parti en 1830, mort en 1863.
4. Du diocèse de Vannes, parti en 1835, mort en 1878.

indigène Maria Xavery Nader, ramenait environ 20,000 chrétiens des districts de Aiampettey, Yerrayour, Viriour, Golanour, etc[1].

De retour à Pondichéry, Mgr Bonnand adressa à M. Tesson[2], procureur des missions de la Société dans l'Inde et directeur du Séminaire des Missions-Étrangères, un rapport sur l'état du Vicariat apostolique de Pondichéry qui comprenait alors dix-huit districts, dont voici les noms : Pondichéry, Tranquebar, Karikal, Nagapatam, Tanjaour, Combaconam, Selam, Coïmbatour, Palacàdou, Nilaguery, Seringapatam, Benguelour, Ponganour, Pirangapouram, Kitchéry, Vellour, Attipakam et Carvepoundy.

Ce rapport est un document extrêmement important pour l'histoire de la Société des Missions-Étrangères dans l'Inde. Il est le premier de ce genre, publié depuis que la Société avait été chargée de la mission de Pondichéry, et par conséquent sert de point de repère pour le passé et pour l'avenir.

Qu'on nous permette d'en donner ici le résumé statistique :

1 évêque Vicaire apostolique, 21 missionnaires européens, 3 prêtres indigènes, 102 catéchistes, 18 districts, 113 églises, 221 chapelles, 1 séminaire, 3 couvents de femmes, 97 écoles, 2 hôpitaux et 114,939 chrétiens.

En comparant les missions de la Société dans les Indes en 1842 et 1892, il n'est personne qui ne soit

---

1. Il ne faut pas oublier que, à cette époque, la mission du Maduré s'étendait, au nord, jusqu'au fleuve Ponnéarou qui se jette dans la mer au nord de Goudelour, et que toutes les chrétientés situées au sud de ce fleuve étaient confiées à des prêtres goanais. En même temps, une disposition particulière étendait l'action de la mission de Pondichéry jusqu'au fleuve Vettu-Vettu, qui se jette dans la mer au sud du territoire de Karikal. Le Maduré proprement dit comprenait donc tout le sud de la presqu'île.

2. Du diocèse de Bayeux, missionnaire à Pondichéry en 1827, mort directeur au Séminaire des Missions-Étrangères en 1876.

frappé des immenses progrès qu'elles ont faits. L'initiateur de ce mouvement fut, au dire de tous, Mgr Bonnand, doué d'une grande hauteur de vues, d'une sagesse et d'une prudence rares, d'une vigueur de caractère qu'il cachait sous une modération persévérante, et qu'au premier abord on était tenté d'accuser d'excessive; mais quand on avait passé quelque temps près de lui, ses qualités se révélaient dans toute leur profondeur; on voyait que s'il hésitait à se prononcer, ce n'était que pour mieux embrasser les questions dans leur ensemble et leurs détails, et les étudier avec plus de maturité; s'il n'imposait pas immédiatement sa volonté par un coup d'autorité, c'est qu'il avait à sa disposition des moyens de persuasion capables d'amener à l'obéissance, sans froisser et sans briser, c'est également, parce qu'il était très respectueux des règlements établis, et ne craignait pas de faire participer ses missionnaires aux décisions qu'il prenait.

En dehors des appréciations données par ses contemporains égaux ou supérieurs, étrangers ou amis, ses travaux suffisent pour manifester sa valeur. Voyant de loin et très juste, il devina l'influence que beaucoup d'œuvres nouvelles allaient acquérir dans les Indes, aussi bien que dans le monde entier. Afin de ne pas être en retard, il marcha le premier et sut allier le progrès à la conservation des traditions. Comme tous les véritables hommes de gouvernement, il sut trouver autour de lui des appuis et les mettre en valeur.

Nous verrons plus tard quels furent ces appuis et ces œuvres; mais en ce moment l'Annam nous réclame: des cris de mort s'y font entendre, unis à la prière des martyrs qui demandent la constance pour leurs néophytes et la foi pour leurs bourreaux.

III

Minh-mang continue sa campagne de persécution contre les missionnaires et contre les chrétiens. Pourquoi ? Il n'est pas sans intérêt de répondre à cette interrogation, et d'exposer non seulement les motifs de la conduite du roi d'Annam, mais, embrassant la question d'une façon plus générale, de rechercher les causes des persécutions en Extrême-Orient.

Dans le coup d'œil rapide que nous avons jeté sur les causes et les obstacles des conversions, nous avons déjà pu entrevoir quelque côté de la question qui nous occupe.

De même qu'il n'y a au sens absolu qu'une cause de conversion, la grâce de Dieu, de même il n'y a qu'une cause de persécution, la haine du démon.

Mais cette cause a des manifestations visibles qu'il est possible de constater, elle se cache sous des raisons humaines qui peuvent, en partie du moins, être analysées.

La première et la plus générale de ces raisons est l'union des pouvoirs civil et religieux, dont nous avons parlé précédemment.

Pour les peuples d'Extrême-Orient en effet, il n'y a pas de religion universelle et qui puisse réunir, dans un acte commun d'adoration, l'humanité tout entière ; chaque pays a son culte de même qu'il a son gouvernement ; le chef du pays, empereur ou roi, est le mandarin du ciel ou son représentant ; par conséquent, il est le chef de la religion. Il a donc, de par la croyance de ses sujets, le droit de commander à l'âme et au corps, à la conscience et à l'intelligence ; tout ce qu'il impose est vrai, tout ce qu'il ordonne est juste. Les empereurs d'Asie ne raisonnent pas sur ce sujet autrement que ne le faisaient autrefois les empereurs de Rome.

Or, si le chrétien obéit au roi comme chef du pays, il ne le regarde plus comme le pontife suprême.

C'est la seule différence entre le païen et le chrétien, dans leurs rapports avec les puissances étables. Le premier est totalement soumis, de corps et d'esprit, à son souverain, le second marque à cette soumission la limite que la loi divine impose.

Avec les adeptes des autres religions, il est des accommodements : le sectateur de Lao-tseu, de Confucius ou de Bouddha peut adorer le ciel à la façon de l'empereur de Chine ou du roi d'Annam ; il peut être bouddhiste et même pratiquer certains rites musulmans ; ce mélange de tous les cultes semble en former un seul qui satisfait l'autorité. Le chrétien est uniquement chrétien. Il n'adore point le ciel à la façon de l'empereur, il ne vénère pas Confucius comme un saint, il n'adore pas Bouddha, il ne passe pas son enfance dans les pagodes comme les sujets du roi de Siam, il ne soumet plus sa conscience à des décisions religieuses dont il reconnaît la fausseté, il sait ce qui est bien et ce qui est mal, il affirme par sa conduite et par ses paroles qu'il a le droit et le devoir de refuser l'obéissance à une loi inique ou à une pratique impie, et traîné devant les tribunaux, il répète la réponse des premiers fidèles : « Mieux vaut obéir à Dieu qu'aux hommes. »

Ces principes et cette conduite du chrétien le font considérer comme un sujet rebelle par les gouvernements païens, qui n'ont pas la connaissance et encore moins l'intelligence des droits absolus de la vérité et de l'universalité de la loi divine.

De cette fausse idée en découle une seconde, qui est également une cause de persécution.

Puisque, se demande le païen, le chrétien n'obéit pas à toutes les volontés et à tous les ordres du roi, à qui obéit-il ?

Evidemment il obéit au prêtre étranger qui lui enseigne semblable doctrine. Et le prêtre étranger, le missionnaire, à qui obéit-il? La réponse ne se fait pas attendre, elle est dictée par la confusion des pouvoirs civils et religieux : il obéit à son gouvernement.

Aussitôt le païen conclut : donc le missionnaire est un agent politique, un fauteur de révoltes et ce qu'il appelle convertir n'est autre chose que recruter des partisans ; donc le chrétien qui se soumet aux exhortations de ce prêtre est rebelle à son roi, traître à son pays et soutien de l'étranger. « Les Français sont chrétiens, tu es chrétien, donc tu es ami des Français, donc tu trahis ton pays. » Les mandarins, qui bien des fois ont prononcé cette parole, ont traduit exactement l'opinion générale, celle qui a de tout temps existé parmi les Annamites païens; aussi trouvent-ils leur argument irréfutable et tous les raisonnements, toutes les affirmations, toutes les preuves du contraire s'y brisent inévitablement.

Telle est la cause fondamentale des persécutions, qui peut se résumer en un mot, le combat de la loi inspirée par le démon contre la loi révélée par Dieu. Les autres causes sont multiples, tantôt c'est la vengeance particulière d'un mandarin, comme le gouverneur du Fo-kien ou le gouverneur du Su-tchuen, Chang-ming, le juge inique de Mgr Dufresse; tantôt c'est un procès comme celui du village de Co-lao contre le village de Duong-son, ou bien un meurtre dont on ignore l'auteur et dont on charge un chrétien, ou encore des fléaux, famines et inondations, que la superstition impute aux adorateurs du Seigneur du ciel; de même que les païens de Rome accusaient les fidèles de magie et de sorcellerie.

Mais à proprement parler, ce ne sont là que des occasions, car il y a parmi les païens bien d'autres vengeances ou ambitions particulières, des procès, des meurtres, des accusations de tout genre; il n'en résulte pas de persécution contre une classe de citoyens. Pourquoi agit-on différemment envers les chrétiens? Pourquoi une accusation privée peut-elle être l'étincelle qui allume un vaste incendie? Parce que, nous l'avons dit, le chrétien est considéré comme un être à part et hors la loi, parce que, toute accusation contre lui se double de cette autre, qui rencontre un écho dans le cœur des païens : Il est chrétien. Aussi nous avons vu dans les édits des persécuteurs, dans les condamnations des martyrs qu'un seul motif est allégué : leur religion. De cette lutte entre le paganisme et le christianisme, Dieu tire sa gloire et le profit des âmes, comme il le tire du mal. Tous les prêtres de la Société sont unanimes sur ce point, ils ne désirent pas la persécution, ils unissent leurs prières à celles de l'Église pour demander qu'elle cesse, mais ils lui découvrent quelques avantages.

« Dans ces pays, où règnent l'idolâtrie et une ignorance profonde, écrivait Mgr Dufresse[1], cette persécution elle-même et tous les faits, qui concernent la religion, sont autant de rayons, qui dissipent peu à peu les ténèbres. On voit que toute la Chine a entendu parler du vrai Dieu; la renommée a suppléé en quelque manière à l'insuffisance des ouvriers évangéliques. Les édits impériaux, ceux des gouverneurs des provinces et des villes contre les chrétiens et les missionnaires ont fait connaître la religion chrétienne. On a été forcé de lui rendre hommage et d'avouer qu'elle est bonne, qu'elle enseigne une morale pure, et qu'on n'a à lui opposer que des raisons de politique. Les missionnaires et les chrétiens interrogés dans les tribunaux, et donnés en spectacle dans toutes les provinces, ont rendu à Jésus-Christ un témoignage éclatant, et l'ont annoncé à toutes sortes de personnes. »

---

1. *Ann. Prop. Foi.*, vol. 1, cah. 4, p. 161.

Mgr Havard, le Vicaire apostolique du Tonkin occidental, ne parle pas autrement : « Nos chrétiens dispersés par la persécution à travers les villages païens sont le germe d'où naîtront les paroisses que nos successeurs feront grandir. »

« Nous ne saurions vous dire, ajoutera plus tard Mgr Gauthier, la joie que nous éprouvons, lorsque nous apprenons les réponses courageuses de nos chrétiens aux tyrans, c'est la gloire de Dieu qui resplendit aux yeux de tous. »

Dans son étude sur saint Cyprien, Mgr Freppel expose en ces termes l'utilité des persécutions [1] : « La lutte tenait tous les esprits en haleine : un repos prolongé endormit le zèle de plusieurs. Ce contraste, Messieurs, est dans la nature des choses. Vivement attaquée, une société déploie toute la force qui est en elle : ses membres se serrent et se relèvent sous les coups de l'agression. La vie reflue des extrémités vers le centre, et la résistance devient d'autant plus énergique qu'on y met plus de concert et d'unité.

« Ces causes extérieures viennent-elles à disparaître ? le corps social se ressent de l'absence d'un stimulant qui excitait son activité : les nerfs se détendent, les liens se relâchent ; il n'y a plus la même vigueur dans l'accomplissement du devoir, et l'on se laisse aller à une sorte d'indifférence, qui paralyse les efforts généreux de l'âme. Alors, les passions humaines reprennent le dessus, et la nature retombe sur elle-même, languissante ou inerte. Voilà pourquoi l'épreuve est nécessaire au chrétien ; et ce qu'il est facile d'observer dans le drame intime de la conscience se produit en grand sur le théâtre de l'histoire. Dieu se sert des méchants pour exercer la vertu des bons, et la persécution est le réveil

---

1. *Cours d'éloquence sacrée, saint Cyprien*, p. 159, Mgr Freppel.

des âmes assoupies dans les douceurs d'un repos trompeur. »

Mais auprès des avantages que de désastres, auprès des grandeurs que de faiblesses !

« Combien de chrétiens privés de leurs pères spirituels, sont errants dans les voies de l'apostasie, ou plongés dans la fange de l'iniquité, écrit un prêtre des Missions-Étrangères[1].

« Combien d'enfants morts sans baptême, d'adultes sans sacrements ! Combien de justes tomberont, n'étant pas soutenus ! Combien de pécheurs ne se convertiront point ! Que de superstitions ! Que de mariages célébrés sans dispense ! Que de chrétiens s'allieront avec des gentils ! Que d'affligés sans consolations ! Que de veuves sans ressources ! Plus de sacrements, plus de prédications, plus de prières, plus de bonnes œuvres, plus de catéchisme ; l'idolâtrie va donc reprendre de nouvelles forces ! On aura sous les yeux les pompes et la vanité du monde ; on ne verra plus les augustes cérémonies de la religion ; on ne sanctifiera plus les dimanches ni les fêtes ; on n'observera plus les jeûnes ni les abstinences ; on n'osera plus paraître chrétien. »

Cette énumération des malheurs causés par les persécutions amène naturellement une question sur toutes les lèvres. Ces persécutions causent-elles des apostasies ? Si l'on entend par apostasie l'abandon total des pratiques chrétiennes et le retour aux superstitions païennes, ce crime est très rare.

Si l'on veut dire simplement le renoncement passager de bouche plutôt que de cœur à la foi en Dieu, l'apostasie, sans être fréquente, se rencontre de temps à autre. Les malheureux chrétiens emprisonnés, torturés, à qui d'impitoyables bourreaux ordonnent en les frappant de

---

[1]. Arch. M.-É. Lettre du 4 août 1860.

renoncer à leur religion, faiblissent quelquefois. Ces chutes sont courtes, le reniement n'a été qu'une parole prononcée pour échapper à l'exil ou à la mort, le cœur est resté croyant, et le repentir a immédiatement suivi la faute commise. Nous ne manquons pas de faits nombreux, relevés dans les lettres des missionnaires, qui nous racontent comment ces malheureux viennent de très loin chercher l'absolution de leur péché. D'autres fois, les renégats sont saisis par la honte qui les arrête dans la voie de l'expiation, ils demeurent éloignés des sacrements pendant plusieurs années, dispersés au milieu des païens, mais ne se mêlant à aucune de leurs fêtes.

Qu'une occasion se présente, qui les mette en rapport avec d'autres chrétiens, avec un catéchiste, avec un missionnaire et ils reviennent docilement aux pratiques religieuses.

Il peut se trouver aussi qu'une situation irrégulière empêche leur conversion ; voici une de ces chutes terminées par un édifiant relèvement, racontée par la pauvre femme victime de sa faiblesse.

« Au moment de la persécution, racontait-elle [1] à un missionnaire, mes parents, mon père et mon frère aîné ne permirent pas aux dignitaires des villages de me dénoncer comme chrétienne : elle a déjà abandonné la Religion, dirent-ils; puis ils me forcèrent d'épouser un païen. Depuis cette époque, je ne suis plus tranquille ; bien des fois j'ai parlé à mon mari de la Religion, mais toujours en vain. Aujourd'hui il consent enfin à se convertir, je vous l'amène pour que vous l'instruisiez avec mes cinq enfants.

— Après vingt années passées dans l'apostasie, lui demandai-je, as-tu encore souvenance de tes prières?

— Oui, Père, me répondit-elle, et mes enfants eux-

---

[1]. *Lett. commune*, p. 215-216.

mêmes savent les prières du matin et du soir; chaque jour ils les récitent avec moi.

« Elle avait enseigné ces prières à ses enfants, même après avoir apostasié. Elle ajoutait qu'elle ressentait surtout une très grande peine, lorsque, entendant frapper le tambour de l'église, elle songeait elle-même au baptême qu'elle avait reçu et à son apostasie, qui la rendait indigne de prendre part à la prière. Enfin, après avoir administré le baptême à ses enfants et à celui qu'elle regardait comme son mari, je donnai à chacun d'eux un chapelet. Elle me présenta alors le sien qu'elle portait sur elle, et me pria de l'indulgencier.

— Depuis quand tiens-tu ce chapelet? lui dis-je.

— C'est le chapelet que ma mère m'a laissé en héritage; elle avait reçu le baptême avant de mourir, et on lui avait donné un chapelet.

Elle me le remit en me disant de le conserver avec soin, et de le réciter souvent à son intention.

— L'as-tu récité quelquefois ?

— Quand j'entends les chrétiens chanter les prières, ou bien que je suis malade, je ne fais guère autre chose que de dire le chapelet, en me souvenant de ma mère.

Il y a cependant des catholiques, en très petit nombre, qui abandonnent complètement la religion. Ce fait se produit surtout, lorsque ce sont les chefs de paroisse qui ont apostasié, entraînant leurs administrés dans leur chute; mais, presque jamais ces malheureux ne reviennent purement et simplement au bouddhisme, ils ne sont plus chrétiens, et se contentent de pratiquer quelques superstitions; même dans ce cas, il est presque sans exemple que la persévérance du missionnaire ne les ramène tôt ou tard à récipiscence.

IV

Pendant ces terribles persécutions qui désolaient les jeunes Églises d'Extrême-Orient, les prêtres des Missions-Étrangères n'étaient pas simples spectateurs de ces combats soutenus par leurs chrétiens en Cochinchine, au Tonkin, en Corée. Ils y prenaient, nous l'avons déjà vu, la part du chef : celle qui consiste à marcher à la tête de ses troupes, à donner l'exemple du courage et du dévouement dans les souffrances et dans la mort.

La tâche était lourde, mais par la grâce de Dieu, elle n'était pas au-dessus des forces des évêques et des prêtres de la Société.

Ceux du Tonkin et de Cochinchine, sous le gouvernement de Minh-mang, qui mérita le surnom de Néron annamite, vivaient depuis la mort de Gagelin et de Marchand au milieu des plus graves dangers.

Au Tonkin, ils avaient à leur tête Mgr Havard, un évêque d'une très brillante intelligence. Né en 1790, à Thourie (Ille-et-Vilaine), il avait essayé plusieurs carrières avant de se consacrer à l'apostolat. Successivement professeur de mathématique, séminariste, étudiant en droit, avocat stagiaire dans le cabinet de M. de Corbière, le futur ministre de la Restauration, puis étudiant en médecine, élève de plusieurs professeurs de langues vivantes et mortes, suivant en même temps des cours d'astronomie, de physique, de mécanique, il s'appliquait à tout avec une extrême ardeur et réussissait également dans toutes les branches des connaissances humaines. Mais aucune étude ne parvenait à combler le vide de son cœur, à calmer les agitations de son âme inquiète de l'avenir.

Enfin en 1818, Dieu l'appela très clairement à lui, et il y alla, heureux d'aborder au port.

Il entra au séminaire de Saint-Sulpice et y fut ordonné prêtre en 1820. L'année suivante, il était au Tonkin, d'abord supérieur du séminaire, puis chargé de la province de l'Ouest[1].

Le 22 août 1829, il fut sacré évêque de Castorie par Mgr Longer, qui avait déjà perdu trois coadjuteurs.

Ses visites pastorales à travers la mission furent nombreuses, et le conduisirent dans la plupart des paroisses. Pendant son épiscopat qui se termina en 1838, il se montra très zélé pour le recrutement et l'instruction du clergé indigène, il fit dix-neuf ordinations comprenant un total de dix-sept prêtres, neuf diacres, seize sous-diacres, seize minorés et dix-neuf tonsurés.

« Sa carrière, a dit un de ses missionnaires, a été traversée de grandes tribulations; dans ces temps malheureux, il a tenu avec fermeté les rênes du gouvernement de la mission. »

La fin de sa vie fut agitée et pénible. La persécution de Minh-mang, après avoir étendu ses ravages en Cochinchine, était remontée vers le Tonkin. Les gouverneurs de province, soupçonnés de tiédeur dans leur haine contre le catholicisme, furent cassés, et eurent naturellement des successeurs d'autant plus rigoureux. Un édit royal activa encore les poursuites. Des chrétiens, des catéchistes, des religieuses furent emprisonnés; sans la vénalité des mandarins inférieurs, sous-préfets, chefs ou sous-chefs de canton, les désastres de la mission eussent été encore plus grands. Mais interprètes et exécuteurs sévères de la loi quand ils y trouvent leur profit, obéissant jusqu'au scrupule sous l'œil du maître, les mandarins annamites ne se gênent guère pour devenir tolérants, dès qu'ils sont loin de l'autorité

---

1. Xu-Doai, c'est le nom qui était donné à l'ensemble du territoire comprenant actuellement les trois provinces de Son-tay, Tuyen-quang et Hung-hoa.

et qu'on parvient à leur faire accepter des présents; souvent même, leur sévérité n'a d'autre but que de se les procurer. Cette vénalité, qui s'étend du haut en bas de l'échelle sociale, permit aux chrétiens, à plusieurs époques, et particulièrement à celle-ci, de jouir d'une tranquillité relative. On vit même, à plus d'une reprise, des païens trop zélés jetés en prison pour avoir présenté aux tribunaux des dénonciations, qui pouvaient priver les juges du fruit de leurs rapines.

Ce vice, qui afflige l'administration entière de l'Annam ne suffirait pas, cependant, à expliquer la conduite des mandarins envers leurs victimes; il y faut joindre la bienveillance, née des relations de parenté ou d'amitié établies entre les chrétiens et les païens; l'apathie qui faisait préférer aux officiers et aux soldats le repos à la fatigue des poursuites et des arrestations; l'impunité qui couvrait leurs infractions aux ordres royaux, puisque tous s'entendaient pour les éluder, et transmettre, quand même, au souverain de pompeux rapports sur la docilité des adorateurs du Seigneur du ciel devant leurs énergiques efforts.

Mais cette tolérance n'était que passagère et partielle, et il serait bien contraire à la vérité de faire une règle générale de ces exceptions. Il n'était pas rare encore d'avoir à redouter les pirates. Depuis que la France a conquis le Tonkin, on parle beaucoup des pirates; on en parlait moins en 1836, ils existaient cependant et faisaient leur métier, plus hardis contre les catholiques qui n'osaient les dénoncer.

Les missionnaires ne sortaient plus que fort rarement et pendant la nuit, laissant les prêtres indigènes accomplir seuls les travaux du ministère, et se renfermant dans des chambres retirées, dans de petites cachettes entre deux cloisons, dans des trous creusés sous le sol des maisons, ou si le péril était plus pressant, se réfugiant dans les forêts, errant dans des barques de pêcheurs à travers les arroyos et les fleuves.

Rude époque et situation malheureuse, que Retord [1] résumait en ces termes émus : « Oh ! qu'il est triste le sort de l'Église annamite [2] ! Assis sur les ruines de ses temples comme autrefois Jérémie sur les décombres de l'infortunée Jérusalem, nous voyons cette Église affaiblie par ses pertes, mutilée par la torture et tremblante sous le glaive. Aux chaînes dont elle est chargée se joignent les calomnies qui la défigurent. Autour d'elle, ses oppresseurs, semblables à des tigres, s'acharnent à lui déchirer le sein ; déjà ils ont fait couler son sang par de larges blessures, mais ils n'en sont pas rassasiés. Sur sa tête gronde incessamment la foudre ; sous ses pieds, l'enfer rugit ; devant elle, l'avenir est noir et la fait frissonner d'horreur. Voilà aujourd'hui la mission annamite telle que le roi Minh-mang l'a faite. »

Indigné des calomnies inventées contre les chrétiens et répétées dans les édits royaux, M. Borie eut la pensée de se présenter devant le souverain pour les réfuter. Mais, après avoir réfléchi et consulté plusieurs missionnaires, il renonça à ce projet, qui n'aurait pas incliné Minh-mang vers le christianisme, ne lui eût rien appris et aurait pu activer le feu de la persécution. Cependant ce que les décrets seuls n'avaient pas obtenu au Tonkin, une vengeance particulière le fit.

Un missionnaire, Jean-Charles Cornay [3], fut arrêté le 20 juin 1837 à Bau-nô, village de 500 chrétiens dans la province de Hung-hoa. Voici en quelles circonstances :

Un chef de pirates avait été chassé de Bau-nô et ensuite fait prisonnier. Pour se venger du village qui l'avait expulsé, il le dénonça comme recélant, contrairement aux

---

1. Du diocèse de Lyon, parti en 1831.
2. *Mgr Retord et le Tonkin catholique*, p. 148.
3. Du diocèse de Poitiers, parti en 1831.

édits, un prêtre européen, qui était M. Cornay. Les mandarins, assez bienveillants en ce moment, refusèrent de recevoir la plainte. Les Annamites ont l'imagination féconde, les mensonges, les faux témoignages leur sont familiers, les histoires inventées de toute pièce ne leur coûtent rien.

La femme du condamné se présenta d'abord au missionnaire, sous le spécieux prétexte qu'elle voulait embrasser le catholicisme, puis sûre de la présence du prêtre à Bau-nô, elle imagina contre lui une calomnie fort grave et la voulut appuyer sur des faits.

Pendant une nuit, elle enfouit des armes près du presbytère, et alla ensuite accuser le village d'être le foyer d'une insurrection fomentée par un prédicateur étranger. Le gouverneur[1], qu'il crût ou non la chose vraie, ne pouvait refuser de recevoir l'accusation ; il envoya donc un général faire le blocus de Bau-nô, et le 28 juin 1837, quinze cents soldats, renforcés de trois cents païens, cernèrent la chrétienté et l'occupèrent militairement.

Le maire, un catholique, fut sommé de livrer les armes et de nommer les chefs de la révolte. Naturellement il nia les faits, mais lorsque les païens apportèrent les piques et les lances qu'ils avaient cachées quelques jours auparavant, lorsque les mandarins ordonnèrent de le frapper, le malheureux avoua tout ce qu'on voulut, et dénonça le missionnaire. Celui-ci était à quelques pas de là, caché dans un épais buisson ; le maire, ignorant l'endroit précis, n'avait pu l'indiquer, mais les soldats commencèrent une battue générale et arrivèrent bientôt près du fugitif.

L'apôtre a lui-même raconté les détails de son arrestation et des premiers jours de sa captivité[2] :

---

1. *Mgr Retord et le Tonkin catholique*, p. 133-136.
2. Arch. M.-É. *Lettres du Ven. Cornay.*

« Quand je vis pénétrer dans mon buisson les longues lances armées de fer, je sortis hors de ma cachette et me livrai aux soldats. On coupa aussitôt une liane, et pendant qu'on m'attachait les bras derrière le dos, je m'offris à Jésus garrotté.

« Conduit aussitôt devant le mandarin, j'y fus décoré d'une belle cangue. Après avoir été longtemps exposé aux ardeurs du soleil, je m'assis et attendis patiemment ce qu'on ordonnerait de moi.

« Vers les cinq heures, voyant mon jeûne se prolonger, je demandai au mandarin un peu de riz, et il m'en fit donner trois cuillerées qui furent toute ma réfection. Ainsi se termina cette première journée.

« On m'avait donné une mauvaise natte toute déchirée. Je m'assis dessus difficilement à cause de ma cangue, mais il me fut impossible de fermer l'œil pendant toute cette nuit. Le lendemain, on ôta ma cangue pour me faire entrer dans une cage provisoire, confectionnée à la hâte avec des bambous, à l'exception des quatre angles qui étaient en bois. Puis on se mit en marche. Arrivés au lieu de la couchée, les mandarins se retirèrent dans un temple, mais la cage resta en bas. Ce fut ainsi que je passai ma seconde nuit, en plein air.

« Le jeudi, 22 juin, le convoi repartit au point du jour ; pendant le trajet, je priais, je lisais, chantais et causais tour à tour, en sorte que tout le monde vantait ma gaîté. Ma marche, d'ailleurs, était en un sens fort pompeuse. Environ cent cinquante soldats me précédaient et autant me suivaient avec des mandarins en filets surmontés de dais.

« Ma cage, portée par huit hommes et ombragée à l'aide de mon tapis d'autel, occupait le milieu. Ce fut ainsi qu'on arriva au relais d'une préfecture. Je fus déposé devant un mandarin qui commença par me dire de chanter, parce que mon talent en ce genre était déjà renommé. J'eus beau m'excuser que j'étais à jeun, il fallut chanter. Je déroulai donc toute l'étendue de ma belle voix, desséchée par une espèce de jeûne de deux jours et demi, et leur chantai ce que je pus me rappeler des vieux cantiques de Montmorillon. Après cela, on me donna à manger.

« Enfin, nous arrivâmes au chef-lieu de la province de l'ouest, dite Doai[1]. Je fus déposé devant l'hôtel du gouverneur général, et là encore, pour obtenir à dîner, il me fallut chanter un couplet à la sainte Vierge.

« Bientôt parut la grande cage dans laquelle je devais définitivement habiter. Sorti de la première, j'eus les bras liés, et de plus, je fus enchaîné. »

Instruit aussitôt de cette capture et interrogé sur ses projets à l'égard de M. Cornay, Minh-mang répondit qu'il remettait le jugement aux mandarins.

Le 20 juillet, les interrogatoires commencèrent et se renouvelèrent uniformes et fastidieux ; on voulait absolument que le prisonnier s'avouât coupable du crime de rébellion.

« Non, répondait-il, ce n'est pas, et j'aime mieux souffrir tous les tourments que d'avancer une calomnie et de me sauver par un mensonge. »

Le 11 août, il reçut cinquante coups d'un rotin garni de plomb à l'extrémité ; huit jours plus tard, on essaya de le traîner sur la croix, rapidement il la prit de ses deux mains et la baisa pieusement ; il reçut 65 coups de rotin, et l'on brisa trois verges sur sa chair.

Enfin, il fut condamné à mort par les mandarins et la sentence fut ratifiée par le roi.

Le pieux confesseur avait un extrême désir d'être fortifié par une dernière absolution et par la réception de l'Eucharistie ; aucun prêtre n'ayant réussi à arriver jus-

---

1. A Son-tay.

qu'à lui, il en exprima ses regrets par ces belles paroles :

« O mon Dieu, contrition pour confession, mon sang à la place de l'extrême-onction. Je ne me sens la conscience chargée d'aucun péché grave ; pour cela, cependant, je ne me sens pas justifié. Mais Marie m'obtiendra la contrition et le sabre me fera l'onction. »

Il fut décapité le 20 septembre 1837, à quelque distance de la forteresse de Son-tay. L'édit royal prescrivait de le couper en morceaux. Ce supplice, réservé aux criminels d'État, consiste à trancher d'abord les bras et les jambes, ensuite la tête, et enfin à fendre le tronc en quatre. Par humanité, le mandarin commandant changea le mode d'exécution, et ordonna aux bourreaux de trancher premièrement la tête. Les membres furent coupés ensuite. Sur le lieu même de la mort, le courage du martyr reçut un premier et horrible hommage. Les Annamites croient que manger le foie d'un homme intrépide rend plus vaillant ; un des bourreaux arracha donc le foie de la victime, en mangea une partie, pendant que celui qui avait tranché la tête léchait son sabre rouge de sang [1]...

Les prêtres de la Société des Missions-Étrangères n'étaient pas les seuls à affirmer par leur mort la vérité de la foi qu'ils prêchaient ; les catéchistes et les prêtres indigènes qu'ils avaient formés, les chrétiens qu'ils avaient baptisés suivaient leurs nobles et saints exemples.

Deux mois après le martyre de M. Cornay, un jeune Annamite d'une vingtaine d'années, le catéchiste de M.

---

[1]. Plus tard Mgr Retord fit peindre par un Annamite nommé Thu, de Vinh-tri, des tableaux représentant le supplice de plusieurs martyrs, entre autres de M. Cornay. Ce tableau de 1 m. 57 de hauteur sur 1 m. 13 de largeur, est aujourd'hui dans la salle des Martyrs, au Séminaire des Missions-Étrangères.

Retord donnait aussi son sang pour Jésus-Christ [1]. Le missionnaire avait fait presque l'impossible pour le sauver ; il l'avait recommandé aux mandarins, il leur avait envoyé des présents ; plusieurs fois il s'était cru sur le point de réussir, et puis, par une suite de coïncidences malheureuses, Xavier Can n'était pas mis en liberté et le procès recommençait. Il y eut jusqu'à sept sentences portées contre lui. La dernière fut une sentence de mort exécutée le 20 novembre 1837.

L'année suivante, le 12 août, eut lieu le martyre du prêtre Jacques Nam et de deux excellents chrétiens, le beau-père et le gendre : Antoine Dich et Michel Mi

Dans cette famille où la plus sublime vertu semblait héréditaire, de petits enfants rappelèrent le beau trait du jeune Origène exhortant au martyre son père Léonide. La fille de Michel Mi, âgée de onze ans, s'échappa un jour furtivement de la maison paternelle, pour aller voir le saint confesseur dans sa prison. Elle fit toute seule une demi-journée de chemin, traversa sans crainte les rangs des soldats et des gardes, et pénétra jusqu'à son père, qu'elle encouragea à mourir plutôt que de fouler la croix aux pieds. Un de ses petits garçons, nommé Thuong, à peine âgé de neuf ans, lui fit dire aussi de ne point abandonner la Religion, de souffrir plutôt le martyre, afin d'aller tout droit au ciel.

Les prêtres annamites montraient aux fidèles, l'exemple du courage le plus intrépide. Formés à la rude école de la persécution, instruits par les fortes leçons des missionnaires, ils subissaient la prison et les tortures sans faiblir. Bien rares furent ceux qui succombèrent sous la souffrance, et les Annales de la mission ne relatent que l'apostasie d'un vieillard, le P. Jean Duyêt,

---

1. Xavier Can. Pour plus de détails sur les martyrs indigènes et français voir l'ouvrage : *Les 52 Vénérables serviteurs de Dieu.*

qui d'ailleurs fit plus tard une pénitence publique de sa faute.

Pendant l'emprisonnement des confesseurs, les missionnaires européens entretenaient avec eux une fréquente correspondance ; étant leurs supérieurs et leurs pères dans la foi, ils considéraient comme un devoir de les guider et de leur témoigner une paternelle affection jusqu'au dernier moment. M. Retord nous a conservé quelques-unes des lettres qu'il adressa au Père Khoan. Nous en citerons une, écrite dans le genre épistolaire annamite, émaillée de citations de Confucius, afin de donner le change aux espions et aux mandarins, si elle tombait entre leurs mains.

« Qu'ils[1] sont grands ces mérites acquis par vous dans l'ombre des cachots, et quel malheur, si dans un instant de faiblesse vous veniez à perdre ce qui vous a coûté de si longues souffrances, ce qui doit aboutir à un bonheur sans fin ! Tenez-vous donc toujours debout dans le sentier du ciel, où la main de Dieu lui-même vous a placé.

« Plutôt mourir, a dit un philosophe, que d'abandonner ce qui est conforme à la raison. Dans la bonne comme dans la mauvaise fortune, le sage se tient droit sans s'incliner ni à droite ni à gauche pour chercher un appui. Quand il rencontrerait la mort sur son chemin, l'homme vertueux ne s'écarterait pas de la voie qu'il a jusque-là suivie.

« Persévérance donc dans votre inébranlable fidélité... Il est écrit dans les livres chinois : mieux vaut mourir avec gloire que vivre dans la honte. Or, voyez les apostats ; à quelles insultes, à quelle ignominie est vouée leur existence ! Au contraire, les quatre parties du monde répètent les louanges de ceux qui meurent pour la foi : les martyrs sont comme une trompette céleste dont tous veu-

1. *Mgr Retord et le Tonkin catholique*, p. 170.

lent entendre les mélodieuses fanfares. Les apostats restent dans ce monde comme des troncs d'arbres desséchés, que la hache coupera bientôt pour en nourrir le feu de l'enfer; mais le sang des martyrs est comme une rosée du soir, qui rafraîchit le jardin de l'Église et lui communique une nouvelle fécondité... Je vous écris ce peu de paroles à la hâte : puissent-elles être pour vous comme un vent favorable, qui vous conduise doucement vers les rivages de la patrie; puissent-elles être comme un bouquet de fleurs odoriférantes, dont le parfum remplisse vos cœurs de joie, au moment du dernier combat ! Je vous salue respectueusement, baisant vos cangues et vos chaînes, et vous priant de ne m'oublier jamais. »

V

Pendant que ces drames ont leur issue sanglante à Son-tay, à Hanoï ou dans quelques chefs-lieux de préfecture du Tonkin, un autre drame plus long et plus douloureux peut-être se déroule à Aï-lao, à Cam-lo et enfin se termine à Quang-tri. Jaccard en est le héros.

C'est une figure à part dans cette galerie, qui en contient de si nombreuses et de si belles, que celle de ce prêtre, âgé de 36 ans à peine, et prisonnier depuis huit ans; il a été condamné à être soldat, à mourir de faim, à être étranglé; il a été relégué pendant 20 mois dans la sombre prison d'Aï-lao, où Minh-mang espère qu'il mourra de fièvre ou de misère; il résiste à la maladie comme il a résisté aux mandarins.

Dans un jour de bienveillance, le roi le fait transporter à la prison moins malsaine de Cam-lo.

Au milieu des tortures morales et physiques, Jaccard garde le caractère vigoureux de la race savoisienne dont il sort. Il a une gaîté franche, assaisonnée d'esprit gaulois que tempère la vertu, une habileté qui se développe au contact des Annamites, une étonnante hardiesse qui ne plie et ne rompt jamais. Il dit à ses juges qu'il est Français, prêtre, missionnaire, et fait briller à leurs yeux la grandeur de ces titres. Il est aimable et fier, grand dans ses actes et éloquent dans ses paroles.

Il a prêché Minh-mang, il lui a exposé la doctrine catholique; il a maintenant des discussions religieuses avec les mandarins, leur disant la vérité sans détour et sans réticence.

Quelques concessions adouciraient les rigueurs qui l'accablent, il s'y refuse.

— Ceci est bon entre vous et moi, qui nous connaissons, lui dit un officier avec une familière bonhomie, mais ce n'est pas ainsi qu'on parle aux mandarins.

— Je ne connais pas d'autre langage, reprend Jaccard; je professe vis-à-vis des mandarins tout le respect possible, et je ne crois pas que vous ayez rien à reprendre dans ce que je viens de vous dire.

— Je vous avertis que vous paraîtrez demain devant le tribunal des causes criminelles, et que ces messieurs ne se contenteront pas de ces réponses; dites que vous avez envoyé tous les objets religieux en Europe, et que vous ne prêchez plus.

— Vous savez que ma religion défend de mentir; je dis les choses telles qu'elles sont, et quant à dire, comme vous me le suggérez, que je ne prêche plus, c'est impossible. J'ai été condamné une fois, en qualité de prédicateur, je ne demande pas mieux que de l'être une seconde fois. En tout cas, je n'ai point cessé, ni ne cesserai de prêcher quand je le pourrai, et ce que je dis ici devant vous, je le répéterai devant tous les tribunaux, et même en présence du roi.

Il traite d'ailleurs les mandarins avec une liberté qui ressemble fort à de l'audace, et ceux qui connaissent le respect mélangé de crainte, dont les Annamites honorent les Européens, ne s'étonneront pas que le moyen lui réussisse quelquefois.

Lorsque le missionnaire était encore au palais des ambassadeurs, on s'avisa de mettre un factionnaire à sa porte, il s'en plaignit vivement au préfet, ajoutant que si « on désirait le serrer d'aussi près, on n'avait qu'à le mettre tout simplement dans la prison publique, mais si au contraire, on était retenu par un sentiment de honte et qu'on n'osât pas en venir là, on pouvait lui donner son congé. »

Le préfet fit des excuses au prisonnier et retira le factionnaire le jour même. On voit que M. Jaccard méritait bien l'appréciation que Mgr Cuenot faisait de sa conduite :

« Il y va raide, en homme qui n'a rien à perdre et qui a tout à gagner. »

Il ne le prenait pas toujours sur ce ton d'ailleurs, et répondait de temps à autre aux magistrats par une réplique qui mettait les rieurs de son côté.

Dans ses multiples interrogatoires, qui portèrent sur des choses très diverses, la France, le Pape, la politique, les mœurs, l'état social de l'Europe, un mandarin lui demande s'il y a des femmes en Europe, et Jaccard riposte : « Dans le cas où il n'y aurait pas de femme, de qui donc naîtraient les hommes? »

Un autre jour qu'on le loue de son esprit : « C'est sans doute, réplique-t-il, parce que j'ai de l'esprit que je porte des chaînes. »

La durée de ses souffrances ne l'abat point, et ce n'est pas sans étonnement, que l'on voit les projets apostoliques germer dans cette tête déjà blanchie avant l'âge. Le désir de porter au Laos le nom de Jésus-Christ le hante, et il aspire à la liberté, afin de tenter cette périlleuse entreprise; en attendant, il convertit un chef de brigands, son compagnon de captivité, qui connaît les contrées laotiennes, il compose un dictionnaire de la langue Chan, qu'il entend parler autour de lui par quelques sauvages, descendants des anciens et belliqueux Ciampois.

Il trouve le moyen d'écrire aux chrétiens et aux religieuses, pour leur donner des instructions et les guider dans leurs procès; il prie son évêque, Mgr Cuenot, de lui envoyer quelques mots d'édification [1] :

« Rappelez-moi, s'il vous plaît, Monseigneur, de temps en temps, ce que je devrais être sur ce calvaire où il a plu au bon Dieu de me placer. Saint Jérôme écrivait, je ne sais plus à qui, que ce n'était pas d'être à Jérusalem qui sanctifiait, mais d'y vivre saintement. Il en est de même des cachots d'Aï-lao et de Cam-lo. J'avais un ami qui me disait l'équivalent! C'était M. Rouge, mon compatriote. En me tenant le même langage, monseigneur, vous remplirez un devoir d'amitié et de charité. »

À Cam-lo, tout en restant prisonnier, il devient professeur de plusieurs élèves que Minh-mang lui envoie. À cette époque, il aurait pu s'enfuir; après avoir bien réfléchi, il écrit à Mgr Cuenot, qui le lui conseillait, cette lettre sage et généreuse.

« Vous me parlez d'évasion, Monseigneur! Je crois qu'elle serait possible; mais cette possibilité n'est fondée que sur l'intime persuasion où l'on est que je ne m'enfuirais pas pour tout au monde. On n'a pas tout à fait tort de penser ainsi, car le roi mettrait, n'en doutez pas, des armées entières à ma poursuite; et pour me sauver, sans parler des vexations auxquelles seraient exposés les chrétiens, je ferais peut-être prendre trois ou quatre confrères!... Les mandarins de Cam-lo ne manqueraient

---

[1]. Arch. M.-É. *Lettr. du Vén. Jaccard*.

pas de payer ma fuite de leurs têtes, et ceux de la province n'en seraient pas quittes à bon marché. Je vous assure que j'aurais un petit scrupule de causer tant de mal à des gens qui ne m'en font point; car, tout en se soumettant aux ordres de leur maître, ils ne les exécutent pas à la rigueur. Ils savent bien que j'ai des communications avec le dehors, etc., etc., et ils gardent là-dessus le silence et me traitent assez humainement. Il faudrait des circonstances bien favorables et des raisons que je ne connais pas encore, pour me déterminer à un pareil coup d'État. »

Avec cette charge de professeur qui lui fut donnée pendant son séjour à Cam-lo, il reprit celle d'interprète, de géographe et d'historien du roi. Minh-mang avait conçu un plan qui aurait fourni de la besogne à dix écrivains, il voulait avoir un précis historique sur tous les peuples de l'Europe et de l'Amérique, avec des détails suffisants sur leur religion, leurs coutumes, leurs mœurs, leurs lois, etc.; plus une étude particulière sur les nations de l'Asie, spécialement sur le Japon, dont les lois lui plaisaient beaucoup.

Peu à peu la curiosité du prince se calma, il perdit le goût des questions, et le travail qu'il imposa à son interprète revêtit presque le caractère d'une corvée ou d'un pensum.

Cependant grâce à ses nouvelles fonctions, M. Jaccard avait quitté son misérable cachot et habitait une prison plus spacieuse et moins surveillée. Il profita de cet adoucissement pour organiser une chapelle et offrir le saint sacrifice. Une chétive alcôve, pratiquée dans le fond de sa cellule, lui servit de sanctuaire, et une planche posée sur deux corbeilles forma l'autel. Mais afin que nul regard indiscret ne le surprit dans l'accomplissement des saints mystères, il célébrait de nuit et faisait disparaître avant l'aurore tout signe religieux.

Pauvre missionnaire resté plusieurs années privé de messe, il dut sentir son cœur déborder d'une de ces ineffables joies que le prêtre seul connaît, lorsqu'il monta au saint autel, répéta les prières du sacrifice, tint entre ses mains le Dieu, pour l'amour duquel il supportait tant de douleurs. Ce jour-là, peines et privations s'évanouirent dans l'ivresse de l'âme retrouvant Jésus ; le courage se releva, renouvelé dans son ardeur, prêt à braver de plus dures souffrances et de plus cruels supplices ; un autre avenir s'ouvrit, radieux, embelli par l'espoir de grâces vivifiantes et d'allégresses intimes.

Un incident amena la délivrance du captif, celle qu'il désirait depuis tant d'années. M. Candalh[1] avait établi, à An-ninh près de Di-loan, l'ancien séminaire de Phuong-ru, le roi l'apprit, et donna l'ordre de détruire la maison et de se saisir du missionnaire. Candalh échappa aux persécuteurs et s'enfuit dans les montagnes. Furieux de sa déconvenue et sachant que le fugitif avait eu des relations épistolaires avec M. Jaccard, Ming-mang se vengea sur ce dernier. Le 27 mars 1838, on vit arriver à Cam-lo, le gouverneur de la province, avec un nombreux cortège de mandarins et de soldats, pour procéder à l'interrogatoire du prisonnier. Le mandarin supérieur essaya de lui faire avouer sa correspondance avec M. Candalh et avec les chrétiens d'An-ninh et de Di-loan. Il n'y avait guère d'inconvénients à avouer l'envoi des lettres au missionnaire, mais il y en avait beaucoup à faire connaître les rapports avec les chrétiens.

Aussi, sans vouloir les nier, ce qui eût été un mensonge, le saint confesseur demanda qu'on lui en fît la preuve et se retrancha derrière le témoignage de ses gardes, qui naturellement déclarèrent qu'elles n'avaient pas existé.

1. Du diocèse de Vannes, parti en 1832, mort en 1838.

Ces réponses irritaient le gouverneur dont elles déjouaient les plans; après un second interrogatoire, il fit mettre M. Jaccard à la cangue, et l'emmena avec lui à Quang-tri, chef-lieu de la province du même nom.

Dans un nouvel interrogatoire, il osa lui demander : « Consens-tu, enfin, à abandonner ta fausse religion. »

Le prisonnier se redressa : « Ma religion n'est pas un don du roi pour que je l'abandonne à sa volonté, » répondit-il.

Le préfet l'interrogea de nouveau sur ses rapports avec les chrétiens de Di-loan, et comme il n'obtenait aucun aveu, il fit commencer la torture.

Jaccard, violemment étendu par terre avec sa cangue et ses chaînes, fut attaché à deux piquets et reçut, ce jour-là, quarante-cinq coups de rotin, donnés à neuf reprises, par différents bourreaux qui se relayaient. Chaque coup faisait jaillir le sang; douze rotins furent brisés; et le supplice dura depuis neuf heures du matin jusqu'à midi.

L'intrépide confesseur ne jeta pas un cri, ne poussa pas un soupir, et on ne put lui arracher un seul mot compromettant pour les fidèles.

Un jeune élève du séminaire, Thomas Thien, se montra digne de son père dans la foi et mérita de lui être associé dans la gloire du martyre.

Le 21 décembre 1838, M. Jaccard fut conduit au supplice sur les bords de la rivière, à un kilomètre de la citadelle de Quang-tri. Il eut, sur le lieu même de son exécution, la joie de recevoir l'absolution des mains d'un prêtre annamite, confondu à dessein dans la foule; aussitôt après il fut étranglé, et en même temps le jeune Thomas Thien.

Lorsque sa mère, humble et pauvre paysanne de la Savoie, avait appris la captivité de son fils, elle s'était écriée avec un héroïsme digne de la mère des Macchabées :

« Oh ! La bonne nouvelle ! Quel honneur pour notre famille de compter parmi ses membres un martyr ! »

Quand on lui annonça que tout était consommé, elle ne put retenir l'expression de sa joie :

« Dieu soit béni ! je suis délivrée de la crainte que j'éprouvais malgré moi de le voir succomber à la tentation des souffrances. »

La vie et la mort de M. Jaccard sont restées gravées dans le souvenir des Annamites, elles ont inspiré à plusieurs d'entre eux, des chants d'une douce et mélancolique poésie. En voici quelques fragments :

« Les murs de l'Église sont renversés et ses colonnes brisées.

« Hélas ! la pierre précieuse est tombée dans le fleuve.

« En vain espère-t-on la retrouver un jour, puisqu'un grand arbre est emporté par le courant et ne reparaît plus...

« A votre souvenir, ô mon Père, un torrent de larmes s'échappe de mes yeux ; il me semble encore voir le sang ruisseler de tout votre corps.

« L'amour que vous portiez à vos enfants était la cause de vos peines et de vos soucis : maintenant, vous vous êtes livré à cause de la tendresse que vous aviez pour des fils ingrats.

« Un diamant fut apporté de France dans le royaume d'Annam ; combien peu en connurent le prix. L'or d'Europe arriva dans ce pays, et plusieurs le regardèrent comme un métal très commun.

« Un tel homme, souffrir un tel supplice ! Lui, qui en Europe aurait pu mener la vie la plus commode et la plus belle ! Là, il pouvait entonner des chants d'allégresse, ici, il est venu répandre des larmes, porter la cangue et être chargé de fers.

« Désormais qui allumera dans nos cœurs le feu de l'amour divin? A qui désormais recourir pour obtenir le pardon de nos péchés?

« Les flots de la mer s'amoncellent ; il m'a semblé voir l'ombre de ce bon père me faisant un salut. Les nuages s'agglomèrent, il m'a semblé entendre sa voix qui m'appelait.

« Devant l'Église, l'herbe et la mousse croissent ; je n'aperçois plus ce digne père se promener en récitant son bréviaire. Dans l'église, les cierges sont éteints : l'araignée y tisse sa toile : quand vous verrai-je, ô mon père, venir y fléchir le genou?

« A votre souvenir, notre douleur s'avive, et nous nous plaignons du malheur de ne pouvoir plus jouir de votre présence. Nous vous supplions, tendre père, de vous souvenir de vos enfants orphelins : les vents et les flots augmentent, secourez-nous, afin qu'à votre exemple nous soyons des serviteurs fidèles du Seigneur. Nos larmes coulent par torrents ; l'espérance seule vit dans notre cœur. »

VI

La condamnation et la mort de M. Jaccard ne suffirent pas à Minh-mang, il voulait Candalh, le restaurateur du séminaire. Les espions s'imaginèrent qu'il s'était réfugié dans le Bo-chinh et se livrèrent à de minutieuses recherches. Le 2 juillet 1838, ils saisirent le Père Khoa, prêtre indigène et un de ses élèves nommé Kang. Ce dernier, âme un peu faible, avoua la présence d'un missionnaire européen dans la province, et désigna même les paroisses qu'il avait habitées.

Le missionnaire ainsi dénoncé n'était pas Candalh, mort de misère dans sa fuite, mais Pierre Dumoulin-Borie, né dans le département de la Corrèze en 1808, et

parti pour le Tonkin en **1830. Les premières révélations
de Kang excitèrent l'ardeur des soldats**, qui arrêtèrent
de nombreux chrétiens et essayèrent par les menaces,
par les supplices et par la ruse d'obtenir d'eux la révélation de l'asile du prêtre. Celui-ci fuyait de village
en village, passant à peine quelques heures sous le
même toit.

Sa vie de proscrit fut attristée par un outrage que
bien peu de missionnaires d'Annam ont eu à subir. Un
chrétien ne se contenta pas de lui refuser un abri; dans
ces circonstances critiques, la peur faisait commettre à
d'autres cet acte d'ingratitude, mais il alla jusqu'à
l'insulter et à le frapper; c'était le commencement de
la passion... la fin n'était pas éloignée.

Ne sachant plus où se réfugier, Borie se jeta dans une
barque afin de gagner le large, jusqu'à la cessation des
poursuites; il fut ramené au port par un vent violent.
Croyant voir dans cet incident plusieurs fois renouvelé, un indice de la volonté divine et de ses desseins
sur lui, il redescendit à terre. Le mandarin continuait
ses recherches sans se rebuter et redoublait d'activité,
mettant à la question les habitants qui lui paraissaient,
à tort ou à raison, pouvoir fournir des renseignements.

Une jeune fille de seize ans fut accablée de coups,
mais elle garda fidèlement le secret de l'asile du fugitif
qu'elle connaissait; son intrépidité et son sang-froid ne
furent pas imités par son père. Rencontré par les soldats, lorsqu'il revenait de conduire le missionnaire à
une grotte creusée dans le sable des dunes et cachée par
une touffe d'arbres, celui-ci trahit à la première question. Il dit qu'il ne connaissait pas l'Européen, mais que
le matin même, il avait vu dans les environs un homme
de très haute taille, au visage très blanc, orné d'une
longue barbe.

Le mandarin comprit qu'il était sur la bonne piste, il

intima au chrétien l'ordre de le conduire vers le lieu de cette rencontre. Après plusieurs détours, des allées et venues, indices des hésitations du malheureux qui aurait bien voulu ne pas livrer le maître et sauver sa propre vie, les soldats arrivèrent près du refuge du proscrit. Il était deux heures du matin. Au bruit des pas qui se rapprochaient rapidement et des conversations qu'il entendait déjà, Borie comprit qu'il était perdu.

Jugeant inutile de demeurer plus longtemps dans sa cachette, il soulève le sable qui en obstruait l'entrée et s'élance vers les soldats, les saluant de cette parole, souvenir et écho de la parole du roi des martyrs : « Qui cherchez-vous? » En voyant dans la pénombre cet homme de haute taille sortir de terre, leur apparaître comme un gigantesque fantôme, les soldats s'arrêtèrent muets de surprise. Borie ne faisant aucun mouvement, ils s'enhardirent et lui intimèrent l'ordre de s'asseoir en signe de soumission. L'apôtre le fit, commençant par l'obéissance son suprême sacrifice. Cette docilité n'empêcha pas un soldat brutal de lui asséner un coup de bâton sur les reins.

Au bruit de cette arrestation, un séminariste accourut sur le chemin, et au moment du passage de son maître, il exprima le désir de partager son sort et fut arrêté. Sa jeunesse inspira des craintes au missionnaire, qui lui offrit d'acheter sa liberté : « Non, répondit le jeune homme, avec la grâce de Dieu, j'espère tenir bon et vous suivre jusqu'au bout. » Emu de cette sainte et fière réponse, M. Borie déroula son turban, le déchira et en donna un morceau à son élève. — Tiens, lui dit-il, conserve-le comme un témoignage de ta promesse. » L'élève garda religieusement sa parole, il fut le fidèle compagnon du missionnaire, écrivit les actes de son martyre et versa lui-même son sang pour Jésus-Christ; il se nommait Pierre Tu.

Arrivé à Dong-hoi, chef-lieu de la province, M. Borie fut chargé d'une cangue fort lourde qui meurtrit ses épaules, puis réuni aux PP. Diêm et Khoa, dont il releva le courage, surtout du premier, pauvre vieillard très fatigué par la misère et la captivité. Bientôt commencèrent les interrogatoires :

— Chef de religion Cao (nom annamite de M. Borie) et vous aussi, chef de religion Diêm, questionna le gouverneur, il est vrai que le roi a défendu sévèrement votre doctrine ; malgré cela, si vous voulez fouler aux pieds la croix, je vous mettrai en liberté sur-le-champ.

Le prêtre répondit :

— Mieux vaut cent fois mourir.

Le P. Diêm fit la même réponse.

Le mandarin ajouta :

— Chef de religion Cao, vous êtes Européen et vous êtes venu dans ce pays pour y prêcher la religion. Pourquoi n'avez-vous pas cherché à retourner chez vous plutôt que de vous cacher çà et là, et de vous faire arrêter pour être ensuite exposé aux supplices ? Avant qu'on vous eût arrêté, où étiez-vous ? Dites-moi la vérité tout entière, afin que je puisse travailler à votre procès.

— A peine étais-je arrivé dans ce pays où je venais prêcher la religion, que le roi l'a prohibée. Il a aussi défendu à tous les navires étrangers d'aborder au Tonkin, en sorte que, quand même j'aurais voulu m'en aller, je n'aurais pu le faire. Quant aux peuples que j'ai visités, ils appartiennent au roi. Je vous prie d'avoir pitié d'eux et de ne pas m'obliger à les nommer. Je suis entre vos mains, faites de moi ce que vous voudrez ; je demande uniquement à supporter la peine tout seul.

Le magistrat, peu satisfait, commanda :

— Puisque le chef de religion Cao ne veut rien dire, qu'on lui applique trente coups de rotin.

Les satellites plantèrent des pieux auxquels ils atta

chèrent les pieds et les mains du confesseur, ils placèrent une brique sous son ventre et une sous son menton, puis la flagellation commença. Pendant les vingt premiers coups, M. Borie ne donna aucun signe de douleur, quoique le sang coulât; aux dix derniers, il fit entendre quelques gémissements. Après les trente coups, le mandarin dit à l'exécuteur :

— C'est assez, nous perdons notre temps à le frapper.

Puis il demanda au martyr s'il souffrait beaucoup.

— Je suis de chair et d'os comme les autres, répondit le missionnaire, pourquoi serai-je exempt de la douleur? Mais, n'importe, avant comme après la torture, je suis également content.

Le mandarin le fit asseoir et continua :

— Il faut absolument que vous me disiez tout, ne faites pas tant de difficultés.

— Je n'ai rien à ajouter, je vous prie d'avoir pitié du peuple.

De nouvelles instances n'ayant pas obtenu d'autres réponses, les confesseurs furent reconduits en prison.

Dans de nouveaux interrogatoires, M. Borie, sollicité de faire des déclarations plus précises, refusa toujours. Cependant plus tard, par pitié pour Pierre Tu que l'on frappait cruellement et que l'on menaçait de traiter plus rudement encore, si le missionnaire persévérait dans son silence, il désigna quelques-uns des endroits qu'il avait habités. Une lettre de M. Simonin le raconte en ces termes :

« Les mandarins ayant dit que s'il n'avouait quelque chose, on allait frapper son jeune homme jusqu'à ce qu'il avouât tout ou qu'il mourût sous les coups, ce que voyant, M. Borie déclara deux ou trois villages où il avait demeuré en arrivant au Tonkin, mais il eut soin de ne nommer que des personnes mortes, brouillant les dates et les noms. Ces aveux ne compromirent personne. »

Cependant le magistrat trouvait ces déclarations insuffisantes, et dans les interrogatoires suivants, il insista pour que le missionnaire les complétât :

— Pourquoi êtes-vous si entêté ? lui disait-il.

— Mandarin, répondait le prisonnier, mettez-moi à la question tant que vous voudrez, j'y consens volontiers ; mais je ne puis vous en dire plus.

Après quelques instances pour obtenir la profanation de la croix et un billet d'apostasie, le gouverneur ajouta :

— Demain, nous vous appliquerons cent coups de rotin.

— Quand vous m'en feriez donner trois cents, j'y consens ; mais la seule chose que je désire de vous, c'est de ne mettre à la question aucune personne du peuple.

— Vraiment, vous êtes un grand lettré d'Europe et non pas un maître de religion ! Vous ne voulez pas parler maintenant, mais supposons que le roi vous mande à la capitale ; là un grand feu est allumé, les tenailles sont rougies au feu et votre chair arrachée par lambeaux : pourrez-vous l'endurer et vous taire ?

— Mandarin, quand le roi m'appellera, je verrai ; je n'ose présumer de moi-même à l'avance.

Le magistrat, désespérant de vaincre la constance de l'accusé, le fit reconduire en prison, et les pièces du procès furent expédiées à Hué pour y être munies de la sanction royale. L'arrêt condamnait M. Borie à avoir la tête tranchée.

On espérait recevoir prochainement la réponse du prince, mais divers incidents la retardèrent et prolongèrent ainsi la captivité du confesseur. Celui-ci passa ce temps dans la joie, chantant les louanges de Dieu, se préparant à consommer son sacrifice, priant avec ses deux prêtres prisonniers, recevant l'aveu de leurs fautes et leur confiant les siennes.

Il récitait le rosaire en se servant des plumes de son éventail pour compter les *Ave Maria*, car on lui avait enlevé son chapelet; un chrétien, s'en étant aperçu, s'empressa de lui offrir un rosaire, attention dont le prisonnier se montra fort reconnaissant.

Chaque jour il recevait de nombreux visiteurs, et avec tant d'affabilité que les païens, dans l'admiration, répétaient :

— Ce maître a vraiment un cœur fait pour enseigner la religion; si, par la suite, il veut nous instruire, nous embrasserons sa doctrine.

Un prêtre annamite crut pouvoir lui envoyer la sainte communion par un enfant; plaçant le respect du sacrement au-dessus de son désir, le confesseur, craignant une profanation, refusa.

Ce fut pendant sa captivité qu'il reçut les bulles qui le nommaient Vicaire apostolique du Tonkin et évêque d'Acanthe. Une plus glorieuse couronne lui était réservée.

Le 24 novembre, pendant que les prisonniers prenaient leur frugal repas, arriva la ratification du jugement qui condamnait Mgr Borie à avoir la tête tranchée.

Le mandarin lut au condamné sa sentence; celui-ci écouta silencieusement la lecture du décret royal, puis gravement il se leva et prononça ces paroles :

— Depuis mon enfance, je ne me suis encore prosterné devant personne, maintenant je remercie le grand mandarin de la faveur qu'il m'a procurée, et je lui en témoigne ma reconnaissance par cette prosternation.

Et il s'agenouilla; ému de cette grandeur d'âme, le mandarin, les larmes aux yeux, bégaya quelques mots pour refuser cet hommage.

On partit aussitôt pour le lieu de l'exécution. Mgr Borie marchait le premier d'un pas allègre, la cangue au cou et le chapelet à la main.

Un mandarin, qui avait toujours fait preuve de malveillance à l'égard des chrétiens, rencontra le cortège et demanda au confesseur si, à cette heure, il craignait enfin la mort :

— Je ne suis point un rebelle, ni un brigand, pour la craindre, répondit le martyr, je ne crains que Dieu. Aujourd'hui c'est à moi de mourir, demain ce sera le tour d'un autre.

— Quelle insolence ! s'écria l'officier en lançant une imprécation ; qu'on le soufflette.

Dans les rangs, pas un soldat ne bougea ; mais, par délicatesse de cœur ou de conscience, le condamné fit dire à l'insulteur que, si sa réponse avait pu l'offenser, il lui en demandait pardon.

Le supplice des deux prêtres annamites fut prompt, celui de Mgr Borie long et horrible. Le bourreau, très attaché au prisonnier, s'était enivré pour se donner le courage de sa triste besogne, et, d'une main mal affermie, portait ses coups à faux ; le premier atteignit l'oreille et descendit jusqu'à la mâchoire inférieure qu'il entama ; le second enleva la chair du haut des épaules ; le troisième fut mieux dirigé, mais il ne fit point tomber la tête qui ne fut tranchée qu'au septième coup.

> Quot plagis laniatus
> Cœlo tot radiis nites.

Oh oui ! chaque empreinte du fer meurtrier est devenue un rayon de la couronne céleste qui orne pour l'éternité le front du saint missionnaire.

Les trois corps furent inhumés par ordre du mandarin sur le lieu même de l'exécution ; ils ne furent relevés par les chrétiens qu'une année plus tard. Malgré ce long séjour dans une terre humide, ils furent retrouvés en complet état de conservation. On ne parvint pas même à détacher les chairs des os en les plongeant dans la chaux vive ; il fallut les couper.

Quatre ans plus tard, les ossements de Mgr Borie traversèrent les mers et vinrent reposer au Séminaire des Missions-Étrangères ; d'autres les y rejoignirent bientôt, c'étaient les restes précieux de MM. Gagelin et Jaccard et ceux de plusieurs Chinois et Annamites, également mis à mort pour Jésus-Christ.

En même temps, le Séminaire s'enrichissait de cangues et de chaînes, portées par les martyrs pendant leur captivité, de leurs lettres autographes, de leurs vêtements, de nombreux tableaux peints par les Cochinchinois et les Tonkinois, représentant dans tout leur réalisme les supplices des confesseurs.

Ces objets furent réunis dans une modeste chambre qu'on s'accoutuma à désigner sous le nom de Salle des Martyrs, et qui s'ouvrit chaque jour à la dévotion des chrétiens et des aspirants à l'apostolat.

En 1865, un volume, intitulé la *Salle des Martyrs*, fut publié par trois séminaristes des Missions-Étrangères, Louis Beaulieu, un futur martyr de la Corée, Emile Lesserteur, plus tard missionnaire au Tonkin occidental et directeur du Séminaire des Missions-Étrangères, et Henri Blanchard, missionnaire au Coïmbatour.

Il donnait la nomenclature et la description des objets conservés dans la Salle, des notices sur la vie et la mort des martyrs de la Société et de plusieurs Annamites et Chinois, prêtres et laïcs.

Un écrivain de talent délicat et vrai, le comte Anatole de Ségur, visita un jour ce précieux trésor et laissa tomber de sa plume quelques lignes fortement chrétiennes.

« Je plaindrais l'homme, je ne dis pas le chrétien, qui ne se sentirait ému jusqu'au fond du cœur en mettant le pied dans cette chambre où sont réunis les images, les reliques et les souvenirs des saints qui, sortis de cette maison, ont souffert la mort pour l'amour de Jésus-Christ. A la vue de tous les objets sacrés qu'elle renferme et que le regard embrasse du premier coup d'œil, un respect religieux s'empare invinciblement de l'âme : malgré soi, l'on se signe et l'on baisse la voix, comme dans une église.

« J'ai souvent visité cette chambre des martyrs et jamais je n'y suis entré sans une vive émotion, jamais non plus je n'en suis sorti sans en remporter une impression salutaire. Devant les reliques de ces généreux athlètes de Jésus-Christ, qui ne sentirait grandir en soi avec le courage chrétien, l'esprit de sacrifice et de dévouement, et, avec un plus vif amour du devoir, la haine salutaire du mal ?

« Qui oserait se dire qu'il ne préfère pas mille fois le sort des victimes à celui des bourreaux et des persécuteurs ?

« Qui ne rougirait pas des lâchetés du respect humain et ne donnerait à Dieu un peu de l'énergie et de la tendresse d'âme de ces héros qui, après avoir aimé leurs frères jusqu'à tout quitter pour leur salut, ont aimé Jésus-Christ jusqu'à quitter la vie même pour lui ? »

Des objets, ayant appartenu aux martyrs : vêtements, livres, instruments de supplice, étaient également envoyés comme de précieux et chers souvenirs aux conseils de la Propagation de la Foi.

En leur faisant remettre la chaîne du martyr Pierre Thi, Mgr Retord écrivait [1] :

« J'ai pensé qu'une chose pourrait vous être agréable : la chaîne d'un martyr de ma mission, me suis-je dit, sera certainement d'un très grand prix aux yeux des As-

---

[1]. *Ann. de la Prop. de la Foi*, vol. 13, p. 446.

sociés, non seulement comme relique d'un héros de la Foi, mais encore comme témoignage de notre amour pour l'œuvre, et comme monument de l'union fraternelle qui règne entre les chrétiens des deux extrémités du monde.

« Les savants, qui viennent visiter ces plages asiatiques envoient ordinairement à leurs amis d'Europe, des plantes précieuses, des coquillages de forme inconnue, des oiseaux au brillant plumage, mais nous que le Seigneur donne, dans ces derniers temps, en spectacle aux anges et aux hommes, comme des apôtres destinés à la mort, qu'enverrons-nous à nos frères et bienfaiteurs d'outre-mer, sinon des instruments de douleur? sinon les livrées du martyre? Je vous offre donc cette chaîne d'un témoin de Jésus-Christ : puisse-t-elle vous être aussi chère que je le désire!

Une autre fois, il disait encore :

« Messieurs, les guerriers envoient ordinairement à leur patrie les dépouilles et les drapeaux qu'ils ont pris sur l'ennemi. Je n'ai pas moi-même remporté de victoire complète ; je suis encore sur le champ de bataille sans savoir si je serai vainqueur ou vaincu. Mais un jeune soldat, qui combattait sous mes ordres, a triomphé seul de toute la force du tyran et de ses ministres ; il est mort en vrai héros, et je vous envoie quelques-uns de ses trophées glorieux. »

Ce respect pour les souvenirs des martyrs avait sa source dans la vénération pour les témoins de Jésus-Christ, mais également dans le désir d'être un jour appelé au même bonheur.

« Il me semble, disait M. Gauthier[1], que j'entrerais volontiers dans la cage, et que la vue des bourreaux avec leurs tortures serait pour moi un agréable spectacle.

---

1. *Bulletin des Missions catholiques* 1878, p. 236.

« Oui ! mon cœur tressaillirait de joie à la vue des haches qui devraient me couper en morceaux ! En vérité, cette parole du divin Maître ; *Qui perdiderit animam suam propter me, salvam faciet illam ;* cette promesse est comme un rempart où viennent se briser toutes les forces de l'enfer. »

Et plus tard, Retord s'écriera :

> De Jésus que l'amer calice
> Abreuve mon dernier soupir !
> Que je succombe dans la lice
> Martyr, martyr, martyr !

Le souverain pontife Grégoire XVI ne laissa pas passer tant de générosité sans la louer, et dans un bref du 4 août 1839, adressé aux fidèles persécutés, il disait en parlant des évêques et des prêtres de la Société au Tonkin et en Cochinchine[1] :

« Considérez les illustres exemples de vos chefs, qui, afin de remplir plus dignement leur devoir de pasteurs, n'ont pas hésité à donner leur vie pour vous, et imitez-les. »

VII

Ces éloges qui étaient des encouragements pouvaient également s'adresser à tous les membres de la Société, car si tous ne répandaient pas leur sang pour la foi, tous souffraient et dépensaient leur vie pour la cause de l'Église : ceux qui luttaient contre les envahissements des Portugais, aussi bien que ceux qui avaient à déjouer les ruses des mandarins chinois et à soutenir leurs chrétiens dans les vexations mesquines mais incessantes, qu'on leur faisait subir au Su-tchuen, au Yun-nan et au Kouy-tcheou. Heureusement, la Société reformait ses rangs et

---

1. Arch. M.-É., vol. 297.

pouvait envoyer de plus nombreux apôtres dans les Vicariats apostoliques qui lui étaient confiés.

Le Su-tchuen en particulier, si douloureusement et si cruellement éprouvé par la mort de Mgr Dufresse et par la persécution qui suivit, avait, de 1820 à 1838, reçu douze missionnaires, parmi lesquels nous comptons Imbert[1], le futur Vicaire apostolique de Corée, Verrolles[2], que la Propagande placera bientôt à la tête de la mission de Mandchourie, Ponsot[3], qui deviendra Vicaire apostolique du Yun-nan, Voisin[4], qui mourra directeur au Séminaire des Missions-Étrangères, Renou[5], le premier missionnaire du Thibet, Delamarre[6], le futur interprète du baron Gros pour les traités de Tien-tsin et de Pékin, et traducteur des Annales chinoises de la dynastie des Ming, Desflèches[7], qui gouvernera pendant 39 ans une partie de la province du Su-tchuen, en qualité d'abord de coadjuteur et ensuite de Vicaire apostolique.

Chaque année, un ou deux d'entre eux passaient dans les provinces du Yun-nan et du Kouy-tcheou, pour y administrer les sacrements aux chrétiens, et essayer de faire pénétrer la foi parmi la population païenne. Leurs efforts étaient souvent paralysés par la persécution, violente ou sourde, mais presque continuelle.

Parlant de la situation de son Vicariat, Mgr Fontana écrivait le 16 septembre 1835[8] :

---

1. Du diocèse d'Aix, parti en 1820 évêque de Capse et Vicaire apostolique de la Corée en 1837, décapité en 1839.
2. Du diocèse de Bayeux, parti en 1830, évêque de Colombie et Vicaire apostolique de la Mandchourie en 1840, mort en 1878.
3. Du diocèse de Besançon, parti en 1830, évêque de Philomélie et Vicaire apostolique du Yun-nan en 1843, mort en 1880.
4. Du docèse d'Annecy, directeur au Séminaire des Missions-Etrangères en 1832, missionnaire au Su-tchuen, directeur au Séminaire en 1834, mort en 1877.
5. Du diocèse d'Angers, parti en 1838, mort en 1863.
6. Du diocèse de Rouen, parti en 1835, mort en 1863.
7. Du diocèse de Grenoble, parti en 1838, mort en 1887.
8. *Ann. de la Prop. de la Foi*, vol. 9, p. 448-452.

« La violente persécution qui avait été suscitée contre les chrétiens de la province du Kouy-tcheou est enfin parvenue à son terme ; plusieurs de ces chrétiens ont courageusement confessé la Foi et avec une persévérance vraiment admirable, en présence des mandarins et d'un grand nombre d'idolâtres. Parmi ces confesseurs, vingt-quatre ont été condamnés à l'exil et déportés en Tartarie ; deux ont eu le bonheur de subir le martyre : l'un a été étranglé comme prédicateur de la Religion, parce que dans le prétoire, en face même du gouverneur et des autres mandarins, il avait hautement exhorté les chrétiens à ne point renier leur Foi ; l'autre a expiré dans la prison, après avoir enduré avec patience de longs et douloureux tourments. Ici, dans notre province du Su-tchuen, nous n'avons pas eu à déplorer de semblables malheurs. En plusieurs lieux, les mandarins se soucient même fort peu de se mêler des affaires des chrétiens, et surtout de celles des missionnaires ; ils savent bien qu'en poussant les choses à bout, il en résulterait de graves inconvénients pour eux ; le moindre serait la perte de leurs emplois pour avoir manqué de vigilance, en laissant un Européen s'introduire dans leurs provinces.

« Malgré cela, les dénonciations des apostats, les vexations des satellites et des agents subalternes, toujours prêts à chercher querelle aux chrétiens pour leur extorquer de l'argent, quelquefois aussi, la haine de certains gouverneurs de provinces, ne laissent pas d'occasionner de temps à autre des persécutions locales. M. Mariette [1] a été arrêté et remis aussitôt en liberté, moyennant une somme de trente taëls, que les chrétiens ont donnée aux satellites pour sa rançon, et pour se délivrer eux-mêmes des vexations violentes qu'ils n'auraient pu éviter, si un

---

1. Du diocèse de Bayeux, parti en 1830, mort en 1843.

missionnaire européen avait eu à comparaître dans le prétoire.

Le 24 octobre 1836 mourut le vétéran de la mission du Su-tchuen, M. Escodéca de la Boisonnade, parti pour l'Extrême-Orient en 1800, à l'âge de 40 ans.

« Ce vénérable missionnaire [1] avait beaucoup travaillé et beaucoup souffert pour étendre le règne de Jésus-Christ dans ces malheureux pays. S'il n'a pas eu la gloire de porter les chaînes, il n'a pas laissé pour cela d'éprouver plusieurs fois de rudes traitements pour l'amour du divin Maître. Depuis dix ans et plus, il était retiré dans les froides et stériles montagnes de Tong-tchang-ho. Là, ne pouvant plus, à cause de son grand âge, se livrer aux occupations actives de la mission, il partageait son temps entre la prière et le travail des mains. Comme un autre Antoine, il défrichait chaque jour quelque coin de terre ingrate et rocailleuse, et vivait comme les pauvres habitants du lieu. Il jeûnait tous les vendredis, ne buvait jamais de vin, ne mangeait pas même de riz, sinon aux grandes fêtes, et portait des habits très grossiers. Le peu qu'il avait était le patrimoine des indigents, avec lesquels il était toujours empressé de le partager. » Mgr Fontana, qui rendait cet hommage à son plus ancien compagnon d'armes, allait bientôt lui aussi se coucher dans la tombe, il mourut le 11 juillet 1838, et Mgr Pérocheau, en annonçant cette nouvelle, ajoutait :

« Nous venons de perdre un saint prélat qui nous édifiait tous par sa piété, il ne croyait pas avoir fait son devoir quand il n'avait accompli dans une journée que ses exercices ordinaires de piété, il voulait toujours les augmenter en récitant beaucoup de prières de surérogation. Les chrétiens l'aimaient beaucoup, et ils le déli-

---

1. *Ann. de la Prop. de la Foi*, vol. 11, p. 187.

vrèrent plusieurs fois des mains des satellites en payant à son insu de grosses sommes d'argent. »

Avec Mgr Fontana et M. Escodéca disparaissaient du Su-tchuen les derniers représentants de la génération apostolique, qui avait tant souffert de la disette de prêtres et de la grande persécution de 1814.

Telles étaient dans la courte période qui va de 1836 à 1839 les péripéties de l'existence de la Société des Missions-Étrangères, aux Indes, la lutte contre les prétentions des Portugais, en Annam, les souffrances et le courage des martyrs, en Chine une vie obscure dans une atmosphère de malveillance continuelle ; partout le travail d'évangélisation et d'administration des chrétiens qui se résume en ces chiffres pour les années 1836, 1837 et 1838 : 5,540 baptêmes d'adultes, 225,000 baptêmes d'enfants de païens à l'article de la mort, des millions de confessions et de communions, belle gerbe offerte au Père de famille, au dispensateur souverain des grâces et des bénédictions, qui font vivre et prospérer les Sociétés vouées à son service.

CHAPITRE II
1839-1842

I. Les martyrs en Corée. — Mgr Imbert. — Etat général de la mission de Corée. — Persécution. — L'évêque est trahi, il ordonne à ses missionnaires de se livrer. — Obéissance de Maubant et de Chastan. — II. Appréciation de la conduite de Mgr Imbert. — Martyre de l'évêque et de ses prêtres. — III. Décret pour l'introduction de la Cause de Béatification de plusieurs martyrs. — Persécution en Cochinchine et au Tonkin. — Arrestation de M. Delamotte. — Sa mort en prison. — Ambassade annamite en France. — Mort de Minh-mang. — Thieu-tri. — Arrestation de MM. Berneux, Galy, Charrier. — IV. Expédition de MM. Miche et Duclos chez les Moïs. — Leur emprisonnement. — Leurs interrogatoires. — Leur délivrance. — Jugement porté sur eux par un officier de l'*Héroïne*. — Jugement des directeurs du Séminaire sur l'intervention française dans les Missions. — Augmentation des aspirants à l'apostolat. — M. François Albrand. — V. Développement des études au Séminaire des Missions-Étrangères. — La Mandchourie confiée à la Société. — Détails sur ce pays. — Mgr Verrolles et ses prédications en faveur de la Propagation de la Foi. — VI. Division du Vicariat apostolique de Siam, Singapore. — Travaux de M. Albrand à Singapore. — Mgr Courvezy. — MM. Chopard et Beaury aux Iles Nicobar. — L'isolement des missionnaires a toujours été une exception, il n'existe plus. — VII. Mgr Pallegoix et ses travaux. — Evangélisation des Chinois par M. Albrand. — Expédition de Grandjean et de Vachal dans le Laos et le Siam septentrional.

I

Dans ses lettres à son disciple Timothée, saint Paul a écrit : « Je vous recommande ceci : que vous combattiez « le bon combat. Veillez et ne vous refusez à aucun « travail, faites l'ouvrage d'un évangéliste, remplissez « votre ministère. » La Société des Missions-Étrangères semble avoir reçu cette parole comme le mot d'ordre de son existence entière, mais plus spécialement de sa vie pendant le XIXᵉ siècle. Ses combats deviennent partout plus terribles, ses travaux plus ardus, son ministère plus laborieux. Le sang de ses prêtres coule en Cochinchine et au Tonkin, il coule également en Corée, dans cette nouvelle mission, qui depuis huit ans seulement a grossi son héritage.

Le premier évêque, Bruguière, était mort aux portes de son Vicariat apostolique; plus heureux, deux de ses prêtres y étaient entrés : Maubant et Chastan. Un chef leur était nécessaire, Rome l'avait choisi.

Lorsque les missionnaires du Su-tchuen apprirent que la Propagande confiait la Corée à la Société, un d'entre eux, Laurent Imbert, offrit de s'y consacrer. Sa proposition ne fut pas acceptée, parce qu'il semblait plus utile au Su-tchuen. Mais à la mort de Mgr Bruguière, on songea à lui pour prendre en main la direction de la mission.

L'enfance et la jeunesse d'Imbert méritent d'être racontées, elles se distinguent par la piété, la générosité, l'activité. Il naquit le 15 avril 1797 à Cabriès[1], à deux ou trois lieues d'Aix, en Provence. Ses parents, très pauvres, ne pouvaient lui donner aucune instruction. À l'âge de huit ans, Imbert, ayant trouvé un sou dans la rue, achète un alphabet, et muni de son livre, va trouver une bonne vieille, sa voisine, pour lui demander le nom des lettres. Cette digne femme s'empresse de le satisfaire; l'enfant écoute, répète, et repasse ce qu'il a appris, retourne fréquemment chez sa maîtresse improvisée, et bientôt il sait lire. Puis son ambition croissant avec ses progrès, il prend un morceau de charbon et copie sur les murs les lettres de son livre. Touchée de tant d'ardeur, la bonne maîtresse fait don à son élève

---

[1]. Plus exactement à Marignane où ses parents se trouvaient de passage, mais ils habitaient le hameau de Calas, commune de Cabriès.

d'une plume et d'un cahier sur lequel elle avait tracé les caractères de l'écriture cursive. C'est ainsi que Laurent apprit à lire et à écrire.

Son curé, un de ces prêtres qui sont les meilleurs recruteurs du clergé, remarqua ses dispositions, lui donna quelques leçons de grammaire et le fit entrer à Aix, dans une maison d'éducation tenue par des Frères, sous le patronage de Mgr de Cicé, un nom connu des Missions-Étrangères. Imbert fut reçu gratuitement à Saint-Joachim, il devait payer seulement ses vêtements et les fournitures classiques. Son père n'étant pas même en état de suffire à cette petite dépense, le curé de Cabriès vint à son aide; il n'eut pas longtemps à supporter cette charge : l'enfant avait le cœur très haut et le courage très grand.

Ayant vu les Frères de la maison confectionner des chapelets, il voulut faire comme eux. Pendant ses récréations, pendant ses moments libres, en allant au collège et en revenant à la maison, il avait toujours le fil de fer roulé autour du bras et les pinces à la main, et ses condisciples ne se souviennent pas de l'avoir vu jouer une seule fois. Il vendait ses chapelets, et avec le prix, il payait ses livres, ses cahiers, ses vêtements; le surplus, car il savait trouver du surplus, il l'envoyait à son père déjà avancé en âge.

Ce travail manuel ne l'empêcha pas de faire de sérieuses études et d'être fidèle à tous ses exercices de piété. Ses humanités terminées, il obtint le grade de bachelier ès lettres, et entra au grand séminaire d'Aix. Déjà il avait formé dans son cœur la résolution d'aller prêcher la foi aux infidèles. Pour endurcir son corps aux fatigues de l'apostolat, il s'imposait diverses privations, s'exposait au froid et à la chaleur, et vivait dans une mortification continuelle.

En 1818, il entra au Séminaire des Missions-Étrangères et s'embarqua en 1820 pour le Su-tchuen, où il fut chargé de la direction du collège de Mo-pin. Les qualités de l'enfant s'étaient développées dans le jeune prêtre, comme en témoigne ce portrait que traça de lui son évêque, Mgr Fontana [1] :

« Il parle bien la langue de la Chine, et il connaît assez bien les caractères chinois; il est d'un bon caractère, doux, affable, gai, courageux : il a l'expérience du saint ministère qu'il a exercé douze ans avec zèle et succès dans ce vicariat du Su-tchuen. Il est âgé seulement de quarante-deux ans, et il a beaucoup de facilité pour apprendre les langues étrangères. Sa santé n'est pas fort robuste, ce qui serait très désirable pour supporter les fatigues des voyages et autres incommodités; cependant, dans ces dernières années, il se porte beaucoup mieux qu'auparavant, et il est persuadé que Dieu lui a donné une force plus grande, pour qu'il aille en Corée. La vie active et les voyages paraissent mieux convenir à sa santé que la vie sédentaire et l'application à l'étude. »

Tel était le nouveau pasteur de la Corée, qui reçut le titre d'évêque de Capse, le même qu'avait porté Mgr Bruguière.

Plus heureux que son prédécesseur, Imbert put entrer dans sa mission, et lui donner un regain de vie chrétienne.

Ses travaux, dès le début, couronnés de succès, ne furent pas accomplis sans de pénibles et continuels efforts.

« Chaque jour, écrivait-il [2], je me lève à deux heures et demie. A trois heures, j'appelle les gens de la maison pour la prière, et à trois heures et demie commencent

---

[1]. *Histoire de l'Église de Corée*, vol. 2, p. 121.
[2]. *Id.* vol. 2, p. 123.

les fonctions de mon ministère, par l'administration du baptême s'il y a des catéchumènes, ou par la confirmation ; viennent ensuite la sainte messe, la communion, l'action de grâces. Les quinze à vingt personnes qui ont reçu les sacrements peuvent ainsi se retirer avant le jour ; dans le courant de la journée, environ autant entrent, un à un, pour se confesser, et ne sortent que le lendemain matin après la communion. Je ne demeure que deux jours dans chaque maison où je réunis les chrétiens, et avant que le jour paraisse, je passe dans une autre maison. Je souffre beaucoup de la faim, car après s'être levé à deux heures et demie, attendre jusqu'à midi un mauvais et faible dîner d'une nourriture peu substantielle, sous un climat froid et sec, n'est pas chose facile. Après le dîner, je prends un peu de repos, puis je fais la classe de théologie à mes grands écoliers, ensuite j'entends encore quelques confessions jusqu'à la nuit. Je me couche à neuf heures sur la terre couverte d'une natte et d'un tapis de Tartarie ; en Corée, il n'y a ni lits, ni matelas. J'ai toujours, avec un corps faible et maladif, mené une vie laborieuse et fort occupée ; mais ici je pense être parvenu au superlatif et au *nec plus ultra* du travail. Vous pensez bien qu'avec une vie si pénible nous ne craignons guère le coup de sabre qui doit la terminer. »

Le courageux évêque venait d'écrire une prophétie ; on aurait cependant hésité à y ajouter foi, car en ce moment, de beaux jours semblaient se lever pour l'Église de Corée ; son horizon, si longtemps assombri par le délaissement et la persécution, s'éclaircissait rapidement, et tout lui promettait la paix et la prospérité. L'entrée successive des deux missionnaires européens, la présence d'un évêque, leurs travaux, leurs visites annuelles à toutes les chrétientés, l'administration régulière des sacrements, avaient relevé le moral des néophytes, consolé les bons, raffermi les chancelants, réconcilié les pécheurs, ramené les transfuges et donné à la propagation de l'Évangile un nouvel et vigoureux essor. De nombreux païens, quelques-uns très influents, embrassaient la foi, ou au moins apprenaient à la connaître.

Des jeunes gens et de vertueux chrétiens étaient préparés au sacerdoce, car Mgr Imbert, pénétré du but et des traditions de la Société, s'occupait du clergé indigène, et à l'exemple de Mgr de la Motte Lambert et des premiers Vicaires apostoliques, il avait choisi des sujets d'un âge mûr et leur avait enseigné la théologie.

La démission du régent depuis longtemps fatigué et malade changea la face des choses. Le régent avait pour la religion catholique une sympathie vraie ; bien des fois il avait arrêté la persécution prête à éclater ; sa retraite fit passer le pouvoir exécutif aux mains de Ni-Tsi-en-i, ennemi acharné des chrétiens.

La rancune des grands personnages, l'avidité des mandarins subalternes et de leurs satellites, toutes les mauvaises passions, qui en pareil cas se groupent instinctivement au service de l'enfer, n'attendaient que ce signal.

Bientôt la présence des trois prêtres européens ne fut plus ignorée de personne. Un décret de prise de corps fut porté contre eux par le gouvernement, et une grosse récompense promise à qui les arrêterait. Un faux frère, Kim-le-saing-i, s'offrit à les livrer, si on lui donnait les hommes nécessaires, ce qui fut accepté avec joie.

Cependant, prévoyant bien que l'évêque et les deux missionnaires, s'ils n'étaient vendus, pourraient braver longtemps ses recherches, il résolut d'employer la ruse. C'est d'ailleurs l'arme favorite des traîtres, Kim était dans son rôle. — Il partit pour la province, alla visiter quelques-uns de ses anciens amis chrétiens et leur annonça les grandes choses, qui, suivant lui, se passaient à Séoul.

« A la capitale, leur dit-il, nos frères les plus éclairés ont développé les vérités de la religion devant les mandarins. Par la grâce de Dieu, les magistrats, les ministres eux-mêmes ont ouvert les yeux, et si l'Évangile leur est convenablement expliqué, tous sont disposés à le recevoir. Le temps de la liberté est enfin arrivé, et quand l'évêque ou les prêtres se présenteront, toute la cour va certainement se faire chrétienne. Je suis porteur d'une lettre de Paul T'eng pour l'évêque : indiquez-moi donc où il est. » Deux néophytes, trompés par ces paroles, dirent que probablement André Tsieng connaîtrait sa demeure, et le traître, suivi des satellites, se fit conduire immédiatement chez ce dernier.

Celui-ci, en effet, connaissait l'asile de l'évêque. Il était très bon chrétien, malheureusement sa simplicité passait toutes les bornes. Le récit de Kim, qu'il ne songea nullement à mettre en doute, le transporta de joie. Cependant, afin de ne pas se compromettre, après y avoir songé toute la nuit, il dit qu'il irait seul aux informations. Pressé de se laisser accompagner par le traître et ses soldats déguisés en ouvriers et en paysans, il y consentit ; à mi-route, il eut quelques vagues soupçons, repoussa les soldats, refusa de marcher s'ils l'accompagnaient, et partit avec Kim seulement ; celui-ci s'arrêta à quelques lys de la résidence de l'évêque, et André alla trouver Mgr Imbert, auquel il raconta ce qui l'était passé : « Mon fils, lui dit le prélat, tu as été trompé par le diable. » Puis réfléchissant que le traître était presque à la porte, que la fuite était devenue impossible et ne servirait qu'à faire torturer les chrétiens qui, consternés, l'entouraient et le suppliaient de leur sauver la vie, il prit la résolution de se livrer. Ces faits se passaient dans la nuit du 10 août. Le matin, l'évêque célébra la messe pour la dernière fois, et écrivit à Maubant et à Chastan la lettre suivante :

« J. M. J. 11 août. Mes chers confrères, Dieu soit béni! et que sa très sainte volonté soit faite! Il n'y a plus moyen de reculer. Ce ne sont plus les satellites qu'on envoie à notre recherche, mais les chrétiens. André Tsieng est arrivé à une heure après minuit. On lui a raconté les plus belles merveilles, et le pauvre homme a promis de m'appeler. Cependant cachez-vous bien jusqu'à nouvel avis, si je puis vous en donner. Priez pour moi.

« Laurent-Joseph-Marie IMBERT, *évêque de Capse.* »

Il se mit alors en marche pour se rendre au lieu ou le traître attendait. A quelque distance plus loin, il rend contra les cinq satellites, et obtint d'eux que le pauvre André, qui voulait le suivre, fût renvoyé dans sa famille. En route, il annonça la parole de Dieu à ses gardes et à une vingtaine d'autres personnes, que la curiosité attira sur son passage.

Il fut de suite dirigé vers la capitale. Arrivé aux portes de Séoul, il fut lié de la corde rouge, dont on se sert pour garrotter les criminels d'État, et remis entre les mains du grand juge, qui l'enferma d'abord dans la prison des voleurs. Les interrogatoires commencèrent immédiatement. On fit subir au captif le supplice de la courbure des os, pour qu'il dénonçât la retraite des autres Européens, puis on lui demanda : « Pourquoi êtes-vous venu ici? — Pour sauver les âmes. — Combien avez-vous instruit de personnes? — Environ deux cents — Reniez Dieu. » A cette parole, l'évêque, frémissant d'horreur, éleva fortement la voix et répondit : « Non, je ne puis renier mon Dieu. » Comprenant qu'il n'obtiendrait rien, le juge le fit bâtonner et reconduire en prison.

La ruse avait réussi une première fois, les satellites essayèrent de l'employer une seconde pour se saisir des autres missionnaires; leurs projets furent déjoués, et les deux chrétiens, auxquels ils s'adressèrent, s'échappèrent l'un après l'autre, sans leur avoir donné le moindre renseignement.

L'héroïsme de l'évêque et des missionnaires allait d'ailleurs les aider mieux que les policiers les plus habiles. Convaincu que la persécution cesserait ou du moins se calmerait par l'arrestation de tous les Européens, Mgr Imbert eut, comme autrefois Mgr de Saint-Martin, la sublime inspiration d'ordonner à ses deux prêtres de se livrer. Il leur écrivit un court billet contenant ces seuls mots : « Le bon pasteur donne sa vie pour ses brebis; « si vous n'êtes pas encore partis en barque, venez avec « l'envoyé Son-kie-tsong. » C'était le nom d'un capitaine de satellites, qui, à la tête de plus de cent hommes, venait saisir les missionnaires. M. Maubant reçut le premier cette lettre, la transmit à M. Chastan et tous les deux obéirent.

Avant de se remettre aux mains des bourreaux, ils adressèrent chacun une lettre aux chrétiens qu'ils avaient évangélisés, pour les consoler, les affermir dans la foi, et eur faire les diverses recommandations réclamées par les circonstances. Sur ces entrefaites, arriva une seconde lettre de Mgr Imbert. C'était la répétition de la première. « J'ai possédé nombre d'années, écrit Mgr Verrolles, ce précieux autographe que je gardais dans mon diurnal; un pieux larcin, fait par une main inconnue, m'en a privé. Il était en latin, et ainsi conçu : « *In extremis bonus pastor dat vitam pro ovibus; undè si nondum profecti estis, venite cum præfecto Son-kie-tsong, sed nullus christianus vos sequatur.* Imbert, *Episcopus Capsensis*. —

_____
1. *Hist. de l'Égl. de Corée*, vol. 2, p. 181.

Dans les cas extrêmes, le bon pasteur donne sa vie pour ses brebis ; si donc vous n'êtes pas encore partis, venez avec l'officier Son-kie-tsong, mais qu'aucun chrétien ne vous suive. »

II

« Cette double démarche de Mgr Imbert de se livrer lui-même, et de donner à ses missionnaires l'ordre de se livrer, a été différemment appréciée, a écrit M. Dallet, et il est assez difficile, humainement parlant, de porter un jugement sur un acte de cette nature, que les diverses circonstances de temps et de lieu peuvent seules expliquer complètement. Il est certain, en règle générale, que l'on ne peut pas s'offrir de soi-même aux persécuteurs, surtout quand une chrétienté tout entière doit, en conséquence, se trouver sans pasteur, abandonnée à la rage des bourreaux ; mais il est certain aussi que plusieurs fois, depuis l'origine de l'Église, l'esprit de Dieu a inspiré à ses fidèles serviteurs des résolutions semblables, contraires en apparence à toutes les règles de la prudence chrétienne. »

Voici sur cette question la réponse du promoteur de la foi, dans l'introduction de la Cause de ces martyrs.

« L'évêque pouvait-il écrire à ses missionnaires un ordre ou une invitation de se livrer eux-mêmes, lorsqu'il savait de science certaine qu'ils seraient martyrisés ? Les missionnaires pouvaient-ils, devaient-ils obéir à un tel ordre, ou suivre un tel conseil, avec la prévision d'être infailliblement envoyés à la mort ? C'est à Vos Eminences qu'il appartient de juger la question. Pour moi, il me semble que le cas ne présente aucune difficulté, quand on se rappelle les circonstances très graves dans lesquelles ils se trouvaient. La persécution sévissait avec rage. Tous, magistrats, juges, mandarins, peuple, connaissaient la présence de trois Européens en Corée. C'était surtout pour découvrir leur retraite et s'emparer d'eux, que l'on arrêtait et que l'on martyrisait les chrétiens dont un grand nombre, incapables de résister aux tortures, tombaient misérablement dans l'apostasie. En un mot, on pouvait raisonnablement supposer qu'à cause d'eux seulement, la persécution était si terrible, qu'eux découverts, arrêtés et mis à mort, elle serait à tout le moins très diminuée. Dans un tel état de choses, il me semble qu'ils auront dit comme Jonas (c. I, v. 12) : *Prenez-moi et jetez-moi à la mer, et la mer se calmera... car c'est à cause de moi que s'est élevée cette violente tempête.* Je crois donc que l'ordre ou le conseil donné par l'évêque n'a été ni imprudent, ni digne de blâme, que l'obéissance des missionnaires a été héroïque, et que tous les trois se sont sacrifiés volontairement pour obtenir la cessation, ou au moins une sensible diminution d'une aussi épouvantable calamité. En un mot, ils se sont sacrifiés pour le salut du prochain, ils ont mis en pratique cette parole du Seigneur Jésus-Christ, dans saint Jean (c. XI, v. 13) : *Personne n'a un plus grand amour que de donner sa vie pour ses amis.* »

Mgr Bonnand avait bien saisi et admirablement exprimé ce côté de la conduite des missionnaires de la Corée, lorsqu'apprenant leur martyr, il s'était écrié[1] :

« J'en viendrai à la grandeur d'âme de ce pasteur, de cet évêque, digne des anciens jours, qui a eu non seulement la générosité de se sacrifier lui-même pour ses brebis, mais de joindre encore à son holocauste celui des deux apôtres qu'il s'était chargé de guider au combat. Je me prosternerai, dans ma profonde admiration, devant son dévouement, et devant celui de ses dignes missionnaires, qui ont ainsi reçu, en un jour, avec la

---

1. *Ann. de la Prop. de la Foi*, vol. 16, p. 284.

palme du martyre, la triple couronne de la foi, de l'obéissance et de la charité ; dévouement que rien dans les temps anciens ou modernes n'a jamais surpassé en héroïsme, que l'exemple d'un Dieu se livrant lui-même pour le salut du monde pouvait seul inspirer, et devant lequel ma misère s'humilie et s'anéantit. »

C'est dans ce sens que le souverain Pontife, Pie IX, a tranché la question, le 23 septembre 1857, en déclarant Vénérables Mgr Imbert et ses deux prêtres.

La seconde invitation de leur évêque à peine reçue, les missionnaires se hâtèrent d'adresser au cardinal Fransoni, préfet de la Sacrée Congrégation de la Propagande, une courte relation de l'état du Vicariat, et de l'administration des sacrements. On y lit ces mots : « Nombre des chrétiens, environ dix mille ; baptêmes, douze cents ; confirmations, deux mille cinq cents ; confessions, quatre mille cinq cents ; communions, quatre mille ; mariages, cent cinquante ; extrêmes-onctions, soixante ; catéchumènes se préparant au baptême, six cents. — Aucun d'entre nous n'a pu éviter la persécution ; bien plus, vu la nécessité présente, notre pasteur et père, le Vicaire apostolique, nous ayant invités à nous rendre en prison, nous allons nous constituer prisonniers aujourd'hui, 6 septembre 1839. Que la grâce de Dieu et la patience de notre Sauveur soient toujours avec nous ! »

Ensuite, inspirés par ce grand esprit d'union fraternelle et de sainte charité qui distingue, depuis son origine, la Société des Missions-Étrangères, ils écrivirent à tous les membres de la Société, ces quelques lignes d'adieux [1] :

---

1. *Hist. de l'Égl. en Corée*, vol. 2, p. 182.

« Corée, 6 septembre 1839.

« J. M. J.

« Messeigneurs, Messieurs et chers Confrères,

« La divine Providence qui nous avait conduits, à travers tant d'obstacles, dans cette mission, permet que la paix dont nous jouissions, soit troublée par une cruelle persécution. Le tableau qu'en a tracé Mgr Imbert, avant son entrée en prison, et qui vous sera envoyé avec ces lettres, vous en fera connaître la cause, la suite et les effets.

« Aujourd'hui 6 septembre, est arrivé un second ordre de Monseigneur de nous présenter au martyre. Nous avons la consolation de partir après avoir célébré une dernière fois le saint sacrifice. Qu'il est consolant de pouvoir dire avec saint Grégoire : *Unum ad palmam iter, pro Christo mortem appeto.* Il n'est pour moi qu'un chemin vers la palme, je désire la mort pour le Christ. » Si nous avons le bonheur d'obtenir cette belle palme, *quæ dicitur suavis ad gustum, umbrosa ad requiem, honorabilis ad triumphum*, que l'on dit suave au goût, ombreuse pour le repos, honorable pour le triomphe » ; rendez-en pour nous mille actions de grâces à la divine bonté, et ne manquez pas d'envoyer au secours de nos pauvres néophytes, qui vont de nouveau se trouver orphelins. Pour encourager nos chers confrères, qui seront destinés à venir nous remplacer, nous avons l'honneur de leur annoncer que le premier ministre Ni, actuellement grand persécuteur, a fait faire trois grands sabres pour couper des têtes. Si quelque chose pouvait diminuer la joie que nous éprouvons à ce moment du départ, ce serait de quitter ces fervents néophytes, que nous avons eu le bonheur d'administrer pendant trois ans, et qui nous aiment comme les Galates aimaient saint Paul. Mais nous allons à une trop grande fête, pour qu'il soit permis de laisser entrer dans nos cœurs des sentiments de tristesse. Nous avons l'honneur de recommander ces chers néophytes à votre ardente charité.

« Agréez nos humbles adieux, etc., etc...

« Jacques-Honoré Chastan.
« Pierre-Philippe Maubant. »

Après avoir ainsi tout disposé, fait leurs recommandations à leurs chrétiens, rendu compte de leur administration à leur chef, le cardinal préfet de la Propagande, et légué leur glorieux héritage à leurs confrères, les généreux missionnaires se pressèrent d'aller rejoindre les satellites. Arrivés à la ville de Hong-tsiou, ils furent enchaînés, puis conduits à cheval, à la capitale; là, ils furent remis entre les mains du grand juge criminel, et réunis à leur évêque. Quelle satisfaction pour ces cœurs de prêtres et d'apôtres, de se trouver ensemble dans les fers pour le nom de Jésus-Christ! Le lendemain, le grand juge criminel, déployant un appareil formidable, traduisit à sa barre les trois Européens et leur dit : « Qui vous a logés? D'où est venu l'argent que vous avez? Qui vous a envoyés? Qui vous a appelés? » Ils répondirent : « C'est Paul Tieng qui nous a logés. L'argent à notre usage, nous l'avons apporté avec nous. Nous avons été envoyés par le Souverain Pontife, chef de l'Église, et les Coréens nous ayant appelés pour secourir leurs âmes, nous sommes venus ici. » Ces réponses leur attirèrent une rude bastonnade qui fut renouvelée trois jours de suite.

Ils furent ensuite invités à quitter la Corée : « Retournez maintenant dans votre patrie, » leur dit le juge. — « Nous ne voulons pas, répondirent-ils, nous sommes venus pour le salut des âmes des Coréens, et nous mourrons ici sans regret. » Reconduits à leur cachot, ils y furent pendant quelque temps gardés à vue jour et nuit ; transférés au Keum-pou, prison des dignitaires et des criminels d'État, ils subirent de nouveaux interrogatoires devant les principaux ministres ; ils furent condamnés à mort, et leur exécution fut fixée au 21 septembre.

Le jour venu, on les conduisit au supplice, en dehors de Séoul, en un lieu nommé Sai-nam-to, non loin du fleuve Han-kang, qui traverse la capitale. A l'endroit fixé, on avait planté un pieu au sommet duquel flottait un étendard, portant la sentence de mort. A peine arrivés, les condamnés sont dépouillés de leurs vêtements ; les soldats leur attachent les mains devant la poitrine, leur passent sous les bras de longs bâtons, leur enfoncent deux flèches de haut en bas à travers les oreilles, et, leur jetant de l'eau au visage, les saupoudrent d'une poignée de chaux ; six hommes saisissent ensuite des bâtons, font faire trois fois aux martyrs le tour de la place, pour les livrer aux dérisions et aux grossières moqueries de la foule. Enfin on les fait mettre à genoux, et une dizaine de soldats courent autour d'eux le sabre au poing, simulant un combat, et leur déchargent en passant, chacun un coup de sabre.

M. Chastan, ayant reçu un premier coup qui lui effleura simplement l'épaule, se leva instinctivement et retomba aussitôt à genoux. Mgr Imbert et M. Maubant restèrent immobiles jusqu'au coup mortel.

Un soldat prit les têtes qui roulaient à terre, les posa sur une planche, et les présenta au mandarin. La justice coréenne était satisfaite et le catholicisme solidement implanté en Corée. Les Coréens pensaient peut-être le contraire, bien des sages partagent leurs idées, et cependant rien n'est plus vrai ; l'histoire de l'Église n'est-elle pas un défi à la sagesse humaine?

Non seulement le martyre des trois missionnaires devait attirer sur leurs successeurs et sur leurs fidèles les bénédictions du ciel, mais encore il manifestait aux païens et aux chrétiens la foi des prédicateurs dans l'Évangile qu'ils enseignaient, il mettait leurs actes en harmonie avec leurs paroles, et prouvait aux néophytes l'obéissance qu'ils devaient avoir aux préceptes du catholicisme.

Hâtons-nous d'ajouter que cet exemple ne fut pas perdu, et que la constance des chrétiens en ce pays compte parmi les beaux triomphes de l'Église de Dieu.

III

La nouvelle de la mort de Mgr Imbert et de ses deux compagnons n'était pas encore parvenue en Europe, que la Société des Missions-Étrangères avait déjà reçu une récompense du dévouement de ses premiers martyrs en Annam.

Le 19 juin 1840, le Souverain Pontife avait signé le décret pour l'introduction de la Cause de Béatification et Canonisation des Vénérables serviteurs de Dieu, Pierre Dumoulin-Borie, François Jaccard, François Gagelin, Joseph Marchand, Charles Cornay, de plusieurs prêtres indigènes, de catéchistes et de simples fidèles des missions de la Cochinchine et du Tonkin.

C'était un honneur pour la Société et un gage des faveurs célestes, ainsi que le disaient les directeurs du Séminaire dans leur lettre de remerciement à Grégoire XVI, et comme le répéta Mgr Cuenot [1] :

« Très Saint-Père, Votre Sainteté a daigné admettre l'introduction de la Cause de ceux qui, dans ces régions

---

1. *Vie de Mgr Cuenot*, p. 194. L'abbé Chevroton.

lointaines, sont tombés sous le glaive des persécuteurs, pour la foi catholique. En mon nom et au nom de tout le Vicariat de Cochinchine dont je suis l'indigne titulaire, prosterné aux pieds de Votre Sainteté, je vous en rends les plus humbles actions de grâces, et vous supplie de daigner penser à la déclaration de leur martyre et au décret de leur canonisation.

« Depuis que la nouvelle de l'introduction de cette Cause s'est répandue dans ce pays, elle a relevé et accru le courage des fidèles, et consolé leur foi. Plusieurs même en ont été si excités, qu'ils brûlent du désir de répandre, eux aussi, leur sang pour la foi catholique. Mais si tel a été l'effet de cette première faveur de Votre Sainteté, celui de la Canonisation sera bien plus grand encore. Ceux qui seront tombés feront pénitence, ceux qui sont découragés reprendront cœur, les faibles seront affermis, tous se sentiront plus forts pour affronter de nouvelles tempêtes.

« D'où il arrivera, grâce à la bienveillance de Votre Sainteté, que le temps prédit de la ruine entière des Églises de Cochinchine sera, au contraire, celui de leur triomphe et de leur gloire. »

Le Vicaire apostolique de Cochinchine devait bientôt encore écrire au Souverain Pontife, pour lui signaler un nouveau confesseur de la foi.

Minh-mang, en effet, persécutait toujours. Aux menaces si souvent publiées, il avait récemment joint des exhortations patriotiques et philosophiques, et avait envoyé aux gouverneurs de province une instruction détaillée, sur la tactique qu'il convenait de suivre vis-à-vis des chrétiens.

« Voici, disait-il, les discours qu'il faut leur tenir :

« Ce Jésus, auteur de votre religion, est un homme d'un pays éloigné et d'une race différente de la nôtre. S'il était vrai que sa doctrine eût pour objet la fidélité au roi, la piété envers les parents, et la concorde entre les frères, vous ferait-on un crime de l'étudier?

« Ce que les missionnaires enseignent au sujet de la croix, à laquelle est attaché un petit enfant, est en grande partie incompréhensible : le mieux est de n'en rien croire...

« La mort de plusieurs missionnaires a mis à nu la fourberie de leurs paroles! De bonne foi, comment monter au ciel quand on ne vit plus?... Telles sont les grandes pensées qu'il faut développer aux chrétiens pour les éclairer et les convertir. »

Les mandarins ne mirent pas d'ardeur à obéir aux ordres du souverain, ils trouvèrent sans doute assez ennuyeux et inutile cet apostolat d'un nouveau genre auquel on les conviait; ils semblaient d'ailleurs fatigués de cette lutte, qui n'avait d'autre résultat que de porter le trouble dans tout le royaume, et sans laisser les chrétiens en repos, ils les attaquèrent moins vivement; mais des païens sans mandat, poussés par leur haine contre le catholicisme, les suppléèrent.

C'est ainsi que M. Delamotte fut pris pendant la nuit du 13 au 14 avril 1840, au moment où il quittait la chrétienté de Nhu-ly, son refuge depuis longtemps, afin de chercher un asile moins connu.

Conduit à Hué par ordre du roi, il fut employé quelque temps comme interprète, ce qui ne l'exempta ni des fers ni de la torture. Il écrivit à son évêque le récit de ses souffrances, récit presque aussi édifiant par la liberté et la gaieté d'esprit et de cœur dont fait preuve le confesseur, que par son courage dans les supplices[1] :

« Vous savez sans doute, Monseigneur, que les gens qui m'arrêtèrent me donnèrent une furieuse bastonnade à

---

[1]. Arch. M.-É. *Lettres du Vén. Delamotte.*

coups de *Dui*[1], sur tout le corps, mais surtout sur la tête, ils me la fendirent; il y avait une ouverture de cinq pouces de long sur un pouce de large, et très profonde, sans compter plusieurs autres plaies moins grandes.

« Je souffris tout sans crier, sans dire un seul mot, sans pousser un seul soupir, bien que je répandisse un torrent de sang et que je fusse presque mort. En moi-même, je priais le bon Dieu qu'ils me frappassent jusqu'à la mort.

« Quand j'arrivai au ministère de la justice, le premier ministre me fit mille misères pour me faire fouler la croix aux pieds : par trois fois, il me fit lier les mains et ordonna d'enfoncer les pieux en terre pour me frapper; cependant il ne me fit point frapper.

« J'avais déjà la chaîne, il ordonna d'y ajouter une cangue, et cinq ou six fois, il me fit prendre par cinq soldats pour me forcer à marcher sur la croix. Mais je fis tant d'efforts que jamais on ne put en venir à bout. Mon habit fut tout déchiré des efforts que je faisais, mes jambes toutes couvertes de plaies par les anneaux de ma chaîne qui étaient très étroits, et mon pantalon tout en sang. Je dis plus de dix fois au mandarin que jamais je ne marcherais sur la croix, que je préférais avoir la tête tranchée, etc... Il était très en colère.

« Quelques jours après, on me tenailla avec les tenailles froides, deux pincées seulement à la cuisse droite, mais très longtemps, chacune plus d'une heure. A l'une et à l'autre de ces deux tortures, on fit tout ce que l'on put pour me faire fouler la croix aux pieds; mais tout fut inutile.

« Je ne criais ni ne poussais de soupirs pendant ces tortures; je ne faisais que rire, ce qui les fâchait. En effet,

---

[1]. Gros bâton.

je ne ressentais pas beaucoup de mal, je regardais tout cela comme un jeu. »

Ce jeu sanglant eut un dénouement fatal ; le 3 octobre 1840, le pieux confesseur mourut d'épuisement dans la prison de Tran-phu, déjà illustrée par le séjour de nombreux chrétiens, confesseurs et martyrs.

Aux mandarins qui proposaient de décapiter le cadavre, le prince fit cette insultante réponse : « Laissez, ce n'est pas la peine de salir vos sabres [1]. »

Delamotte n'avait pas été condamné à mort, et probablement il ne l'aurait pas été, car Minh-mang venait d'apercevoir le pavillon des puissances européennes, l'Angleterre commençait à Canton la guerre de l'opium, qui devait amener une évolution si considérable dans les relations de l'Europe avec l'Extrême-Orient ; plusieurs navires de guerre français avaient paru dans les mers de Chine.

Or, après avoir refusé de recevoir les lettres du roi de France, d'admettre nos consuls, de donner audience aux commandants de nos navires, après avoir fait mettre à mort cinq missionnaires et proscrit les autres, le tyran commençait à se demander s'il n'allait pas trop loin dans cette voie des violences, qui contrastaient avec la politique tolérante de son père, et pouvaient amener de terribles représailles.

Sous l'empire de ces craintes, il se décida, au mois de janvier de 1840, à envoyer à Paris trois mandarins, qui se disaient chargés de renouer les relations commerciales entre la France et l'Annam, et qui, en réalité, venaient connaître les dispositions de notre gouvernement

---

1. Les gardiens de son cachot l'ensevelirent le 4 au matin, hors de la ville ; quelque temps après, les chrétiens transférèrent ses restes dans la paroisse de Nhu-ly, qui les conserva jusqu'en 1855. A cette époque, les persécuteurs, ayant découvert le tombeau, le violèrent et jetèrent au vent les cendres du serviteur de Dieu.

et s'assurer des ressources de notre pays. Dès leur arrivée, ils se hâtèrent de publier que les missionnaires étaient bien traités chez eux, et que le catholicisme jouissait de toute la liberté désirable.

Ce mensonge, qu'on ne leur demandait pas, fut promptement contredit avec preuves à l'appui.

Les directeurs du Séminaire adressèrent au maréchal Soult un mémoire exposant le véritable état des choses : succession des édits persécuteurs, emprisonnement et martyre des missionnaires, arrestation et exil des chrétiens. Ils avertirent en même temps le Cardinal préfet de la Propagande de la présence de cette ambassade, et le Souverain Pontife profita de cette circonstance pour prier Louis-Philippe d'user de son autorité, afin de mettre un terme à la persécution.

Plusieurs évêques firent la même demande ; un certain nombre de journaux insistèrent fortement, demandant que le gouvernement intervînt au nom de la France, pour arrêter les scènes sanglantes qui rappelaient les plus sombres jours de l'Église naissante.

Louis-Philippe ne pouvait admettre en audience des ambassadeurs, qui n'avaient pas été régulièrement annoncés, et ne se présentaient pas selon le cérémonial ordinaire, mais quelques ministres les reçurent et leur firent comprendre que les cruautés de Minh-mang étaient connues, et qu'elles ne pouvaient manquer d'attirer, tôt ou tard, sur lui et sur son royaume une éclatante vengeance.

Les ambassadeurs s'étonnèrent, paraît-il, de ce langage en opposition avec les idées irréligieuses, qu'ils avaient entendu émettre dans le monde officiel. Plus logiques que ceux qui parlaient, et ne devinant pas la vivacité de la foi cachée au fond des âmes sous la légèreté voltairienne, ils ne s'expliquaient pas que l'on pût rire du catholicisme et le défendre.

En même temps qu'il faisait ces menaces aux ambassadeurs, le ministère ordonnait aux commandants de nos vaisseaux dans les mers de Chine de protéger, le cas échéant, les missionnaires, sans cependant engager le drapeau de la France. Cette demi-mesure, dont on se promettait beaucoup de bien, devait amener plus d'un malheur. Lorsqu'ils crurent avoir rempli leur mission, les ambassadeurs retournèrent à Hué, où ils n'arrivèrent qu'après la mort du roi qui les avait envoyés.

Minh-mang, en effet, s'était mortellement blessé en tombant de cheval, le 20 janvier 1841. Dans leurs récits, les missionnaires le comparent souvent à Néron, parce qu'il leur semblait qu'aucun souverain n'était capable d'aller plus loin dans la voie des persécutions envers les chrétiens et des cruautés envers ses autres sujets. On pouvait croire qu'ils ne se trompaient pas, car ils citaient de lui de véritables traits de barbarie dont voici quelques-uns :

Minh-mang assassina son frère, fit égorger plusieurs de ses sujets pour des bagatelles ou par simple caprice, entre autres une jeune fille dépositaire d'un secret, et pour s'assurer de sa mort, il se fit apporter sur un plat la langue de sa victime. Un jour, il jeta un objet dans la cage de son tigre favori, et ordonna à un soldat qui se trouvait là d'aller le lui chercher ; le malheureux, entre ces deux bêtes féroces, espéra dans le tigre et ne se trompa point : le fauve le laissa sortir sain et sauf.

Aussi déraisonnable que cruel, le roi d'Annam faisait mettre à la cangue et fouetter les navires qui ne marchaient pas bien, les idoles qui ne faisaient pas pleuvoir à son gré ; il allait jusqu'à faire administrer des médecines aux canons exposés à l'air, lorsqu'il les voyait ternis par l'humidité, parce que, disait-il, ils suent de la peine qu'ils ont eue en faisant la guerre aux rebelles.

Cependant, les cruautés de Minh-mang contre les chrétiens ont été dépassées, il y a quelques années à peine, par celles d'un ministre de Hiep-hoa, le sinistre Tuyêt, qui trompa la France, ses généraux, ses diplomates, et ordonna le massacre de tous les fidèles et de tous les missionnaires d'Annam. Mais n'anticipons pas sur les évènements.

La mort du roi accorda quelque répit aux Eglises de la Cochinchine et du Tonkin. Son successeur, Thieu-tri, n'avait ni sa vigueur, ni son entêtement ; il fut quelque temps sans se prononcer absolument contre les chrétiens.

« Aucun des prêtres ou des fidèles qui sous le règne précédent, avaient été condamnés à mort pour la foi, n'a encore été exécuté, écrivait M. Masson le 3 octobre 1841, plusieurs même ont obtenu une commutation de peine ; les autres sont à la cangue ou en prison. Nous sommes beaucoup moins à l'étroit qu'auparavant, parce que les mandarins qui, généralement, ne veulent pas la persécution, n'étant plus stimulés par les ordres réitérés de l'impie Minh-mang, ne disent rien. Si quelques prêtres ou chrétiens tombent par hasard entre leurs mains, ils sont obligés d'agir à cause des édits de persécution, mais les dispositions à persécuter sont chez les mandarins des exceptions rares. » Si on exécutait plus, on emprisonnait encore ; c'est ainsi que, au moment où M. Masson tenait ce langage, deux missionnaires avaient déjà été arrêtés : MM. Galy[1] et Berneux[2], le jour de Pâques, 15 avril 1841 ; M. Charrier[3] fut pris le 5 octobre suivant.

MM. Galy et Berneux étaient depuis trois mois seulement au Tonkin, et tous deux venaient célébrer les fêtes de Pâques dans la chrétienté de Phuc-nhac. Averti de

---

1. Du diocèse de Toulouse, parti en 1838, mort en 1869.
2. Du diocèse du Mans, parti en 1840.
3. Du diocèse de Lyon, parti en 1832, mort directeur du Séminaire des Missions-Étrangères, en 1871.

l'arrivée des mandarins et de leurs satellites, au moment même où ceux-ci cernaient le village, M. Berneux se réfugia dans la maison des religieuses Amantes de la Croix. Il s'installa sur quelques bambous servant de plafond, s'assit dans une corbeille d'oignons et attendit les soldats avec une parfaite tranquillité d'âme, rendant grâce à Jésus-Christ d'être appelé à le confesser devant les païens. Les soldats furent bientôt sur ses traces ; aussi la seule religieuse qui fût restée dans la maison, eut-elle recours à un singulier stratagème pour mieux le cacher. « Elle brûlait de la paille au-dessous de mon gîte, écrivit plus tard M. Berneux, et m'enveloppait dans un épais tourbillon de fumée ; il lui arriva même dans l'excès de son zèle ou de sa crainte, de me chauffer plus que je n'aurais voulu. » Malgré cette ruse, il fut découvert et on le conduisit devant le mandarin où il retrouva son confrère, M. Galy. Celui-ci avait été pris couché dans un fossé, sous les broussailles. « Voilà un beau jour, dit-il à M. Berneux en l'embrassant. — Oui, répondit celui-ci, c'est bien le jour que le Seigneur a fait, réjouissons-nous. » Après avoir subi un premier interrogatoire, les deux missionnaires et dix-neuf chrétiens indigènes furent enfermés dans des cages, et conduits à Nam-dinh. Le gouverneur de cette ville, qui avait reçu l'ordre formel de s'emparer du dominicain espagnol Hermosilla, voulut absolument le reconnaître dans M. Galy : « Eh bien, fit celui-ci, je prendrai sa place dans le ciel. »

On mit les deux prêtres à la chaîne, et un mandarin termina le troisième interrogatoire de M. Berneux par cette question faite d'un ton railleur :

— Tous les chrétiens ont-ils une âme ?

— Sans doute et les païens comme eux ; vous aussi, mandarin, vous avez une âme ; puisse-t-elle un jour, c'est mon ardent désir, être au nombre de celles que Dieu récompensera !

— Où va cette âme en se séparant du corps ? reprit en riant le mandarin.

— Vous riez, un temps viendra où vous ne rirez plus.

Ils furent ensuite conduits à Hué et condamnés à mort avec sursis.

Il est rare que la peine de mort prononcée dans ces conditions soit appliquée : elle équivaut généralement à une prison perpétuelle.

M. Charrier avait été arrêté en quittant Bau-nô dans les circonstances suivantes que lui-même a racontées[1] :

« Comme nous passions en vue d'un hameau païen, nous entendons crier :

— Qui va là ?

« Notre patron déconcerté répondit quelques mots en tremblant ; aussitôt on battit le tambour, et voilà tout le village à notre poursuite, les uns en barque, les autres à pied. Nous nous jetâmes dans le fleuve, mais bientôt je me sentis harassé de fatigue ; je tombai trois ou quatre fois, je crus ma dernière heure arrivée.

« Cependant, je m'efforçai de marcher dans l'eau, tantôt jusqu'à la ceinture, tantôt jusqu'au cou, quelquefois aussi, jusque par-dessus la tête ; une fois je disparus dans un trou, et ce ne fut qu'en frappant fortement du pied contre le fond que je parvins à surnager.

« Après une course aussi pénible, n'ayant plus la force de faire un pas, me voyant poursuivi par plus de cent personnes, sans qu'il fût possible de leur échapper, je dis à ceux qui étaient avec moi de faire comme ils pourraient et de me laisser seul, afin que les païens n'impliquassent aucun néophyte dans mon procès. Ils m'arrêtèrent donc et me conduisirent mouillé de la tête aux pieds à la guérite de leur village. »

1. *Ann. de la Prop. de la Foi*, vol. 15, p. 163, 480.

Deux jours après, M. Charrier fut conduit au chef-lieu du département.

Comme on l'emmenait, il chercha dans la foule et aperçut un chrétien ; aussitôt il lui donna pour l'évêque, son ami, un mot de souvenir et de joyeuse familiarité.

— Tu diras à Monseigneur, cria-t-il en riant, que j'aime mieux ma cangue que sa mitre, et ma chaîne que sa crosse. Il n'y a que sa croix qui vaille quelque chose ; mais j'en ai de plus précieuses que la sienne.

Aux questions des juges, il répondit avec calme, fermeté, prudence, et le mandarin général dit au chef de la justice :

— Ses réponses sont adroites, il faudra l'examiner encore.

Les juges crurent utile, pour le second interrogatoire. de se faire aider par le bourreau. Le missionnaire reçut un grand nombre de coups de rotin « que, dit-il, je demandais au Seigneur de compter et qu'il compta si bien pour les adoucir, que je n'éprouvai presque aucune douleur. » Naturellement, il ne donna aucun des renseignements qu'on lui demandait. Les témoins de cette scène murmuraient entre eux :

— Il est intraitable.

Le grand mandarin lui posa alors cette question :

— Si le roi vous pardonne et vous renvoie en Europe. n'en serez-vous pas bien aise ?

— Non, au contraire, répondit le confesseur de la foi, je reviendrai, à la première occasion, prêcher de nouveau la religion aux Annamites.

Le courageux prêtre devait tenir parole.

Il subit également le supplice des tenailles, sa vaillance n'en fut point abattue ; selon ses vœux, Dieu lui mit dans les veines du sang des martyrs lyonnais.

Aussitôt que Mgr Retord avait appris la nouvelle de l'arrestation de son compatriote, il avait chargé deux catéchistes de lui porter dix barres d'argent pour ses plus pressants besoins, avec une lettre d'encouragement et de consolation.

Les envoyés parvinrent jusqu'au captif, eurent la joie de l'entretenir longuement, et rapportèrent à l'évêque deux lettres, qui racontaient les glorieuses souffrances du héros de la foi.

Le 20 octobre, Charrier fut tiré de sa cage et enfermé dans la prison des condamnés à mort, « bâtiment immense, habité par quarante-trois prisonniers, tous assassins, voleurs, brigands ou rebelles. »

On le traita avec honneur, et ce n'est pas le moindre sujet d'étonnement de ceux qui ignorent l'Annam, de voir les relations qui s'établirent entre un condamné à mort, ses gardiens et ses juges.

Le mandarin chargé des prisons le visita, il le fit asseoir près de lui, lui donna des sandales, lui offrit le thé ; bien plus il l'invita à venir dans sa demeure, lui fit partager son goûter et permit à tous les chrétiens de l'entretenir.

Notre formalisme occidental est bien loin, et les mémoires de nos prisonniers doivent contenir peu de récits semblables.

M. Charrier croyait, espérait être bientôt conduit au supplice, mais un ordre du roi l'appela à Hué ; il retrouva à la capitale des magistrats qui lui posèrent les mêmes questions, auxquelles il fit des réponses identiques, également récompensées par des coups de verge.

Il fut aussi condamné à mort avec sursis comme Berneux et Galy.

Pendant que Thieu-tri, ses juges et ses satellites arrêtaient et emprisonnaient les missionnaires, espérant empêcher la diffusion du catholicisme, Mgr Retord faisait la consécration épiscopale du P. Hermozilla et lui confiait ainsi la paternité féconde du sacerdoce, qui multiplierait les prêtres en plus grand nombre que les bourreaux ne les tueraient.

Cette cérémonie eut lieu non loin du théâtre même de la persécution, dans une hutte couverte de paille, au milieu d'un village situé sur le bord d'une épaisse forêt, afin qu'en cas de danger imminent consécrateur et consacré pussent s'y réfugier.

« Vous pouvez bien vous imaginer, ajoute Retord, que la solennité de cette cérémonie ne fut pas pompeuse. Presque aussitôt après, Sa Grandeur est repartie pour aller conférer le caractère épiscopal à son coadjuteur. »

Il fallait se hâter en effet, car, que ce fût en Cochinchine ou au Tonkin, les mandarins continuaient leur œuvre persécutrice.

IV

Au mois de février 1842, MM. Miche [1] et Duclos [2] furent pris, au moment où ils pénétraient chez les peuplades sauvages, habitant les montagnes à l'ouest de la Cochinchine.

Leur évêque, Mgr Cuenot, avait conçu le projet d'évangéliser ces nombreuses tribus. Outre le bienfait de la foi chrétienne apportée à des hommes qui paraissaient bien disposés, il y voyait l'avantage de procurer à ses prêtres un asile dans les jours de persécution extrême, et comme on ignorait encore l'insalubrité de ces contrées, il espérait pouvoir, à l'abri des poursuites des mandarins, y établir un séminaire et des orphelinats. Telles avaient été autrefois les intentions des Vicaires

---

1. Du diocèse de Saint-Dié, parti en 1836, mort Vicaire apostolique de la Cochinchine occidentale, en 1873.
2. Du diocèse de Bayeux, parti en 1837, mort pour la foi dans les prisons de Cochinchine, en 1846.

apostoliques du Tonkin, Reydellet et Longer, qui avaient à différentes reprises envoyé des éclaireurs au Laos.

Des catéchistes cochinchinois étaient partis en 1839, déguisés en marchands, ils avaient exploré le pays, sondé les dispositions des habitants, et jugé la situation favorable pour tenter l'entreprise.

L'expédition fut donc résolue, et confiée à Miche et à Duclos. Les deux missionnaires profitèrent pour leur départ des fêtes du jour de l'an annamite, pendant lesquelles mandarins, soldats et peuple, occupés de superstitions, de jeux et de festins, se relâchaient de leur surveillance. Ils s'enfoncèrent à marches forcées dans les montagnes de l'ouest, accompagnés de plusieurs catéchistes et des chrétiens portant leurs bagages.

Cette caravane, composée de seize personnes, attira bientôt l'attention dans les villages où elle passait.

Les prêtres européens furent reconnus, dénoncés, poursuivis et arrêtés le 16 février, alors que depuis deux jours ils avaient passé les frontières de la Cochinchine et pouvaient se croire en sûreté.

Ils furent aussitôt chargés de la cangue et ramenés dans les prisons de Phu-yen. Ils y subirent de fréquents interrogatoires et de douloureuses tortures, dont la plume alerte de M. Miche a donné le récit aux lecteurs des *Annales de la Propagation de la Foi*[1]. Pendant ces interrogatoires apparaît pour la première fois la crainte de la France.

— Si on te tranche la tête, demandent les mandarins à M. Miche, est-ce que le roi des Français le saura?

— Oui.

— Comment le saura-t-il?

— Votre question m'étonne; tout le monde connaît notre arrestation, notre mort ne ferait-elle pas plus de bruit?

---

1. *Ann. de la Prop. de la Foi*, vol. 15, p. 356, 521-532; vol. 16, p. 62-114.

— Qui donc ira le dire en France?

— Vos ports sont remplis de bâtiments chinois qui vont à Singapour et à Macao, où il y a des Européens; en faut-il davantage pour répandre cette nouvelle? Moi-même, avant d'arriver ici, j'ai connu l'arrestation des deux prêtres qui sont détenus à Hué.

— Si le roi de France apprend votre mort, qu'en résultera-t-il?

— Il en sera indigné, parce qu'il aime son peuple et que nous sommes ses sujets.

— Mais enfin viendra-t-il nous faire la guerre?

— Je l'ignore : mais ce que je sais, c'est que selon les lois et les coutumes de tous les peuples du monde, vous lui avez fourni une raison suffisante de vous la faire.

A ces mots, le juge effrayé lève la séance et fait reconduire le confesseur de la foi en prison.

Le soir, nouvelle comparution, mais en séance solennelle et devant tous les juges réunis.

Il était bien évident que la perspective de la France pouvant venir un jour ou l'autre demander vengeance du sang de ses enfants, troublait les juges. Afin d'avoir une excuse à présenter en cas de réclamation de notre pays, ils essayèrent de transformer les prédicateurs de l'Évangile en chefs de rebelles, partis pour faire la guerre aux sauvages. Cette dernière accusation était cependant trop bizarre pour être longtemps soutenue. Miche, plus hardi que Duclos et doué d'un esprit de repartie vif et mordant, leur fit bien vite voir l'inanité d'une pareille imputation.

— Qu'alliez-vous faire chez les sauvages? demanda le mandarin.

— Prêcher la vraie religion.

— C'est faux, vous y alliez pour faire la guerre.

— Faire la guerre? Contre qui? Ce n'est pas contre

vous, puisque nous nous éloignions de votre pays; ce n'est pas contre les sauvages, puisque nous ne les connaissions pas, et qu'ils ne nous ont fait aucun mal. Vous avez pris et visité tous nos effets : qu'avez-vous trouvé? de la toile, des ornements pour nos cérémonies, des croix, des images, des livres de prières. Est-ce avec cela qu'on fait la guerre? tous nos effets prouvent que nous allions uniquement enseigner la religion.

— Tu as dit ce matin que le roi de France viendrait nous faire la guerre.

— Non; j'ai dit que par les mauvais traitements que vous nous prodiguez, vous lui fournissiez une raison suffisante pour vous la déclarer.

Les deux missionnaires eurent à subir plus de soixante interrogatoires, pendant les deux mois et demi qu'ils passèrent dans les prisons de Phu-yen.

Voici en quels termes M. Miche expose les souffrances que lui faisait éprouver cette torture morale si prolongée [1] :

« Parmi les souffrances de tous genres qui sont venues fondre sur nous depuis le commencement de notre captivité, je suis loin de placer en première ligne les tortures physiques; celles-là durent peu, mais le tourment des tourments, c'est l'état de gêne où se trouve la conscience, pour répondre à mille questions insidieuses sans blesser ni la vérité, ni la charité. Souvent une question faite au hasard, mais claire et précise, provoque une réponse qui perdrait une province tout entière : nier serait mentir, affirmer serait allumer un incendie qu'on ne pourrait plus éteindre. Que faire alors? Il faut s'esquiver par quelque phrase insignifiante dont nos juges ne sentent pas toute la portée. Combien de nuits j'ai passées sans goûter un instant de repos,

---

[1] *La Cochin. relig.*, vol. 2, p. 143.

uniquement occupé à remplir envers moi-même la double fonction de juge et d'accusé, m'interrogeant sur tout, pour avoir à tout des réponses! »

Le 2 mai 1842, les deux confesseurs de la foi furent dirigés sur Hué et réunis aux trois missionnaires du Tonkin occidental : Galy, Berneux et Charrier. Le conseil royal instruisit de nouveau leur procès et les condamna à mort, sentence que le roi sanctionna le 3 décembre, mais en ordonnant d'en différer l'exécution.

Thieu-tri, en effet, avait entendu le canon anglais briser les portes de Canton, et il craignait de justes représailles s'il tuait les prêtres étrangers.

Pendant ces hésitations, une corvette française, l'*Héroïne*, commandant Favin-Lévêque, entra dans le port de Tourane le 25 février 1843.

Le gouvernement de Louis-Philippe n'avait pas oublié les promesses faites en 1840, lors de la présence de l'ambassade annamite à Paris; mais avant de s'engager, il voulait, tout d'abord, connaître le terrain et savoir si les ouvertures des ambassadeurs avaient droit à quelque créance. Il avait donné au commandant Lévêque la mission de nouer des relations commerciales entre la France et la Cochinchine.

Les pourparlers commencèrent, comme d'habitude, par l'échange des présents et par des promesses de bonne amitié; mais chaque fois que le commandant pressait les mandarins sur la question commerciale, ceux-ci répondaient : que l'Annam était trop éloigné de la France et que les négociants français n'auraient aucun bénéfice à apporter leurs produits aux Annamites, trop pauvres pour les acheter.

On ne pouvait guère donner de moins fière réponse, mais les mandarins espéraient qu'elle suffirait pour éloigner le négociateur, et c'est tout ce qu'ils désiraient.

La durée de ces pourparlers permit à un incident de se produire.

Les marins de l'*Héroïne*, qui n'avaient pas de diplomatie à faire, descendaient de temps à autre à terre. Un jour, ils aperçurent derrière un massif de plantes, se dissimulant à moitié, un Annamite qui les regardait avec anxiété. Dès qu'il se vit découvert, il se mit à faire de rapides signes de croix, en posant en même temps un doigt sur sa bouche. Les marins, en hommes intelligents, firent eux aussi le signe de la croix, et en indiquant à l'indigène qu'il n'avait rien à craindre, ils s'approchèrent de lui.

Tout en continuant à faire le signe de la croix et à regarder avec crainte autour de lui, l'Annamite remit une lettre à l'un des matelots.

Celui-ci la prit et s'empressa de retourner vers le canot qui rallia aussitôt la corvette.

La lettre était adressée au commandant de l'*Héroïne* par un jeune prêtre, de la Société des Missions-Étrangères, M. Chamaison[1], elle annonçait la détention et la condamnation à mort de cinq missionnaires dont les noms étaient cités avec la date de leur emprisonnement.

M. Favin-Lévêque, homme d'un grand cœur et d'une rare énergie, ne put supporter, comme il s'exprime lui-même dans son rapport au ministère, que cinq Français fussent immolés en présence, pour ainsi dire, du pavillon de leur nation. Il prit sur lui de les réclamer au nom de la France.

Le mandarin, avec lequel il avait de fréquentes conversations, protestait volontiers des bons sentiments de son roi envers les Français.

A la première entrevue qui suivit la réception de la

---

[1]. Du diocèse de Montauban, parti en 1840, mort en 1880.

lettre de M. Chamaison, le commandant interrompit les protestations accoutumées de l'Annamite.

« Ce n'est pas vrai, lui dit-il, car en ce moment même, cinq Français sont enchaînés dans la prison de Hué, ils ont déjà subi la torture et ils sont condamnés à mort. Eh bien, je réclame ces Français comme sujets du roi de France, je veux qu'ils me soient livrés et malheur à tous si ma demande n'est pas écoutée. »

L'ultimatum était posé, et pour le moment, la question des relations commerciales laissée de côté.

L'*Héroïne* n'était plus dans la rade de Tourane, avec ses canons chargés, que pour exiger la liberté des cinq prêtres catholiques.

Le mandarin fut effrayé, mais il se remit vite, et nia effrontément la présence des missionnaires dans les prisons de Hué. Le commandant lui cita les noms des captifs et la date exacte de leur arrestation; l'Annamite prit le sage parti de se taire; et le commandant continua en déclarant qu'il voulait absolument que ces Français fussent délivrés et conduits à bord de son navire.

Cette fois, le mandarin s'inclina. Puisqu'il n'était pas le plus fort, il jugea bon d'être le plus doux, il assura l'officier de toute la bienveillance du roi de Cochinchine, et lui fit espérer que, dans deux ou trois jours, un magistrat supérieur viendrait de Hué pour conférer sur cette question. L'officier arriva, mais il ne venait pas de Hué, c'était le gouverneur de la province auquel le mandarin avait raconté son terrible embarras. Devant les réclamations du commandant, il se montra hésitant et répondit que ces Français avaient commis un crime et étaient punis conformément aux lois du pays. M. Lévêque insista pour leur mise en liberté immédiate et prévint le mandarin que, si on ne voulait pas satisfaire à sa juste demande, il irait mouiller, avec sa corvette devant la barre de la rivière de Hué et que là, avec ses marins, il saurait bien arriver jusqu'auprès du roi et se faire rendre justice.

En même temps, il présenta au gouverneur une lettre très polie, mais ferme. Elle était adressée au premier ministre et demandait la liberté des captifs. Quoique écrite par un officier de marine, elle n'est pas étrangère à la Société des Missions-Étrangères, car elle sauva cinq de ses prêtres, la voici :

« Tourane, le 7 mars 1843.

« Le commandant de la corvette de Sa Majesté le roi des Français, l'*Héroïne*, à Son Excellence le grand mandarin Ong-Qué, beau-père du roi de la Cochinchine, premier ministre à Hué :

« Seigneur,

« Cinq infortunés, cinq Français, placés sous le poids d'une condamnation à mort, sont détenus, depuis bientôt deux ans, dans les cachots de Hué-fo et y souffrent journellement les tourments les plus affreux.

« La France a entendu leurs cris de détresse, et je viens, au nom de Sa Majesté le roi des Français, réclamer leur mise en liberté, pour les ramener dans leur patrie.

« Déjà, et grâces en soient rendues au Dieu qui dirige la pensée des rois comme celle des plus simples mortels, déjà Sa Majesté le roi de la Cochinchine a, dans sa justice et sa clémence, suspendu le glaive du bourreau prêt à frapper la tête de ces malheureux.

« Que Sa Majesté veuille bien donner un libre cours à ses sentiments généreux. En agissant ainsi, elle évitera non seulement les chances funestes d'une rupture possible avec la France, mais elle attirera encore sur son règne et son auguste personne les actions de grâces et les bénédictions de tous les Français.

« Vous, seigneur, qui, par votre position, êtes placé près du trône et avez l'honneur d'approcher la personne de Sa Majesté, veuillez plaider auprès d'elle la cause de ces infortunés; vous contribuerez ainsi à les rendre à leur patrie et vous rendrez à la vôtre un service signalé.

« Recevez, seigneur, l'assurance des sentiments de haute considération avec lesquels j'ai l'honneur d'être, votre très humble serviteur.

Le commandant de la corvette du roi de France l'*Héroïne*.

« Favin-Lévêque. »

L'interprète du commandant lut à haute voix la traduction de cette lettre. Sans répondre, le mandarin se leva, et montrant une quantité considérable de volailles, des bœufs et des porcs, il les offrit aux Français.

Accepter ces présents eût été se lier d'amitié avec le gouverneur et entrer dans ses vues. M. Lévêque le comprit, et décidé à brusquer la conférence, il fit répondre par son interprète :

« Les officiers de Sa Majesté le Roi de France ne reçoivent de présents que des souverains amis ou alliés de la France. »

Puis, se tournant vers son état-major, il ajouta : « Messieurs, allons-nous en. »

En Europe, cette apostrophe eût tout perdu. En Annam, où il est bon parfois de parler haut et ferme, elle sauva la situation.

En l'entendant, le mandarin et ceux qui l'accompagnaient parurent dans une profonde anxiété. Ils se placèrent devant les officiers pour les empêcher de se retirer, le gouverneur prit la main du commandant en le suppliant de rester. Celui-ci avait l'intention de ne faire qu'une fausse sortie, il s'arrêta, et s'adressant à l'interprète : « Dites au gouverneur que j'accepterai ses présents, s'il me donne sa parole d'honneur de faire parvenir ma lettre au ministre. »

Le gouverneur le promit et n'eut garde de manquer à sa parole.

Que se passa-t-il à la cour? Nous ne le savons, mais il est facile de le conjecturer par le résultat. Thieutri fut effrayé, et le 16 mars, le gouverneur du Quangnam fit prévenir le commandant qu'une bonne réponse était arrivée de Hué.

Immédiatement celui-ci et plusieurs officiers se rendirent à terre, où ils furent reçus avec un cérémonial militaire extraordinaire. Le gouverneur remit une lettre du premier ministre, et fit signe aux officiers qu'ils pouvaient se diriger vers la maison du mandarin de Tourane, où se trouvaient, leur dit-il, les cinq Français.

« J'avoue que nos cœurs battaient d'aise en ce moment, a écrit l'un des officiers de l'*Héroïne*[1], et c'est avec une vive émotion que nous aperçûmes dans la cour de l'habitation cinq Cochinchinois, ou du moins cinq hommes qui en portaient l'habit, mais que, à leurs longues barbes épaisses, nous reconnûmes pour nos chers missionnaires!

« Ils étaient très émotionnés eux-mêmes, et c'est presque les larmes aux yeux qu'ils nous serrèrent les deux mains, avec une profonde reconnaissance et une étreinte affectueuse. Nous avions enfin, devant nous, les PP. Berneux, Galy, Charrier, Miche et Duclos, arrachés à la mort et aux tortures par notre brave commandant.

« Pendant que nous échangions avec ces courageux et

---

1. M. Edmond Dubois.

saints missionnaires des paroles de vive satisfaction de notre part, et de la leur des témoignages de reconnaissance pour la bonté, l'énergie et le patriotisme déployés en cette circonstance par le commandant de l'*Héroïne*, celui-ci se fit traduire la lettre sous les yeux des grands mandarins.

« Cette lettre était une sorte de mémorandum adressé aux Annamites et aux Français.

« Pour pallier son humiliation, Thieu-tri exposait les choses à sa manière : le roi des Français, disait-il, informé des crimes commis par les cinq prêtres européens, avait envoyé un de ses officiers supplier le roi de Cochinchine de leur faire grâce, ce que Sa Majesté très clémente avait cru devoir accorder, à condition qu'ils ne recommenceraient plus.

« Le commandant mit cette lettre dans sa poche sans faire aucune observation, et, accompagné de ceux dont il venait de sauver la vie, il passa entre la haie de la garde d'honneur et se rendit à son navire[1]. »

---

[1]. M. Edmond Dubois, l'officier que nous avons déjà cité plus haut, ajoute ces réflexions sur chacun des missionnaires de la Société qui venaient d'être délivrés :

« Je pus alors contempler à mon aise les prêtres si courageux qui, pour propager la foi, étaient venus, en bravant la mort et des tortures effrayantes, évangéliser ces populations opprimées par un gouvernement autoritaire, leur parler du Dieu créateur, de la vie éternelle, de la charité et de tout ce que le divin Christ a dévoilé de bon, de saint et de juste à notre pauvre humanité.

Les missionnaires portaient sur leur visage les traces des privations et des souffrances qu'ils enduraient depuis deux ans!

Le P. Berneux était jeune, très grand, mince, et avait une longue barbe rousse, qui lui descendait jusqu'au milieu de la poitrine. La joie d'être délivrés paraissait sincère chez les cinq missionnaires; cependant, on entrevoyait, dans le P. Berneux, un sentiment de regret de ne pas avoir conquis la palme du martyre; aussi est-ce avec un soupir et, peut-être, en offrant ses regrets à Dieu, qui avait refusé son sacrifice, qu'il jeta un dernier regard à cette plage que nous quittions.

C'est lui qui m'a semblé avoir l'ardeur la plus vive, le désir du combat pour Dieu le plus ardent et la résignation la plus grande pour les supplices qui peuvent atteindre les missionnaires.

Le lendemain, l'*Héroïne* quittait Tourane.

A peine les missionnaires furent-ils en mer, qu'ils pressèrent le commandant Lévêque de les déposer sur un des points de la côte. Celui-ci refusa, il avait promis, au nom du gouvernement français, que les Européens dont il obtenait la liberté ne rentreraient ni au Tonkin, ni en Cochinchine, il voulait tenir sa parole. Il laissa cependant à Singapour M. Duclos, dont la santé ne pouvait supporter un plus long voyage, et M. Miche qui accompagna le malade.

M. Berneux resta à Bourbon, d'où il partit pour la

Le P. Galy était, lui aussi, un homme jeune, à l'air espagnol et portant une belle barbe noire. On sentait en lui, avec l'ardeur des apôtres du christianisme, une nature bouillante, dont il s'efforçait de réprimer les élans, quand il croyait devoir faire respecter, près des indifférents, ou des railleurs, la divine mission qu'il remplissait.

Le plus âgé de ceux que l'*Héroïne* venait d'arracher à la mort était le P. Charrier, du diocèse de Lyon.

Depuis dix ans, il combattait pour le Christ. Changeant souvent de résidence, tout en évangélisant, il avait fait beaucoup de prosélytes, et grâce aux Annamites chrétiens, qui lui devaient leur foi, il avait pu, pendant huit ans, échapper aux persécutions dont les chrétiens étaient l'objet. Il parlait l'annamite avec une grande pureté et acceptait avec une sorte de gaieté et une grande résignation chrétienne toutes les tortures qu'il subissait.

Le P. Miche était le plus petit de tous ces bons Pères et paraissait le plus grêle. Cependant, sa santé n'avait pas trop souffert de ces deux années d'emprisonnement. Il a eu la grande joie de mourir, il y a peu d'années, évêque de Saïgon, après avoir vu les Français régner en maîtres dans la plus importante ville de la Cochinchine et avoir pu coopérer librement à l'établissement de notre religion dans ces provinces, où les chrétiens étaient traqués autrefois comme des bêtes féroces. S'il n'a pas obtenu la palme du martyre, il a acquis le respect, l'amour et la bénédiction de ses ouailles, dans le diocèse qu'il a administré.

Enfin, le P. Duclos, faible de santé et peut-être le plus éprouvé par la rude détention de Hué, avait tout l'aspect d'un saint prêtre. Il montrait, lui aussi, un calme et une résignation parfaites. Son grand plaisir, pendant le peu de temps qu'il resta à bord, était de causer astronomie avec nous. Il avait la passion de cette belle science.

Nous examinions ensemble les étoiles de ce beau ciel de la mer de Chine, nous rappelions leur nom, en tâchant de bien indiquer les constellations auxquelles elles appartiennent ; enfin, nous nous entretenions de tous ces mondes, que Dieu a répandus si prodigieusement dans l'espace et qui attestent sa grandeur infinie et l'ordre admirable de la nature. »

Mandchourie, n'ayant pu obtenir du commandant la permission de retourner au Tonkin. MM. Charrier et Galy revinrent seuls en France, où ils reçurent un enthousiaste et religieux accueil, auquel ils mirent bientôt fin en reprenant la route de leur mission.

Tels furent les incidents de la captivité et de la libération des cinq prêtres de la Société, délivrés par le commandant Lévêque.

Cette intervention de la marine française en faveur des missionnaires d'Extrême-Orient, la première au xixe siècle, était bien en rapport avec ses traditions. Depuis près de deux cents ans que la Société des Missions-Étrangères existait, elle avait toujours trouvé dans la marine appui et bienveillance. Mgr Pallu et les Vicaires apostoliques du xviie siècle n'avaient eu qu'à se louer des services qu'elle leur avait rendus aux Indes, à Siam et au Tonkin; pendant le xviiie siècle, les procureurs de Macao et de Pondichéry avaient été protégés et défendus par elle; Mgr Pigneau de Behaine avait trouvé dans le corps des officiers ses compagnons les plus courageux et les plus dévoués. Maintenant remise des désastres qu'elle avait subis sous la Révolution et sous l'Empire, la marine reprenait son rôle de protectrice des missionnaires. Quoi d'étonnant? Le marin porte à travers les mers et sur toutes les plages le nom et le drapeau de la France; partout où il aborde, il rencontre le prêtre, l'ouvrier humble et trop souvent dédaigné de la foi catholique, mais aussi de la grandeur française; il est témoin des transformations opérées par ses travaux; il le voit faire de sauvages des hommes civilisés, d'ennemis de l'étranger des amis; il se rend compte de l'analogie de l'œuvre évangélique avec son œuvre personnelle, et il traite l'apôtre en ami, presque en compagnon d'armes. L'acte courageux du commandant Lévêque en faveur des missionnaires avait ouvert à plusieurs esprits de nouveaux et plus vastes horizons, et fait naître en même temps de patriotiques et saintes espérances. Les conseils centraux de la Propagation de la Foi engagèrent les directeurs du Séminaire des Missions-Étrangères à demander au gouvernement une protection plus efficace et une action plus énergique.

Tout en rendant hommage au commandant, ceux-ci ne crurent pas devoir tenter la démarche qui leur était conseillée, et qui offrait certaines chances de succès.

« Honneur, disaient-ils[1], honneur à l'homme généreux qui, en procurant l'élargissement de nos missionnaires, a rendu un si grand service à l'humanité et à la religion. On saura désormais, que le nom du roi des Français ne retentit pas en vain aux oreilles du tyran de Cochinchine, et que les missionnaires de l'Océanie ne sont pas les seuls à qui il puisse venir en aide. Vous savez, Messieurs, que ce ne serait pas la crainte des supplices ou de la mort, qui pourrait faire désirer à nos missionnaires une semblable protection. Nos chers confesseurs vous ont peut-être dit comme à nous que les plus beaux jours de leur vie sont ceux qu'ils ont passés en prison, avec l'espérance de n'en sortir que pour aller porter leur tête sous la hache du bourreau, et que si leurs chaînes leur étaient rendues, ils les baiseraient avec amour. Aussi, au milieu même de leurs compatriotes, ne semblent-ils avoir de pensées et d'affections que pour cette patrie adoptive, à laquelle un vaisseau trop lent à partir, doit bientôt les rendre. Nous laisserons donc agir la Providence, et si le tyran annamite a encore soif de sang français, il en trouvera de tout prêt à couler dans les veines de ces jeunes missionnaires, qui sont allés

---

1. Arch. M.-É., vol. 73, p. 21.

plus nombreux prendre la place de ceux que son glaive a moissonnés. »

Cette admirable lettre résumait la question ; la Société avait encore des prêtres disposés à mourir pour Dieu, les chrétiens ne manquaient pas de courage, les Églises s'étaient fondées au milieu des persécutions ; il n'y avait donc ni à s'étonner, ni à s'inquiéter. Telle était la réponse dictée par la foi et aussi par la sagesse et la prévoyance. Faire intervenir la France, tant que l'Église d'Annam n'était pas menacée d'une ruine complète eût peut-être compromis les missionnaires, qui auraient alors paru mériter cette accusation, que les païens lançaient déjà trop souvent contre eux, d'être les espions et l'avant-garde des armées étrangères. Il ne restait qu'à attendre des circonstances une solution, qui sauvegarderait tous les intérêts

V

La Société l'attendit tout en continuant activement ses travaux pour la propagation de l'Évangile ; elle avait la joie de voir le nombre de ses membres augmenter assez notablement par suite des événements qui attiraient l'attention sur elle et sur ses Missions, mais également par suite d'une mesure importante que le Séminaire avait prise en 1842 sous l'impulsion d'un de ses directeurs, M. François Albrand[1], ancien directeur et supérieur du séminaire général de Pinang et député à Paris par la mission de Siam en 1839 ; ceux qui l'ont connu font de lui un complet éloge en trois mots : c'était un saint prêtre, de beaucoup de zèle et de grand jugement.

---

1. Du diocèse de Gap, parti en 1830, mort supérieur du Séminaire des Missions-Étrangères en 1867.

Lisant un jour la vie de saint Alphonse de Liguori, il fut frappé du peu de développement de la Congrégation du Saint-Rédempteur, œuvre de l'illustre évêque, tant qu'elle n'avait admis dans son sein que des membres déjà prêtres, et de l'extension rapide qu'elle avait prise, aussitôt après avoir ouvert ses noviciats à de jeunes lévites

Comparant la situation première de cette Congrégation avec celle de la Société des Missions-Étrangères, dont le Séminaire ne recevait ordinairement que des sujets engagés dans le sacerdoce [1], il en conclut que s'il était possible de changer ce mode de recrutement, et de recevoir des séminaristes encore élèves de théologie, le nombre des missionnaires augmenterait certainement.

Il exposa ses réflexions au supérieur M. Langlois, et aux autres directeurs : MM. Dubois, Voisin, Barran, Tesson, Jurines, et il fut convenu que l'essai serait tenté.

Il se fit à Paris d'abord, et ensuite à Meudon, où le Séminaire possédait une maison ; il réussit plus complètement que personne ne l'espérait.

La bénédiction de Dieu descendit visiblement sur cette œuvre ; le nombre des aspirants à l'apostolat doubla immédiatement et bientôt quadrupla.

C'est ainsi que le Séminaire qui n'avait envoyé en Extrême-Orient que 3 prêtres en 1840, 6 en 1841, en envoya 10 en 1844, 12 en 1845, 18 en 1846 et 24 en 1847.

Cet accroissement du nombre des ouvriers apostoliques devenait plus que jamais nécessaire en présence des nouveaux travaux que la Société avait à faire. En effet, outre les anciennes missions des Indes, de Siam, de Cochinchine, du Tonkin et de Chine qu'elle possédait,

---

[1]. Il y eut quelques exceptions, entre autres M. Legrégeois qui fit toute sa théologie au Séminaire.

le Souverain Pontife lui avait confié la Mandchourie en 1838, il avait augmenté et divisé la mission de Siam en 1841, et bientôt il allait, à la fin de son pontificat si fécond en mesures de sage administration évangélique, accroître encore les territoires dont elle était chargée.

Un des motifs qui avait déterminé Rome à donner la Mandchourie à la Société était sa proximité de la Corée, et la facilité que des prêtres du même Corps auraient ainsi de se rendre service.

Le Vicariat apostolique de Mandchourie fut donc détaché de la mission de Pékin.

Il comprenait la Mongolie, le Leao-tong, province chinoise; le Ghi-rin et le Tsi-tsi-car, provinces mandchoues; l'Amour et la Primorskaia, aujourd'hui provinces russes.

Cet état de choses dura deux ans à peine, et en 1840, la Mongolie fut donnée à la Congrégation de la Mission.

Le territoire laissé aux Missions-Étrangères restait encore immense, puisqu'il comprenait 1,765,000 kilomètres carrés sous un ciel rigoureux, où en hiver la température s'abaisse jusqu'à — 40° centigrades. Il est habité par une population d'environ 12,000,000 d'habitants, Chinois, Mandchous, tribus nomades, Tongouses, Mongols, Khalkhas, Ghiliaks, Solons plus ou moins mélangés entre eux. De religion, ces tribus sont en majorité chamanistes, les musulmans sont nombreux et en certains endroits forment le tiers de la population, les Chinois ont gardé les religions de l'Empire.

Pour gouverner cette nouvelle mission, la Propagande jeta les yeux sur M. Verrolles, missionnaire au Su-tchuen depuis dix ans, comme quelques années auparavant elle avait demandé un prêtre de ce Vicariat, M. Imbert, pour le placer à la tête de la Corée, dans la pensée d'une évidente justesse, que la Mandchourie, pays chinois et habitée en grande partie par des Chinois, devait être placée sous l'autorité d'un évêque déjà maître de la langue et habitué aux coutumes et aux usages de l'empire du Milieu.

Mgr Verrolles fut sacré par le Vicaire apostolique du Chan-si, Mgr Salvetti ; il traversa la Tartarie à petites journées, avec les précautions nécessaires à cette époque, et arriva en Mandchourie au commencement de l'année 1841. Il avait sous sa houlette à peine deux mille chrétiens, qu'il eut quelque peine à amener à une obéissance complète. Il travailla d'abord dans les paroisses de Hei-souei, Yang-kouan, Pa-kia-tse, puis, pour trancher des difficultés qui se renouvelaient sans cesse, et aider à fixer les limites de son Vicariat, il fit un voyage à Rome et naturellement vint en France. Aujourd'hui, un missionnaire qui revient d'Extrême-Orient n'attire l'attention de personne ; la facilité des communications, la fréquence des relations entre les pays éloignés, le grand nombre de voyageurs ont émoussé la vivacité de la curiosité, mais en 1844 on n'avait presque vu aucun missionnaire, encore moins d'évêque. La présence de Mgr Verrolles causa une vive émotion ; on était avide de voir et d'entendre un de ces hommes apostoliques, dont les *Annales de la Propagation de la Foi*, pénétrant jusque dans le dernier hameau, racontaient avec un si poignant intérêt les travaux et les dangers, les combats et les victoires.

Les Conseils centraux de la Propagation de la Foi voulurent donner pleine satisfaction aux fidèles si dévoués à leur œuvre, et avec l'autorisation du Souverain Pontife, ils prièrent l'évêque missionnaire de parcourir la France, et de raconter dans les cathédrales et les principales églises les merveilles de charité et de zèle, dont il n'avait pas été seulement le témoin, de retracer et de faire connaître la détresse des chrétientés lointaines et leurs besoins immenses.

Mgr Verrolles se prêta avec ardeur à réaliser leur désir, heureux de payer par ses prédications une partie de la dette, que la Société des Missions-Étrangères avait contractée envers eux, et d'augmenter les ressources de l'apostolat tout entier ; sa parole réchauffa le zèle des populations qui redoublèrent de charité pour cette grande œuvre si nécessaire. « Nous n'essayerons pas de dire, écrivait le Directeur des *Annales de la Propagation de la Foi*[1], avec quel succès l'évêque missionnaire a rempli ce genre d'apostolat. Tous ceux qui ont eu, comme nous, le bonheur de l'entendre, garderont un précieux souvenir de sa parole et de sa sainteté, et nous, membres d'une Association qu'il a si puissamment servie, nous lui conservons dans notre reconnaissance la place qui convient à un de nos plus illustres bienfaiteurs. »

De leur côté, les directeurs du Séminaire des Missions-Étrangères jugeaient en ces termes les résultats obtenus :

« Le succès des prédications de Mgr Verrolles en faveur de l'Œuvre dans les diocèses de France a dépassé toute espérance. Les impressions qu'elles y ont laissées ne seront pas momentanées, ce sont comme des germes qui se développeront et dont il est permis d'attendre d'heureux fruits. »

VI

Nous avons dit que le Souverain Pontife avait augmenté et divisé la mission de Siam. Voici de quelle manière et à la suite de quelles circonstances.

Le siège épiscopal de Malacca érigé par Paul IV, le 4 février 1557, avait, dès la fin du siècle dernier, notablement perdu de sa première splendeur. Après une longue

---

[1]. *Ann. de la Prop. de la Foi*, vol. 19, p. 432.

vacance du siège, Rome prit en pitié l'état de ces chrétientés délaissées. Par le bref *Multa præclarè*, elle plaça provisoirement le territoire de ce diocèse sous la juridiction de Mgr Cao, Vicaire apostolique d'Ava et Pégou. Ce nouvel état de choses dura deux ans à peine. Mgr Cao exposa au Saint-Siège que son Vicariat était déjà trop considérable, et pria qu'on voulût bien rattacher à une autre mission la région de Malacca et les pays adjacents. La Propagande fit droit à cette demande en replaçant provisoirement, sous la juridiction du Vicaire apostolique de Siam, le territoire du diocèse de Malacca et l'île de Singapour. En même temps, pour rendre moins lourde encore la charge du Vicaire apostolique d'Ava, les pays de Tavay et de Martaban ou Moulmein, qui jusque-là lui avaient appartenu, étaient aussi transférés à Siam. Il n'y eut d'excepté que la ville même de Moulmein, où résidait l'évêque.

En confiant à la Société des Missions-Étrangères l'administration de tout ce territoire, la Sacrée Congrégation entendait préparer la division de la mission de Siam en deux Vicariats distincts. C'est ce qui fut fait par le bref *Universi Dominici gregis* du 10 septembre 1841. La presqu'île malaise fut érigée en une mission, qui prit le nom de Siam occidental, changé plus tard en celui de presqu'île de Malacca.

Le nouveau Vicariat était constitué par les possessions anglaises : Singapour et Pinang qui ne devaient pas tarder à s'étendre sur le continent, et par les États de Quédah, Perak, Salangore, Sungei-Ujong, Johore, Pahang, etc.

Il était habité par des Anglais, des Chinois, des Indiens, des Malais et par des tribus sauvages, qui, au dire de Mgr Gasnier[1], « sont certainement les aborigènes

---

1. *Lettre commune*, de 1889, p. 189.

refoulés dans l'intérieur du pays quand les Malais s'emparèrent du littoral. »

Les deux postes principaux étaient l'île de Pinang dans laquelle, nous le savons, était établi le séminaire général de la Société et Singapour. Cette dernière ville était bien loin d'avoir le développement qu'elle a pris de nos jours, elle comptait seulement une quinzaine de mille habitants. Les catholiques y étaient rares ; lorsque Mgr Imbert y relâcha en 1821, il en trouva une douzaine, encore étaient-ils Portugais. Mgr Bruguière en compta un peu plus de 200 en 1829.

Quatre ans plus tard, Mgr Florens leur envoya M. Courvezy [1]. Le missionnaire construisit une petite église, grâce aux secours des Chinois païens, des Anglais protestants, des Arméniens schismatiques.

Son successeur dans ce poste fut Etienne Albrand, homme d'initiative et de persévérance, qui nous a laissé des détails sur les premiers mois de son apostolat à Singapour. Il raconte qu'il faisait ses instructions aux païens dans une grande salle qu'un Français lui prêtait, puis, quand il avait longuement entretenu ses auditeurs de Dieu, de l'éternité, de la justice, de la chasteté, il entendait ses auditeurs lui dire : « Le maître parle bien, mais pour se faire chrétien, il faut avoir le cœur droit, le mien ne l'est pas encore. »

En deux ans, il baptisa néanmoins une centaine de païens. Encore était-il le plus privilégié des missionnaires de cette contrée, dont les habitants n'avaient d'aspirations que vers les biens de la terre. Ce fut là qu'il commença l'apostolat parmi les Chinois négociants et cultivateurs. L'essai réussit ; quelques familles reconnurent le vrai Dieu, et furent le noyau de cette chrétienté chinoise si belle aujourd'hui.

1. Du diocèse de Carcassonne, agrégé à Chartres, parti en 1832, mort en 1857.

Après la division de Siam en deux Vicariats, Mgr Courvezy, successeur de Mgr Florens, laissa l'ancienne mission à Mgr Pallegoix[1], évêque de Mallos, son coadjuteur, et se fixa à Singapour, d'où il passait souvent à Pinang et y demeurait plusieurs mois chaque année.

Les réunions des chrétiens, plus nombreuses dans cette paroisse que dans la capitale des Straits-Settlements, réjouissaient son cœur de père. Lui-même les animait par ses exhortations chaleureuses et par la pompe bien simple en soi, mais grande aux yeux des catholiques, qu'il aimait à y déployer.

Il fut attristé par les réclamations de l'administrateur ecclésiastique de Malacca, qui prétendait que la juridiction donnée au Vicaire apostolique de Singapour était contraire aux droits du patronage portugais. La question troubla l'évêque et sa mission sans soulever cependant les mêmes tempêtes qu'aux Indes.

Il envoya dans les îles Nicobar, que Supriès et Galabert avaient essayé d'évangéliser en 1836, deux missionnaires, Chopard[2] et Beaury[3] qui débarquèrent à Théressa en 1842. Les sauvages refusèrent de les recevoir, puis sur les instances de l'un d'entre eux qui avait été à Goa et avait retenu quelques mots de portugais, ils le leur permirent. Mais le lendemain, nouveau changement de résolution; le chef d'une île voisine arrive et déclare, en faisant allusion à MM. Supriès et Galabert, que deux étrangers semblables sont venus à Car-nicobar, et que la peste a suivi leur départ. Les sauvages, redoutant pareil malheur, ordonnèrent aux missionnaires de se rembarquer.

Ceux-ci supplièrent avec larmes qu'on les gardât. Ce combat de l'esprit apostolique contre la frayeur dura plu-

---

1. Du diocèse de Dijon, parti en 1828.
2. Du diocèse Mans, parti en 1841.
3. Du diocèse de Besançon, parti en 1841.

sieurs jours. A la fin, les sauvages, émus du désir ardent des deux prêtres, leur accordèrent la permission de rester parmi eux. Beaury ne jouit pas longtemps de ce bonheur que son âme avait si vivement souhaité ; il mourut deux mois après, dans la nuit du 1er au 2 avril. Chopard resta seul. Les déboires et les souffrances ne lui manquèrent point; avant de travailler à la conversion des habitants de Théressa, il dut leur enseigner les vérités surnaturelles les plus élémentaires. Ils le prenaient pour un sorcier puissant et le traitaient comme tel; usant avec lui de la liberté qu'ils avaient avec leurs fétiches, ils lui demandaient de faire tomber ou cesser la pluie, luire le soleil, mûrir les moissons.

Perdu sur ce coin de terre, au milieu de cette peuplade grossière, le missionnaire élevait son âme vers Dieu dans de magnifiques élans de foi et d'amour :

Rien de plus édifiant que le tableau tracé par lui-même de sa conduite spirituelle[1] : « Je n'ai que le bon Dieu pour confident de mes misères. C'est à mes livres de piété que je demande des conseils : Saint François de Sales et sainte Thérèse m'ont été d'un grand secours. Je me rappelle aussi les bons exemples que les personnes pieuses me donnèrent autrefois en France, et ce souvenir m'est singulièrement utile. Mais pourquoi me plaindre, quand tous les jours le bon Dieu m'accorde la faveur inestimable de célébrer le saint sacrifice? Oh! c'est alors que je trouve la paix et le bonheur. Combien l'isolement où je vis m'est doux et agréable, lorsque je vois descendre du ciel mon sauveur et mon père, le tendre ami de mon cœur qui vient me visiter, me consoler, et se donner tout à moi. »

Dès qu'il le put, Mgr Courvezy mit un terme à la solitude de M. Chopard en lui envoyant deux nouveaux

1. *Vie de M. Chopard*, p. 201.

missionnaires, Lacrampe et Plaisant. Les sauvages les traitèrent avec respect et amitié, et tout en restant insensibles à leurs prédications, ils leur rendirent mille petits services matériels, qui semblaient aux apôtres un symptôme de bonnes dispositions à embrasser bientôt le christianisme.

Ce faible indice disparut bientôt. Les habitants d'une île voisine ayant massacré l'équipage de deux navires, ces actes de barbarie réveillèrent les goûts sanguinaires des habitants de Théressa. Ils mirent à mort quinze à dix-huit matelots qui avaient abordé chez eux, pillèrent le vaisseau, et le livrèrent aux flammes pour effacer jusqu'aux moindres traces de leur crime. La connaissance de ces brigandages parvint aux Anglais, qui résolurent d'en tirer une vengeance exemplaire. « Ils ont eu recours à moi, écrit M. Chopard[1], pour savoir la manière de s'y prendre. Mais j'ai plaidé la cause de mes enfants, suppliant de mitiger les châtiments autant que possible, et demandant grâce pour la vie des coupables. » Ses paroles furent prises en considération, mais les crimes des insulaires étaient trop révoltants, ils pouvaient entraîner à l'avenir des conséquences trop déplorables, pour qu'on les laissât impunis. Les Anglais firent une descente dans l'île, brûlèrent un village, et saccagèrent les moissons. Les sauvages imputèrent aux missionnaires la responsabilité de cette punition méritée, les accusant d'avoir appelé leurs compatriotes pour venger les massacrés. Dès lors, l'influence de M. Chopard fut perdue, il fut en butte à une hostilité qui ne manquait aucune occasion de s'affirmer, et forcé de quitter l'île avec ses deux compagnons. Il mourut quelque temps après à Merguy le 25 juin 1845, offrant sa vie pour le salut des sauvages de Théressa.

1. *Vie de M. Chopard*, p. 305.

Son existence dans cette île nous offre un exemple de l'isolement, dans lequel ont vécu quelques missionnaires, à une époque relativement lointaine de la nôtre.

Cet isolement fut toujours une exception, mais il exista partout ; nous le rencontrons au début de l'évangélisation du monde, en Italie et en Grèce, et plus encore en Gaule et en l'Allemagne. Plus tard, après la fondation des grands Ordres, nous le voyons en Amérique, en Afrique, dans les Indes, courageusement supporté par les fils de saint Dominique et de saint François ; au XVIe et au XVIIe siècle, par les religieux de la Compagnie de Jésus : saint François Xavier meurt seul dans l'île de Sancian ; le Père Ricci reste de longs mois seul à Tchao-king en Chine[1] ; le Père de Rhodes, un des premiers apôtres du Tonkin, est dans la même situation.

Nous ne nommons que les plus célèbres, car nous ne prétendons pas faire une thèse, mais indiquer que l'isolement existait autrefois, par suite du petit nombre des missionnaires et de leur zèle, qui ne pouvait se résoudre à laisser périr des milliers d'âmes, en attendant un compagnon.

Au XIXe siècle, avant que les missions aient reçu ces légions de prêtres qui les font aujourd'hui si florissantes, le même fait s'est reproduit :

Le Père Grollier[2], des Oblats de Marie, reste seul prêtre pendant deux ans dans le Vicariat actuel d'Athabaska-Makensie.

Le vénérable Clet est seul dans un vaste district de Chine, pendant que ses compagnons sont aux extrémités de la province. En Océanie, le bienheureux Chanel, Mgr Bataillon, encore simple missionnaire, et bien

---

1. Ch. de Sainte-Foi. *Vie du P. Ricci*, vol. 1er, p. 305 et passim.
2. *Ann. de la Propag. de la Foi*, n° 392, p. 45.

d'autres n'avaient avec eux que des frères coadjuteurs et aucun prêtre.

Les missions d'Afrique nous ont présenté plusieurs fois le même spectacle que celles de l'Extrême-Orient, d'Océanie et d'Amérique. Cette situation avait des dangers, où n'y en a-t-il pas? Et cependant les missionnaires s'en plaignent généralement assez peu, entourés qu'ils sont quotidiennement par leurs catéchistes, leurs écoliers et leurs chrétiens. Nous n'avons pas d'ailleurs à l'étudier d'une façon particulière, puisqu'actuellement dans la Société des Missions-Étrangères et dans les autres Congrégations apostoliques, elle n'existe plus, sauf à l'état d'exceptions, telles qu'elles se peuvent présenter pendant les persécutions.

D'après le règlement de la Société, en effet, les évêques « doivent placer leurs prêtres de manière à ce qu'ils puissent se voir fréquemment[1] », et « les missionnaires doivent se confesser tous les quinze jours au moins[2] ».

C'est ce qui a lieu ; les ouvriers apostoliques, lorsqu'ils ont de lointaines expéditions à entreprendre, sont toujours plusieurs ; lorsqu'ils sont dans leurs districts, ils ont avec eux, ou à des distances rapprochées, des prêtres européens ou indigènes.

Nous disons, avec eux ou à des distances rapprochées, car de même qu'en France, on préfère, et avec raison, la multiplication des paroisses, qui rendent le bien plus facile et l'action du prêtre plus efficace, de même en mission on augmente le nombre des postes en séparant les missionnaires, afin de créer de nouveaux centres de christianisme. La sagesse pratique et le souci des âmes le veulent ainsi.

---

1. Art. 112, p. 143.
2. Art. 124.

Sous ce rapport, l'organisation actuelle des missions de la Société tend à se rapprocher de celle des diocèses de France, excepté pour les distances qui, dans la plupart des Vicariats, sont plus grandes. Elle y ressemblera de plus en plus, à mesure que le nombre des missionnaires augmentant, le chiffre des stations principales se multipliera. Mais dès maintenant, on peut affirmer que si la solitude existe en Mission, comme dans les petites paroisses de nos diocèses, il est loisible de l'interrompre selon les besoins ; il ne faudrait pas d'ailleurs confondre la solitude avec l'isolement qui n'existe plus pour les missionnaires depuis de longues années. Les craintes élevées à ce sujet sont sans fondement, et ceux qui les expriment n'ont pas suivi attentivement le développement du nombre des prédicateurs évangéliques depuis trente ans et les changements dans l'organisation des Missions. D'ailleurs même à l'époque où nous sommes (1840), les expéditions à travers des pays nouveaux et entièrement païens étaient ordinairement confiées à plusieurs missionnaires ensemble ; c'est ainsi qu'agissait, par exemple, Mgr Pallegoix en envoyant deux prêtres dans le nord de Siam, à Xieng-mai, capitale d'un petit royaume du même nom.

VII

Mais avant de raconter cette expédition, il convient de parler de Mgr Pallegoix, et de la situation qu'il avait alors à Bangkok.

Parti de France en 1828, coadjuteur de Mgr Courvezy en 1838, Vicaire apostolique de Siam en 1841, il avait une réputation incontestée et incontestable de haute intelligence et de très grande bonté. Il avait longuement étudié la religion, les mœurs, les coutumes, l'histoire et la géographie du pays, parlait fort bien la langue ordinaire et connaissait le bali. Encore simple missionnaire, il s'était lié intimement avec le frère du roi.

Le prince habitait une pagode située près de la paroisse de la Conception, qu'administrait Pallegoix; pour ne pas donner d'ombrage à son frère, qui l'avait supplanté dans la succession au trône et pour sauver sa tête, il s'était fait talapoin, et se consolait des grandeurs perdues en se livrant à l'étude.

Les lettres de cette époque sont remplies du récit des dispositions favorables du prince pour les prêtres catholiques et même pour le catholicisme. M. Étienne Albrand[1], revenu de Singapour à Siam, en rendait témoignage en ces termes[2] :

« Pour nous faire mieux apprécier ses dispositions, je vous citerai les traits suivants : MM. Pallegoix et Clémenceau[3], ainsi que deux prêtres du pays, ont avec lui des relations assez fréquentes. Un jour, on vint lui dénoncer en leur présence une bande de talapoins, qui avaient pris une part active à une conspiration dans le Laos.

— Je ne fais aucun cas des talapoins siamois, s'écriat-il, je ne me mêle plus de leurs affaires; » montrant ensuite nos confrères :

— Voilà les véritables talapoins, dit-il, ce sont les seuls que j'estime ; et il continua avec eux la conversation sur des matières religieuses. Il a avoué plusieurs fois que la religion chrétienne, qu'il connaît passablement et qu'il vénère, est la seule véritable, et souvent on l'a entendu s'écrier :

1. Du diocèse de Gap, parti en 1832, mort Vicaire apostolique du Kouytcheou en 1853.
2. *Vie de Mgr Albrand*, p. 122. Dourif.
3. Du diocèse de Poitiers, parti en 1831, mort en 1864.

— Comment se fait-il qu'une religion si sainte ne sanctifie pas tous ceux qui la professent?

« Pour mieux s'instruire des choses de Dieu, il a commencé à étudier le latin; il a pris pour maître un chrétien siamois qui a été longtemps au collège; il fait déjà quelques petites phrases. Il est, du reste, certainement le plus érudit des Siamois; il est fort studieux; il possède une connaissance parfaite de la langue bali, qui est la langue savante. »

Voici un autre fait [1].

Un jour, s'entretenant familièrement avec M. Pallegoix, il lui demanda :

— Si je me faisais chrétien, pourrais-je devenir prêtre ou évêque?

La réponse ayant été affirmative, il se tourna vers des talopoins présents et leur dit :

— Vous voyez combien est généreuse cette religion qui ne fait acception de personne, et qui ne distribue ses dignités qu'au mérite et à la vertu!

Une autre fois, parlant à un petit mandarin catholique, il lui fit cette question :

— Est-ce que si j'étais en danger de mort, un prêtre voudrait venir m'administrer le baptême?

— Il n'y a pas le moindre doute, reprit l'officier, à moins qu'on ne l'empêchât de vous approcher.

— Dans ce cas, répondit le prince, j'espère mourir chrétien.

« Son frère cadet n'est pas moins favorablement disposé; il a dans sa chambre un crucifix, une statue de la sainte Vierge et plusieurs images des saints qu'il invoque. Il s'est déclaré le protecteur des chrétiens, il a de plus obtenu du roi que tout ce qui put les concerner fût de son ressort. »

1. *Vie de Mgr Albrand*. p. 124.

En rapportant ces faits, les missionnaires concluaient en exprimant des espérances qui ne se réalisèrent pas complètement [1] :

« Si un changement de règne faisait monter l'un ou l'autre de ces deux princes sur le trône, on a donc lieu de penser que notre sainte religion en retirerait un grand avantage; car un nombre considérable de Siamois seraient, dès à présent, très disposés à se faire chrétiens s'ils n'étaient retenus par des considérations humaines. »

Les études du prince, ami de Mgr Pallegoix, n'aboutirent qu'à lui inspirer le désir de devenir le fondateur d'une religion nouvelle. Il choisit dans le catholicisme et dans le bouddhisme ce qui lui parut le meilleur, et en composa un système philosophico-religieux qu'il se mit à enseigner aux Siamois.

Cependant la fréquence et l'intimité des relations entre le prêtre européen et le prince éveillèrent la jalousie du roi, qui ordonna à son frère de se séparer de M. Pallegoix. Le prince obéit, mais il conserva pour le missionnaire une inaltérable amitié, qu'il se hâta de manifester dès qu'il eut le pouvoir en main.

Le souverain avait pris cette mesure contre son frère, et non contre les missionnaires envers lesquels il se montrait bienveillant, leur permettant plus aisément de pénétrer à l'intérieur du pays, revenant de temps à autre sur la défense qu'il avait faite aux mandarins de molester les chrétiens.

Dans cette atmosphère de calme, la mission de Siam sortit de la misère, où elle était restée plongée depuis l'invasion des Birmans en 1769.

Mgr Pallegoix envoya deux missionnaires dans le royaume de Xieng-mai, comme nous l'avons dit plus

---

[1]. *Vie de Mgr Albrand*, p. 125.

haut. Cette région ne renfermait aucun chrétien. Granpjean[1] et Vachal[2], qui s'y rendirent, partirent de Bangkok, le 5 décembre 1843 : six semaines plus tard, le 18 janvier suivant, ils arrivèrent à Xieng-mai. Dès le lendemain, ils obtinrent une audience du roi. Tout d'abord et très ouvertement, ils déclarèrent au monarque qu'ils étaient prêtres, venus d'Europe pour prêcher la religion du vrai Dieu, et demandèrent l'autorisation d'habiter le royaume ; le souverain répondit qu'il y consentait volontiers, il promit de leur faire bâtir une demeure et leur permit de rester dans la maison où ils avaient logé la veille. Il accepta leurs présents, qui consistaient en une petite sonnette, une bouteille d'eau de Cologne, un prisme, un miroir à facettes et deux verres en cristal.

Etait-il réellement bien disposé ? ne voulait-il qu'accepter leurs cadeaux ? craignait-il ses officiers ?

Toujours est-il que pendant la nuit, il convoqua son conseil et demanda son avis sur l'arrivée et le séjour de ces étrangers. Plusieurs mandarins se prononcèrent immédiatement pour le bannissement et entraînèrent l'opinion de la majorité :

« Nous avons un Dieu et des ministres à nous ! déclarèrent-ils. Quel besoin avons-nous de ces prêtres inconnus et de leur Dieu ? »

Cependant le roi et ses conseillers n'en vinrent pas à l'expulsion directe, ils se contentèrent de faire le vide autour des missionnaires, en leur enlevant leurs serviteurs, et en défendant sous peine de mort aux habitants d'embrasser le christianisme.

Après quelques mois de séjour à Xieng-mai, Grandjean et Vachal, impuissants à vaincre cette hostilité,

---

1. Du diocèse de Saint-Dié, parti en 1836.
2. Du diocèse de Tulle, parti en 1842.

revinrent à Bangkok travailler dans un champ mieux préparé.

Ils ne tardèrent pas à y être suivis par les ambassadeurs du roi de Xieng-mai, venus savoir ce qu'on pensait à la cour de sa conduite envers les prêtres étrangers.

Malgré sa bienveillance assez habituelle, le gouvernement de Bangkok se montra heureux du dénouement de l'expédition apostolique, et il l'affirma d'autant mieux, que des froissements venaient de se produire entre le premier ministre et Mgr Pallegoix.

L'évêque avait publié un petit opuscule pour combattre le bouddhisme, il était dans son droit d'apôtre; le premier ministre, dont les dispositions ressemblaient par plus d'un côté à celles des mandarins de Chine, ne l'entendait pas ainsi.

Tant que les missionnaires opéraient peu de conversions, ministres et mandarins se montraient assez gracieux. Du jour où il en était autrement, le païen reparaissait et reprenait ouvertement la lutte contre la vérité. Le barcalon, surtout, ne parlait que de mettre les prêtres étrangers aux fers ou de les chasser du royaume. Sa colère, qui donna plus de vogue à l'ouvrage, d'ailleurs remarquablement écrit dans le plus pur siamois, sembla se calmer au bout de quelques semaines, et désireux de savoir le sort qui les attendait, les missionnaires prièrent un des leurs, M. Claudet[1], très lié avec le barcalon, de sonder ses dispositions.

Après avoir roulé sur la persécution de Cochinchine et sur divers points du dogme catholique, la conversation tomba sur l'ouvrage de l'évêque; le prêtre expliqua la raison de cette publication, et le ministre parut satisfait. Ce n'était que dissimulation. Bientôt on le vit prêter son appui aux chefs laotiens, et aller jus-

---

1. Du diocèse de Besançon, parti en 1837, mort en 1753.

qu'à les exciter à défendre de prêcher la religion chrétienne dans leur pays, et à porter la peine de mort contre les missionnaires.

Malgré cette hostilité, la Société des Missions-Étrangères opéra dans le royaume de Siam, un bien réel. C'est à cette époque qu'Étienne Albrand inaugura la prédication du catholicisme aux Chinois émigrés, telle qu'il l'avait commencée à Singapour avec succès.

On avait bien souvent parlé de cette œuvre, mais on ne l'avait pas essayée faute d'ouvriers et de ressources, et peut-être aussi, par ces raisons absolument ignorées des hommes, qui font qu'une œuvre se réalise à une époque plutôt qu'à une autre, raisons que le sentiment chrétien traduit avec grande vérité, en donnant cette réponse pleine de mystères et pourtant de clartés. « Tels sont les décrets de la Providence. » Etienne Albrand commença ses travaux chez les Chinois de Bangkok, et lui-même a raconté les bonnes dispositions de ses néophytes. On pensera sans doute que l'amour du père pour ses fils spirituels lui donne des yeux très indulgents pour les juger ; nous n'y contredirons pas[1] :

« Lorsque je vins à Bangkok, la Mission chinoise était nulle ; je n'avais, tous les dimanches, que deux ou trois chrétiens à ma messe. Maintenant grâce à la bonté divine, plus de cent ont reçu le baptême. Voici comment je m'y pris. Je fis construire à côté de la cabane que j'habite dans un camp chrétien, un hangar en bambous, couvert en feuilles, où j'offrais une pipe et du thé à tous ceux qui venaient me voir. Dans les commencements, je passai bien des moments seul dans ma grange ; mais enfin, attirés peu à peu par mes politesses chinoises, plusieurs goûtèrent de mes instructions. Ils en parlèrent à leurs amis ; ceux-ci en parlèrent à d'autres, et bientôt,

---

1. *Vie de Mgr Albrand*, p. 160.

soit désir de s'instruire, soit simple curiosité, ils accoururent en foule, et ma grange devint un rendez-vous général. J'ai été obligé de l'agrandir de moitié, et malgré cela, elle est insuffisante. Il n'y a pas de boutique plus fréquentée au marché. J'ai pris et formé trois catéchistes, tous les trois nouveaux chrétiens. Aussi vous dire la joie dont mon cœur est inondé est impossible. Il faudrait pour le comprendre que vous vissiez ces néophytes et ces catéchumènes : les premiers assidus aux offices versant des larmes en entendant la messe, en se confessant, mais surtout en communiant; les seconds se préparant au baptême avec une incroyable ferveur, travaillant à se corriger de leurs vices, et prêchant aux païens une doctrine qu'à peine ils viennent d'apprendre; tous me donnant des marques de la plus sincère et de la plus entière confiance. »

De Bangkok, Albrand rayonna dans le delta du Menam, à Pak-nam, à Pak-priau, à Bang-pla-soi, à Pétriu, et quand il quitta Siam pour le Kouy-tcheou en 1846, les chrétientés chinoises étaient établies sur des bases solides ; son initiative avait pleinement réussi ; ses successeurs n'avaient plus qu'à suivre ses traces.

En même temps qu'elle étendait le cercle de ses travaux dans ses anciens Vicariats apostoliques, qu'elle était chargée de nouvelles missions, qu'elle accroissait le nombre de ses prêtres, la Société des Missions-Étrangères recevait heureusement et se servait activement des secours d'une œuvre, que la charité s'ingéniait à créer en Europe, et dont nous allons parler dans le chapitre suivant : la Sainte-Enfance.

CHAPITRE III
1843-1844

I. Fondation de la Sainte-Enfance. Mgr de Forbin-Janson. — Utilité de la Sainte-Enfance. — L'infanticide en Chine. — II. Reconnaissance des missionnaires. — Baptêmes des enfants des païens au Su-tchuen, au Kouy-tcheou, au Tonkin et en Cochinchine. — Les baptiseurs et les baptiseuses. Organisation et fonctionnement. — Opposition des païens. — La Sainte-Enfance à Siam et dans les Indes. — III. L'instruction à Pondichéry. — Rôle de Mgr Bonnand. — M. Dupuis. Imprimerie. — Publications de livres de piété et de science. — Le synode de Pondichéry; ses principales décisions. — Ce qu'en pensent les directeurs du Séminaire. — Une nouvelle réunion. — La question de la hiérarchie dans les Indes. — IV. Les œuvres qui soutiennent l'apostolat au XIXe siècle. — La guerre de l'opium en Chine. La situation du Su-tchuen. — V. La France en Chine. M. de Lagrenée. — Traité de Whampou 1844. — L'Édit de tolérance. — Défense de M. de Lagrenée par le Séminaire des Missions-Étrangères. — Le protectorat des Missions de Chine, ses inconvénients, ses avantages, son avenir.

I

L'Œuvre de la Sainte-Enfance est, comme la Propagation de la Foi, une bienfaitrice dévouée et une auxiliaire puissante de la Société des Missions-Étrangères; à ce double titre, elle a sa place marquée dans cette Histoire.

Disons d'abord quelques mots de son origine et de son but, nous exposerons ensuite ses résultats dans les missions de la Société. Mgr de Forbin-Janson, évêque de Nancy, cherchait depuis longtemps le moyen d'établir, sans nuire à la Propagation de la Foi, une œuvre qui aurait pour but de secourir l'enfance païenne; il le trouva en 1842 pendant une visite qu'il fit à Mademoiselle Jaricot. Le biographe de l'évêque, le P. Philpin de Rivière, prêtre de l'oratoire de Londres, a raconté le fait en des termes qui ne laissent aucun doute sur la collaboration de ces deux saintes âmes.

« Mlle Jaricot, écrit-il[1], connaissait depuis longtemps ce problème que se posait le saint missionnaire ; secourir la Chine païenne, sauver ses jeunes et innombrables victimes, le faire avec la Propagation de la Foi, sans cependant empiéter sur ses hommes et ses ressources.

« Elle y avait longuement songé pendant les mois de 1842, marqués pour elle par de grandes souffrances, ennoblis par l'activité féconde de sa charité.

« Enfin, la lumière se fit. Les enfants chrétiens de l'Europe ne pouvaient-ils devenir les banquiers dont l'or ouvrirait le royaume des cieux aux enfants rebutés de la Chine infidèle ? Ne trouveraient-ils pas un petit sou tous les mois pour sauver de pauvres innocents et pour en faire de petits anges ou des apôtres ? ce serait la *Propagation enfantine de la Foi*.

« Cette solution était simple, mais précisément, à cause de sa simplicité, elle avait échappé à l'intelligence et aux méditations ardentes de notre missionnaire pendant plus de trente ans. Ce n'est qu'en délibérant avec une pauvre fille malade, sur ce qu'il peut et veut faire de la grâce de toute sa vie, et des nouvelles faveurs reçues au tombeau des Apôtres, qu'il en trouve le secret ; c'est du contact de ces deux charités souffrantes que sort la solution cherchée. La Sainte-Enfance était fondée : son *modus vivendi* avec la Propagation de la Foi était découvert. »

L'Œuvre de la Sainte-Enfance, conçue en 1842, fut officiellement fondée en 1843. Les premières réunions du comité central se tinrent sous la présidence de Mgr de Forbin-Janson, le 20 juin de cette même année, le 13 et le 18 mars 1844.

---

1. *Vie de Mgr de Forbin-Janson*, p. 433-434.

Nous y voyons avec l'archevêque de Chalcédoine, Mgr Tharin et Mgr Blanquart de Bailleul, les curés de Saint-Philippe-du-Roule, de Saint-Merry, de Saint-Germain-des-Prés et de Notre-Dame des Victoires, les supérieurs du Séminaire des Missions-Étrangères et du collège Stanislas, le Père Loriquet, les abbés Jammes et de la Bouillerie, le Frère supérieur des Écoles chrétiennes, les princes Galitzin et de Chalais et le trésorier M. Chrestien de Lihus.

Mgr Bonamie, le premier successeur du vénéré fondateur de la double Congrégation de Picpus, fut pendant six années le président du conseil, auquel il apporta sa triple expérience de professeur, d'évêque-missionnaire et de fondateur d'une œuvre apostolique.

M. l'abbé Jammes, ami de cœur de Mgr de Janson, fut, pendant douze ans, l'organisateur et le directeur de l'Œuvre, à laquelle il donna sa vie.

La Sainte-Enfance ne demande pas ses ressources aux associés de la Propagation de la Foi; elle ne s'adresse ni au même âge, ni aux mêmes sentiments.

En principe, les enfants chrétiens seuls sont appelés à la soutenir; chacun d'eux doit lui donner 0 fr. 60 par an et réciter quotidiennement quelques prières prescrites par les statuts de l'Œuvre. De même qu'elle n'est aidée que par l'enfance catholique, elle ne secourt que l'enfance infidèle ou nouvellement chrétienne; son but particulier et précis est ainsi déterminé:

1° Le baptême des enfants en danger de mort; 2° le rachat des enfants qui peuvent être conservés à la vie; 3° leur adoption dans des familles chrétiennes, et leur éducation dans les petites écoles actuellement existantes et à multiplier au sein des pays infidèles.

La Sainte-Enfance a été souvent et violemment attaquée. La question qui a suscité les plus vives et les plus longues polémiques est celle de l'infanticide en Chine : que cet infanticide suive immédiatement la naissance et soit perpétré dans la maison même des parents qui noient leurs enfants ou les étouffent, ou qu'il soit accompli plus tard par l'abandon des enfants jetés à la voirie; des voyageurs et des publicistes se sont unis aux missionnaires pour affirmer la réalité de cet acte barbare, plus ou moins fréquent selon les provinces. Par une étrange anomalie, quelques hommes se sont inscrits en faux contre cette assertion, allant ainsi à l'encontre de l'évidence [1]. Leurs négations sont démenties par les Chinois eux-mêmes dans leurs actes officiels. L'histoire de l'empire du Milieu, en effet, est pleine des preuves de ce crime.

Laissons, si l'on veut, l'édit de 1659, que porta le fondateur de la dynastie tartare-mandchoue, Chun-tchi, à la demande du censeur impérial, Wei-i-kiai, qui lui dénonçait « la barbare coutume de noyer les petites filles ». Laissons de même la requête dans laquelle un peu plus tard, sous le règne de Kang-hi, le mandarin Ki-eul-hia constatait que les habitants de plusieurs provinces, riches ou pauvres, avaient également la coutume de noyer les petites filles[2]. Les mêmes doléances s'élèvent au dix-huitième siècle; des édits semblables essaient d'empêcher le crime que ces plaintes signalent. En 1772, l'empereur Kien-long approuve une requête, où l'on constate tout ensemble que le meurtre des petites filles est habituellement pratiqué dans le Kiang-si, et qu'il importe de punir les coupables.

---

[1]. Par jugement du 22 décembre 1875, le tribunal de police correctionnelle de la Seine (9e chambre) a condamné pour diffamation envers la Sainte-Enfance, les rédacteurs du *XIXe Siècle* MM. About et Sarcey.

[2]. *Tso-tche sin chou* ou *Nouvelle Collection de choses traitant du gouvernement*, par Li-li-ong, t. VII, p. 26, cité par le Père Largent. *L'Infanticide en Chine*, p. 8.

Le même empereur porte, en 1773, contre l'infanticide, un décret dont nous détachons ce passage[1] : « Ce crime qui viole les lois de la nature, doit être puni de la peine du fouet et du bannissement. Si les enfants mis à mort sont des filles nouvellement nées et privées encore entièrement d'intelligence et de raison, les coupables ne pourront alléguer la désobéissance des filles pour justifier leur crime. » Ces mesures n'avaient eu sans doute qu'une efficacité médiocre, car, en 1785, Then, trésorier général du Kiang-si, engageait le gouverneur de cette province à flétrir, dans une proclamation, la pratique de l'infanticide.

En 1815, l'empereur Khia-king faisait dans un édit l'aveu suivant[2]. « Aujourd'hui, le peuple a partout contracté l'habitude, passée dans les mœurs, de vendre les femmes et de noyer les petites filles. »

Sous le règne de Tao-kouang, le gouverneur du Tche-kiang essaya de rappeler à l'humanité les populations dont l'empereur lui avait confié le gouvernement : « Au Tche-kiang[3], dit-il, l'habitude de noyer les petites filles est fort invétérée; les mandarins ont, à plusieurs reprises, publié des proclamations pour l'extirper, mais elle n'a pas disparu. »

En 1838, Ky, gouverneur de Canton, disait dans une proclamation à ses administrés. « Après enquête, j'ai constaté que dans la province du Kouang-tong l'usage de noyer les petites filles est commun, et que les riches aussi bien que les pauvres n'hésitent pas à recourir à ce moyen. »

Depuis cette époque, les décrets des gouverneurs et les édits des empereurs se sont succédés. Qu'il nous suffise de rappeler les plus connus : Un édit de Tao-kouang

---

1. *Ann. de la Sainte-Enfance*, p. xxi, p. 291.
2. *Tei-lou. Recueil de causes utiles*, t. I, 2ᵉ partie, p. 39.
3. *Tei-lou. Recueil de ch.*, t. I, 2ᵉ partie, p. 16.

en 1845; un décret du juge criminel de la province de Kouang-tong en 1848; des édits de la cour impériale de Pékin en 1866; du légat impérial Lin, trésorier général de la province du Hou-pé en 1873; du sous-préfet maritime de Song-kiang-fou en 1875; du préfet de Foutcheou en 1877. Ces actes officiels sont très probants, mais les aveux des familles le sont plus encore. Or, ces aveux sont de tous les jours. Que l'on questionne les parents sur le nombre de leurs filles, presque invariablement ils répondent : trois, quatre, cinq..., et si l'on ajoute : « Où sont-elles ? — Ils disent nettement, sans réticence et sans honte, qu'ils les ont offertes au dieu, dragon des eaux, c'est-à-dire qu'ils les ont noyées. »

La cause de cette coutume barbare est le vif désir des Chinois d'avoir des fils, qui seuls, peuvent faire le Ken-jan au Taï-fan, c'est-à-dire rendre le culte auquel ont droit les ancêtres, et dans la difficulté de trouver des maris pour de nombreuses filles.

D'autres fois, les enfants ne sont pas immédiatement noyés ou étouffés, les parents les gardent quelque temps, et puis, poussés par la misère ou par le désir de se décharger de soins importuns, ils les abandonnent, les exposant dans les rues, à la porte des pagodes, près des temples des ancêtres et des monts-de-piété, sur les chemins, sur les ponts, en un mot dans les endroits les plus fréquentés. Les filles subissent le plus souvent ce malheureux sort, les garçons n'en sont cependant pas exempts.

Nous avons laissé parler les Chinois sur l'infanticide pratiqué dans les maisons, citons ici les voyageurs européens, qui constatent l'abandon, car dans cette seconde partie de la question comme dans la première, nous n'avons nul besoin de recourir aux témoignages des missionnaires, que quelques-uns jugeraient peut-être suspects : « Loin de sévir contre ce crime atroce, dit l'amiral Dumont-d'Urville[1], le gouvernement le tolère et l'autorise presque : l'une des occupations de la police de Péking est de ramasser, chaque matin, les enfants que l'on a jetés pendant la nuit. »

Un conseiller au service de la Russie, M. Dorel, dont le livre : *Sept années en Chine*[2] a été traduit en français par le prince Emmanuel Galitzin, a écrit : « Beaucoup d'habitants pauvres de Canton sont contraints par excès de misère à abandonner leurs nouveau-nés ; ces malheureuses créatures apaisent souvent la voracité des chiens. »

Dans un ouvrage célèbre, M. de Beauvoir raconte[3] avoir trouvé, aux environs de Canton, sept enfants abandonnés dans un sentier de 500 mètres. M. le baron Hübner donne des détails analogues sur Chang-haï, et le capitaine de vaisseau de la Jaille[4], aide de camp du ministre de la marine en 1869, dit les mêmes choses de Ning-po.

Une dépêche de M. Wade[5], ministre d'Angleterre à Pékin (8 juin 1871) contient cette attestation : « Les enfants des asiles catholiques romains sont des enfants abandonnés de tous. Il serait difficile d'en trouver un qui n'ait été laissé sur le chemin, prêt à mourir. »

II

Tel était le grand mal auquel la Sainte-Enfance allait aider les missionnaires à remédier. Afin de répandre la

---

1. *Voyage pittoresque autour du monde*, t. 1, p. 340.
2. Paris 1842.
3. *Voyage autour du monde*, p. 423-425.
4. *L'Infanticide en Chine*, p. 143. P. Largent.
5. Id. p. 44.

connaissance de son but, de ses efforts et de ses résultats, elle publia des annales qui excitèrent un vif intérêt parmi leurs jeunes lecteurs, et qui forment aujourd'hui 44 volumes in-douze de plus de 400 pages. Elle s'établit rapidement dans les paroisses, trouva de nombreux associés dans les catéchismes, pénétra dans les communautés religieuses, anima d'une nouvelle émulation les maisons d'éducation. Les aumônes furent divisées entre les diverses Congrégations apostoliques. La Société des Missions-Étrangères reçut une part en rapport avec ses travaux. Nous avons signalé, dans le cours de cette histoire, son activité à baptiser et à recueillir les enfants au Su-tchuen, au Tonkin, en Cochinchine, à Siam, même à la procure de Macao ; à l'époque de la fondation de la Sainte-Enfance, la Société baptisait annuellement de 75 à 80,000 enfants de païens. Désormais le nombre de ces baptêmes augmentera notablement, des orphelinats seront fondés, des fermes agricoles installées, des écoles instituées.

Les Vicaires apostoliques et les prêtres des Missions-Étrangères comprirent de suite l'aide, que leur apportait la nouvelle œuvre, et ils en exprimèrent hautement leur joie et leur reconnaissance : « O glorieuse Église de France! que tu es belle dans ton immortelle jeunesse! s'écriait Mgr Bonnand[1], hier l'œuvre immense de la Propagation de la Foi qui planta la croix sur tous les rivages du monde ; la société admirable de Saint-Vincent de Paul où l'élite de notre jeunesse trouve le secret de calmer toutes les douleurs ; et aujourd'hui la Sainte-Enfance! O mon Dieu, comblez-la donc de vos bienfaits cette France si chère, où la foi se traduit ainsi par les œuvres. »

« J'ai reçu avec une grande satisfaction les prospectus

---

[1]. *Ann. de la Sainte-Enfance*, vol. 1, p. 115.

de l'œuvre de la Sainte-Enfance, disait Mgr Pallegoix, le but en est si beau, si sublime, que le Seigneur, qui vous l'a inspirée, ne peut manquer de la combler de ses bénédictions. »

Du Tonkin occidental, Mgr Retord écrivait : « J'ai communiqué vos lettres à mes missionnaires; de concert, nous avons rendu des actions de grâces au Dieu tout bon et tout miséricordieux, qui vient à notre secours par tant de moyens divers, et nous remercions bien sincèrement Votre Grandeur et ceux qui sont à la tête de l'Œuvre, des offres généreuses qu'elle veut bien faire à ma mission et à moi. »

Terminons ces témoignages par les paroles du Vicaire apostolique du Su-tchuen, Mgr Pérocheau : « Dieu soit béni d'avoir inspiré une si belle œuvre de charité, et d'avoir accordé de grands succès aux premières tentatives. Espérons qu'il fera de plus en plus prospérer cette œuvre de sa droite ! Nous commençons déjà à en ressentir les heureux effets. » Et pour prouver ces résultats, l'évêque adressait l'année suivante au conseil de la Sainte-Enfance le compte rendu des travaux accomplis par lui et par ses prêtres. Nous y relevons le chiffre de « 68,477 enfants infidèles baptisés à l'article de la mort, 62 écoles de garçons et 134 de filles ».

Afin d'activer cette belle et précieuse œuvre des baptêmes d'enfants, déjà si florissante au Su-tchuen depuis M. Moye, Mgr Pérocheau chargea quatre prêtres, fixés dans les quatre parties principales de son Vicariat, de diriger des baptiseurs à travers les districts soumis à leur juridiction. Dans cette entreprise de la charité, les femmes rendaient de plus grands services que les hommes, car elles pouvaient pénétrer dans les maisons, visiter la mère, en qualité de sages-femmes ou d'amies, et baptiser, sans être observées, les malheureuses et innocentes victimes avant qu'on les fît disparaître.

On distingua deux classes de baptiseurs, dont le nom suffit à indiquer la condition : les baptiseurs ambulants et les baptiseurs à poste fixe. Leur fonction était d'administrer le sacrement de la régénération aux nouveau-nés en danger de mort, et de les recueillir quand ils les trouvaient abandonnés. Les premiers étaient soumis au règlement suivant : ils devaient revenir, cinq ou six fois par an, trouver le missionnaire, approcher des sacrements, recevoir de l'argent, des vêtements, des remèdes et repartir pour de nouvelles conquêtes, « aller, selon l'heureuse expression de l'évêque, placer des milliers de jeunes princes sur des trônes éternels. Les plus grands conquérants de l'univers n'ont jamais opéré la millième partie des merveilles qu'opèrent nos bons et simples baptiseurs. » En outre, chaque missionnaire et chaque prêtre indigène avait un grand nombre de baptiseurs et de baptiseuses à poste fixe, il assignait à chacun une ville, un ou plusieurs villages voisins, que ces chrétiens dévoués parcouraient, cherchant et baptisant les enfants gravement malades. Une science étendue n'était pas requise pour exercer l'art de guérir, il suffisait de connaître les maladies ordinaires, de savoir prononcer quelques mots de médecine, et d'appliquer des remèdes inoffensifs.

A cette époque, les frais pour un baptiseur ambulant, vêtements, nourriture, remèdes distribués, s'élevaient à 150 fr. par an; pour un baptiseur fixe à 75 fr. en moyenne. On comptait 220 baptiseurs salariés : 50 ambulants et 170 fixes.

La distribution des remèdes, tout d'abord bien accueillie, fit naître l'idée d'installer des pharmacies, dont les gérants donneraient gratuitement des consultations à tous ceux qui en désireraient : cette nouvelle forme de dévouement obtint un grand succès; elle s'est répandue par toute la Chine, mais dès le début, en

1850, le supérieur de la mission du Kouy-tcheou constatait en ces termes le bien opéré :

« ..... Nous venons d'établir dans cette capitale (Kouy-yang) une pharmacie gratuite pour les enfants... Le nombre des enfants païens gravement malades, qu'on y apporte journellement pour consulter nos médecins, augmente prodigieusement; grâce à ce concours, nous avons cette année un chiffre de baptêmes supérieur de plusieurs milliers à celui de l'année dernière. »

Dans l'Indo-Chine orientale, une population moins dense et la supériorité morale de l'Annamite, qui aime véritablement ses enfants, ne les tue jamais, les expose rarement, et ne consent à les donner ou à les vendre que orsqu'il est dans l'impossibilité de les nourrir, restreignent l'action de la Sainte-Enfance tout en lui conservant néanmoins un champ assez vaste.

Afin d'employer le plus fructueusement les fonds alloués par l'œuvre, Mgr Retord en consacra les trois quarts à former un petit capital à des sociétés de baptiseurs établies dans les districts, et donna le reste à de pieuses chrétiennes ou aux Religieuses Amantes de la Croix, qui parcouraient les villages, donnant ou vendant des remèdes. Chaque année, pour exciter leur zèle, l'évêque leur distribuait des chapelets, des croix, des médailles; plusieurs fois il adressa à son clergé des lettres pastorales sur ce sujet :

Nous traduisons un de ces mandements de l'Annamite, en lui gardant quelque chose du génie de la langue dans laquelle il fut écrit [1] :

« Je veux vous parler aujourd'hui de l'achat des enfants de païens ; en les baptisant et en les élevant, vous augmenterez ainsi le bercail du Grand Seigneur Jésu .

1. *Le Tonkin cath. et Mgr Retord*, p. 309.

« Au royaume de France, une association s'est fondée, elle prie et donne de l'argent dans ce but.

« Chaque enfant offre une sapèque de France par mois, et l'année dernière, le total de l'argent recueilli a atteint le chiffre de trente fois dix mille ligatures.

« C'est une admirable chose. En Annam, ceux qui sont en dehors du catholicisme font inscrire leurs enfants sur le registre communal, pour qu'ils mangent le riz et la chair des sacrifices, qu'ils adorent Bouddha, les génies tutélaires et le diable, ce qui les conduira en enfer.

« Les chrétiens d'Occident font entrer leurs enfants dans l'Association de la Sainte-Enfance, pour qu'ils deviennent des saints et aident à sanctifier les enfants des terres infidèles. Cette année, il sera facile d'assister de nombreux enfants à cause de la famine, c'est pourquoi le Maître (l'évêque) décide de donner à chaque prêtre en district une barre d'argent, à chaque professeur et aux séminaires 30 ligatures, à chaque couvent de religieuses 20 ligatures...

« Lorsque Messieurs les curés auront reçu cette lettre, ils enverront une circulaire à toutes les chrétientés de leur paroisse, pour leur rappeler les indulgences accordées par le Saint-Siège à ceux qui baptisent des enfants d'infidèles, leur faire connaître l'œuvre et les secours que nous recevons d'elle, les exhorter à acheter les enfants des païens malheureux, et à engager les riches à contribuer par leur argent à cet achat. »

Plus tard, il rappela ces prescriptions et y insista fortement.

« Le baptême des enfants de païens à l'article de la mort est une prédication brève mais efficace, dit-il : c'est une bonne œuvre très grande. Elle nous acquiert de nombreux mérites devant le Seigneur du ciel, elle est très utile à notre âme.

« Il y a des prêtres qui sont très ardents à cette œuvre ; ils sont dignes d'éloges : chaque année, dans leur paroisse, on baptise six à sept cents enfants, c'est bien ; mais il en est d'autres, qui, dans toute leur paroisse, en baptisent à peine une centaine ; c'est mal. Cette différence vient de ce que ces derniers n'envoient pas leurs catéchistes et leurs écoliers à la recherche des enfants ; qu'ils ne stimulent pas le courage de leurs chrétiens, particulièrement des médecins, des sages-femmes, des notables, des veuves, des religieuses, il faut qu'ils changent de conduite. »

D'après les statistiques données par Mgr Retord, les baptêmes des enfants de païens furent, au Tonkin occidental, de 6,250 en 1845 ; de 1846 à 1849, ils furent de 28,018 ; en 1850, le choléra et la famine ayant ravagé le pays, ce chiffre s'éleva à 12,769.

A la fin de chaque année, les baptiseurs et les baptiseuses apportaient à l'évêque ou à ses missionnaires le catalogue des enfants régénérés dans l'eau sainte, en distinguant ceux qui étaient morts et ceux qui avaient survécu. Ces derniers, de beaucoup les moins nombreux, étaient donnés à des familles chrétiennes, et traités comme des enfants adoptifs, recevant, selon un excellent usage établi depuis longtemps parmi les fidèles, une demi-part dans la succession.

Si nous dépassons de quelques années l'époque à laquelle nous sommes arrivés, nous verrons l'organisation de la Sainte-Enfance dans la Cochinchine orientale, elle est décrite dans une lettre du Vicaire apostolique, Mgr Cuenot. C'est un tableau complet des efforts et des résultats.

« Rien de plus simple, de plus naturel et de plus sûr que la constitution de cette œuvre dans notre mission, dit-il[1]. Nous avons dans chaque province un ou deux

---

1. *Ann. de la Prop. de la Foi*, vol. 23, p. 482.

couvents de religieuses. Celle du Binh-dinh, plus populeuse, en a quatre. Ces couvents sont placés dans les principales chrétientés et très éloignés les uns des autres. A côté de chaque couvent se trouve un orphelinat dirigé par les religieuses. Deux ou trois d'entre elles sont vouées à ce soin. C'est là que les païens viennent nous apporter leurs enfants. D'autres, en plus grand nombre, sont rachetés par les religieuses qui vont baptiser. En vendant une pièce de soie, elles ont accès auprès des riches; en vendant une pièce de coton, elles entrent chez les pauvres. Elles portent toujours avec elles des remèdes pour les enfants, et c'est de la sorte qu'elles parviennent à en baptiser un nombre considérable. De là découlent plusieurs bons résultats. Nous embrassons d'un coup toute la mission, que nos religieuses parcourent dans tous les sens, et, comme elles ne sont pas habillées autrement que les gens du pays, nous faisons peu de bruit et beaucoup de fruits. Nos orphelins reçoivent les meilleurs soins pour le temporel et le spirituel. Les garçons sont toujours séparés des filles. Les fonds sont employés avec le plus d'ordre et d'économie possibles. Les résultats de l'œuvre, tant pour le rachat que pour le baptême des enfants païens, nous sont donnés avec la plus grande garantie de sincérité que nous puissions trouver.

« Je dois ajouter que les supérieures des couvents sont aussi les premières chargées du soin de la Sainte-Enfance. Elles reçoivent les fonds et en fixent l'emploi, désignent les religieuses qui doivent baptiser et celles qui soignent les orphelins; elles correspondent avec le supérieur pour tout ce qui a rapport à l'œuvre.....

« Le mariage est la condition ordinaire des filles ainsi rachetées; c'est par exception que nous en trouvons quelques-unes ayant la vocation religieuse. Avec la petite somme que nous leur donnons en dot, nous pouvons, ou du moins nous avons pu jusqu'à présent les marier parmi nos chrétiens, et leur trouver un parti qui offre des garanties pour leur avenir matériel et spirituel. La somme elle-même est employée à leur faire une maison, à leur acheter le plus nécessaire pour monter un petit ménage. Si après ces dépenses, il leur reste encore quelque chose, les nouveaux époux s'en servent pour faire le commerce. Toutes ces dépenses sont réglées ou par nous ou par les supérieures des couvents, et pas un sou n'est dépensé sinon pour la plus grande utilité des orphelins et des orphelines.

« Ainsi, vous le voyez, tout s'arrange pour ces pauvres enfants. Ils ont un chez soi : c'est leur bien, ils s'y attachent ; ils ont un travail qui les occupe, un petit bénéfice qui les enlève à la mendicité ; ils ne peuvent plus retourner parmi les païens, au grand profit de leur âme, et le but de la Sainte-Enfance est définitivement obtenu.

« A Siam et dans les Indes dont les habitants tiennent autant à leurs enfants que les Annamites, les prêtres de la Société employaient les secours de la Sainte-Enfance surtout en faveur des orphelins, essayant d'empêcher les musulmans et les protestants de s'en emparer. Ils avaient classé dès le début ces pauvres malheureux en plusieurs catégories : les orphelins de père et de mère, les enfants dont la mère a des raisons de cacher l'existence, les enfants de descendants d'Européens qui seraient tentés de passer à l'hérésie pour échapper à la misère.

« Avant que la Sainte-Enfance fût fondée et qu'elle nous envoyât ses secours, écrivait Mgr Charbonnaux[1], que de gémissements ne nous arrachait pas l'impossibilité presque absolue où nous étions de sauver les âmes de

---

1. *Ann. de la Sainte-Enfance*, vol. 15, p. 242-243.

tant de petits enfants qui mouraient sous nos yeux, ou d'arracher à l'infidélité tant de jeunes enfants, que leurs parents nous auraient livrés avec joie, au lieu de les vendre aux musulmans, aux bayadères, aux protestants, ou enfin de retirer de l'ignorance de notre sainte Religion tant de jeunes intelligences, qui n'ont besoin que de la connaître pour l'estimer et pour l'embrasser! »

Ces résultats ne s'obtenaient pas sans difficultés, ils exigeaient des religieuses, des catéchistes et des chrétiens plus de travail et d'activité ; des missionnaires plus de zèle et de surveillance ; mais ce ne sont là que des choses méritoires ; il y en avait de périlleuses, il fallait compter avec les païens, qui n'avaient jamais épargné les calomnies aux chrétiens et à leurs œuvres, et les multipliaient depuis qu'ils les voyaient rapidement prospérer.

En Chine, la Sainte-Enfance rencontra l'opposition particulière des Tsin-lien-kiao, qui prodiguèrent pour lui nuire les pamphlets et l'argent. Ils allèrent même jusqu'à ouvrir quelques pharmacies donnant gratis des remèdes aux enfants. Grâce à cette contradiction, dans plusieurs préfectures du Su-tchuen, le nombre des baptêmes d'enfants fut restreint. Les parents eurent peur et quelques-uns honte d'apporter leurs malades : « Examinez la maladie de notre enfant, disaient-ils aux catéchistes ou aux pharmaciens catholiques, donnez-lui des remèdes, mais ne lui lavez pas le front. »

Les baptiseurs et les baptiseuses de la Cochinchine et du Tonkin furent également éprouvés. Plusieurs furent arrêtés et mis à la cangue et ne furent relâchés qu'après avoir payé une rançon.

Mais ni les dangers ni les injures n'arrêtaient les courageux chrétiens, heureux de peupler le ciel d'élus.

A mesure que les ressources augmentèrent, le nombre des baptiseurs devint plus grand, des maisons d'éducation et de charité s'élevèrent plus nombreuses et mieux tenues, pour recevoir les orphelins.

Plus tard nous verrons les missionnaires appeler à eux les religieuses européennes, et ces aides dévouées à tous les besoins, compatissantes à toutes les douleurs, s'empresser de venir ouvrir des crèches, des écoles, des orphelinats, toujours soutenus par les aumônes de la Sainte-Enfance.

III

La Société des Missions-Étrangères employait donc au mieux des intérêts des âmes les ressources mises à sa disposition par la charité catholique.

D'autre part, elle développait, dans quelques-unes de ces missions, une œuvre qui avait également le bien de l'enfance pour objet. Par suite de la diffusion de ses prêtres sur un vaste territoire soumis à différents régimes politiques, la Société voit plusieurs de ses Vicariats se livrer à certains travaux, auxquels d'autres ne peuvent même pas songer. C'est ainsi que pendant la persécution en Annam, Pondichéry jouissait d'une paix profonde sous son double gouvernement anglais et français, et créait des établissements impossibles dans d'autres contrées.

Il n'y a pas qu'un moyen d'évangéliser, il y en a autant que de penchants honnêtes, de désirs élevés ou de besoins pressants chez les peuples. Ces penchants, ces désirs et ces besoins changent plus ou moins selon les circonstances. L'habileté de l'homme apostolique est moins encore de les faire naître que de savoir en user. A qui apporterait cette fin de non-recevoir, que les Sociétés religieuses sont fondées pour un but particulier, que leurs antécédents, leurs conditions, la formation de leurs membres ne les prédisposent pas à exercer toutes les œuvres ; nous pourrions répondre que cela est vrai en tant seulement que les œuvres ne sont pas directement en rapport avec le but poursuivi, qu'elles ne se prêtent pas un mutuel et nécessaire concours, pour réaliser la fin vers laquelle tend cette Société.

La Société des Missions-Étrangères, ayant pour but la conversion des infidèles et l'organisation des Églises, ne doit-t-elle pas s'occuper de tout ce qui se rattache à cette fin? Or, l'éducation de l'enfant, qui rapportera d'abord chez ses parents les principes qu'on lui a inculqués, qui, ensuite, devenu chef de famille, sera partie intégrante et influente de la communauté chrétienne, qui peut, par ses études, s'élever au sacerdoce, est absolument indispensable. La Société doit donc travailler à cette œuvre, ou par elle-même, ou par des auxiliaires.

La solution de cette question avait semblé telle à Mgr Bonnand lorsqu'il n'était que simple missionnaire, elle lui apparut plus claire dès qu'il fut évêque.

Pour défendre les catholiques indiens contre la propagande protestante, pour leur inculquer la science religieuse, faire d'eux des chrétiens en même temps que des hommes utiles à leur pays, pour leur permettre d'acquérir des positions honorables dans l'administration anglaise, et les faire sortir ainsi de la situation d'infériorité qu'ils avaient vis-à-vis des païens, l'évêque, secondé par ses missionnaires, Godelle, Dupuis, Luquet, Gailhot et d'autres non moins remarquables, posa d'abord en principe qu'il était nécessaire d'établir des collèges et beaucoup d'écoles, soit dans les villes, soit dans les campagnes, et d'y donner un enseignement assez complet. Les actes suivirent les paroles.

Le 17 juillet 1843, s'ouvrit pour les jeunes indigènes un collège établi sur des bases plus larges que celles adoptées jusque-là. Dès lors, le grand pas était accompli, car on avait introduit dans l'enseignement, avec l'étude du français et de l'anglais, des sciences mathématiques et physiques, le principe d'un grand développement futur.

Une œuvre d'une utilité sans cesse croissante, à mesure que l'instruction fait des progrès chez les indigènes, est assurément la publication des livres de religion et d'étude. Mgr Bonnand trouva dans M. Dupuis l'initiateur sagace et vigoureux de cette entreprise. Après avoir composé des livres, le missionnaire les imprima. Son premier ouvrage a pour titre « Veda-pourateltei-marouttel ». « Réfutation de l'hérésie. » Il est divisé en trois parties : la première contient un résumé de l'histoire sainte, de la vie de Notre-Seigneur et de l'histoire de l'Église ; la seconde, les origines du protestantisme, sa parenté avec des hérésies condamnées auparavant et sa propagation ; la troisième, le culte des saints, les sacrements et de longues et nombreuses réponses aux objections des protestants sur ce double sujet.

Tel fut le début des publications de propagande et de science dont Mgr Bonnand disait avec tant de raison en écrivant à ses missionnaires[1] : « Je ne saurais vous envoyer ce livre, sans vous inviter à vous unir à nous, pour conjurer tous, d'une voix unanime et de toute notre âme, le Dieu de toute bonté, de vouloir bien répandre ses bénédictions sur ces prémices et sur les ouvrages subséquents de notre imprimerie. Il sait que notre grand et unique but, en nous la procurant, a été de la faire servir au bien de notre sainte religion, principalement dans la grande étendue de pays qu'embrasse la juridiction de ce Vicariat apostolique. »

C'était un premier pas dans une voie qui promettait d'être heureuse. Au début de ces travaux qui allaient, on peut le dire sans exagération, changer la face des missions de l'Inde, Mgr Bonnand sentit le besoin de s'en-

---

[1]. Arch. M.-É., vol. 1002.

tourer des lumières des missionnaires, ses collaborateurs, non seulement pour étudier la situation actuelle, mais afin de tracer des règles pour l'avenir. A leur arrivée à Siam, les premiers Vicaires apostoliques avaient réuni leurs prêtres et composé les *Monita*, qui donnaient les lignes générales de l'organisation des Missions ; en Cochinchine et au Tonkin, Mgr de La Motte Lambert avait convoqué un synode qui, à ces premières règles générales, avait ajouté des préceptes et des avis particuliers pour les missions d'Annam. En 1803, Mgr Dufresse avait tenu le synode du Su-tchuen, qui avait codifié les pratiques des missions de la Société en Chine ; Mgr Bonnand imita ces grands modèles.

Il commença par publier une lettre pastorale contenant le sommaire suivant des questions qui devaient être traitées dans la réunion : 1° Conversion des païens ; 2° Missions à entreprendre par plusieurs ouvriers apostoliques en commun ; 3° Baptêmes des enfants de païens en danger de mort ; 4° Question des rites malabares, et application de la Bulle de Benoît XIV ; 5° Costume uniforme à donner aux missionnaires ; 6° Moyens de découvrir et de développer les vocations à l'état ecclésiastique, parmi les jeunes Malabares ; 7° Impression des livres utiles à la religion ; 8° Fêtes religieuses.

Le synode s'ouvrit le 18 janvier 1844. Etaient présents : Mgr Bonnand, Vicaire apostolique, Mgr Charbonnaux, coadjuteur élu, M. Jarrige[1], provicaire, le P. Bertrand, supérieur des Jésuites du Maduré ; MM. Aulagne[2], Bigot-Beauclair[3], Le Goust, Mehay, Dupuis, Pacreau[4], Lehodey[5], Bardouil, Mousset, Fricaud[6], Mé-

---

1. Du diocèse de Clermont, parti en 1819, mort en 1889.
2. Du diocèse du Puy, parti en 1829, mort en 1866.
3. Du diocèse du Mans, parti en 1830, mort en 1858.
4. Du diocèse de Poitiers, parti en 1834, mort en 1850.
5. Du diocèse de Coutances, parti en 1852, mort en 1869.
6. Du diocèse de Nantes, parti en 1836, mort en 1880.

tral-Charvet[1], Gailhot[2], Pouplin[3], Richon[4], Chevalier, Leroux[5], Roger[6], Godelle de Brésillac[7], Triboulot[8], Luquet, Virot[9], missionnaires européens, Xavérinâder, Aroulandanâder et Devasagâiam, prêtres indigènes.

Les missionnaires, chargés de rédiger le programme des questions qui devaient être étudiées et résolues, s'étaient inspirés du règlement et des traditions de la Société des Missions-Étrangères et des indications contenues dans la lettre de Mgr Bonnand; ils avaient rangé les matières à traiter en trois catégories : clergé indigène, administration des chrétiens, conversions des gentils.

La première séance fut consacrée à l'étude de la formation du clergé indigène. « L'assemblée, est-il dit dans les actes du synode, a exprimé unanimement sa vive sollicitude à l'égard du clergé indigène, comme aussi le regret éprouvé depuis longtemps de voir que le petit nombre d'ouvriers évangéliques ne permettait pas de consacrer à cette œuvre tous les soins nécessaires. Elle a accueilli avec bonheur les circonstances fécondes en consolations et en espérances que la divine Providence semble nous ménager en ce moment. Mais par un vif désir de réaliser avec extension l'œuvre sainte que le ciel nous a confiée, les membres du synode se sont demandé d'abord quel serait le moyen fondamental. »

La conclusion pratique de cet exposé et de cette question fut : l'entretien et le perfectionnement de bonnes écoles primaires pour les enfants, d'un petit séminaire

---

1. Du diocèse d'Annecy, parti en 1836, mort en 1857.
2. Du diocèse de Viviers, parti en 1838.
3. Du diocèse du Mans, parti en 1836, mort en 1863.
4. Du diocèse de Tarentaise, parti en 1839, mort en 1864.
5. Du diocèse de Nantes, parti en 1840.
6. Du diocèse de Bayeux, parti en 1839, mort en 1857.
7. Du diocèse de Carcassonne, parti en 1842.
8. Du diocèse de St-Dié, parti en 1842, mort en 1844.
9. Du diocèse de Besançon, parti en 1842, mort en 1846.

pour les études secondaires et d'un grand séminaire pour la théologie. Voici les résolutions prises sur chacun de ces points.

« L'assemblée, bien convaincue que les écoles sont le plus excellent moyen de propager l'instruction religieuse et morale, a décidé unanimement que nous devions non seulement soutenir celles qui existent déjà, mais encore aviser incessamment aux mesures les plus sages et les plus efficaces pour en fonder de nouvelles, sur un système plus solide et plus étendu, non seulement en faveur des enfants indigènes, mais encore des enfants européens et de leurs descendants, dans l'espoir d'y trouver des vocations au sacerdoce.

« L'assemblée émet pareillement le vœu que l'on s'occupe sérieusement de pourvoir au plus tôt à l'éducation et à l'instruction des petites filles. »

Pour le petit séminaire, il fut spécifié qu'il serait aussi complet que possible et que le système suivant d'instruction y serait adopté :

« 1° L'enseignement de la langue latine jusqu'à la rhétorique inclusivement, suivant la méthode que l'expérience a prouvé être la plus efficace pour assurer le progrès des élèves ;

2° La langue tamoule, car il est naturel et de toute bienséance que les jeunes gens apprennent à parler correctement leur langue maternelle ;

3° La langue française. L'on a pensé 1° que cette langue serait pour eux une source féconde d'instructions religieuses et classiques; 2° qu'elle ne contribuerait pas peu à entretenir des rapports plus intimes entre les prêtres européens et les prêtres indigènes; 3° qu'elle rendrait moins précaire et plus honorable dans la société, la position d'un jeune homme qui ne se sentirait pas de vocation, ou dans lequel on ne reconnaîtrait pas les qualités requises pour le sacerdoce ;

4° L'anglais. On a aussi jugé convenable que les prêtres indigènes fussent en état de remplir leur ministère envers un grand nombre de personnes, qui ne sauraient que cette langue, et que, de plus, ils pussent entretenir avec les autorités des rapports, souvent nécessités par les circonstances ;

5° Eléments d'histoire, de géographie, d'arithmétique, des notions d'astronomie et de physique, parce que ces connaissances sont regardées comme le complément de toute éducation. »

Jusqu'alors un seul prêtre avait été chargé de la direction et de l'enseignement du petit séminaire ; encore était-il souvent obligé de prêter son ministère pour l'administration de la chrétienté. Cette nécessité rendant impossible la réalisation de toutes les espérances que l'on pouvait fonder sur l'établissement, il fut résolu que, désormais, il y aurait dans le petit séminaire au moins trois prêtres : deux européens et un indigène, aidés par des professeurs laïques.

« Non seulement, dit le synode, on ne doit pas limiter le nombre des élèves internes, mais il faut encore chercher à l'augmenter autant que possible, pour obtenir plus de chances de vocations, usant pourtant de beaucoup de sagesse et de prudence dans le choix des enfants. C'est, par conséquent, pour chaque missionnaire, un devoir de s'occuper à découvrir et à faire naître des vocations parmi les enfants de son district. C'est l'esprit des Instructions de la Sacrée Congrégation. »

La création du grand séminaire séparé du petit fut décidée.

« L'on y enseignera, comme en France, la philosophie, la théologie et l'Écriture sainte.

« Le règlement si sage, adopté en Europe pour la direction de ces établissements, y sera mis en vigueur.

« On est d'avis que l'envoi des jeunes gens du séminaire auprès des missionnaires sera un excellent moyen d'éprouver leur vocation avant qu'ils soient dans les ordres sacrés. »

Les autres questions furent renfermées sous les titres qui suivent : Administration des chrétiens, où l'on recommande avec instance au missionnaire de se considérer comme père, juge et médecin spirituel des peuples ;

Le Baptême ; il est prescrit de conserver l'eau baptismale dans les lieux de résidence fixée, d'exiger des parents le baptême de leurs enfants, au plus tôt après la naissance, et de leur faire donner des parrains et marraines ; de tenir un registre exact des baptêmes, pour ne pas éprouver d'embarras sur l'âge des jeunes filles au moment de leur mariage ; de demander à la Sacrée Congrégation quelques éclaircissements sur les prescriptions de la Bulle *Omnium sollicitudinum*, relativement aux rites malabares ;

Le sacrement de Pénitence, que l'on recommande d'administrer en surplis et en étole, on insiste sur la confession des enfants ;

L'Eucharistie, on engage surtout à donner le plus de solennité possible à la première communion des enfants ;

L'Extrême-onction, on fixe la distance obligatoire pour la porter aux malades, ainsi que le saint viatique, et le mode d'administrer l'un et l'autre en certains cas ;

Le Mariage, à propos duquel des précautions sont prescrites pour s'assurer de l'état libre des contractants, en certaines circonstances plus difficiles.

Dans le chapitre des commandements de Dieu, en parlant des superstitions à combattre, un mode d'examen est indiqué, afin de déterminer plus tard les mesures à prendre sur ce sujet. On traite ensuite des possessions diaboliques « vraies ou fausses, assez communes dans l'Inde ». Puis vient la question du prêt à intérêt dans les conditions particulières du pays. Ensuite il est positivement défendu à tous les chrétiens de lire les livres protestants.

Quant aux commandements de l'Église, les missionnaires se prononcent positivement contre la demande d'exemption du maigre pour le samedi en faveur des indigènes. Traitant ou plutôt indiquant les moyens de convertir les gentils, ils proposent : la prière, les fêtes religieuses, les prédications, l'emploi de bons catéchistes, le chant de quelque poésie sacrée expliquée avec soin, mesure très conforme au génie des Indiens.

Tels furent en résumé les actes de ce synode, qui a eu dans les Indes au moins la même importance que le synode du Su-tchuen en Chine.

Il est à remarquer qu'à la Société des Missions-Étrangères revient l'honneur d'avoir, dans des assemblées solennelles pour l'organisation et les progrès des Missions, émis des règles que la Propagande devait offrir comme modèles, car elle loua hautement le synode de Pondichéry, et sauf quelques réserves sur deux ou trois décisions, l'approuva complètement.

Le Séminaire des Missions-Étrangères s'associa aux vues, qui avaient dirigé les travaux des ouvriers apostoliques et à leurs conclusions par la lettre suivante [1] :

« Nous ne pouvons qu'applaudir à la sagesse des dispositions que vous avez prises dans votre synode. Celle en particulier qui regarde le clergé indigène y est de la plus haute importance. Vous pouvez par là espérer de vous associer dans quelques années de nombreux auxiliaires.

« Formés par des mains habiles à la piété et à la

1. Arch. M.-É., vol. 64, p. 16.

science, ils auront appris à penser et à agir comme leurs maîtres, tout en conservant du pays natal les usages et les mœurs propres à gagner la confiance de leurs compatriotes. Il nous semble donc que vous avez fait un grand pas vers la perfection du principal but de notre Société.

« Au moins aurez-vous pris une initiative honorable, et dont il est permis d'attendre les plus consolants résultats pour toutes les Missions de l'Inde. »

Quelques mois plus tard, les 18 et 19 avril 1844, un conseil extraordinaire fut tenu à Pondichéry, où se trouvèrent réunis, sous la présidence de Mgr Bonnand, MM. Jarrige, provicaire, Dupuis, Lehodey, Pouplin, Leroux, de Brésillac et Luquet. Il reprit l'étude du synode et chercha le moyen de le mettre en pratique. L'enseignement dans les écoles fut un des points principaux de cette étude subséquente.

Pour mettre les professeurs à même de donner à leurs élèves les notions, qui entraient dans le nouveau programme du séminaire, il était nécessaire de rédiger ou de traduire en tamoul de petits abrégés des sciences à enseigner. Ces ouvrages n'existant pas, plusieurs missionnaires furent chargés de les composer : à Bigot-Beauclair incomba l'histoire sainte, à Roger l'histoire profane, à Gailhot l'histoire universelle et l'histoire indienne, à Chevalier la géographie.

Le conseil passa ensuite à l'examen d'une institution de religieuses indiennes, et pria M. Dupuis, qui déjà avait conçu ce dessein, de présenter un projet d'établissement dont l'exécution devait avoir lieu au plus tôt.

On aborda ensuite un sujet dont la solution ne pouvait être immédiate, et ne dépendait ni de la Société, ni des missionnaires : l'établissement de la hiérarchie dans l'Inde par la nomination d'évêques titulaires au lieu de Vicaires apostoliques. L'inspirateur de ce projet était

M. Luquet, mort plus tard évêque d'Hésebon, belle et facile intelligence, mieux doué cependant pour la spéculation que pour la pratique.

Il fut chargé d'aller à Rome présenter des explications sur cette importante affaire, qui resta à l'étude pendant quarante ans, et que le Souverain Pontife Léon XIII a terminée en 1886.

De leur côté, l'évêque et les missionnaires se mirent en devoir d'exécuter les décisions prises.

Les séminaires furent organisés, les ouvrages de spiritualité et de controverse, les livres classiques composés. C'est alors que Dupuis et Mousset publièrent (1846) leur dictionnaire latin-français-tamoul, volume in-octavo de plus de 1400 pages, dont une partie leur avait été fournie par un travail manuscrit d'un autre prêtre de la Société, M. Magny, d'abord de 1774 à 1785 supérieur du collège général établi à Virampatnam, et ensuite jusqu'en 1822, missionnaire à Pondichéry.

A la même époque, Dupuis jeta les bases de la Congrégation des religieuses institutrices des filles.

C'était entreprendre une grande et difficile affaire et attaquer cet antique préjugé de l'Inde, qui condamne la femme à une ignorance absolue, et attache au front de celle qui sait lire le stigmate de l'opprobre et du déshonneur.

Mais Dupuis, avec un grand zèle, rehaussé de persévérance, était capable d'accepter les plus lourdes responsabilités et en même temps modeste et habile, vertus et qualités nécessaires dans les circonstances présentes. Les Indiens, même chrétiens, s'offusquèrent d'abord de son dessein, il prit soin de bien le leur expliquer, et sans les convaincre absolument, il arrêta leur opposition; lorsqu'il eut réussi à apprendre à lire à quelques religieuses, il gagna des parents qui timidement envoyèrent leurs enfants à l'école; après quelques mois d'étude, les élèves surent lire, ce qui flatta les familles ; elles s'empressèrent de proclamer leur science, et amenèrent de nouvelles recrues.

Il faudrait avoir été témoin de ces humbles et pénibles débuts pour les bien raconter; les lettres de M. Dupuis sont presque muettes à cet égard, et pour avoir quelques détails et quelques appréciations, nous devons les emprunter à Mgr Bonnand qui les termine ainsi :

« Dieu soit loué, l'école de filles qu'a fondée notre cher M. Dupuis fait des progrès. Mais quelles difficultés il a rencontrées, heureusement qu'il ne se décourage jamais et qu'il a dans la sainte Providence la plus entière confiance. »

Voyant l'extension de l'instruction dans les écoles et dans les séminaires de Pondichéry, le gouverneur des établissements français de l'Inde offrit (1845) à Mgr Bonnand la direction du collège colonial, presque entièrement désorganisé et menacé d'une ruine prochaine.

Après des hésitations qu'autorisait l'œuvre elle-même, nouvelle pour les missionnaires, l'évêque, mû par le désir de donner une éducation chrétienne aux enfants des Européens et l'espoir du grand bien qui en résulterait, acquiesça, enfin, à la demande du gouverneur et aux vœux de la population de Pondichéry.

Après trois années d'expérience, le résultat de la nouvelle direction était constaté en ces termes par le Journal de la ville [1] :

« On ne saurait contester la sollicitude et le zèle apportés dans la direction du collège colonial depuis qu'elle est confiée aux Pères des Missions-Étrangères. Nous sommes à même de juger des progrès remarquables des élèves ; les soins constants de leurs maîtres ne pouvaient manquer d'amener ces heureux résultats. »

---

1. Arch. M.-É., vol. 1802.

Les missions de la Société dans les Indes étaient ainsi entraînées et entraînaient les autres sur la voie rapide du progrès, qu'elles n'ont pas cessé de parcourir.

C'est le jugement porté par Mgr Laouënan, parlant de Mgr Bonnand et des conséquences heureuses de son épiscopat : « C'est lui, disait-il, qui a jeté les Indes dans le mouvement, car nous marchons. »

IV

Pendant cette même période, se réalisaient en Chine des développements d'un autre ordre, qui ne réjouissaient pas moins la Société des Missions-Étrangères, car elle voyait en eux l'aurore des jours de liberté si ardemment désirés par ses prêtres.

Ceux qui étudient l'action de Dieu sur le monde savent que, quand il met en mouvement de grandes forces, il ne les laisse pas isolées, mais les relie à d'autres et en forme un tout dont chaque partie se soutient.

Après avoir fait germer la Propagation de la Foi et la Sainte-Enfance, œuvres humbles à leur début, modestes par leurs soutiens, grandes par leurs bienfaits, il réveilla l'attention du monde catholique par la mort sanglante de missionnaires français et de chrétiens annamites, chinois et coréens, il alluma le feu sacré de l'apostolat dans l'âme de nombreux lévites, puis à l'or des catholiques et au sang des missionnaires, il ajouta l'intervention de l'Europe, qui devait peu à peu, trop lentement au gré de bien des désirs, ouvrir les portes fermées des royaumes d'Extrême-Orient.

Qu'on la juge comme on voudra, qu'on blâme ses hésitations et qu'on critique ses résultats, cette intervention semble bien être venue à son heure.

L'apostolat voyait multiplier ses ressources et ses ouvriers. Qu'eût-il fait des uns et des autres s'il n'avait eu la liberté, ou du moins s'il n'eût rencontré moins d'entraves que dans le passé? Pour faire entrer un ou deux missionnaires dans la Chine ou dans l'Annam, il fallait des précautions infinies, parfois même les Vicaires apostoliques refusaient de les recevoir, dans la crainte que la nouvelle de leur arrivée ou leur arrestation n'excitât une persécution.

Quels obstacles bien plus grands auraient empêché l'entrée de vingt ou de trente missionnaires, et la fondation d'œuvres aujourd'hui si florissantes. S'il est permis de regretter que l'Europe, que la France n'ait pas réalisé toutes les espérances de l'apostolat, il serait ingrat de méconnaître les services qu'elle lui a rendus.

Les débuts de cette intervention datent de 1840. Pour la première fois, les Européens se trouvèrent directement aux prises avec la Chine, et montrèrent à l'Asie étonnée la faiblesse du colosse.

Ce fut d'abord la guerre anglo-chinoise, bien connue sous le nom de guerre de l'opium, et dont il suffit de rappeler les causes en deux mots :

Les marchands anglais trouvaient un grand profit à vendre aux Chinois l'opium préparé dans l'Inde; les Chinois, de leur côté, s'adonnaient avec passion à l'usage de ce narcotique.

Les mesures de prohibition employées d'abord par le gouvernement impérial avaient été inutiles; il se faisait en contrebande un commerce considérable d'opium, et beaucoup de mandarins favorisaient secrètement, à prix d'or, ce trafic illicite.

A la fin, pour couper le mal dans sa racine, le vice-roi de Canton fit saisir et détruire publiquement un grand nombre de caisses d'opium appartenant aux factoreries anglaises de Canton.

Que ses nationaux aient raison ou tort, l'Angleterre ne permet pas qu'on les insulte ou qu'on les frappe. Elle envoya quelques navires sous le commandement de Sir Elliot, pour demander réparation des dommages causés; n'obtenant que des réponses évasives, elle répliqua par le canon.

Les hostilités commencèrent par la prise de Ting-hai et par le blocus de l'embouchure de la rivière Min et du fleuve Bleu (Yang-tse) [1].

Elles durèrent jusqu'en 1842, avec des armistices plus ou moins prolongés et des pourparlers qui n'aboutirent à aucune entente. Un fait qui a trait à l'histoire des Missions-Étrangères marqua cette période. Un missionnaire, M. Taillandier [2], fut arrêté à Canton en se rendant au Su-tchuen, il fut jeté en prison et souffrit la bastonnade. Le consul de France à Macao, M. Barrot, insista en vain pour obtenir sa liberté; l'amiral anglais, Elliot, fut plus heureux, et sur sa demande, le vice-roi de Canton signa l'élargissement du captif, pendant que, dans une autre province de l'empire, un de ses collègues condamnait à mort un Lazariste français, M. Perboyre [3].

Enfin les Anglais, s'étant emparés de Ning-po et de Changhaï, vinrent, le 6 août, prendre position devant Nankin.

Cette fois, le gouvernement de l'empereur comprit qu'il lui fallait absolument traiter, et il délégua trois plénipotentiaires Hipou, Noui-kien et Ki-ing avec de pleins pouvoirs.

Le 29 août 1842, une convention fut signée par les commissaires de l'empereur et le plénipotentiaire de la Grande-Bretagne, Sir Henri Pottinger.

1. En 1841, deux forts près de Canton ayant été occupés par les Anglais, le nouveau vice-roi Ki-chen accorda la cession de Hong-kong.
2. Du diocèse du Mans, parti en 1839, mort en 1856.
3. C'est à la suite de cette affaire que M. Taillandier fut envoyé dans la mission du Tonkin.

Ce traité stipulait le paiement à l'Angleterre d'une indemnité de 21,000,000 de piastres, l'admission du commerce étranger dans quatre nouveaux ports : Changhai, Fou-tcheou, Ning-po et Amoy, et la cession définitive de Hong-kong à la couronne britannique.

La victoire des Anglais fut la première grande leçon donnée à l'orgueil chinois, la première porte ouverte à la civilisation européenne pour pénétrer dans le Céleste-Empire.

On avait craint tout d'abord que les Chinois ne prissent occasion de cette guerre pour persécuter les chrétiens et les missionnaires; il n'en avait rien été; dans les Vicariats apostoliques de la Société en particulier, au Su-tchuen, au Kouy-tcheou, au Yun-nan, la situation n'avait pas changé, demeurant telle qu'elle était depuis une quinzaine d'années, intermédiaire entre la tranquillité complète et la persécution; elle était décrite en ces termes par Mgr Pérocheau[1] :

« Point de nouvelles fort consolantes à vous donner sur la mission. Les dangers sont grands presque partout. On prononce souvent de très mauvais propos contre nos fidèles à l'occasion de la guerre; quelquefois on crie dans les rues que les chrétiens vont se révolter et s'unir aux Anglais. Heureusement les gouverneurs de la province n'y sont pour rien. L'empereur s'est même fait notre apologiste, en écrivant à tous les mandarins qu'il y a une immense différence entre la doctrine des Anglais et celle des chrétiens chinois. Son intention est probablement d'empêcher qu'on ne vexe et irrite les catholiques, sous prétexte que les Anglais adorent le même Dieu. La politique entre sans doute pour quelque chose dans une telle déclaration.

« A la capitale du Su-tchuen, le grand mandarin Fou

---

1. *Ann. de la Prop. de la Foi*, vol. 16, p. 337.

est notre ami, bien qu'il n'ose pas le paraître; nous devons à sa bienveillance plusieurs services signalés, entre autres l'élargissement d'un prêtre chinois et de plusieurs fidèles, arrêtés l'année dernière, et presque aussitôt relâchés, parce qu'au lieu de féliciter les satellites, il avait improuvé leur zèle.

« Ce sont les grandes vertus de Mgr de Tabraca [1] qui ont si bien disposé son cœur envers les chrétiens. Durant la captivité du saint martyr, ce mandarin lui parla souvent, et il demeura persuadé de l'innocence du prisonnier et de la divinité de l'Évangile. Depuis, il a dit plusieurs fois à un chrétien, son ami, qui me l'a rapporté : « Il n'y a qu'une religion vraie et divine, qui puisse inspirer d'aussi grandes vertus dans une telle position. Si je pouvais être en même temps chrétien et mandarin, j'embrasserais sans délai une religion si parfaite. » Daigne le Seigneur lui donner la force de renoncer à sa dignité pour sauver son âme. »

V

La France n'avait pas été mêlée à la querelle des Anglais. Cependant le gouvernement de Louis-Philippe s'émut des concessions territoriales et des avantages commerciaux accordés à l'Angleterre.

Guizot fit même entendre sa voix : « Il ne convient pas à la France, dit-il, d'être absente dans une si grande partie du monde, où déjà les autres nations de l'Europe ont pris pied. » Poussé par l'opinion, le ministère finit par envoyer en Chine une petite mission, avec un plénipotentiaire M. de Lagrenée.

Cette mission, qui eut beaucoup de retentissement, était composée de plusieurs délégués commerciaux et

---

[1]. Mgr Dufresse.

d'un inspecteur des finances, et accompagnée par un amiral commandant l'escadre qui la portait. Elle visita les plus importants marchés de l'Extrême-Orient et recueillit un grand nombre d'informations précieuses. Il entrait, à cette époque, dans les vues du gouvernement français, de fonder un établissement commercial et politique dans les mers de Chine, et on avait fait choix d'abord de l'île de Basilan[1] pour notre nouvelle colonie. M. de Lagrenée la parcourut, et la jugea propre à remplir le but que se proposait le roi Louis-Philippe. Mais les pourparlers, dans lesquels nous étions alors engagés au sujet des mariages espagnols, ne permirent pas de donner suite à ce patriotique projet. L'Espagne, maîtresse du groupe des Philippines, n'eût pas permis, sans de sérieuses contestations, l'occupation française de Basilan.

Les négociations avec la Chine eurent un meilleur résultat. Un traité de commerce fut conclu le 24 septembre 1844; il est connu sous le nom de traité de Whampou[2].

L'article 23 stipule que[3] « si, contrairement aux précédentes dispositions, des Français, quels qu'ils fussent, s'aventuraient en dehors des limites ou pénétraient au loin dans l'intérieur, ils pourraient être arrêtés par l'autorité chinoise, laquelle, dans ce cas, serait tenue de les faire conduire au consulat du port le plus voisin; mais qu'il est formellement interdit à tout individu quelconque de blesser ou de maltraiter, en aucune manière, les Français ainsi arrêtés, de peur de troubler la bonne harmonie qui doit régner entre les deux empires. » Les prêtres français étaient ainsi placés sous la sauvegarde solennelle d'un acte international.

1. Ile de l'archipel Soulou au S.-O. de Mindanao.
2. Port dans une île de la rivière de Canton à 3 kilomètres de cette ville.
3. L'*Empire du milieu*, p. 247. Courcy.

Dépassant la limite de ses instructions, M. de Lagrenée voulut associer les missions elles-mêmes aux bénéfices de ses succès diplomatiques.

« Il juge digne de la France et de son gouvernement, écrit-il confidentiellement à M. Guizot, de prendre date à leur tour, après les conquêtes commerciales des Anglais, et de signaler leur action au point de vue moral et civilisateur, » et par de délicates négociations, il obtient qu'à la requête pressante du plénipotentiaire chinois Ki-ing, le gouvernement impérial accorde l'édit suivant dont communication officieuse doit être faite au représentant de la France :

« Le grand chancelier de l'empire à Ki, assistant du prince impérial, etc., et à Houang, gouverneur provincial, etc. ; le 25 de la première lune de la 26e année de Tao-kouang (20 février 1846), l'empereur nous a signifié l'édit suivant [1] :

« Ki-ing et ses collègues nous ayant ci-devant adressé une pétition, dans laquelle ils demandaient que ceux qui professent la religion chrétienne dans un but vertueux fussent exempts de culpabilité, qu'ils pussent construire des lieux d'adoration, s'y rassembler, vénérer la croix et les images, réciter des prières et faire des prédications sans éprouver en tout cela le moindre obstacle, nous avons donné notre adhésion impériale pour ces divers points dans toute l'étendue de l'empire.

« La religion du Seigneur du ciel, en effet, ayant pour objet d'engager les hommes à la vertu, n'a absolument rien de commun avec les sectes illicites, quelles qu'elles soient ; aussi avons-nous accordé dans les temps qu'elle fût exempte de toute prohibition, et devons-nous également faire en sa faveur toutes les concessions qu'on sollicite maintenant, savoir :

---

1. L'*Empire du milieu*, p. 248. Courcy.

« Que toutes les églises chrétiennes, qui ont été construites sous le règne de Kang-hi, dans les différentes provinces de l'empire et qui existent encore (leur destination primitive étant prouvée) soient rendues aux chrétiens des localités respectives où elles se trouvent, à l'exception cependant de celles qui auraient été converties en pagodes ou maisons particulières, et, s'il arrive, dans les différentes provinces, qu'après la réception de cet édit, les autorités locales exercent des poursuites contre ceux qui professent vraiment la religion chrétienne, sans commettre aucun crime, on devra infliger à ces autorités le châtiment que mérite leur coupable conduite.

« Mais, ceux qui se couvriront du masque de la religion pour faire le mal, ceux qui convoqueront les habitants des districts éloignés pour former des assemblées subversives, comme aussi les malfaiteurs, membres d'autres religions, qui, empruntant faussement le nom de chrétiens, s'en serviront dans un but de désordre : tous ces gens-là, coupables d'actions perverses et par cela même infracteurs des lois, devront être rangés parmi les criminels et punis selon les lois de l'empire. Il faut ajouter ici qu'en conformité avec les traités récemment conclus, il n'est en aucune façon permis aux étrangers de pénétrer dans l'intérieur du pays pour y prêcher la religion, car les réserves faites à cet égard doivent demeurer clairement établies. »

« Portez cet avis à la connaissance de qui de droit : qu'on respecte ceci. J'obéis à la volonté de l'empereur en envoyant cette communication. »

Notre plénipotentiaire ne négligea aucune des mesures qui pouvaient garantir à ses yeux la publicité de ces dispositions bienfaisantes; il demanda même à Ki-ing, afin de satisfaire aux exigences des missionnaires protestants, la déclaration positive « que les pratiques extérieures du Tien-tchou-kiao importent peu au gouvernement chinois et que les chrétiens sont innocents devant la loi, non parce qu'ils vénèrent la croix et les images, mais parce qu'ils sont vertueux. » Ne constituant pas un engagement solennel pris officiellement par Tao-kouang envers le gouvernement français, la concession de l'éd . impérial ne porta pas les fruits attendus, elle ne fut même, a-t-on dit souvent, qu'une ruse du commissaire Ki-ing.

Nous n'oserions soutenir cette affirmation d'une façon absolue, mais ce qui est certain, c'est que cet édit de tolérance ne fut ni publié ni exécuté.

L'édit persécuteur de Khia-king, au contraire, resta au code pénal de l'empire, et, pendant que le cabinet de Pékin observa assez fidèlement à l'égard de nos missionnaires, durant une période dix années, l'article 23 du traité de Whampou, l'acte gracieux de Tao-kouang demeura lettre morte, et les réclamations de notre diplomatie en faveur des catholiques chinois furent toujours infructueuses.

M. de Lagrenée n'avait donc fait qu'une œuvre incomplète. Faut-il s'en étonner? Les hommes ne commencent ni n'achèvent en un jour leurs entreprises; tout changement exige une préparation, tout début un progrès avant d'atteindre son perfectionnement; mais les esprits qui oublient cette loi ne sont pas rares; plusieurs à cette époque étudièrent non les résultats atteints, mais ceux qui ne l'étaient pas, et blâmèrent notre ministre au lieu de le remercier. Au nom de la Société des Missions-Étrangères, les directeurs prirent chaudement le parti du plénipotentiaire français[1] :

« Les journaux ont publié une lettre de Macao venue par la dernière malle, et relative à la persécution du

---

[1]. Arch. M.-É., vol. 64, p. 148.

Yun-nan, écrivirent-ils, cette lettre est empreinte d'exagération, surtout pour ce qui concerne la prétendue nullité des résultats obtenus du gouvernement chinois par M. de Lagrenée. Nous sommes heureux que cette lettre dont nous ne partageons point les sentiments, ne soit imputable à aucun des nôtres. M. de Lagrenée a fait tout ce qu'il a pu, c'est notre conviction; aussi lui en sommes-nous très reconnaissants. »

Et dans une autre circonstance, envisageant la question sous le double point de vue du passé et de l'avenir, le Séminaire rendait la même justice au diplomate, espérant que son successeur M. Forth-Rouen compléterait son œuvre [1] :

« Il est bien certain que M. de Lagrenée n'a pas fait assez, pouvait-il faire davantage? C'est ce que nous ignorons, et dans ce cas, nous lui savons gré des concessions qui sont un acheminement pour en solliciter de nouvelles, ou plutôt pour exiger que celles qui ont été accordées ne soient pas illusoires. Nous sommes bien persuadés que la bonne volonté ne manquera pas à M. Forth-Rouen, pour mettre la dernière main à une œuvre, qui est restée inachevée. »

Tel qu'il est, le traité de 1844 est un acte extrêmement important, non seulement en lui-même, mais aussi par ses conséquences, car il est l'origine du protectorat religieux de la France en Chine.

VI

On nous pardonnera d'ouvrir une parenthèse, afin d'écrire quelques mots sur ce protectorat, qui, pour bien des motifs, ne saurait laisser indifférente la Société

---

1. Arch. M.-É., vol. 64, p. 151.

des Missions-Étrangères, et que le gouvernement français, république ou monarchie, tient tant à conserver. Disons tout de suite, qu'à notre avis, il est, comme la plupart des choses humaines, pratiquement mêlé de bien et de mal ; il a souvent donné aux missionnaires un utile concours, mais n'a pas été sans leur créer des difficultés, par la nouvelle situation qu'il leur faisait vis-à-vis de la Chine et de la France.

Cette observation faite, étudions-le de plus près. Le protectorat religieux est depuis longtemps une tradition constante de la politique française. Lié intimement à notre histoire nationale, il fait partie du rôle qu'a notre pays dans le cours des siècles et que l'on a résumé dans cette formule : *Gesta Dei per Francos*.

Aujourd'hui, sans doute, on s'occupe davantage des intérêts commerciaux, mais on ne méconnaît pas totalement l'influence des missionnaires et les services que parfois ils peuvent rendre.

« Si nous ne les avions pas, a écrit un homme[1] qui a traité cette question avec un grand sens et beaucoup de compétence, notre pays ne tiendrait pas en Chine une plus grande place que les puissances européennes de second ordre. Grâce à eux, le nom français est connu jusque dans les parties les plus reculées de l'immense empire ; j'irai plus loin : leur action est plus puissante peut-être que celle des commerçants, lesquels, même s'ils ne sont pas marchands d'opium, sont mal placés pour dissiper les préjugés et la méfiance des indigènes, par cela même qu'ils poursuivent un but intéressé. Le gouvernement anglais l'a si bien compris, qu'il encourage énergiquement les missions protestantes. Il sent que le meilleur moyen de se faire bien venir des Chinois est de leur montrer que l'Europe ne leur envoie pas seulement des

---

[1]. *Revue des Deux-Mondes*, p. 797, année 1887.

hommes désireux de s'enrichir, mais aussi des gens dévoués et désintéressés, cherchant à leur rendre service sans profit personnel.

« Comme moyen de pénétration, missionnaires et religieuses rendent un service signalé à la civilisation européenne. En les encourageant et en les protégeant, la France bénéficie de leurs efforts; mais l'exercice de cette protection n'est pas une sinécure. La légation de France entretient une correspondance constante avec les Vicaires apostoliques; elle est souvent appelée à intervenir auprès du Tsong-li-yamen pour empêcher des spoliations iniques, pour prévenir ou réprimer les exactions de mandarins fanatiques ou ignorants, pour obtenir la réparation des dommages injustement causés. De là des difficultés fréquentes. Presque tout le monde reconnaît qu'il est avantageux pour la France d'avoir cette clientèle nombreuse dans tout l'empire, — ne serait-ce que pour les renseignements utiles qu'elle peut en tirer, — mais quelques-uns, et c'est le seul argument d'apparence sérieuse, qui ait jamais été formulé contre le protectorat religieux, prétendent que ces avantages ne sont pas la juste compensation des froissements qui en résultent. D'après eux, le ministre de France, dégagé d'autres préoccupations du côté des missionnaires, pourrait s'employer exclusivement aux questions politiques ou commerciales, et son influence, ne se gaspillant pas, serait réservée tout entière pour la défense de nos intérêts tangibles et matériels. Cela me paraît un faux raisonnement. L'influence n'est pas une force qui s'use par l'emploi que l'on en fait : elle a besoin, au contraire, de s'exercer pour s'accroître et même pour se conserver. Un agent diplomatique ne l'acquiert qu'au prix d'une action constamment renouvelée. S'il n'a souvent l'occasion de faire apprécier son intelligence et sa fermeté, fût-il le représentant d'une puissance considérable, on ne s'habituera pas à compter avec lui, et il n'acquerra ni l'autorité personnelle ni l'expérience qui lui seront utiles le jour où une difficulté sérieuse se produira. A ce point de vue, les affaires religieuses, loin d'avoir nui à la France, me semblent au contraire lui avoir servi. Les autres puissances ne protègent que leurs nationaux, la France protège aussi des étrangers qui viennent spontanément solliciter son appui. Elle protège aussi des sujets de l'empereur de Chine, qui tous connaissent le nom de la France, et savent l'existence, de l'autre côté de leur terre, d'un grand peuple qui leur a conquis par les armes la liberté religieuse, qui veille sur eux de loin, et dont le représentant à Pékin est prêt à faire appel à l'empereur des décisions arbitraires et vexatoires des mandarins. »

C'est un rôle qui assurément n'est ni sans grandeur, ni sans avantages, mais ce n'est qu'un côté de la question, il en reste un autre très important que n'a pas touché l'auteur dont nous venons de citer les sages réflexions. Le protectorat est-il aussi utile aux missionnaires qu'il l'est à la France? Si la France avait un gouvernement chrétien, si ses agents à l'étranger soutenaient énergiquement les ouvriers apostoliques, qui ne réclament autre chose que l'exécution des traités, s'ils donnaient l'exemple du respect et de la pratique de la foi catholique, la solution serait facile à donner, mais ces desiderata ne se rencontrent ni toujours, ni partout. Prenons donc la situation telle qu'elle se présente, et probablement se présentera longtemps. Elle est envisagée sous un double aspect par ceux qui l'étudient du fond de leur cabinet, ou qui la subissent dans l'ordinaire de leur vie. Ceux-ci, se souvenant de leurs espérances, consultant leurs désirs, se plaignent de la faiblesse de l'appui apporté aux chrétiens, de l'immixtion de l'élément civil dans les affaires religieuses, ils constatent avec amertume la haine politique qui s'est greffée dans le cœur des païens sur la haine religieuse, par le spectacle de la protection, que les étrangers accordent aux missionnaires et aux chrétiens; en résumé, ils reprochent au protectorat d'être un nouvel agent de division, et de n'avoir pas donné tout ce qu'on en attendait et tout ce qu'on était en droit d'en attendre.

Les autres s'attachent davantage à considérer d'abord le passé, les obstacles à l'Évangélisation, à l'entrée des missionnaires, les travaux plus pénibles, les persécutions continuelles avec les maux qu'elles engendrent, et comparant cet état avec la situation actuelle, ils se plaisent à citer les résultats obtenus, le nombre des missionnaires et des néophytes considérablement augmenté, l'éducation chrétienne plus forte et plus complète, les œuvres plus développées, la vie catholique plus intense. Ces deux manières d'étudier ce sujet le mettent à peu près dans un jour complet, et si l'on peut, avec les premiers, regretter que le protectorat n'ait pas produit des fruits plus abondants, on doit, avec les seconds, se réjouir de ceux qu'il a donnés.

Une autre question plus générale que celle du protectorat et prise dans le même ordre d'idées s'est également posée. Quelle sera sur la propagande chrétienne l'action de l'Europe pénétrant peu à peu dans l'Extrême-Orient?

Deux réponses sont également en présence, nous les donnons toutes les deux, car elles partagent les esprits avec des nuances diverses plus ou moins accentuées. Ces divergences n'ont rien qui étonne, lorsque l'on considère la généralité et la gravité de la chose en elle-même, et l'impossibilité ou tout au moins la grande difficulté de prévoir un avenir que n'éclaire point le passé.

Voici la première réponse [1] :

---

1. *La Cochinchine religieuse*, p. 470. Louvet.

« Je le dis avec douleur, mais c'est ma conviction intime, dans l'état actuel des esprits, la propagation de la foi ne peut que perdre, au contact de la France voltairienne et maçonnique. Conquis par nous, deux siècles plus tôt, l'Annam fût promptement devenu chrétien, et l'Église eût trouvé, dans cette population de vingt millions de catholiques, une magnifique base d'opérations pour assurer le développement des autres missions de l'Extrême-Orient.

« Il est bien à craindre désormais que ces espérances ne se réalisent que dans un temps très éloigné, et peut-être jamais. »

Et ailleurs le même auteur ajoute : « Je me rappelle ces graves paroles d'un évêque missionnaire, paroles que j'ai vues trop souvent se réaliser en Cochinchine : « Ceux qui parlent de la protection des troupes européennes s'imaginent que les soldats ne font qu'aider et défendre. Je soutiens qu'ils font plus de mal en un jour par leurs débauches, que vingt missionnaires ne peuvent en réparer en un an. »

Voici maintenant la seconde dont la conclusion est toute différente [1] :

« Le Christianisme est né dans le monde méditerranéen, au temps où ce monde était devenu l'empire romain. — Son développement s'est fait suivant sa forme propre sans doute, mais par assimilation d'éléments extérieurs, philosophiques, juridiques, appartenant à la civilisation gréco-romaine.

« Il semble donc que sa diffusion doive marcher du même pas que les conquêtes de cette civilisation elle-même. Le triomphe final de celle-ci ne fait doute pour personne. Le jour viendra où l'Afrique intérieure, l'Inde et la Chine verront succéder nos usages, nos cou-

---

1. *Les Origines chrétiennes*, p. 4-5. L'abbé Duchesne.

tumes, nos systèmes politiques, notre organisation sociale aux formes actuelles de leur vie privée et de leur vie publique. Ce sera l'heure, non pas des premiers efforts chrétiens (ceux-ci datent déjà de loin), mais du grand succès chrétien. On ne peut se dissimuler que ce succès sera d'abord mélangé ; avec la religion chrétienne, la civilisation européenne transportera partout la libre pensée, les préoccupations exclusivement matérielles, la soif des jouissances faciles. Un temps viendra cependant où tout ce qui dans l'humanité tend vers Dieu, vers le vrai, le beau, le bien, sera uni étroitement à Jésus-Christ. L'Église atteindra alors son maximum de catholicité ; la religion de Jérusalem aura conquis le monde, dans la mesure où le monde est susceptible d'être conquis par la vérité et la vertu. »

Pour terminer cet exposé, sans trancher la question par une solution qui ne réunirait pas tous les esprits, nous nous contenterons de faire observer que les Missions de la Société comptaient, en 1844, 500,000 chrétiens, en 1860 après plus de deux siècles d'apostolat 550,000 chrétiens, aujourd'hui trente-quatre ans après le traité de Pékin, et l'expédition de Cochinchine, dans un territoire égal à celui de 1860, elles en renferment plus d'un million.

Si les progrès de l'Évangélisation devaient se calculer uniquement sur l'augmentation des fidèles, il serait bien évident que cette dernière période, pendant laquelle l'action diplomatique et la présence de l'Europe se sont imposées en Extrême-Orient, a été de beaucoup la plus favorable au développement du règne de Jésus-Christ ; mais nous savons que ce ne serait pas prendre la chose dans son ensemble, ni tenir compte de tous les éléments nécessaires d'informations et de comparaisons, nous préférons donc attendre de l'avenir une solution que nul ne pourra mettre en doute et qui, nous l'espérons, sera bonne pour le salut des peuples.

CHAPITRE IV

1845-1847

I. Grégoire XVI et la Société des Missions-Étrangères. — Bref adressé à MM. Langlois et Dubois, directeurs du Séminaire. — Envoi du corps de St Phosphore. — Division des anciennes missions. — Nouvelles missions confiées à la Société. — Craintes. — Confiance des Directeurs en la Providence. — Etat du séminaire général de Pinang. — Relations épistolaires des élèves avec les séminaristes de Lyon. — Nouveaux Vicaires apostoliques. On songe à établir la hiérarchie en Extrême-Orient. — Situation des Missions. — II. Deuxième arrestation de Mgr Lefebvre en Cochinchine. Sa délivrance. — Son refus d'accepter la protection de l'Angleterre. — III. Mgr Retord, son caractère. — Son pacte avec la Sainte Vierge. — IV. Ses travaux apostoliques. La vaccination. — Arrestation de prêtres indigènes. — V. La Société des Missions-Étrangères dans le nord de la Mandchourie, massacre de M. de la Brunière. — Expédition de M. Vénault. — VI. La Société au Japon. — M. Forcade au Lieou-kiou. — M. Leturdu et M. Adnet. — Services rendus aux missionnaires par la marine française. — VII. Difficultés pour entrer en Corée. Mgr Ferréol et M. Daveluy y pénètrent. — Lettre de l'amiral Cécile au gouvernement coréen. — Martyre d'André Kim. — VIII. Interventions passagères de la France. — Le combat de Tourane. — Lettre de Mgr Retord à Louis-Philippe.

I

Les Souverains Pontifes avaient à maintes reprises témoigné leur bienveillance à la Société des Missions-Étrangères. Dès l'origine, ils avaient été les promoteurs et ensuite les défenseurs des Vicaires apostoliques. Dans le cours des années, ils avaient souvent adressé aux Évêques missionnaires ou aux directeurs du Séminaire des paroles de satisfaction et d'encouragement. Nous avons cité en leur temps les brefs et les lettres d'Alexandre VII, de Clément IX, de Clément X, d'Innocent XI, d'Innocent XII, de Benoît XIV et de Pie VI. Ils sont pour la

Société un titre d'honneur et un gage de la bénédiction divine.

Grégoire XVI, malgré les inquiétudes que lui causait l'unitarisme italien, ne cessait, depuis le commencement de son pontificat, de suivre d'un œil attentif l'état des Missions. Les graves décisions qu'il avait prises dans les Indes, la bulle *Multa præclarè*, les délicates négociations engagées avec le Portugal et en partie menées à bonne fin en sont une preuve péremptoire. Il connaissait à fond la Société des Missions-Étrangères, dont il avait été le chef direct, en tant que préfet de la Propagande. Depuis son élection au souverain pontificat, il n'avait jamais perdu l'occasion de lui laisser voir sa sympathie. A la fin de l'année 1831, il avait envoyé au supérieur et aux directeurs du Séminaire, un bref d'éloges pour leur persévérance et leur activité. En 1840, il avait, dans une allocution consistoriale restée célèbre, honoré les Martyrs de la Société, glorieusement morts pour la foi en Cochinchine et au Tonkin, et en même temps loué le zèle de leurs compagnons et de leurs successeurs.

En 1845, il fit remettre au Séminaire des Missions-Étrangères le corps d'un martyr, saint Phosphore, et adressa un bref, que nous traduisons, aux deux plus anciens directeurs du Séminaire, MM. Langlois et Dubois, partis pour l'Extrême-Orient en 1792, et députés de leur mission, ainsi que nous l'avons dit, le premier en 1805 et le second en 1823.

« Fils bien-aimés, salut et bénédiction apostolique.

« Bien que les témoignages certains de notre bienveillance, dont nous avons comblé les évêques des missions de Chine et des Indes, les ouvriers apostoliques et les élèves de ce Séminaire du plus haut mérite devant l'Église, doivent à juste titre se rapporter aussi aux directeurs de votre maison, cependant Nous voulons, très chers Fils, vous donner une preuve particulière de notre affection, et Nous Nous hâtons de mettre ce dessein à exécution, en confiant cette lettre à notre vénérable Frère, l'évêque de Colombie[1].

« Nous connaissons, en effet, combien sont vertueux et dignes d'éloges les prêtres directeurs de votre célèbre Séminaire, aussi environnons-nous chacun d'eux d'une égale bienveillance et charité. Mais vous, qui, après vous être épuisés dans les longs et continuels travaux du ministère apostolique, l'un au Tonkin, l'autre sur la côte de Coromandel, dépensez encore votre zèle à ces mêmes travaux, de préférence à tous les autres, vous nous avez paru dignes d'une attention particulière.

« Nous savons tout ce que vous avez eu à supporter pour le nom de Jésus, et pour le salut des âmes, chacun dans la partie de la vigne que le Seigneur vous a confiée, et avec quelle sollicitude vous travaillez à instruire les missionnaires de leurs devoirs.

« Les témoins de vos travaux et de votre vigilance sont d'abord tant de prédicateurs illustres de la parole de Dieu, tant de héros au courage invincible, qui n'ont pas craint de verser leur sang pour féconder les Églises d'Asie et attester leur foi. Il nous faut y ajouter aussi tous les évêques et les missionnaires si dignes d'estime, et dont nous sommes heureux de voir le nombre s'accroître, et de constater le zèle véritablement catholique à fonder le clergé indigène, qui s'affermit et prospère chaque jour davantage. Nous rappelons avec joie qu'au nombre de leurs plus belles qualités, les membres de votre Société ont toujours professé et préféré à tout l'obéissance constante envers le Siège apostolique, et envers notre Congrégation de la Propagande. C'est pourquoi, très chers Fils, Nous ne pouvons que vous honorer d'une marque de notre bienveillance paternelle, dont le

---

1. Mgr Verrolles, Vicaire apostolique de Mandchourie.

souvenir dure jusqu'au dernier jour. Nous voulons donc faire à la chapelle du Séminaire un présent digne de votre piété, c'est le corps du bienheureux Phosphore retiré naguère de l'ancien cimetière de Rome, et que bientôt Nous vous enverrons. En gage de notre charité, nous vous donnons de tout cœur la bénédiction apostolique ainsi qu'aux autres directeurs de votre Séminaire.

« Donné à Rome, à Sainte-Marie-Majeure le 6 juillet 1845, la quinzième année de Notre Pontificat. »

La bienveillance et la vigilance du Souverain Pontife se manifestaient davantage encore par des actes importants qui affectaient la marche générale de la Société et élargissaient le cadre de son action.

La connaissance intime, qu'il avait acquise des Missions, lui avait fait concevoir le projet de multiplier les Vicariats apostoliques, afin d'augmenter le nombre des centres de commandement et par conséquent de rendre la direction plus facile et l'évangélisation plus rapide.

Au commencement du Pontificat de Grégoire XVI, la Société des Missions-Étrangères était chargée de cinq Vicariats apostoliques : un aux Indes, un à Siam, un en Cochinchine, un au Tonkin et un en Chine ; le Pape les divisa.

En 1840, il sépara le Yun-nan de la mission du Su-tchuen, qui resta formée de cette dernière province et du Kouy-tcheou. En 1841, Siam, nous l'avons déjà dit, fut divisé en deux, le Siam oriental et le Siam occidental qui changea bientôt cette dénomination contre celle de presqu'île de Malacca ; en 1844, la Cochinchine fut partagée en deux, sous les dénominations empruntées à leur position respective : Cochinchine orientale et Cochinchine occidentale. En 1845, le Coïmbatour et le Maïssour furent détachés de la mission de Pondichéry.

Plusieurs évêques de la Société, trouvant à ces divisions de nombreux avantages, les sollicitèrent eux-mêmes.

C'est ainsi que Mgr Retord, qui avait demandé en 1843 la division du Tonkin occidental, l'obtint par une bulle du 7 mars 1846.

Mgr Desflèches, coadjuteur de Mgr Pérocheau, exprima le désir que le Kouy-tcheou fût séparé du Su-tchuen, ce qui fut accepté. Il aurait même souhaité que plusieurs Vicariats fussent créés dans cette dernière province, appuyant son projet sur les raisons suivantes [1] :

« 1° La grandeur de la province qui est la plus étendue de l'empire, avec une population de plus de 40 millions. — 2° Avec un seul Vicaire apostolique, les païens des départements éloignés sont difficilement évangélisés ; il est difficile d'envoyer des prêtres seuls et très éloignés de l'évêque à cause des longs voyages et des dépenses. — 3° La division facilite l'augmentation du clergé indigène par la création de nouveaux séminaires. — 4° Elle permet d'entreprendre des missions dans les tribus voisines. »

Le dessein de Mgr Desflèches sembla prématuré ; Grégoire XVI ne marchait qu'avec une sage lenteur, et avant de continuer à diviser les missions, il voulait se rendre compte des résultats obtenus par les premières mesures qu'il avait prises.

A la tête de chaque Vicariat nouvellement créé, le Souverain Pontife plaça un évêque qu'il choisit sur les indications des missionnaires et sur la présentation des directeurs du Séminaire des Missions-Étrangères. Mgr Ponsot fut nommé, en 1843, évêque de Philomélie et Vicaire apostolique du Yun-nan. La Cochinchine occidentale eut Mgr Lefebvre, évêque d'Isauropolis, depuis deux ans coadjuteur de Mgr Cuenot qui continua

---

[1]. Arch. M.-É., vol. 447.

de diriger la Cochinchine orientale. Mgr Gauthier, évêque d'Emmaüs, fut chargé du Tonkin méridional. Le Maïssour et le Coïmbatour eurent pour administrateurs le premier Mgr Charbonnaux, le second Mgr de Brésillac. Le Kouy-tcheou n'eut d'évêque qu'en 1849; ce fut Mgr Etienne Albrand, ancien missionnaire à Siam.

Au lieu de les nommer Vicaires apostoliques, Grégoire XVI avait caressé le projet d'en faire des ordinaires et d'établir la hiérarchie, en érigeant des diocèses. Une réunion des chefs des missions devait se tenir à Hongkong et donner son avis sur cette question, mais elle fut empêchée par la situation religieuse et politique très difficile, qui éprouvait alors l'Extrême-Orient.

Toujours plus confiant en la Société, le Souverain Pontife, après avoir multiplié ses missions, lui avoir donné la Corée et la Mandchourie, lui offrit en 1844 le Japon et en 1846 le Thibet. La Société accepta; ces accroissements n'étaient cependant pas sans exciter dans ses rangs quelques craintes, provoquées par la nécessité évidente d'un personnel plus nombreux et des ressources plus considérables, que réclament les missions nouvelles.

« La prudence, disait-on, exige qu'avant de se jeter dans de nouvelles entreprises, on calcule ses moyens de peur qu'on ne dise de nous : *Hic homo cæpit ædificare et non potuit consummare.* »

A ces craintes, les directeurs du Séminaire répondaient, dans la lettre commune de 1846, par une confiance absolue en Dieu que l'avenir a bien justifiée :

« Jusqu'ici, nous avons été les enfants de la Providence, et nous n'avons qu'à nous louer du soin qu'Elle a daigné prendre de nous. C'en est assez pour espérer qu'elle ne nous abandonnera pas. D'ailleurs, ce n'est pas de suite que les nouveaux Vicariats apostoliques absorberont un grand nombre d'ouvriers et de dépenses. Les choses se feront peu à peu, et la même progression s'établira dans nos ressources Tout semble préparé pour cela, comme si Dieu voulait nous donner d'avance l'assurance de son aimable secours, et nous engager par là à entrer dans la voie qu'Il ouvre devant nous. Sept nouveaux missionnaires se sont embarqués à Bordeaux au mois de mars, et un nombre à peu près égal, dont nous ne pouvons encore vous faire connaître les destinations, ne tarderont pas à les suivre. Ces deux départs, qui ont diminué notre personnel, ne nous empêchent pas d'avoir l'espoir bien fondé de posséder, dans quelques mois, quarante aspirants dans notre Séminaire. »

Le nombre des prêtres indigènes augmentait en même temps que celui des missionnaires. Les différents Vicariats de la Société avaient un ou deux petits séminaires et un grand, d'où sortaient, chaque année, plusieurs ouvriers apostoliques.

Le séminaire général de Pinang apportait aussi un contingent précieux.

En 1848, des améliorations importantes furent faites dans les études de cet établissement. Aux classes de latin et de théologie, on ajouta des cours d'arithmétique, de géographie, d'histoire ecclésiastique; ceux de chant et de liturgie prirent plus d'extension.

Quelques années après, on devait y joindre l'arpentage, la physique et l'étude des caractères chinois, alors indispensable à tous les prêtres de Cochinchine, du Tonkin et de Chine.

Depuis la fondation de la Propagation de la Foi, les élèves de Pinang avaient, avec quelques séminaires de France, des relations épistolaires, échos des belles lettres que s'écrivaient entre eux les chrétiens des différentes Églises dans les premiers siècles. En voici quelques exemples[1] :

---

1. *Ann. de la Prop. de la Foi*, vol. 1, n° IV, p. 37.

« A nos respectables pères et à nos frères du séminaire de Lyon, salut affectueux.

« Quoique vos traits nous soient inconnus, nous osons vous adresser cette lettre, à vous nos pères et nos frères; car si nos corps sont éloignés, nos cœurs se réunissent tous en Jésus-Christ dont nous sommes les membres.

« C'est un devoir pour nous de vous témoigner notre reconnaissance pour la foi que les Chinois, quoiqu'en petit nombre, ont embrassée à la prédication des missionnaires sortis du milieu de vous, de ces hommes apostoliques qui, fidèles à la voix du ciel, ont su mépriser les honneurs, les commodités de la vie, les avantages de la naissance, et braver la mort même pour venir publier partout le nom du Seigneur. Ah, le Dieu juste ne saurait laisser tant de sacrifices sans récompenses! Ce Dieu, la vérité même, nous l'a juré : « Quiconque abandonnera sa maison, ses frères ou ses sœurs, son père ou sa mère, son épouse, ses enfants ou ses biens à cause de mon nom, recevra le centuple et la possession de la vie éternelle. »

Dans une autre lettre, ils disaient :

« Votre patrie est un champ fertile, dont les fruits vous dédommagent sans doute de vos sueurs; mais croyez que la nôtre ne saurait être entièrement ingrate. Comment d'ailleurs, s'accomplirait le précepte que Jésus-Christ nous fait quand il dit : « Allez par tout l'univers, annoncez l'Évangile à tous les hommes » : ou bien comme on lit dans un autre endroit : « Allez en mon nom, instruisez tous les peuples et baptisez-les, etc. » Il ne convient pas sans doute d'arracher le pain aux enfants de la famille pour le jeter aux chiens; mais ceux-ci pourtant peuvent se nourrir des miettes qui tombent de la table de leurs maîtres. »

On ne s'étonnera pas, en lisant ces lignes, si

plusieurs évêques de la Société des Missions-Étrangères faisaient le plus grand éloge des élèves du collège général, témoin les paroles de Mgr Pérocheau[1].

« Tant que le séminaire de Pinang sera bien gouverné et les élèves bien soignés, le Su-tchuen continuera probablement à y envoyer, même dans le cas d'une entière liberté de religion en Chine, non pas alors par nécessité, ni par motif de se décharger de l'instruction des écoliers ; mais pour avoir des prêtres mieux élevés, plus graves, plus modestes, plus vides de préjugés nationaux, plus Européens, moins Chinois. Il existe une différence notable entre nos écoliers et prêtres qui ont été à Pinang ; toutes choses égales d'ailleurs, ils jouissent d'une plus grande estime parmi les chrétiens, et même parmi leurs confrères qui ont étudié ici seulement. On les appelle quelquefois demi-européens. »

D'autres Vicaires apostoliques préféraient, cependant, garder leurs séminaristes près d'eux, soit pour éviter les dépenses des voyages, soit pour ne pas leur donner une connaissance plus ou moins utile des coutumes européennes, et les porter ainsi à oublier ou à dédaigner celles de leur pays.

Quelles que fussent l'opinion et la pratique des évêques, le séminaire général n'en offrait pas moins ce grand avantage d'être toujours ouvert aux jeunes gens que la persécution forçait de quitter leur pays, de donner chaque année aux missions des prêtres instruits, zélés, vertueux, inébranlables dans leur foi, que beaucoup scellèrent de leur sang.

Il n'est pas rare de voir, sous le portique des collèges de France, gravés en lettres d'or, les noms des anciens élèves tombés pour la patrie sur les champs de bataille, bien longue serait la liste qu'aurait à enregistrer le sémi-

---

[1]. Lettre du 8 sept. 1846.

naire de Pinang s'il y voulait mettre les noms de tous ses élèves morts pour leur Dieu.

II

Cette augmentation du nombre des prêtres indigènes était d'autant plus nécessaire, que la liberté des prédicateurs européens était plus restreinte. En Chine, ainsi que nous l'avons vu, le traité signé par M. de Lagrenée ne permettait pas aux missionnaires d'y entrer, encore moins d'y séjourner; en Corée, le gouvernement les envoyait à la mort; en Annam, Thieu-tri les emprisonnait ou les expulsait.

L'année même de la création du Vicariat de Cochinchine occidentale (1844), Mgr Lefebvre[1] fut arrêté.

Un de ses catéchistes, homme d'une foi vive et d'un zèle ardent, avait le défaut de ne pas prendre assez de précautions, quand il allait prêcher l'Évangile aux païens. Il fut pris et conduit à la sous-préfecture ; il supporta avec courage la torture et ne trahit personne, mais un de ses domestiques fut moins fidèle, et dévoila la présence de l'évêque dans la province.

Mgr Lefebvre était alors caché dans la chrétienté de Cai-nhum, qui relève administrativement de la préfecture de Vinh-long. Une véritable expédition s'organisa, et partit, sous la direction des mandarins supérieurs, pour arrêter le grand maître des chrétiens. Celui-ci, prévenu à temps, se cacha à quelque distance dans les hautes herbes, et un des chefs de la chrétienté, Pierre Dinh, sacrifiant généreusement sa vie pour son évêque, s'installa comme propriétaire de la maison qui avait servi de refuge au prélat.

1. Du diocèse de Bayeux, parti en 1835, évêque d'Isauropolis et coadjuteur en 1843, Vicaire apostolique de Cochinchine occidentale en 1844, mort en 1865.

Le 29 octobre, à la tombée de la nuit, le village fut investi par la soldatesque. Pierre Dinh, soumis à une longue et cruelle flagellation, dont il mourut quelques jours après, refusa d'indiquer la retraite de son pasteur.

La torture servant mal les mandarins, ils eurent recours à la ruse, aux promesses et aux menaces qui leur réussirent mieux; les fidèles eux-mêmes finirent par dire que le bon pasteur devait se livrer pour le salut de son troupeau. L'évêque qui, du fond de sa retraite, suivait attentivement toutes les péripéties du drame, n'eût pas demandé mieux que de se sacrifier, pour épargner des vexations et des mauvais traitements à ses néophytes, mais il désirait auparavant s'aboucher avec le plus rapproché de ses missionnaires, M. Fontaine, lui confier ses papiers et lui remettre la direction du Vicariat; il n'en eut pas le temps; un enfant de douze ans, effrayé par les menaces du mandarin, fit connaître sa retraite, et le prélat fut arrêté le 31 octobre 1844.

Il fut alors ramené au village même de Cai-nhum, où les grands mandarins de la province siégeaient en permanence depuis deux jours; il ne fut pas mis à la torture, et les officiers du prétoire eurent pour lui des égards inaccoutumés et se contentèrent de l'interroger :

Les satellites ayant découvert quatre grands vases pleins de farine, et un autre contenant du vin pour le saint sacrifice :

— N'est-ce pas avec cela, demanda le mandarin, que vous ensorcelez les gens?

Le captif protesta avec beaucoup d'énergie contre cette calomnie.

On examina ensuite la boîte aux saintes huiles.

— Quelle est la liqueur contenue dans ce vase?

— C'est de l'huile ordinaire d'Europe.

— A-t-elle quelque vertu particulière?

— Elle procure aux malades qui reçoivent les saintes onctions les grâces de salut.

— N'arrachez-vous pas les yeux aux malades pour composer cette huile?

— Non, c'est encore une calomnie inventée par les ennemis de notre sainte religion. Si nous avions ces horribles pratiques, est-ce que nous gagnerions un seul prosélyte? Vous savez que nous faisons aux enfants des funérailles honorables, comment donc supposer que nous profanions leur corps par des cérémonies révoltantes?

On passa enfin à l'inspection des papiers saisis; l'évêque refusa de répondre aux questions qui auraient pu compromettre les chrétiens. Le mandarin insista vivement :

— Mais si on vous livre à la torture, il faudra bien que vous parliez.

— Vous pouvez me frapper, me torturer comme il vous plaira; vous ne m'arracherez aucun aveu de ce genre.

— Sentirez-vous la souffrance, quand vous serez sous la verge du bourreau?

— Je n'en sais rien; je n'ai encore jamais été mis à la question; mais je suis de chair et d'os comme tous les autres; je crois bien que je ressentirai la douleur.

Cependant les mandarins avaient sous la main une riche proie, ils surent en tirer parti; ils arrêtèrent tous les notables de la commune, les condamnèrent à l'exil et vendirent leurs biens.

Après cette instruction sommaire, ils firent leur rapport au roi, et dirigèrent Mgr Lefebvre sur Hué, par la route de terre. L'évêque dut traverser, à petites journées, les forêts du Binh-thuan, franchir les montagnes abruptes de la côte, et, bien qu'il fût transporté en filet, il eut à supporter des fatigues et des privations bien dures pour un Européen, déjà épuisé par les labeurs de la vie apostolique.

Il arriva à la capitale dans les derniers jours de 1844, en compagnie du catéchiste Phuoc, dont le zèle imprudent avait causé tout le mal, mais qui racheta sa faute, en refusant à cinq ou six reprises de marcher sur la croix, ou de faire aucun aveu compromettant. Un autre de ses compagnons de captivité était le chef du village et de la chrétienté de Cai-nhum, nommé Louis Ngo[1], qui avait toujours refusé de faire connaître la retraite de Mgr Lefebvre. Ce vénérable vieillard, âgé de soixante-treize ans, fit la longue route qui sépare Vinh-long de Hué à pied et chargé d'une lourde cangue; il arriva brisé par la maladie, et mourut dans les fers, le 24 février 1845, sous les yeux de son évêque, comme lui confesseur de Jésus-Christ.

En vertu des décrets de proscription de Minh-mang, Mgr Lefebvre fut condamné à mort par les mandarins de Hué, mais Thieu-tri ne se pressa pas de ratifier la sentence; il craignait d'attirer sur lui l'attention et les vengeances de l'Europe civilisée, en particulier de la France.

C'est, en effet, ce qui devait arriver. Déjà, au premier bruit de la captivité du prélat, une frégate américaine, qui croisait dans les mers de Chine, était venue, au nom de l'humanité, réclamer sa délivrance. Le capitaine avait été éconduit, et, n'ayant pas d'instructions, s'était retiré sans rien faire. Mais bientôt arriva à Tourane le contre-amiral Cécile, commandant des forces navales de la France dans l'Extrême-Orient; celui-ci parla haut et ferme au nom de notre pays. Il écrivit à Thieu-tri lui-même pour demander la mise en liberté

---

[1]. *Les 52 Vénérables Serviteurs de Dieu*, vol. 2, p. 99.

immédiate de l'évêque et la cessation des cruautés exercées contre les chrétiens. Le roi effrayé céda sur le premier point, et le pieux confesseur de la foi fut remis à l'amiral, et, sur sa demande, débarqué à Singapour (avril 1845). Les autres missionnaires de Cochinchine coururent les plus grands dangers; Mgr Cuenot, caché dans la province du Binh-dinh, échappa à grand'peine aux satellites. M. Chamaison qui résidait au Quang-nam fut pris, mais il esquiva la justice annamite en versant une somme d'argent.

Cependant, à peine arrivé dans la colonie anglaise, Mgr Lefebvre, sans se laisser arrêter par la crainte de la prison ou de la mort, fit ses préparatifs de retour en Cochinchine, et il partit, emmenant avec lui M. Duclos, un des prêtres naguère délivrés par le commandant Lévêque.

Malheureusement, au moment où la jonque qui portait les deux missionnaires entrait dans la rivière de Saïgon, elle fut surprise par les douaniers.

Néanmoins, au premier moment, tout s'arrangea moyennant quelques barres d'argent; les deux apôtres se crurent sauvés et reprirent leur route, mais bientôt les douaniers reparurent; effrayés de leur responsabilité, ils s'étaient ravisés, et la peur faisant taire la cupidité, ils rapportaient l'argent, déclarant qu'il y allait de leur tête et qu'ils n'osaient pas prendre sur eux cette affaire.

L'évêque et ses compagnons furent conduits à Saïgon, où M. Duclos, épuisé par les souffrances d'une première captivité, ne tarda pas à tomber sérieusement malade. Le 26 juillet 1846, le confesseur, deux fois prisonnier de Jésus-Christ, après avoir été condamné à mort comme prédicateur de l'Evangile, après avoir comparu dans les prétoires des mandarins et subi courageusement la torture, rendit en paix sa belle âme à Dieu, en répétant avec effusion qu'il offrait de bon cœur sa vie, afin que l'évêque pût rentrer dans sa mission et y demeurer en paix. Ce dernier vœu d'un martyr devait être exaucé un an plus tard.

Pendant la maladie de M. Duclos, l'ordre était arrivé de transférer les deux Européens à la capitale et d'instruire leur procès. Mgr Lefebvre, seul survivant, fut donc dirigé par mer sur Hué.

Le 6 août, il fut conduit au tribunal des causes criminelles. Quelle fut la stupéfaction de ses juges en reconnaissant leur prisonnier de l'année précédente! Grande fut la colère du roi qui, dans le premier mouvement d'emportement, commanda de lui trancher la tête; la réflexion le ramena bientôt à des pensées plus modérées.

Le procès suivit donc son cours régulier; mais dans la crainte qu'un navire d'Europe ne vînt encore une fois réclamer le captif, Thieu-tri donna l'ordre d'accélérer l'instruction, en sorte que les procédures et le jugement furent terminés en quinze jours. La sentence fut portée et soumise à la sanction royale; l'évêque était condamné à mort, avec tout l'équipage de la barque qui l'avait amené en Annam.

Thieu-tri, qui craignait de se créer des difficultés avec la France, ne ratifia ce jugement qu'à l'égard du patron de la jonque, Matthieu Gam; l'évêque et les matelots furent condamnés à mort avec sursis; ce qui, dans les circonstances présentes, équivalait presque à l'amnistie, au moins pour Mgr Lefebvre. En effet, après être resté une dizaine de jours encore dans la prison des malfaiteurs, le prélat fut transféré dans la maison des ambassadeurs, et le roi, voulant se donner, aux yeux des nations civilisées, des airs de générosité, se décida de lui-même à le faire reconduire honorablement sur une de ses jonques de commerce à Singapour, où il fut remis aux mains du gouverneur anglais, avec prière de le renvoyer dans son pays.

Quoique protestant, le représentant britannique reçut le vénérable confesseur de la foi avec courtoisie. Il le pria même de ne pas chercher à rentrer en Cochinchine, craignant qu'il ne s'exposât à de trop graves dangers.

Désireux de garder sa liberté d'action, Mgr Lefebvre refusa d'engager sa parole. Alors le gouverneur de Singapour écrivit au gouverneur général des possessions anglaises dans l'Inde, demandant que des navires de la station navale fussent envoyés sur les côtes d'Annam, afin d'obtenir l'entrée des missionnaires et le libre exercice de la religion chrétienne. En attendant le résultat de cette démarche, il fit dire à l'évêque que lorsque l'Angleterre aurait ainsi assuré sa sécurité, il était prêt à lui donner son yacht pour le transporter sur tous les points de sa mission. Le noble exilé se souvint qu'il était Français. Il répondit qu'il était très touché et très reconnaissant de telles offres; mais que, pour l'honneur de son pays, il avait toujours refusé l'assistance des autres nations.

L'Anglais comprit le sentiment de légitime fierté qui dictait ces paroles, et n'insista pas.

En cette circonstance, la conduite de Mgr Lefebvre fut conforme à celle de Mgr Pigneau de Béhaine, qui avait empêché Gia-long de demander des secours à l'Angleterre et au Portugal; conforme à celle des directeurs du Séminaire qui, pendant la Révolution, avaient refusé de laisser les missionnaires servir d'interprètes et d'introducteurs aux Anglais protestants, près des peuples d'Extrême-Orient. La foi des missionnaires, il n'est pas besoin de l'expliquer longuement, était d'accord avec leur patriotisme, pour leur dicter ce langage; car accompagnant partout la Grande-Bretagne, le protestantisme se fût en même temps qu'elle implanté dans l'Indo-Chine orientale.

Au point de vue français, le refus de Mgr Lefebvre prend à la lumière des événements actuels des proportions plus vastes, une importance plus haute, et ses conséquences sont facilement appréciables.

L'Angleterre pénétrant en Annam sous couleur de protéger les missions, c'était l'Angleterre maîtresse du pays, car avec son habileté à se servir des moindres incidents pour augmenter son prestige et ses conquêtes, son énergie à soutenir ses nationaux et ses alliés quand elle y trouve son profit, elle n'eût reculé devant aucun sacrifice, et eût, à tout jamais, exilé la France de la Cochinchine et du Tonkin, aujourd'hui une de nos plus belles colonies. Lorsqu'on écrira l'histoire de notre conquête, on fera bien de ne pas oublier Mgr Lefebvre, dont le patriotisme a aidé à conserver l'Annam indépendant, jusqu'au jour où, par suite de la mauvaise foi et de la cruauté de Tu-duc et de ses mandarins, il est devenu une terre française.

III

Le renvoi de l'évêque européen à Singapour, par ordre du roi, et sur une de ses jonques, était un fait extraordinaire, il retentit dans tout le royaume, qui n'avait pas oublié la délivrance des missionnaires par le commandant Lévêque. Parmi les catholiques et les païens, plusieurs crurent voir dans cette conduite la fin des persécutions; si des actes d'hostilité se produisaient encore, ils ne seraient plus, pensaient-ils, que des incidents regrettables dus à quelques particuliers, les derniers coups de feu au soir d'un combat meurtrier...

Au Tonkin, Mgr Retord avait déjà mis à profit cet

état des choses et des esprits. Nous allons parler assez longuement de cet admirable évêque missionnaire, moins parce qu'il est une des plus belles figures apostoliques de l'Indo-Chine, que parce qu'il incarna à peu près en lui seul pendant vingt ans, l'histoire de la mission du Tonkin occidental, et, par conséquent, tient une grande place dans la Société.

Il naquit en 1803, à Renaison, grosse commune du département de la Loire[1].

Enfant d'une famille pauvre, il ne put d'abord obtenir d'elle l'autorisation de commencer ses études de latin; un de ces incidents, qui sont les attentions aimables de la Providence envers ses prédestinés, lui fit donner la permission désirée. Ayant trouvé dans les vignes où il travaillait le prône d'un curé voisin, il l'apprit par cœur en quelques minutes, et le récita sans broncher devant ses parents, dès lors il eut gain de cause.

Il commença par prendre des leçons de son cousin Claude Deschavannes, un peu plus âgé que lui, et dont nous avons raconté les travaux et la mort dans le royaume de Siam. Chaque soir, il lui demandait des explications sur *Rosa* ou sur *Amo*, en retenait le plus possible, puis, le lendemain, il se fixait à lui-même un certain nombre de pages à apprendre.

Afin de mener de front le travail intellectuel et le travail manuel, il employait cet ingénieux moyen : en se rendant à la vigne, il portait son rudiment, lisait quelques lignes, jetait son livre devant lui, à cinq ou six pas, puis taillait les ceps en se remémorant sa lecture; arrivé à son livre, il le reprenait, lisait encore quelques lignes, le jetait de nouveau et continuait à tailler de plus belle jusqu'à ce qu'il sût tout ce qu'il

---

1. *Le Tonkin catholique et Mgr Retord*. Lyon, Vitte, éditeur.

avait décidé de savoir; volonté et activité d'enfant qui présagent celle de l'homme. Plus tard il fut accueilli à Renaison par un maître plus docte.

Une épreuve l'attendait dès sa première année d'études. Il était en vacances; la nombreuse famille achevait assez tristement son maigre repas: le père était fatigué, la mère malade s'inquiétait et s'affligeait : « Mon pauvre enfant, finit-elle par dire, tu vois que mes forces s'en vont, nous avons tous besoin des tiennes, il faut renoncer à ton idée. Je ne peux plus rien... » Elle n'acheva pas, son fils venait de tomber évanoui.

A cette vue, chacun s'agite et pleure. L'aîné de la famille intercède pour lui au nom de tous : « Mère, dit-il, il ne faut pas le tuer, vous savez que je pioche dur, le jour pour les autres et la nuit pour nous; eh bien! je ferai encore davantage. — « Et nous aussi, s'écrient ses frères et sœurs, nous nous priverons de tout, nous travaillerons, nous irons pour lui en service, mais qu'il continue. »

La richesse est un bien exclusif, la générosité ne l'est pas, elle germe sous le toit de la chaumière ou dans les palais, mais quand on la rencontre à un si haut degré dans les familles d'apôtres, on s'explique que Dieu leur accorde ses meilleures bénédictions en appelant à lui leurs enfants.

La biographie de Mgr Retord a été écrite pour la première fois en 1859, une seconde fois sur un plan plus large en 1893, elle nous le montre comme le type du missionnaire, tel que le rêvent les natures généreuses.

Il en eut l'indomptable ardeur, les invincibles espoirs, la bonté de cœur, la souplesse d'esprit et la fermeté d'âme.

Pendant sa carrière très agitée, il montra un imperturbable calme, non pas le calme extérieur qui ressemble à de la froideur, mais celui de la volonté qui procède de la force et sait cacher, sous un visage joyeux, les angoisses intimes.

Enthousiaste de la vie apostolique, même au milieu des plus redoutables périls et des plus dures misères, il a écrit sur les plaisirs du Tonkin une lettre, qui semble être le son le plus éclatant qu'une âme apostolique ait jamais rendu.

Bien des historiographes la lui ont empruntée pour peindre les sentiments de leur héros, lui seul l'a faite, peut-être parce que seul, il éprouvait avec cette acuité ces nobles et saintes impressions. Dans cette lettre, comme dans toutes celles qu'il écrivit et qui furent très nombreuses, son style reflète bien les qualités de son caractère : il est brillant et hardi, il a des images vives, des pensées très hautes, avec des phrases d'une incomparable douceur. Qu'il parle de malheurs ou d'espérances, sa vigueur ne fléchit jamais, elle est ardente dans les souffrances et dans les joies, et quelquefois tempérée par une mélancolie plutôt vibrante qu'attristante.

Elu évêque d'Acanthe en 1839, il dut quitter sa mission pour aller recevoir la consécration épiscopale à Manille, puisque la persécution et la mort avaient enlevé tous les évêques du Tonkin; en partant, il écrivit ces lignes dont le dernier mot donne très exactement sa mesure :

« Je serai peut-être pris par les pirates, englouti par la tempête, arrêté par les mandarins qui me couperont tout simplement la tête, il arrivera ce que le bon Dieu voudra, rien ne m'épouvante. »

Il prit pour devise ce souhait de grande âme que Dieu devait réaliser : « *Fac me cruce inebriari* : Faites, Seigneur, que je m'enivre de la croix. » Les premières années de son épiscopat avaient concordé avec la mort du persécuteur Minh-mang, la guerre et la victoire des

Anglais en Chine, la délivrance des missionnaires par le commandant Lévêque; et tout de suite en homme habile et fort, sachant comprendre une situation et en profiter, il résolut de prendre la liberté. Après le renvoi spontané de Mgr Lefebvre, il mit ce dessein à exécution avec plus de hardiesse.

Sans doute, les anciens édits faisaient toujours loi, les prisons gardaient leurs confesseurs, sans être recherchées, les accusations contre les chrétiens continuaient d'être accueillies, et les dénonciateurs des prêtres indigènes ne cessaient pas de toucher la prime de leur délation. Mais il n'y avait plus ou presque plus de martyrs, et surtout on ne s'attaquait plus aux missionnaires européens.

A quoi bon? Puisque le roi les relâchait et subissait ainsi un échec; Mgr Retord saisit le point précis de cet état de choses; et de suite, par un changement de front rapide, il marcha de l'avant.

Depuis longtemps, les missionnaires se dissimulaient, les catholiques restaient dans l'ombre. dès lors, les catacombes s'entr'ouvrirent : évêque, missionnaires, prêtres indigènes, chrétiens apparurent, célébrant les fêtes de l'Église dans tout leur éclat, chantant des messes solennelles et faisant des processions publiques. Dans certaines contrées du Nord, le printemps succède brusquement à l'hiver; hier la neige couvrait le sol, aujourd'hui un tapis de verdure la remplace. Tel fut le spectacle que présenta la mission du Tonkin occidental.

L'évêque n'avait pas seulement compris la situation générale, il avait saisi le caractère des foules. « Remuez les masses, a dit de nos jours un homme politique. des fêtes, des chants, des rassemblements suffisent pour donner au peuple le sentiment de sa force. »

Retord trouva dans son cœur d'apôtre une inspiration qui le conduisit par la même route. Mais il mit le ciel de son côté. Ce n'était pas en vain que, séminariste et jeune prêtre, il était allé se prosterner aux pieds de Notre-Dame de Fourvières : son âme avait gardé en la Reine des Apôtres une invincible confiance, aussi fit-il avec elle ce pacte filial :

« Je me suis mis sous la protection de la Sainte Vierge d'une manière toute spéciale; je lui ai dit : Marie, vous êtes ma mère et je suis votre enfant, c'est pour la gloire de Jésus, le fruit de vos entrailles, que je veux travailler; ce sont les âmes qu'il a rachetées de son sang que je veux retirer de la gueule du serpent infernal; ce sont les brebis confiées à mes soins que je veux paître. Pour cela, je vais parcourir ma mission dans tous les sens, j'irai dans les montagnes et dans la plaine; je voguerai sur les fleuves et sur la mer; j'irai partout où il me sera possible de pénétrer, sans craindre ni les mandarins ni les fatigues; je prêcherai à voix forte tous ceux qui voudront m'entendre; mais il faudra que vous me protégiez dans toutes mes courses apostoliques, car vous êtes ma mère et je suis votre enfant. Vous corrigerez mes imprudences, si j'en fais; vous me retirerez du péril quand je m'y serai trop exposé, et cela ne vous coûtera pas beaucoup, vous êtes si puissante! Je vous confie mon sort; entre vos mains, il sera mieux qu'entre les miennes. »

La Vierge sainte écouta la prière de son serviteur. Pendant plus de quinze ans, Mgr Retord s'en alla à travers le Tonkin, le jour et la nuit, près ou loin des mandarins, dans les villes et dans les campagnes, et jamais il ne fut arrêté.

Les fidèles hésitèrent d'abord un peu à entrer dans cette voie, si différente de celle qu'ils avaient jusque-là suivie. L'évêque leur eut bientôt expliqué que c'était la conclusion nécessaire de l'état actuel. Puisque le roi rendait la liberté aux Français, puisque les mandarins n'osaient plus les arrêter, c'est qu'ils avaient peur ; le moment de se montrer était donc venu pour les chrétiens.

Les Annamites ont l'esprit trop délié, pour ne pas saisir la justesse d'un tel raisonnement. Et d'ailleurs eussent-ils hésité à croire au résultat, qu'ils auraient dû obéir. Quand l'évêque voulait une chose, il la voulait bien et quand il l'avait nettement formulée, il entendait qu'elle s'accomplît. « Conduisez les Annamites avec un fil, disait Mgr Cuenot, mais ne lâchez jamais ce fil. » Mgr Retord n'a pas formulé la théorie, il l'appliqua.

Il avait choisi pour coadjuteur Mgr Gauthier. Il avait sous ses ordres sept à huit missionnaires seulement : Charrier, le confesseur de la foi, futur directeur du séminaire des Missions-Étrangères, Barlier, Titaud et Legrand dans la partie occidentale de son Vicariat ; et dans la partie méridionale qui lui fut soumise jusqu'en 1846, Masson, Simonin, Galy et Taillandier ; mais il comptait près de 80 prêtres indigènes et une armée de plusieurs centaines de catéchistes.

Dans chacune de ses expéditions apostoliques, il prenait avec lui deux ou trois missionnaires, quatre ou cinq prêtres annamites, une vingtaine de catéchistes, et il allait de paroisse en paroisse, faisant dans chacune une sorte de mission.

« Ces jours, suivant l'expression d'un témoin, étaient de grands jours, puisqu'ils commençaient avant l'aurore pour ne s'achever qu'au milieu de la nuit suivante ; de saints jours, car on y priait le Seigneur de toute son âme ; d'heureux jours, puisqu'on y retrouvait la paix du cœur. »

L'évêque confessait et prêchait comme un simple missionnaire, lui-même a fait le récit de ces travaux :

« Voici, en peu de mots, dit-il, comment nous procédons : on élève une grande cabane en bambous et en paille; on l'orne de tentures à l'intérieur; on y dresse un autel qu'on décore le mieux possible; c'est là, notre cathédrale, là que nos chrétiens se rassemblent, le soir, pour réciter leurs longues prières, pour faire le Chemin de la Croix, entendre l'instruction et la lecture que leur fait un catéchiste; et tous ces exercices se prolongent bien avant dans la nuit. C'est là que le matin, bien avant l'aurore, ils se réunissent de nouveau pour entendre le sermon de la messe, pendant laquelle de jeunes filles chantent à l'envi des prières correspondant à toutes les parties du saint sacrifice; c'est là encore que nos néophytes, venus de loin, couchent pendant la nuit, et mangent durant le jour. Quant à nous, une partie de notre journée se passe à recevoir la visite des chrétiens, qui, de toutes parts, nous apportent, avec leurs présents, l'expression filiale de leur respect et de leurs félicitations, nous exposent leurs misères, nous expliquent leurs différends, et nous les égayons par le récit de mille histoires pieuses, nous les réjouissons par le bon thé que nous leur faisons boire, nous les consolons dans leurs peines, nous les réconcilions entre eux et les ramenons à Dieu par nos exhortations et nos encouragements. Le soir, nous entrons au confessionnal et n'en sortons que vers le milieu de la nuit. »

Le lendemain, le travail de la veille recommençait. Parfois le catéchiste prévenait l'évêque que, dans cette paroisse, cinq ou six pêcheurs endurcis ne voulaient pas aborder l'église. Et alors, Mgr Retord prenait les grands moyens, qui eussent été petits, si la foi et l'affection ne les eussent relevés.

Il déclarait qu'à tel jour il bénirait le village, à tel autre jour les enfants, puis, qu'il célébrerait une messe pour la prospérité des chrétiens de la paroisse.

« Mais sachez-le bien, ajoutait-il, je ne veux point bénir

les enfants de ceux qui refusent d'observer leurs devoirs religieux, ni offrir pour eux le saint sacrifice. »

La menace épouvantait plus que les sermons et les reproches, elle frappait au cœur les malheureux dont la foi restait vivace malgré les défaillances ; leur désir de la bénédiction et de la prière de l'évêque les amenait repentants au tribunal de la pénitence.

Si ce moyen ne réussissait pas, Mgr Retord en appelait à sa prière de prédilection : le chemin de la croix. Il prescrivait à la paroisse entière de le faire, et le succès couronnait ordinairement la ferveur de tous.

Aussi avait-il établi la pratique de cette dévotion dans toutes les paroisses de son Vicariat.

Hommes, femmes, enfants, tous savaient par cœur les méditations particulières à chaque station.

« Rien, disait-il, n'est plus attendrissant que d'entendre nos chrétiens réciter ces méditations dans leur langue chantante, sur un ton triste et doux, et avec un merveilleux accord. Oui, leurs gémissements sur la cruelle agonie de Jésus, dans ces pays lointains et idolâtres, dans cette vallée d'exil et de larmes, sont encore plus touchants que ceux des enfants d'Israël sur les rives du fleuve de Babylone. »

IV

Les gouverneurs des trois provinces de Nghe-an, de Hanoï et de Nam-dinh essayèrent bien de supprimer ces manifestations, ou tout au moins de faire croire à leurs administrés qu'ils voulaient les supprimer. Ils lancèrent un édit contre les catholiques.

Deux prêtres indigènes furent arrêtés, des villages bloqués, M. Masson et M. Barlier durent changer de demeure pendant quelques jours, puis tout retomba dans le calme. A la façon des projectiles qui manquent leur but, l'édit fit quelque bruit et excita quelques mouvements suivis d'une complète immobilité.

Ranimés par cette audace extraordinairement heureuse, fortifiés par la prière et la grâce, les Annamites ne redoutaient plus rien. Cette hardiesse n'empêchait pas, cependant, plusieurs d'entre eux d'employer de ces petits moyens, que la prudence a peut-être raison de ne pas abandonner complètement. Ils prévenaient les chefs de canton et les mandarins inférieurs que, dans telle semaine, ils feraient une fête religieuse et leur en demandaient l'autorisation. Si ceux-ci accordaient bénévolement, ils les en remerciaient avec de profondes inclinations; s'ils avaient l'air de menacer, les solliciteurs ajoutaient quelques ligatures à leur requête, et le traité de paix était signé.

Le retour de M. Charrier dont nous avons raconté la délivrance par le commandant de l'*Héroïne*, leur inspira une habileté que Mgr Retord appelle « un mensonge officieux », ce dont les Annamites ne sont pas avares.

A l'arrivée de l'évêque dans un village, les chefs allaient trouver le sous-préfet :

« Grand homme, lui disaient-ils, notre Père, M. Charrier, ce missionnaire renvoyé en Europe par le roi, les années précédentes, est revenu nous visiter. »

Le mandarin répondait :

« Eh bien, qu'il vous visite, ce n'est pas moi qui chercherai à l'arrêter de nouveau; il faudrait encore le conduire à Hué, puis le roi d'Europe enverrait encore des navires le réclamer, ce qui ne servirait qu'à nous susciter des embarras, ainsi qu'à notre jeune prince, et cela sans aucun profit pour personne. »

Dans les paroisses administrées par M. Charrier, les fidèles racontaient la même histoire qui, cette fois, était véridique. Il y avait ainsi deux Pères Charrier, un vrai et un faux protégés par le même argument.

Les visites pastorales se succédèrent. En trois ans, Mgr Retord évangélisa presque toutes les paroisses du Tonkin occidental, depuis la province de Son-tay jusqu'à celle du Thanh-hoa.

Il se hâtait de raconter ses travaux à ses amis, dans de longues lettres, que les lecteurs des *Annales de la Propagation de la Foi* lisaient avec enthousiasme.

« Nous partîmes donc pour Ké-luong vers la fin de janvier. Il faisait froid, c'était la nuit et la nuit était noire ; mais quand, au plus fort des ténèbres, nous arrivâmes près du terme de notre voyage, l'obscurité se changea soudain en un jour brillant. Toute la chrétienté de Ké-luong était venue à notre rencontre avec des torches allumées, et je ne sais combien de dizaines de barques ; les jeunes gens, fiers de leur musique et de leurs tambours, escortaient notre nacelle et faisaient un épouvantable vacarme ; les femmes et les filles suivaient à quelque distance, en chantant des cantiques. C'est ainsi que nous arrivâmes à notre collège de Ké-luong, passant triomphalement au milieu des villages païens, dont les habitants sortaient tout ébahis pour voir celui qu'ils appellent le roi de la religion. »

Ailleurs, il fait le récit de ses pieuses industries pour obtenir des conversions ; cette page d'expérience et de zèle apostoliques peut être dédiée aux jeunes missionnaires.

« J'annonce publiquement à nos chrétiens que celui qui convertira un idolâtre obtiendra une médaille ou une croix ; je les exhorte à rechercher ceux des païens qui sont de leurs connaissances, de leurs amis, ou de leurs parents, à leur parler de l'Évangile et à leur prêter des livres religieux ; je prends des informations sur les païens des environs qui donnent quelque espoir de succès, et j'envoie tantôt les catéchistes, tantôt les chrétiens, hommes et femmes, leur prêcher nos vérités saintes. A l'église, je fais des prières pour la conversion des infidèles ; et bientôt on m'en amène quelques-uns, puis d'autres, et d'autres, et d'autres encore. Je les place dans une famille qui les nourrit à mes frais, et je mets un catéchiste auprès d'eux, pour les instruire jour et nuit. Bientôt le bruit s'en répand, et d'autres païens demandent d'eux-mêmes à se faire chrétiens. Quand j'ai une dizaine d'adultes bien instruits et éprouvés, je leur fais préparer à chacun un habit blanc ; le jour du baptême venu, j'annonce la cérémonie aux chrétiens chez lesquels je me trouve ; je fais conduire mes catéchumènes à l'église au son de la musique ; je les baptise solennellement ; le lendemain, je les confirme et leur donne la sainte communion ; ensuite je les gratifie d'un chapelet et d'une médaille, et ils s'en vont joyeux et fervents comme des anges. Dès ce moment, ce sont des prédicateurs qui annoncent la religion aux autres païens et nous amènent d'autres conquêtes. »

Dans ses courses évangéliques, il s'occupait également du bien-être matériel du peuple.

A la fin de l'année 1845, était arrivé de France un nouveau missionnaire que Mgr Retord aspira plus tard à nommer son successeur et qui, hélas ! le précéda dans la tombe : **André Castex** [1].

Sur la demande de l'évêque, Castex avait apporté du vaccin. Les Annamites ignoraient ce préservatif de la variole, maladie qui, chaque année, fait parmi eux d'effrayants ravages.

La première inoculation, faite à Hoang-nguyen, eut un plein succès ; elle fut enseignée aux catéchistes et aux

---

1. Du diocèse de Toulouse, parti le 10 mars 1845, mort en 1857.

chefs des chrétientés, et le remède se propagea rapidement.

« Je ne saurais vous dire, écrivait le Vicaire apostolique, à combien d'enfants nous avons déjà inoculé le vaccin, chaque jour il nous en vient de grosses troupes. L'empressement, que mettent les parents à nous apporter leurs enfants, et la confiance, qu'ils ont en cette opération, sont quelque chose d'étonnant, aussi j'espère que nous pourrons annuellement sauver un tiers des générations naissantes. »

Le bienfait fut très grand, il doit être compté parmi les services que les missionnaires ont rendus au Tonkin.

Beaucoup de païens connaissaient l'évêque, souvent les notables des villages, des chefs de canton, les préfets et sous-préfets demandaient à lui être présentés. Il les recevait volontiers, il leur parlait avec gaîté et de ce grand air de supérieur qu'il n'abandonnait jamais en présence des étrangers. Possédant à fond la langue des lettrés, il citait les proverbes chinois qu'il expliquait dans un sens souvent nouveau, il rappelait les légendes nationales et les événements principaux de l'histoire d'Annam. Ayant étudié le bouddhisme dans les ouvrages du pays, il se plaisait à questionner sur ce sujet ses interlocuteurs et à leur poser ensuite, sous une forme très polie, d'ailleurs quelques vigoureuses objections.

Les païens s'émerveillaient de cette lucidité d'esprit, de cette mémoire prodigieuse, qui leur semblait plus étonnante dans un Européen.

Après avoir parcouru le delta du Tonkin, Mgr Retord partit avec Legrand, Titaud, des prêtres indigènes et des catéchistes pour le Lac-tho, situé sur les limites qui séparent le Tonkin du Laos.

Là ce ne sont plus les plaines marécageuses du delta, sillonnées en tous sens par les arroyos, les canaux et les rivières, mais un labyrinthe de montagnes qui se perdent sans fin les unes dans les autres, des ravins retentissants du bruit des cascades, des forêts séculaires coupées de sentiers mystérieux, avec de petits hameaux cachés dans les vallées ou suspendus aux flancs des montagnes.

Le pays, habité par des tribus distinctes des Anuamites, renfermait environ quinze cents chrétiens gouvernés par un prêtre indigène.

Un seul évêque les avait visités, Mgr Havard, un seul missionnaire européen, M. Rouge, avait planté sa tente parmi eux. Mais en voulant creuser un sillon, il avait creusé sa fosse, et il était mort, brisé par la fièvre, la reine impitoyable des montagnes tonkinoises.

L'enthousiasme fut à son comble parmi les habitants de cette sauvage région. La population tout entière se précipita vers l'évêque.

Après le cérémonial obligé des visites, qui amena aux pieds du Vicaire apostolique tous les habitants, sans excepter les chefs idolâtres avec leurs nombreuses familles, commença l'œuvre sérieuse d'apostolat.

Pour en perpétuer les fruits, Mgr Retord fit signer à tous les anciens, même au grand chef païen du village, un plan de réforme sur les mariages, sur l'usage du vin, trop fréquent au Lac-tho, et sur quelques autres points de sage administration.

Il descendit ensuite vers le sud. Mais le bruit de sa présence s'était répandu au loin dans les montagnes, et des tribus lointaines accouraient pour le saluer.

« Où donc, demandaient-elles dans leur naïveté et leur langage expressif, où donc est le roi de la religion, celui qui fait tomber la pluie et qui commande au ciel la sérénité, celui sur le passage duquel les animaux s'arrêtent et se prosternent ? »

Retord était déjà dans la province de Thanh-hoa,

où les réunions devinrent encore plus nombreuses et plus fréquentes, les fêtes plus solennelles ; les mandarins, qui fermaient ordinairement les yeux, commencèrent à s'inquiéter de ce que pouvait leur coûter pareille condescendance, si le roi et les ministres l'apprenaient.

Le chef de canton de Cua-bang pressa l'évêque de partir. Peu écouté, il menaça, et il fallut partir. La mer était grosse, le vent contraire, les missionnaires s'acheminèrent par terre jusqu'au chef-lieu de la province de Ninh-binh, puis ils gagnèrent la communauté de Vinh-tri.

Moins heureux que leurs chefs, plusieurs prêtres indigènes furent arrêtés, le P. Tuân au milieu de la ville de Nam-dinh, où il était allé visiter un malade ; son rachat coûta 250 ligatures. Le P. Câm fut pris à Phuc-nhac le dimanche de Quasimodo, et condamné à mort avec sursis.

Mais ces faits malheureux n'arrêtèrent pas l'élan donné sous l'impulsion de l'évêque ; cet élan d'ailleurs devait se perpétuer dans la mission du Tonkin occidental, et il est resté le grand bienfait et la caractéristique du gouvernement de Mgr Retord.

Les prêtres de la Société des Missions-Étrangères, en Indo-Chine, au Tonkin surtout, usaient largement, on le voit, de la liberté que le renom de la France et la présence des Européens en Chine leur obtenaient. Ils en profitaient pour répandre le règne de Dieu dans les âmes, en ramenant les égarés dans la voie du salut, ou en convertissant à la doctrine catholique les infidèles que touchait la grâce divine. Mais dans les contrées lointaines de l'extrême Nord, la France était inconnue, les traités ignorés, les étrangers en butte à la cruauté et à la perfidie des populations presque entièrement sauvages. C'est le partage de la Société d'avoir ses prêtres ici protégés, là trahis et vendus, ailleurs livrés à leurs seules forces.

V

Huit ans s'étaient écoulés depuis que la Société avait été chargée par Rome de la Mandchourie, et six années depuis que Mgr Verrolles en avait été nommé Vicaire apostolique.

Trois missionnaires y avaient été envoyés. Maxime de la Brunière[1], Charles Vénault[2] et au sortir des prisons de l'Annam, Siméon Berneux. Tous les trois étaient des hommes d'énergie et d'initiative. Pendant que leur évêque parcourait la France et excitait, comme nous l'avons raconté, un vif élan en faveur de la Propagation de la Foi, ils résolurent de porter l'Évangile parmi les populations alors à peu près inconnues qui habitaient les rives du Saghalien.

De la Brunière se dévoua à cette lourde tâche. Il ne devait d'abord faire un voyage que de quelques mois ; mais retenu par son zèle, au lieu de revenir avec ses courriers, il les renvoya des bords de l'Ousouri, où il passa l'hiver par un froid de — 54° centigrades, et seul sur une petite barque, il descendit le Saghalien, afin de passer ensuite dans l'île de Tarakai.

Il parvint ainsi au village de Waite, appelé aussi Houtang, à huit lieues de la ville actuelle de Nicolaieff, et c'est près de ce village qu'il fut massacré. Quatre années après, en 1850, un autre missionnaire de Mandchourie, M. Vénault, chargé par Mgr Verrolles de connaître avec certitude le sort de M. de la Brunière, apprit de la bouche des Kilimis les circonstances de ce meurtre.

Plus tard un Polonais exilé à Nicolaieff, M. Weber, accompagné d'un interprète fidèle, et mû par un profond

---

1. Du diocèse de Paris, parti en 1841.
2. Du diocèse de Poitiers, parti en 1842, mort en 1884.

sentiment de foi, visita tous les lieux et interrogea les témoins de ce drame sanglant ; il relata jusqu'aux plus petites circonstances et les publia dans un journal d'Irkoustk.

Le récit de M. Vénault et celui de M. Weber se complètent sur plusieurs points.

Nous les résumons : — L'arrivée de M. de la Brunière chez les Kilimis, peuplade sauvage des bords du Saghalien, fut un événement extraordinaire ; l'ignorance de la langue et l'absence d'interprète laissèrent le champ ouvert à toutes les conjectures. La principale tenait son origine d'une légende, transmise dans la population depuis deux siècles, avec une inquiétude mêlée d'effroi. Vers 1650, un Sibérien, Kabarosck [1], parcourut en conquérant la vallée du Saghalien, laissant partout des traces de son terrible passage. Il avait posté à Waite quelques-uns de ses compagnons, que les Kilimis surprirent pendant leur sommeil et massacrèrent sous un arbre. Plus tard, un des devins de la tribu prédit que quand l'arbre, témoin du crime, tomberait, les Sibériens reviendraient venger le meurtre. On s'attendait donc à voir reparaître les étrangers, et l'on soupçonna que M. de la Brunière était l'un d'eux envoyé en éclaireur. Le faire disparaître sembla le moyen le plus sûr pour éviter l'arrivée des autres. Un conseil général tenu par les jeunes Kilimis s'était prononcé pour la mort, lorsque parmi les vieillards, le plus âgé fit observer que l'arbre étant encore debout, la conjecture était aussi fausse que la résolution détestable, et qu'il ne fallait pas frapper un étranger innocent, car c'était un crime propre à attirer sur la tribu les plus grands malheurs. La parole du vieillard fut écoutée.

---

1. Ou Kabarof. C'est en souvenir de ce Sibérien que l'on a appelé Kabarofka la ville située au confluent de l'Ousouri et du Saghalien.

Témoin muet de ces sauvages débats, que les gestes ou les regards des orateurs lui expliquaient sans doute suffisamment, M. de la Brunière, soit pour faire diversion, soit pour adoucir les cœurs, manifesta le désir d'acheter une paire de sandales, qu'il paya de pièces d'argent françaises et de médailles. Poussés par l'appât du gain, plusieurs Kilimis lui apportèrent aussitôt d'autres sandales qu'il paya de même. Tant de générosité dissipa la crainte et inspira l'admiration des sauvages, qui se disposèrent à fêter la présence de l'étranger. Dans la crainte de voir cette bienveillance subite disparaître plus subitement encore, de la Brunière remonta sur sa barque et repartit. Mais à peine avait-il donné quelques coups de rame qu'un vent très fort, soulevant les flots, le ramena au rivage. Il descendit à terre, à quelques centaines de pas en aval de Waite. A ce moment, arrivèrent d'un hameau voisin six Kilimis, auxquels leurs compatriotes racontèrent l'arrivée de l'étranger. Leurs réflexions sinistres firent oublier les sages observations du vieillard, et les jeunes gens revinrent à leur projet de meurtre. Six d'entre eux, avec les six nouveaux venus, se mirent à la recherche du missionnaire, ils le trouvèrent retiré derrière une roche solitaire, à genoux, récitant son bréviaire, levant de temps en temps ses regards vers le ciel. Cette humble et touchante posture d'un homme parlant à Dieu leur causa une impression de respect telle, qu'ils n'osèrent le toucher, ils se contentèrent de le considérer attentivement jusqu'à ce qu'ils l'eussent vu baiser et fermer son livre, faire un signe de croix, se relever et remonter dans sa barque. Ils le suivirent alors, et d'après M Weber, l'un d'eux s'assit en face de lui, et montrant des sandales, il lui indiqua son désir de les vendre. Sur le refus de M. de la Brunière de les acheter, il lui demanda sa hachette, et sur un nouveau refus, il s'en empara et voulut s'élancer hors de la barque. Le missionnaire le saisit par le bras, mais à ce moment même, il reçut du Kilimi debout derrière lui un coup de poignard dans les reins, il lâcha prise, et le voleur, se retournant, lui asséna sur la tête, un coup de hachette. Le dix autres Kilimis se ruèrent alors sur lui et le percèrent de coups de poignards. Ensuite ils lancèrent la barque au large, l'abandonnèrent au courant du fleuve, dépouillèrent le cadavre de ses vêtements qu'ils se partagèrent, le transportèrent dans un îlot voisin et le cachèrent sous un tas de pierres, de branches et de feuillages, que l'inondation emporta un mois plus tard.

Selon M. Vénault, les Kilimis ne frappèrent pas le missionnaire de leurs poignards, ils le criblèrent de flèches.

Lorsque les Russes vinrent à Waite et apprirent ce meurtre, ils dressèrent une croix sur l'îlot qu'ils nommèrent : Ostrov-oubienni (île du massacre), que connaissent et saluent avec respect tous les voyageurs sibériens.

Les deux expéditions de M. de la Brunière et de M. Vénault firent connaître les populations, à cette époque clairsemées et très sauvages, qui habitaient les bords de l'Ousouri et du Saghalien, et les obstacles qu'elles opposeraient à l'apostolat; elles ne furent renouvelées que longtemps après et sans plus de succès.

VI

La Société des Missions-Étrangères était alors engagée dans une entreprise beaucoup plus considérable que l'évangélisation des peuplades de l'extrême nord de la Mandchourie, elle essayait de pénétrer au Japon.

Le nom seul du Japon éveille des souvenirs mêlés de tristesse et de joie. Qui ne se rappelle les merveilleuses conquêtes de saint François Xavier et de ses successeurs, et plus tard, la persécution effroyable qui parut anéantir le nom chrétien?

Un silence de deux siècles régna depuis lors sur cet empire. Aux précautions minutieuses prises pour éloigner de ces rivages tout Européen suspect de christianisme, on aurait pu penser que ce silence était celui de la mort. La vie, cependant, n'était point éteinte. Sur les restes d'une Église qui avait produit tant de saints et tant de martyrs, Dieu lui-même veillait, et sa providence préparait à cette Église rajeunie des destinées nouvelles.

Nous n'avons pas à raconter ici l'admirable rapidité avec laquelle la foi se répandit au Japon pendant les siècles précédents, l'énergie dont elle pénétra les âmes, les persécutions qui, comme en Annam, multiplièrent les martyrs.

Les prêtres des Missions-Étrangères n'ont pris part à aucun de ces événements. Nous avons vu seulement que dans le dix-septième siècle, deux évêques de la Société, Mgr Laneau et Mgr de Cicé, furent nommés Vicaires apostoliques du Japon. Ce titre attira leurs regards vers le Nippon, mais les barrières, élevées par les persécuteurs, étaient infranchissables.

Lorsqu'en 1832, le Saint-Siège, confiant la Corée à la Société, l'érigea en Vicariat apostolique, il y joignit les îles Liou-kiou, dans l'espérance que ces îles dépendantes et peu éloignées du Japon, seraient la porte par où l'Évangile s'introduirait de nouveau dans ce pays. Ni Mgr Bruguière, ni Mgr Imbert n'abordèrent aux Liou-kiou, ils n'oublièrent pas cependant le dessein du Saint-Siège.

« Souvent il m'arrive de tourner des regards de désir et presque d'espérance vers les rives de Japon, » écrivait Mgr Imbert, le 24 novembre 1838.

« Les Coréens et les Japonais conservent encore de mutuelles relations. Outre la garnison qu'ils entretiennent toujours en Corée, les Japonais occupent une île voisine de ce royaume. Oh! que je serais heureux si ces rapports, tout politiques, pouvaient devenir enfin religieux, et si les Japonais, en venant chercher en Corée des richesses, y retrouvaient cette foi que proscrivirent leurs ancêtres! J'ai déjà pris quelques arrangements pour leur ménager ce bonheur. M. Chastan, sur mon conseil, a dû déléguer vers les Japonais en station sur la pointe méridionale de la Corée, un catéchiste adroit et prudent qui cherche à s'insinuer dans leur esprit, à disposer leurs âmes à recevoir la foi, et s'informe d'eux s'il n'existe plus dans leur patrie aucun débris de l'ancienne Église du Japon. »

Les démarches du catéchiste de M. Chastan n'eurent aucun résultat, et Mgr Imbert laissa au procureur des Missions-Étrangères à Macao des pouvoirs, qui lui permettaient d'envoyer aux Liou-kiou un ou plusieurs missionnaires à la première occasion. Cette occasion ne se présenta qu'en 1844.

L'abaissement de la Chine par l'Angleterre, les traités qui en avaient été la suite, la présence dans les mers de Chine d'une nombreuse escadre française parurent au procureur, M. Libois[1], et à son sous-procureur M. Forcade[2], des circonstances exceptionnellement favorables à l'exécution du dessein formé depuis si longtemps, d'autant plus que tous les deux connaissaient intimement plusieurs officiers supérieurs de la marine, entre autres le contre-amiral Cécile. M. Forcade se résolut à tenter

1. Du diocèse de Séez, parti en 1831, procureur à Macao et à Hong-kong, fut en même temps préfet apostolique du Kouang-tong en 1850, chargé du Japon en 1855, directeur du Séminaire de Paris en 1866, procureur à Rome, où il mourut le 6 avril 1872. (67 ans).
2. Du diocèse de Versailles, parti en 1852, mort archevêque d'Aix en 1885.

l'entreprise. Le contre-amiral, retenu sur les côtes de Chine, détacha de sa division la corvette *l'Alcmène*, commandant Fornier-Duplan, afin de conduire à sa destination le missionnaire qui devait se présenter, non en prédicateur de l'Évangile, mais en interprète de l'amiral, et exprimer le désir d'étudier à fond la langue japonaise. M. Forcade était accompagné d'un catéchiste, ancien confesseur de la foi, resté deux années dans les prisons de Canton et délivré par l'amiral Cécile, Augustin Ko, qui fut élevé plus tard au sacerdoce.

Le vaisseau français aborda aux Liou-kiou le 28 avril 1844, cette année-là, jour du patronage de saint Joseph, fête particulièrement chère à la Société des Missions-Étrangères.

La première entrevue entre les autorités de Nafa, capitale de l'île principale, et le commandant Duplan, fut extérieurement cordiale, mais en réalité, on chercha à faire partir les Européens, multipliant contre leur projet les plus bizarres prétextes, spécialement : la pauvreté du pays et la frayeur que les habitants éprouvaient à l'aspect des Européens.

La ruse se brisa contre le sang-froid du missionnaire et du commandant. M. Forcade resta à Nafa. Avant de s'éloigner, M. Duplan voulut assurer l'avenir autant qu'il le pouvait, il déclara aux autorités que si malheur arrivait à ce Français, l'amiral en demanderait raison.

Cet ultimatum ne fut pas inutile.

A peine la corvette française eut-elle doublé la pointe de la baie de Nafa, que le missionnaire fut enlacé dans un réseau vivant de petits mandarins et de satellites, qu'on lui présenta comme une garde d'honneur.

L'un des mandarins prit la parole au nom de tous, ou plutôt au nom de l'État, et lui tint cet hypocrite discours : « Le noble commandant a déclaré que vous étiez un homme de distinction dont la vie est précieuse. Le roi des

Liou-kiou, voulant rendre hommage à votre dignité, malgré la pauvreté du royaume, a décidé que l'on vous fournirait la garde d'honneur que l'on donne aux grands personnages. »

Une chambre fut indiquée à M. Forcade dans l'intérieur de la bonzerie pour être sa demeure ; mais il ne devait pas y rester seul. Outre son catéchiste, des domestiques et de petits mandarins s'y installèrent à ses côtés, le surveillant sans cesse de la façon la plus importune.

Ainsi traqué sous le toit que l'on proclamait laissé à son usage par la munificence de l'État, il l'était également lorsqu'il demandait à sortir. « A peine, dit-il, si l'on me permettait un peu d'exercice au milieu du sable ou de la boue, sur le bord de la mer ; et encore ne pouvais-je y aller seul : j'étais entouré de mes inévitables mandarins, précédé de satellites armés de bambous pour frapper le pauvre peuple et éloigner les passants, ce qui devait naturellement me rendre assez odieux. »

Quelque temps après, le gouvernement japonais, instruit de ces faits, demanda la tête de l'étranger qui avait, malgré la loi, élu domicile sur ses terres.

Mais la crainte du canon français retenait le roi des Liou-kiou, pendant que de son côté, par un sentiment de confraternité européenne qui l'honore, le résident hollandais de Décimo calmait les colères de Yeddo, car c'est à cette double circonstance que M. Forcade dut la vie sauve.

Peu à peu, le missionnaire parvint à se créer des amis parmi les mandarins chargés de le surveiller, et l'un d'eux alla même jusqu'à lui servir de maître de langue.

Mais là s'arrêtèrent les concessions et les bienveillances, et pas plus qu'auparavant, M. Forcade ne put avoir de relations avec les habitants de l'île.

Cependant Rome avait suivi avec intérêt sa descente

et son séjour à Nafa. Afin de hâter, s'il était possible, le succès de cette tentative, Grégoire XVI érigea le Japon en Vicariat apostolique (1846) et plaça à sa tête Mgr Forcade avec le titre d'évêque de Samos.

L'escadre française facilita au nouveau prélat l'œuvre qui lui était assignée par le Souverain Pontife : ce fut d'abord l'intervention du commandant Guérin, qui parut dans le port de Nafa en mai 1846, puis un mois plus tard celle de l'amiral Cécile, qui essaya de conclure un traité avec le roi des Liou-kiou. Les négociations trainèrent en longueur; l'amiral qui avait depuis longtemps déjà affaire aux Orientaux n'était plus à s'en étonner, ni à s'en décourager, aussi tint-il bon contre toutes les récriminations; et il finit par obtenir que les missionnaires continueraient d'habiter l'île et la bonzerie de Tu-mai, mais débarrassés de leur garde et simplement soumis au droit commun; que de plus on leur procurerait des livres nécessaires à l'étude de la langue.

Cette solution était une victoire :

« L'amiral a obtenu pour nous tout ce qu'il était possible d'obtenir dans la circonstance, dit M. Forcade, et plus même que nous n'osions l'espérer : nous lui en devons beaucoup de reconnaissance. Tout n'est pas fait, je le sais; tous les obstacles ne sont pas levés, et le succès de la mission est encore actuellement fort douteux; mais sachons nous contenter de notre nouvelle position, et, la mettant à profit autant que nous le pourrons, attendons le reste du temps et par-dessus tout de la divine Providence. »

En traitant avec le gouvernement des Liou-kiou du séjour des missionnaires dans l'île, l'amiral Cécile l'avait averti qu'il emmènerait avec lui MM. Forcade et Augustin Ko, dont il avait besoin ailleurs comme interprètes; que le catéchiste ne reviendrait pas; mais que dans peu de temps l'évêque, reconduit par un bâtiment de la division, rejoindrait M. Leturdu, le nouvel ouvrier apostolique venu à Nafa.

Après ces pourparlers, l'amiral, désireux d'ouvrir des négociations avec le Japon, se dirigea vers Nagasaki.

Ce n'était pas la première fois que les nations occidentales faisaient cette tentative. Les Russes, les Anglais les Américains avaient tour à tour essayé de se présenter à Yeddo et à Nagasaki, ils avaient été éconduits. Le Japon gardait encore dans ses codes ce fameux édit : « Tant que le soleil échauffera la terre, qu'il n'y ait pas de chrétien assez hardi pour venir au Japon, que tous le sachent, quand ce serait le roi d'Espagne en personne ou le Dieu des chrétiens, celui qui violera cette défense le payera de sa tête. » L'entreprise de l'amiral Cécile eut le sort de toutes celles qui l'avaient précédée. Les autorités refusèrent de le laisser descendre à terre et de le recevoir. Il n'y avait donc aucun espoir de ce côté. Mgr Forcade envoya M. Adnet[1] près de M. Leturdu[2], et lui-même prit la route de France, afin de traiter avec le gouvernement français de la question de l'ouverture du Japon.

VII

Le secours que l'amiral Cécile avait donné à la Société des Missions-Étrangères dans les îles Liou-kiou, il tenta de le lui porter en Corée. Mais avant de parler de son expédition, il nous faut résumer les travaux et la situation des missionnaires.

Après la persécution de 1839, la Société n'avait pas renoncé à évangéliser ce royaume, mais un de ses prê-

1. Du diocèse de Verdun, parti en 1846, mort en 1848.
2. Du diocèse de Saint-Brieuc, parti en 1845, mort en 1861.

tres, M. Ferréol, déjà en route pour s'y rendre, trouva devant lui de nombreux obstacles.

Arrivé à Moukden en Mandchourie, il ne put aller plus loin et fut obligé de se retirer en Mongolie.

De cette retraite, où il demeura deux ans, il dépêcha plusieurs fois des Chinois à la frontière de Corée, en leur ordonnant de se mettre en rapport avec les chrétiens de ce pays, au moment du passage de l'ambassade qui allait chaque année de Séoul à Pékin. Ces tentatives furent inutiles; les envoyés ne trouvèrent ni lettres, ni courriers. Les fidèles Coréens travaillaient cependant, de leur côté, à rétablir les relations avec la Chine. En 1840, l'un d'eux se dirigea vers la frontière, mais il mourut en route; l'année suivante, un autre s'y rendit également, et ne put rencontrer les Chinois. Un troisième, parti à la fin de 1842, fut plus heureux et réussit à s'aboucher avec M. Ferréol[1].

Celui-ci venait d'être nommé évêque de Belline et Vicaire apostolique de la Corée. A cette occasion, il avait écrit au Souverain Pontife.

« Très Saint-Père : Appuyé sur la bonté du Dieu des miséricordes, qui donne plus abondamment son secours à ceux qui sont dans l'indigence, je reçois avec humilité le fardeau que vous m'imposez. Je remercie Votre Sainteté, et mes actions de grâces sont d'autant plus grandes, que la partie de la vigne du Père de famille qui m'est assignée, est plus abandonnée et d'un travail plus difficile... »

Les sentiments apostoliques du missionnaire sont encore mieux exprimés dans une lettre, qu'il adressa à cette époque aux directeurs du Séminaire des Missions-Étrangères. « Messieurs, leur disait-il[2], il ne manque à la mis-

---

1. Du diocèse d'Avignon, parti en 1839, mort en 1853.
2. *Histoire de l'Église de Corée*, p. II, p. 263.

sion de Corée rien de ce qui fait ici-bas le partage de l'heureuse famille d'un Dieu persécuté, conspué, crucifié. Prions le Seigneur de réaliser l'espérance exprimée par Mgr de Capse mourant, de voir son peuple se ranger bientôt sous les lois de l'Évangile. Le sang de tant de martyrs n'aura point coulé en vain ; il sera pour cette jeune terre, comme il a été pour notre vieille Europe, une semence de nouveaux fidèles. Eh ! n'est-ce pas la bonté divine qui, touchée des gémissements de tant d'orphelins, des prières de nos vénérables martyrs inclinés devant le trône de la gloire, des vœux enfin des fervents associés de la Propagation de la Foi, dont on n'apprécie bien les secours que sur ces plages lointaines, n'est-ce pas elle qui leur a suscité, au milieu des dangers de tout genre, deux missionnaires tout prêts à voler à leur secours. Bientôt nous franchirons, nous aussi, déguisés en bûcherons, le dos chargé de ramée, cette redoutable barrière de la première douane coréenne ; nous irons consoler ce peuple désolé, essuyer ses larmes, panser ses plaies encore saignantes, et réparer, autant qu'il nous sera donné, les maux sans nombre de la persécution.

« Je ne pense pas que le monde puisse, avec ses richesses et ses plaisirs, offrir à ses partisans une position, qui ait pour eux le charme qu'a pour nous celle à laquelle nous aspirons. Voilà deux pauvres missionnaires, éloignés de quatre à cinq mille lieues de leur patrie, de leurs parents, de leurs amis, sans secours humains, sans protecteurs, presque sans asile au milieu d'un peuple étranger de mœurs et de langage, proscrits par les lois, traqués comme des bêtes malfaisantes, ne rencontrant, semées sous leurs pas, que des peines, n'ayant devant eux que la perspective d'une mort cruelle ; assurément il semble qu'il ne devrait pas y avoir au monde une situation plus accablante. Eh bien, non; le Fils de Dieu qui a bien voulu devenir fils de l'homme pour se faire le compagnon de notre exil, nous comble de joie au milieu de nos tribulations, et nous rend au centuple les consolations dont nous nous sommes privés en quittant, pour son amour et celui de nos frères abandonnés, nos familles et nos amis. Quoique nos jours s'écoulent dans la fatigue comme ceux du mercenaire, le salaire qui nous attend à leur déclin en fait des jours de délices. Oh! qu'ils sont fous les sages du siècle de ne pas chercher la sagesse dans la folie de la croix! »

Le missionnaire dont parlait Mgr Ferréol était M. Maistre, qui lui aussi avait tenté, mais inutilement, de pénétrer par la Mandchourie dans son Vicariat.

Des chrétiens coréens rejoignirent enfin l'évêque, deux jeunes séminaristes, déjà avancés dans leurs études, célèbres à divers titres dans l'histoire de l'Église de Corée, François Tsoi et André Kim, vinrent également près de lui. Mgr Ferréol envoya l'un d'eux, André Kim, préparer une nouvelle expédition du côté nord-est de la mission.

Le courageux jeune homme parcourut les grandes plaines glacées de la Mandchourie, arriva sur la frontière, à Houng-tchoung, à l'époque de la foire annuelle, rencontra des Coréens catholiques, et il fut convenu que Mgr Ferréol se trouverait l'année suivante en 1845 à Pien-men, afin d'entrer à la suite de l'ambassade.

L'évêque fut exact au rendez-vous. Mais, hélas! sa joie se changea en tristesse en entendant un chrétien lui déclarer que son entrée était impossible. Le gouvernement, ayant su que les missionnaires, décapités en 1839, étaient venus par Pien-men, redoublait de surveillance sur ce point. Ne pouvant décider les courriers à l'emmener, Mgr Ferréol obtint du moins qu'ils essaieraient d'introduire André Kim. Celui-ci, après son arrivée en Corée, devait chercher à établir des relations par mer avec la Chine. Kim réussit dans son aventureuse entreprise ; il se rendit à Séoul, reconnut l'état de la mission, acheta une barque, puis accompagné de onze chrétiens et muni d'une simple boussole, sans dire à son équipage où il le conduisait, dans la crainte d'être abandonné, il se dirigea vers Chang-haï. La route lui est inconnue, mais son instinct le guide, Dieu le protège, et après trois semaines de navigation, il arrive sain et sauf dans la rade de Wou-song-hien.

L'apparition de cette barque, sa construction singulière, les costumes étrangers de ceux qui la montaient éveillèrent la curiosité publique, et André aurait couru les plus grands dangers, s'il n'avait eu la présence d'esprit de mouiller au milieu des bâtiments anglais en station. La surprise des officiers fut grande, lorsqu'ils entendirent le jeune homme leur crier en français : « Moi Coréen, je demande votre protection. » Cette protection lui fut généreusement accordée.

Le consul le fit porter en palanquin dans une famille chrétienne, et empêcha les vexations que les Chinois s'apprêtaient à lui faire subir. Aussitôt averti, Mgr Ferréol accourut de Macao avec un jeune missionnaire qui devait être une des gloires de l'Église de Corée, Marie-Nicolas Daveluy[1].

Quelques jours après leur arrivée, une touchante cérémonie fut célébrée dans une petite chrétienté voisine de Chang-haï. Le 17 août 1845, Mgr Ferréol, soucieux des enseignements et des traditions de la Société des Missions-Étrangères et de l'intérêt de son Vicariat, éleva au sacerdoce l'intrépide André Kim. Le 1er septembre, le nouveau prêtre remonta sur sa barque, prit secrètement à bord Mgr Ferréol et M. Daveluy, et

---

1. Du diocèse d'Amiens, parti en 1844, mort en 1866.

fit voile vers son pays. Le débarquement eut lieu sans accident dans un port[1] de la province la plus méridionale.

Du premier regard, l'évêque comprit les tristesses de la situation :

« Tout est à refaire dans cette mission, écrivait-il à M. Barran[2], directeur du Séminaire des Missions-Étrangères, et malheureusement il est plus difficile d'agir que du temps de nos confrères, parce que le gouvernement connaît mieux tout ce qui nous concerne, et aussi parce que la persécution a dispersé les chrétiens en bien des endroits. La première occupation sera d'envoyer çà et là des hommes pour savoir où ils habitent. Si les mandarins nous en laissent le temps, nous pourrons commencer l'administration de ce troupeau désolé, en nous entourant des plus grandes précautions, pour que rien ne trahisse le secret de notre présence. »

Arrivé à Séoul, il chargea André Kim de tout préparer pour l'entrée de M. Maistre qui venait d'échouer encore. Ce fut en remplissant cette mission que le jeune prêtre fut arrêté; pas un instant son courage ne se démentit, il répondit avec fierté à tous les interrogatoires, déclara hautement sa qualité de chrétien et raconta sa vie tout entière. Le récit de ses souffrances arracha à ses juges un cri de pitié : « Pauvre jeune homme, dans quels terribles travaux il a toujours été depuis son enfance. »

Sa grandeur d'âme et son intelligence séduisirent les ministres eux-mêmes, qui prièrent le roi de lui conserver la vie. « Il a commis, lui dirent-ils, un crime digne de mort, en sortant du royaume, et en communiquant avec les étrangers, mais il l'a expié en rentrant dans son

---

1. Kang-kien-in.
2. *Histoire de l'Église de Corée*, t. II, p. 391.

pays. » Ils présentèrent ensuite la copie d'une mappemonde traduite par lui dans sa prison. Le roi, satisfait de ce travail, était sur le point d'accorder la grâce demandée, lorsqu'il reçut une lettre de l'amiral Cécile qui, des Liou-kiou, venait d'arriver sur les côtes de la Corée. Cette lettre était écrite en chinois, et en voici la traduction :

« Par l'ordre du ministre de la marine de France, le contre-amiral Cécile, commandant l'escadre française en Chine, est venu pour s'informer d'un attentat odieux, qui a eu lieu le 14 de la huitième lune de l'année kei-hai (21 septembre 1839). Trois Français, Imbert, Chastan et Maubant, honorés dans notre pays pour leur science et leurs vertus, ont été, on ne sait pourquoi, mis à mort en Corée. Dans ces contrées de l'Orient, le contre-amiral, ayant pour devoir de protéger les hommes de sa nation, est venu ici s'informer du crime, qui a mérité à ces trois personnes un sort aussi déplorable. Vous me direz peut-être : « Notre loi interdit l'entrée du royaume à tout étranger; or, ces trois personnes, l'ayant transgressée, ont subi la peine de leur transgression. » Et le contre-amiral vous répond : « Les Chinois, les Mandchoux et les Japonais entrent quelquefois témérairement chez vous. Loin de leur faire du mal, vous leur fournissez les moyens de retourner en paix au sein de leurs familles. Pourquoi n'avez-vous pas traité ces Français comme vous traitez les Chinois, les Mandchoux et les Japonais? » Nous croyions que la Corée était la terre de la civilisation, et elle méconnaît la clémence du grand empereur de la France. Si vous voyez des Français s'en aller à des milliers de lieues de leur patrie, ne vous imaginez pas qu'ils cessent pour cela d'être Français et qu'on ne se soucie plus d'eux. Il faut que vous sachiez que les bienfaits de notre empereur s'étendent sur tous ses sujets, en quelque lieu du monde qu'ils se trouvent.

Si parmi eux se rencontrent des hommes qui commettent dans un autre royaume des crimes punissables, tels que le meurtre, l'incendie ou autres, et qu'on les en châtie, notre empereur laisse agir la justice ; mais si, sans sujet et sans cause, on les met tyranniquement à mort, alors, justement indigné, il les venge de leurs iniques oppresseurs. Persuadé que, pour le moment, les ministres ne peuvent promptement me répondre sur le motif qui m'a amené dans ces parages, savoir : la mort infligée par les Coréens à trois docteurs de notre nation, je pars. L'année prochaine, des navires français viendront de nouveau chercher la réponse. Seulement je leur répète qu'ayant été clairement avertis de la protection bienveillante que notre empereur accorde à ses sujets, si par la suite une pareille tyrannie s'exerce de la part des Coréens sur quelques-uns d'entre eux, certainement la Corée ne pourra éviter d'éprouver de grands désastres, et quand ces désastres viendront fondre sur le roi, sur ses ministres et les mandarins, qu'ils se gardent bien de les imputer à d'autres qu'à eux-mêmes ; ils seront punis et cela pour s'être montrés cruels, injustes, inhumains. — L'an 1846 du salut du monde, le 8 de la cinquième lune (1er juin). »

« Si l'on vient, écrit à l'occasion de cette lettre Monseigneur Ferréol, si l'on vient l'année prochaine, et qu'on exige réparation de la mort de nos confrères, il nous est permis d'espérer dans l'avenir une ère moins cruelle pour la religion ; mais si l'on s'en tient à des menaces, le peuple coréen méprisera les Français, et le roi n'en deviendra que plus furieux contre les chrétiens. Déjà cette lettre a été l'occasion de la mort du P. Kim, ou du moins l'a accélérée. »

En effet, voyant les chrétiens soutenus par les étrangers, le roi avait donné l'ordre de frapper les prisonniers, de relâcher ceux qui apostasieraient et de mettre immédiatement à mort ceux qui refuseraient.

André Kim garda son invincible fermeté, il fut décapité le 16 septembre 1846. Sa mort fut belle et sainte, elle fait honneur au clergé indigène qui, dans toutes les missions, récompensait si largement la Société des sacrifices qu'elle s'imposait pour lui.

Pendant les préparatifs du supplice, André parlait avec ses bourreaux : « De cette manière suis-je placé comme il faut, leur disait-il. Pouvez-vous frapper à votre aise ?

— Non, tournez-vous un peu, voilà qui est bien.

— Frappez, je suis prêt. »

Et la tête du jeune prêtre roula sur le sol.

VIII

Les craintes que Mgr Ferréol concevait d'une intervention passagère de la France étaient justes, elles ont été souvent exprimées, on a même voulu faire de ces sortes d'interventions une cause de redoublement de persécution. Cette observation demande à ne pas être trop accentuée, ni transformée en reproche absolu. En Corée, la persécution de 1839 n'éclata pas à la suite d'une expédition européenne. La lettre du contre-amiral Cécile amena, ou seulement, selon l'expression de Monseigneur Ferréol, accéléra la mort d'André Kim ; la persécution cessa ensuite pendant assez longtemps. En Annam, Minh-mang persécuta les chrétiens et condamna les prêtres à mort, bien avant que les vaisseaux français eussent paru sur les côtes, comme protecteurs de la religion catholique ; et c'est à partir de la victoire de l'Angleterre en Chine, de la présence de l'escadre française dans ces parages, que les missionnaires furent remis en liberté, que Mgr Retord et ses prêtres évangélisèrent ouvertement le Tonkin. Il y eut une exception en 1851 et 1852, elle doit être attribuée à l'effet que produisit la révolution de 1848. Les Anglais s'étant empressés de la faire connaître en Cochinchine, le roi et les mandarins espérèrent qu'ils ne reverraient plus les vaisseaux de la France, et donnèrent cours à leur haine. Après 1858, les choses se passèrent autrement, mais les circonstances étaient changées, puisqu'il y avait guerre ouverte entre l'Annam et la France [1].

On comprend cependant que des inquiétudes aient pu naître dans le cœur des missionnaires, en entendant les menaces proférées contre les étrangers. Mais la distance des paroles aux actes n'est pas toujours franchie, comme nous le voyons par les faits qui arrivèrent en Cochinchine en 1847.

La liberté que le contre-amiral Cécile avait voulu obtenir pour les missionnaires des Liou-kiou et de la Corée, le commandant Lapierre vint la demander à Thieu-tri, le roi d'Annam, au mois de mars 1847. Le souverain fit attendre sa réponse plus d'un mois; pendant ce temps, il rassembla secrètement des troupes; un grand mandarin, accompagné de deux mille soldats, se rendait à Tourane, soi-disant pour faire honneur aux Français. Le plan était d'inviter nos compatriotes à un festin, d'entourer la salle du banquet de plusieurs centaines d'hommes, pour égorger les Français à la fin du repas, puis, avec cinq gros navires tonkinois armés à l'européenne et une centaine de jonques, de cerner à

---

[1]. De nos jours, pendant la guerre de la France au Tonkin, de nombreux missionnaires ont été massacrés, mais ce fait ne détruit pas notre observation qui ne tend d'ailleurs à prouver qu'une seule chose : la présence des Européens surexcite la haine religieuse des païens, elle ne la fait pas naître.

l'improviste nos deux vaisseaux au milieu de la rade, de les incendier et de les couler bas sur la place, de manière à ce qu'il ne restât pas trace de l'expédition.

Ce plan avait des chances de réussir; il fut heureusement déjoué : un catéchiste cochinchinois porta à bord des navires un billet, dans lequel il dénonçait le complot; les Français, ainsi prévenus, se tinrent sur leurs gardes et refusèrent l'invitation; les mandarins, déçus et furieux, essayèrent alors d'exécuter la seconde partie de leur dessein; ils entourèrent les deux vaisseaux pour y mettre le feu, ils furent reçus comme ils le méritaient, à coups de canon, et en moins de deux heures, la flotte cochinchinoise fut détruite.

Le lendemain, contents d'avoir échappé au piège que leur avait tendu la perfidie annamite, les Français mirent à la voile.

Les missionnaires tremblèrent que ce départ précipité, après la défaite des Annamites, n'excitât la persécution.

Mais Thieu-tri était plus perfide qu'audacieux; sa colère s'exhala surtout en menaces, en édits mal exécutés et en démonstrations enfantines : il brisa tous les objets européens qu'il avait dans son palais, et ne pouvant exercer sa haine contre les sauvages d'Occident, il s'amusa à en faire peindre de grandes images, puis à tirer des coups de fusil sur ces portraits, se flattant ainsi, disait Mgr Retord, d'avoir taillé en pièces nos compatriotes...

Néanmoins, il prit quelques mesures plus graves, il publia un édit dans lequel, mettant à prix la tête des missionnaires, il promettait trente barres d'argent à qui lui en apporterait une, et donnait ordre de tuer tous les Européens que l'on découvrirait dans le pays.

Transmises en France, ces nouvelles émurent vivement les directeurs du Séminaire, qui s'empressèrent de les communiquer au ministre de la marine.

« Nul doute, écrivaient-ils[1] à ce sujet à M. Masson, que le danger de votre position soit bien compris et qu'on ait quelque désir de vous mettre à l'abri de la rage du tyran qu'on a provoqué contre vous; mais prendra-t-on les mesures nécessaires pour cela ? Nous n'en savons rien. Le Saint-Père a permis à Mgr Forcade de prolonger son séjour en France, dans le but de provoquer une décision favorable à la poursuite de cette affaire, ce qui donnerait lieu de croire que Sa Sainteté ne désapprouverait pas les mesures de rigueur, dont la France pourrait faire usage contre sa majesté annamite. D'un autre côté, le ministre paraît avoir acquis la conviction que la conduite de M. Lapierre est exempte de tout blâme. »

En Cochinchine et au Tonkin, les ordres de Thieu-tri ne furent pas rigoureusement exécutés, les mandarins commençaient à comprendre qu'ils ne seraient pas les plus forts dans une guerre contre les nations européennes, et la crainte, qui, chez eux comme ailleurs, est souvent le commencement de la sagesse, modéra très efficacement leur zèle persécuteur.

La mort du roi amena bientôt une diversion et fit espérer aux chrétiens un avenir meilleur. Le nouveau souverain, Tu-Duc, plus intelligent, disait-on, que son père, paraissait aussi mieux disposé en faveur de la religion; on racontait que le roi défunt lui avait recommandé, avant de mourir, de cesser la persécution et de donner la paix aux disciples de Jésus-Christ; le jeune prince s'était fait lire dans les Annales du royaume le récit des services rendus à sa famille par Mgr d'Adran et les missionnaires européens, et il en avait paru touché; on s'attendait donc d'un jour à l'autre, à voir paraître l'édit qui rendrait aux fidèles

---

1. Arch. M.-É., vol. 71.

persécutés la liberté, dont ils avaient joui sous le règne de Gia-long.

Mgr Retord se demanda si les bonnes intentions que l'on prêtait au jeune prince pourraient être mises à profit, non pas directement par les missionnaires sans doute, mais par le gouvernement français; et il résolut de faire une démarche en ce sens. Si l'essai n'était pas couronné de succès, il n'avait rien de compromettant. Le Vicaire apostolique du Tonkin adressa donc à Louis-Philippe une lettre, d'ailleurs très réservée et très prudente, ne sortant ni du caractère ni des attributions d'un évêque missionnaire.

Il disait en substance qu'une action diplomatique lui semblait devoir être plus féconde en résultats que les apparitions rapides et passagères des navires français, qui terrifiaient les Annamites, mais leur jetaient au cœur la haine qu'engendre l'orgueil blessé.

Cette lettre peut être citée comme une preuve du désir de conciliation, qui anime les ouvriers apostoliques, de leur éloignement pour une intervention armée, de leur empressement à unir, par une alliance utile, leur patrie et le pays qu'ils évangélisent, de leur soin à écarter de l'Indo-Chine toute nation autre que la France.

En voici le texte intégral[1] :

« A Sa Majesté LOUIS-PHILIPPE,

« Roi des Français.

« Sire,

« La renommée de la haute sagesse de Votre Majesté, de sa gloire et de la bienveillante protection qu'elle

---

1. Arch. M.-É., vol. 703, p. 119.

accorde aux missionnaires français, répandus dans les différentes parties du monde est, depuis longtemps, parvenue jusqu'à nous. C'est elle qui, bien souvent, a ranimé notre espérance et consolé nos cœurs au milieu des cruelles épreuves, par lesquelles il a plu à la divine Providence de nous faire passer; c'est elle qui aujourd'hui nous donne la hardiesse de lui adresser cette lettre, pour implorer son secours en faveur des malheureux chrétiens confiés à nos soins. Votre Majesté connaît la terrible persécution qui, depuis si longtemps, désole l'Église annamite. Cependant, depuis la mort du tyran Minh-mang, elle avait beaucoup ralenti ses rigueurs. Son successeur semblait enfin avoir compris l'injustice et l'inutilité de l'effusion du sang des prêtres et des chrétiens. En conséquence, nous jouissions, dans bien des endroits, d'une assez belle tranquillité, nous pouvions nous livrer aux fonctions de notre saint ministère. Tous les ans, nous avions la consolation d'instruire et de baptiser bon nombre d'infidèles. Malgré plusieurs vexations locales, la religion, non seulement ne tombait pas en ruine, mais encore elle faisait des progrès et réparait ses pertes passées, lorsqu'au printemps de l'année dernière, la persécution se ralluma tout à coup. Votre Majesté sait à quelle occasion. Le monarque annamite déchargea sur nous et nos chrétiens les traits de sa vengeance, en lançant successivement contre la religion et ses ministres trois décrets de persécution, pleins de calomnies et de blasphèmes : puis, le 4 novembre, il tomba tout à coup sous la main de la mort comme un nouvel Antiochus. Son second fils, prince âgé de 18 ans, protégé par une faction de trois ou quatre des principaux mandarins de la cour, lui a succédé, sous le nom de Tu-Duc, au préjudice de son fils aîné. Le prince déshérité est dans une grande irritation et ne manque pas de partisans parmi les mandarins. A la fin de cette année, ou vers le commencement de l'année prochaine, le nouveau roi annamite doit venir dans la capitale du Tonkin, pour y recevoir l'investiture de son royaume, de la part des députés de l'empereur de Chine. On le dit d'un caractère doux et modéré; à son avènement au trône, il a fait donation au peuple d'une année entière d'impôt; il a accordé une amnistie générale à tous les prisonniers non condamnés à mort; mais il continue le système de persécution contre la religion chrétienne, inventé par son aïeul et renouvelé par son père ; et nos malheureux fidèles jettent toujours vers la France et son roi des regards d'espérance. Tel est, Sire, l'état actuel des choses dans ce pays.

« Nous avons pensé faire une chose agréable à Votre Majesté en le lui exposant avec simplicité et précision; parce qu'il nous semble fournir des circonstances très favorables pour obtenir du gouvernement annamite, la liberté de la religion si longtemps désirée, et acquérir à la France une gloire et aussi des avantages politiques, qu'une puissance rivale et jalouse semble ardemment convoiter. Mais quels moyens conviendrait-il d'employer pour le bon succès d'une affaire de cette importance? Sire, votre haute intelligence, votre expérience consommée vous les feront facilement découvrir. Il ne nous appartient pas à nous, ministres des autels, de formuler aucune pensée là-dessus; nous nous permettrons néanmoins de dire une chose à Votre Majesté; c'est que, d'après le rapport de plusieurs mandarins, si le brave commandant Lapierre n'obtint point, l'année dernière, la concession de ses demandes, c'est uniquement parce que la lettre qu'il envoya au roi annamite n'était point une lettre du roi de France; car d'après l'étiquette de la cour de Cochinchine, le roi ne doit répondre qu'à un roi. Entrer en correspondance avec un simple commandant étranger, c'est trop s'abaisser; accorder ses demandes, quelque justes qu'elles soient, c'est témoigner trop de faiblesse. Sire, Votre Majesté sera bien étonnée peut-être de recevoir cette lettre de notre part. C'est le seul désir de contribuer au bien de la religion, à la tranquillité de nos chrétiens et à l'honneur de la France, en procurant à Votre Majesté l'occasion d'une action aussi glorieuse pour elle devant les hommes que méritoire devant Dieu, qui en a été le motif. C'est la bonté bien connue de votre cœur, qui nous en a donné la pensée; nous osons espérer que vous la recevrez avec bienveillance, et que Votre Majesté profitera des occasions favorables pour étendre jusque sur nous et nos chrétiens l'influence salutaire de sa haute protection.

« Nous sommes avec le plus profond respect
« de Votre Majesté,
« les très humbles et très dévoués
« serviteurs.

† Pierre Andat, Évêq. d'Acanthe,
Vicaire apost. du Tonkin.

† Charles Hubert, Évêq. de Pentacomie,
Coadjuteur.

« Au nom de tous les autres missionnaires du Tonkin occidental. »

Cette lettre parvint au Séminaire des Missions-Étrangères le 29 octobre 1848, elle y resta. Louis-Philippe ne régnait plus en France, la République lui avait succédé, et les directeurs du Séminaire, escomptant l'avenir que le nouveau gouvernement réservait aux Missions, écrivaient :

« Hélas! des affaires réputées bien autrement graves

et qui se passent sous nos yeux absorbent l'attention de nos diplomates... Devons-nous attendre beaucoup de la République ?

« Nous ne pouvons rien préjuger avant son entière organisation, seulement, il est bien permis de croire, qu'elle ne supportera pas, aussi patiemment que le gouvernement de 1830, les insultes faites à son honneur. Sans faire de propagande religieuse, la République peut vouloir que tous ses sujets trouvent dans les pays étrangers la liberté, qu'elle accorde chez elle à toutes les nations et à toutes les croyances. »

La République de 1848 ne devait point avoir le temps de s'occuper des missions, ni des colonies, et la Société, sans s'inquiéter autrement des secours que les gouvernements pouvaient lui donner, continua son apostolat, de plus en plus marqué par des progrès dans l'organisation des Vicariats apostoliques, par l'extension du royaume de Dieu, et, dans certaines contrées par la persécution.

CHAPITRE V
1847-1853

I. Bref de Pie IX aux directeurs du Séminaire des Missions-Étrangères. — Quelques articles du règlement de la Société. — Les lettres apostoliques de Mgr Boucho et le règlement de la mission de la presqu'île de Malacca. — Le second synode de Pondichéry. — II. La mission du Kouang-tong et du Kouang-si confiée à la Société. — Opposition des Portugais au Kouang-tong, à Malacca et aux Indes. — III. Fidélité et affection des Vicaires apostoliques envers le Souverain Pontife. — Lettre de Mgr Verrolles à Pie IX. — IV. Le Jubilé de 1850. — Incident à Siam. — Exil de huit missionnaires. — Leur rappel. — Mgr Pallegoix reçu par le roi et par le Pape. — Travaux philologiques de Mgr Pallegoix. — M. Beurel à Singapour : il appelle des religieuses et des frères. — Part que M. Albrand, directeur du Séminaire, prend à ces négociations. — V. La Société en Chine. Troubles. Incidents. — M. Berneux en Mandchourie. — M. Leturdu emprisonné au Kouang-tong. — M. Vachal meurt dans les prisons du Yun-nan. — Révolte des mahométans. — VI. Martyre de M. Schœffler. — VII. Lettre de Mgr Retord au vice-roi du Tonkin. — Martyre de M. Bonnard. — VIII. Mort de MM. Dubois et Langlois. — Résumé de l'histoire de la Société pendant un demi-siècle.

I

En finissant son règne, Grégoire XVI avait honoré de ses éloges la Société des Missions-Étrangères ; en commençant le sien, Pie IX imita son prédécesseur.

Les directeurs du Séminaire lui ayant adressé leurs félicitations sur son élection au suprême pontificat, il leur répondit par cette lettre que la Société conserve précieusement. Il lui rend, en effet, un éclatant témoignage des sentiments de fidélité envers le Saint-Siège, qu'elle a toujours tenu à honneur de conserver ; il l'encourage à travailler à son but premier, la formation du clergé indigène, et la loue des succès qu'elle a remportés dans cette œuvre.

« Votre lettre, disait le Pontife le 1ᵉʳ janvier 1847, Nous a causé une grande joie, et Nous l'avons agréée, car elle démontre, d'une manière vraiment admirable, votre singulier attachement, votre foi et votre dévouement à cette chaire de Pierre. Et ces sentiments remarquables de votre Société n'ont été pour Nous ni nouveaux, ni inattendus. Nous connaissions la grande vénération que votre Société n'a jamais cessé d'avoir pour ce Siège apostolique, et Nous savions qu'elle s'étudie continuellement à bien mériter de l'Église catholique par des actes toujours glorieux. Les premiers membres de votre Société, envoyés par notre prédécesseur, Alexandre VII de vénérée mémoire, en Chine et dans les royaumes adjacents, comme Vicaires apostoliques, après avoir été élevés à la dignité épiscopale, ont intrépidement bravé de redoutables dangers, et ensuite prêché avec fruit l'Évangile de Jésus-Christ parmi ces peuples. Plusieurs de vos compagnons, dans les dernières et cruelles persécutions, ont noblement combattu pour la foi catholique, et après avoir courageusement et constamment souffert de nombreux supplices, après avoir été ainsi donnés en spectacle aux anges et aux hommes, ils ont, par l'effusion de leur sang et par leur mort, gagné la couronne du martyre.

« Nous qui ne désirons autre chose, sinon de voir la très sainte Religion de Jésus-Christ s'implanter dans toutes les nations et y pousser des racines profondes, fleurir chaque jour davantage, s'affermir et y demeurer solidement établie, Nous avons éprouvé, ô chers fils, une grande consolation et une vive joie, en observant de quelle manière vous employez votre zèle à choisir et à instruire des prêtres, qui deviennent de véritables ouvriers apostoliques, qui s'efforcent, au prix de bien des sacrifices, de propager la doctrine de la vérité évangélique parmi les infidèles et les peuples barbares, et de former chez eux un clergé indigène. Continuez donc, comme vous l'avez fait jusqu'à présent, ô chers fils, poursuivez avec activité cette œuvre sainte et salutaire.

« Vous connaissez nos désirs et ceux de ce Siège apostolique ; tâchez donc que les prêtres de votre Société, envoyés dans les missions étrangères, ne cessent jamais de travailler à augmenter le clergé indigène, à instruire des jeunes gens qui, formés avec soin à la piété et à la science, puissent exercer convenablement et savamment toutes les fonctions du ministère ecclésiastique. Vous obtiendrez par ce moyen une propagation plus rapide et une stabilité plus grande de la religion catholique. »

Ces paroles du chef de l'Église furent reçues avec la plus vive joie. Les directeurs du Séminaire en firent part aux évêques et aux prêtres de la Société, et Mgr Pérocheau, se faisant l'interprète des missionnaires du Su-tchuen, écrivit à M. Langlois : « Tous ici nous avons été bien heureux de voir l'estime en laquelle le nouveau Souverain Pontife tient notre Société ; si c'est à vous et à nos Messieurs que nous devons ce témoignage, que nous donne sa lettre du mois de janvier 1847, nous ne saurions trop vous en remercier. » — « Rien, ajoutait-il ailleurs, ne pourra jamais nous détacher de la chaire de Pierre. Comment, nous surtout qui sommes au milieu des populations païennes, pourrions-nous vivre éloignés de ce qui est la véritable source de la foi ? »

La Société s'efforçait de se montrer digne des éloges du Souverain Pontife, non seulement en les recevant avec une profonde reconnaissance, mais bien plus en perfectionnant quelques points de son organisation, sans rien changer aux bases essentielles. Une lettre des directeurs du Séminaire, envoyée dans les missions avec le texte du Règlement, en 1847, indiquait ces points indécis qui se rapportaient à trois chefs[1] : le séminaire de Pinang devait-il rester séminaire général, puisque la plupart des Vicariats avaient leur séminaire particulier; comment serait appliqué le droit de chaque mission d'envoyer à Paris un député pour y exercer les fonctions de directeur du Séminaire; et enfin, était-il utile, nécessaire de reprendre la coutume des premières années de la Société, en ayant à Rome un procureur de toutes les missions, chargé de veiller à leurs intérêts et à la prompte exécution des affaires. »

Voici la solution qui, peu à peu, fut donnée à ces différentes questions.

Le séminaire de Pinang resta séminaire général. Chaque groupe de missions fut représenté au conseil du Séminaire de Paris par un directeur, pris dans une des missions qui forment ce groupe, suivant ces articles du Règlement[2] :

Art. IV. — D'après le nombre actuel de nos missions, il y aura au Séminaire de Paris six directeurs-députés, savoir : un pour les Vicariats apostoliques de l'Inde, un pour Siam et la Malaisie, un pour le Tonkin, un pour la Cochinchine et le Cambodge, un pour la Chine et le Thibet, et un pour la Mandchourie, la Corée et le Japon.

Art. V. — Le choix du député se fera à la majorité des suffrages des missions intéressées, soit collectivement, soit successivement. Dans le premier cas, chaque mission présentera un candidat; dans le deuxième cas, il sera choisi dans la mission qui aura droit d'élection.

Art. VI. — Le député élu de l'une ou de l'autre de ces deux manières représentera au Séminaire de Paris les

---

1. Arch. M.-É., vol. 168, p. 222.
2. Imprimé pour la première fois en 1847.

missions de sa juridiction, à moins toutefois que quelqu'une d'entre elles ne préfère confier ses intérêts à un des directeurs dudit Séminaire; mais dans aucun cas, une mission quelconque ne pourra jamais envoyer un député particulier autre que celui qui a été régulièrement élu.

Art. VII. — La priorité d'élection appartiendra à celles des missions dont les autres sont des démembrements, ou auxquelles d'autres missions auront été adjointes subséquemment.

Ce mode d'élection a subi quelques modifications, et actuellement le Règlement porte cette prescription [1]:

« Le choix des directeurs qui doivent ou peuvent être pris dans chaque groupe de missions se fait d'un commun accord entre le Séminaire et les supérieurs des missions qui composent ce groupe. Le Séminaire présente une liste de deux ou trois sujets parmi lesquels le nouveau directeur devra être choisi, à la majorité des voix, par les supérieurs des missions du groupe. »

Et enfin le rétablissement de la procure de Rome fut décidé.

Dans les missions qui jouissaient de la liberté, on achevait aussi de préciser certains articles des Règlements particuliers, de les réunir avec les anciens et d'en former un tout complet.

Vicaire apostolique de la presqu'île de Malacca en 1845, Mgr Boucho avait, avec le concours de ses prêtres, et principalement de MM. Beurel[2] et Bigandet[3], résumé dans un travail important intitulé : *Litteræ Pastorales*, les enseignements des Souverains Pontifes et de la Propagande, sur l'administration des chrétiens, et donné quelques règles particulières nécessitées par

---
1. Art. 45, p. 18.
2. Du diocèse de Saint-Brieuc, parti en 1839, mort en 1872.
3. Du diocèse de Besançon, parti en 1837, mort en 1894.

l'état de sa mission. Dans la première partie de cet ouvrage, il est traité de la formation du clergé indigène ; viennent ensuite trois chapitres sur les catéchistes, les écoles et les religieuses enseignantes.

La seconde partie, divisée en 27 chapitres, donne les règles qui doivent être suivies dans l'administration des chrétiens et la conversion des païens, elles précisent certains cas particuliers sur l'usure, l'opium, etc... Ce travail fut soumis à l'examen du cardinal Fransoni, préfet de la Propagande, qui l'approuva excepté sur quelques points de détails.

A ces *Lettres pastorales* furent joints des *Avis aux Missionnaires* sur leur vie spirituelle : oraison, préparation à la messe, action de grâces, emploi du temps, prédication, retraite annuelle ; sur les vertus qui conviennent le mieux aux hommes apostoliques : la patience, l'humilité, l'esprit intérieur, le zèle, l'égalité d'âme ; sur leur conduite extérieure : visites et conversations.

Enfin le Règlement de la mission fut publié en même temps.

Ces Règlements, que toutes les missions de la Société ont peu à peu rédigés, sont comme le Règlement général, le fruit d'une longue expérience, et presque toujours la codification d'usages traditionnels, qu'ils fixent après qu'on en a constaté les bons résultats. Ils portent ordinairement sur la visite des districts par les missionnaires, sur les rapports de ces derniers avec les chrétiens, sur les secours à accorder aux catéchistes, aux religieuses enseignantes, aux catéchumènes et sur l'administration des biens. Nous les signalerons à mesure qu'ils seront composés, mais sans les étudier, parce qu'ils appartiennent à l'Histoire particulière de chaque mission, et non à l'Histoire générale.

A Pondichéry, Mgr Bonnand et ses collaborateurs continuaient l'œuvre qu'ils avaient commencée dans le synode de 1844 et tenaient une seconde réunion en 1849[1].

Dans la première, ils avaient principalement étudié les grandes œuvres d'enseignement ecclésiastique et profane, nécessaires au progrès de la mission ; dans celle-ci, ils traitèrent plus particulièrement de la vie du missionnaire, et par ce côté, le second synode de Pondichéry se rapproche beaucoup des *Lettres pastorales* de Mgr Boucho.

On y retrouve, dans la première session, des conseils pratiques sur l'oraison, la lecture spirituelle, l'examen de conscience, la retraite annuelle, la prédication ; la deuxième session revient, mais sans y appuyer, sur quelques-unes des questions traitées dans le premier synode et expose les principes de conduite dans les baptêmes conditionnels et les mariages.

II

On comprend qu'en présence de cet esprit d'initiative et d'organisation, Pie IX se soit adressé à la Société pour lui offrir de nouvelles missions, d'abord celle de Nankin qui ne fut pas acceptée, et ensuite une seconde, formée de deux provinces de Chine, le Kouang-tong et le Kouang-si.

La Société hésita beaucoup à la prendre, et probablement elle l'aurait refusée sans les instances pressantes de Rome. Cette nouvelle mission était une lourde charge, en effet, non seulement parce qu'aux vastes territoires et

---

1. Prenaient part au second synode de Pondichéry sous la présidence de Mgr Bonnand : MM. Legoust, Dupuis, Méhay, Lehodey, Mousset, Bardouil, Pouplin, Fricaud, Roger, Richon, Mathian, Godelle, Leroux, Fages, Gouyon, Depommier, Godet, Mencourrier, Laouënan, Géret, Tiran, missionnaires français et quatre prêtres indigènes : François Xaverius, Jean Aroulandanader, Lazarus et Aloysius.

à la nombreuse population des anciennes missions, elle ajoutait environ 440,000 kilomètres carrés et trente millions de païens de langues diverses, mais encore en raison des difficultés spéciales, que les directeurs exposaient en ces termes à M. Libois, procureur général, et qui fut nommé supérieur provisoire du Kouang-tong[1] :

« Nous vous transmîmes le mois dernier une lettre de la Sacrée Congrégation, qui nous confie l'administration des provinces du Kouang-si et Kouang-tong, ainsi que l'île de Haïnan et nous vous promîmes des instructions, pour vous mettre à même de donner un commencement à l'organisation de ces nouvelles missions, dont provisoirement, nous vous nommons supérieur.

« Comme elles ne sont point distraites de la juridiction de l'évêque de Macao, vous devez lui demander les pouvoirs pour les missionnaires que vous enverrez, et ce ne serait que sur un refus de sa part, que vous leur communiquerez les vôtres, ainsi que le porte la lettre précitée.

« Une des grandes difficultés, que ces chers confrères auront à surmonter, viendra de la part du clergé, mais elle serait sinon vaincue, au moins bien diminuée, si l'évêque de Macao y mettait de la bonne volonté. »

Les obstacles prévus par les directeurs du Séminaire ne furent pas aplanis, comme ils le souhaitaient. Les premiers prêtres de la Société envoyés au Kouang-tong : Amat[2], Lalanne[3], Bernon[4], Leturdu[5], rencontrèrent dans quelques prêtres portugais des oppositions qu'il est regrettable de constater, mais auxquelles,

---

1. Arch. M.-É., vol. 64, p. 78.
2. Du diocèse de Toulouse, parti en 1849, mort en 1863.
3. Du diocèse de Bayonne, parti en 1849, mort en 1858.
4. Du diocèse de Bordeaux, parti en 1849.
5. Du diocèse de Saint-Brieuc, parti en 1845, mort en 1861.

hélas! nous sommes habitués depuis le début de cette histoire

Lorsqu'en 1853, M. Guillemin[1] fut nommé préfet apostolique, il éprouva les mêmes ennuis, que partageaient tous les prêtres de la Société en rapports nécessaires avec les Portugais; témoin M. Favre[2], et après lui, M. Bigandet dans la ville de Malacca.

Les deux prêtres indo-portugais, qui administraient la chrétienté de cette ville, avaient refusé de recevoir le bref *Multa prœclarè* et les autres ordres du Saint-Siège. Ils étaient encouragés à cette résistance par l'archevêque de Goa, qui avait adressé au vicaire général de Malacca une lettre, dont voici les principaux passages[3] :

« Nous écrivons cette lettre à Votre Révérence, pour que vous déclariez à tous les catholiques de cet évêché :

« 1° Qu'évidemment Sa Sainteté ne peut pas disposer du bien d'autrui contre la volonté de son maître, et qu'Elle ne peut annuler ce qui est établi par le droit et des conventions mutuelles entre Sa Sainteté et les rois du Portugal; par conséquent, le bref *Multa prœclarè* est, ou supposé, ou subreptice, et partant, inadmissible dans les évêchés portugais, comme il a déjà été démontré plusieurs fois;

« 2° Dans le cas même où ce bref serait véridique et admissible, parce qu'on n'y établit que des dispositions provisoires, il est révoqué par les bulles de notre confirmation, qui sont identiques à celles de nos prédécesseurs, et qui nous confèrent la même juridiction dans toute son étendue, telle qu'exerça le dernier primat Mgr de San Goldino.

« Ces mêmes catholiques, continuant donc à se sou-

---

1. Du diocèse de Besançon, parti en 1848, mort en 1886.
2. Du diocèse d'Orléans, parti en 1842.
3. *Vie de Mgr Canoz*, p. 192-194.

mettre, comme ils ont fait jusqu'à présent, à leur actuel prélat, c'est-à-dire à nous, et, par notre délégation, à Votre Révérence, obéissent à Dieu et à son Vicaire sur terre, le Saint-Père Grégoire XVI, dont les ordres et les volontés sont clairement connus par les bulles de notre confirmation, lesquelles bulles sont aujourd'hui l'unique règle et l'unique loi qui décide toute cette affaire. En conséquence, qu'il n'y ait aucune crainte d'être désobéissant au Souverain Chef de l'Église.

« Nous avons fait cette même déclaration aux RR. PP. Bigandet et Beurel, missionnaires de la Propagande[1], dans notre lettre en réponse à celle qu'ils nous ont écrite ; ajoutant qu'ils doivent au plus tôt, sous peine de désobéissance au Souverain Pontife, se retirer de ce diocèse, laissant à Votre Révérence le libre exercice de sa légitime juridiction. Nous avons fait toutes ces mêmes déclarations à la commission représentative des catholiques de Malacca, en réponse à la lettre qu'ils nous ont envoyée. »

Mgr Boucho fit tous ses efforts pour arrêter la révolte de ces pauvres égarés, il envoya plusieurs de ses prêtres leur porter des copies authentiques des Bulles et des Brefs, qui les concernaient. Il réussit assez peu, et ces malheureux voulurent même entraîner la chrétienté de Malacca dans une sorte de schisme.

Grâce à Dieu, leur exemple ne fut suivi que par un petit nombre de familles, que les missionnaires ramenèrent peu à peu au devoir.

Les Vicaires apostoliques de la Société des Missions-Étrangères, dans les Indes, avaient également beaucoup à souffrir des Portugais, que, des magistrats anglais soutenaient, par haine du catholicisme. Leurs plaintes furent

---

[1]. Les Portugais appellent ainsi les missionnaires de la Société des Missions-Étrangères.

portées à la Propagande par Mgr Bonnand le 10 février 1847[1] :

« Dans ces dernières années, j'ai écrit plusieurs fois à Votre Éminence sur l'état du schisme dans l'Inde, particulièrement le 17 juillet et le 12 novembre 1839, le 11 mai 1841, le 8 juillet 1842, le 16 décembre 1842, le 22 mars et le 18 juillet 1844. Par ces lettres et par plusieurs autres, je priais la Sacrée Congrégation de me fournir les moyens d'extirper le schisme, afin que la cause des Vicaires apostoliques, qui est du reste la cause du Saint-Siège et de la Religion catholique, ne soit pas exposée au mépris et à la ruine. Malheureusement, des mesures suffisantes n'ont pas été prises, et les prêtres portugais, indo-portugais et leurs adhérents, qui refusèrent d'accepter le Bref apostolique *Multa præclarè*, ainsi que les mandements du Saint-Siège sur la juridiction dans l'Inde, deviennent de jour en jour plus audacieux.

« Afin d'induire plus facilement le peuple en erreur, ils proclament publiquement que le Saint-Père les favorise, et que sous peu ils seront réintégrés dans leur premier état, que leur ont injustement fait perdre la Sacrée Congrégation de la Propagande et le Souverain Pontife Grégoire XVI. En outre, ils affirment qu'il y a division et discorde entre Notre Saint-Père Pie IX et la Sacrée Congrégation, parce que le Souverain Pontife favorise les Portugais et veut les réintégrer dans tous leurs droits, tandis que la Sacrée Congrégation, leur étant hostile, veut leur nuire. Plusieurs chrétiens, trompés par ces discours, se rangent du côté des révoltés. Bien plus, dans plusieurs localités, les magistrats anglais les favorisent et combattent les Vicaires apostoliques. Lors de la publication du Bref *Multa præclarè*, plusieurs croyaient, comme de droit, que ne pas obéir aux décrets du Saint-Siège était

---

1. Arch. M.-É., vol. 1001.

un grand crime, et que les rebelles seraient sous peu frappés d'excommunication. Or, en voyant que, depuis la promulgation du bref, le Saint-Siège apostolique n'a pas encore employé les moyens efficaces d'arrêter la désobéissance et n'a jamais lancé l'excommunication ; ceux qui étaient bien disposés commencent à douter. Ils se demandent si la faute d'insoumission est aussi grande qu'ils le pensaient d'abord, ou si la haine du Portugal est plus puissante que le Saint-Siège apostolique ; ils se disent que peut-être les Vicaires apostoliques trompent les peuples, ou que le Saint-Siège ne s'inquiète guère de cette affaire. Par conséquent, Éminence, si, dans les circonstances actuelles, le Souverain Pontife ne statue rien contre cette véritable révolte, qui est une injure au Saint-Siège et un danger pour le bien de la religion ; s'il n'agit pas avec fermeté pour faire disparaître un si grand malheur, notre cause sera de jour en jour plus mauvaise, et les Vicaires apostoliques et leurs missionnaires deviendront la fable de tous.

« Bien qu'il ne nous appartienne pas d'indiquer les moyens, qui sembleraient devoir être employés pour le bien de la cause de la Religion, qu'il nous soit néanmoins permis d'en indiquer deux : le premier et le plus efficace serait que le Saint-Siège priât le gouvernement du Portugal de rappeler les prêtres portugais et goanais rebelles, qui prêchent hors du territoire portugais, ou, s'il ne veut rien demander au Portugal, que par lui-même ou par l'archevêque de Goa, il commande à ses prêtres de se soumettre aux Vicaires apostoliques. Le second moyen, si ce premier était impossible, serait que Notre Très Saint-Père Pie IX, par un nouveau bref, confirmât pleinement la Bulle *Multa præclarè*, et qu'il ordonnât sa pleine exécution. En même temps, que Sa Sainteté prescrive, sous peine très grave, à l'archevêque de Goa d'intimer aux prêtres de Méliapour, de Cochin et de

Malacca l'ordre de se conformer aux prescriptions de la Bulle *Multa prœclarè*, de rappeler dans son archidiocèse les prêtres qu'il a envoyés à travers les Indes, de sommer de se soumettre ceux qui ont été excités à la désobéissance..... Un décret semblable avait été porté autrefois par le pape Clément X, comme il résulte du bref dont nous donnons ici la copie. Est-ce que le Saint-Siège ne peut faire aujourd'hui ce qu'il faisait alors? Un tel décret est absolument nécessaire. Je supplie, par conséquent, très instamment Votre Éminence de daigner nous accorder au plus tôt cette grâce. »

Ces lettres obtinrent le rappel de l'archevêque de Goa qui, dans le consistoire tenu à Gaëte le 22 décembre 1848, fut transféré à l'archevêché de Palmyre *in partibus infidelium*. La résistance des Portugais fut un peu diminuée par cet acte de vigueur, mais non complètement brisée.

III

Bien autres étaient les sentiments d'obéissance, de respect et d'amour des évêques de la Société des Missions-Étrangères envers le Saint-Siège.

Les Vicaires apostoliques de l'Inde : Bonnand, Charbonnaux et de Brésillac furent les premiers à apprendre par les journaux anglais les insurrections, qui avaient éclaté dans les États pontificaux et contraint Pie IX à s'éloigner de Rome. Ils adressèrent aussitôt au Souverain Pontife l'expression de leur profonde douleur.

La lettre est du 9 février 1849 :

« Très Saint-Père,

« Les évêques de Drusipare, de Jassen et de Pruse, de la Société des Missions-Étrangères, fils très attachés à Votre Sainteté, réunis à Pondichéry pour traiter les affaires de leurs missions, viennent de recevoir les déplorables nouvelles d'Italie. Ils ont appris avec stupéfaction et angoisse combien de maux les méchants ont osé tenter contre Votre Paternité si bienveillante, si illustre, si aimée et si vénérée du monde entier. Hélas! du jour où Votre Paternité a été élevée au Siège suprême, poussée par sa grande magnanimité et par sa religion, elle n'a cessé de s'occuper avec une immense sollicitude du bien-être et de la prospérité de ses peuples! Comme ils ont mal répondu à ses soins.

« Puissent les armes que les impies tournent contre Notre-Seigneur même, dans la personne de son Vicaire, être brisées entre leurs mains par la vertu du Dieu tout-puissant. Hélas! Très Saint-Père, notre cœur filial est broyé de douleur. En gémissant devant Dieu, nous le prions et nous le prierons toujours de toute notre âme, afin qu'il veuille bénir dans sa miséricorde nos efforts et nos fatigues, pour la sainte religion catholique et pour la félicité et la tranquillité de vos peuples; afin qu'il sauve de tout danger Votre Paternité et la conserve à la sainte Église qui, dans ces temps si malheureux, et dans une si redoutable tempête, a besoin d'un pilote fort, pieux et habile; afin qu'Elle puisse d'une main ferme conduire la barque de l'Église au port du salut. Nos yeux et nos âmes sont fixés sur notre Père bien-aimé abreuvé de tant d'amertume, ils le suivent avec amour dans son exil. »

Un autre évêque de la Société des Missions-Étrangères, Mgr Verrolles, était alors à Rome. Il avait eu l'honneur d'être reçu plusieurs fois et traité avec une grande affection par le Souverain Pontife. Il avait de fréquentes relations avec nos généraux, et connaissait bien leurs désirs intimes de voir Pie IX revenir au plus tôt dans sa capitale. Or, on sait qu'après la victoire des Français, il y eut à la cour pontificale un instant d'hésitation : le Saint-Père devait-il ou non rentrer immédiatement dans la Ville éternelle ? Pie IX le souhaitait vivement, mais des dévoûments inquiets veillaient sur lui, et craignant, pour sa précieuse existence, lui conseillaient d'attendre une pacification plus complète des esprits. Les sociétés secrètes grossissaient à plaisir les moindres incidents pour accroître les appréhensions. Les Français n'étaient pas sans éprouver quelque mécontentement de ce retard, qui leur semblait un manque de confiance en eux. Mgr Verrolles se résolut à exposer très nettement la situation au Souverain Pontife, il le fit avec le respect d'un fils et la franchise d'un évêque missionnaire, laissant éclater dans ses paroles tout l'amour qu'il avait pour l'Église et pour la France ; c'est la plus belle lettre que le Vicaire apostolique de Mandchourie ait écrite.

Rome, 24 février 1850.

Très Saint-Père,

« J'ai été voir M. le général Baraguay-d'Hilliers, il s'est profondément incliné et a été singulièrement touché, quand je lui ai dit que Sa Sainteté lui donnait sa bénédiction et qu'elle était disposée, décidée, à revenir à Rome incessamment.

« Dieu le veuille ! s'est-il écrié, ici, tout est en souffrance, rien ne se fait ni ne peut se faire. Tous nous attendons cet heureux retour, mais, ajoutait-il, ce retour a été tant de fois annoncé que nous n'osons plus rien croire à ce sujet. Le Saint-Père n'a pas confiance en nous. Eh bien ! pourtant, quel intérêt, sinon sa cause sainte a pu nous amener ici. Nous ne possédons rien en Italie, nous sommes donc désintéressés dans cette campagne. Que peut craindre le Saint-Père en revenant ici ? Je ferais, si besoin était, à sa personne sacrée un rempart de mon corps !

— Et moi, dit le général Sauvan, dont Votre Sainteté connaît la religion, la piété, je réponds de la tête du Saint-Père sur la mienne !

« Hier, sont partis pour la France, les braves 10ᵉ et 17ᵉ de ligne. Demain part encore un autre régiment, dit-on. Ils partent, très Saint-Père, mécontents et contristés, frustrés de leur espérance si méritée de jouir de votre auguste présence, et de recevoir pour eux et leurs drapeaux, pour leur famille, votre sainte bénédiction.

« J'en ai entendu qui disaient : « C'est pour lui que nous avons versé notre sang, que nos camarades sont tombés sur le champ de bataille, et nous partirons de Rome sans le voir. »

« Très Saint-Père, la bonté toute paternelle avec laquelle vous avez accueilli le dernier de vos frères, le plus soumis de vos enfants, m'a rempli de confiance, et m'engage à dire à Votre Sainteté, avec ouverture de cœur, ce que je sais, ce que j'entends, ce que je sens moi-même. Aussi bien suis-je étranger à toute politique, à tous les partis, et Votre Sainteté sait que ma seule fin et mon unique désir sont de retourner vite, au plus tôt, jusqu'au fond de l'Asie, consumer, au milieu de mes déserts glacés et barbares, le peu de forces et de vie qui me reste.

« Depuis vingt ans, j'habite la Chine ; donc tout a disparu à mes yeux, sinon la gloire de l'Église, mon amour pour elle et mon dévoûment sans bornes à Votre Sainteté. Hé bien, Saint-Père, je vous en conjure, à genoux à vos pieds sacrés, accomplissez enfin votre promesse... négligez des obstacles, des entraves, que des ennemis, ennemis de tout bien, ne cessent de semer sur votre route !.. Ces obstacles qui surgissent à tout moment, Votre Sainteté en convient elle-même, sont des cas isolés, sans portée grave et d'un ordre secondaire.

« La faction socialiste et franc-maçonne ne cessera de

les répéter, de les multiplier, tant qu'elle pourra croire retarder par là votre retour. Votre absence est son triomphe, votre retour sera son échec et sa ruine, et couronnera cette glorieuse expédition de la France, votre Fille aînée, la puissance catholique par excellence. Je dis la France catholique, qui a voulu soutenir l'œuvre de son empereur Charlemagne, et qui, en versant pour votre cause le sang de ses soldats, a demandé, par cette expiation, le pardon de ses fautes anciennes, et repris le rang qu'elle doit occuper depuis Clovis à la tête des nations catholiques de l'univers.

« Je n'ignore point qu'on désirerait une position plus sûre, un horizon moins chargé! Hélas! c'est le malheur de l'époque... mais il faut vivre avec son époque... le mieux n'est-il pas souvent le plus grand ennemi du bien? Quant aux incertitudes de l'avenir, le bon Dieu vous protégera; il agira lui-même, il a déjà fait tant de miracles, il en fera encore!

« Le plan, le désir des francs-maçons et aussi celui des ennemis, des jaloux, des envieux de la France, que Votre Sainteté me disait elle-même être fort nombreux, est que Votre Sainteté ne rentre pas dans Rome. Le motif des seconds est sans doute bien différent de celui des premiers; ceux-ci sont vos mortels ennemis, très Saint-Père; ceux-là ne sont que les ennemis de la France dont la gloire les offusque depuis bien longtemps. Leur union avec les premiers est fâcheuse, il ne faut pas s'étonner. S'ils accueillent, promulguent, répandent, exagèrent même à l'envi, avec bonheur, les bruits mensongers, il faut savoir que ces faits, ces difficultés surgissent à dessein. Cette déplorable coïncidence donne à toutes ces histoires calomnieuses, à ces interprétations exagérées, absurdes, un tel air de vérité, que les mieux intentionnés, des personnes vénérables et à l'abri des passions, finissent par y ajouter foi.

« Qui, en effet, soit à Rome, soit à Naples, prend parti pour les Français?... Qui ne cherche à les dénigrer? On n'a pu attaquer les vertus de l'armée, elle a tout souffert, tout enduré, au dedans et au dehors de Rome. Ses vertus, sa patience, sa discipline ont enlevé les éloges de tous, et Votre Sainteté s'écriait : « C'est un miracle de premier ordre! » Je suis très loin de dire que des fautes n'aient pas été commises, mais ce que je tiens à démontrer, c'est la passion qui gâte et envenime tout, passion aveugle et injuste, qui sert si bien la cause des ennemis.

« Donc, Très Saint-Père, il n'y a pas à balancer..... »

« Votre Sainteté le voit et en convient; elle me l'a répété tant de fois : que c'est décidé..... que sa conscience lui en a fait un devoir..... Et c'est bien vrai!.. mais ce fatal demain nous perd..... et frustre Rome de votre auguste présence.

« Dites, Très Saint-Père, ce mot qui sied si bien au Chef de l'Eglise, *Je le veux!* Plus de réflexions, je pars!

« Levez-vous donc, ô mon prince!

« *Accingere Potentissime! prospere, procede et regna, populi sub te cadent!* »

« Votre Sainteté n'a rien à craindre, saint Michel sera votre égide, et les 12 à 13,000 hommes de notre brave armée, qui restent encore ici et dans les Etats de l'Église, sont plus que suffisants pour empêcher tout mouvement hostile. Votre retour va les combler de joie et faire cesser la position fausse, irritante (par la joie secrète et maligne de nos ennemis) où ils se trouvent aujourd'hui.

« Ce complément de leur triomphe, qu'ils ont mérité au prix de leur sang, est une dette sacrée, que Votre Sainteté ne peut, en justice, leur refuser plus longtemps. Très Saint-Père, aujourd'hui les mois sont des années, et chaque jour de retard cause une perte certaine à Votre Sainteté.

« Après le baisement des pieds, j'ai l'honneur d'être avec un profond respect et une affection toute filiale.
« Très Saint-Père,
« De Votre Sainteté,
« Le très humble et très obéissant serviteur.

† Emmanuel VERROLLES,

« *Évêque de Colombie, Vicaire apostolique de Mandchourie.* »

Cette lettre fut remise au Saint-Père lui-même, le 1ᵉʳ mars 1850, par l'évêque de Vancouver, qui en ignorait le contenu. Deux jours après, le 3 mars, le Pape annonça publiquement sa résolution d'aller à Rome, en la motivant dans les termes mêmes dont s'était servi Mgr Verrolles. Les journaux racontèrent ensuite qu'après sa rentrée au Vatican qui eut lieu le 12 avril, Pie IX, parlant de cette lettre dans une réunion solennelle, disait : « Je ne serais pas encore revenu à Rome[1], cardinaux, diplomates, rien n'y faisait, mais un petit évêque de Chine m'a écrit de Rome une lettre telle, que je suis parti et me voici. Car, vraiment, personne ne m'a jamais parlé de la sorte, pas même mon confesseur. »

Au Tonkin, où les nouvelles arrivaient lentement, Mgr Retord apprit en même temps l'exil de Pie IX à Gaëte et son retour dans la Ville éternelle, sous la protection des armes françaises, et heureux d'unir dans un même témoignage son amour pour le Souverain Pontife et pour la France, il disait dans un mandement aux chrétiens de son Vicariat : « Des bandes de révoltés se sont imposées dans la ville de Rome, elles ont fait une peine extrême au Saint-Père, elles ont voulu le forcer à gouverner selon leurs caprices, alors le Saint-Père

---

1. Lettres manuscrites de Mgr Verrolles, p. 161.

a abandonné sa capitale. Mais la nation française, indignée de cette injure faite au chef de l'Église, a envoyé une armée qui a pris Rome et dispersé les rebelles, elle a rétabli la paix et la stabilité, puis elle a reconduit le Saint-Père chez lui. Et maintenant, nous allons prier pour le bonheur de notre Pontife et Père. »

IV

Après être revenu dans sa capitale, Pie IX prescrivit un Jubilé, afin de remercier Dieu du salut si promptement obtenu.

Dans toutes les missions, les évêques et les prêtres s'empressèrent de profiter de la grâce accordée par le Père commun des fidèles, pour ranimer le zèle et la ferveur. Les chrétiens d'Extrême-Orient ont une grande dévotion pour les Jubilés, et il est bien rare que les négligents les laissent passer sans saisir l'occasion, qui leur est offerte, de se réconcilier avec Dieu. Le Jubilé de 1850 produisit partout d'heureux fruits. Qu'il nous suffise de citer sur ce sujet les paroles de Mgr Charbonnaux et celles de M. Castex.

« Nos Indiens se sont précipités à l'assaut des confessionnaux, écrit le premier[1], aucun de mes missionnaires n'avait jamais vu pareil empressement, ni moi non plus. Je ne crois pas que, sauf ceux qui sont obstinés dans le parti des Portugais, il soit resté beaucoup de fidèles qui ne se soient approchés des sacrements. »

« J'avoue, disait le missionnaire du Tonkin, que je ne connaissais pas encore la force et l'abondance des grâces d'un Jubilé. Quelle foule! quel empressement! quelle ferveur pour approcher du saint tribunal! quelle

---

1. Arch. M.-É., vol. 1001.

patience pour attendre quatre ou cinq jours avant de pouvoir passer! Ce n'est plus nous qui allons à la recherche des pêcheurs pour les prendre dans les filets de saint Pierre; ce sont eux qui se jettent sur nous, qui nous pressent de manière à ne pouvoir leur échapper ni le jour, ni la nuit. »

A Siam, les travaux jubilaires furent activés par le retour de huit missionnaires chassés deux ans auparavant à la suite d'un incident assez futile : en 1849, le choléra décima la population de Bangkok et le roi ordonna à tous ses sujets de faire des offrandes qui, dans plusieurs paroisses, furent jugées superstitieuses et défendues aux chrétiens. Irrité de cette résistance, le roi chassa huit missionnaires qui restèrent à Singapore et à Pinang, attendant que la porte du Vicariat leur fut de nouveau ouverte. A peine le roi était-il mort, que son successeur rappela les ouvriers apostoliques, (juillet 1851) et sept mois plus tard, sans doute pour réparer la conduite de son prédécesseur, et donner une preuve publique de l'estime qu'il avait pour l'évêque et ses prêtres, il les reçut en audience solennelle.

Accompagné de ses missionnaires et suivi de tous les chefs chrétiens en grand costume, Mgr Pallegoix fut introduit dans la salle d'audience où la foule des mandarins et des pages était prosternée la face contre terre.

Le souverain s'avança au-devant de l'évêque, lui tendit amicalement la main ainsi qu'aux missionnaires, et les fit asseoir autour d'une table élégante, chargée de vases d'or contenant l'arec, le bétel, des cigares et des services en vermeil pour le thé et le café. Il entama ensuite la conversation qui dura près d'une heure, et roula principalement sur le catholicisme : « C'est un mauvais système de persécuter la religion, affirma le prince; je suis d'avis de laisser chacun libre de pratiquer celle qu'il voudra. » Puis il ajouta : « Quand vous aurez fait un certain nombre de prosélytes quelque part, faites-le-moi savoir, et je leur donnerai des chefs chrétiens, de manière à ce que les gouverneurs païens ne puissent pas les vexer. »

Comme Mgr Pallegoix se disposait à faire un voyage en France, il demanda et obtint l'agrément du prince.

« Quelques jours après cette audience, j'écrivis au roi, raconte l'évêque, pour le prier de laisser partir avec moi un vieux prêtre annamite, qui avait été fait captif au Cambodge. Il m'accorda cette nouvelle faveur, et m'envoya en même temps une lettre à l'adresse du pape Pie IX.

« Au mois de novembre 1853, j'eus l'honneur de remettre au Souverain Pontife cette missive royale. Sa Sainteté en fut aussi agréablement surprise que satisfaite, et se la fit lire sur-le-champ. Le roi disait qu'ayant appris par les journaux l'heureuse rentrée du Saint-Père dans la ville de Rome, il profitait du voyage de l'évêque de Mallos, son ami, pour lui offrir ses félicitations, et commencer des relations amicales qu'il désirait continuer à l'avenir; qu'il avait la plus grande estime pour la religion catholique, et qu'il protégerait les chrétiens, ses sujets, d'une manière toute spéciale. — « Quant au bouddhisme que je professe, ajoutait-il, il a été dénaturé par tant de fables et d'absurdités, que je suis porté à croire qu'il ne tardera pas à être anéanti. »

Cette phrase plut fort au Saint-Père qui s'écria : « Peut-être est-ce là une prédiction ! » Pie IX répondit au roi de Siam en lui envoyant, comme gage d'amitié, une précieuse mosaïque représentant une église de Rome.

L'évêque apportait en même temps des présents du roi de Siam à Napoléon III. Il faisait ainsi, en quelque sorte, fonctions d'ambassadeur. Son rôle rappelait celui qu'avaient joué les premiers Vicaires apostoliques de la

Société des Missions-Étrangères : Pallu, de la Motte Lambert, Laneau.

Il profita de son séjour en France pour faire imprimer son magnifique dictionnaire siamois-latin-français-anglais, qui lui assigne un rang distingué parmi les philologues, car il renferme en neuf cents pages in-folio, environ trente mille mots très exactement traduits; Napoléon III voulut que ce travail fût confié aux presses de l'imprimerie nationale. Il publia également sur Siam un ouvrage en deux volumes : *Description du royaume Thai ou Siam*, comprenant la topographie, l'histoire naturelle, les mœurs et coutumes de cette contrée; il y ajouta des notes assez détaillées sur la législation, le commerce, l'industrie, une traduction abrégée des annales siamoises et un précis historique de l'histoire de la mission. Ce travail, un peu monotone de forme, mais très riche de fonds, est resté, dans son ensemble, le plus complet qui ait été publié sur Siam.

C'est par ces ouvrages, toujours consciencieux, que les missionnaires faisaient connaître l'Extrême-Orient à l'Europe, de même que par leurs récits et leurs entretiens, ils faisaient connaître l'Europe à l'Orient. Ils étaient le trait d'union de ces deux civilisations opposées qu'ils essayaient de rapprocher, parce qu'ils entrevoyaient dans leur union la gloire de Dieu et le bien des peuples.

Certaines institutions, qu'ils n'établissaient que pour l'utilité particulière de leurs chrétiens, aidaient certainement à ce résultat général, et l'on observe, à l'époque où nous sommes arrivés, une tendance de plus en plus marquée des ouvriers apostoliques à développer leurs œuvres par les moyens que l'Europe leur fournit. C'est ainsi que nous voyons un nouvel élément européen s'introduire dans les missions : les religieuses et les religieux enseignants.

Partout où les prêtres de la Société jouissaient de quelque liberté, ils s'occupaient activement de l'éducation des enfants. Il a été facile de constater avec quelle précision et quelle largeur de vues le premier synode de Pondichéry avait posé et résolu la question. Les *Lettres pastorales* de Mgr Boucho l'avaient également traitée. Mais si les uns se contentaient des ressources locales, d'autres cherchaient des secours étrangers. Le plus habile collaborateur du Vicaire apostolique de Malacca, M. Beurel, passa de la théorie au fait. C'est une figure à part que celle de ce missionnaire, qui fut le véritable fondateur du Singapore catholique.

D'un calme inaltérable, mélange de philosophie humaine et de sainte résignation, d'une persévérance que rien ne rebutait, ni les oppositions sourdes, ni les hostilités éclatantes, ni les colères des grands, ni les menaces des petits, il était de ces habiles qui savent que dans les choses de la vie, la ligne directe n'est pas nécessairement le plus court chemin d'un point à un autre; lorsque l'obstacle se dressait devant lui et qu'il ne pouvait le franchir d'un seul bond, il le tournait lentement, doucement, avec un sourire qui attestait sa confiance dans l'avenir.

Un incident le peindra mieux qu'une appréciation. — Ce fut lui qui bâtit la première grande église de Singapore. Il avait déjà posé les assises, et il élevait les murs, lorsque, par un brusque caprice, le gouverneur lui donna l'ordre de tout démolir. Le missionnaire n'essaya aucune réclamation, il ne se plaignit à personne, et avec la tranquillité qui avait présidé à la construction de l'édifice, il le fit abattre. Puis, par ses amis qui étaient nombreux, il agit auprès du gouverneur, l'enveloppa en quelque sorte d'un réseau de bonnes raisons, et obtint l'autorisation d'élever une église beaucoup plus vaste.

Ayant longuement réfléchi sur le rôle que l'enseignement était appelé à jouer en Extrême-Orient, et principalement dans les possessions anglaises, il résolut d'appeler des religieuses d'Europe à son aide. Dès 1688, Mgr Laneau avait eu le même dessein, et il avait prié Mme de Miramion de lui envoyer quelques-unes de ses sœurs. M. de Lionne avait fortement appuyé la demande, qui avait été accueillie avec enthousiasme par ces âmes généreuses, mais les directeurs du Séminaire, trouvant l'entreprise prématurée, avaient répondu par la plume autorisée de M. de Brisacier « qu'il n'était pas encore temps de faire embarquer ces bonnes filles, et qu'il fallait attendre que les choses aient plus de consistance ».

En 1850, les circonstances avaient notablement changé. Aussi, loin d'arrêter les démarches de M. Beurel, le Séminaire les favorisa, et l'un des directeurs, M. Albrand, en même temps procureur de la mission de la presqu'île de Malacca, commença les négociations qui aboutirent complètement en 1851.

L'institut du Saint-Enfant Jésus, connu aussi sous le nom de Dames de Saint-Maur, le même qui avait été autrefois chargé de Saint-Cyr, et avait reçu la paternelle et habile direction de MM. de Brisacier et Tiberge, consentit à envoyer des religieuses dans la presqu'île de Malacca. Celles-ci se fixèrent à Singapore et à Pinang où elles établirent des écoles et des orphelinats, dont les succès se sont constamment augmentés.

La même année, M. Albrand s'adressait également aux Frères des Écoles chrétiennes, et les pressait d'aller fonder des établissements dans les mêmes villes. Voici la lettre qu'à cette occasion il écrivit au supérieur de la Congrégation[1] :

---

1. Arch. M.-É., vol. 45, p. 655.

« Vous n'ignorez plus, mon très honoré Frère, les motifs pressants que je pourrais faire valoir auprès de vous. Ces motifs vous sont aussi chers qu'à nous. La gloire de Dieu, l'exaltation de notre sainte religion dans un pays où elle est encore si peu connue, les dangers d'une jeunesse nombreuse, condamnée d'une part à l'ignorance des vérités saintes, et de l'autre, exposée aux erreurs du paganisme et à la séduction des hérétiques ; l'impossibilité de remédier à ces grands maux et de procurer ces biens immenses, d'une autre manière que par l'intervention de vos estimables Frères ; l'espoir bien fondé de nous établir dans ces vastes contrées et de nous recruter parmi cette intéressante jeunesse chinoise. Toutes ces raisons et d'autres que j'omets font sans doute une vive impression sur notre cœur. Mais permettez-moi d'y ajouter une réflexion. Considérez, je vous prie, mon très honoré Frère, que le Vicaire apostolique de la Malaisie, ainsi que MM. Bigandet et Beurel, espérant obtenir de vos chers Frères, et presque convaincus de leur prochaine arrivée, puisqu'ils ont accepté, en s'imposant un grand sacrifice, toutes les conditions voulues, ont fait des dépenses pour approprier les bâtiments selon les besoins des Frères. Quel ne sera pas leur désappointement, ainsi que celui des chrétiens, lorsqu'ils apprendront que l'envoi des Frères est indéfiniment ajourné !

« M. Beurel, dans la crainte que mes démarches n'aboutissent pas, veut que M. Bigandet repasse en Europe pour s'occuper de cette affaire : pour moi, je le désirerais si M. Bigandet devait être plus heureux que moi.

« Je vous conjure donc que le très honoré Frère Facile soit mis à même de commencer les établissements de la Malaisie. Ce cher Frère m'a paru bien disposé pour cette œuvre, et je ne doute pas que, avec votre permission et votre concours, il ne mette bientôt la main à l'œuvre. »

Les négociations réussirent en effet, les Frères s'installèrent d'abord à Singapore, ils furent ensuite établis à Pinang par M. Bigandet, et dans ces deux villes, ils ont réalisé le bien que Mgr Boucho se promettait de leur présence quand il disait[1] :

« Je fonde les plus grandes espérances sur ces établissements d'éducation, il n'y a pas de doute que, sous leur puissante influence, le bien ne s'opère sur une grande échelle dans ces contrées. Maintenant, nous sommes en mesure de pouvoir lutter avec avantage contre les écoles protestantes, et de paralyser la pernicieuse influence qu'elles exercent sur la jeunesse catholique. »

V

Ce qui était possible à la Société dans quelques-unes de ses missions était loin de l'être dans toutes ; elle ne pouvait, en effet, songer à de pareilles fondations pour ses missions de Chine ; cette diversité de situation et d'action qui pourrait sembler étonnante dans une Congrégation est chez elle l'état normal. L'esprit qui anime ses prêtres est partout le même, leurs travaux ne manquent pas d'analogie dans les grandes lignes ; mais, dès qu'on descend dans les détails, on voit immédiatement surgir de nombreuses différences nécessitées par l'état religieux et politique des pays évangélisés.

La Chine, à cette époque, était encore cantonnée dans sa résistance au traité de 1844, que les gouverneurs de province ne publiaient pas.

« Rien de solide, rien de stable ne sera fait, disaient les missionnaires[2], tant qu'on n'aura pas aboli les anciens

---

1. Arch. M.-É., vol. 903.
2. Arch. M.-É., vol. 447.

édits de persécution, et promulgué ou inséré au code des lois le décret de liberté religieuse. Autrement, les magistrats, feignant d'ignorer la légalité du culte chrétien, persécuteront toujours, ne fût-ce que pour extorquer de l'argent. »

Mais il n'était pas facile d'obtenir cette promulgation. En vain nos agents diplomatiques unissaient leurs réclamations à celles des missionnaires, le gouvernement de Pékin restait sourd à toutes les voix.

L'Angleterre qui, de son côté, avait à se plaindre des procédés chinois, n'avait pas reculé devant l'emploi de la force. Au mois d'avril 1847, la flotte anglaise remonta le Tchou-kiang, encloua les canons qui défendaient les abords de la rivière, et prit pied dans les factoreries de Canton. Le vice-roi Ky-in fut obligé de souscrire aux conditions qu'on lui dicta : permission aux Européens de circuler aux environs de la ville, de louer des terrains dans l'île de Haï-nan, d'avoir un cimetière à Whampou et de bâtir une église dans le voisinage des comptoirs.

La haine chinoise ne put accepter sa défaite sans se venger. Au mois de décembre de la même année, six Anglais furent assassinés, et le 22 août 1849, le gouverneur de Macao, Amaral, subit le même sort. Telle était la politique extérieure.

La situation intérieure était très troublée ; la guerre civile désolait plusieurs provinces ; en 1849, une bande de mécontents s'unit à des pirates des provinces du sud, et s'établit d'abord dans le Kouang-si. Les sociétés secrètes, répandues dans toute la Chine, favorisèrent le développement de l'insurrection.

Le chef se fit proclamer empereur et prit le nom de Taï-ping (paix universelle) sous lequel on désigna ses troupes ; il mêla au texte de ses lois quelques doctrines religieuses. On disait d'ailleurs qu'il avait été élevé par des ministres protestants, aussi espéra-t-on d'abord qu'il serait favorable au christianisme.

Grâce à la panique générale, les rebelles s'avancèrent jusqu'au centre de l'empire, dans la province du Houkouang et, de là, allèrent à Nankin, qu'ils prirent après une légère résistance, en 1853. Ils firent de cette ville leur quartier général, fondèrent un gouvernement régulier et déclarèrent vouloir suivre les anciens usages, surtout celui de ne pas porter la queue ou tresse de cheveux, parce qu'elle est un signe de soumission aux Tartares. Pendant six ans, les impériaux cherchèrent à les contenir aux environs de Nankin, sans y réussir complètement.

Au milieu de ces événements, des incidents multiples donnaient à la France l'occasion d'exercer son intervention en faveur des chrétiens et des missionnaires. Ainsi, en 1849, une soixantaine de païens, à la suite d'une orgie, se ruèrent sur la résidence épiscopale de Mgr Verrolles. Aussitôt avertis, les fidèles accoururent et repoussèrent les agresseurs. Mais le lendemain matin, au petit jour, ceux-ci s'emparèrent de six néophytes et d'un catéchumène, les traînèrent chargés de chaînes au tribunal du mandarin et les accusèrent d'être chrétiens.

Cette accusation suffisait encore, avec quelques ligatures glissées au juge, pour faire battre et jeter en prison ceux contre qui elle était portée. Les néophytes furent d'abord frappés et sommés d'apostasier. Deux d'entre eux succombèrent, les cinq autres sortirent vainqueurs de la lutte. Mais, à une seconde épreuve, leur constance pouvait chanceler, et l'effet eût été d'autant plus déplorable, que cette arrestation seule avait vivement troublé les paroisses voisines. Mgr Verrolles envoya M. Berneux plaider le procès devant le mandarin de Moukden, et en même temps prévint le consul de France à Chang-haï, M. de Montigny. Cette double démarche réussit : M. Berneux qui avait une grande réputation parmi les chrétiens et les païens de Mandchourie, une dextérité rare dans le maniement des hommes, capta les bonnes grâces du mandarin, et de son côté, M de Montigny expédia à Moukden une lettre, dans laquelle il se plaignait en termes énergiques des attaques dirigées contre l'évêque, et des rigueurs exercées contre les chrétiens ; il menaçait d'informer son gouvernement s'il n'était pas fait droit à sa réclamation.

Le procès fut gagné, les néophytes rentrèrent dans leurs familles, les accusateurs furent condamnés et l'édit de tolérance en faveur du christianisme solennellement proclamé en plein tribunal. Cette proclamation, connue dans toute la Chine, n'eut malheureusement qu'un effet restreint.

La mort de l'empereur Tao-kouang, arrivée le 25 février 1850, aggrava encore la situation. Son successeur Hien-foung, qui d'abord s'était montré assez favorable au catholicisme, céda bientôt aux conseils de ses ennemis ; il dégrada Ky-in et sembla révoquer les concessions faites à M. de Lagrenée ; car dans le code qu'il promulgua, il maintint toujours les lois portées par ses prédécesseurs contre le christianisme. Les hostilités continuèrent avec plus de vivacité. Le 31 août 1850, M. Leturdu fut arrêté avec plusieurs chrétiens dans le district de Kia-in, province du Kouang-tong. Devant le mandarin, il se réclama de l'édit qui permettait aux Chinois l'exercice du catholicisme. Le magistrat répliqua que cet édit regardait seulement les cinq ports ouverts aux étrangers ; puis, après avoir laissé le missionnaire dans les cachots pendant près de trois semaines, il se décida à l'envoyer à Canton. A peine le captif était-il arrivé dans cette ville, que les instances du ministre de France, M. Forth-Rouen, le firent mettre en liberté.

A Haï-nan, les chrétiens furent jetés en prison à cause de leur foi, ils n'en sortirent que par l'entremise de M. de Bourboulon.

Les revendications des représentants de la France étaient donc assez souvent écoutées, lorsqu'il s'agissait d'individus et de cas particuliers, mais le gouvernement impérial ne cédait pas sur les principes, et ne reconnaissait pas par des actes officiels la liberté des chrétiens; aussi quand, à cause de l'éloignement, ces revendications ne pouvaient se produire, les Chinois ne se gênaient pas pour maltraiter les missionnaires, et les chrétiens. C'est ce qui arriva au Su-tchuen et au Yun-nan.

Au Su-tchuen, Mgr Desflèches toujours prêt à aller de l'avant, ayant fait présenter par des chrétiens à un mandarin une pétition, pour demander l'autorisation de bâtir une église, les porteurs de la requête furent battus, revêtus de l'habit de criminel et jetés en prison.

Dans un voyage entrepris vers la partie méridionale du Yun-nan, au milieu de janvier 1851, M. Vachal[1] fut arrêté par le mandarin de la ville de Kay-hoa-fou, qui d'abord eut quelques égards pour son prisonnier, mais bientôt dépouilla ce respect hypocrite.

Arrivé au tribunal, il tint séance immédiatement, et ordonna à M. Vachal de se mettre à genoux. Celui-ci refusa, alléguant les usages contraires de son pays.

Pour l'en punir, le juge lui fit appliquer huit soufflets et quarante coups de rotin.

Vint le tour du catéchiste.

— Comment, lui dit le mandarin, toi qui es Chinois, te mets-tu de la sorte à la suite d'un Européen?

— Et comment, répondit le catéchiste avec plus de hardiesse que de prudence, comment toi qui es Chinois aussi, fais-tu le mandarin à la suite d'un empereur tartare?

---

1. Du diocèse de Tulle, parti en 1842, mort en 1851.

La réplique portait trop juste pour ne pas exciter la colère du juge, qui ordonna de frapper rudement le catéchiste.

Les prisonniers ne comparurent plus devant le tribunal. Mais afin de satisfaire sa haine et peut-être aussi pour obéir aux ordres du vice-roi du Yun-nan, le mandarin voulut se débarrasser sans bruit du prêtre européen, et il le laissa mourir de faim. Le bruit courut même qu'il l'avait fait étouffer à la dernière heure, le 11 avril 1851.

En présence de cette hostilité, les missionnaires vivaient comme autrefois, cachés aux regards de tous : ils ne voulaient pas courir le risque de faire perdre à notre diplomatie les fruits qu'elle espérait de ses négociations, ou de soulever une persécution générale ; ils attendaient silencieusement, hâtant par leurs prières l'heure de la liberté et par leurs travaux obscurs l'extension de la foi catholique.

Tel était M. Albrand qui, après avoir évangélisé les Chinois à Singapore et à Siam, leur prêchait la parole de Dieu au Kouy-tcheou, depuis 1847. Il fut le premier missionnaire de la Société des Missions-Étrangères qui résida dans cette province. Tous les autres n'avaient fait que passer et encore dans la partie septentrionale seulement. Le tableau que l'apôtre trace de la situation religieuse qu'il avait sous les yeux est loin d'être brillant :

« Il n'y a dans toute cette mission, dit-il[1], que douze cents néophytes, disséminés çà et là par chrétientés de quarante, cent ou deux cents âmes chacune. On dit que le nombre des fidèles a été bien plus considérable, et en effet, Kouy-ting, à deux journées sud-ouest d'ici, qui avait une chrétienté florissante il y a vingt ans, n'a plus qu'une pieuse famille de treize membres. Kouy-yang-

1. *Vie de Mgr Albrand*, p. 253.

fou, qui possédait quatre cents chrétiens, n'en compte plus que deux cents. Il en est à peu près ainsi de toutes les autres stations.

« Vous me demanderez peut-être pourquoi cette mission, au lieu de prospérer, a fait de si grandes pertes. Trois causes surtout ont concouru à sa décadence : la persécution, la pauvreté et le manque de missionnaires européens. »

La pauvreté, en effet, était si grande que M. Albrand va jusqu'à écrire[1] :

« Réellement, je n'ai pas où reposer ma tête, je suis sans établissement aucun pour former des élèves et des catéchistes. Les chrétiens sont si malheureux, et leurs maisons par conséquent si petites, qu'on ne peut réunir les chrétientés, si peu nombreuses qu'elles soient, chez personne d'entre eux.

« L'œuvre du baptême des enfants païens réussit ici aussi bien que partout ailleurs. Avec des prédicateurs, les conversions seraient nombreuses ; mais, je le répète, tout est à faire. »

La Providence lui laissa à peine le temps de commencer. Sacré évêque de Sura le 18 mars 1849, il visita d'abord toutes les stations de son immense Vicariat, des frontières du Kouang-si à celles du Yun-nan. Il construisit un oratoire à Kouy-yang, capitale de la province, s'occupa du clergé indigène par l'envoi d'élèves au collège général de Pinang et par la fondation d'un petit séminaire, il établit des écoles et des pharmacies, il composa plusieurs ouvrages sur la religion catholique.

C'était dignement jeter les bases d'un Vicariat naissant; malheureusement en 1853, Dieu le rappela à lui. Sa mort fut sainte, comme l'avait été sa vie, et il semble que le ciel ait voulu en donner un témoignage spécial,

---

1. *Vie de Mgr Albrand*, p. 353.

bien en rapport avec la vertu particulière d'un prédicateur de l'Évangile.

Lorsqu'une année après la mort de leur évêque, les missionnaires du Kouy-tcheou transportèrent son corps dans le cimetière où ils lui avaient élevé un tombeau, ils eurent la pieuse curiosité d'ouvrir son cercueil, et à leur grand étonnement, ils trouvèrent la langue encore fraîche et vermeille.

A l'ouest du Kouy-tcheou, dans le Yun-nan, Mgr Ponsot travaillait également aux progrès de son nouveau Vicariat.

En arrivant, il n'avait trouvé que quelques centaines de catholiques dispersés à travers la province. Aidé d'un prêtre indigène et bientôt d'excellents missionnaires, MM. Huot[1], Dumont[2], puis d'un coadjuteur Mgr Chauveau,[3] il ranima la ferveur des chrétiens, parvint à convertir chaque année quelques centaines de fidèles, et peut-être son Vicariat aurait-il pris un essor rapide, lorsque la révolte des musulmans contre l'autorité chinoise y vint jeter le trouble.

« Cette race, dit Mgr Chauveau[4], très nombreuse dans tout le midi du Yun-nan, et souvent renforcée par ses coreligionnaires venus du nord de la Chine, se montre fidèle à ses anciennes traditions : fière, hautaine, impatiente du joug, elle n'a cessé, depuis bien des années, de susciter des embarras au gouvernement. Vaincue d'un côté, elle se soulevait de l'autre.

« Les Tartares les ont contenus tantôt par la force, tantôt par des concessions ; mais depuis cinq ou six ans ils ne se contentent plus de ces ménagements.

« Ils croient que le moment de l'indépendance est

---

1. Du diocèse de Langres, parti en 1843, mort en 1863.
2. Du diocèse de Bayeux, parti en 1846, mort en 185.
3. Du diocèse de Luçon, parti en 1844, mort en 1877.
4. *Ann. de la Prop. de la Foi*, vol. 28, p. 31.

venu, et ne dissimulent pas leur prétention de dominer à leur tour. Profitant de la faiblesse et de l'embarras extrêmes des mandarins, ils se sont soulevés sur plusieurs points à la fois.

« On s'est battu avec de grandes pertes des deux côtés, les massacres ont été horribles. Il suffit, pour en donner une idée, de dire que dans une ville dont je me trouvais peu éloigné, sept mille trois cents mahométans périrent dans une seule nuit : leurs maisons et tout ce qu'elles renfermaient de richesses furent anéanties en ces quelques heures.

« Ces morts n'étaient pourtant que des femmes, des enfants, des vieillards! Les hommes en état de porter les armes étaient à ravager les campagnes environnantes. Lorsqu'ils virent cet affreux et irréparable malheur, ils firent à leur tour une boucherie et un désert de tout ce qui se rencontra sur leur passage. »

La Société des Missions-Étrangères était donc assez éprouvée dans les cinq Vicariats apostoliques qu'elle possédait en Chine, elle l'était bien plus en Annam où sévissait la persécution sanglante.

VI

Nous avons parlé de l'édit de 1848, qui mit à prix la tête des missionnaires, mais heureusement causa peu de mal; en 1851, un second le suivit, qui devait être plus rigoureusement exécuté. Voici à quelle occasion il fut porté.

Tu-duc avait, de par la volonté des mandarins, supplanté son frère Hoang-bao dans la succession au trône. Le prince déshérité ne se résigna pas à sa déchéance, il essaya, avec le secours de quelques mécontents, d'exciter une révolte et d'entraîner les chrétiens dans son parti, en promettant non seulement de leur donner la liberté religieuse, mais encore d'embrasser lui-même le christianisme.

Les chrétiens consultèrent leurs pasteurs, qui leur répondirent de se confier uniquement en Dieu et de se tenir en dehors des intrigues de la politique. A l'exemple des fidèles de la primitive Église, les chrétiens d'Annam demeurèrent donc les sujets soumis d'un roi persécuteur.

Mgr Pellerin, le Vicaire apostolique de la Cochinchine septentrionale, fut même sondé par des émissaires de Hoang-bao, il fit cette simple et noble réponse :

« Les chrétiens ne détrônent pas les rois, même dans les temps de persécution; ils sont toujours et partout des sujets fidèles, vous apprendrez ce qu'est leur fidélité si vous régnez un jour. »

Les rois d'Annam ont-ils jamais connu cette belle parole? En tous cas, ils se sont conduits comme s'ils l'ignoraient.

La conspiration de Hoang-bao fut découverte. Les conjurés les plus influents furent décapités, et le prince condamné à être coupé en morceaux; mais son frère lui fit grâce de la vie, et commua sa peine en une réclusion perpétuelle, dans une prison construite exprès pour lui.

Ce châtiment épouvanta le condamné, qui profita d'un moment d'absence de ses gardes, pour s'étrangler avec les rideaux de son lit.

Selon les ordres du roi, il fut enterré comme un criminel. Les domestiques creusèrent une fosse deux fois plus profonde que les fosses ordinaires, et lorsque le cercueil y fut descendu, ils la comblèrent avec des pierres qu'ils recouvrirent de quelques pelletées de terre. Cette inhumation est, en Annam, le comble de l'ignominie.

Les chrétiens étaient demeurés absolument en dehors de cette échauffourée, leur fidélité fut traitée comme l'eût été leur révolte. Le premier ministre de Tu-duc les accusa d'avoir trempé dans le complot, et il lui fut aisé de le persuader à son maître.

Un conseil extraordinaire fut assemblé, et de ses délibérations sortit l'édit du 21 mars 1851, qui se terminait par ses conclusions :

« Les prêtres européens doivent être jetés dans les abîmes de la mer ou des fleuves, pour la gloire de la vraie religion : les prêtres annamites, qu'ils foulent ou non la croix aux pieds, seront coupés par le milieu du corps, afin que tout le monde connaisse quelle est la sévérité de la loi. Après avoir examiné ces dispositions, nous les avons trouvées très conformes à la raison.

« En conséquence, nous ordonnons à tous nos mandarins de mettre ces instructions en pratique, mais secrètement et sans les publier.

« Ainsi donc si dorénavant des prêtres européens viennent furtivement dans notre royaume pour en parcourir les provinces, tromper et séduire le cœur des peuples, quiconque les dénoncera ou les livrera aux mandarins recevra huit taëls d'argent et de plus la moitié de la fortune des receleurs du prêtre, l'autre sera dévolue au fisc.

« Quant aux receleurs petits ou grands, peu importe qu'ils aient gardé l'Européen chez eux longtemps ou peu de jours, ils seront tous coupés par le milieu des reins et jetés au fleuve, excepté les enfants qui n'ont pas encore atteint l'âge de raison : ceux-ci seront transportés en exil au loin. »

Un missionnaire français Augustin Schœffler[1], âme très douce, d'une angélique piété, était en prison depuis

---

[1]. Du diocèse de Nancy, parti en 1847, décapité pour la foi en 1851.

un mois quand l'édit de Tu-duc fut expédié ; il avait été arrêté le 1er mars dans la province de Son-tay, à peu de distance de la paroisse de Bau-nô[1]. Cette région était alors infestée par les rebelles et les pirates, et une police spéciale avait été créée pour mettre fin à leur brigandage. Le missionnaire fut dénoncé au chef de cette police. Il en fut averti et résolut de changer d'asile ; mais, croyant que les païens ne mettraient leur projet à exécution que pendant la nuit, les chrétiens jugèrent prudent de faire partir le prêtre pendant le jour. Malheureusement les espions connurent ce dessein et dressèrent une embuscade.

La route de Bau-nô au hameau que voulait gagner Schœffler court par un sentier tortueux, au milieu de monticules déserts, elle est bordée de buissons et de touffes de bambous : des satellites furent postés derrière les arbres et dans les ravins, avec ordre de se saisir de tous ceux qu'ils ne connaissaient pas personnellement. Un prêtre indigène et deux élèves, compagnons de M. Schœffler, quittent les premiers Bau-nô, allant en éclaireurs ; tout d'un coup, de chaque buisson sort un soldat qui se jette sur eux, et les fouille : la custode, les saintes huiles, un livre de prières sont trouvés ; il n'y avait plus de doute, on était en présence des disciples de l'Européen, et celui-ci paraîtrait bientôt. Les satellites reprirent leur poste d'observation, leur prévision était juste. Quelques heures après, M. Schœffler passa : il fut aussitôt entouré et garrotté. Son martyre commençait, il s'en réjouit, car il l'avait désiré : « Je ne sais ce qui m'adviendra, avait-il écrit avant de quitter la France[2], mais le pire qui puisse m'arriver c'est de recevoir un petit coup de sabre, et vous savez combien ce verre de sang

---

[1]. *Les 52 VV. Serviteurs de Dieu*, vol. 2, p. 127.
[2]. Arch. M.-É. *Lettres de M. Schœffler*.

offert à mon Sauveur me ferait de peine… Mais je crois bien que mes péchés feront que je manquerai cette circonstance si belle. » Cette humilité monta jusqu'à Dieu qui exauça le vœu de son apôtre.

Avant de livrer le prisonnier aux mandarins supérieurs, le chef de la police du canton permit au captif de se racheter, fixant sa rançon à une barre d'or et 100 barres d'argent[1]. Le missionnaire affirma qu'il ne possédait pas cette somme et ne pouvait se la procurer. Le chef fut inflexible. On sut plus tard que ce n'était là qu'une ruse pour obtenir de l'argent. M. Schœffler le devina peut-être, mais il répondit comme s'il croyait la proposition loyale. « Hé bien, fit-il, puisque vous demandez « absolument cette somme pour mon rachat, mettez en « liberté mes quatre disciples : eux seuls savent où ils « pourront la prendre. » La réflexion parut juste et les quatre prisonniers furent relaxés.

Schœffler, se voyant alors seul, sans aucun chrétien compromis à son occasion, en ressentit une vive joie, et il engagea les satellites à le livrer promptement aux juges plutôt que de lui faire acheter sa liberté.

Les gardes attendaient le retour des prisonniers délivrés, qui devaient apporter la rançon. Le prêtre indigène, compagnon de M. Schœffler, avait en effet déjà réuni une dizaine de barres d'argent, et il les apportait comme un acompte, lorsqu'il rencontra des fidèles qui l'avertirent de la mauvaise foi du chef de la police, résolu à l'arrêter de nouveau, à garder l'argent et à livrer le missionnaire. Le prêtre rebroussa chemin, et les satellites, après une attente plus ou moins longue, se voyant joués, conduisirent M. Schœffler aux grands mandarins de Son-tay.

---

1. La barre d'or vaut environ 1,400 francs, et la barre d'argent environ 80 francs.

Le confesseur de la foi subit en leur présence un interrogatoire judiciaire sur son nom, sa patrie, son âge, sa condition, sur ce qu'il était venu faire au Tonkin, ce qu'il avait fait depuis son arrivée, les villages qu'il avait habités, les lieux qu'il avait parcourus; on lui demanda à qui appartenaient les objets religieux pris avec lui; si, avant de venir dans ces contrées, il savait que la religion chrétienne y était strictement défendue.

L'accusé répondit à toutes les questions, excepté à celles qui auraient pu compromettre les catholiques.

Dans un second interrogatoire, le 5 mars, il fit les mêmes réponses. Le grand mandarin dressa immédiatement son rapport, en y joignant la sentence de mort prononcée par les juges, et ainsi conçue :

« Après avoir pris conseil des deux premiers employés, des tribunaux civil et criminel, voici le jugement que nous avons rendu.

« Le sieur Ao-tu-dinh (Augustin) est un Européen qui a eu l'audace de venir malgré la défense des lois, parcourir les contrées de ce royaume, pour y prêcher la religion, séduire et tromper le peuple, ce dont il a été clairement convaincu dans l'examen de sa cause. Il convient de suivre envers lui le décret du roi : que le sieur Augustin ait donc la tête tranchée et jetée dans les eaux de la mer ou des fleuves, pour instruire et retenir les peuples. Quant à ceux que ce scélérat a endoctrinés et aux maisons qui lui ont donné asile, il les aime si ardemment que jamais, il n'a voulu nous les faire connaître, quelques questions que nous lui ayons adressées à ce sujet... Tels sont l'examen que nous avons fait de cette affaire et le jugement que nous en avons porté. Pleins de respect, nous en faisons notre rapport à Sa Majesté, et courbés jusqu'à terre, nous attendons ses ordres. »

Plus d'un mois s'écoula avant que Tu-duc ratifiât la sentence, il la signa seulement au mois d'avril.

Pendant ce temps, presque aucun chrétien ne put communiquer avec le prisonnier étroitement surveillé : aussi ne possédons-nous aucune lettre écrite par lui et datée de son cachot.

Le 11 avril, le décret royal arriva de la capitale; il était conçu en ces termes :

« Cachet rouge. — Nous avons vu le rapport qui nous a été fait sur l'arrestation d'un prêtre européen, dans la province de Son-tay... Les lois du royaume publiées pour instruire le peuple et lui inspirer de la crainte, défendent très sévèrement la religion de Jésus ; et cependant, le sieur Augustin, prêtre de cette religion, a osé pénétrer clandestinement dans nos États pour la prêcher en secret, et par là séduire et tromper le peuple. Arrêté, il a reconnu la vérité du fait; il a tout avoué. Que le sieur Augustin ait la tête tranchée sur-le-champ et jetée dans les eaux du fleuve pour l'extirpation des méchants. »

L'exécution eut lieu le 1er mai 1851, elle fut très solennelle.

Huit soldats, le sabre nu à la main, se tenaient aux côtés de M. Schœffler. Deux compagnies, chacune de cinquante hommes armés, en nombre égal, les uns de fusils, les autres de lances, marchaient en avant sur deux lignes, dans un ordre alternatif de fusiliers et de lanciers.

A quelques pas de M. Schœffler, un soldat portait, élevée comme un étendard, une petite planchette sur laquelle on lisait en gros caractères :

« Malgré la sévère défense décrétée contre la religion de Jésus, le sieur Augustin, prêtre européen, a osé venir clandestinement ici la prêcher et séduire le peuple. Arrêté, il a tout avoué, son crime est patent. Que le sieur Augustin ait la tête tranchée et jetée dans le fleuve.

« 4e année de Tu-duc, 1er de la 3e lune. »

Deux éléphants de guerre formaient l'arrière-garde. Le héros de la Foi marchait triomphalement au milieu de cet imposant cortège ; il s'avançait le visage riant, la tête haute, tenant de la main sa chaîne relevée, et récitant de ferventes prières le long de la route. « Quel beau spectacle que la mort du martyr ! s'écrie Mgr Retord, dans la foule immense qui l'entourait, la grande majorité en était saisie d'admiration. »

« Quel héros ! disaient les païens ; il va à la mort comme les autres à une fête ! »

Arrivé au lieu du supplice, le missionnaire récita une dernière prière à genoux sur le bord d'un champ, baisa trois fois son crucifix, quitta sa tunique, rabattit sa chemise et tendit son cou à l'exécuteur, en lui disant les yeux levés vers le ciel : « Faites promptement votre affaire. » — Non, répliqua l'officier commandant l'exécution, suivez le signal de la cymbale et ne frappez qu'à la troisième sonnerie. » Le bourreau tremblait, il frappa trois coups pour décapiter la victime, et fut même obligé de scier avec son sabre les chairs pantelantes.

La tête fut jetée au fleuve et resta engloutie malgré d'actives recherches. Le corps, d'abord inhumé sur le lieu de l'exécution, fut, dans la nuit du 2 au 3 mai, emporté par les chrétiens, qui l'enterrèrent dans une paroisse voisine. Le Séminaire des Missions-Étrangères possède dans la *Salle des Martyrs* la planchette, sur laquelle est inscrit l'arrêt de mort de M. Schœffler et le tableau représentant son exécution.

VII

Cependant pour admirable que soit le courage des martyrs, et grande que soit la gloire que leur mort fait rejaillir sur la religion catholique, la paix est préférable, car Dieu n'aime rien tant que la liberté de son Église.

S'inspirant de cette pensée, Mgr Retord ne craignit pas, quelques mois après la mort de M. Schœffler, d'adresser au vice-roi du Tonkin, Thuong-giai un recours en grâce et une apologie du Christianisme.

Thuong-giai fut un des rares mandarins dont les missionnaires eurent à se louer. Intelligence très élevée et très souple, il était l'ami de Tu-duc et lui avait rendu d'éminents services; cœur généreux et caractère fort doux, il avait les sympathies du peuple.

Il imagina ou plutôt il remit en vigueur un genre de conscription assez singulier. Il enrôlait les prisonniers pour combattre les rebelles et les pirates, gens qui ne se distinguaient pas aisément les uns des autres.

Parmi ces détenus se trouvait un prêtre indigène, le P. Cam. Retord écrivit au vice-roi pour lui demander la liberté du captif, il fit la lettre en caractères chinois, mais sur papier européen avec sa signature en français, et l'apposition du sceau épiscopal, autant de signes d'authenticité. Il débutait hardiment en proclamant son double titre de proscrit et d'étranger. L'âme de Thuong-giai était assez grande pour comprendre ce langage :

« Celui[1] qui ose s'adresser en toute franchise et toute vérité, à vous, qui pouvez légalement le mettre à mort, est un étranger, un Français, chef de la religion chrétienne dans ce pays, où il réside depuis vingt ans, contre les lois du royaume.

« Voué comme eux à la mort, il s'adresse directement au pouvoir qui le recherche pour l'échafaud ; comme eux, il redresse la tête et élève la voix au milieu des proscrits, pour venger la foi des blasphèmes officiels, et opposer la vérité aux royales calomnies contre les chrétiens. »

---

1. Arch. M.-É., vol. 693.

Après la réhabilitation des victimes, l'évêque prend à parti les persécuteurs; et leur montrant les néophytes plus nombreux que jamais, il leur demande à quoi ont servi leurs cruautés, plus inutiles encore qu'elles ne sont odieuses. Il insiste enfin sur les calamités sans exemple qui affligent le royaume, depuis que la croix y est outragée; et il dit à ce sujet :

« L'État en est-il devenu plus prospère? non, bien certainement; il est à croire, au contraire, que tous les malheurs qui, annuellement, désolent ce pays, tels que la peste, les tempêtes, les incendies, les brigandages, les inondations et la famine, sont des fléaux envoyés par le ciel, en punition des rigueurs exercées contre des innocents. Et tous les maux qu'ont soufferts les chrétiens, la mort, l'exil, les prisons, les spoliations, les vexations de tout genre, ne sont-ce pas aussi de vrais malheurs pour le pays? Les chrétiens annamites ne sont-ils pas des sujets dévoués au roi? »

Après ce début, il exposait la situation, les qualités et les vertus du P. Cam, prisonnier, malade, mais déterminé à souffrir. Cette requête achevée, l'évêque en appelle à l'expérience, à la science et à la justice du grand mandarin sur le sort des chrétiens. Il reprend dans une énumération rapide les accusations portées contre eux, et il y répond en quelques mots; passant à cette qualité d'étrangers et d'agents politiques, qui fait la base de beaucoup d'accusations contre les missionnaires, il s'écrie avec une éloquence qui rend plus grande la force de ses raisons.

« Quant à nous, prêtres européens, notre but n'a rien de politique, rien qui ait rapport aux affaires de ce monde. Nos vues sont plus élevées et plus pures. Nous venons ici pour sauver les âmes de l'esclavage du démon. Nous ne sommes les envoyés d'aucun roi d'Europe, nous sommes les ambassadeurs du Maître du ciel, pour annoncer aux hommes le salut qu'il a donné au monde : c'est là notre sublime mission, et nous l'accomplirons jusqu'au bout, malgré tous les périls, malgré tous les supplices. Rien donc n'est plus inutile et plus injuste que la cruelle persécution, dont la Religion chrétienne et ses ministres sont depuis si longtemps l'objet et les victimes.

« Vous le savez bien, grand mandarin ; aussi vous efforcez-vous d'en adoucir les rigueurs dans tous les lieux soumis à votre juridiction ; vous êtes vraiment pour nous, partout où vous passez, comme un frais ombrage contre les ardeurs d'un soleil brûlant, ou comme un vent léger du matin après une nuit d'orage. C'est pourquoi j'ai osé vous écrire cette lettre, en vous priant de voir si par votre prudence, vous pourriez obtenir du roi quelque adoucissement aux maux qui nous accablent. La confiance que le prince a en vous, votre influence sur les autres mandarins, vous donnent toute puissance pour améliorer notre sort. Nous vous serons éternellement reconnaissants de l'avoir tenté, et le Maître du ciel que nous servons ne manquera pas de vous en récompenser avec largesse. »

Bien que le vice-roi ait laissé sans réponse la lettre de Mgr Retord, plusieurs faits attestèrent bientôt qu'il l'avait prise en considération. Tout d'abord, ainsi que l'évêque l'en priait, il rendit la liberté au prêtre indigène.

Plus tard, toujours à la demande du Vicaire apostolique, il permit d'ériger un village chrétien en commune indépendante. Il fit plus encore, averti par le P. Cam de l'arrestation d'un catéchiste, il envoya sur-le-champ le prêtre avec un peloton de soldats pour se saisir des païens persécuteurs.

« N'est-ce pas là une chose admirable, disait Retord, un prêtre qui est censé prisonnier pour la foi, et qui va, avec des soldats de la part des mandarins, arrêter et mettre à la cangue ceux qui veulent encore nous persécuter? »

Mais ce n'était là que des détails de la grande lutte qui continuait toujours : le vice-roi n'avait ni assez d'influence pour apaiser la haine de Tu-duc et de ses ministres, ni assez d'autorité pour empêcher les gouverneurs des différentes provinces du Tonkin, de se montrer les inflexibles adversaires des missionnaires.

Un an ne s'était pas écoulé depuis le martyre de Schœffler, qu'un autre missionnaire était également mis à mort, Jean-Louis Bonnard.

Né le 1er mars 1824, à St-Christôt-en-Jarret, département de la Loire, Bonnard est une de ces figures simples et calmes, dont la vie et la mort ne seraient jamais remarquées que de leurs proches, si Dieu luimême n'entourait leur front d'une auréole de gloire. Missionnaire du Tonkin depuis 1849, il fut arrêté le 21 mars 1852, dans la petite chrétienté de Boixuyên, dépendante de la paroisse de Ke-bang, et ensuite conduit à Nam-dinh. Dès que la porte de son cachot se fut refermée sur lui, sa première pensée fut d'écrire à son évêque une lettre, qu'il terminait par ses paroles pleines de foi[1] :

« J'ai sur moi mon scapulaire, ma médaille et ma croix : ce sont là avec ma cangue et ma chaîne des trésors, que je n'échangerais pas contre ceux d'un monarque. »

L'évêque lui répondit aussitôt « non pas, dit-il, qu'il eût besoin de nos exhortations, pour parcourir vaillamment jusqu'au bout la noble et glorieuse carrière, mais pour nous, c'était une consolation bien douce de répandre sur lui le parfum de notre affection ».

---

1. Arch. M.-É. *Lettres du Vénérable Bonnard.* Les 52 V V. Serviteurs de Dieu, vol. 2, p. 147.

Voici cette lettre qui rappelle la charité dont la Société des Missions-Étrangères fait sa vertu dominante[1].

« Votre arrestation m'a beaucoup affligé selon la chair, car il m'est bien douloureux de vous perdre, au moment où vous pouviez rendre de grands services à la mission. Vous avez bien du bonheur d'être, d'une manière si visible, le bien-aimé du Dieu des souffrances ; sans cela, j'aurais eu envie de vous faire quelques reproches. Pourquoi quitter le grand village de Ke-bang, d'où votre travail pouvait rayonner au loin, pour aller vous jeter dans cette impasse de Boi-xuyên ?

« Vous y faisiez une si riche moisson ! les gerbes y étaient si nombreuses, si pesantes, et les épis pleins du froment le plus pur !

« Vous faisiez couler avec tant d'abondance des pressoirs du Père de famille, ce vin généreux qui fait germer les plus belles vertus !...

« Mais non, je ne veux pas vous gronder : c'est Dieu qui l'a voulu ainsi ; vous y gagnerez le ciel et il en tirera sa gloire et celle de son Église. Seulement je suis triste de n'être pas de la partie. Quelle belle carrière que celle des martyrs !

« Oh ! je suis plus que triste, je suis jaloux de vous voir partir avant moi pour la patrie céleste, par le chemin le plus sûr et le plus court, tandis que je reste encore sur cette mer orageuse, sans savoir quand je parviendrai au port, sans même être assuré d'y parvenir jamais.

« Moi, votre évêque, moi, le vieux capitaine de vingt ans de service en terre étrangère, sans compter mes trois ans de premières armes en pays natal, ne devais-je pas être couronné avant vous ? Comment osez-vous me supplanter ainsi ?

---

1. *Le Tonkin cathol. et Mgr Ret.*, p. 333-343.

« Mais je vous pardonne, parce que c'est Dieu qui l'a voulu ? vous êtes à ses yeux un fruit mûr pour le ciel, un fruit qu'il va bientôt cueillir.

« Allez donc en paix, enfant gâté de la Providence, allez jouir du triomphe qui vous attend. Je vous admire d'avoir été choisi de si bonne heure, pour combattre le grand combat des héros chrétiens, je vous porte envie, il est vrai, mais c'est une envie d'amour, une jalousie de tendresse. Il est certain que vous serez mis à mort, préparez-vous-y donc le mieux que vous pourrez. Que vous êtes heureux ! les jours de votre pèlerinage sur la terre vont bientôt finir : bientôt vous irez rejoindre les Borie, les Cornay, les Schœffler, les autres apôtres et martyrs de cette mission. Ah ! qu'ils seront satisfaits de vous voir entrer dans leur glorieuse phalange ! »

L'arrestation d'un missionnaire n'était jamais sans amener de graves complications, car elle excitait les craintes des mandarins, redoutant d'être accusés de tiédeur, et les convoitises des espions, heureux de toucher une nouvelle prime.

A ce moment, Mgr Retord, MM. Legrand et Charbonnier étaient réunis à Vinh-tri. Or, les mandarins savaient depuis longtemps que ce village était le quartier général des Européens. A cette notoriété compromettante s'ajouta une ordonnance du gouverneur de la province de Nam-dinh, qui prescrivait d'actives recherches.

Il s'ensuivit plusieurs alertes et des fuites précipitées. Le jour de Pâques, entre autres, les trois missionnaires après avoir dit la messe à une heure du matin, passèrent la journée sur des barques, prêts à s'éloigner au premier signal.

Peu à peu un calme relatif se fit et Mgr Retord en profita pour envoyer un prêtre annamite, le P. Tinh, porter au captif le viatique du grand voyage, soutien et protection des plus vaillants. Et le lendemain, dans l'allégresse de cette visite de son Dieu, le confesseur de la foi écrivait :

« Hier j'ai eu le bonheur de recevoir la sainte communion après m'être confessé. Il y a bien longtemps que je n'avais ressenti autant de joie, en possédant le roi des anges. Vraiment il faut être en prison la cangue et la chaîne au cou, pour voir combien il est doux de souffrir pour le Christ qui nous a tant aimés.

« Ma chaîne et ma cangue sont pesantes : croyez-vous que j'en sois peiné ? Oh non ! je m'en réjouis au contraire, car je sais que la croix de Jésus était bien plus lourde que ma cangue, que ses chaînes étaient bien plus difficiles à supporter que les miennes et je suis bien heureux de pouvoir me dire avec saint Paul : *Vinctus in Christo*.

« Depuis mon enfance, j'ai souhaité ce bonheur. Maintenant il me semble que le Seigneur m'exauce ; je le bénis et le remercie de la part qu'il m'a faite malgré mon indignité... Je profite de la solitude où je me trouve, pour me livrer à la méditation des souffrances de Jésus, et me préparer à la mort. D'ailleurs quand j'ai récité mon bréviaire, fait quelques prières et exercices pieux, il arrive que le temps passe encore bien vite. »

M. Bonnard eut à subir quatre interrogatoires, qui portèrent tous comme ceux des précédents martyrs, sur son nom, sa naissance, son arrivée et son séjour en Annam.

Plusieurs fois les juges revinrent à la charge pour connaître les villages qu'il avait traversés et habités, le menaçant du rotin s'il persistait à se taire sur ce sujet. Il leur répondit simplement :

— Frappez tout à votre aise, mais n'espérez pas m'arracher un mot qui puisse nuire aux chrétiens. Je suis venu ici pour les servir jusqu'à la mort. Vous vous trompez grandement si vous croyez obtenir la moindre déclaration.

— Nous ne voulons pas faire de mal aux chrétiens.

— Alors pourquoi cherchez-vous à connaître ceux qui m'ont logé?

« Ils ne surent que répondre et se mirent à rire.

— Voulez-vous fouler la croix aux pieds? Si vous le faites, vous serez renvoyé en Europe : dans le cas contraire, vous serez frappé du rotin et condamné à mort.

— Je vous ai déjà dit que je ne crains ni votre rotin, ni la mort. Je suis prêt à tout souffrir, mais commettre une lâcheté si affreuse, jamais! Je ne suis pas venu ici pour renier ma religion, ni pour donner de mauvais exemples aux chrétiens.

« Alors ils se turent. »

On lui fit tracer quelques lignes en français pour les envoyer au roi; il se contenta d'écrire son nom, son âge, son pays et sa profession.

« En général, disait-il, dans tous mes interrogatoires, j'ai éprouvé d'une manière très sensible l'efficacité des paroles de Jésus-Christ : « Ne vous inquiétez pas de tout ce que vous répondrez aux princes du monde, l'Esprit-Saint répondra par votre bouche. » En effet, je n'éprouvais aucun embarras, je ne craignais rien : jamais je n'ai parlé annamite ni mieux, ni si facilement. »

Après la quatrième comparution, le grand mandarin adressa son rapport au roi. En voici les passages les plus saillants :

« Ayant examiné ce coupable, j'ai découvert qu'il est prêtre de la religion de Jésus et évidemment Européen. Il a le nez long, la barbe épaisse, les cheveux courts, les yeux jaunes, la peau d'un blanc pâle : il a déclaré se nommer Bona, il est Français, âgé de 29 ans.

« Il y a deux ans qu'ayant obtenu un passeport d'un grand mandarin de son pays, il vint sur un navire français jusqu'à la ville de Macao. Un mois après, il s'embarqua de nouveau sur un navire chinois pour atteindre ce royaume, en parcourir les provinces et y prêcher sa religion. Arrivé sur les côtes annamites, il aperçut une petite barque de pêcheurs montée par deux hommes, qui faisaient furtivement le signe de la croix. A ce signe, il reconnut que c'était des chrétiens, descendit dans leur barque, et, à la faveur de la nuit, fut déposé à terre, puis conduit en différents endroits solitaires le long du rivage...

« Il ne connaît pas les caractères chinois. Dans ses paroles, il mêle beaucoup de mots européens dont il ne donne pas l'explication : c'est un être d'une espèce toute différente de la nôtre. Il n'a jamais voulu faire connaître ni le rivage où il avait abordé, ni les lieux qu'il avait parcourus, ni les maisons qui l'avaient accueilli, ni les individus qu'il avait séduits et trompés. Nous l'avons interrogé là-dessus à deux ou trois reprises, sans pouvoir lui arracher un aveu. Il a résisté à tous nos efforts. Son affaire ne demanda pas un plus long examen : c'est un barbare d'Europe, un grand criminel, n'est-il pas évident qu'il doit être mis à mort. »

Mgr Retord suivait d'un œil vigilant la marche du procès : il avait pour le captif une particulière affection, ressemblant, a-t-il dit lui-même, à celle de Jacob pour son Benjamin ; il n'essaya pas de le soustraire au martyre, ce n'eût été digne ni de l'un ni de l'autre, mais il voulut lui éviter les misères de la prison ; en offrant des présents aux mandarins, il obtint en effet tous les ménagements et les égards désirables ; lorsqu'il sut que la sentence de mort était portée, il écrivit encore au prisonnier. Cette fois sa voix se fait plus douce, sa tendresse plus grande avec une mélancolie résignée, qui avive le charme de la parole de l'évêque à son prêtre :

« Soyez tranquille, mon bien-aimé, toutes vos intentions seront remplies, toutes vos commissions seront faites. Je prendrai un soin tout spécial de vos chers compagnons de captivité et des autres personnes auxquelles vous portez intérêt. Je serai pour eux un bon père. Vous me demandez pardon, mais je ne sais quel pardon vous donner : vous ne m'avez jamais offensé en rien. Vous savez que je vous ai toujours bien sincèrement aimé, et maintenant je vous aime plus que jamais. La bénédiction que vous sollicitez, je vous l'ai donnée dès l'époque de votre arrivée dans cette mission : elle est restée sur vous jusqu'à ce jour, elle vous suivra jusque dans l'éternité. Oui, je vous bénissais, quand je vous donnai le beau nom de Cô Huong, c'est-à-dire Père la Patrie, Père l'Encens, Père le Parfum, car le mot Huong signifie tout cela. Or, c'est maintenant que cette aimable patrie va vous apparaître dans toute sa splendeur, et que vous allez être un de ses heureux habitants, c'est maintenant que cet encens précieux va brûler sur l'autel du martyre et que sa fumée va monter jusqu'au trône de l'Éternel, c'est maintenant que ce parfum admirable va plaire à Jésus comme celui de Marie-Madeleine, et réjouir par sa bonne odeur les anges et les hommes, le ciel et la terre. Je vous ai donc béni il y a longtemps, cependant je vous bénis encore. Que la force de Dieu le Père vous soutienne dans l'arène des héros où vous allez entrer ; que les mérites de Dieu le Fils vous consolent sur le Calvaire où vous allez monter, que la charité de Dieu le Saint-Esprit vous enflamme dans le cénacle de votre prison, d'où vous allez sortir pour cueillir les palmes des martyrs. »

M. Bonnard était à la hauteur de ces nobles sentiments, les lettres que nous avons citées en font foi ; nous aimons encore à donner celle-ci, la dernière qu'il écrivit, comme on aime à redire les paroles d'un mourant et cette fois c'est plus qu'un mourant ordinaire, c'est un témoin de Jésus-Christ.

« Monseigneur et mes chers confrères, disait-il, le

30 avril, voici la dernière lettre que je vous écris. Mon heure solennelle est sonnée : adieu! adieu! Je vous donne à tous, vous qui m'aimez et vous souvenez de moi, je vous donne à tous rendez-vous au ciel, c'est là que j'espère vous revoir; je n'aurai plus la douleur de vous quitter. J'espère en la miséricorde de Jésus, j'ai la douce confiance qu'il m'a pardonné mes innombrables fautes, j'offre volontiers mon sang et ma vie pour l'amour du bon Maître et pour ces chères âmes que j'aurais tant voulu aider de toutes mes forces.

« Demain, samedi 1er mai, fête des saints Apôtres Philippe et Jacques et anniversaire de la naissance de M. Schœffler au ciel, voilà, je crois, le jour fixé pour mon sacrifice. *Fiat voluntas Dei* [1]. Je meurs content. Que le Seigneur soit béni! Adieu à tous dans les saints cœurs de Jésus et de Marie. « *In manus tuas, Domine, commendo spiritum meum* [2]. *In corde Jesu et Mariæ osculor vos, amici mei. Vinctus in Christo* [3].

« La veille de ma mort, 30 avril 1852. »

L'exécution eut en effet lieu le 1er mai; le matin de ce jour, M. Bonnard reçut encore la sainte communion; s'unir à Dieu avant de mourir pour lui, avant d'aller le voir face à face et sans voile, avant d'aller recevoir la couronne éternelle de gloire et d'amour, n'est-ce pas, en vérité, le résumé de toutes les joies humaines et célestes que l'homme peut goûter?

L'emplacement choisi pour le supplice était à environ une lieue et demie, au-dessous de la ville de Nam-dinh, sur les bords du fleuve. Le martyr fit ce trajet à pied, chargé de sa cangue et de sa chaîne. Arrivé au lieu de l'exécution, le mandarin s'aperçut que l'on avait oublié

---

1. Que la volonté de Dieu soit faite!
2. Entre vos mains, Seigneur, je remets mon esprit.
3. Dans le cœur de Jésus et Marie, je vous embrasse; mes amis. Le prisonnier du Christ.

d'apporter les instruments nécessaires pour couper la cangue et briser les fers. On mit au moins une heure pour les aller chercher, et le soldat de Jésus-Christ resta tout ce temps à genoux, droit et ferme. — Lorsqu'enfin l'opération fut faite, le chef donna le signal et la tête du prêtre tomba sous le sabre du bourreau.

Conformément aux instructions supérieures, les mandarins firent aussitôt brûler la terre rougie du sang du martyr, afin d'empêcher les chrétiens de la recueillir; ils firent ensuite porter le corps dans une barque montée par une compagnie de soldats en armes; un officier passa sur une seconde barque avec sa garde. Tous avaient des vivres pour trois jours et des munitions comme s'ils allaient faire une expédition lointaine et dangereuse. C'était une ruse, et personne ne l'ignorait. Mgr Retord avait donné des ordres pour qu'on lui rapportât les restes du martyr, qu'il voulait garder à l'Église de Dieu. Un canot, appartenant à des catholiques, voguait devant la flottille mandarinale, observant ses faits et gestes. A la nuit, l'officier l'arrêta et le corps du missionnaire fut jeté dans les flots.

Du canot, les chrétiens aperçurent ce mouvement, et lorsque les barques des persécuteurs virèrent de bord, ils revinrent rapidement en arrière, relevèrent le cadavre et le portèrent immédiatement au collège de Vinh-tri.

Il était une heure du matin. Mgr Retord fut averti que le précieux trésor lui était rendu : il fit mettre le corps dans un cercueil et le plaça, la face découverte, au milieu de l'église; longtemps il demeura agenouillé, priant de toute son âme celui qu'il avait nommé son fils et qu'il appelait maintenant son protecteur : « Oh! qu'il était beau, écrivit-il au lendemain de cette veillée funèbre, qu'il était beau couché dans sa bière et revêtu des habits sacerdotaux. On aurait dit une statue du plus bel ivoire. Sa tête bien ajustée à son cou semblait dormir d'un paisible sommeil, ou plutôt semblait être en extase et avoir une céleste vision qui le faisait sourire. »

La nuit suivante, il célébra les obsèques, mais à voix basse, entouré de prêtres et de rares chrétiens très sûrs, qui connaissaient seuls le secret; puis il enterra l'apôtre dans le collège de Vinh-tri.

VIII

Lorsque la nouvelle de ces morts glorieuses arrivait en France, elle excitait dans les âmes pieuses un profond sentiment d'admiration; dans les âmes incroyantes des sympathies respectueuses; dans tous les cœurs français une sourde colère contre les bourreaux.

Naturellement elles préoccupaient plus vivement encore les dévoués et généreux membres des conseils de la Propagation de la Foi, qui portaient aux Missions plus d'intérêt et d'affection.

Ils résolurent de s'adresser au gouvernement français, pour qu'il interposât son autorité près de la cour d'Annam. Ils s'entendirent à ce sujet avec le Séminaire, qui, dans sa réponse pleine de modération, se contente de prendre le traité conclu avec la Chine comme base des réclamations à adresser à la cour de Hué, prouvant ainsi combien se trompent ceux qui arguent volontiers de l'imprudence et du fanatisme des missionnaires[1] :

« Croyez bien que nous serons heureux de nous associer à vos nobles efforts, ou en adressant une supplique au ministère, ou, ce qui serait peut-être mieux, en l'informant de vive voix de l'état de ces malheureux

---

[1]. Arch. M.-É., vol. 171.

chrétiens. Nous suivrons à cet égard la marche que vous voudrez bien nous indiquer.

« Pour répondre à vos désirs, Messieurs, nous nous permettrons de vous faire observer que la demande doit être faite dans les limites du traité, qui existe entre la France et la Chine depuis plusieurs années ; la proposition ainsi formulée sera moins difficile à accepter, et pourra au besoin être soutenue avec d'autant plus de raison, qu'elle place les chrétiens de ce pays dans la condition, qui a été obtenue pour ceux de l'empire chinois.

« Il convient aussi selon nous, de se borner aux termes de ce traité en faveur des missionnaires européens, c'est-à-dire que s'ils viennent à être pris dans les deux royaumes annamites, la Cochinchine et le Tonkin, ils seront conduits, sans vexations, ou à Singapore ou à Macao, et remis entre les mains du consul français.

« La demande d'une liberté absolue en leur faveur ne serait pas accordée, et elle pourrait rendre plus difficiles les concessions, que nous devons faire en sorte d'obtenir pour les chrétiens et les prêtres indigènes. »

Cette lettre était signée de M. Barran, le nouveau supérieur du Séminaire, qui avait succédé à M. Langlois mort le 13 janvier 1851, trois ans après son collaborateur et ami M. Dubois.

La première fois que M. Chaumont avait rencontré M. Langlois, il avait porté ce jugement :

« Personne ne pouvait mieux convenir que lui pour être directeur ; il est tel qu'on peut le désirer. » Lorsqu'il mourut, M. Voisin écrivit : « Il était pour nous une relique et un palladium, il avait toutes les qualités nécessaires à un directeur de Séminaire, toutes les vertus sacerdotales. » Ainsi se retrouvait, à la fin d'une si longue carrière, l'éloge qui en avait honoré les débuts. C'est assurément la meilleure preuve qu'il était mérité.

Après avoir commencé au milieu des agitations et des

péripéties de la carrière apostolique, dans un pays troublé par la guerre civile, la vie de M. Langlois s'était achevée dans le calme et la tranquillité extérieure, avec ses travaux toujours les mêmes : études prolongées, examen des caractères, conduite des âmes, mélangés d'inquiétudes qu'engendre nécessairement le gouvernement général d'une maison, de laquelle dépend le sort d'une Société.

Le résumé des faits dont M. Langlois fut l'acteur ou le témoin, offre un tableau très complet de l'histoire de la Société des Missions-Étrangères pendant plus de cinquante ans : les mauvais jours de la Révolution et les gloires de l'Empire stérilisant le recrutement des missionnaires; le rétablissement du collège général et du Séminaire des Missions; la fondation de la Propagation de la Foi et de la Sainte-Enfance; le commencement de l'ère des martyrs et des grandes persécutions en Annam, en Chine, en Corée; la multiplication des Vicariats apostoliques; l'extension de la Société dans des contrées nouvelles, Corée, Mandchourie, Japon, Kouang-tong, Thibet, Kouang-si; l'aurore de la liberté religieuse dans l'empire du Milieu; la floraison des œuvres de charité et d'éducation dans les Vicariats de l'Inde et de l'Indo-Chine occidentale; l'affermissement d'une organisation intérieure deux fois séculaire; le développement des études au Séminaire; l'accroissement du nombre des aspirants à l'apostolat; le renouvellement de la confiance accordée par les Souverains Pontifes et la Propagande, tels étaient, en effet, les événements qui, depuis un demi-siècle, marquaient de souffrances, de progrès ou d'honneur la marche de la Société des Missions-Étrangères.

CHAPITRE VI
1853-1856

Travaux de la Société. — I. Évangélisation des Ba-hnars. — M. Combes et M. Dourisboure. — M. Colombet et M. Taillandier au Tran-ninh. — Mgr Miche au Cambodge et sur le haut Mékong. — MM. Cordier et Beuret à Stung-treng. — MM. Lequeux et Ducat à Jongselang. — II. La Société des Missions-Étrangères au Thibet. — Bref d'érection du Thibet en Vicariat apostolique. — Obstacles : la Chine et les Lamas. — Première expédition de M. Renou. — Tentative par les Indes de MM. Rabin, Krick, Bernard et Bourry. — Massacre de MM. Krick et Bourry. — Deuxième expédition de M. Renou. — III. La Société des Missions-Étrangères et l'Immaculée-Conception. — Lettres de Mgr Cuenot, de M. Jarrige, de Mgr Retord. — IV. La Société en Birmanie. — Situation politique et religieuse de la Birmanie. — Mgr Bigandet. — Ses idées sur la nécessité de l'instruction. — V. Exhortations de Mgr Bonnand à ses missionnaires. — Mgr Charbonnaux. — Ses travaux. — Il demande des secours en Europe. — VI. Mauvaises dispositions de la Chine envers les missionnaires. — MM. Mesnard et Franclet arrêtés en Mandchourie et conduits à Canton. — M. Jacquemin en prison. — VII. Martyre de M. Chapdelaine. — VIII. La persécution en Annam. — La France en Indo-Chine. — M. de Montigny. — Traité avec Siam. — Echec à Hué. — Mgr Pellerin en France.

On a souvent comparé les ouvriers apostoliques à des soldats en campagne, leur action à celle d'une armée conquérante, les persécutions à des batailles dans lesquelles les morts sont les victorieux.

Cette comparaison est juste, et l'époque qui va suivre nous en apporte une preuve palpable. Chaque année, en effet, la Société étend les frontières de l'empire du Christ, par la fondation de nouvelles missions ou par le développement des anciennes. Plusieurs de ses prêtres se sont élancés vers les peuplades sauvages et laotiennes habitant l'ouest de la Cochinchine et du Tonkin ; d'autres essayent de franchir la barrière qui les sépare du Thibet; d'autres enfin prennent dans l'Indo-Chine occidentale la succession d'une Congrégation que des malheurs immérités ont frappée. Mais là ne se bornent pas les travaux de la Société, et si nous jetons un regard sur ses Vicariats apostoliques de l'Inde, nous y verrons des œuvres de charité et d'éducation naître, grandir, servir de moyens pour combattre le protestantisme et les erreurs brahmaniques, et attirer des néophytes nombreux dans le sein de l'Église catholique.

Il nous faut raconter ces faits l'un après l'autre, car une histoire n'est pas un tableau, elle ne présente que successivement les hommes et les choses, et pour générale qu'elle soit, elle s'arrête davantage au récit des événements, ordinairement plus longs à exposer que les principes dont ils découlent, et au portrait des personnages dont le rôle fut plus considérable; elle est un ensemble sans doute, mais un ensemble de détails liés entre eux par des circonstances de temps et de lieux, par des relations de cause à effet, par la volonté directrice de la Providence qui apparaît visible, lorsqu'on examine avec attention la marche du monde.

I

Nous avons parlé plus haut du projet de Mgr Cuenot de prêcher la parole de Dieu aux tribus sauvages, qui habitaient les montagnes, dans la partie occidentale de son Vicariat, et de fixer dans leur pays les principaux établissements de sa mission, afin de les soustraire aux persécuteurs ; nous avons raconté l'expédition de MM. Miche et Duclos, qui se termina par l'arrestation des deux missionnaires. A la suite de ce malheur, l'évêque s'était vu obligé de surseoir à son dessein, mais il ne l'avait pas abandonné, et en 1849, il envoya vers ces pays encore inconnus deux missionnaires : MM. Combes[1] et Fontaine[2].

L'année suivante, MM. Degouts[3] et Dourisboure[4] allèrent les rejoindre, et s'établir avec eux sur le territoire de la tribu des Ba-hnars. Quinze ans plus tard, ce dernier missionnaire écrivit les rudes travaux des débuts de cette entreprise ; il en composa un petit volume intitulé : *Les Sauvages Ba-hnars*, mélange de drames émouvants, d'actes héroïques, de hauts et doux sentiments de piété. Outre les difficultés communes à toutes les entreprises de ce genre, et qui résultent de l'insalubrité du pays, de la grossièreté intellectuelle et morale des habitants, il en est une qui, de l'avis du missionnaire, primait toutes les autres, l'absence d'autorité : « Chez les Ba-hnars, dit-il aucune autorité civile ou domestique n'est reconnue. Tout individu est une personne privée et n'est que cela. Nul n'a droit de commander, nul n'est tenu d'obéir. Dans la famille même, chose contre nature, l'enfant n'obéit à son père qu'à l'heure et dans la mesure qui lui convient.

« De ce manque d'autorité, viennent les plus grandes difficultés. Le village, en effet, est organisé sur le modèle de la famille, il a son autonomie, il est indépendant des autres villages. Dans chaque hameau, chacun à son tour est indépendant et n'a d'autre loi que son caprice. Survienne quelque difficulté de village à village ou dans la même localité entre particuliers, personne n'a autorité pour juger les différends, il faut en appeler à la violence, elle seule décide, mais, hélas, à quel prix ? Les guerres continuelles ruinent, ensanglantent et dépeuplent cet infortuné pays. »

1. Du diocèse d'Albi, parti en 1848, mort le 14 septembre 1857.
2. Du diocèse du Mans, parti en 1841, mort le 28 janvier 1871.
3. Du diocèse d'Auch, parti en 1842, mort le 27 juillet 1857.
4. Du diocèse de Bayonne, parti en 1839, mort en 1890.

Après dix-huit mois de séjour au milieu des sauvages, les missionnaires, la plupart du temps accablés par la maladie, n'avaient converti personne ; ils n'étaient reçus nulle part ; ils étaient traités comme des criminels, tout au moins comme des suspects ; ils vivaient dans une petite hutte de feuilles, qu'ils avaient construite eux-mêmes, grelottant de fièvre, n'ayant d'autre nourriture que du riz sec, des herbes et des racines trouvées à grand'peine dans la forêt. Leurs souffrances furent extrêmement pénibles, et pour les raconter, aucun récit ne vaudrait celui-ci[1] :

... « Nous étions d'ordinaire étendus, chacun sur sa natte, aux quatre coins d'un foyer creusé au milieu de la cabane. Ceux que l'accès de fièvre avait saisis se débattaient avec lui comme ils pouvaient ; les autres qui avaient un moment de relâche, priaient, riaient, chantaient des cantiques, entretenaient conversation ou fumaient la pipe. Pendant le jour, ceux que la fièvre laissait en repos, pour le moment, allaient chercher dans la forêt des pousses de bambou, de la fougère tendre ou d'autres herbes bonnes à manger ; rentrés au logis, ils les faisaient cuire dans une marmite de terre, pour servir d'assaisonnement au riz qui constituait notre seule nourriture. Un jour, nous fîmes fête. Un de nos Annamites avait pris dans le ruisseau un poisson gros comme une sardine ; ce fut un événement. M. Combes, en qualité de supérieur, le partagea en quatre portions égales, et chacun de nous plaça solennellement un pouce de poisson dans son écuellée de riz. En revanche, il nous est arrivé de jeûner complètement, faute de quelqu'un pour cuire le riz, tout le monde étant malade à la fois. »

Et le dernier mot de ce grand courage, de cette

---

1. *Les Sauvages Ba-hnars*, p. 47.

patience admirable, le mot qui revient sans cesse, sous une forme ou sous une autre, comme le refrain chanté par chaque battement du cœur est prononcé par le P. Dourisboure : « Nos misères étaient des misères bien-aimées, car le Seigneur Jésus les parfumait d'une inappréciable douceur. »

Les missionnaires trouvèrent enfin un protecteur dans un chef sauvage, Hmur, qui, plus d'une fois, interposa son autorité pour empêcher leur expulsion ou sauver leur vie.

Ils commencèrent alors à défricher la forêt; ensuite, sur l'ordre de Mgr Cuenot, ils se fixèrent dans les différents villages situés à proximité les uns des autres. Le 16 octobre 1853 peut être regardé comme la date de la fondation de la mission des sauvages. M. Dourisboure baptisa ses premiers catéchumènes, deux jeunes gens, Joseph Ngui et Jean Pat.

Trois ans s'étaient écoulés depuis son arrivée au pays des sauvages; en ces trois ans, il avait baptisé deux païens; deux mois plus tard, M. Combes en baptisa un, Hmur, son protecteur. Telle est la naissance des Églises, dure et lente, subissant comme tout changement la loi de la préparation, comme tout enfantement celle de la douleur.

Nous n'étonnerons aucun de ceux qui connaissent les labeurs de l'apostolat en disant que le plus difficile était fait. Trouver cent catéchumènes lorsqu'on en possède dix est une œuvre pénible, trouver le premier de tous est le labeur par excellence.

Est-ce à dire que tout allait devenir facile? Assurément non; et les apôtres durent traverser encore bien des heures sombres et supporter de rudes assauts.

La défiance des sauvages ne s'affaiblissait que lentement, les missionnaires se heurtaient presque partout à une hostilité aussi tenace qu'au début; en vain s'étaient-ils montrés doux et résignés, en vain avaient-ils convaincu de calomnies leurs accusateurs et donné, au temps de la disette, leur riz et leur argent; rien n'avait éclairé les esprits ni adouci les cœurs.

Pour comble de malheur, ils étaient décimés par la fièvre des bois. En quinze années, moururent ou retournèrent en Cochinchine pour y mourir bientôt MM. Arnoux[1], Degouts, Fontaine, Verdier[2], Suchet[3]. Le supérieur de la nouvelle mission, M. Combes, prêtre d'une haute sainteté, d'une intelligence d'élite, d'un courage à toute épreuve, mourut le 14 septembre 1857, au moment où son Vicaire apostolique, Mgr Cuenot, l'appelait près de lui pour le sacrer évêque et en faire son coadjuteur. Ce fut à M. Dourisboure qu'incomba la tâche de continuer l'œuvre et que fut donné l'honneur de l'établir solidement. D'autres catéchumènes, en effet, suivirent l'exemple des premiers, peu nombreux d'abord, mais recrutant chaque année quelques adeptes au catholicisme. Dourisboure dut ses succès à son zèle sans doute, mais aussi à sa robuste constitution, qui lui permit de vivre pendant plus de trente-cinq ans au milieu des sauvages. Il prit sur eux une grande autorité, les groupa dans des villages séparés des infidèles, leur apprit à cultiver la terre avec plus de soin et de méthode, les obligea à conserver des provisions pour les jours de disette; en un mot, il les civilisa en les christianisant de plus en plus.

Une autre mission tentée un peu plus tard, par les ordres de Mgr Lefebvre, dans le nord-est de la Cochinchine occidentale, également chez les sauvages, fut moins heureuse et dut être abandonnée.

En 1853, Mgr Gauthier, le Vicaire apostolique du

---

1. Du diocèse de Besançon, parti en 1850, mort le 25 novembre 1864.
2. Du diocèse de Montauban, parti en 1852, mort en avril 1861.
3. Du diocèse de Lyon, parti en 1857, mort le 13 juillet 1868.

Tonkin méridional entreprit l'évangélisation du Tranninh, principauté tributaire de l'Annam. Pendant quatre ans, il lutta avec énergie contre les difficultés qui s'opposèrent à l'établissement de cette mission. Plusieurs prêtres européens et indigènes y furent envoyés successivement. M. Colombet[1] succomba le premier en 1854. En 1856, M. Taillandier[2] dont les efforts semblaient être sur le point d'être couronnés de succès, mourut à son tour de la fièvre des bois, « la reine impitoyable des pays sauvages. »

De leur côté, les missionnaires du Cambodge, ayant à leur tête Mgr Miche, cherchaient parmi les Khmers, les Annamites et les Laotiens quelques âmes à conduire à Jésus-Christ. Le christianisme n'avait jamais été très florissant dans cette contrée. Il comptait à cette époque à peine 600 adeptes presque tous descendants de métis portugais.

La guerre qui, depuis cinquante ans, désolait ce malheureux pays, avait ruiné tous les établissements faits autrefois pendant l'épiscopat de Mgr Lefèvre et de Mgr Piguel (1750-1780). Quatre missionnaires formaient avec Mgr Miche tout le clergé du nouveau Vicariat. Ils jouissaient de la paix religieuse, il est vrai, mais cette tranquillité n'était due qu'à ce que le christianisme ne comptait pas, pour ainsi dire, dans ce pays foncièrement bouddhiste. Le confesseur des prisons du Phu-yen et de Hué dut, plus d'une fois, en présence de cette apathie, regretter les luttes et les souffrances qu'il avait endurées en Cochinchine, car ce qu'il y a de plus pénible au cœur de l'apôtre, ce n'est pas la verge du bourreau qui déchire la chair et fait couler le sang, c'est l'indifférence glaciale qui accueille la parole sainte et

---

1. Du diocèse de Digne, parti en 1849.
2. Du diocèse du Mans, parti en 1839, mort en 1856.

ne se donne même pas la peine de persécuter, parce qu'elle se sent maîtresse de toutes les âmes.

Mgr Miche essaya de tirer parti de cette situation difficile; à deux reprises, il remonta en barque le Mékong, annonçant partout dans les villages cambodgiens échelonnés sur les deux rives, la Bonne Nouvelle du salut.

Peu à peu, à Pinha-lu, où il résidait, et dans trois ou quatre centres, de petits groupes de fidèles se formèrent; au bout de dix ans d'efforts persévérants, le nombre des chrétiens du Cambodge avait doublé.

Les missionnaires essayaient également d'attirer à Dieu les peuplades de la rive droite et de la rive gauche du haut Mékong.

En 185 l'un d'eux pénétra chez les sauvages Penongs et chez les Stiengs. La même année, M. Cordier[1] et M. Beuret[2] se fixèrent à Stung-treng, à la frontière du Cambodge et du Laos. C'est d'eux et de leurs travaux que l'évêque parlait avec un accent de tristesse, mais sans découragement, quand il écrivait en 1853[3] :

« J'ai eu lieu de me convaincre que mes confrères cultivaient un sol ingrat, qui ne promet aucune récompense à leurs travaux; mêmes superstitions, mêmes usages, mêmes préjugés et peut-être plus d'indolence encore que chez les Cambodgiens. Bientôt nous devrons quitter ce poste, pour chercher des contrées où la semence évangélique produira plus de fruits... Malgré cela, il faut aller de l'avant, et prêcher à temps et à contre-temps, pour atteindre le but de notre vocation, et remplir les vues du Saint-Siège, qui nous a confié cette mission du Laos. »

En 1855, espérant mieux réussir en envoyant des missionnaires au Laos par le royaume de Siam, Mgr

---

1. Du diocèse de Gap, parti en 1848.
2. Du diocèse de Besançon, parti en 1851, mort le 14 septembre 1853.
3. *La Cochinchine religieuse*, vol. II, p. 197.

Miche se rendit à Bangkok pour demander des passeports ; il les obtint, mais les ouvriers apostoliques qui se dirigèrent de ce côté ne furent pas plus heureux, et le dernier d'entre eux, Henri Triaire[1], parti en 1857, mourut à Muong-ngan où il était parvenu après deux mois de voyage, et bientôt il fut suivi dans la tombe par les catéchistes et les serviteurs qui l'avaient accompagné.

A Siam, Mgr Pallegoix essayait de rétablir les anciennes chrétientés de ce royaume, abandonnées par suite de la guerre et du petit nombre des prêtres ; deux missionnaires, Ducas[2] et Lequeux[3], partirent pour l'île de Jong-selang, la vieille chrétienté évangélisée par les premiers Vicaires apostoliques, et restée sans pasteur depuis la mort de M. Rabeau en 1809.

Ils emportaient une lettre de recommandation, dont le style nous reportera au début de cette histoire, et nous rappellera les harangues et les conversations de Phranaraï et de Constance Phaulcon[4] :

« Lettres du seigneur Phaja, grand dignitaire, ministre invincible, auguste chef sur mer, divin Kàlahom, aux autres Phajas.

« Vu qu'il est émané de la bouche du roi un ordre divin, délicieux, commandant qu'il faut accorder et faire paraître une missive scellée...

« Nicolas et Joseph, missionnaires, vont se fixer, pour enseigner la religion chrétienne à qui voudra l'embrasser, dans les provinces de Jong-selang, de Takua-tung, de Takua-pa, de Phan-ga.

« Or, ceux-ci sont venus à Bangkok, et l'évêque a reconnu qu'ils sont gens de bien, capables d'enseigner la

---

1. Du diocèse de Nîmes, parti en 1857, mort le 9 janvier 1859.
2. Du diocèse de Besançon, parti en 1853, mort le 25 avril 1862.
3. Du diocèse d'Autun, parti en 1848, mort le 31 mars 1860.
4. *Vie de M. Ducat*, p. 135. L'abbé Moussard.

religion aux chrétiens présents et à venir, dans les pays de Jong-selang, de Takua-tung, de Takua-pa et de Phan-ga.

« Ils peuvent donc le faire... Et que le phaja Borirak, le phaja de Selang et les dignitaires mandarins pourvoient, comme il convient, à ce que pleine liberté soit donnée à ces deux missionnaires de s'établir où bon leur semblera, et d'enseigner la religion de Phra Jésus à nos sujets qui désireront la connaître.

« Les présentes, expédiées le jour du soleil, 8ᵉ mois, 8ᵉ lune ascendante, année du lièvre, 28 du grand cycle, 8 du petit cycle, 3ᵉ décade. »

II

En même temps que la Société se livrait aux travaux de la prédication évangélique parmi des peuplades nouvelles, et de reconstitution des anciennes stations chrétiennes, elle essayait de s'implanter au Thibet, mission dont, nous l'avons dit, elle avait été chargée en 1846.

Situé à l'ouest de la Chine, le Thibet[1] est encore aujourd'hui, l'une des contrées les moins connues de la terre. Il occupe en Asie une situation analogue à celle de la Suisse en Europe ; il est suspendu au massif himalayen comme les cantons helvétiques au massif alpin. Mais les Himalayas sont bien plus hauts que les Alpes et l'altitude du Thibet est de beaucoup supérieure à celle de la Suisse. Certaines de ses montagnes atteignent près de 9,000 mètres. C'est le pays des neiges éternelles et des plus grands fleuves d'Asie, qui traversent des gorges profondes, et fertilisent d'étroites vallées. Con-

---

1. *La Mission du Thibet*, par M. Desgodins.

quis par les Mandchoux en 1640 et par les troupes de l'empereur Kang-hi en 1703, il relève du gouvernement chinois, qui toutefois y laisse subsister une autorité indigène, dont il peut disposer à son gré.

Le Thibet avait été autrefois évangélisé. Sans parler de rares ouvriers apostoliques, qui y avaient passé au xive et au xve siècle, il avait été, vers le milieu du xviiie siècle, confié par la Propagande au zèle des Capucins de la province italienne chargés de la mission d'Agra. Les disciples du Pauvre d'Assise avaient pénétré jusqu'à Lhassa, où ils avaient bâti un couvent, avec l'approbation du Talé-lama et du roi temporel. Leur foi et leur courage avaient été couronnés de succès, mais ces succès mêmes avaient soulevé contre eux l'esprit du mal, et avant la fin du siècle, ils avaient dû céder devant la force brutale et s'éloigner, ne laissant derrière eux que des tombeaux. Leur couvent était situé dans le quartier de Ha-chia; les indigènes savent encore aujourd'hui qu'il a été bâti par des religieux européens. A leur départ, ils emmenèrent avec eux leurs néophytes, et fondèrent deux villages chrétiens sur les confins du royaume d'Oude et du Népal. Depuis cette époque, les Capucins ne firent plus de tentative pour l'évangélisation du Thibet. Il n'y a pas lieu de s'en étonner, car le Vicaire apostolique d'Agra, ayant alors sous sa juridiction tout le nord et le nord-ouest de l'Inde, pouvait à peine suffire aux besoins toujours croissants de son immense mission.

Le bref, qui érigea le Thibet en Vicariat apostolique et le confia à la Société, expose par suite de quelles circonstances fut opéré ce changement : nous le citerons donc tout entier, d'autant plus que nous n'avons encore donné le texte d'aucun acte de ce genre[1] :

---

1. Arch. M.-É., vol. 271.

GRÉGOIRE XVI, POUR PERPÉTUELLE MÉMOIRE :

« Le devoir de la charge pastorale, imposée par la divine Providence à nos faibles épaules, et le soin qui nous incombe de veiller sur tout le troupeau, nous poussent à redoubler d'assiduité, surtout à l'égard des brebis les plus éloignées de ce Siège apostolique, centre de l'unité catholique, afin que, réunies dans le nouveau bercail, elles puissent, à la venue du Pasteur suprême, entrer heureusement dans les pâturages éternels.

« C'est pourquoi notre vénérable Frère Joseph-Antoine Borghi, évêque de Betsaïda et Vicaire apostolique de la Mission indostane du Thibet, ayant eu soin de nous exposer qu'il ne pouvait suffire aux exigences d'un Vicariat si étendu, et nous ayant supplié de distraire de sa juridiction quelques-unes des régions comprises dans son vaste district, et de leur donner des chefs distincts ; et pour ne pas manquer à son devoir de promouvoir la foi catholique, ayant en même temps recommandé quelques régions plus éloignées, dites du Thibet moyen et inférieur et voisines de la mission du Su-tchuen, aux soins des élèves du digne Séminaire des Missions-Étrangères de Paris, nous avons approuvé les vues et le projet de l'évêque de Betsaïda, et décidé d'ériger un Vicariat apostolique portant le nom de la ville centrale et principale de Lhassa.

« Après avoir donc consulté nos Vénérables Frères les cardinaux de l'Église romaine, préposés aux affaires de la propagation de la Foi, de notre propre mouvement, avec pleine connaissance de cause, et dans la plénitude de notre pouvoir apostolique, nous démembrons les régions susdites du Thibet, central et inférieur, limitrophes de la Mission du Su-tchuen du Vicariat de la Mission indostane du Thibet, et nous les érigeons en Vicariat apostolique distinct, sous le nom de la ville centrale de Lhassa, et statuons qu'il sera gouverné selon notre bon plaisir et celui du Saint-Siège par un Vicaire apostolique.

« Donné à Rome, auprès de Saint-Pierre, sous l'anneau du pêcheur, le XXVII° jour de mars de l'an 1846, de notre pontificat le seizième. »

Les obstacles que la Société allait rencontrer pour ouvrir cette mission étaient grands :

D'abord la Chine, qui faisait défense au Thibet de laisser aucun étranger pénétrer sur son territoire ; et en supposant que les missionnaires fussent assez heureux pour franchir la frontière, ils auraient à lutter contre un ennemi par certains côtés plus redoutable que l'Empire : les lamas ou religieux bouddhistes, nombreux, riches et bien organisés, incomparablement plus difficiles à vaincre que les talapoins de Siam et les bonzes d'Annam et de Chine.

Le nombre des lamas ne pourrait être exactement fixé, mais il est très considérable, puisqu'on connaît plusieurs milliers de couvents, dont plusieurs sont habités par des centaines de religieux. Ils ne sont pas, comme on l'a dit souvent, sous l'autorité unique du grand Lama, Bouddha vivant, résidant à Lhassa. Une étude plus attentive de leur organisation a fait reconnaître que chaque couvent est indépendant, se gouverne d'après ses règlements particuliers, et possède un et quelquefois plusieurs Bouddhas vivants.

Les lamaseries exercent leur autorité sur le temporel et sur le spirituel.

Dans le but apparent de soutenir les faibles, elles acceptent toujours, moyennant rétribution, le rôle de protectrices, se substituant à l'autorité civile et légale. Leurs protégés deviennent par le fait même leurs serviteurs, et au besoin leurs défenseurs, avec d'autant plus de souplesse, que beaucoup sont tenanciers des lamaseries, qui possèdent environ un tiers du pays. Si les mandarins chinois ou thibétains s'avisaient de réclamer, les lamas ont une arme invincible, l'argent, qu'ils savent employer avec une habileté qu'égale seule la vénalité de ceux qui reçoivent. Le catholicisme devant ruiner leur puissance, ils se montrèrent naturellement opposés à sa prédication; heureuse d'avoir un point d'appui aussi ferme, la Chine les encouragea dans cette résistance. Tels étaient les deux principaux obstacles que la Société allait avoir à surmonter, tels ils sont encore aujourd'hui.

En 1847, Mgr Pérocheau, chargé de pourvoir aux premiers besoins de cette mission, se disposa à obéir au bref de Grégoire XVI.

Deux lazaristes, MM. Huc et Gabet, venaient de faire jusqu'à Lhassa cette expédition, dont le résultat, au point de vue de l'évangélisation immédiate, n'avait malheureusement eu aucun succès, mais dont le grand retentissement attira les regards de l'Europe sur le Thibet.

La tâche de commencer l'apostolat dans ce pays fut donnée par Mgr Pérocheau à M. Renou, missionnaire du Su-tchuen. L'homme était à la hauteur de l'œuvre; des études fortes et variées, une connaissance approfondie de la langue chinoise écrite et parlée, un caractère prudent et ferme, un courage indomptable, une santé robuste, telles étaient les qualités naturelles qui soutenaient et relevaient un véritable zèle.

Il obéit aussitôt à son évêque, traversa sans obstacles la principauté de Ba-thang, la frontière du Thibet proprement dite, et arriva à Tcha-mou-to, à trente jours de marche dans l'intérieur. Mais dans cette ville, il fut soupçonné d'être Européen, bientôt reconnu, et sommé de se présenter au tribunal du mandarin.

Renou habitait la Chine depuis dix ans, il connaissait

la force et la faiblesse des juges, leurs qualités et leurs défauts; il se rendit au tribunal et fit preuve d'une fermeté qui lui valut d'abord un accueil poli, quelques jours plus tard une réception bienveillante, mais non la liberté. Le magistrat lui expliqua longuement la dure nécessité, qui s'imposait à lui, d'en référer à ses supérieurs, les légats de Lhassa, et de se soumettre à leur décision.

Le missionnaire connaissait toutes ces formules de politesse aussi bien que la volonté du mandarin de l'arrêter, il s'inclina en répondant gravement :

— Mandarin, je sais que vous avez bon cœur, accomplissez votre devoir, vous savez que je n'ai fait de mal à personne, j'espère que votre écrit sera convenable.

— Oh! certainement, d'ailleurs, je ne l'enverrai pas sans vous le montrer, répond le mandarin, et prenant son pinceau, il écrit les nom, prénoms, patrie du missionnaire, et l'énumération de toutes les vertus qu'un mortel peut posséder.

Ce rapport fut envoyé à Lhassa par les courriers les plus rapides, et cependant la réponse se fit attendre près de deux mois.

M. Renou mit à profit ce long retard. Chaque jour il consacrait plusieurs heures à étudier la langue thibétaine; à recevoir de nombreuses visites; à prendre des renseignements sur la géographie, l'administration, les coutumes, la religion du pays; à rédiger ses notes, et à faire quelques promenades dans les environs; car, dans sa captivité, il n'était pas sans quelque liberté. Enfin la réponse arriva, ordonnant de reconduire l'Européen à Canton, mais avec des honneurs capables de donner une haute idée de la générosité chinoise envers les étrangers. Il n'y avait qu'à obéir.

Mais, lorsqu'il fut arrivé à Tchen-tou, capitale de la province du Su-tchuen, le missionnaire pria le viceroi Ki-chan de le faire conduire à Pékin, où il voulait se rendre et plaider sa cause. Le mandarin promit de satisfaire au désir du captif, il en donna même le commandement public à l'escorte, puis il ajouta secrètement de reprendre, après deux ou trois jours de marche, la route de Canton ; ce qui fut exécuté.

Cet insuccès ne découragea personne. De concert avec la Propagande, les directeurs du Séminaire organisèrent deux expéditions simultanées par l'Inde et par la Chine.

Renou, dont les obstacles n'avaient pas diminué l'ardeur, fut nommé préfet apostolique du Thibet oriental, il devait tenter la voie par le Yun-nan ; pendant que M. Rabin[1], préfet apostolique du Thibet méridional, avec MM. Krick[2] et Bernard[3] se fraieraient un passage par le nord des Indes.

Ces derniers quittèrent la France le 23 décembre 1849 ; à Calcutta, ils firent leurs préparatifs et recueillirent les renseignements sur le chemin qu'ils avaient à suivre.

Trois routes pouvaient les conduire au Thibet : la première traversait le Boutan, la seconde, plus à l'est, passait par la tribu sauvage des Abors, et la troisième par le pays des Michemis.

Plusieurs fois, les Anglais avaient essayé de franchir la frontière thibétaine de ce côté : Boyle en 1774, Turner en 1783, Pemberton en 1838, et après la conquête de la province d'Assam par l'Angleterre, Neuville, Burlton, Bedford et Wilcox ; tous leurs efforts furent inutiles.

Au commencement de 1851, MM. Rabin et Bernard arrivèrent dans le Boutan.

Bientôt arrêtés par le chef d'un village, ils comprirent aux obstacles qu'on leur opposa qu'un mot d'ordre avait

---

1. Du diocèse de Nantes, parti en 1849.
2. Du diocèse de Nancy, parti en 1849, mort en 1854.
3. Du diocèse de Nantes, parti en 1849, mort le 31 mai 1888.

été donné par les autorités supérieures du pays et reprirent la route d'Assam.

De son côté, M. Krick, après avoir administré les sacrements aux catholiques de cette dernière province, et reçu l'abjuration d'une Anglaise protestante, se rendit au poste frontière de Saikwah.

Par l'entremise d'un officier anglais, il se mit en rapport avec les Michemis, et avec le fils d'un chef de la tribu des Kamptis, qui consentit à le conduire au Thibet. Il partit le 18 décembre 1851, et arriva après dix jours de marche dans un village michemi. Quatre ou cinq chefs vinrent le voir, et, après avoir tenu conseil, lui adressèrent ce peu encourageant discours [1] :

« D'autres Sabés ont essayé en vain d'aller au Thibet, veux-tu faire plus qu'eux? Ils avaient des présents et tu n'as rien ; ils avaient des soldats et tu es seul ; ils comptaient plus de deux cents serviteurs et les tiens s'enfuient; du reste, les Mizous ne te laisseront pas passer; arriverais-tu au Thibet? on ne t'y laisserait pas entrer. Nous-mêmes nous n'y allons jamais ; pas un de nous n'a vu ce Thibet que tu veux atteindre. »

Cette argumentation n'ébranlant pas le missionnaire, les chefs multiplièrent leurs objections; leur dernier mot fut qu'il serait infailliblement tué.

— Eh bien ! répondit M. Krick, si je meurs, d'autres viendront.

La perspective de la mort avait d'ailleurs sur le missionnaire une singulière vertu.

« Elle n'a d'autre effet, a-t-il écrit, que de calmer les écarts de nos facultés. »

La parole est d'un philosophe, mais écrite sur les bords du Brahmapoutre, au milieu de sauvages ennemis, elle dénote une âme vigoureusement trempée.

---

1. *Relation d'un voyage au Thibet en 1852*, p. 35.

Après de nombreux pourparlers, les Michemis consentirent à conduire l'étranger sur les frontières du Thibet.

Krick se remit donc en marche, et le 5 janvier, arrivé au confluent du Brahmapoutre et de l'Ispack, il vit subitement la vallée s'élargir, les crêtes des montagnes, jusque-là dénudées, se couvrir de pins élancés ; au loin, des petits points noirs se détachaient sur le vert sombre de la prairie :

— C'est un village thibétain, lui dit-on[1].

Il fait deux pas de plus, il en découvre un autre.

« Thibet !... Thibet, s'écrie-t-il, à vous, ô mon Dieu, les prémices de ma joie ! Je plantai à la hâte, sur le mur d'un enclos, une croix fabriquée avec deux planches. Je me jetai à genoux et récitai le *Nunc dimittis*... », et il ajoute, avec l'humilité de l'homme fort, un moment attendri :

« Vous me pardonnerez cette émotion, n'est-ce pas ? J'ai tant souffert. »

La joie de cette première heure ne devait pas être de longue durée.

Les Thibétains, objets de si ardents désirs, devaient plonger M. Krick dans de profonds chagrins. Ils s'attroupèrent d'abord autour de lui, puis se retirèrent les uns après les autres. « Jamais je ne m'étais senti aussi seul, dit le missionnaire[2]. Sans doute les Michemis m'avaient injurié, menacé et volé ; mais les Thibétains, en me laissant à moi-même sans crainte, ni espérance de leur part, me faisaient presque regretter les dangers de la route. Jusque-là j'avais eu en perspective une mort violente, maintenant j'entrevoyais une mort d'abandon et de faim. »

---

1. *Relation d'un voyage au Thibet*, p. 52. C'était le village de Oua-loung.
2. *Rel. d'un voy. au Th.*, p. 55.

Il quitta ce village pour aller plus en avant, dans l'espoir de rencontrer une population plus sympathique. Après deux jours de marche, il atteignit le bourg de Sommeu, où déjà la renommée avait annoncé l'arrivée prochaine d'un être extraordinaire.

Les habitants de Sommeu, hommes, femmes et enfants, se précipitèrent en foule à sa rencontre et bientôt se pressèrent autour de lui, afin de le mieux examiner. Ils fouillaient ses poches, palpaient ses yeux et sa barbe, lui ouvraient la bouche, inspectaient ses dents, comptaient les doigts de sa main, analysaient la couleur de sa peau, et concluaient en somme qu'ils avaient découvert un être exceptionnel tenant assez de l'homme, un peu de l'animal, et constituant une nouveauté qu'on ne pouvait classer dans aucune espèce connue. Le pauvre missionnaire chercha longtemps un protecteur au milieu de cette foule de curieux. Un notable de la troupe eut enfin pitié de lui et lui donna un refuge dans sa demeure.

Quelques jours après, le gouverneur de la province arriva et fit subir à l'inconnu l'interrogatoire suivant[1] : Quel est ton nom? — Nicolas-Michel Krick, missionnaire. — De quel pays es-tu? — Du royaume de France. — Que viens-tu faire? — Je viens m'occuper de religion. — Ton but est d'explorer le pays pour nous faire la guerre. — Non, je suis Français et non Anglais, je suis prêtre et non officier. — Ton pays est-il grand? — Oui, très grand. — A-t-il un roi? — Oui, un grand roi. — Quel est son nom? — Louis Napoléon. — A-t-il beaucoup de soldats? — Quand j'ai quitté la France, il y en avait six cent mille sous les armes. — Pourquoi es-tu venu chez nous de préférence à d'autres nations? — Parce que j'ai appris que vous êtes un

---

[1]. *Relation d'un voyage au Thibet*, p. 64.

peuple religieux. — Qui te l'a dit? — Un autre lama de mon pays, qui a séjourné à Lhassa où il a été reçu par le régent. — Est-ce de ton propre mouvement ou par ordre de ton roi que tu as pris le chemin du Thibet? — Mon roi ne sait pas même que je suis au monde. — Tu resteras ici un an ou deux, puis tu retourneras à Assam? — Non, je resterai ici jusqu'à la mort. — Alors tu es un mauvais sujet, tu as fui ton pays pour te soustraire à la justice; un bon sujet ne s'expatrie pas pour toujours. — Je ne suis pas un criminel; vous pouvez écrire à mon roi, et vous verrez aux renseignements qu'il vous transmettra sur mon compte, que ma conduite est sans reproche. — As-tu de l'argent ou quelque autre moyen d'existence? — Non, les Michemis m'ont dépouillé de tout. — Si tu n'as rien, qui voudra te loger et te nourrir? — Je compte sur l'hospitalité des Thibétains; mais si elle me fait défaut, je demanderai asile à un couvent de lamas... Il y eut ici une pause pendant laquelle le tribunal se consulta.

« Lama, reprit le gouverneur, il faut retourner dans ton pays. — C'est impossible, pourquoi m'en irai-je? — Parce qu'on va se battre. — Que m'importe la guerre? — Comme étranger, tu en souffrirais plus que personne, et de mon côté, je ne puis et prendre sous ma protection. — Dans ce cas, je te décharge de toute responsabilité; je me protégerai moi-même. — Ce que je te dis est sérieux; il y aura un grand carnage; on te tuera... » A ces mots, tous les chefs se levèrent, tirèrent leurs sabres et se mirent à espadonner en tous sens, pointant, coupant, taillant des ennemis imaginaires, comme au plus fort de la mêlée. Ce simulacre de combat, qui devait selon eux porter la conviction dans l'esprit de l'étranger, n'amena que le sourire sur ses lèvres. On revint donc aux interrogatoires qui étaient suivis avec intérêt par la foule :

Après s'être un moment recueilli, le gouverneur ajouta : « Voici le meilleur parti à prendre. Retourne à Kotta, premier village michemi de la frontière, reste là pendant les hostilités, et la guerre finie, tu rentreras au Thibet. Si tu suis mon conseil, je te fournirai des vivres, je te protégerai dans ta nouvelle résidence, et à la paix, je ne mettrai plus d'obstacle à ton retour. — Raja, je te remercie de tes offres, mais je ne puis les accepter. Je suis au Thibet, j'y veux mourir, oui, je préfère la mort au départ...

« Cette protestation fut la dernière [1], dit M. Krick. Je craignis que, poussé à bout par de plus longues résistances, le gouverneur ne m'intimât l'ordre de décamper au plus vite et de m'en aller comme j'étais venu, avec défense de reparaître jamais dans le pays. Sa proposition, au contraire, ne m'imposait qu'un éloignement momentané ; elle m'assurait protection et secours dans ma retraite provisoire, et laissait derrière moi la porte ouverte pour un prochain et libre retour. Je lui fis donc répéter ses promesses, et je déclarai qu'à ces conditions je consentais à me retirer à Kotta.

L'apôtre du Thibet séjourna encore quelque temps dans le village de Sommeu, où le peuple était loin de partager à son égard la défiance des chefs. Il ne se passait pas de jours sans que plusieurs Thibétains, hommes et femmes, ne vinssent lui demander sa bénédiction : « Lama-Gourou, lui disaient-ils en se prosternant à ses pieds et en montrant son bréviaire, placez votre saint livre sur ma tête et bénissez-moi. »

« Si mon cœur, ajoute M. Krick [2], était consolé par ses témoignages d'intérêt, les conditions matérielles de mon existence n'en étaient pas moins dures. Le pauvre est

---

1. *Rel. d'un voy. au Th.*, p. 67.
2.   *Id.*   p. 79.

pauvre partout. Je subissais le sort de la misère; ma chambre était une salle commune, ouverte à tout venant : elle servait de pied-à-terre et de bazar public. Chaque fois qu'un voyageur venait y passer la nuit, le maître de la maison ne se gênait pas pour me dire : « Lama, cède la place, » et quand j'étais à peine casé dans un autre coin, survenait un nouveau passager qui me poussait ailleurs. Cette humiliation de chaque instant m'eût été assez indifférente, si elle n'avait affecté que ma personne, mais j'en souffrais aussi pour la dignité du caractère sacerdotal dont j'étais revêtu. D'autre part, la disette minait ma santé. Je ne sais rien de terrible comme une faim qui s'aiguise par la pensée que le soir, le lendemain, les jours suivants, ce sera encore la même détresse, les mêmes privations. Comme les ventes et les achats se faisaient dans ma chambre, j'attendais avec impatience le moment où tout le monde serait sorti et une fois seul, je ramassais un à un les grains de riz tombés et perdus : quand j'en avais cueilli une douzaine dans le creux de ma main, j'étais content, je glanais les moindres miettes comme si c'eût été des parcelles d'or. En général, les voyageurs prenaient pitié de ma misère et me faisaient une part de leurs aliments. Cette position était affreuse, mais je souffrais sous l'œil de Dieu qui saura, j'espère, me tenir compte de tous ces sacrifices... »

Cette vie de privations et de déboires avait pourtant de l'attrait pour le zélé missionnaire, et ce ne fut pas sans un amer regret qu'il se vit forcé de quitter le village thibétain et de rebrousser chemin. Il reprit la route d'Assam le 2 février. Le retour ne fut qu'un long tissu de misères. En repassant par une tribu qui avait déjà voulu attenter à ses jours, Krick fut arrêté par le chef qui l'apostropha en ces termes[1] : « Ah! te voilà, je t'at-

---

1. *Rel. d'un voy. au Th.*, p. 86.

tendais! tu m'as échappé la première fois, maintenant, je te tiens, c'est à mon tour. De quel droit as-tu violé mon territoire? Tu sauras ce qu'il en coûte à un homme du Bengale de passer par mon royaume. Voyons, parle, qu'es-tu venu faire ici? Tu es entré sur mes terres, tu n'en sortiras pas, tu n'auras pas la satisfaction d'emporter dans ton pays le résultat de ton espionnage. Tu vas mourir. Je ne te couperai pas le cou dans ma maison, elle serait souillée par ton sang, mais je vais te faire traîner dans les jungles et là tu seras égorgé. »

La figure crispée et furieuse du sauvage donnait du poids à la menace. L'impitoyable arrêt de mort venait à peine d'être prononcé qu'on entendit au fond de la salle un long gémissement. C'était un malheureux dont le pied, dévoré par la gangrène, se consumait dans d'indicibles douleurs. Le chef de la tribu dit au missionnaire : « Je te donne trois jours pour guérir cet homme. » Durant la nuit entière, les cris et les plaintes du malade ne cessèrent de se faire entendre, et chacun de ses gémissements avertissait l'apôtre qu'il n'avait plus que trois jours à vivre; car comment guérir en si peu de temps un pied tombant en pourriture?

M. Krick profita de ces trois jours pour se préparer à la mort, sans toutefois négliger son malade. Comme avant son départ pour les missions, il s'était exercé aux pansements à l'hôpital Necker, il eut le bonheur de rendre la santé au moribond, au grand enthousiasme de cette tribu de sauvages, qui eurent dès lors pour leur prisonnier des sentiments plus humains. Le chef lui laissa librement continuer sa route, et lui donna même des guides, qui ne tardèrent pas d'ailleurs à l'abandonner, après l'avoir dépouillé du peu qui lui restait. Le froid, la faim, la soif, les insomnies furent ses fidèles et inséparables compagnons. Aussi était-il dans le plus pitoyable état, quand il arriva à Saikwah le 18 mars 1852.

En 1853, remis de ses fatigues, il fit chez les Abors un voyage moins long et moins périlleux, mais sans plus de résultat.

Enfin, l'année suivante, le vaillant missionnaire se mit en route avec un nouvel ouvrier apostolique, récemment arrivé d'Europe, Augustin Bourry[1]. Cette fois il ne s'agissait plus de faire une simple exploration, mais un établissement définitif au Thibet.

Les deux apôtres traversèrent heureusement la tribu des Michemis, arrivèrent dans la province de Dzayul et s'arrêtèrent à Samé, le premier village thibétain qu'ils rencontrèrent. Ils y vécurent dans la solitude et la pauvreté pendant deux mois, cherchant les âmes qui seraient les premières appelées à la régénération. Leurs relations avec les habitants perdirent peu à peu le caractère de froideur hostile du début, pour devenir cordiales et confiantes.

Ce n'était pas encore le succès, mais le désir de réussir aidant, les missionnaires le croyaient proche, lorsque dans les premiers jours du mois de septembre 1854, un chef michemi, nommé Kaïcha, accompagné de plusieurs sauvages, se présente à la porte de leur maison. M. Bourry, retenu par la fièvre, était seul dans l'intérieur, étendu sur son lit. M. Krick était allé faire une promenade sur les bords du ruisseau. Après avoir jeté un regard rapide dans la demeure, Kaïcha et ses hommes se précipitent sur M. Bourry, le bâillonnent et le garrottent, puis ils s'élancent à la recherche de M. Krick. En l'abordant, Kaïcha lui demande avec arrogance une pièce de drap rouge, que le missionnaire lui avait promise. — Je te l'avais promise, répond celui-ci, si tu voulais m'aider et me conduire : tu n'as rien voulu faire pour moi, je ne te dois donc rien. — Le missionnaire

---

[1]. Du diocèse de Poitiers, parti en 1852, mort en 1854.

à peine prononcé ces mots que les assassins le terrassent, lui tranchent la tête et jettent son cadavre au ruisseau ; ils reviennent ensuite à la maison, tuent M. Bourry, pillent et disparaissent. Dans leur précipitation, ils oublièrent un jeune Assamien chrétien, domestique des missionnaires, qui put se cacher, tout en restant témoin de cette scène sanglante. C'est lui qui, le premier, à travers mille dangers, rapporta la triste nouvelle dans Assam ; elle fut bientôt confirmée par les dires des Michemis restés en bons rapports avec les ouvriers apostoliques.

Le gouverneur anglais s'émut et envoya une compagnie de cipayes saisir le meurtrier et sa famille. Le sauvage avait prévu l'attaque ; au lieu de fuir, il avait fait couper la route en plusieurs endroits, en d'autres planter des bambous aiguisés et empoisonnés ; et il attendit derrière ces retranchements improvisés. Les soldats prirent le village à revers, arrêtèrent Kaïcha et l'amenèrent devant les tribunaux. L'enquête révéla tous les faits que nous venons de rapporter. Le meurtrier fit d'ailleurs des aveux complets ; il avait assassiné les missionnaires pour les voler, il le dit sans manifester ni honte, ni regrets. Il fut condamné à mort, et sa famille absoute.

A la prière de M. Bernard et du Séminaire des Missions-Étrangères, le gouvernement anglais fit grâce de la vie à Kaïcha et commua sa peine en une déportation perpétuelle ; mais quelques jours avant son départ pour l'exil, le misérable assomma son geôlier à coups de chaînes et fut pendu pour ce nouveau crime.

La mort de MM. Krick et Bourry portait un coup fatal à l'évangélisation du Thibet par le nord de l'Inde. Si M. Renou ne réussissait pas du côté de la Chine, qu'allait devenir l'entreprise ? Celui-ci avait cette fois pris les précautions de la plus grande prudence. Par elle-même, son odyssée est curieuse et intéressante ; elle le devient plus encore, quand on songe qu'à lui seul il luttait contre les Chinois et les Thibétains réunis. En 1851, il quitta la province de Kouang-tong où en peu de temps il avait fait beaucoup de bien, et traversant la Chine du sud à l'ouest, il se rendit sous l'habit de marchand, à la célèbre lamaserie de Teun-djrou-ling, non loin de la frontière sud-est du Thibet. Il y entra et demanda aux lamas l'autorisation de se reposer pendant quelques jours sous leur toit. Il fut reçu sans défiance; avec sa pacotille de thé, de lunettes, de faïences, d'éventails, son accent de bon chinois, il eût vraiment été difficile de reconnaître en lui un prêtre catholique français. Dès le lendemain de son arrivée, son domestique étalait les marchandises, les offrant à des prix fabuleux pour permettre au missionnaire de rester plus longtemps. M. Renou causait avec les lamas, surtout avec leur supérieur Lo-djrou, Bouddha vivant, homme instruit et estimé.

Il fut servi par une circonstance futile, qui peint bien le côté enfantin du caractère des personnages, même les plus graves, d'Extrême-Orient. Il avait glissé parmi ses marchandises une longue-vue qui faisait l'admiration du supérieur et excitait sa convoitise. A tout prix, il voulait l'acheter et le missionnaire refusait de la vendre. Enfin un jour que les importunités du lama étaient plus vives, M. Renou feignit de se laisser toucher : Eh! bien, lui dit-il, vous qui êtes savant, si vous voulez m'apprendre le thibétain pendant six mois, je vous fais cadeau de cette lunette. — Très bien, répond l'heureux Bouddha vivant, bien volontiers j'accepte. » Et immédiatement, il donne l'ordre de préparer une cellule près de la sienne pour son nouvel écolier.

Puis les leçons commencèrent. Pour ne pas les oublier et ne pas se trahir, le missionnaire était obligé de les écrire en caractères chinois devant le lama ; la nuit venue, et retiré dans sa cellule, il les traduisait en français, puis il récitait son bréviaire, et de temps en temps, de très grand matin, célébrait le saint sacrifice, demandant à Dieu le courage et la persévérance. Le maître était aussi zélé pour instruire que l'élève pour apprendre. Celui-ci admirait la science et la bonne volonté de son précepteur, celui-là la docilité et les rapides progrès de son disciple, qui écrivait à Mgr Chauveau et à M. Fage[1], son futur compagnon d'armes : « Le brave homme ne se doute guère que je forge sur son enclume et avec son fer des armes destinées à combattre sa religion. » En effet, c'est à Teun-djrou-ling que M. Renou rassembla les matériaux d'un dictionnaire, qui servit à compléter celui du savant hongrois Ksoma de Koros et fut d'une extrême utilité à tous les missionnaires du Vicariat.

Entre temps, il recueillait une multitude de renseignements sur le Thibet : les routes les plus fréquentées ou les plus difficiles, les marchés et les villages qui bordent la frontière, les lois, les mœurs et les coutumes. Peu à peu, cependant, on s'étonna de l'assiduité à l'étude de ce nouvel élève, et de son peu d'attention au commerce. L'imagination populaire se mit en campagne ; elle marche vite, en Chine comme ailleurs; elle forgea les histoires les plus invraisemblables et les plus contradictoires, qui naturellement furent acceptées, répétées et commentées. On en vint jusqu'à dire que M. Renou devait être un frère de l'empereur, examinant en secret l'état de la province ; les espions se succédèrent afin d'établir l'identité de ce personnage mystérieux. Il était prudent de partir. M. Renou donna à Lo-djrou la longue-vue tant désirée, et reprit le chemin du Yun-nan, après être resté dix mois dans la lamaserie.

Plus tard, les lamas de Teun-djrou-ling ont appris qu'ils avaient logé un prêtre catholique, et aujourd'hui

---

1. Du diocèse de Tulle, parti en 1847, mort le 19 août 1888.

encore ils se plaisent à rappeler son long séjour chez eux et son amitié avec leur supérieur. C'est grâce à ce souvenir que cette lamaserie est toujours restée en bons rapports avec les missionnaires.

M. Renou avait forgé des armes; il lui restait à s'en servir, il ne tarda pas. Quittant de nouveau le Yun-nan et se dirigeant un peu plus vers l'ouest que dans ses voyages précédents, il arriva à Tcha-mou-tong. De ce village, il apercevait la crête d'un contrefort, qui, venant de l'est, s'avançait en ligne droite vers l'ouest et se terminait brusquement par des rochers à pic, surplombant le Lou-tse-kiang. Quel bonheur quand il apprit que c'était la frontière du Thibet proprement dit, et que derrière cette montagne se trouvait caché ce royaume vers lequel tendaient ses vœux et ses efforts. Il ne pouvait rester plus longtemps à la porte sans entrer; aussi dès le lendemain il franchissait la frontière, et une prière d'actions de grâces s'élevait de son cœur réjoui et fortifié.

Les deux premiers villages qu'il rencontra furent ceux de Song-ta et de Kong-pou[1]. Dans celui-ci, il loua à un riche thibétain, pour une rente annuelle de 16 taëls (130 fr.), la vallée de Bonga, dont il prit possession le 24 septembre, quinze jours après le massacre de Krick et de Bourry au Dzayul. Après sept années d'incessants efforts, la Société des Missions-Étrangères prenait pied au Thibet.

La situation de Bonga mérite d'être signalée, car dans cette petite vallée, se jouera, tour à tour gagné et perdu, regagné et reperdu l'avenir de la mission du Thibet; il s'y passera des drames d'insigne cruauté, d'odieuse trahison et d'admirable dévouement.

Encaissée entre de hautes montagnes aux cimes éternellement neigeuses, la base couverte de forêts profon-

---

1. Voir Atlas des Missions de la Société des Missions-Étrangères.

des, étendue le long d'une petite rivière qui se jette dans le fleuve Bleu, isolée d'une journée de marche de toute habitation, la vallée de Bonga ne présentait qu'une terre inculte et sauvage, mais elle avait l'avantage de s'appuyer au sud-est sur le Yun-nan où les missionnaires conservaient leurs relations avec leurs confrères et par eux avec la France, au sud sur le territoire des lamas bienveillants de Tcha-mou-tong, qui servirait au besoin de refuge; au nord et à l'ouest, elle avait devant elle le Thibet tout entier, la terre à conquérir.

La Société n'était donc pas sans espérance raisonnée de réussir dans son entreprise, elle avait aux avant-postes un missionnaire d'élite qui avait fait ses preuves, Renou; déjà elle en avait envoyé un second, Fage, qui resta au Yun-nan jusqu'à l'établissement du poste de Bonga; d'autres allaient venir, Desgodins en 1855, Goutelle en 1857, Durand en 1858, Alexandre Biet en 1859.

III

Arrêtons-nous ici un instant, comme le faisaient les missionnaires dans leurs travaux, pour jeter un coup d'œil sur ce qui se passait à Rome, l'année même où mouraient Krick et Bourry chez les Michemis, et où Renou plantait la croix dans le royaume infidèle. Aussi bien est-ce un acte de reconnaissance et de piété que vont faire les ouvriers apostoliques, et dans l'histoire comme dans la vie, ces actes sont un repos et un charme pour l'esprit et pour le cœur.

Par une encyclique de 1844, Grégoire XVI avait interrogé les évêques de la catholicité sur leur croyance et la croyance de leurs peuples à l'Immaculée-Conception de la Sainte Vierge.

La dévotion envers la Mère de Dieu était de tradition

dans la Société des Missions-Étrangères. Nous l'y avons trouvée dès l'origine, dans les lettres de la Motte Lambert, de Cotolendi, de Laneau. « Nous devons tout ce que nous sommes et tout ce que nous faisons à la Sainte Vierge, » disaient-ils souvent. Plus explicite et plus fervent encore, Pallu avait écrit ces belles paroles que nous avons déjà citées : « Je suis plus convaincu que jamais que la Sainte Vierge a été la principale promotrice de notre chère mission, et qu'elle en veut avoir toute la direction et toute la conduite. Je vous conjure d'exposer vos cœurs à cette Mère de miséricorde, pour recueillir les impressions qu'elle y enverra. Nous sommes les intendants de ses armées, consultons nos cœurs et nous connaîtrons qu'ils sont remplis d'un saint désir de la servir, au préjudice de nos biens, de notre repos, qui d'une façon, qui d'une autre, en Europe ou en Asie, aux bagages ou dans la mêlée, il ne nous importe, pourvu que nous concourions à la conquête des âmes les plus abandonnées, sous la conduite de notre généralissime. Oh! que cela est beau! que cela est grand! ne voilà pas de quoi remplir nos cœurs et les consumer des plus vives flammes du pur amour? »

Cette dévotion envers la Mère de Dieu s'était perpétuée dans la Société. Celle que l'Église décore des titres de Reine des Martyrs, Reine des Confesseurs, Reine des Apôtres n'avait-elle pas, d'ailleurs, particulièrement droit à être honorée dans une Société d'ouvriers apostoliques, comptant de courageux martyrs et de saints confesseurs. Les évêques des Missions-Étrangères avaient donc répondu à l'appel de Grégoire XVI, par des lettres dont l'exactitude théologique et la tendre piété ne laissaient rien à désirer. Nous nous contenterons de citer celle de Mgr Cuenot[1] :

Arch. M.-É., vol. 749.

« Très Saint-Père, que la très sainte Vierge, mère de Dieu, ait été préservée, dans sa conception, de la tache originelle, par un singulier privilège de grâce, la piété des fidèles n'en a jamais douté. Il n'est personne qui, ayant une juste idée de Dieu et de l'ineffable dignité de sa très sainte Mère, ait jamais pu se persuader que l'heureuse Vierge, choisie de toute éternité pour être la Mère de Dieu, et écraser la tête de l'antique serpent, a pu être un seul instant livrée à la tyrannie du démon, l'objet de la haine de Dieu, elle, enrichie de tant de grâces, comblée de tant d'honneur. Tous croient qu'il répugnerait à la sainteté du Christ, Notre-Seigneur, de naître d'une chair maudite et souillée par le péché ; personne ne peut admettre que la Mère de Dieu qui est si fort élevée au-dessus des anges et des hommes, a été formée sans la grâce sanctifiante, privée à son premier moment d'une prérogative dont furent favorisés, dans leur création, non seulement les anges bons et mauvais, mais encore nos premiers parents que nous savons avoir été créés dans la droiture et l'innocence.

« Cette doctrine, qui a gagné davantage de jour en jour dans l'Église, est devenue, par une disposition spéciale de Dieu, tellement ferme et générale, en notre temps, que le moment est venu, on peut l'affirmer sans crainte de se tromper, où le Siège apostolique de Pierre peut la consacrer par un jugement solennel, la déclarer par autorité infaillible, renfermée dans la parole de Dieu écrite ou non écrite, et la définir avec le caractère de dogme de foi.

« Qu'il me soit donc permis, Très Saint-Père, d'unir mes prières, quelles qu'elles soient, à celles de tous les autres évêques, à l'effet d'obtenir de votre Sainteté cette solennelle déclaration ; plein d'espérance que Dieu, en récompense de cette nouvelle glorification de son auguste Mère, fera déborder l'océan de ses grâces sur tous les enfants de son Église.

« Prosterné aux pieds de votre Sainteté, que je baise avec amour, je vous supplie de me donner votre bénédiction apostolique.

« Moi,
   « de votre Sainteté,
« le plus humble et le plus dévoué petit enfant,

   « † Etienne-Théodore CUÉNOT,
     « *Évêque de Métellopolis, Vicaire apostolique*
     « *de la Cochinchine orientale.*

« Province du Binh-dinh, le 14 novembre 1845. »

Pie IX reprit l'œuvre inachevée de Grégoire XVI.

Le 2 février 1849, il adressa une encyclique à tous les évêques de l'univers sur le même sujet.

Et cette fois comme la première, les Vicaires apostoliques affirmèrent leur ferme croyance et celle de leurs chrétiens en l'Immaculée Conception. Avant de répondre au Souverain Pontife, ils avaient reçu de leurs prêtres le témoignage d'une foi vive en cette vérité.

Le doyen des missionnaires de l'Inde, M. Jarrige, provicaire du Maïssour, avait écrit[1] :

« ...Réponse à la lettre de l'illustrissime Seigneur Etienne-Louis Charbonnaux, évêque de Jassen, Vicaire apostolique, datée du 2 février 1851, dans laquelle les questions suivantes sont formulées. A savoir :

« 1° Croyez-vous que Marie a été réellement conçue sans péché originel?

« 2° Croyez-vous qu'il soit opportun et désirez-vous que le Saint-Père définisse cette opinion comme article de foi?

« Requis par l'autorité légitime, je réponds :

1. Arch. M.-É., vol. 1861.

« A la première question. Je le crois fermement.

« A la seconde question. Autant que dans ces contrées éloignées et dans mon humble position, je puis en juger ; je crois qu'il est opportun que la vérité de l'Immaculée Conception soit définie comme de foi. Et que cette définition ait lieu est le plus ardent de mes désirs.

« Je certifie en outre que tous les fidèles des Missions de cette contrée croient unanimement à la vérité de l'Immaculée Conception.

« Irade, près Seringapatam,
                    « Le 8 février 1851. »

Du milieu de ses travaux et de ses périls, Mgr Retord dressa à Pie IX la lettre suivante [1] :

« Déjà, Très Saint-Père, j'avais éprouvé une grande consolation en déposant aux pieds de Grégoire XVI, d'heureuse mémoire, mes vœux personnels sur ce même objet, ceux de tout le clergé et de tout le peuple fidèle confiés à ma sollicitude, et je demande qu'il me soit permis de réitérer ici mes très humbles prières. La Saint-Siège m'ayant accordé, ainsi qu'à mon clergé, la faculté de prononcer ouvertement et publiquement le mot Immaculée à la préface de la Conception de la Sainte Vierge, il ne manque plus qu'une chose pour rendre notre joie parfaite ; c'est que votre Sainteté veuille bien définir, comme doctrine de l'Église catholique, que la Conception de la Bienheureuse Vierge Marie a été entièrement immaculée et exempte de toute tache originelle ; c'est aussi ce que je ne cesserai de demander de toute mon âme et de tout mon cœur. »

Des lettres analogues furent écrites par les Vicaires apostoliques de Chine, de Siam et de l'Inde. Aussi, lorsqu'ils apprirent que le 8 décembre 1854, Pie IX,

---

1. *Mgr Ret. et le Tonk. cath.*, p. 303.

entouré de 192 évêques, avait proclamé le dogme si cher à leur cœur, ils jetèrent ce cri d'allégresse : « Enfin, nous avons appris que notre Mère bien-aimée avait été enrichie devant les hommes d'une nouvelle prérogative; son nom en deviendra plus glorieux encore, et son culte plus solennel. Grâces en soient rendues à Dieu et à notre très pieux souverain Pontife. » Ainsi parlait Mgr Bonnand[1]. D'autres, comme Mgr Ponsot au Yunnan, espéraient que la ferveur, dont ses chrétiens avaient fait preuve en apprenant cette nouvelle, retomberait en bénédictions sur ses travaux et sur ceux de ses prêtres, que les obstacles à l'apostolat s'aplaniraient, que la paix rendue à sa mission permettrait des conquêtes plus étendues.

IV

Les vœux que Mgr Ponsot faisait pour son Vicariat, les directeurs du Séminaire les formulaient pour la Société entière; pour ses établissements généraux; pour ses missions; les anciennes : Cochinchine, Tonkin, Chine, qui souffraient toujours de la persécution; les nouvelles : Mandchourie, Corée, Thibet, hérissées de tant d'obstacles, et pour une dernière que l'on confiait en ce moment même à la Société : la Birmanie.

Les négociations qui amenèrent la cession de ce Vicariat apostolique à la Société commencèrent en 1852. Voici dans quelles circonstances :

La Birmanie avait été successivement évangélisée par plusieurs Congrégations religieuses. Les premiers missionnaires, dont les noms nous ont été conservés furent un Barnabite italien, le P. Sigismond Calchi, et un prêtre

---

1. Arch. M.-É., vol. 1601.

séculier, M. Joseph Vittoni, attachés à Mgr Mezzabarba, légat du Saint-Siège en Chine. Ils y trouvèrent deux prêtres envoyés par l'évêque de Saint-Thomé : l'un, fixé à Syriam, s'occupait des négociants européens, et l'autre, à Ava, veillait aux besoins spirituels des chrétiens étrangers et indigènes.

Le P. Calchi appela plusieurs religieux de son ordre, et ceux-ci, laissant les prêtres goanais se livrer au travail qu'ils avaient dans les comptoirs européens, s'étaient élancés à l'intérieur du pays, ils s'étaient adressés aux païens, les avaient convertis, avaient fondé des paroisses, et posé les bases d'une Église solide et durable.

Parmi les évêques Vicaires apostoliques qui dirigèrent la mission, l'un d'eux est resté célèbre par ses vertus, ses talents et ses travaux, Mgr Percotto, mort en 1776. Dépouillés par la Révolution française qui, en Italie comme en France, exécuta ses décrets spoliateurs, les Barnabites durent céder à d'autres l'honneur de continuer une œuvre, qui leur appartenait à de si nombreux et si justes titres, et la Propagande les remplaça en 1830 par des prêtres de son Séminaire, auxquels elle donna pour supérieur Mgr Frédéric Cao. Dix ans s'étaient à peine écoulés que les Oblats de Marie de Turin succédaient aux prêtres de la Propagande.

Mais eux non plus ne purent longtemps supporter les dépenses en hommes et en argent, qu'exigeait la mission, d'autant que la révolution, les agitations continuelles de l'Italie, les décrets contre les Congrégations religieuses empêchaient leur recrutement et augmentaient leur pénurie. En face de cette détresse, Mgr Balma, le Vicaire apostolique de Birmanie, s'adressa à Rome et en même temps écrivit au Vicaire apostolique de la presqu'île Malacca, Mgr Boucho, et lui demanda si la Société des Missions-Étrangères de Paris se chargerait de son Vicariat. Ce dernier ne pouvait seul résoudre cette question d'intérêt général, mais il promit au prélat d'adresser un rapport favorable au Séminaire de Paris. Il tint parole, et appela l'attention des directeurs sur l'utilité d'ouvrir, par la Birmanie, une voie de communications avec les missions de la Chine occidentale préférable à celle du Kouang-tong et du Kouy-tcheou.

Le Préfet de la Propagande, entrant dans les vues de Mgr Balma, adressa une lettre aux directeurs du Séminaire, leur demandant si la Société pouvait accepter la Birmanie.

Après avoir mûrement réfléchi et examiné les charges que cette mission allait leur imposer, ceux-ci répondirent au Cardinal qu'ils étaient toujours soumis à ses ordres, mais n'osaient accepter un si lourd fardeau. « Nous avons, disaient-ils, à défricher, dans l'Inde, dans l'Indo-Chine et la Chine, un champ déjà trop vaste pour nos forces; il nous semblerait imprudent de l'agrandir encore. »

Informé de cette réponse, Mgr Balma écrivit à la Propagande une deuxième et plus pressante lettre, à la suite de laquelle la Société des Missions-Étrangères dut se charger de la Birmanie. Il fut convenu que la mission de la presqu'île de Malacca choisirait, parmi ses membres, un supérieur et cinq missionnaires pour le nouveau Vicariat. Ce petit nombre de prêtres français paraissait suffisant, d'autant que plusieurs Oblats devaient encore rester dans la mission.

Cette nouvelle fut transmise à Mgr Boucho, qui prit les dispositions nécessaires pour se conformer aux intentions de la Propagande.

Son provicaire Mgr Bigandet fut nommé supérieure et sacré évêque de Ramatha *in partibus infidelium*, le 30 mars 1856. Il reçut le double titre d'administrateur de la mission de Pégou et d'Ava et de coadjuteur du Vicaire apostolique de la presqu'île de Malacca.

La Birmanie n'était donc alors qu'une sorte de prolongement de cette dernière mission.

Elle renfermait 3 à 4,000 chrétiens sur une population totale d'environ dix millions d'habitants, dispersés depuis les frontières de Chine jusqu'au golfe de Martaban et appartenant à des races diverses : les Thalaïns, les Karians, les Tavay, les Shans, les Yaou. La guerre des Anglais qui venaient, en 1852, de conquérir une partie du pays, avait amoncelé bien des ruines. Si les besoins matériels étaient immenses, les besoins spirituels n'étaient guère moindres.

Mgr Bigandet se fixa à Rangoon, l'ancienne capitale et la résidence actuelle du gouverneur anglais. Après avoir visité les principaux postes de la Basse-Birmanie, il se rendit à Mandalay, la capitale nouvellement fondée du royaume birman démembré.

Le roi avait alors à sa cour, en qualité de général en chef de ses armées, un aventurier français, d'Orgoni, qui assurait avoir reçu de Napoléon III l'ordre de travailler dans l'intérêt des missions catholiques.

Que cette affirmation fût vraie ou fausse, l'influence du général considérable ou médiocre, Mgr Bigandet fut reçu avec la plus grande bienveillance par le prince, qui le pressa de se fixer près de lui; l'évêque déclina cette offre, dont l'acceptation eût été plus nuisible qu'utile au catholicisme.

Le souverain, en effet, étendait sa bienveillance à tous les cultes; il accordait des secours aux ministres protestants, aux prêtres arméniens et aux bonzes chinois; il se créait ainsi des protégés qui pouvaient devenir des protecteurs, comptait se faire dans le monde la réputation d'un prince éclairé et ami des Occidentaux; mais en même temps, il entravait sous main la propagande religieuse des Européens dont il redoutait les envahissements.

De Mandalay, Mgr Bigandet se rendit à Bhamo, la grande ville commerçante du nord de la Birmanie, et le rendez-vous de toutes les tribus environnantes.

« Au point de vue apostolique, écrivait-il, en racontant son voyage, cette cité occupe une position exceptionnelle. Le missionnaire qui y résiderait se trouverait en relations continuelles avec des hommes de diverses nationalités, il apprendrait leur langue, étudierait leurs mœurs, se formerait à leurs coutumes, s'insinuerait peu à peu dans leur confiance et aurait plus de chances d'être écouté par eux, quand il leur prêcherait l'Évangile. »

Le poste de Bhamo a été fondé selon le désir de Mgr Bigandet, les missionnaires n'y ont pas ménagé leurs travaux, et en neuf ans, six d'entre eux sont morts à la peine, mais les espérances conçues en 1857 commencent seulement à se réaliser.

Le principal obstacle, que les ouvriers apostoliques signalent à leurs travaux en Birmanie, est le bouddhisme.

Loin d'être un corps sans vie et sans influence sur les esprits comme en plusieurs contrées, ce culte est au contraire très vigoureux, il domine les intelligences et les volontés, et ses prêtres sont les seuls instituteurs de la jeunesse. Le grand moyen employé par les hommes apostoliques pour briser cet obstacle fut l'éducation. Dans une brochure publiée à Rangoon en 1887 sur l'histoire de la mission de Birmanie, Mgr Bigandet a résumé en ces termes, ses idées sur l'instruction publique[1] :

« En Birmanie, le meilleur moyen d'évangélisation nous paraît être la fondation de nombreuses écoles.

« Le Birman aime la vie libre; sous les formes extérieures du respect, il cache l'amour de l'indépendance, et

---

1. *La Mission de Birmanie*, p. 113.

dès qu'il ne sent plus peser sur lui la main de fer d'un gouvernement absolu, il compte la loi pour rien.

« Il faut donc absolument faire disparaître cette tendance de son caractère, lui donner l'idée du devoir, le goût de l'ordre, le respect de l'autorité.

« Seule l'école y peut parvenir, parce qu'elle s'adresse à l'enfant dont l'âme est plus docile, l'esprit plus souple, les passions moins fortes.

« Mais, pour que ce résultat soit complètement atteint, il est nécessaire que l'école soit bien dirigée, c'est-à-dire que la méthode d'enseignement suivie en Europe soit substituée à la méthode indigène. Les maîtres d'école birmans, en effet, ne s'adressent qu'à la mémoire, jamais à l'intelligence; ils répètent des mots jusqu'à ce que l'élève les retienne, sans donner une explication, sans proposer un exemple, sans montrer l'application d'une règle.

« Le résultat de cette façon d'enseigner est désastreux, et l'on peut dire qu'il se fait sentir sur la vie entière.

« Un Birman ne sait ni penser, ni réfléchir, ni remonter à un principe pour en tirer une conclusion; il dit : « Cela est, cela était »; pourquoi? il l'ignore et ne le cherche point; le fait attire son attention, l'idée nullement. Tous les observateurs ont remarqué le manque d'originalité des populations de l'Indo-Chine occidentale, des Birmans en particulier.

« Mais quel est le remède à ce mal? que faut-il pour les faire sortir de cette somnolence, pour les arracher à cette torpeur et donner à leur esprit plus de ressort et d'initiative? Une réforme dans l'éducation. Que l'on apprenne aux enfants à penser par eux-mêmes, qu'on tourne leur esprit vers les choses intellectuelles, qu'on éveille et qu'on soutienne leur attention par des leçons où la pratique se mêlera à la théorie, qu'on les porte vers l'étude des idées, et alors on verra ce changement se produire. La civilisation y gagnera, la foi plus encore.

« Capables de comprendre et de comparer les doctrines de leurs ancêtres et celles de l'Évangile, ils seront attirés par la sagesse et la beauté de la religion chrétienne. »

Les missionnaires devaient également lutter contre le protestantisme qui, grâce à ses abondantes ressources, enrôlait de nombreux maîtres d'école et s'attaquait aux enfants païens et même chrétiens, afin de recruter de nombreux élèves.

« Or, disait très justement l'évêque[1], permettre aux enfants catholiques d'aller à l'école protestante, c'était les exposer à l'apostasie ; les en empêcher était presque impossible, si l'on ne pouvait leur offrir d'établissements analogues. »

« La conclusion pratique de ces réflexions est que les missionnaires doivent surveiller l'enseignement, qu'ils doivent avoir dans leurs écoles des maîtres formés à cette gymnastique de l'esprit, et aptes à former les autres.

Mgr Bigandet ne fut pas longtemps sans mettre ses idées à exécution, il chargea un de ses missionnaires, M. Dumollard[2], de réunir autour de lui dans la ville de Bassein un certain nombre d'enfants des principales communions religieuses ; le succès ayant répondu à ses espérances, il élargit le programme et appela à son aide les Frères des Écoles chrétiennes.

M. Dumollard installa une imprimerie en caractères birmans, qui publia successivement un Recueil de prières avec les épîtres et les évangiles pour les dimanches et les fêtes principales, des livres classiques : géographie,

---

1. *La Mission de Birmanie*, p. 147.
2. Du diocèse de Lyon, parti en 1856.

arithmétique, géométrie, et plus tard la vie de Notre-Seigneur, celle de saint François Xavier, un Recueil d'hymnes et de cantiques, etc.

Des écoles de filles furent établies, tenues par les religieuses de Saint-Joseph de l'Apparition et par les religieuses du Bon-Pasteur.

V

Cette question de l'instruction était considérée comme une question vitale par tous les chefs des missions jouissant alors de la liberté. Mgr Bonnand, le prédécesseur de Mgr Bigandet dans cette voie de progrès, continuait d'exécuter le magnifique programme qu'il avait conçu. Ses missionnaires, en particulier Bardouil, Mousset, Lehodey, l'avaient grandement aidé.

En 1849, M. Bardouil avait envoyé à Pondichéry deux jeunes filles dont il voulait faire des maîtresses d'écoles dans son district; après quelques mois d'étude, ces jeunes filles revinrent, capables d'apprendre à lire à leurs compagnes et aux enfants de leur village. Cet exemple ne fut pas perdu.

Mgr Bonnand, qui savait profiter de tout et ne craignait pas de rendre justice à ses collaborateurs, fit part de cette initiative aux missionnaires dans une lettre du 26 mai 1851[1].

« Il est temps, Messieurs, oui, il est temps que vous preniez tous sans délai des mesures efficaces pour établir des écoles dans vos districts respectifs. Il est temps d'y créer ce genre de bien qui donnera un fruit si abondant. Faites ce qu'a fait M. Bardouil; si vous n'avez pas d'autres moyens de vous procurer des maîtresses d'éco-

---

[1]. Arch. M.-É., vol. 1001, p. 930.

les, que chacun de vous choisisse dans son district deux vertueuses filles ou jeunes veuves désireuses d'apprendre à lire et de seconder ses vues pour l'enseignement; qu'il les envoie au couvent du Saint-Cœur de Marie, pour qu'elles y apprennent à lire et se forment aux vertus nécessaires à de bonnes maîtresses. S'il se trouve dans l'impossibilité de pourvoir aux dépenses de la nourriture et de l'entretien de ces personnes pendant leur séjour à Pondichéry, la procure y pourvoira.

« Rappelez-vous bien que si vous pouvez créer de bonnes écoles dans vos missions, vous aurez trouvé un levier, qui vous sera un puissant moyen d'action sur les populations. Si l'instruction se répand chez les chrétiennes, les païennes qui les verront avec cet avantage, voudront en profiter et viendront à leurs écoles, liront nos livres et se familiariseront avec tout ce qui concerne la religion; ces notions les prédisposeront à la foi. Et il faut espérer que l'on en verra parmi elles un bon nombre qui, jeunes ou vieilles, ouvriront les yeux à la lumière de l'Évangile et deviendront enfants de Dieu. De là il arrivera que la religion pénétrera dans de nouvelles familles, que des mères passant aux enfants, il en sortira une pépinière de néophytes. Ne nous étonnons pas de voir que la religion n'a fait que de si lents progrès dans cette partie de l'Asie. Le démon, ne s'étant pas contenté d'y semer des obstacles sous les pas des ouvriers évangéliques, y avait de plus disposé les choses de manière à paralyser à peu près leur action sur les femmes, en mettant celles-ci dans un état d'asservissement et en leur interdisant l'instruction.

« Par les écoles dont je vous parle, vous vous créerez un moyen d'action sur elles et vous pourrez en retirer un grand avantage pour étendre la religion. Soyez donc pleins de zèle pour le prompt établissement de ces écoles. Je ne saurais vous dire combien je désire les voir établies. Que le Ciel daigne vous en accorder de très nombreuses. »

Cette exhortation appuyée d'un grand exemple fut écoutée, et les écoles se multiplièrent.

Partout, en effet, elles étaient nécessaires : dans les villages chrétiens pour suppléer à l'éducation de famille à peu près nulle chez les Indiens, dans les villages pourvus d'écoles protestantes, afin de garder les enfants contre toute propagande. Les sœurs institutrices du Saint-Cœur de Marie, toujours dirigées par M. Dupuis, doublèrent leur noviciat.

Des écoles pour les jeunes filles de caste et pour les pariates furent installées dans les paroisses principales; et de cette instruction des filles qui avait suscité de si vives craintes, parce qu'elle était contraire aux coutumes de l'Inde, Mgr Bonnand disait aux Conseils centraux de la Propagation de la Foi[1] :

« Aujourd'hui, nous n'avons plus à redouter l'opinion ; cette institution est adoptée ou du moins soufferte par tout le monde, et à notre exemple ou en même temps que nous, d'autres écoles de filles se sont établies dans presque toutes les grandes cités de cette presqu'île. Les aspirantes se présentent en foule pour embrasser la vie religieuse dans notre Institut du Saint-Cœur de Marie et s'y consacrer à l'éducation des jeunes filles. »

Et il concluait par ce tableau rapide et animé des résultats spirituels de ces progrès :

« Vous ne sauriez croire, Messieurs, avec quelle rapidité se développe la vie chrétienne, entourée de toute son auréole de saintes vertus, dans ces âmes jusqu'à présent condamnées à une sorte de vie végétative ; avec quelle ardeur et quelle intelligence elles s'élancent à la compréhension de leurs devoirs les plus délicats ; avec quel

---

1. *Ann. de la Prop. de la Foi*, vol. 28, p. 266.

amour et quelle fervente piété elles les accomplissent; quelle douce et sainte influence leur donne déjà, dans l'intérieur de la famille, la supériorité relative qu'elles ont acquise à l'école. »

Le gouverneur de la petite colonie française ne rendait que stricte justice aux missionnaires, lorsqu'invité à la distribution des prix à l'école des jeunes filles malabares, il disait[1] : « Messieurs, le gouvernement applaudit par ma bouche à l'œuvre que vous avez entreprise, de moraliser les femmes indiennes par l'éducation et une saine instruction. Vous concourez ainsi à implanter sur ce sol la civilisation moderne, autant supérieure à la vieille civilisation de l'Inde, que notre croyance religieuse est au-dessus des croyances superstitieuses de ses habitants. J'ai déjà payé ailleurs mon tribut d'admiration pour vos efforts et votre abnégation dans les laborieux travaux, que vous impose votre sainte mission. Je suis heureux de louer aujourd'hui et d'apprécier la tentative que vous faites, pour arriver plus facilement à la transformation de ce peuple. »

Les chrétiens comprenaient également les bienfaits de l'instruction et l'utilité pratique qu'ils en pouvaient retirer, témoins ceux de Karikal qui, le 13 février 1855, adressaient à l'évêque une pressante supplique dont voici des extraits[2] : « Les chrétiens tamougères de Karikal commencent par se jeter à vos pieds et demander votre bénédiction. Puis ils vont vous exprimer des désirs et des vœux bien ardents : Puisse Votre Grandeur les entendre et les exaucer.

« Convaincus que nous sommes de tout le bienfait d'une éducation religieuse, qui puisse rendre nos enfants bons chrétiens sur la terre, d'une éducation forte et

---

1. Arch. M.-É., vol. 1001, p. 1295.
2. Id. vol. 1001, p. 1705.

solide qui leur donne un moyen d'existence, les rende l'appui de leur famille et le soutien de nos vieux jours, nous soupirons depuis longtemps après la création d'un établissement, où nos enfants puissent trouver ces précieux avantages. Avec le temps, les circonstances changent et de nouveaux besoins apparaissent. C'est ainsi que dans l'époque actuelle, l'éducation devient d'une nécessité des plus pressantes. Les gouvernements européens de l'Inde rendent de plus en plus impérieuse cette nécessité, en mettant au concours un grand nombre d'emplois, et en paraissant vouloir choisir pour fonctionnaires ceux que recommande une solide éducation ; et dès lors, chacun sent, chacun se dit que l'avenir appartiendra au plus instruit. Aussi sommes-nous témoins des grands efforts, que font autour de nous l'hérésie protestante d'un côté, le paganisme de l'autre, pour acquérir par l'étude une supériorité qui, en renversant toutes nos espérances d'avenir, porterait en même temps un coup funeste aux intérêts religieux. Pour résister à tous ces efforts, nous autres chrétiens, nous n'avons que des établissements lointains, rendus, par les pensions à payer, inaccessibles à la modicité de nos fortunes, ou encore une école gratuite qui est loin de répondre aux besoins des temps, et que nos enfants sont obligés de déserter, s'ils veulent avoir une instruction suffisante. Oui, nous l'entrevoyons avec douleur, nous le disons avec peine, il nous faudra succomber dans la lutte, si Dieu, dans sa bonté, ne nous donne bientôt un moyen de nous présenter avec avantage à ce combat de l'avenir. » Ils exprimaient ensuite leur désir en expliquant quelles études étaient nécessaires : « Pour le français, nous désirons que le cours enseigné dans les écoles primaires supérieures soit tel, ici, que nos enfants ne se trouvent pas dans la nécessité d'aller compléter leurs études de français dans un autre établissement.

« Pour le latin : les classes élémentaires jusqu'à la sixième inclusivement.

« Pour le tamoul : un cours qui perfectionnerait les élèves dans la connaissance de leur langue native.

« Et enfin un cours d'anglais. Ces cours suffisent, ce nous semble, pour réaliser nos espérances, et par là même remplir nos désirs. »

Le vœu des fidèles de la petite cité française de Karikal fut exaucé, et le collège demandé fut ouvert dans le courant de l'année 1855. Les missionnaires se dévouaient avec joie à ce labeur, sûrs d'y gagner de nombreux mérites et de faire du bien aux âmes. « Si le travail dans un collège est regardé en Europe comme un des emplois les plus méritoires et les plus assujettissants, écrivait l'un d'eux, à bien plus forte raison en est-il ainsi en Extrême-Orient, où le professeur doit enseigner dans une langue étrangère, sous un climat brûlant, sans les consolations vives et douces qui accompagnent le ministère. Ceux qui se consacrent à cette œuvre ne sont pas moins missionnaires que celui qui traverse les fleuves et les bois pour chercher la brebis du Seigneur. »

Ainsi, admirablement secondé, comme tous les hommes supérieurs, qui savent susciter autour d'eux des initiatives et des dévouements, Mgr Bonnand constatait en 1856 de grands progrès dans le nombre des écoles et des écoliers. Il comptait dans sa mission un grand et un petit séminaire renfermant 210 élèves, le double de ce que ces établissements possédaient en 1850 ; le collège de Karikal nouvellement ouvert, et le collège colonial en renfermaient autant ; les écoles primaires de garçons avaient 400 élèves, celles de filles environ 300. L'enseignement donné dans les écoles était basé sur les principes catholiques et sur la connaissance du caractère indien ; on mettait entre les mains des élèves les auteurs chrétiens et les meilleurs littérateurs profanes de l'Hindoustan, après les avoir expurgés ; c'était ainsi faire honneur aux œuvres nationales, tout en offrant le moyen de les comparer avec les productions catholiques et de faire ressortir indirectement, mais très sûrement, la supériorité de ces dernières.

La publication des livres suivait le mouvement des écoles, quand elle ne le hâtait pas. « Notre imprimerie, disait Mgr Bonnand, a déjà donné des livres de prières de différents genres, des catéchismes, des livres de dévotion, des livres de méditation et d'instruction, des vies de saints, des ouvrages de controverse, des ouvrages classiques, grammaires pour l'étude du latin, du français, du tamoul, et bientôt elle donnera un dictionnaire tamoul-latin-français. »

Des séminaires sortaient d'excellents prêtres qui, quoiqu'en petit nombre encore, permettaient à l'évêque d'accomplir la seconde partie de son plan d'organisation : la multiplication des circonscriptions paroissiales ; en même temps, complément indispensable, il faisait élever des églises dans toutes les stations appelées par leur population chrétienne ou par leur position topographique à devenir des chefs-lieux de districts. De 1836 à 1856, 22 églises et plus de 40 chapelles furent construites, des presbytères en grand nombre, des couvents, des orphelinats étaient établis, des œuvres de charité et de préservation, telles qu'une congrégation de Saint-Vincent de Paul, étaient organisées dans la ville de Pondichéry par MM. Dupuy et Lehodey, et plus tard des maisons de refuge.

Par son initiative, Mgr Bonnand avait une influence considérable dans l'Inde entière, il était universellement regardé comme le premier des Vicaires apostoliques par le zèle et par l'intelligence ; on étudiait ses actes pour les imiter, et souvent on recherchait sur des points délicats ses décisions toujours marquées d'exactitude et de sagesse.

Son plus proche voisin, Mgr Charbonnaux, marchait courageusement sur ses traces. Missionnaire aux Indes depuis 1830, d'abord dans les stations voisines de Pondichéry et plus tard dans la paroisse de Karikal, où son souvenir resta cher à tous les fidèles français et indigènes, Mgr Charbonnaux évangélisa ensuite les populations de race canara et télégou dans le Maïssour; il sut entretenir avec le rajah de Mysore les plus cordiales relations, et obtenir de lui quelques secours pour ses chrétientés naissantes. D'une intelligence moins élevée que Mgr Bonnand, d'une compétence moins grande dans les questions d'administration générale, il avait cependant de remarquables qualités, et pendant 23 ans d'épiscopat, il montra une infatigable activité, une chaleur d'âme communicative et entraînante, propre à lui attirer de nombreuses sympathies.

Il fut placé à la tête du Maïssour en 1850, et se trouva dans la situation, fréquente en mission, des hommes qui ont beaucoup d'œuvres à établir sans avoir de ressources. Il prit le parti d'exposer cet état aux Conseils centraux de la Propagation de la Foi, et le fit avec l'émotion qui caractérisait son éloquence.

« Que peut faire un évêque sans séminaire, sans orphelinat, sans écoles, sans catéchistes, sans catéchuménat pour recevoir les pauvres ouvriers païens qui désirent s'instruire de la religion, sans un hospice pour retirer les pauvres infirmes qui, touchés de la grâce et accourus souvent de pays lointains, viendraient recevoir le baptême et mourir en paix; pour les pauvres malades qui gisent sur la terre nue, dans une hutte de paille haute de six pieds et large de huit à neuf, n'ayant pour tout remède qu'un peu d'eau tiède?... Que voulez-vous que je fasse, moi, pauvre évêque, contre cette gangrène du protestantisme anglais, allemand et américain, qui, à l'ombre du drapeau de l'Angleterre, pénètre par toutes les routes ouvertes par ses canons ou l'adresse de sa diplomatie, secouru par le gouvernement anglais si magnifique pour son clergé, et par les produits immenses de toutes les sociétés bibliques? Eh bien, un évêque catholique peut-il être froid spectateur de tant de besoins? Son esprit peut-il rester en repos? Son cœur peut-il ne pas s'attrister, se désoler de se voir privé des moyens nécessaires pour soulager au moins ces misères? »

Les demandes de l'évêque furent prises en considération, et son activité put se donner plus libre carrière.

Il établit son séminaire, commença à organiser une imprimerie, appela des religieuses du Bon-Pasteur et les installa à Bangalore, pendant qu'un de ses plus zélés et de ses plus saints prêtres, M. Bigot-Beauclair, fondait et dirigeait lui-même plusieurs orphelinats, que M. Chevalier se préparait à instituer une congrégation de Frères enseignants sur un plan moins grandiose, mais plus pratique que celui qui avait été rêvé par M. Leroux à Pondichéry, que M. Dallet[1] prêchait en anglais avant de le publier, un catéchisme de controverse, chef-d'œuvre de dialectique et de clarté.

Les protestants attaquaient de toutes manières ces œuvres naissantes ; ils construisaient une école de filles près du couvent, et une école de garçons à côté du séminaire ; ils inondaient les journaux de diatribes contre le catholicisme ; ils employaient, pour détourner les enfants des écoles de la mission, des moyens odieux. « Ils prennent nos petits enfants dans nos pensions, et les conduisent dans les leurs, disait Mgr Charbonnaux, ils font écrire aux parents des conventions pour six ans ;

---

[1]. Du diocèse de Langres, parti en 1852, mort le 25 avril 1878.

s'ils veulent les retirer auparavant, on les traduit en police pour les forcer à payer les frais, ce qu'ils ne peuvent faire.

VI

Jouissant de la paix aux Indes et dans l'Indo-Chine occidentale, la Société des Missions-Étrangères en profite pour fonder des établissements stables d'instruction, c'est le combat scientifique; dans les autres Vicariats, c'est toujours le combat sanglant, qui prélude à la liberté encore très incomplète en Chine, nulle en Annam. Dans ces deux pays, nous retrouvons des fugitifs, des proscrits, des confesseurs et des martyrs; nous rencontrons aussi la France mettant son épée au service de l'apostolat.

Le traité, que notre diplomatie avait signé avec la Chine en 1844, et les édits de tolérance, qu'elle avait obtenus pour les chrétiens, étaient observés le moins possible par le gouvernement de Pékin et par ses mandataires. Nous l'avons déjà dit, mais il faut le redire, puisque les mêmes faits se représentent. C'est ainsi qu'en Mandchourie, en 1850, MM. Négrerie[1] et Franclet[2] avaient à subir de nombreuses perquisitions suivies d'une détention de plusieurs semaines et de l'expulsion.

En 1854, Mgr Verrolles fut obligé de quitter son Vicariat pendant quelque temps; en 1855, MM. Franclet et Mesnard[3] furent expulsés, peu de mois après qu'un nouveau prêtre de cette même mission, M. Joseph Biet[4], avait été jeté à la mer par les pirates, entre Chang-haï et Ing-tse.

Au Kouang-tong, dans la préfecture de Kia-in;

---

1. Du diocèse de Tulle, parti en 1846, mort le 24 janvier 1852.
2. Du diocèse de Reims, parti en 1848.
3. Du diocèse de Poitiers, parti en 1846, mort le 27 avril 1867.
4. Du diocèse de Langres, parti en 1854, mort le 12 juin 1855.

M. Jacquemin fut incarcéré pendant plus de cinq mois, en 1855.

Un événement plus grave se passa l'année suivante au Kouang-si. Cette province n'avait eu aucun missionnaire depuis plus d'un siècle; la situation y devait donc être particulièrement difficile. M. Chapdelaine[1] y fut envoyé par le préfet apostolique du Kouang-tong, M. Libois, en 1853. Dix jours seulement après son arrivée, il fut dénoncé, immédiatement arrêté et conduit devant le sous-préfet de Si-lin[2].

Celui-ci était un homme droit, quelque peu instruit du catholicisme, il traita le prêtre respectueusement.

— Quelle religion prêchez-vous? lui demanda-t-il.

— Je prêche la religion du Maître du Ciel, et j'enseigne à faire le bien.

— Votre doctrine est bonne et vraie, je le sais, je vous ai appelé pour savoir si vous n'étiez pas du nombre de ceux qui, sous prétexte de religion, répandent des idées et des mœurs mauvaises. Ne soyez donc pas mécontent de moi, je ne vous veux aucun mal. Mais, puisque votre religion est bonne, il faut l'annoncer dans les villes et non dans les campagnes. Les habitants des campagnes sont pauvres; occupés du matin au soir à leurs travaux, ils n'ont pas le temps d'apprendre cette doctrine et ces prières.

Une quinzaine de jours plus tard, M. Chapdelaine, complètement libre, repartait pour le Kouy-tcheou et revenait peu après au Kouang-si où il convertissait quelques centaines de païens. Mais au commencement de 1856, il fut de nouveau dénoncé. Aussitôt averti, il se retira du village de Yao-chan à la sous-préfecture de Si-lin. Il semble qu'il eût pu s'enfuir plus loin, il n'en eut

---

1. Du diocèse de Coutances, parti en 1852.
2. *Les 52 VV. Serviteurs de Dieu*, vol. 2, p. 287-305.

pas le désir, pas même peut-être la pensée. « Voyant le Ciel ouvert devant lui, il oublia la terre et s'estima heureux de donner l'exemple à ses fils nouveau-nés. »

Le lundi, 25 février, des mandarins civils et militaires, suivis de deux cents soldats, se présentèrent dans la maison qui lui donnait asile. M. Chapdelaine, les quatre chrétiens qui l'avaient accompagné et le second fils de leur hôte furent arrêtés.

Au prétoire, le mandarin Tchang interrogea le missionnaire en présence de tous les prisonniers chrétiens.

— Que viens-tu faire dans ce pays ? lui demanda-t-il. Pourquoi veux-tu entraîner le peuple à la révolte, en le convertissant à ta religion ? Je le sais, tu veux te faire une armée et bouleverser le pays. Renonce à cette religion perfide.

— Ma religion étant la vraie, je ne puis la quitter. Je n'ai, du reste, aucune mauvaise intention, j'exhorte les hommes à faire le bien et à mériter par là le bonheur du Ciel.

Le mandarin fit encore plusieurs questions insignifiantes.

— Combien as-tu d'argent ?

— Pourquoi apprends-tu à tes sectaires à voler ?

Le prêtre garda le silence, et le juge ordonna de le frapper de trois cents coups de bambou. Les bourreaux s'acquittèrent de leur office sans même compter les coups ; ils ne s'arrêtèrent que lorsqu'ils virent tout ensanglanté le corps du martyr. M. Chapdelaine ne laissa échapper ni une plainte, ni un soupir ; il fut ensuite condamné à passer la nuit et la journée du lendemain dans la grande salle du prétoire, les genoux pliés et assujettis à un bâton, les coudes appuyés sur un banc et les mains liées, de telle sorte qu'il lui était impossible de faire le moindre mouvement. Le soir du 26, le mandarin le fit de nouveau comparaître :

— Hier soir, lorsqu'on te frappait, lui demanda-t-il, souffrais-tu, oui ou non ?

— Par la grâce de mon Dieu, qui m'a soutenu, je ne souffre plus. — La chose était absolument exacte, le missionnaire ne souffrait plus, et le fait fut regardé par les chrétiens comme miraculeux.

— Ah ! reprit le mandarin, tu parles encore de ton Dieu ! Qu'on lui applique trois cents coups de semelle sur les joues.

Comme la précédente, cette exécution se fit sans qu'on s'occupât de compter les coups. Le confesseur, les joues enflées et les dents brisées, ne poussa pas une plainte.

Attribuant ce silence à quelque sortilège, le mandarin fit égorger un chien et ordonna que le sang encore chaud fût versé sur la tête du patient. Après ce supplice, M. Chapdelaine fut remis dans la position de la veille, pour y passer la nuit.

Le 27 au matin, le juge envoya son secrétaire dire aux chrétiens :

— Si votre maître veut donner 500 taëls, le grand mandarin lui fera grâce.

— Il ne les donnera pas, répondirent les fidèles. Seulement, si le grand mandarin veut le mettre en liberté, nous nous engageons pour 120 taëls.

Le secrétaire rapporta ces paroles à Tchang, qui réduisit sa demande à 300 taëls.

— Allez, répondit M. Chapdelaine aux trois chrétiens chargés de lui soumettre la proposition ; allez et dites au mandarin que je ne donnerai pas même une sapèque. Il peut faire de moi ce qu'il voudra. Pour vous, sachez que c'est dans votre intérêt que je dois mourir.

Dans l'après-midi du même jour, 27 février, le magistrat fit encore venir le prêtre à son tribunal, et prononça la sentence qui le condamnait à mourir du supplice de la cage.

Aussitôt après le prononcé du jugement, le missionnaire fut emprisonné dans une cage que l'on suspendit aux grandes portes du prétoire. Il était six heures du soir. Entre dix et onze heures, le condamné poussa distinctement, à trois reprises, un profond soupir : c'était le râlement de l'agonie. A ce mouvement convulsif, la cage se détache et tombe à terre. Les païens accourent et trouvent le confesseur de la foi respirant encore. Les uns veulent suspendre la cage; les autres s'y opposent, jugeant que le patient a succombé. Le corps resta donc jusqu'au lendemain matin étendu sur le sol. Les chrétiens entendirent de leur prison les derniers soupirs de M. Chapdelaine; ils purent même le voir à la lueur des lanternes, et ils s'accordent à dire qu'il rendit son âme à Dieu presque immédiatement après la chute.

C'était le 22e jour de la 1re lune de la 6e année de l'empereur Hien-fong, jour qui correspond au mercredi 27 février 1856.

Le jeudi 28, deux satellites jetèrent le cadavre sur un brancard, le portèrent hors de la ville et lui tranchèrent la tête. Au moment où la hache du bourreau frappa, trois jets de sang jaillirent vers le ciel; et les païens présents se dirent avec étonnement que le sang de cet étranger n'était pas comme celui des autres hommes, qu'il coulait même après la mort. La tête fut ensuite suspendue à un arbre dont le tronc subsiste encore, et les enfants de la ville se firent un horrible jeu de lui lancer des pierres, jusqu'à ce que, la chevelure se détachant, le crâne tombât à terre et disparût sous la dent des animaux immondes, le corps eut le même sort.

Le mandarin, qui avait eu des égards pour M. Chapdelaine en 1855, se trouvait alors à Pé-sé; à la nouvelle de la mort du missionnaire, il écrivit une lettre de reproche à son collègue:

« Illustre Tchang, lui disait-il, sache que tu as fait un

procès injuste en condamnant l'étranger Ma. Si cet homme eût été coupable, j'aurais moi-même instruit son procès sans attendre ton arrivée. »

Le juge lui-même reconnut son crime. Un jour du mois d'avril (le 3 de la 3ᵉ lune), un vent terrible, accompagné de coups de tonnerre, renversa les deux extrémités du prétoire de Si-lin, et arracha les grandes portes d'entrée avec leurs gonds; tout épouvanté, Tchang-min-fong se cacha sous le lit en criant :

« J'ai péché contre le ciel en condamnant à une mort injuste l'étranger Ma[1]. »

VII

M. Chapdelaine était le second prêtre de la Société des Missions-Étrangères, qui, en Chine, avait donné sa vie pour affirmer sa foi; le premier avait été Mgr Dufresse, en 1815; les années qui séparent ces deux morts glorieuses, ne s'étaient pas écoulées, nous le savons, sans que Dieu eût demandé ce suprême témoignage à d'autres missionnaires. La terre d'Annam avait bu le sang des Gagelin, des Marchand, des Jaccard, des Cornay, des Borie, et plus récemment des Schœffler et des Bonnard. Un instant Tu-duc et ses mandarins avaient laissé quelque répit aux chrétiens, ce n'était pas la paix, mais une simple trêve dont usait l'ennemi pour préparer de nouvelles armes.

A la cour, deux partis étaient en présence : l'un voulait qu'on en finît avec la religion, l'autre, par politique ou par humanité, penchait vers la tolérance. Incertain de la voie à suivre ou désireux de se laisser forcer la main, Tu-duc tint de nombreux conseils sur la question

---

1. *Lettre* de M. Bazin. — Nom chinois de M. Chapdelaine. Avec le missionnaire, deux chrétiens furent mis à mort : Laurent Pe-man et Agnès Tsao-Kouy.

religieuse de 1853 à 1855. Chacun des hauts mandarins traçait le plan qu'il considérait comme le meilleur, le gouverneur du Binh-dinh, province de Cochinchine, voulait faire des catholiques une caste de parias, et lasser leur constance à force de vexations; un autre grand mandarin, plus modéré, proposait ceci : « Qu'on persécute encore pendant trois ou quatre ans, après quoi, on laissera les chrétiens en paix. On proposera à chacun de fouler la croix; ceux qui obéiront auront une ligature de récompense; ceux qui s'y refuseront seront punis d'une amende de six masses. »

Évidemment celui-là était pour les moyens économiques. Tu-duc rejeta ces moyens, comme absolument insuffisants :

« Comment, dit-il, il y a près de vingt ans que nous employons tous nos efforts pour arracher les chrétiens à leur religion; nous n'avons encore rien gagné, et vous croyez qu'en trois ou quatre ans on viendra à bout de les convertir. »

D'autres mandarins proposaient des mesures plus sérieuses et plus redoutables : « Décapiter tous les missionnaires européens, assommer à coups de bâton les prêtres indigènes, étrangler les catéchistes et les étudiants ecclésiastiques; peine de mort pour quiconque cache un proscrit dans sa maison et pour tout maire de village qui ne le dénonce pas; peine de mort contre tout mandarin chrétien qui refuse d'abjurer; tout fonctionnaire sur le territoire duquel on arrêtera un prêtre, perdra sa place; récompense de cinq cents taëls à qui livre un prêtre européen et de cent taëls à qui livre un prêtre annamite. Le vice-roi du Tonkin, Thuong-giai, écrivit aussi son rapport, qui fut un des plus curieux; il inclinait à l'indulgence et à la liberté religieuse, mais pour ne pas choquer trop vivement le prince, il usait de détours, afin de lui faire accepter la vérité; à ce titre, c'est un spécimen achevé de diplomatie annamite, que Mgr Retord caractérisait en ces termes : « Il y a de tout dans cette pièce curieuse, du bon sens et de l'absurde, du vrai et du faux, du sérieux et du ridicule; mais ce qui domine certainement, à travers la phraséologie embarrassée d'un rhéteur qui veut dire la vérité, sans choquer trop fortement le maître, c'est la bienveillance à l'égard des fidèles et le désir très sincère d'arrêter la persécution. »

Ni les sages et politiques représentations du vice-roi du Tonkin, ni celles, très fermes aussi, du vice-roi de la basse Cochinchine qui s'était refusé, pour sa part, à publier l'édit de 1851, ne devaient l'emporter sur les conseils de la haine. Après trois ans de délibérations, de projets et de contre-projets, le 18 septembre 1855, l'édit de proscription générale fut porté. En vertu de ce décret, les mandarins chrétiens avaient un mois pour abjurer, les soldats et le peuple six mois; les catholiques ne pouvaient concourir pour aucun degré littéraire, ni exercer aucune charge; quiconque arrêtait un prêtre européen avait droit à trois cents clous d'argent (2,400 fr.) et un prêtre annamite à cent clous (800 fr.); la peine de mort était prononcée contre tout prêtre européen et annamite. On intima aux mandarins l'ordre absolu de veiller à la stricte exécution de cet édit. Cette fois, Tu-duc et ses ministres voulaient être obéis.

Les missionnaires reçurent bravement le coup qui les frappait; lisons cette lettre de Mgr Retord écrite au lendemain de la publication de l'ordonnance[1] : « Ne croyez pas, Messieurs, que nous nous laissions abattre par le chagrin, décourager par les revers ou intimider par la peur. Non, notre espérance en Dieu est

---

1. *Mgr Ret. et le Tonkin cat.*, p. 366.

toujours sans bornes. Nous savons que sans sa permission, il ne tombera pas un seul cheveu de notre tête, Lui qui nourrit les oiseaux du ciel, qui embellit le lis des champs d'une magnificence plus grande que celle de Salomon, veillera aussi sur nous qui sommes ses envoyés et ses ministres. Toujours inébranlable est notre confiance en Marie, la Consolatrice des affligés et la Reine des apôtres. Elle étendra sur nous son manteau protecteur, et au moment voulu par elle, la tempête qui nous agite cessera et le ciel redeviendra serein. Résignés d'avance à ce qui pourra nous arriver, peines et joies, tout nous est égal, pourvu qu'après les orages de ce monde, nous parvenions au repos de l'éternité bienheureuse! Donc vivent les misères et les pleurs de cette vie, les croix et les tribulations des apôtres et surtout les tourments et le sang des martyrs. Plaise à Dieu que nous en soyons trouvés dignes. »

Un rayon de soleil allait, d'ailleurs, bientôt briller dans leur ciel, mais hélas! immédiatement s'évanouir. Les persécutions sans cesse renouvelées et l'accroissement du commerce européen décidèrent Napoléon III à établir des relations plus fréquentes et plus directes entre la France et l'Extrême-Orient. Il envoya un plénipotentiaire, M. de Montigny, pour négocier des traités avec le Siam, le Cambodge et la Cochinchine. Le diplomate était autorisé à s'occuper de la question religieuse, et à réclamer pour les missionnaires le droit de vivre en paix et de prêcher librement les vérités catholiques. Il réussit à la cour de Bangkok, et signa le 15 août 1856 un traité dont l'article III était ainsi libellé :

« Les sujets français jouiront, dans toute l'étendue du royaume de Siam, de la faculté de pratiquer leur religion ouvertement et en toute liberté, et de bâtir des églises dans les endroits que l'autorité locale, après s'être concertée avec le consul de France, aura désignés comme pouvant être affectés à ces constructions.

« Les missionnaires français auront la faculté de prêcher et d'enseigner, de construire des églises, des séminaires ou écoles, des hôpitaux et autres édifices pieux, sur un point quelconque du royaume de Siam, en se conformant aux lois du pays.

« Ils voyageront en toute liberté dans toute l'étendue du royaume, pourvu qu'ils soient porteurs des lettres authentiques du consul de France, ou, en son absence, de leur évêque, revêtues du visa du gouverneur général, résidant à Bangkok, dans la juridiction duquel se trouveront les provinces où ils voudront se rendre. »

Après la conclusion de ce traité, M. de Montigny partit pour Hué; il devait se présenter sur les côtes d'Annam avec trois navires. Malheureusement, par suite de circonstances indépendantes de la volonté de tous, ces navires ne vinrent que successivement.

Le 16 septembre 1856, le *Catinat* parut le premier dans les eaux de Tourane; il apportait des lettres et des présents pour le roi de Cochinchine. Mais Tu-duc avait défendu, sous les peines les plus sévères, d'entrer en relations avec les sauvages d'Europe.

« En effet, écrivait-il à ses mandarins, ces barbares sont très ignorants et très corrompus; ils ne rendent aucun culte à leurs ancêtres; sous le rapport religieux, ils sont semblables à des chiens; pour le courage, ce sont des chèvres; ils courent les mers comme des pirates, établissent leurs repaires dans les îles désertes, ou s'embusquent sur les côtes, et de là fomentent des troubles et des révolutions dans les pays voisins. Ce serait donc pour notre royaume une honte et une calamité, si nous les recevions. »

Après de tels ordres, les mandarins refusèrent avec insulte de se charger des lettres adressées au roi et s'opposèrent au ravitaillement du navire. Le commandant du *Catinat*, poussé à bout, canonna les forts de Tourane et obtint ainsi que ses lettres fussent portées à Hué, et qu'on lui vendît les vivres dont il avait besoin. Puis, comme M. de Montigny n'arrivait pas, et que le *Catinat* ne savait que faire en ce pays ennemi, il s'en retourna à Hong-kong.

Ce départ inattendu fut un triomphe pour le roi. Immédiatement il adressa à tous les gouverneurs de province une petite note, conçue en ces termes :

« Comme on l'avait prévu, les barbares d'Europe sont venus avec un navire à feu jusqu'aux forts de la capitale, mais ils sont repartis aussitôt, pour échapper par la fuite au châtiment qu'ils ont trop bien mérité. Il n'y a donc plus à s'inquiéter d'eux. »

Les envoyés de la France ignoraient encore que, dans l'Extrême-Orient, il ne faut jamais reculer après s'être avancé, sous peine de se faire mépriser de ces peuples, prêts à s'imaginer qu'ils nous sont supérieurs. C'est une faute que nos agents ont commise quelquefois ; plaise au ciel qu'ils ne la commettent plus ; c'est notre souhait, oserions-nous dire que c'est notre espérance.

Un mois à peine après le départ du *Catinat*, la corvette *la Capricieuse* arrivait à son tour dans les eaux de Tourane. On reprit les négociations ; mais comme M. de Montigny était absent, on ne pouvait encore traiter sérieusement. Le commandant, M. Collin, fut invité avec ses officiers à un grand festin chez le mandarin de Tourane ; bien leur prit de n'y pas toucher : les mets étaient empoisonnés.

Néanmoins, pour gagner du temps, le roi se montra disposé à écouter les propositions du gouvernement français ; pendant ces négociations feintes, il concentrait ses meilleures troupes sur Tourane, des batteries s'élevaient de chaque côté de la rivière de Hué, de nombreux barrages en coupaient le cours ; tout se préparait pour la résistance.

Le Vicaire apostolique de la Cochinchine septentrionale, Mgr Pellerin, voulut avertir le commandant de ce qui se passait. Les routes étaient gardées, les postes de douane doublés, le fort de Tourane surveillé ; arriver jusqu'au navire était jouer sa tête. L'évêque la joua avec son aventureuse hardiesse. « Dans un lambeau de toile peinte, il se tailla un semblant de pantalon européen, se découpa un gilet et une espèce de tunique, et se confectionna un soi-disant képi. Il orna le tout de je ne sais quels vieux galons. Un prêtre indigène endossa à peu près le même costume, et voilà nos deux marins de contrebande en route vers la corvette. L'un était censé officier supérieur et portait une longue-vue en guise de fusil de chasse, l'autre suivait en qualité d'ordonnance, et n'avait à la main qu'une canne bourgeoise. Ils traversèrent ainsi tous les postes de soldats annamites qui firent semblant de ne pas les apercevoir. » Arrivés en face du navire, ils attirèrent son attention par des signaux. un canot vint à eux et les conduisit à bord. L'évêque exposa la situation au commandant de la *Capricieuse*, mais celui-ci ne pouvait rien sans le plénipotentiaire.

Cependant la nouvelle de l'ambassade française avait été accueillie au Tonkin avec enthousiasme.

« Une joie incroyable se répandit partout, a écrit Mgr Retord. Il fallait voir comme nous nous empressions de bâtir les plus brillants châteaux en Espagne, au sujet de nos succès et de nos travaux futurs ! Déjà tout ce pays nous apparaissait catholique, avec de jolies églises dans chaque village, avec d'élégants clochers dont il nous semblait entendre les joyeux carillons. Oh ! que c'était beau ! » Hélas ! ce ne fut qu'un beau rêve ! M. de Montigny n'arrivait pas, et la *Capricieuse*, après le *Catinat*, prit la route de Hong-kong, ayant à son bord

Mgr Pellerin, que des postes de douanes de plus en plus sévères empêchaient de rentrer dans sa mission.

Que faisait donc M. de Montigny, que l'on attendait depuis plusieurs mois, et dont l'absence inexplicable compromettait le succès des négociations? Hâtons-nous de dire que ce long retard ne lui était pas imputable, et que pendant sa longue carrière diplomatique, il fut toujours le courageux et habile défenseur des intérêts français, l'ami dévoué des Missions. En quittant Siam, un de ces typhons, si fréquents à cette époque de l'année dans les mers de Chine, l'avait forcé de relâcher à Singapore; de là il s'était rendu à Bornéo, puis à Manille, d'où il était enfin parti pour la Cochinchine. Le 23 janvier 1857, il arrivait en rade de Tourane sur un petit vapeur. Il était trop tard. Le roi d'Annam, revenu de sa première frayeur, encouragé secrètement par la Chine, avait eu le temps d'organiser la résistance et de se préparer à tenir tête à ces barbares d'Occident, qui n'étaient pas après tout si redoutables, puisqu'ils partaient les uns et les autres, sans se venger des refus persistants opposés à leurs demandes. Après quelques essais inutiles de négociations, le plénipotentiaire français, n'ayant ni vaisseau ni soldats pour appuyer ses paroles, se vit forcé à son tour de quitter Tourane et de passer à Hong-kong. Mais avant de s'éloigner, il eut, dans sa générosité chevaleresque, la pensée d'écrire à Tu-duc, pour lui recommander les chrétiens et les missionnaires, le menaçant de la colère de la France, s'il osait encore les mettre à mort.

Le départ des vaisseaux français jeta la consternation dans le cœur de tous les catholiques annamites, des frontières de Chine à celles du Cambodge. « Jamais déception plus navrante pour nos chrétiens, s'écriait le Vicaire apostolique du Tonkin occidental. Et nous, il faut bien l'avouer, nous avons éprouvé un indicible serrement de cœur, en voyant s'écrouler si vite tout l'édifice de nos plus chères espérances, en entendant répéter autour de nous des plaintes accusatrices et des propos extrêmement durs pour nos oreilles françaises. Sont-ce là, disait-on, vos compatriotes si vantés? C'était bien la peine de venir de si loin, s'ils ne voulaient que manger des buffles, aller à la chasse des singes, ou se promener en amateurs sur les rivages de la mer! ils sont venus sans que nous les ayons appelés, et ils nous quittent après nous avoir compromis. Ils ont commencé par une bravade et fini par une lâcheté. Voilà quelques-unes des belles paroles, qui traduisaient autour de nous le désappointement général. Il est vrai qu'elles étaient injustes : M. de Montigny a fait tout ce qu'on pouvait attendre d'un homme de cœur, son dévouement ne s'est arrêté que devant l'impossible. »

En voyant l'intérêt que le plénipotentiaire français portait aux chrétiens et aux missionnaires, Tu-duc et ses mandarins en conclurent que ceux-ci l'avaient appelé, et dès lors la persécution, sans perdre son caractère religieux, revêtit un caractère politique. De Hong-kong, Mgr Pellerin comprit le redoutable orage qui allait se déchaîner; il crut devoir, sur le conseil même de M. de Montigny, venir en France exposer à l'empereur la situation des missions annamites, et le prier d'agir sérieusement et efficacement pour obtenir la liberté religieuse.

L'Europe qui, depuis près de vingt ans, essayait de nouer des relations avec l'Extrême-Orient, de se faire accepter par lui, d'y établir son commerce et quelques-unes de ses idées civilisatrices, allait faire un grand pas en avant; la France, en particulier, profiterait des circonstances nouvelles pour agrandir ses possessions coloniales; partie pour défendre sa religion et ses nationaux, elle trouverait dans cette expédition lointaine la gloire militaire et l'extension de son territoire, héritage d'honneur des peuples. Il nous reste à raconter le rôle de la Société des Missions-Étrangères pendant les événements, qui amenèrent ces importants changements.

CHAPITRE VII
1857-1859

La Société des Missions-Étrangères de 1857 à 1859. — I. La révolte des Cipayes aux Indes. — Les écoles. — Travaux des Vicaires apostoliques et des missionnaires de l'Inde. — Le schisme portugais. — Le Concordat de 1857. — M. Albrand à Rome. — Mgr Bonnand chargé de la visite de l'Inde catholique. — II. Le décret de 1857 pour l'introduction de la cause de Mgr Imbert, de MM. Maubant, Chastan, Delamotte, Schœffler, Bonnard, Chapdelaine. — Lettre de Pie IX aux aspirants du Séminaire des Missions-Étrangères. — III. Intervention de la France en Chine. — Situation religieuse et politique des Missions. — Victoire des Français et des Anglais. — Traité de Tien-tsien, 27 juin 1858. — Joie des missionnaires. — Déception. — IV. La France au Japon. — Mort de M. Colin. — M. Libois. — Les missionnaires au Liou-kiou et sur les côtes du Japon. — Traité du 9 octobre 1858. — Espérances de M. Girard. — V. La persécution en Annam. — Édits de Tu-duc contre les missionnaires et contre les chrétiens. — Révolte. — Mgr Retord ordonne d'obéir au souverain. — Épreuves de Mgr Jeantet, de MM. Vénard, Néron, de Mgr Retord. — Mgr Sohier. — Son désir de la paix. — VI. L'expédition française. — Rigault de Genouilly à Tourane. — Les missionnaires attaqués et défendus. — Mort de Mgr Retord. — Appréciation que font de lui ses contemporains. — VII. Les Français à Saïgon. — État de l'Indo-Chine orientale.

Depuis vingt-cinq ans, la Société des Missions-Étrangères offre un mouvement et une activité qui vont chaque jour grandissant, dus à l'augmentation du nombre des missionnaires et l'accroissement des ressources données par les œuvres apostoliques.

Les causes politiques vont s'unir de plus en plus aux causes religieuses pour accroître ces résultats; il suffit de les énumérer pour en constater l'importance.

Aux Indes, une révolte éclate contre la domination anglaise et se termine par l'admission plus générale des catholiques aux emplois publics; le Portugal conclut avec Rome un concordat qui semble frapper les Vicaires apostoliques, mais en réalité les affermit.

En Chine, l'Angleterre et la France remportent d'éclatantes victoires et signent des traités favorables à la liberté religieuse.

Au Japon, la France ouvre la porte à la propagande catholique, et en Annam, elle fait de modestes conquêtes qui en présagent et préparent de plus grandes.

Ces faits nous indiquent les travaux de la Société des Missions-Étrangères pendant cette période.

Aux Indes, elle défend les Vicaires apostoliques et leurs chrétiens, fait face aux besoins d'une situation nouvelle en développant l'instruction.

Dans l'empire du Milieu, elle aide aux négociations de nos diplomates et éclaire notre gouvernement.

En Annam, elle souffre de la longueur d'une expédition mal combinée, tout en donnant à nos troupes les secours religieux dont elles ont besoin; en un mot, sans s'écarter de l'apostolat qui est son but unique, elle prend aux événements la part que lui assignent son amour des âmes, son patriotisme et l'intérêt bien entendu de la civilisation occidentale et des contrées qu'elle évangélise.

Pendant ces années si remplies, elle reçoit de Rome des témoignages de confiance et d'affection, qui lui permettent de croire que le bien accompli par ses prêtres et ses évêques n'est pas sans mêler quelque joie aux douleurs du chef suprême de l'Église.

Par cette simple indication des faits, sans entrer dans les détails, il est visible qu'à cette époque comme au xviie siècle, au xviiie et au commencement du xixe la Société suit la même route. Elle garde l'impulsion que lui ont donnée ses premiers Vicaires apostoliques, ceux qui avaient si bien compris les devoirs que lui imposait sa nature de Société apostolique et de Société française;

elle s'inspire de leurs actes et de leurs paroles, et tout en se développant, en portant le nom de Jésus-Christ sur d'autres terres, en implantant la foi par des œuvres nécessaires aux temps actuels, elle peut inscrire sur les pages de ses annales le *qualis ab incepto,* qui lui rappelle ses ancêtres, résume son histoire et peint sa situation.

Cette similitude du passé et du présent est un principe de vie pour toute Société, obligée de conserver à travers les siècles tout en l'adaptant aux besoins particuliers de l'époque, la pensée sainte qui fut la force et la lumière des fondateurs, et qui doit rester celle des successeurs, sous peine d'irrémédiable déchéance. Nous allons voir dans quelles circonstances et par quels actes les prêtres de la Société des Missions-Étrangères se sont montrés les conservateurs de l'œuvre établie en 1658.

I

Au milieu de l'année 1857, l'Europe apprit tout à coup, que l'Angleterre était menacée de perdre les Indes, où une révolte terrible venait d'éclater. Excepté pendant les guerres de la fin du xviii° siècle et les troubles occasionnés par la Révolution, la Société des Missions-Étrangères avait toujours joui de la tranquillité dans les territoires qui lui étaient confiés, à Pondichéry, au Maïssour et au Coïmbatour. Cette fois, ces missions semblaient devoir être frappées ; la haine des révoltés, la faiblesse numérique des garnisons anglaises faisaient craindre de grands malheurs ; les musulmans tentèrent de jeter la panique dans le sud de l'Inde, en exagérant, partout où ils passaient, les échecs des Anglais et les victoires de leurs ennemis.

Le fameux Nana-Saheb avait, disait-on, offert la suprématie sur l'Inde à Napoléon III, ce qui encourageait encore les rebelles.

A Bangalore, tous les Européens s'armèrent, décidés à vendre chèrement leur vie. Mgr Charbonnaux licencia les élèves du séminaire.

Pondichéry, d'ordinaire si tranquille, fit également des préparatifs de défense : « Tout y est en mouvement. écrivait M. Godet, l'administration fait fortifier autant qu'elle peut la ville Blanche, et des fusils sont distribués aux habitants. »

Mgr Bonnand sentait le péril, mais avec son grand calme et son invincible confiance en Dieu, il continuait ses tournées pastorales et s'en allait à Carmatampatty. sacrer Mgr Godelle, son coadjuteur, dont un missionnaire disait :

« C'est un saint qui fait des miracles. »

C'était non seulement un saint, mais encore un homme d'idées nettes, larges et droites, dont l'humilité ne parvenait pas à cacher toutes les qualités.

Les Anglais, cependant, grâce à la décision et au sang-froid de leurs officiers généraux, finirent par être maîtres de la révolte ; mais après, en gens sensés et pratiques, ils cherchèrent les causes principales qui l'avaient excitée, et s'efforcèrent d'y remédier.

Jusqu'à ce moment, ils avaient tiré des Indes tout ce que ce pays pouvait rapporter, sans se préoccuper de son bien-être moral ou matériel.

Dès lors, ils travaillèrent à y répandre la civilisation européenne, non pas tout d'un coup, en changeant les lois d'un trait de plume, mais en la faisant entrer peu à peu dans les masses, par une instruction largement dispensée, par des places grassement rétribuées, et données à ceux qui n'avaient pas trempé dans la rébellion.

De ce nombre étaient les catholiques.

On avait observé, en effet, que dans les provinces les plus peuplées de chrétiens, les rebelles avaient recruté des adhérents peu nombreux. La mesure que prit le gouvernement en appelant les catholiques à le servir était évidemment un avantage pour eux ; c'était aussi un danger, si les missionnaires n'y paraient rapidement, car les Anglais exigeaient une instruction supérieure de ceux à qui ils donnaient des emplois.

Il était donc nécessaire d'avoir des collèges et des écoles pour instruire les chrétiens, et les préparer à passer des examens, autrement ils fréquenteraient probablement les écoles protestantes.

Les Vicaires apostoliques redoublèrent aussitôt d'ardeur pour multiplier les établissements d'instruction publique.

Mgr Bonnand et Mgr Charbonnaux développèrent les œuvres qu'ils avaient déjà fondées.

Mgr Godelle, nommé administrateur du Coïmbatour[1], marcha sur leurs traces. Les deux collèges, un pour les Européens et un pour les indigènes, que possédait sa mission, prospérèrent, ils furent utiles non seulement pour les progrès matériels, mais encore ils portaient des fruits de salut.

« Il ne se passe pas d'années, écrivait l'évêque, que plusieurs des écoliers païens, que nous avons, ne nous demandent à embrasser la religion et à recevoir le saint baptême. »

L'administration française crut de son devoir de venir en aide aux prêtres de la Société des Missions-Étrangères. A Pondichéry, un commissaire de la marine, M. Lefaucheur, adressa au prince Napoléon, alors ministre de l'Algérie et des colonies, une longue lettre, lui détaillant les besoins de l'Inde, le bien qu'y faisaient les missionnaires et le bien plus grand encore qu'ils accompliraient, si leurs ressources étaient moins

---

1. Tout en restant le coadjuteur de Mgr Bonnand.

limitées. Il comparait le budget de l'instruction à Pondichéry et dans les autres colonies, et concluait que ce dernier était des trois quarts supérieur au budget des Indes.

Cette lettre, dictée par un grand amour de la justice et de la cause française, n'eut aucun résultat, et la Société fut laissée à ses seules forces.

A cette même époque, elle avait également d'autres soucis dans les Indes.

Nous avons vu souvent l'hostilité des Portugais contre les Vicaires apostoliques, elle existait toujours et se traduisait par des actes attristants et nuisibles aux âmes.

Pour faire comprendre la situation telle qu'elle était en 1857, il nous faut remonter quelques années en arrière.

En 1843, Mgr Joseph de Silva Torrès fut nommé archevêque de Goa avec le titre de Primat d'Orient, et en même temps, il reçut un bref restrictif limitant ses pouvoirs dans le sens de la bulle *Multa præclare*. Le nouvel archevêque publia ses bulles, supprima le bref, déclara les Vicaires apostoliques excommuniés, puis réclama tous les droits primatiaux qu'avaient eu ses prédécesseurs. Il ne s'arrêta pas là. Le clergé goanais diminuant dans l'Inde, pour en empêcher l'extinction totale, il ordonna d'un seul coup 600 clercs de tous ordres, pris dans tous les rangs de la Société.

Un grand nombre d'entre eux étaient sans éducation; très peu avaient l'instruction requise.

Puis il lança dans les missions ces prêtres improvisés, alimentant ainsi pour longtemps une lutte déplorable.

Mgr de Silva Torrès fut transféré à l'archevêché de Palmyre en 1848 et remplacé à Goa seulement en 1861, mais pendant la vacance du siège, un nouveau scandale se produisit.

L'évêque de Macao, Mgr Matta, appelé par le chapitre de Goa, conféra les saints ordres dans cette ville et usurpa les fonctions épiscopales à Colombo et à Bombay.

Une lettre collective, signée par treize évêques, au nombre desquels furent Bonnand, de Brésillac, Charbonnaux, Pallegoix, Boucho, des Missions-Étrangères, porta ces faits à la connaissance du Pape, déclarant que « c'était anéantir le fruit de leurs travaux et de leurs peines et causer des torts irréparables au catholicisme au point de faire de la religion un scandale public ».

Pie IX répondit par le bref *Probè no. tis* adressé aux évêques et aux fidèles de l'Inde, qui condamnait l'évêque de Macao et nommément quatre prêtres goanais.

Ceux-ci eurent alors recours à leur tactique ordinaire, ils rejetèrent le bref *Probè nostis*, comme n'ayant pas le placet de la reine de Portugal et par conséquent étant apocryphe. A Lisbonne, les Cortès prodiguèrent leurs insultes « aux Propagandistes » et le 20 juillet 1853, ils déclarèrent que les quatre victimes frappées par le bref apostolique « avaient bien mérité de la patrie ».

Des pourparlers s'engagèrent entre Rome et le Portugal, ils aboutirent au concordat signé à Lisbonne le 21 février 1857, entre le cardinal di Pietro, prononce apostolique, et M. de Magalhaens, ministre plénipotentiaire.

Ses clauses pouvaient se réduire aux quatre articles suivants :

1° Des arrangements auront lieu pour la nomination d'un nouvel archevêque de Goa, la délimitation de son diocèse et de sa juridiction.

2° Il sera érigé des diocèses portugais dans les anciennes possessions de la couronne : ce seront les diocèses de Cochin, Méliapour, Malacca, et l'archevêché *ad honorem* de Cranganore.

3° Le gouvernement portugais, d'accord avec le

Saint-Siège, pourra établir de nouveaux diocèses dans d'autres parties de l'Inde anglaise ; cela graduellement, et selon que ses moyens le permettront.

4° Deux commissaires, nommés par le Pape et par le Roi, devaient délimiter les nouveaux diocèses.

Six années étaient accordées au Portugal pour déterminer les moyens d'effectuer ces changements et de remplir ces conditions ; et pendant ce temps, une juridiction extraordinaire était accordée à l'archevêque de Goa sur toutes les églises et sur le clergé qui, à la date de la signature du concordat, étaient encore insoumis aux Vicaires apostoliques.

Ce concordat fut accepté par les Cortès à la majorité de 15 voix et par la Chambre des Pairs presque à l'unanimité, il reçut la sanction royale, mais il ne fut pas ratifié par le Pape.

Des différents articles qu'il renfermait, le III° parut le plus inquiétant ; en effet, il permettait au Portugal de remplacer les Vicariats apostoliques par des évêchés. En réalité, Rome n'avait voulu que laisser faire l'épreuve des forces portugaises, sûre d'avance que les conditions exigées ne seraient jamais remplies.

Cette interprétation de la pensée pontificale se dégage de plusieurs lettres écrites par le Préfet ou par le secrétaire de la Propagande, entre autres d'une lettre du Cardinal Barnabo du 30 mai 1863. Ne connaissant pas les desseins de la cour romaine, la Société des Missions-Étrangères fut au premier moment très émue de ce traité, qui semblait ne lui laisser dans les Indes que les possessions françaises, dans la presqu'île de Malacca que l'île de Pinang, et en Chine, lui enlevait la province du Kouang-tong, l'île de Haï-nan et les îles voisines.

M. Guillemin, le préfet apostolique de Kouang-tong, Mgr Boucho, le Vicaire apostolique de la presqu'île de Malacca, les Vicaires apostoliques de la Société dans les

Indes. Bonnand, Charbonnaux, Godelle exposèrent à la Propagande et au Souverain Pontife l'état des choses.

Le Supérieur du Séminaire des Missions-Étrangères, M. Albrand, fut député à Rome. Les choses traînèrent en longueur. Le Saint-Siège ne voulait pas heurter trop vivement le Portugal, il voulait encore moins sacrifier le bien des âmes. Il nomma d'abord évêque le préfet apostolique du Kouang-tong; c'était tout au moins indiquer l'intention de le soutenir. Il décida ensuite d'étudier plus à fond la question, et choisit pour lui donner tous les renseignements désirables, un Vicaire apostolique de la Société, Mgr Bonnand, et lui ordonna en 1858 de faire la visite de l'Inde entière.

Déjà, en 1854, il avait été envoyé à Ceylan traiter de graves questions avec les missionnaires de cette île. Cette fois le mandat était encore plus honorable, il était également plus difficile. L'évêque allégua ses infirmités et son grand âge. Le Pape fondait de grandes espérances sur sa sagesse et sa prudence, il n'accepta pas ses raisons, et Mgr Bonnand se mit en route, accompagné de deux de ses prêtres Dépommier et Laouënan[1].

II

Le choix que le Souverain Pontife avait fait du Vicaire apostolique de Pondichéry, pour une importante et délicate mission, pouvait n'être qu'un acte de confiance en un seul évêque, et ne rejaillissait qu'indirectement sur la Société des Missions-Étrangères, d'autres actes allaient honorer la Société entière; ce fut d'abord un décret du 24 septembre 1857, par lequel Pie IX autorisa l'intro-

---

1. Du diocèse de St-Brieuc, parti en 1846, mort archevêque de Pondichéry en 1892.

duction de la cause de 93 martyrs des missions de la Société ; 83 appartenaient à la Corée, 5 à la Cochinchine, 2 au Tonkin et 3 à la Chine.

Voici la première partie de ce décret :

« Lorsque la divine lumière de l'Évangile brilla pour la première fois aux yeux des hommes par la prédication des Apôtres, « il y eut une grande persécution dans l'Eglise » (Act. des Ap. VIII, 1) et on vit surgir cette horrible conspiration que David avait autrefois prédite : « Les rois de la terre se sont assemblés, les princes se sont ligués contre le Seigneur et contre son Christ (Ps. II, 2). » Depuis ce premier âge de l'Église, jamais cette guerre criminelle contre les vrais enfants du Christ ne s'est interrompue et elle ne pouvait s'interrompre : le divin fondateur de l'Église avait en effet prédit que ce serait là le signe de la vérité chrétienne. « Si vous aviez été du monde, le monde aimerait ce qui est à lui, mais parce que vous n'êtes pas du monde, et que je vous ai choisis au milieu du monde, le monde vous hait... S'ils m'ont persécuté, ils vous persécuteront aussi (Jean, xv, 19, 20). » C'est pourquoi les pasteurs de l'Église n'eurent jamais rien plus à cœur, jamais ils n'eurent plus de sollicitude que de se glorifier et de se réjouir de ceux qui, dans le cours des siècles et dans divers lieux, combattirent vaillamment les combats du Seigneur, et qui, supportant avec courage les tourments les plus atroces, montrèrent à ceux du dehors, et revendiquèrent pour la Société catholique ce caractère divin de l'Église et ce signe très évident de la Vérité chrétienne. Et la même chose est arrivée très heureusement à notre époque, afin qu'elle n'eût pas à envier le passé, et ne manquât pas de nouvelles armes pour renverser ses ennemis pullulant de toutes parts. En effet, dans les contrées de l'Extrême-Orient, dans le Tonkin, la Cochinchine, la Corée et l'Empire chinois, plusieurs serviteurs de Dieu ont courageusement souffert la mort pour le Christ, comme l'attestent des documents du plus grand poids. Comme le Séminaire des Missions-Étrangères de Paris et en son nom, le Révérendissime Gustave de Hohenlohe, postulateur député, a fait d'instantes supplications à Notre Très Saint-Père le Pape, Pie IX, pour que ces documents authentiques, sur le martyre et la cause du martyre desdits serviteurs de Dieu, tenant lieu de Procès informatif, il daignât accorder la même grâce que, dix-sept ans auparavant, avait accordée, dans une cause semblable, le Pape Grégoire XVI, de sainte mémoire et qu'en conséquence il voulût bien confier à une Congrégation particulière des Rites sacrés, la discussion du doute suivant : « Doit-on signer la Commission d'introduction de la Cause desdits serviteurs de Dieu, au cas et à l'effet dont il s'agit ? » Sur la présentation des documents dont il a été parlé plus haut, et après avoir entendu *pro veritate*, la lecture du *votum* du Révérendissime P. André-Marie Frattini, promoteur de la sainte Foi, le Très Saint-Père, recevant bénignement ses prières, a accordé la demande avec bonté, se réservant à lui-même la nomination de la Congrégation particulière, comme il constate par le rescrit donné le 14e jour de juillet 1856.

« C'est pourquoi cette congrégation particulière s'étant assemblée, le jour ci-après, au palais de l'Eme et Rme seigneur le cardinal Constantin Patrizi, évêque d'Albano, préfet de la Congrégation des Rites sacrés, ayant examiné et pesé les susdits documents, et considéré le *votum* du Révérendissime P. André Marie Frattini, promoteur de la sainte Foi, qui a même exposé de vive voix son sentiment; et quand on a proposé le doute suivant :

« Doit-on signer la commission d'introduction de la Cause desdits serviteurs de Dieu, au cas et à l'effet dont il s'agit ? » Elle a pensé qu'il fallait répondre : « S'il plaît au Très Saint-Père, on doit la signer pour les suivants. »

Le souverain Pontife ratifia le rescrit de la Congrégation chargée de l'examen des martyrs, et signa la commission d'introduction de la Cause des serviteurs de Dieu.

Parmi les martyrs, qui désormais avaient droit au titre de Vénérables, étaient sept membres de la Société : Mgr Imbert, MM. Maubant, Chastan, Delamotte, Schœffler, Bonnard et Chapdelaine.

Un autre acte de la particulière bienveillance de Pie IX fut une lettre, qu'il adressa le 17 juillet 1858 aux aspirants du Séminaire des Missions-Étrangères, en réponse à celle qu'il avait reçue d'eux :

« Vos lettres, pleines de culte filial, de piété et d'attachement, Nous ont apporté une grande consolation. Elles Nous ont confirmé que vous avez un cœur prêt à soutenir toutes sortes de fatigues pour le salut des âmes ; un cœur qui ne redoute pas d'affronter la mort, pour étendre les limites du royaume de Jésus-Christ. Nous croyons du reste, que notre amour pour vous, dont Nous avons déjà, plusieurs fois, donné des preuves au supérieur de votre Séminaire vous est assez connu. Maintenant, Nous voulons vous témoigner de nouveau et vous affirmer par lettre, notre affection pour vous, et vous encourager à poursuivre jusqu'à la fin la carrière dans laquelle vous êtes entrés. Efforcez-vous donc de plus en plus, chers Fils, de conserver et d'entretenir votre piété et votre attachement à notre personne et à la Chaire sainte du Prince des apôtres. Instruits au noviciat des ouvriers apostoliques, efforcez-vous d'acquérir toutes les ve ̄us. dont les prédicateurs de l'Évangile doivent être remplis. Excités par les exemples illustres que vous donne votre Séminaire, songez à la charge, sainte et lourde en même temps, de l'apôtre qu'on envoie parmi les infidèles, porter la lumière de la Foi et affermir les chrétiens. »

III

Les honneurs rendus aux martyrs de la Société, les encouragements et les conseils adressés aux aspirants du Séminaire, se mêlaient au secours que la France commençait à porter aux Missions, et c'est une joie de signaler cette coïncidence heureuse, cette union de l'Église et de la patrie que certains voudraient briser, et qui reste toujours. Comme ces enfants parfois révoltés et insoumis qui, malgré tout, gardent l'empreinte de l'éducation maternelle, la Fille aînée de l'Église conserve la marque indélébile, qui enveloppa son berceau et dirigea sa marche à travers le monde.

Napoléon III avait résolu d'intervenir en Chine et d'obtenir par la force des armes le respect des traités, la liberté commerciale et religieuse.

Mais avant de raconter ces faits, jetons un regard sur la situation des prêtres de la Société dans l'empire du Milieu.

Nous avons dit dans le chapitre précédent que la guerre civile désolait plusieurs provinces : le Kouang-tong, le Kouang-si, le Kouy-tcheou, le Yun-nan. Cet état de troubles continuait, tantôt s'aggravant, tantôt s'améliorant, sans jamais faire place à la paix et à la tranquillité.

« Au Yun-nan, écrivait M. Huot, les routes sont interceptées de telle sorte qu'il nous serait plus facile d'aller en Europe qu'à la capitale de la province. »

M. Bariod [1] fut pris, à deux journées de Ko-kouy, par les voleurs qui pillèrent sa maison, le frap-

---

1. Du diocèse de St-Claude, parti en 1852.

pèrent et le dépouillèrent de ses vêtements; puis ils lui mirent une chaîne au cou, lui lièrent les mains, et en cet état ils l'attachèrent à l'autel d'une pagode et le laissèrent deux jours sans nourriture. Lorsqu'il demanda quelle décision serait prise à son égard, le chef des bandits lui envoya une feuille de papier rouge sur laquelle étaient écrits ces mots : « Le grand maître Bariod, pour avoir reçu chez lui la race diabolique des indigènes, payera une amende de quatre cents onces d'argent; de plus, il vendra sa maison du Seigneur du ciel afin de nous indemniser des frais de voyage. » Le missionnaire répondit que c'était impossible. Alors on lui remit un second message ainsi conçu : « Bariod, le grand maître, n'ayant pas voulu donner l'argent exigé, aura la tête coupée demain. »

Heureusement, pendant ces pourparlers, les chrétiens invitèrent quelques païens à leur prêter main-forte, et tous ensemble, fondant sur l'ennemi, délivrèrent le missionnaire.

La guerre civile éclata également au Su-tchuen, des bandes de scélérats portèrent successivement dans une partie de la province, le pillage, l'incendie et la mort.

Les autorités furent impuissantes à apaiser cette rébellion, par suite de l'incurie ou de la connivence de certains chefs de l'armée.

« Dans ces luttes fratricides, écrivait Mgr Pérocheau, point de prisonniers de guerre. Les impériaux massacrent sur-le-champ les rebelles pris; et à leur tour, les insurgés égorgent sans délai les militaires tombés entre leurs mains.

« La ville de Tchoug-kin la plus commerçante de la province est la plus rapprochée du théâtre de la guerre. Dans ses murs se sont accomplis des actes de cruauté inouïe. D'habitude, les insurgés ne tuent que les militaires et les prétoriens de tout grade; or, au moment où ils allaient prendre d'assaut la ville dont j'ai parlé, les impériaux ont promptement déposé leurs uniformes et endossé des habits ordinaires.

« Les rebelles, entrés dans la ville, et ne voyant point de costumes officiels, ont deviné la fraude. Aussitôt, ils ont massacré tous les hommes depuis dix-huit ans jusqu'à soixante, pour ne pas manquer un seul soldat, ni un seul prétorien. »

Cette malheureuse situation et le martyre de M. Chapdelaine, qui avait une fois de plus manifesté aux païens la haine, que leur gouvernement portait aux Européens et aux prédicateurs de l'Évangile, n'était pas faite, on le comprend aisément, pour favoriser le développement des Missions.

C'est dans ces circonstances que la France intervint en Chine, et voici comment cette intervention fut amenée.

Le traité, conclu en 1844 par M. de Lagrenée, devait être renouvelé dix ans plus tard ; mais, à l'époque fixée, la guerre de Crimée empêcha la France de donner tous ses soins aux affaires de Chine. La mort de M. Chapdelaine rappela de ce côté l'attention de notre gouvernement.

Les représentants de la France, de l'Angleterre et des Etats-Unis firent connaître officiellement au vice-roi de Canton, Yé, qu'ils étaient chargés de négocier avec le cabinet de Pékin la revision des traités et la réparation des griefs, dont leurs gouvernements avaient à se plaindre. Yé se contenta de leur dire que cette revision était inopportune et que pour lui, il n'était pas disposé à y prendre part.

Deux mois après cette impertinente réponse, notre représentant intérimaire, M. de Courcy, demanda satisfaction pour le meurtre juridique de M. Chapdelaine ; il n'obtint rien.

Le 6 octobre 1856, Yé outragea l'Angleterre en faisant saisir treize Chinois à bord d'un navire anglais l'*Arrow*. Le consul anglais, Parkes, ayant vainement réclamé, ordonna à la flotte d'attaquer les forts et la ville de Canton, qui tombèrent en son pouvoir du 23 au 29 octobre. Cet exploit ne fit qu'exciter la haine des Chinois, qui massacrèrent les officiers du vaisseau français l'*Anaïs*. L'Angleterre et la France réunirent alors leurs forces; elles se préparaient à entamer les hostilités, lorsque la nouvelle de la révolte des cipayes, dont nous avons parlé plus haut, rappela les Anglais dans l'Inde. Avant même que la victoire fut complète sur les rives du Gange, l'ambassadeur, lord Elgin, revint dans les mers de Chine, où il se rencontra avec l'ambassadeur de France, le baron Gros, et tous les deux s'accordèrent à reconnaître la nécessité de frapper un coup décisif au sud de l'empire, avant d'ouvrir au nord la campagne diplomatique.

L'amiral Rigault de Genouilly notifia au vice-roi Yé le blocus du fleuve, et le 1ᵉʳ janvier 1858, les forces alliées pénétrèrent dans Canton et s'y établirent, puis les ambassadeurs se transportèrent à Chang-haï, et demandèrent l'envoi à l'entrée du Peï-ho d'un commissaire impérial, avec lequel il leur fut possible d'entamer des négociations. La cour de Pékin déclara qu'elle acceptait, mais toujours semblable à elle-même, elle dépêcha un plénipotentiaire, sans lui donner les pouvoirs suffisants pour traiter. Alors, le 20 mai, les troupes européennes occupèrent les forts de Takou après une courte résistance; lord Elgin et le baron Gros se rendirent à Tien-tsin, où deux traités furent conclus, le 26 juin entre la Chine et l'Angleterre, et le 27 entre la Chine et la France.

Notre pays avait tenu à honneur de donner une grande place à la question religieuse.

Dès le 19 juin, le baron Gros, dans une de ses dépêches, disait : « En vertu des conditions imposées par la France, le vaste empire chinois s'ouvre au christianisme ; nos missionnaires seront admis partout. Le meurtrier de M. Chapdelaine sera puni, la *Gazette de Pékin* l'annoncera. Les lois contre le christianisme seront abrogées... »

Ces conditions furent, en effet, stipulées, et l'article XIII du traité fut conçu en ces termes :

« La religion chrétienne ayant pour objet essentiel de porter les hommes à la vertu, les membres de toutes les communions chrétiennes jouiront d'une entière sécurité pour leurs personnes, leurs propriétés et le libre exercice de leurs pratiques religieuses, une protection efficace sera donnée aux missionnaires, qui se rendront publiquement dans l'intérieur du pays, munis de passeports réguliers. Aucune entrave ne sera apportée par les autorités de l'empire chinois au droit, qui est reconnu à tout individu en Chine, d'embrasser s'il le veut, le christianisme, et d'en suivre les pratiques sans être passible d'aucune peine infligée pour ce fait. Tout ce qui a été précédemment écrit, proclamé ou publié en Chine, par ordre du gouvernement, contre le culte chrétien, est complètement abrogé et reste sans valeur dans toutes les provinces de l'empire. »

L'article XII avait également une grande importance pour les prêtres de la Société des Missions-Étrangères, qui étaient tous Français. Il portait cette clause :

« Les propriétés de toute nature, appartenant à des Français dans l'Empire chinois, seront considérées par les Chinois comme inviolables et seront toujours respectées par eux. »

Lorsque les missionnaires connurent ce traité, ils eurent un cri de joie, ils ne s'attendaient pas à voir la campagne finir si vite et les Chinois accepter si promptement les conditions imposées. Mais bientôt ils s'étonnèrent moins de cet empressement, quand ils virent la cour de Pékin négliger ses promesses, ne pas publier le traité, refuser toute justice et toute liberté aux chrétiens.

« Les Chinois se sont moqués des Français, écrivait M. Favand, et ne tiennent aucun compte des traités. Malgré nos réclamations, nous ne pouvons rien obtenir, nous allons en appeler à notre ministre plénipotentiaire, qui, sans doute, aura plus de succès que nous. »

IV

Le ministre plénipotentiaire n'était déjà plus en Chine. Après la signature du traité de Tien-tsin qui ne devait être ratifié que plus tard, le baron Gros avait, selon les instructions de Napoléon III, fait voile pour le Japon.

Dans ce pays également, la France allait aider l'apostolat et par là même la Société des Missions-Étrangères, qui, depuis ses premières tentatives aux Lieou-kiou, avait, de ce côté, obtenu fort peu de résultats et rencontré partout une grande résistance.

Résumons les événements : La mort avait tout d'abord fait des vides dans les rangs des missionnaires. M. Collin, missionnaire de Mandchourie, élevé à la dignité de préfet apostolique du Japon, mourut presque subitement le 23 mai 1854, quelques semaines après avoir reçu sa nomination.

Le supériorat fut dévolu à M. Libois, procureur général de la Société à Hong-kong, qui fit partir trois missionnaires pour les Lieou-kiou, et plaça M. Girard à leur tête.

Le séjour dans l'île de ces ouvriers apostoliques, de même que celui de leurs prédécesseurs, fut rendu pénible par la surveillance incessante qu'on exerça sur eux, et par les entraves que l'on mit à leur ministère. La marine française, qui comme nous l'avons dit, avait débarqué à Nafa plusieurs prêtres de la Société, n'avait pas perdu de vue l'œuvre qu'ils avaient entreprise et que poursuivaient leurs successeurs.

L'amiral Guérin se rendit aux Lieou-kiou et conclut avec le roi un traité, dont les clauses étaient favorables à la Propagation de l'Évangile.

Les autorités locales s'engagèrent à user de tous les égards possibles envers les missionnaires, à leur fournir les moyens d'apprendre la langue et à leur assigner un terrain pour bâtir une maison. Jusque-là, les ouvriers apostoliques étaient restés dans la bonzerie d'Annikou, isolés de la ville de Nafa, toujours sous l'œil de la police, et sans aucun moyen de communication avec les indigènes. Ceux-ci, en effet, fuyaient à l'approche des prêtres européens, pour ne pas encourir la peine de mort portée contre tout habitant, qui s'aboucherait avec ces étrangers. Après le traité, le gouvernement permit aux missionnaires d'acheter et d'habiter une maison au centre de la ville. C'était un premier pas, et pour ceux qui savent que les choses humaines ont de petits commencements, même quand elles ont le bien pour objet, c'était le présage de progrès plus grands qui devaient aussi se réaliser très lentement.

Pendant des années, les missionnaires de Nafa n'eurent d'autre consolation que de baptiser quelques enfants à l'article de la mort, et quelques vieillards auxquels ils faisaient l'aumône.

En 1856, l'amiral Laguerre, qui succéda à l'amiral Guérin dans le commandement de l'escadre, prit l'un d'eux avec lui, et fit voile pour Nagasaki, afin d'ouvrir des négociations avec les Japonais, mais il n'obtint que des fins de non-recevoir cachant un refus formel.

Cependant, d'après quelques actes de la cour de Yeddo, on pouvait espérer que cette obstination cesserait; aussi l'année suivante, deux frégates françaises, ayant à leur bord deux missionnaires, entreprirent un second voyage dans le nord de l'archipel. A Hakodaté (île de Yéso), un des prêtres fit plusieurs excursions à terre, mais il était suivi par la police qui avait reçu l'ordre d'empêcher les indigènes de communiquer avec lui, et à peine put-il obtenir quelques réponses de ses gardiens subalternes.

Les deux prêtres rentrèrent donc à Nafa et y restèrent, attendant dans la prière, l'étude et la résignation une heure plus favorable.

Cette heure approchait. Ne croyant céder qu'à l'instinct d'un intérêt matériel, obéissant en réalité aux desseins de la Providence, le Japon sortait enfin de son isolement. Depuis l'année 1854, marquée par quelques concessions accordées aux Hollandais, il était entré successivement en relations commerciales avec les États-Unis d'Amérique, l'Angleterre et la Russie.

Lorsque le baron Gros arriva à Yeddo, le 26 septembre, avec un prêtre des Missions-Étrangères pour interprète, il fut reçu convenablement, et le 9 octobre suivant, il signa un traité qui ouvrait au commerce français les trois ports de Yokohama, Nagasaki et Hakodaté; la liberté religieuse était accordée aux résidents étrangers par l'article IV conçu en ces termes.

« Les sujets français au Japon auront le droit d'exercer librement leur religion, et à cet effet, ils pourront y élever, dans le terrain destiné à leur résidence, les édifices convenables à leur culte, comme églises, chapelles, cimetières, etc., etc. »

« Le gouvernement japonais a déjà aboli dans l'empire l'usage des pratiques injurieuses au christianisme. »

Ce n'était pas encore la pleine liberté, puisque le prêtre avait le droit d'exercer son ministère uniquement auprès des étrangers; mais cette demi-tolérance fut regardée comme un acheminement à un état meilleur. Aussi M. Girard, récemment nommé provicaire apostolique de cette mission, écrivait-il aux Conseils centraux de l'Œuvre de la Propagation de la Foi, le 28 novembre 1858 : « Après dix années d'attente et de pénibles incertitudes sur le sort d'une mission qui nous est toujours si chère, voir enfin ses portes s'ouvrir, c'est un événement où l'on ne peut méconnaître l'intervention directe de Dieu. Le traité accorde au ministre plénipotentiaire le droit de voyager dans tout l'empire. Nous espérons qu'un de nous pourra l'accompagner et rechercher les restes des anciennes chrétientés qu'on dit exister encore au Japon. »

V

Ainsi, en Chine et au Japon, la Société des Missions-Étrangères s'applaudissait des services rendus par la France à l'apostolat; elle espérait, sous cette protection puissante, pouvoir plus facilement et plus rapidement étendre les conquêtes de l'Évangile. Mais pendant que l'horizon s'éclaircissait au nord, la tempête se déchaînait au sud. L'Indo-Chine orientale était en feu.

Après le passage de M. de Montigny, Tu-duc et ses mandarins avaient paru redoubler de haine contre la foi catholique, ses prédicateurs et ses adeptes.

Un édit fut publié au mois de mai, ordonnant aux chefs et sous-chefs de canton, aux maires et adjoints des communes de faire de nouveaux efforts, pour arrêter les prêtres européens et annamites.

Quelques jours plus tard, un second édit renforçait le premier ; puis un troisième publié le 7 juin.

Les prêtres de la Société réussirent cependant à se dérober à toutes les poursuites, mais un évêque espagnol Mgr Diaz fut pris et décapité le 20 juillet 1857.

Des malheurs publics ralentirent pendant quelques mois la persécution : une inondation, suivie de la disette, ravagea le Tonkin ; la famine amena le brigandage et le brigandage la rébellion.

Il y a toujours en Annam des aventuriers prêts à lever l'étendard de la révolte contre le pouvoir, habiles à grouper autour d'eux des bandits, des pauvres, des gens sans foi ni loi. Ils commencent par la piraterie et finissent par la guerre civile.

L'insurrection éclata dans la province de Hung-yen et passa rapidement dans celle de Hai-duong.

Des chrétiens se demandèrent s'ils n'avaient pas le droit d'offrir leur secours aux ennemis de leurs persécuteurs.

Mgr Retord entendit parler de ces doutes, qui s'agitaient dans quelques têtes, et de même qu'il avait, quinze ans auparavant, prohibé toute participation à la rébellion tramée par Hoang-bao, de même il défendit de prêter aide et secours à celle qui s'annonçait.

« Dans une lettre écrite à tous mes prêtres, dit-il, je les priai de défendre sévèrement, de ma part, à tous nos chrétiens de s'unir à la folle entreprise des insurgés ; j'en démontrai clairement le caractère criminel, le succès impossible, la tentative imprudente ; et Dieu merci, je n'ai pas appris qu'aucun de nos néophytes se soit enrôlé parmi les rebelles. Cette réserve a été cause que nous avons été un peu tranquilles de ce côté, et que nous avons pu rendre quelques services aux prêtres du Tonkin central, en les abritant chez nous, au moment des plus imminents dangers.

Cette attitude de Mgr Retord et de son ancien coadjuteur Mgr Gauthier, devenu Vicaire apostolique du Tonkin méridional, sauva certainement l'autorité de Tu-duc. Que seraient devenus les mandarins et leurs troupes, en effet, si les évêques des missions françaises et espagnoles avaient jeté contre eux les trente ou quarante mille hommes dont ils pouvaient disposer parmi leurs 400,000 chrétiens, s'ils les avaient groupés, disciplinés et placés sous le commandement de catéchistes braves et habiles. Evidemment, mandarins et soldats eussent été balayés comme un fétu de paille par un vent de tempête.

Mais, fidèles à leur devoir, disposés à mourir comme les pasteurs des premiers siècles, les chefs de l'Église du Tonkin prêchèrent et pratiquèrent l'obéissance au souverain qui les proscrivait.

Cette attitude des évêques et des missionnaires fut connue de Tu-duc, et parut lui inspirer quelque reconnaissance, car le 10 janvier 1858, il publia un édit dont les dispositions étaient plus rassurantes.

« ...Les insurgés doivent être poursuivis à outrance et sans relâche, quelle que soit leur religion, disait-il, mais il faut prendre garde de ne pas confondre les gens paisibles avec les rebelles. Les villages et les particuliers qui n'ont pris aucune part à la révolte, quand ils seraient voisins des lieux où elle a éclaté, quand même ils seraient chrétiens, ne doivent point être inquiétés au sujet de la rébellion. »

Ce décret n'enlevant rien aux édits précédents, la persécution continua, et Retord, le grand historien de cette époque terrible, revenu furtivement au séminaire de Vinh-tri, après avoir été forcé de s'éloigner, écrivait :

« Nous étions chez nous comme l'oiseau sur la branche, nous recevions sans cesse de mauvaises nouvelles, annonçant que des espions nous avaient vus, que nous étions dénoncés, que les mandarins allaient venir bloquer notre village : et alors quel malheur pour la mission et pour les chrétiens, qui seraient pillés, et dont plusieurs seraient mis à mort à cause de nous ? Pour leur épargner ce malheur, tantôt nous allions sur le fleuve nous cacher dans quelques barques, tantôt nous nous retirions dans un de nos souterrains, espèce de tombeau où l'on s'enterre avant la mort. Une fois nous y sommes restés ensevelis pendant huit heures, n'ayant pour respirer que l'air communiqué par un petit tube de bambou ; quand nous en sortîmes, nous étions tous hébétés et presque idiots. »

Mgr Jeantet, le coadjuteur de Mgr Retord, subissait à Ké-non des épreuves analogues.

Après avoir vu sa résidence envahie par les mandarins, ses élèves dispersés, son collège livré au pillage et dix-neuf prêtres ou chrétiens emmenés captifs, il s'était réfugié avec quelques séminaristes dans une caverne des montagnes voisines. Un accident faillit mettre un terme à ses longues souffrances. On était alors en hiver. Un soir, l'un de ses jeunes gens eut la pensée de fermer hermétiquement l'étroite ouverture de la caverne pour mieux se garantir du froid, et cette précaution prise sans en rien dire à personne, il alluma un brasier de charbon. Pendant que l'évêque et ses catéchistes faisaient cercle autour du feu, l'auteur même de cette imprudence tomba le premier sans connaissance. Aussitôt tous les réfugiés, se sentant suffoqués, comprirent que l'antre n'avait plus d'issue libre ; on l'ouvrit, et tout danger disparut ; le pauvre asphyxié, porté au grand air, reprit peu à peu ses sens. Si l'effet du charbon avait été aussi prompt sur les autres que sur lui, c'en était fait des fugitifs et la caverne devenait leur tombeau.

Les missionnaires n'étaient pas plus heureux que

leurs chefs. Theurel[1] et Vénard[2], entourés d'une population tremblante, qu'alarmaient les allées et venues incessantes des mandarins, traversèrent quelques jours de fortes crises et furent contraints de s'ensevelir dans des souterrains. Le missionnaire qui dirigeait l'imprimerie, l'intrépide Titaud[3], vit tomber son église et sa maison, lui-même, après la fuite de ses typographes, se retira dans un lieu solitaire. Pareille aventure arriva à Saiget[4].

Serré de plus près, Mathevon[5] faillit tomber, par hasard, entre les mains de ses ennemis.

Il venait d'arriver dans un petit village renfermant seulement trois maisons chrétiennes, lorsque tout à coup se présentèrent des païens qui cherchaient deux ivrognes accusés de s'être battus; ne les trouvant pas, ils s'emparèrent du catéchiste et du guide du missionnaire, et ils l'auraient infailliblement pris lui-même, s'il n'avait eu la pensée de s'élancer sur un petit treillis de bambous, où quelques vieilles nattes le dérobèrent à la vue des chercheurs.

Bientôt Mgr Retord et M. Charbonnier[6] durent également quitter Vinh-tri.

Les habitants du village étaient prêts à les garder au péril de leur vie : « S'il faut mourir, disaient-ils, les pères et les enfants mourront ensemble. »

— S'il faut mourir, leur répondit l'évêque, nous voulons mourir seuls pour Dieu et pour vous, sans vous occa-

---

1. Du diocèse de Besançon, parti en 1852, évêque d'Acanthe et coadjuteur en 1859, Vicaire apostolique du Tonkin occidental en 1866, mort en 1868.
2. Du diocèse de Poitiers, parti en 1852.
3. Du diocèse du Puy, parti en 1842, provicaire du Tonkin occidental, mort en 1860.
4. Du diocèse de Saint-Brieuc, parti en 1854, provicaire du Tonkin occidental, mort en 1863.
5. Du diocèse de Lyon, parti en 1854, provicaire du Tonkin occidental, mort en 1885.
6. Du diocèse de Digne, parti en 1848, évêque de Domitiopolis, Vicaire apostolique de la Cochinchine Orientale en 1864, mort 1878.

sionner aucun malheur ; nous mettons vos personnes, vos biens et vos établissements sous la protection de Jésus et de Marie ; nous confions votre défense aux anges gardiens et nous allons demander aux montagnes quelque abri ignoré. Ce fut le dernier mot de ce sublime débat de générosité...

Cependant lorsque les Annamites virent s'éloigner leur évêque, quelques-uns d'entre eux se sentirent plus inquiets de l'avenir, et s'approchant du maître, ils lui demandèrent s'il ne serait pas bon d'abattre quelques-unes des maisons du séminaire.

Mgr Retord ne s'étonna pas de la question ; il connaissait depuis longtemps ses chrétiens, braves à leurs heures, mais facilement craintifs, ce qui, il faut bien le dire, était en ce moment assez naturel. Il leur fit la réponse qui pouvait le mieux rehausser leur courage : « Abattre des maisons, jamais, mais je vous permets d'en élever d'autres, autant que vous voudrez. »

Il remonta alors le fleuve et vint camper au pied de la montagne de l'Éléphant, pour s'enfuir quelque temps après dans les forêts de Dong-bau.

Les mauvaises nouvelles l'assaillirent dans ses refuges successifs ; la ruine de Kim-bang fut une des premières.

Un des espions avait remarqué dans ce village la présence de deux prêtres annamites et d'une vingtaine d'élèves latinistes. Il les dénonça comme ourdissant en secret la trame de quelque formidable révolution. Sur son rapport, le général, commandant à Nam-dinh, accourut à la tête de 700 hommes. Le 16 janvier, il cerna le village, afin de mettre la main sur les grands coupables dénoncés.

Le blocus et les fouilles durèrent quinze heures. Les prêtres échappèrent, mais trois écoliers et quatorze catholiques furent arrêtés, la chrétienté fut pillée, le couvent des Amantes de la Croix renversé, l'église détruite.

Ce n'était qu'un épisode; dans toutes les provinces, les mêmes scènes se renouvelaient, accablantes pour les pasteurs qui voyaient disperser leur troupeau. Mgr Retord lui-même en éprouva une écrasante douleur, d'autant plus touchante, que pendant toute sa carrière il avait donné les preuves les plus éclatantes d'une énergie et d'une confiance invincibles.

Lui-même a raconté cet instant de dure tristesse suivie d'un relèvement véritablement apostolique. Nous ne voulons pas passer cette lettre sous silence, car elle est un grand enseignement pour tous les missionnaires, au milieu des peines dont leur existence est remplie.

« Oh! que la vie est amère, mon cher ami[1], quand elle est si longtemps et si rudement agitée! Quel chagrin et quelle angoisse de ne recevoir que de mauvaises nouvelles! d'être sans cesse accablé sous une foule d'affaires désastreuses et navrantes! de respirer toujours au milieu d'une sphère de crainte et de proscription! de voir le bien compromis par la sottise et l'imprudence des uns, par la faiblesse et la lâcheté des autres! d'entendre les blasphèmes et les calomnies des mandarins, sans pouvoir leur répondre et les réduire au silence! de savoir nos chrétiens poursuivis, spoliés, tourmentés de mille manières sans pouvoir les secourir efficacement!..

« Un jour que j'étais plus triste encore que de coutume, je faisais une longue lamentation sur les tribulations de ma vie passée au Tonkin, tribulations augmentées encore par les fréquentes maladies ou les infirmités que j'éprouve, je disais en présence de mes confrères :

« Oh! si je pouvais, avant de mourir, avoir quelques

---

1. *Mgr Retord et le Tonkin cath.*, p. 411.

années d'une liberté pleine et entière, seulement pour voir comment ça fait, que je me trouverais heureux. Oh! oui, que je serais content de ne plus être réduit à me cacher comme un scélérat, d'aller au grand jour pour prêcher l'Évangile à tous, aux mandarins comme aux autres; de travailler quelque temps sans entraves et de toutes mes forces! Ce serait trop de bonheur!

« Tout à coup, MM. Charbonnier et Mathevon m'interrompirent :

— Comment, Monseigneur, me dirent-ils, n'êtes-vous donc pas heureux avec toutes les misères de la persécution? Est-ce que vous ne devez pas être satisfait des nombreuses et si belles croix dont le Seigneur vous gratifie? Souvenez-vous qu'au jour de votre sacre vous avez pris pour blason de votre noblesse épiscopale les deux croix de saint Pierre et de saint André, vos glorieux patrons, entrelacées l'une dans l'autre, avec la devise : *Fac me cruce inebriari.*

— Assez, assez, leur répondis-je, j'ai tout compris : vous avez raison. Eh bien! que la très sainte volonté de Dieu soit faite. Vive Jésus! vive sa croix! vivent toutes les tribulations qu'il plaira à la divine Providence de nous envoyer!

« Surtout aujourd'hui, 2 avril, jour du Vendredi-Saint où je termine cette longue relation; je le répète du fond de mon âme ce vœu de mon apostolat : *Fac me cruce inebriari.* »

Du nord au sud de la Cochinchine, la situation était aussi déplorable. Le 22 mai 1857, un mandarin Ho-dinh-hy avait été décapité, et dix-sept autres confesseurs de la foi, ses compagnons de captivité, avaient été condamnés à l'exil perpétuel; les prisons regorgeaient de chrétiens, les missionnaires se cachaient où ils pouvaient.

Mgr Cuenot s'abritait à Go-thi; son provicaire,

M. Herrengt[1], fuyait de paroisse en paroisse ; Mgr Lefebvre était aux environs de Saïgon, recueilli par des fidèles qui bravaient la mort pour le sauver, tandis que ses missionnaires, M. Borelle[2] et M. Pernot[3], avec quelques séminaristes, cherchaient un refuge dans les provinces de l'Ouest et dans les îles du Mékong.

Grâce au dévouement des chrétiens et des religieuses Amantes de la Croix, l'évêque et ses prêtres réussirent à échapper aux recherches ; mais quelle vie que celle de ces proscrits, obligés de changer souvent d'asile, de passer les nuits à la belle étoile, de se réfugier dans les forêts et les marécages, supportant la faim, la soif, les intempéries des saisons, risquant leur vie chaque fois qu'ils devaient visiter un malade ou confesser un mourant.

Leur courage fut à la hauteur du péril, et les chrétiens, qui les connurent et gardent encore aujourd'hui leur précieux et cher souvenir, redisent avec admiration les vertus de générosité et de fermeté de leurs Pères spirituels, en ces temps héroïques.

Mgr Sohier[4], coadjuteur du Vicaire apostolique de la Cochinchine septentrionale, errait des vieilles chrétientés des bords de la mer aux montagnes de l'Ouest, il résumait ainsi son opinion sur la situation, et cette opinion était celle de tous les missionnaires de l'Annam.

« S'il ne nous vient du secours de quelque côté, disait-il, il y a lieu de craindre qu'à la fin, la religion chrétienne ne soit anéantie dans ce pays, comme au Japon. Sans doute, bienheureux ceux qui remporteront la palme du martyre, c'est une grâce que je ne cesse de demander au bon Dieu depuis plus de vingt ans, *deside-*

---

1. Du diocèse de Cambrai, parti en 1853, mort en 1863.
2. Du diocèse de Toulouse, parti en 1846, mort en 1860.
3. Du diocèse de Besançon, parti en 1852, directeur au Séminaire des Missions-Étrangères en 1861.
4. Du diocèse du Mans, parti en 1842, mort en 1876.

rium habens dissolvi et esse cum Christo, multo magis melius.

« D'un autre côté, quand je considère tous les maux qui résultent de la persécution, les péchés qui se commettent, les chrétiens qui se découragent ; tant de milliers de païens qui tombent dans les enfers, sans que nous puissions aller à leur secours ; quand je considère tout cela, je forme aussi les vœux les plus ardents pour la paix et la liberté. »

Telle était la déplorable situation que Mgr Pellerin, après son retour en France, avait exposée au ministère des affaires étrangères, puis devant la commission chargée d'étudier la question de Cochinchine, et enfin devant l'empereur qui lui promit « une action efficace ».

D'autres motifs exclusivement tirés de l'honneur national auraient d'ailleurs suffi, sans la question religieuse, à décider Napoléon III : les insultes prodiguées à nos nationaux, commerçants ou marins ; les outrages faits à notre pavillon ; l'expulsion de nos consuls. Aucune nation n'eût toléré de pareilles injures, il en avait moins fallu pour motiver l'expédition d'Alger.

La guerre était donc juste dans son principe.

Mgr Pellerin put ajouter que les chrétiens attendaient les Français comme des sauveurs, et qu'ils les recevraient avec bonheur.

Le conseil le plus important qu'il donna fut d'éviter les interventions partielles et passagères, sans profit comme sans gloire et propres à attirer de nouveaux malheurs sur les chrétiens.

Lorsque, par ses rapports et ses conseils, l'évêque eut éclairé son gouvernement, et fut assuré de ses bonnes dispositions, il regagna sa mission « le cœur plein de joie et d'espérances », disent les documents officiels. Cette joie se voila plus tard d'un crêpe de deuil, mais à ce moment elle était entière.

VI

La France se mit d'accord avec l'Espagne, qui avait également le massacre de ses nationaux à venger; et les deux pays allèrent planter en Indo-Chine le drapeau de la civilisation occidentale et de la liberté religieuse.

Le vice-amiral français Rigault de Genouilly et le colonel espagnol Lanzarote furent placés à la tête de l'expédition franco-espagnole.

Le 31 août 1858, ils s'emparèrent de Tourane après quelques heures de bombardement. Peut-être à ce moment eussent-ils pu, par une marche rapide, gagner Hué, s'en emparer, imposer au roi les volontés de la France et de l'Espagne, et laisser les forces nécessaires pour les faire exécuter.

Mais ne connaissant pas suffisamment le pays où il combattait, les coutumes et les mœurs des habitants, l'amiral Rigault hésita, s'arrêta, et resta cinq mois devant Tourane.

En vain, Mgr Pellerin le priait de marcher sur Hué, dont il aurait eu facilement raison. A toutes les sollicitations, l'amiral opposait un refus persistant. On a dit depuis qu'il attendait les chrétiens, et à ce sujet on a accusé les missionnaires d'avoir fait concevoir à l'empereur de fausses espérances.

C'est là une exagération des partis, oublieux des principes et des traditions de l'Église catholique, qui enseigne partout et toujours l'obéissance aux souverains, fussent-ils persécuteurs. Et de plus, c'était une impossibilité.

Comment, en effet, les chrétiens perdus au milieu des populations païennes, dans la proportion d'un sur cinquante, soumis d'ailleurs à la surveillance la plus sévère dans chaque village, eussent-ils pu se concerter pour tenter une diversion en faveur de nos compatriotes? Ils eussent été écrasés sans aucune utilité pour personne.

Il y a quelques années, répondant à ce même reproche, qu'un député portait à la tribune de la Chambre, Jauréguiberry, notre ministre de la marine, ajoutait avec un grand bon sens :

« On a dit que l'amiral Rigault de Genouilly avait eu, dans les premiers temps, de grandes désillusions; qu'on lui avait assuré que, dès que nous interviendrions sérieusement, cinq cent mille chrétiens annamites se lèveraient en notre faveur; eh! bien, j'avoue, moi qui ai coopéré plus tard à l'expédition de Cochinchine, que nous eussions été fort embarrassés par un semblable soulèvement; car enfin il aurait fallu sans doute donner des armes à ces cinq cent mille hommes, et peut-être aussi des vivres, ce qui eût été fort difficile. Je crois donc qu'il était bien préférable que les chrétiens restassent tranquilles dans leurs villages. »

Mais il y avait d'autres moyens de succès qu'on aurait pu employer, qui même aujourd'hui n'auraient pas perdu toute leur valeur, et dont on se garda bien.

Mgr Retord en indiqua un, le principal et le meilleur :

« Si M. l'amiral veut faire les choses d'une manière solide et durable, glorieuse pour la France et pour la Religion, il faut qu'il s'empare du pays au nom et pour le compte de la France, ou qu'il y mette un roi chrétien sous la protection de la France, qui garderait le port et les îles de Tourane. »

Malgré ces conseils, Rigault de Genouilly s'immobilisa sur le rivage annamite.

Cette conduite lui a été vivement reprochée, peut-être serait-il juste d'être plus indulgent; nous qui avons vu et voyons tous les jours les difficultés des conquêtes lointaines et la rareté des pacifications rapides, nous sommes moins portés à blâmer l'amiral qui, n'ayant avec lui que fort peu de troupes, craignant d'être mal soutenu par son gouvernement, n'osait s'avancer très loin.

Il est certain que s'il eût agi autrement, la victoire eût été facile, mais il est également certain que de graves difficultés eussent surgi le lendemain de la victoire.

Nous ne voulons pas nous poser en défenseurs de l'amiral Rigault, mais il nous a paru bon d'indiquer quelques motifs de ses hésitations.

Malheureusement, pendant ce temps, la persécution battait son plein dans tout le royaume d'Annam.

Ce fut une des plus terribles époques des Églises du Tonkin et de la Cochinchine.

Le patriotisme s'unit à la haine religieuse pour soulever contre elles une formidable tempête.

Dans une de ses dernières lettres, Mgr Retord a tracé le plus vrai et le plus affreux tableau de cette époque. Nous citerons seulement ce qui concerne les prêtres de la Société.

« Où sommes-nous maintenant, nous autres malheureux apôtres?

« Où sommes-nous? Je ne le sais trop. Voilà six mois que je n'ai pas reçu de nouvelles de M. Néron[1] : je ne sais où il est, ni s'il vit encore. M. Galy qui s'était sauvé en Xu-nghe, voyant l'abîme où nous étions plongés ici, et ne voyant pas les Français venir à notre secours, est parti de Xu-nghe le 15 août, sur une barque de marchands annamites, pour aller implorer l'assistance de nos chers compatriotes ou des Espagnols de Manille ; mais qu'est-il devenu ?

« MM. Titaud, Theurel et Vénard s'étaient d'abord retirés dans les montagnes de Dong-chiem, dans une

---

[1]. Du diocèse de Saint-Claude, parti en 1848.

petite cabane de bambous; mais ils ont été découverts par des espions et obligés d'en sortir et de se disperser : voilà deux mois que je n'en ai reçu de nouvelles. Mgr Jeantet a rôdé longtemps sur les montagnes de Lanmat; puis il a habité quelques jours chez des païens; il est tombé dans l'eau en courant la nuit et a failli se noyer; il est maintenant, je crois, dans la paroisse de Bai-vang. Je n'ai absolument aucune nouvelle de M. Saiget; on croit qu'il est dans un village païen, avec le P. Dung.

« Quant à MM. Charbonnier et Mathevon et moi, qui étions à But-son depuis le 13 juin, nous avons habité dans quatre cabanes de chrétiens, dans quatre maisons de bambous et dans une quinzaine d'autres, ou sous des arbres, ou dans des broussailles, courant par les chemins les plus scabreux, sur les pierres, dans les buissons et la boue, couchant dehors avec la pluie sur le dos, n'ayant presque rien à manger et point d'habits pour nous couvrir, accablés de fatigue, de chagrin, sans savoir que faire, ni où donner de la tête; nos tribulations ont été et sont encore incroyables. Notre bande se composait de nous trois, de trois prêtres et de six catéchistes; tous nous avons été malades; un de mes hommes est mort, et trois compagnons de notre fuite, un prêtre et deux catéchistes, sont encore gravement malades. Voilà quatre mois que nous n'avons pas dit la messe, n'ayant plus d'ornements et point de maison pour la dire. Presque aucun des prêtres annamites ne peut la dire non plus, et à peu près tous les malades meurent sans sacrements. Tout est dispersé, brûlé, tout est abattu, tout est en fuite. »

Et cependant, au milieu de ces ruines, Retord gardait son inébranlable confiance en l'avenir, il caressait de nouveaux projets apostoliques, il voyait la paix rétablie, les apôtres libres de prêcher, et son Vicariat refleurir comme aux plus beaux jours : « Je prendrai avec moi trois ou quatre missionnaires, disait-il, autant de prêtres indigènes, un plus grand nombre de catéchistes, nous parcourrons la mission, nous prêcherons, nous confesserons, et dans deux ou trois ans nous aurons tout restauré. » Oh! le grand et saint missionnaire et quel admirable modèle à imiter!...

L'évêque n'eut pas la joie de réaliser ses désirs, il mourut le 22 octobre 1858, dans une petite cabane de feuilles, élevée par les sauvages fidèles de Dong-bau.

Nous avons dit ses qualités, raconté ses actes, cité ses lettres, essayé de mettre en lumière cette belle âme d'apôtre, laissons maintenant parler ses contemporains :

« Il était le bien-aimé de Dieu et des hommes, dit un évêque espagnol; aussi sa mort a été un deuil général pour les chrétiens annamites. Une si triste nouvelle nous a tous plongés dans la plus grande douleur; Mgr Hermosilla, surtout, en a été vivement affligé. Ce prélat se regardait comme son fils, parce qu'il avait reçu la consécration épiscopale de ses mains, et on l'entendait répéter en sanglotant : Mon père est mort! J'ai perdu mon père! — Pour moi, c'est une consolation, après l'avoir beaucoup pleuré, de payer mon tribut d'éloges à la mémoire d'un père, d'un ami et d'un frère d'armes dans les combats du Seigneur. »

« On ne saurait croire, disait Mgr Forcade, de quelle immense popularité Mgr Retord jouissait dans les missions d'Asie; son nom remplissait tout l'Extrême-Orient; sans distinction de nationalité, ni de culte, on vénérait en lui la plus haute expression du courage, de la capacité et de la vertu. » Qu'on se rappelle, en effet, le dévouement de son clergé, électrisé par son exemple, et toujours prêt au martyre; la confiance de ses néophytes, qui pensaient n'avoir plus rien à craindre dès qu'ils étaient sous la sauvegarde de sa présence; l'amitié des plus illustres mandarins, qu'il eut le secret d'associer à ses œuvres chrétiennes; l'admiration des païens, qui saluaient en lui le grand Roi de la Religion.

VII

Cependant, l'amiral Rigault avait fini par comprendre qu'il ne pouvait rester éternellement dans la baie de Tourane, et ne croyant pas avoir les forces suffisantes pour marcher sur Hué, il partit pour Saïgon, le 2 février 1859. Le 11, il força l'entrée du cap Saint-Jacques défendu par plusieurs batteries et remonta la rivière.

L'alarme fut vive parmi les Annamites quand ils apprirent l'approche des vaisseaux étrangers : un prêtre indigène, Paul Loc, arrêté depuis quelque temps, fut immédiatement décapité. Mgr Lefebvre, dont la tête était mise à prix, fut activement recherché, il en vint à ne plus pouvoir trouver une maison où se réfugier. Après avoir passé deux jours dans les rizières, il avait la pensée de se livrer à ses persécuteurs, lorsqu'un homme de cœur, Thê, le sauva au péril de ses jours et le conduisit aux navires français.

Le 15 février au soir, l'évêque se glissa dans une petite barque avec son sauveur, qui s'était, pour la circonstance, revêtu d'un costume complet de milicien annamite; on jeta une natte sur le prélat, couché au fond de l'esquif, et à travers les mille détours des arroyos, on arriva au Dong-naï. Vingt fois, dans cette course aventureuse, la petite embarcation avait été hélée par des postes avancés; mais à chaque fois, Thê, avec un sang-froid imperturbable, avait répondu : « C'est un soldat malade qui retourne chez lui, » et on les avait laissés passer.

Arrivés au fleuve, ils ne tardent pas à distinguer, dans les ombres de la nuit, trois gros navires à l'ancre au milieu de la rivière.

Cependant on faisait bonne garde sur le pont ; du plus loin qu'on les aperçut : « Holà ! du canot, leur cria-t on, qui êtes-vous ? »

L'Annamite, ne comprenant pas le français, n'avait garde de répondre, et Mgr Lefebvre, sans doute tout à la joie de sa délivrance inespérée, ne disait rien ; la sentinelle abaissa son fusil dans la direction de l'esquif et fit feu.

— Monseigneur, répondez donc, s'écrie son conducteur ; on tire sur nous.

L'évêque sort de sa rêverie, mais soit qu'il n'eût pas bien compris ce qu'on demandait de lui, soit que dans ce moment d'émotion il ne sût que répondre, il entonne à pleine voix un vieux chant français bien connu de nos matelots. Grande fut la surprise sur le navire ; l'officier de quart se précipite à la coupée.

— Mais, qui êtes-vous donc ?

— Je suis le Vicaire apostolique de Saïgon, et je viens me réfugier à votre bord.

En même temps, la petite barque accoste ; l'évêque monte sur le navire, où il est reçu avec les égards dus à sa dignité et à sa personne.

Trois jours plus tard, le 18 février, l'amiral s'empara de Saïgon.

Après ce brillant fait d'armes, il fit ce qu'il avait fait à Tourane, et s'arrêta, attendant des renforts que la France, occupée par la guerre d'Italie, ne songeait guère à lui envoyer.

Mgr Lefebvre s'empressa d'appeler autour de lui tous les néophytes des environs, il leur conseilla de se réunir sous la protection du drapeau français, et pour payer leur dette de reconnaissance à leurs libérateurs, de faire tous leurs efforts, afin d'approvisionner les troupes. Les fidèles obéirent avec joie à la parole de l'évêque, et plus d'une fois ils exposèrent généreusement leur vie en escortant des convois de subsistances; plusieurs d'entre eux, en rapports passagers avec des espions païens, furent invités à trahir les Français, à les empoisonner, à introduire l'ennemi dans la ville, et jamais aucun d'eux ne suivit ces conseils que l'offre de sommes considérables pouvait rendre séduisants.

Ce sont là des faits qu'aujourd'hui plus que jamais il est bon de rappeler. Combien d'hommes, hélas! ont oublié, s'ils les ont jamais sus, les services que les chrétiens annamites ont rendus aux Français et la fidélité dont ils ont toujours fait preuve vis-à-vis d'eux.

Pendant ce temps, la persécution continuait de sévir dans tout l'Annam, ardente et implacable; le sang coulait dans tous les prétoires, car l'édit ordonnant la dispersion des chrétiens avait été publié. Pour se faire quelque idée de ces désastres, il suffit de résumer ou de citer les lettres des Vicaires apostoliques ou de leurs missionnaires. Mgr Theurel, coadjuteur de Mgr Jeantet depuis la mort de Mgr Retord, écrivait à la hâte d'un de ses précaires asiles, le 22 mars 1859 :

« Notre affliction est au comble, et notre détresse extrême. Matériellement nous sommes ruinés, spirituellement, hélas! que de blessures portées à cette pauvre Église annamite! La sainte messe ne se dit presque plus. les malades meurent en grand nombre sans sacrements. Que de temps et de fatigues il faudra pour réparer de si larges brèches! »

Mgr Gauthier, Vicaire apostolique du Tonkin méridional, disait :

« Mes deux prêtres annamites, arrêtés dans le courant de juin et de juillet, étaient encore en prison le 1er novembre. L'un des deux catéchistes envoyés en exil, a succombé en route. On m'annonce encore la mort de Ba-tun et de Cai-tri, son fils, les deux plus riches chrétiens de mon Vicariat, arrêtés en vertu de l'édit qui ordonnait d'incarcérer les fidèles les plus influents par leur fortune et leur autorité. Bon nombre d'autres ont été jetés en prison, et un grand nombre sont en fuite, réduits à la mendicité. »

Pendant plusieurs semaines, Mgr Sohier n'avait eu d'autre asile qu'un arbre creux au milieu de la forêt; le 23 août 1859, il transmettait au Séminaire des Missions-Étrangères les détails suivants : « Tu-duc s'amuse à composer des chansons qu'il communique à ses troupes, et dans lesquelles il traite les Français de viles canailles, on ne peut rien lire de plus méprisant. Il a fait mettre des croix dans tous les ports et sur les routes, comme autrefois au Japon. Tous les passants sont obligés de profaner le signe auguste de notre foi; en sorte que nos pauvres chrétiens, ne pouvant sortir de chez eux sans s'exposer à l'apostasie, sont obligés de renoncer à la pêche ou à tout commerce. Les païens, de leur côté, les considèrent comme les auteurs de tous leurs maux, et ne cessent de les vexer, de les harceler de mille manières. On leur fait supporter les frais de la guerre actuelle, et on leur a déjà imposé des contributions énormes.

« Les prisons regorgent de chrétiens, auxquels on fait subir chaque jour d'horribles tortures, parce qu'ils ne veulent pas apostasier... Toutes les communications sont interceptées, à cause de la sévérité avec laquelle on garde les routes et les passages. »

De la Cochinchine orientale. M. Herrengt écrivait sous la date du 25 novembre 1859 :

« Dans trois provinces, après l'arrestation des principaux membres de chaque chrétienté, on obligea les villages qui renfermaient des catholiques à en faire le recensement; puis les sous-préfets se rendirent dans ces localités, assemblèrent à la maison commune tous les fidèles depuis l'âge de seize ans : les uns furent jetés en prison la cangue et la chaîne au cou ; les autres furent disséminés un à un dans les villages païens ou envoyés dans les forteresses qui bordent la frontière des sauvages. Il ne reste plus d'hommes que ceux qui ont pu fuir, ou que les villages ont omis dans leur recensement. Leurs familles sont livrées, sans protection aucune, aux vexations des idolâtres qui volent, pillent, ravagent tout. »

Tel était le douloureux et terrifiant spectacle qu'offraient les missions de la Société en Annam.

Jamais, dans toutes les contrées[1] que, depuis deux siècles, la Société avait évangélisées, elle n'avait vu ses œuvres subir de pareils désastres. Laneau, de Bourges, Lefèvre, Pottier, de Saint-Martin avaient souffert l'exil et la persécution, mais ils n'avaient pas eu à déplorer ces effrayants malheurs, dont leurs successeurs étaient les témoins et les victimes.

Pour achever cette terrible année 1859, Tu-duc publia dans le mois de décembre un édit contre les mandarins et les soldats chrétiens. S'ils n'apostasiaient pas, les premiers devaient être étranglés et les seconds condamnés à l'exil.

Qu'allaient devenir au milieu de cette tourmente, les belles Églises d'Annam établies par les de La Motte Lambert, les Deydier, les de Bourges, les Mahot, augmentées par les Bennetat, les Piguel, les Bélot, les Néez, les Longer?

Les directeurs du Séminaire, profondément émus de tant de maux, ne cessaient de demander à toutes les âmes saintes des prières pour le rétablissement de la paix.

Ils écrivaient à Mgr Gauthier, alors réfugié à Hong-

---

1. Excepté à Siam, lors de la guerre des Birmans en 1769.

kong : « Nous avons été affligés au delà de toute expression des nouvelles que Votre Grandeur nous a envoyées, et de celles que nous avons apprises par nos confrères ; jamais encore aucune persécution n'a été si violente et si longue, et comme vous le dites, Monseigneur, si la Providence n'intervient pas elle-même, nous ne pouvons prévoir ce qu'il adviendra ; cependant nous espérons que Dieu vous secourra, qu'il ne laissera pas périr tant de malheureux chrétiens ; nous prions et nous faisons prier pour demander que la paix soit rétablie. Nous croyons savoir que le gouvernement a l'intention de prendre des mesures pour mettre fin à cet état déchirant. »

CHAPITRE VIII
1860-1862

I. L'expédition de Chine. — MM. Delamarre et Deluc, prêtres de la Société, interprètes. — Traité de Pékin. — État des Missions de la Société dans l'ouest de la Chine. — Mauvaises dispositions du Conseil de Régence. — II. Le Thibet, marche des missionnaires sur Lhassa. — III. Martyre de M. Néel. — Edit en faveur du catholicisme. — Espérance des missionnaires. — Leurs projets. — Leur reconnaissance envers la France. — IV. Situation de la Corée. — Epouvante qu'y jette la victoire des alliés. — Travaux de Mgr Berneux, de Mgr Daveluy, de MM. Petitnicolas, Pourthié, du P. Tsoi. — V. Les Missions d'Annam. — Les Français à Saigon. — Persécution. — Edit de dispersion des chrétiens. — Martyre de M. Néron. — Martyre de M. Vénard. — VI. Arrestation et mort de Mgr Cuenot. — Arrestation de MM. Charbonnier et Mathevon. — Leur délivrance. — Le traité du 5 juin 1862. — VII. Changement des conditions de l'apostolat. — Mort d'évêques et de missionnaires : Titaud, Borelle, Lequeux, Ducat, Verdier, Leturdu, Bonnand, Perrocheau, Pallegoix. — VIII. Statistique des missions et de la Société.

I

Quelles étaient donc les mesures que le gouvernement français faisait espérer aux directeurs du Séminaire des Missions-Étrangères? Elles étaient très graves, car il s'agissait d'entreprendre une véritable expédition contre la Chine, de renforcer ensuite la petite troupe de l'amiral Rigault, et d'obliger Tu-duc, par des conquêtes plus étendues en Cochinchine, à conclure la paix avec la France et à faire cesser la persécution religieuse.

De nouveaux incidents, dus à la mauvaise foi chinoise, avaient en effet compliqué la situation dans l'empire du Milieu.

D'abord, le traité de Tien-tsin n'était ni publié ni

exécuté en ce qui concernait les catholiques, ainsi que Mgr Desflèches, venu en Europe, l'avait longuement exposé à l'empereur; de plus, il avait été violé sur d'autres points importants, et enfin le gouvernement chinois avait tendu un guet-apens aux plénipotentiaires et avait infligé un grave échec à leurs troupes.

D'après les conventions de 1858, l'échange des ratifications des traités devait se faire à Pékin, dans le délai d'un an. Lorsque les représentants de France et d'Angleterre arrivèrent (juin 1859) à l'entrée du Peï-ho, ils trouvèrent le fleuve barré par des estacades, et à leurs réclamations on répondit par un refus formel de leur livrer passage. Les alliés voulurent prendre par la force ce qu'on leur refusait, après le leur avoir solennellement promis. Ils attaquèrent les forts de Ta-kou avec des forces numériquement insuffisantes, et furent repoussés. Les Français eurent une quinzaine de marins et un officier hors de combat, les Anglais comptèrent 430 blessés.

Devant un tel acte de perfidie, les alliés se retirèrent à Chang-haï, en attendant les ordres de leurs gouvernements. C'est alors que la France et l'Angleterre se résolurent à une action rapide et décisive.

En vertu d'un ultimatum notifié par les deux plénipotentiaires, elles exigèrent des excuses formelles au sujet des événements de Ta-kou, la réception et la résidence de leurs représentants à Pékin et une indemnité de soixante millions de francs pour chacune d'elles. Un délai d'un mois fut accordé pour accepter ou rejeter ces propositions.

Le gouvernement impérial ayant refusé toute satisfaction, les alliés commencèrent une nouvelle expédition. La Société des Missions-Étrangères y prit une part très pacifique, mais très utile. Deux de ses prêtres y furent interprètes : l'un du baron Gros, M. Delamarre, missionnaire du Su-tchuen, auteur d'un dictionnaire chinois resté manuscrit et d'une traduction de l'histoire de la dynastie des Ming, dont la moitié a été publiée; l'autre, M. Deluc[1], ancien interprète des commandants français du corps expéditionnaire à Canton, devint interprète du général en chef Cousin-Montauban.

Les alliés occupèrent Ting-haï et les îles Chu-san, puis au mois de juillet, ils débarquèrent à Tche-fou et à Ta-lien-ouan, sur les côtes du Tche-ly ; le 21 août, ils attaquèrent les forts de Ta-kou, qu'ils prirent après cinq heures de combat; le lendemain, ils entrèrent dans Tien-tsin. Cette défaite ne fut pas encore une leçon suffisante pour la Chine, qui renouvela les procédés mensongers de 1858, et envoya vers les ambassadeurs européens, le baron Gros et lord Elgin, des plénipotentiaires sans pouvoirs bien déterminés.

En présence de cette mauvaise foi, les troupes alliées continuèrent leur marche en avant, battirent l'armée chinoise à Tchang-kia-ouan, et trois jours plus tard, 21 septembre, l'armée tartare à Pali-kiao.

C'est là qu'elles apprirent le guet-apens dans lequel étaient tombés, à Tong-tcheou, des Français et des Anglais de la suite des ambassadeurs. La plupart de ces malheureux, après avoir subi d'indignes traitements, succombèrent; parmi eux se trouvait M. Deluc. Pour les venger, on occupa et on pilla le palais d'été de l'empereur, pendant que ce dernier quittait sa capitale et se retirait à Jehol, en Tartarie.

Privé de son souverain, Pékin capitula le 13 octobre, sans qu'un seul coup de canon eût été tiré, et cinq jours plus tard, lord Elgin fit incendier le palais d'été, dernière vengeance de la trahison de Tong-tcheou.

Le 25 octobre suivant, le traité de Tien-tsin fut ratifié

---

[1]. Du diocèse d'Agen, parti en 1852, mort en septembre 1860.

et de nouvelles conventions furent conclues, plus favorables que les premières aux missionnaires.

Par l'article V, les missions devaient recevoir une indemnité pour les pertes qu'elles avaient subies. L'article VI, plus important encore, était ainsi conçu[1] :

« Conformément à l'édit impérial rendu le 20 ~~mars~~ 1846 *Février* par l'auguste empereur Tao-kouang, les établissements religieux et de bienfaisance, qui ont été confisqués aux chrétiens pendant les persécutions, dont ils ont été victimes, seront rendus à leurs propriétaires par l'entremise de Son Excellence le ministre de France en Chine, auquel le gouvernement impérial les fera délivrer, avec les cimetières et les autres édifices qui en dépendaient. »

Le traité de Tien-tsin avait consacré la liberté du culte chrétien, ainsi que le droit pour les missionnaires de se fixer dans l'intérieur de la Chine ; il avait proclamé en outre l'abrogation de toutes les lois chinoises rendues contre les chrétiens, et permis aux sujets de l'empereur d'embrasser le christianisme. La convention de Pékin fut plus catégorique encore, puisqu'elle stipula que, conformément à l'édit rendu par Tao-kouang en 1846, et resté lettre morte, les anciens établissements religieux confisqués aux missions leur seraient rendus.

D'après le texte chinois, les missionnaires eurent en outre le droit de louer ou d'acheter des terrains pour y construire des églises dans toute l'étendue de l'empire

Sur cet article, une transaction intervint plus tard. A la suite de pourparlers entre la légation de France et le Tsong-li-Yamen, on convint que les prêtres européens pourraient acheter des terres au nom des communautés chrétiennes.

De plus, on arrêta la formule de passeports spéciaux, qui devaient être conférés aux missionnaires par la léga-

---

1. *L'empire du Milieu*, p. 658. De Courcy.

tion de France seule, et qui leur assuraient une protection plus efficace qu'aux autres étrangers, circulant dans l'intérieur de l'Empire avec des passeports ordinaires.

M. Delamarre, qui avait été l'interprète du baron Gros, et avait pris part à toutes les négociations, quitta Pékin le 1er décembre 1860; il était muni d'un passeport délivré par l'ambassadeur lui-même, et visé par le frère de l'empereur; il portait vingt-sept autres passeports pour les missionnaires du Su-tchuen, du Yun-nan, du Kouy-tcheou et du Thibet. D'après les ordres de Mgr Desflèches, résolu à faire partout connaître que la liberté accordée aux prêtres européens n'était pas seulement un mot inscrit dans le traité, mais un fait, que les Chinois devraient se résoudre à accepter, M. Delamarre traversa les villes avec quelque solennité.

En Chine, chaque voyageur de distinction arbore un petit drapeau sur lequel il inscrit ses titres, pour faire respecter sa personne et assurer ses bagages.

Le missionnaire choisit le drapeau français.

« Aucun étendard, dit-il[1], n'était plus capable d'inspirer le respect, et j'étais heureux de le montrer aux populations des provinces que j'avais à traverser, comme un signe de paix et un gage d'affranchissement. »

Sur la route, il fit rendre justice aux missionnaires franciscains du Chen-si. Arrivé à Tchen-tou, et reçu avec honneur par le vice-roi du Su-tchuen, il obtint que les traités français et anglais fussent affichés dans la capitale et dans toute la province, et même que le vice-roi publiât lui-même un édit spécial en faveur de l'Évangile.

« Le catholicisme, écrivait M. Delamarre dans la joie de ses premiers succès, le catholicisme sort enfin de ses catacombes, et trois siècles après saint François

---

1. *Ann. de la Prop. de la Foi*, vol. 33, p. 420.

Xavier, il obtient le droit de se produire à la lumière. Déjà les pasteurs ont pu montrer aux yeux étonnés de leurs ouailles la croix brillant sur leur poitrine, et comme impatiente de s'imprimer sur tous les fronts. Déjà un mouvement heureux vers cette religion naguère calomniée, proscrite, aujourd'hui approuvée et déclarée libre par l'empereur et son gouvernement, se fait sentir autour de nous. On recherche la lecture de nos livres de controverse; on veut entendre expliquer notre sainte foi; plusieurs cèdent à l'évidence des preuves, rendent hommage à la vérité, et quittent le culte des idoles pour celui du vrai Dieu. »

Malheureusement la guerre civile, qui désolait encore les provinces occidentales, et dont nous avons parlé plus haut, entravait la prédication évangélique. Le Yun-nan et le Su-tchuen étaient toujours le théâtre des plus affreux brigandages commis par les mahométans et par les rebelles.

« Le carnage a déjà fait plus de cent mille victimes, disait M. Delamarre; au Su-tchuen, l'incendie a réduit à la pauvreté une multitude innombrable de familles ; nos néophytes, quoique dans beaucoup de cas épargnés par une Providence spéciale et évidente, ont aussi grandement souffert. Des chrétientés entières ont tout perdu. Des oratoires, qui avaient coûté à bâtir de 5 à 6,000 fr. sont complètement réduits en cendres. Le séminaire de Mo-pin, jusqu'ici en paix, a eu ses épreuves. Les élèves ont été obligés de l'abandonner précipitamment, pour éviter une émeute, qui a éclaté contre le seigneur du lieu; une centaine de chrétiens innocents ont été confondus avec les émeutiers, et comme tels, égorgés sans distinction d'âge ni de sexe, quelques-uns même avec un raffinement de barbarie; le séminaire a été livré au pillage. »

Au Yun-nan, les Lolos dévastaient ce que les mahométans épargnaient.

« Sur la fin de l'année dernière, et au commencement de cette année, disait M. Huot à M. Legrégeois, ces barbares sont sortis beaucoup plus nombreux qu'ils ne l'avaient jamais fait : aussi se sont-ils étendus très loin, et nous ont-ils enveloppés de tous côtés. Au premier bruit de leur approche, toute la population des alentours s'est réfugiée chez nous. Mgr de Philomélie[1] a reçu dans sa résidence plus de deux mille personnes, sans distinction de païens ou de chrétiens. Au collège, nous en avions près de mille.

« Mais beaucoup de fuyards n'ont pas eu le temps d'arriver, les femmes surtout. Nous avons perdu ainsi soixante chrétiens, dont vingt ont été massacrés sur place. Je ne pourrais pas dire le nombre des païens tombés entre les mains des Lolos ; seulement on peut croire qu'il est très considérable, puisque la population a diminué de moitié.

« L'ennemi est venu jusqu'à nos portes, sans essayer toutefois de les forcer ; pour s'en dédommager, il a mis le feu à la plupart des habitations, qui dans ce pays-ci sont tellement disséminées dans la campagne, qu'il est rare que deux familles vivent l'une à côté de l'autre.

« Ces barbares massacrent sans pitié quiconque ne peut ou ne veut pas les suivre ; souvent ils ne se donnent pas la peine d'achever leurs victimes, ils leur portent quelques coups et s'élancent sur d'autres. Peut-être qu'il y en a plus d'une qui appelle vainement du secours ! Que pouvons-nous faire ? M. Chicard, brave Vendéen, voudrait aller à la découverte et combattre s'il le faut : mais ce serait tout risquer, attendu que nous ne sommes que trois Européens. Accompagné de quelques hommes de bonne volonté, il sortit pourtant

---

1. Mgr Ponsot.

plusieurs fois. Cela fit voir aux barbares que nous ne les craignions pas, et lui donna aussi l'occasion d'arracher de leurs mains un chrétien qu'ils tenaient déjà enchaîné.

« Dans la résidence de Mgr le Vicaire apostolique, tous les hommes au-dessus de douze ans, ont passé les jours et les nuits sur les murs. Les femmes étaient tellement pressées dans l'intérieur que beaucoup devaient se tenir debout, n'ayant pas la place nécessaire pour s'asseoir. Ici nous n'étions pas plus au large, attendu que Mgr de Sinite, qui ne pouvait savoir nos misères, nous envoya, ces jours-là mêmes, une bonne partie des élèves de son séminaire, de peur qu'ils ne tombassent dans les mains des brigands qui ravageaient sa mission.

« Nous avons perdu deux cent cinquante chrétiens, grands ou petits. Nos écoles ont été diminuées de moitié ; celle des filles que nous avons ici a perdu trente quatre enfants. »

Des motifs d'un tout autre genre se joignaient à ceux-ci pour empêcher les progrès de l'apostolat, à un moment que l'on avait espéré devoir être très fécond.

II

Le conseil de régence, composé d'hommes très hostiles au catholicisme et aux Européens, encourageait les autorités provinciales à maltraiter les chrétiens et à refuser toute justice aux missionnaires. Leurs conseils étaient suivis partout, jusqu'au Thibet où la Société des Missions-Étrangères avait continué ses travaux, et où des événements importants s'étaient passés depuis la mort de MM. Krick et Bourry et l'établissement de M. Renou à Bonga.

Tout d'abord, du côté des Indes, MM. Bernard et

Desgodins[1] avaient renouvelé les expéditions précédentes, et s'étaient avancés jusqu'à Khanam, lamaserie célèbre par le séjour de Csoma de Coros.

Ils y reçurent du nouveau Vicaire apostolique du Thibet, Mgr Thomine-Desmazures, l'ordre d'abandonner leur entreprise et de venir le trouver en Chine.

De ce côté, M. Renou et M. Fage, pendant quelque temps laissés en paix à Bonga, où ils avaient baptisé un certain nombre d'infidèles, installé une école et un orphelinat, avaient été en butte au mauvais vouloir des chefs du pays et frappés par la persécution.

Bonga fut plusieurs fois envahi et pillé, d'abord en septembre 1858, puis au mois d'octobre de la même année.

Les assaillants s'emparèrent de M. Renou et cherchèrent M. Fage qu'ils croyaient caché. Ils voulaient les tuer ensemble puisqu'ils n'étaient pas partis volontairement, et pour s'encourager mutuellement, ils disaient bien haut : « Il y a trois ans, on en a tué deux au Dzayul, il n'est arrivé aucun malheur au pays; nous pouvons également tuer ceux-ci, qu'y a-t-il à craindre? » Plusieurs fois, ils jetèrent à terre M. Renou et le menacèrent de mort, ils torturèrent les chrétiens pour les forcer à découvrir le refuge de M. Fage. La réponse fut toujours selon la vérité : il est parti pour la Chine. » « Cette réponse troubla les assaillants, ils étaient convaincus que M. Fage était allé les accuser en haut lieu; on ne les dissuada pas. Rendus prudents par la crainte, les chefs se réunirent en conseil; tuer M. Renou seul était inutile, et ne faisait qu'augmenter leurs torts; pour le moment, décidèrent-ils, il valait mieux se retirer, plus tard ils aviseraient. L'ordre de la retraite fut donné; chacun emporta ce qu'il avait pu voler, et

---

1. Du diocèse de Verdun, parti en 1855, provicaire actuel du Thibet.

le calme se rétablit, mais c'était le calme souvent précurseur de la tempête.

Au commencement de 1860, en effet, M. Renou faillit être victime d'une tentative d'assassinat. Il ne dut son salut qu'à la fuite ; les enfants de son orphelinat le rejoignirent chez le lama de Tcha-mou-tong, où ils trouvèrent un asile sûr. Quelques Chinois restèrent à Bonga pour garder la propriété.

Lorsque M. Renou apprit le traité de Tien-tsin, il se décida à en appeler à une autorité supérieure, partit pour Kiang-ka, et déposa une plainte motivée devant le mandarin chinois et devant le chef thibétain de cette ville, en déclarant sa qualité de missionnaire français outragé, et de propriétaire troublé violemment dans la possession de son bien. Le mandarin accueillit la plainte et se reconnut compétent à juger le procès.

Pour appuyer la démarche de M. Renou, Mgr Thomine-Desmazures envoya, en mars 1861, M. Fage auprès du gouverneur de Tchen-tou, et fit appel à la justice de ce haut fonctionnaire sur les affaires de Bonga. Le gouverneur adressa aussitôt à Bathang et à Kiang-ka l'ordre de juger le procès sans délai.

On se garda d'obéir, et bientôt de nouvelles complications surgirent. Voulant profiter de la liberté que le traité donnait aux missionnaires, Mgr Thomine-Desmazures résolut de se rendre à Lhassa.

Laissant le poste principal, Ta-tsien-lou, à la garde de M. Alexandre Biet[1], il partit avec MM. Fage, Goutelle, Desgodins et Durand pour Kiang-ka.

Arrivés dans cette ville, les missionnaires n'eurent rien plus à cœur que de terminer le procès soutenu par M. Renou, et connu sous le nom de procès de Bonga.

---

1. Du diocèse de Langres, parti en 1859, mort en 1892.

Il se passa pendant plusieurs jours, entre le mandarin et les prêtres européens, des scènes curieuses à plus d'un titre : nous en raconterons quelques-unes. Le 5 juin 1861, MM. Renou, Fage, Goutelle[1], Durand et Desgodins se rendirent au tribunal et demandèrent à parler au magistrat. Celui-ci fit répondre qu'il était malade. Le cas était prévu, les missionnaires s'installèrent dans la salle des audiences et y restèrent plusieurs heures. Enfin un employé s'approche et répète que le mandarin est malade, et qu'il prie les étrangers de revenir un autre jour.

M. Renou répond très tranquillement : « Nous voulons voir le mandarin seulement pour lui montrer nos écrits venus de Pékin, et prendre jour avec lui pour juger notre procès. Va lui dire que si à telle heure il n'est pas venu, nous ferons apporter ici notre souper ; si au soleil couché nous ne l'avons pas encore vu, nous ferons apporter nos lits et nous attendrons dans le prétoire qu'il soit guéri. » Le soldat alla porter la réponse. Le magistrat comprit parfaitement que la visite était devenue un Han-yuen, ou sommation à grands cris, que tout Chinois lésé peut adresser à un mandarin, qui dans ce cas est absolument obligé de paraître ; seulement, en bon Français, les missionnaires y mettaient des formes plus polies. Il parut donc. Après quelques paroles de froide politesse, MM. Renou et Fage exhibèrent devant lui leurs passeports, revêtus du grand sceau rouge du prince Kong, et quelques autres écrits et cachets. Le fonctionnaire s'était promptement levé par respect, malgré sa maladie, et assigna un jour très rapproché. On se salua et on se retira.

Au jour fixé, le mandarin président, les missionnaires, le lieutenant et un certain nombre d'accusés se

---

[1]. Du diocèse de Lyon, parti en 1847.

retrouvèrent au tribunal. M. Renou commença par rappeler dans leur ordre toutes les accusations qu'il avait déjà portées, et demanda justice au nom du traité, contre lequel personne ne songea à élever la moindre objection.

La plaidoirie fut fort longue, d'autant plus que l'interprète officiel devait traduire en thibétain les paroles du missionnaire. Aussi le mandarin jugea-t-il à propos de lever la séance. Le second et le troisième jour, les accusateurs purent développer leurs prétendus griefs; mais chaque fois qu'il leur arrivait de falsifier la vérité, M. Renou les reprenait d'un mot juste et piquant, qui les forçait à se rétracter.

Enfin, à bout de raisons, ils racontèrent de telles inepties que le juge se mit en colère, et qu'ils finirent par disparaître les uns après les autres.

Restés seuls avec le magistrat, les missionnaires le pressèrent de porter son jugement; mais il leur laissa entendre qu'il se trouvait trop petit pour terminer un si gros procès. C'était peut-être vrai; ce n'était peut-être qu'une fin de non-recevoir. Toujours est-il que dans les pourparlers particuliers, qui eurent lieu les jours suivants entre M. Renou et les employés des prétoires chinois et thibétains, il devint évident que les ennemis, changeant de tactique, ne cherchaient plus qu'à gagner du temps.

Les missionnaires résolurent donc de s'adresser à une juridiction plus élevée, celle des légats impériaux, et au gouvernement thibétain. MM. Fage, Goutelle et Durand restèrent à Kiang-ka, Mgr Thomine, MM. Renou et Desgodins continuèrent leur voyage vers Lhassa.

Partout on les traita avec bienveillance ; à Tcha-mou-to, la réception fut solennelle ; tous les officiers, accompagnés de la garnison, attendaient les prêtres français sous des tentes plantées à cinq lys de la ville; ils leur offrirent une tasse de thé, avant de les conduire au logement qui leur avait été préparé ; puis suivirent les visites officielles qui furent partout polies, presque cordiales, même à la lamaserie. En redescendant du monastère, les missionnaires apprirent qu'un grand mandarin thibétain venait d'arriver. C'était le général Tchré-mun-sé, l'un des vingt qui, sous le Talé-lama et le roi, forment le gouvernement central du Thibet. Les missionnaires lui rendirent visite. Il les reçut bien, mais ne parut pas vouloir hâter la solution du procès de Bonga. Cependant, grâce aux instances de M. Renou, il prit intérêt à l'affaire, partit pour Kiang-ka et fit condamner les coupables, dont plusieurs ne durent la vie qu'à l'intercession des victimes.

Au mois d'avril 1862, M. Goutelle put retourner à Bonga, M. Durand l'y suivit au mois de juin, M. Fage obtint de Tchré-mun-sé, agissant au nom du gouvernement thibétain, un édit en forme, par lequel le territoire de Bonga était cédé à perpétuité aux missionnaires français, à condition qu'ils paieraient au Talé-lama la redevance annuelle, qu'auparavant ils payaient au propriétaire dépossédé. Un post-scriptum au jugement autorisa les missionnaires à élever un monument funèbre dans la province de Dzayul, à Samé, où MM. Krick et Bourry avaient été assassinés.

Mais ce n'était là qu'un succès partiel, le moindre de ceux que les ouvriers apostoliques désiraient, le plus grand était l'autorisation de se rendre à Lhassa. Elle leur fut obstinément refusée ; et après sept mois de séjour à Tcha-mou-to, Mgr Thomine partit pour Pékin, afin d'y plaider sa cause.

Trois mois plus tard, le 20 juin 1862, Renou et Desgodins se mirent en route pour Lhassa, mais après deux jours de marche, ils furent arrêtés, obligés de rebrousser chemin et de rétrograder jusqu'à Bonga.

III

La haine du catholicisme avait triomphé au Thibet, elle obtenait une plus sanglante victoire dans une province de Chine, au Kouy-tcheou.

Un prêtre de la Société des Missions-Étrangères y était condamné à mort et exécuté, M. Jean-Pierre Néel[1]. Le Kouy-tcheou était alors gouverné par le plus grand ennemi des chrétiens en Chine, le général Tien-ta-jen. « Après beaucoup de vexations de tout genre, dit Monseigneur Faurie, le Vicaire apostolique, il avait adressé une circulaire secrète à tous les magistrats de la province, pour leur recommander de nous massacrer, en quelque lieu qu'on nous rencontrât, en ayant soin de ne pas nous reconnaître pour Européens, ni pour chrétiens, mais pour chefs de rebelles. »

Un seul mandarin, ancien persécuteur, osa suivre cet ordre et fit arrêter M. Néel. Celui-ci était alors dans la petite station de Kia-cha-loung[2], où Mgr Faurie l'avait envoyé prêcher la parole de vérité à des païens bien disposés. Dieu avait béni ses travaux, et le missionnaire comptait déjà une cinquantaine de fidèles, lorsque le chef de la garde nationale arrêta un chrétien, et annonça son projet de faire main-basse sur tous les néophytes.

M. Néel écrivit alors à son évêque : « Je devais me mettre en route demain pour la capitale, mais voici que le démon vient troubler ma petite station. Je reste au poste pour soutenir mes néophytes, dont le plus ancien, Jean Tchang, mon hôte, est baptisé depuis ce matin. » C'était le dimanche, 16 février. Le mardi 18, vers

---

1. Du diocèse de Lyon, partit en 1858.
2. A 5 lys de Kay-tcheou.

quatre heures de l'après-midi, des satellites et des gardes nationaux, commandés par des mandarins à cheval et en palanquin, cernent à l'improviste la maison qu'habitait le prêtre. Celui-ci, pour gagner un peu de temps, ferme la porte de sa chambre, puis il prend son passeport et cache sous le lit son calice et ses ornements. Bientôt la porte vole en éclats, les satellites se précipitent sur le missionnaire et lui lient les mains. Ils brisent tous les meubles, emportent pêle-mêle le linge, les habits et les objets de quelque valeur.

Néel fut attaché à la queue d'un cheval, monté par le fils de Tai-lou-tche, le mandarin de Kay-tcheou, et la troupe s'égayait en chemin de voir le pauvre prêtre courir et galoper, tournoyer et bondir, au gré du cavalier. En même temps que lui, on arrêta son hôte Jean Tchang et deux catéchistes, Jean Tchen et Martin Où.

Quand ils arrivèrent à Kay-tcheou, le mandarin siégeait déjà sur son tribunal. L'interrogatoire commença aussitôt :

— Comment te nommes-tu? demanda Tai-lou-tche au missionnaire.

— On m'appelle ici Ouen; mon nom français est Néel.

— Mets-toi à genoux comme les autres.

— Je ne suis point Chinois ; je viens de France prêcher la religion conformément aux traités. Je suis un hôte et non un criminel ; je ne me mettrai point à genoux.

A ces mots, un soldat saisit une chaîne et en frappa rudement le prêtre, qui tomba la face contre terre, puis se releva sur ses genoux, et montra son passeport.

— Ce passeport, fit le mandarin, te vient de ton gouvernement, et non du nôtre : il ne fait pas foi pour nous. D'ailleurs, il ne s'agit pas de cela : renonce à ta religion ou je te fais tuer.

— Cette injonction est inutile ; tuez-moi, si vous voulez.

A la même menace, les trois autres prisonniers opposèrent la même réponse.

— Tuez-moi toute cette canaille, dit alors Tai-loutche et qu'on n'en parle plus !

Il prit un pinceau, et docile aux instructions de Tien-ta-jen, écrivit la sentence en ces termes : « J'ai découvert une conspiration, et, avant qu'elle éclate, j'en punis de mort les auteurs. »

Tandis qu'il écrivait, un de ses assesseurs lui dit :

— Cet homme a un passeport, c'est certainement un Français ; on ne peut le tuer.

— Tu vas voir, répliqua le mandarin avec ironie, qu'on peut tuer un Français aussi facilement qu'un Chinois.

Le missionnaire et les trois chrétiens furent emmenés au supplice ; comme ils partaient : « Qu'on les déshabille ! s'écria le suppôt de Tien-ta-jen ! Ils ne sont pas dignes de porter des vêtements. »

On les dépouilla, on leur lia les mains derrière le dos, et on les conduisit, nus, à travers la populace de Kay-tcheou, jusqu'en dehors des remparts, où ils furent décapités.

« Au moment où la tête de M. Néel roula sur le sol, dit Mgr Faurie[1], on raconte qu'une nuée lumineuse descendit du ciel, comme suspendue par un fil, resta quelques instants immobile au-dessus du corps et disparut. La foule des païens s'en effraya, mais le bourreau plus que les autres.

« Du reste, ce prodige n'étonnera personne de ceux qui connurent M. Néel, c'était un saint. »

---

[1]. Du diocèse de Bordeaux, parti en 1851, Vicaire apostolique du Kouy-tcheou en 1860, mort le 27 juin 1871.

La légation française demanda la peine capitale contre Tien-ta-jen et contre le mandarin de Kay-tcheou, elle l'obtint, mais cette condamnation ne fut pas exécutée contre le premier coupable.

Le meurtre du missionnaire servit à accélérer les négociations pendantes entre le ministre de France, M. de Bourboulon, et le Tsung-li-Yamen, au sujet de la politique générale de la Chine envers les chrétiens.

Nous avons dit plus haut que le conseil de régence était, en 1861, composé d'hommes hostiles aux catholiques, il avait été renversé par le prince Kong, frère de l'empereur défunt et signataire du traité de Pékin.

M. de Bourboulon profita des bonnes dispositions du prince, pour demander un décret impérial affirmant hautement la liberté religieuse et ordonnant la destruction des planches du code pénal, qui contenaient les lois persécutrices. Après de longues négociations, le prince Kong adressa en ce sens une requête à l'empereur, et le 5 avril 1862, la *Gazette de Pékin* publia le décret impérial, instamment demandé par notre diplomate et ardemment désiré par les missionnaires.

Les termes dans lesquels il est conçu sont presque dignes d'un prince chrétien.

« *Edit impérial du sixième jour de la troisième lune de la première année du règne Tong-tché*[1].

« Déjà dans une de ses précédentes communications, le ministère des affaires étrangères attestait que les missionnaires catholiques français n'avaient d'autre objet en vue que de prêcher le bien, et que l'empereur Kang-

---

1. *Vie de Mgr Dubar*, p. 170-171.

hi avait lui-même autorisé la libre pratique de la Religion catholique. C'est ce qui me détermina à publier un édit, ordonnant à tous les magistrats de mon empire d'avoir à traiter désormais équitablement toutes les affaires intéressant les chrétiens.

« Mais voici que, contrairement à mon attente, je viens d'apprendre par une communication de ce même ministère, que bon nombre de magistrats n'ont pas plus tenu compte de mes ordres que des instructions qui leur avaient été déjà données.

« J'ordonne, en conséquence, aux vice-rois et gouverneurs de chaque province de prendre des mesures efficaces, pour que tous les mandarins placés sous leur juridiction obéissent, sur-le-champ à cet édit, en apportant dorénavan' l'équité la plus parfaite dans toutes les affaires qui concernent les chrétiens, affaires qu'ils devront en outre terminer dans le plus bref délai et sans tenir compte de leur opinion personnelle.

« C'est ainsi qu'ils montreront que notre amitié est égale pour tous. J'autorise donc et ordonne dès à présent la mise à exécution de tout ce qui est mentionné dans la requête, qui m'a été adressée par son Excellence M. de Bourboulon, ministre plénipotentiaire de France.

« Obéissez en tremblant. »

Cet acte couronna le traité de Pékin et le confirma aux yeux de la population entière de l'empire du Milieu.

Les missionnaires, heureux de tous les avantages que venait d'obtenir la prédication de l'Évangile, espérèrent dans l'avenir avec plus de confiance et se montrèrent prêts à profiter de la grande liberté qu'on disait leur laisser, pour agrandir le cercle de leur action et développer leurs œuvres.

Dès son arrivée au Su-tchuen, avec les passeports, M. Delamarre avait écrit[1] :

« Il nous faut bâtir des églises, pour réunir aux instructions et aux offices divins la foule des païens, qui vont entrer dans le bercail du Sauveur.

« Il nous faut aussi bâtir un séminaire, des résidences d'évêques, des presbytères, des oratoires ruraux, des écoles, etc. Jusqu'ici, les maisons particulières de nos chrétiens ont tenu lieu de tout cela. Ce système convenait à notre condition de proscrits, à la nécessité du secret sur notre présence et nos œuvres ; aujourd'hui, il est devenu impossible ; il y aurait de graves inconvénients à le continuer, parce que les prêtres, ne pouvant plus et ne devant plus rester cachés, doivent avoir leur demeure hors de la maison des familles chrétiennes. Tout doit être public pour devenir accessible à tous. »

De Mandchourie, Mgr Verolles exprimait les mêmes sentiments.

« Profitant de cette ère de liberté qui ne fait encore que poindre, écrivait-il le 28 mars 1861[2], nous allons de nouveau nous enfoncer au milieu des forêts glacées du nord de la Mandchourie, essayer de fonder quelques postes avancés sur les bords de l'Ousouri, chez les Peaux-de-Poisson. »

MM. Venault et Franclet explorèrent en effet les rives de l'Ousouri et du Saghalien, l'un d'eux descendit jusqu'à Nicolaïeff, la nouvelle ville russe, où il désirait fonder un poste. La mauvaise volonté des Russes et des Chinois, le nombre alors très petit des habitants de ces sauvages régions empêchèrent le succès de l'expédition, qui plus tard fut reprise par deux autres missionnaires, MM. Boyer et Dubail, mais n'eut pas plus de succès.

---

1. *Annal. de la Prop. de la Foi*, vol. 33, p. 424.
2.   Id.   vol. 33, p. 411.

Dans une lettre écrite quelques mois après que les troupes françaises eurent quitté Canton, Mgr Guillemin disait en parlant des avantages que l'expédition anglo-française et le traité avaient donnés à sa mission[1] :

« Aujourd'hui la paix continue, et déjà nous recueillons les fruits précieux de cette longue occupation. Le plus beau, sans contredit, est la concession du vaste terrain qui nous a été accordé, et où bientôt, nous en avons l'espoir, s'élèvera l'auguste monument qui redira sur cette terre étrangère le nom de notre sainte religion et la gloire de la France. Aujourd'hui, mieux que jamais, nous pouvons juger de l'importance de cette concession, et voir combien la légation de Sa Majesté l'Empereur était dirigée par des vues droites et élevées, lorsqu'elle combattait pour cette grave et intéressante question. Supposons un moment que, cédant à une politique timide et sans portée, on nous eût donné un terrain retiré et mesquin, hélas! quels regrets aujourd'hui n'accableraient pas nos cœurs! La France, sans commerce ni prépondérance financière dans ce pays, eût été bientôt réduite à l'état d'oubli où elle était précédemment. Mais, Dieu merci, il n'en est pas ainsi. Nos troupes sont parties, mais elles laissent derrière elles un glorieux souvenir de leur séjour. La religion chrétienne est implantée, au centre même de la seconde ville de l'empire, et le nom de la France brillera sur ces rivages d'une auréole de gloire que ni les temps, ni les âges n'effaceront jamais. Honneur donc à la pensée supérieure qui a si bien compris ces besoins! »

Tels furent les événements qui amenèrent un changement notable dans la situation des missionnaires de Chine et les résultats qui en découlèrent immédiatement. Ces résultats que l'on avait espérés très grands furent

---

1. *Annal. de la Prop. de la Foi*, vol. 34, p. 420.

amoindris par la guerre civile, et mélangés de malheurs au Thibet et au Kouy-tcheou.

Ceux qui prirent les débuts de cet état nouveau comme un présage de l'avenir eurent raison, et désormais si le catholicisme, en Chine, jouit d'une liberté plus large et d'une protection officielle, il est toujours en butte à la haine des mandarins, et éprouvé par des persécutions sourdes ou éclatantes.

Nous avons dit précédemment ce que pensaient du protectorat les missionnaires eux-mêmes, nous ne le répéterons pas, mais nous croyons, après une étude attentive des faits, pouvoir affirmer qu'en aucun temps la France ne fit plus, et, afin d'être exact, disons, ne fit autant pour les Missions d'Extrême-Orient.

La Société des Missions-Étrangères, qui a son champ d'action tout entier dans cette contrée, ne peut que lui être reconnaissante de sa générosité et de ses services, et répéter les paroles que M. Albrand, supérieur du Séminaire, prononçait en 1861. « Grâces soient rendues à l'auteur de tout don parfait et à ceux qu'il a choisis pour être les ouvriers de cette œuvre dont profitera notre sainte religion. »

IV

S'il y eut des desiderata en Chine, où la liberté fut moins complète qu'on ne l'avait espéré, il y en eut bien plus en Corée. Les missionnaires regrettèrent vivement qu'un vaisseau de guerre français ne parût pas dans la rivière de Séoul, car il eût obtenu pour la France et pour le catholicisme toutes les concessions qu'il eût demandées.

« Dire la terreur folle, la consternation profonde, qui se répandirent de la capitale dans tout le royaume, serait chose impossible, écrit M. Dallet en résumant les lettres des ouvriers apostoliques[1]. Toutes les affaires furent suspendues, les familles riches ou aisées s'enfuirent dans les montagnes. Les ministres, n'osant eux-mêmes quitter leurs postes, firent partir en toute hâte leurs femmes, leurs enfants et leurs trésors. Des mandarins du haut rang se recommandaient humblement à la protection des néophytes, et faisaient des démarches pour se procurer des livres de religion, des croix ou des médailles pour le jour du danger; quelques-uns mêmes portaient publiquement à leur ceinture ces signes de christianisme. Les satellites, dans leurs réunions, se disculpaient à qui mieux mieux de toute coopération aux poursuites dirigées contre les chrétiens, et aux tortures qu'on leur avait infligées. Le peuple entier semblait avoir perdu la tête.

« Profondeur des desseins de Dieu! Si à ce moment un navire français, une simple chaloupe, se fût présenté, exigeant pour la religion la même liberté qui venait d'être stipulée en Chine, on se fût empressé de tout accorder, heureux encore d'en être quitte à ce prix. Cette paix aurait été troublée peut-être, comme en Chine et au Tonkin, par des émeutes populaires, par de sourdes intrigues, par des incendies d'églises ou des assassinats de missionnaires, mais elle aurait donné des années de tranquillité comparative, favorisé l'essor des œuvres chrétiennes et la conversion des gentils. Elle aurait fait une large brèche à ce mur de séparation, qui existe encore entre la Corée et les peuples chrétiens, et hâté le jour où il tombera pour jamais. Dieu ne l'a pas voulu! Les navires qui, de la pointe du Chan-tong où ils séjournèrent des mois entiers, n'étaient pas à quarante lieues des côtes de Corée, partirent sans y faire même une courte apparition. »

1. *Histoire de l'Égl. de Corée*, vol. 2, p. 469.

Quand les Coréens furent certains du départ de la flotte anglo-française, la panique générale se calma peu à peu, et le gouvernement, revenu de sa frayeur, songea à faire quelques préparatifs de défense pour le cas où les barbares d'Occident seraient tentés de revenir.

Mais les missionnaires ne furent pas inquiétés, les chrétiens eurent à subir seulement des vexations sans importance, qui cessèrent bientôt par suite d'émeutes populaires que le gouvernement dut réprimer; et Mgr Berneux, confiant en l'avenir, écrivait au Souverain Pontife en lui annonçant le baptême de 800 néophytes :

« Le gouvernement de ce pays sait parfaitement bien ce qui s'est passé en Chine, et comme il tremble de voir les Européens lui déclarer la guerre, nous avons pour l'avenir une espérance sérieuse de paix, de tranquillité, et par conséquent de succès abondants. »

La Société des Missions-Étrangères avait alors (1861) en Corée neuf missionnaires, dont plusieurs avaient une grande expérience du ministère. A leur tête se plaçait, non seulement par la dignité, mais encore par l'intelligence, l'ardeur, l'habileté et le courage, Mgr Berneux dont un de ses missionnaires, M. Féron, a écrit :

« A une piété angélique, à un zèle ardent pour le salut des âmes, Mgr Berneux joignait une connaissance profonde de la théologie et une capacité rare pour l'administration. Son activité ne lui laissait aucun repos. Je n'ai jamais pu comprendre comment il suffisait seul à ce qui eût occupé trois ou quatre missionnaires, comment il pouvait entrer dans le plus petit détail de toutes les affaires spirituelles ou temporelles. Il avait le district le plus vaste, une correspondance très étendue avec les missionnaires et les chrétiens; il était le consulteur universel, le procureur de la mission; il donnait à la prière un temps considérable; et, néanmoins, quand un missionnaire allait le voir, il semblait n'avoir rien à faire que de l'écouter, de s'occuper de lui, de le récréer par sa conversation pleine d'esprit et d'amabilité.

« Il n'était pas, ce semble, naturellement porté à l'humilité ni à la douceur. On devinait que s'il n'eût été un saint, sa fermeté serait devenue aisément de la tyrannie, et sa plaisanterie du sarcasme. Mais la grâce avait tout corrigé.

« On pouvait le contredire sur tout ; il savait mettre tout le monde à l'aise, et ses lettres à ses missionnaires contenaient toujours quelque mot d'affectueuse tendresse. Sa modestie était portée à un excès qui nous faisait quelquefois sourire, et dont le bon évêque riait le premier, mais sans en rien rabattre. Quant à sa nourriture lorsqu'il était seul, un peu de riz et quelques légumes, c'était tout. Il s'était interdit le vin de riz dans ses dernières années.

« Jamais ni la viande, ni le poisson, ni même les œufs ne paraissaient sur sa table, sinon quand il recevait quelqu'un de nous.

« Alors il faisait tous ses efforts pour bien traiter son hôte, et lui, qui ne mangeait jamais de pain quand il était seul, attendu que les Coréens n'en font point, prenait plaisir à pétrir lui-même quelques pains pour les offrir à un confrère qui venait le voir, ou les lui envoyer en province par quelque occasion.

« Un fait vous donnera la mesure de sa mortification : les cruelles douleurs de la pierre, dont il souffrait habituellement, ne lui faisaient interrompre son travail que quand il était gisant à terre, presque à l'agonie. Je l'ai vu passer vingt-quatre heures de suite au confessionnal, et comme je me permettais de le gronder :

« Que voulez-vous, me répondait-il, ces douleurs m'empêchent de dormir. »

Son coadjuteur, Mgr Daveluy, donnait les derniers soins à la publication de divers ouvrages importants pour l'instruction des néophytes.

C'est dans cette année surtout qu'entouré de livres, de traducteurs et de copistes, compulsant des manuscrits précieux, et consultant la tradition orale, il put recueillir des documents du plus haut intérêt, ajouter cent cinquante pages aux annales des premiers martyrs, et rédiger des notes biographiques sur presque tous les confesseurs.

Pour éclairer quelques-unes des obscurités, combler plusieurs lacunes de l'histoire de la grande persécution de 1801 et des temps qui l'avaient précédée, il fit dans les parties les plus éloignées de la chrétienté un voyage de trois mois, afin de retrouver et d'interroger en personne, sous la foi du serment, tous les témoins qui pouvaient lui donner quelque renseignement utile.

Il envoya à M. Albrand, supérieur du Séminaire des Missions-Étrangères la traduction des documents qu'il avait recueillis, ce fut une heureuse inspiration, car au printemps de l'année suivante, le feu prit à la maison épiscopale, en l'absence du prélat, et consuma une grande caisse où étaient réunis en sept ou huit volumes les titres originaux de l'histoire des martyrs en chinois et en coréen, avec différents travaux sur l'histoire du pays, une quantité de livres coréens très précieux.

C'est avec les documents et les notes alors envoyés en France, que fut rédigée la plus grande partie de l'*Histoire de l'Église de Corée*, publiée par M. Dallet.

Le provicaire, M. Pourthié[1], dans les courts instants que lui laissait le soin du séminaire, continuait le grand dictionnaire commencé par Mgr Daveluy, pendant que M. Petitnicolas[2], son collègue au séminaire, s'occupait de

---

1. Du diocèse d'Albi, parti en 1855, mort le 11 mars 1866.
2. Du diocèse de Saint-Dié, parti en 1853, mort le 11 mars 1866.

la paroisse voisine et que M. Féron[1] faisait ses débuts dans le ministère apostolique.

Outre les travaux ordinaires de l'administration des chrétiens, le prêtre indigène Thomas Tsoï, qui était sur le bord de la tombe, achevait la traduction des principaux livres de prières, préparait une édition plus complète et plus exacte du catéchisme et les envoyait à la capitale où s'organisait une imprimerie.

Quatre jeunes missionnaires, Landre[2], Joanno[3], Ridel[4] et Calais[5], venaient de débarquer.

« Maintenant, s'écriait Mgr Berneux, en annonçant leur arrivée à M. Albrand, que le travail vienne et les ouvriers ne manqueront pas. »

Hélas! combien furent tristes les beaux jours que l'évêque croyait entrevoir. Mais n'anticipons pas sur les événements et revenons à ces Églises d'Annam qui subissent d'incalculables désastres.

V

Nous avons déjà raconté les malheurs qui eurent lieu jusqu'en 1860, d'aussi terribles nous restent à dire, dus en partie à la lenteur de l'expédition franco-espagnole.

Pendant la guerre de Chine, le petit corps expéditionnaire était demeuré à Saïgon, enfermé au milieu d'une armée de 20,000 Annamites, qui avaient formé autour d'eux une sorte de camp retranché.

Ce fut pour nos troupes l'époque la plus difficile de la campagne. Dans le courant de 1860, les Français res-

1. Du diocèse de Séez, parti en 1856.
2. Du diocèse d'Auch, parti en 1858, mort le 15 septembre 1863.
3. Du diocèse de Saint-Brieuc, parti en 1858, mort le 13 avril 1863.
4. Du diocèse de Nantes, parti en 1860, Vicaire apostolique de la Corée en 1870, mort le 20 juin 1884.
5. Du diocèse de Nantes, parti en 1860.

tèrent une fois jusqu'à cinq mois sans recevoir de nouvelles du dehors.

Heureusement les officiers qui les commandaient, Dariès et Palanca, étaient des hommes d'une énergie peu commune; ils surent maintenir leur poignée de soldats et repousser les attaques de l'ennemi.

Enfin le 7 février 1861, l'amiral Charner, commandant en chef de toutes nos forces navales dans les mers de Chine, arriva avec des renforts et s'occupa aussitôt de débloquer la place.

Dans les journées du 25 et du 26 février, il s'empara des lignes de Ki-hoa. L'ennemi comptait à ce moment, plus de 40,000 hommes, réguliers ou gardes nationaux, les Français et les Espagnols réunis avaient un effectif de 8,000 hommes.

C'était une proportion de un Européen sur cinq indigènes; le succès de nos armes fut décisif et mit en pleine lumière notre immense supériorité. Saïgon, débloqué, fut désormais à l'abri d'un coup de main.

L'amiral s'empressa de profiter de son succès en occupant toute la province jusqu'à Tay-ninh. Le mois suivant, il conquit la province de Mi-tho. Son successeur, l'amiral Bonnard, s'empara des provinces de Bien-hoa (décembre 1861), et de Vinh-long (1862).

Pendant que s'étaient accomplis ces faits glorieux pour nos armes, les missionnaires et les chrétiens étaient traqués, le sang coulait dans tout le royaume d'Annam, et la parole de Notre-Seigneur se réalisait dans sa plénitude :

« On mettra la main sur vous, on vous poursuivra, on vous livrera. On vous traduira devant les tribunaux; vous serez battus dans les synagogues; on vous emprisonnera; on vous traînera devant les rois et les gouverneurs à cause de mon nom. Mais ceci adviendra, pour que vous rendiez témoignage. »

Le 16 mars 1860, Mgr Lefebvre traçait en ces termes les misères de son Vicariat :

« La persécution a redoublé de violence par tout le royaume. Jamais encore il n'y avait eu dans l'espace d'une année, tant de confesseurs de la foi et tant de martyrs.

« Un excellent prêtre indigène nommé Pierre Qui, et un bon néophyte appelé Emmanuel Phung, viennent d'être décapités dans la province d'An-giang[1], et neuf personnes impliquées dans le même procès ont été condamnées à l'exil. Actuellement j'ai trois cent quatre-vingt-seize chrétiens de ma mission en prison. »

Dans les autres provinces de l'Annam, les malheurs étaient plus grands et les arrestations plus nombreuses.

A la fin de l'année 1860, parut l'édit de dispersion générale, le plus terrible qui eût jamais été porté. En voici les cinq articles :

Article I. — Tous ceux qui portent le nom de chrétiens, hommes ou femmes, riches ou pauvres, vieillards ou enfants, seront dispersés dans les villages païens.

Article II. — Tout village païen est responsable de la garde des chrétiens qu'il aura reçus, dans la proportion d'un chrétien sur cinq païens.

Article III. — Tous les villages chrétiens seront rasés et détruits ; les terres, jardins et maisons seront partagés entre les villages païens d'alentour, à la charge pour ceux-ci d'en acquitter les impôts.

Article IV. — Les hommes seront séparés des femmes ; on enverra les hommes dans une province, les femmes dans une autre, afin qu'ils ne puissent se réunir ; les enfants seront partagés entre les familles païennes qui voudront les nourrir.

Article V. — Avant de partir, tous les chrétiens, hommes, femmes et enfants, seront marqués à la figure :

---

1. Chu-doac.

on gravera sur la joue gauche les deux caractères *Ta Dao* (religion perverse) et sur la joue droite, le nom du canton et de la préfecture où ils sont envoyés, afin qu'ils ne puissent s'enfuir. »

Lorsqu'on mit cet édit à exécution, les chrétiens furent conduits en masse dans les tribunaux.

Là, des scribes, armés de tessons de porcelaine bien aiguisés, gravèrent sur leur joue les lettres infamantes. Les cris, les pleurs que la souffrance arrachait aux enfants et aux femmes excitaient les rires et les plaisanteries grossières des païens accourus en foule à ce spectacle. On retint tout ce monde en prison pendant huit jours, afin de s'assurer, après cicatrisation des plaies, que l'inscription était bien apparente, sinon on recommençait l'opération. Pendant ce temps, que les chrétiens fussent vigoureux ou non, on les employait aux plus rudes corvées, et le rotin donnait des forces aux malades.

Il y eut d'admirables exemples de foi, dont un grand nombre restent inconnus, cachés dans les lettres inédites des missionnaires, mais qui, nous l'espérons, pourront un jour être publiés pour l'édification du monde chrétien.

Les désastres furent immenses, et si ce décret eût été en vigueur pendant plusieurs années, on n'ose se demander ce qui aurait survécu de l'Église d'Annam.

Tel qu'il fut exécuté, il causa de grands malheurs. Lorsque les néophytes purent se réunir et rentrer chez eux, après la paix, on évalua à 50,000 le nombre de ceux qui manquaient à l'appel.

Comme toujours, les prêtres de la Société des Missions-Étrangères mêlèrent leur sang à celui de leurs fidèles.

M. Néron [1] fut le premier. Il était fils d'un pauvre

---

1. Du diocèse de Saint-Claude, parti en 1848, mort le 3 novembre 1860.

paysan de Bornay dans le Jura et était parti pour le Tonkin en 1848. Sa biographie, écrite il y a bientôt 15 ans, a révélé sa piété, sa modestie, son amour du travail, sa volonté de fer. Excepté pendant les premières années de son adolescence qui ne s'écoulèrent pas sans combat, Pierre Néron garda toujours un calme inaltérable, une admirable paix de l'âme et du cœur.

Pendant son apostolat, il se livra aux travaux les plus divers avec une entière obéissance. Professeur et supérieur du séminaire de Ke-vinh, il composa ou traduisit en langue annamite des précis d'arithmétique, d'algèbre et de géométrie.

Chargé de visiter les petits et grands séminaires du Tonkin, il tomba, en 1854, entre les mains d'un chef de douane qui le relâcha pour la somme de 640 francs. Placé à la tête d'un district de quatre paroisses renfermant seize mille chrétiens et situées dans la province de Son-tay, il fut arrêté une seconde fois en 1858, par un chef de canton païen, qui d'ailleurs se contenta de trois cents ligatures.

A la fin de 1859, lorsque la persécution sévit le plus violemment, il s'enfuit dans les montagnes. Un jour, il s'y égara et ce ne fut qu'après vingt-quatre heures que ses catéchistes le retrouvèrent étendu sans mouvement, épuisé de fatigue et de faim.

Après avoir, pendant dix mois, erré d'asile en asile, il vint enfin se cacher dans une maison isolée, à l'entrée de la paroisse de Yên-tap.

C'est là que, dans la nuit du 5 au 6 août 1860, il fut trahi et livré par le maire chrétien du village de Ta-xa.

Le nouveau Judas se présenta à la porte de la maison et appela le missionnaire, qui, reconnaissant la voix d'un ami, sortit sans défiance; à peine avait-il franchi le seuil, qu'il fut frappé et tomba à la renverse.

Enfermé dans une cage, conduit à Son-tay, la ville dont l'amiral Courbet s'est emparé si glorieusement, il y subit, le 2 septembre, les interrogatoires ordinaires. Il répondit en peu de paroles, avec une prudence parfaite qui déconcerta ses juges, désireux d'obtenir des aveux compromettants pour les chrétiens. Menacé du rotin, il répondit doucement « que le rotin ne l'effrayait pas et que l'ange de Dieu saurait bien le guérir des blessures qu'on lui ferait. » Il fut immédiatement frappé. Après cinq ou six coups, les mandarins lui adressèrent de nouvelles questions, mais celui qui auparavant parlait peu, garda alors un silence absolu. Il fut frappé de nouveau; au quarantième coup, ordre fut donné aux soldats de s'arrêter; alors le confesseur se releva tranquillement, et sans prononcer une parole, sans articuler une plainte, il rentra dans sa cage.

Mgr Jeantet et son coadjuteur Mgr Theurel écrivirent plusieurs fois au prisonnier, l'invitant à leur envoyer de ses nouvelles, ou à leur demander ce qui pourrait adoucir sa captivité; il ne répondit point. Le commandant de ses gardes, que l'on avait gagné, lui offrit du papier et une plume pour faire ses adieux à ses amis; il répliqua qu'il n'avait rien à leur dire.

Tous les martyrs se ressemblent par leur mort sanglante généreusement acceptée; mais chacun d'eux se marque d'un caractère spécial selon les grâces de choix qu'il reçoit et les vertus qu'il préfère. Cornay chantait, Bonnard racontait sa vie de prisonnier, Néron reste pleinement mort au monde, à ses amis, à son évêque, à ses parents : c'est le délaissement le plus absolu, cherché et voulu.

Un fait extraordinaire signala sa captivité.

A partir du 4 septembre, il demeura vingt et un jours sans prendre aucune nourriture, buvant uniquement le matin quelques gouttes d'eau fraîche. Malgré ce jeûne, il se promenait chaque jour quelques instants devant la porte de son cachot.

« Voilà, dit Mgr Theurel[1], un fait extraordinaire, sans doute, et j'ai moi-même longtemps refusé d'y croire ; mais, outre qu'une multitude de témoins l'affirmait, et en particulier les confesseurs de la foi détenus avec M. Néron, le diacre qui l'avait suivi à la ville et qui, tous les deux jours, s'informait de son état auprès des gardes mêmes, déclare que c'est une chose si notoire et si avérée, qu'à la fin, on avait cessé de présenter des aliments au missionnaire, et que le préfet, étonné qu'il vécut encore après un tel jeûne, disait qu'il était devenu Bouddha consommé. Enfin ce qui me persuade encore mieux, c'est que dans la sentence de M. Néron, qui fut envoyée à la capitale le 6 septembre, j'ai lu moi-même très clairement ces mots : « Le criminel, depuis qu'il a subi la question, refuse obstinément toute nourriture sans qu'aucune sollicitation puisse le détourner de cette résolution. Pour ce motif, ajoutaient les mandarins, nous n'avons pas cru devoir le soumettre à de nouveaux interrogatoires, et nous osons prier le roi de fixer promptement son sort. » Sur de telles preuves, j'ai cessé de nier ce jeûne de vingt et un jours, et je suppose que M. Néron avait par devers lui, quelque intention pieuse, qui n'est connue que de Dieu seul. »

Le vingt-deuxième jour, il consentit à manger un petit pain de riz très léger, cette faible nourriture le fit évanouir, et déjà les mandarins, le croyant mort, se disposaient à lui trancher la tête, lorsqu'il reprit ses sens. Le vingt-troisième jour, il dit à ses gardes de lui préparer désormais ses repas et dès lors mangea régulièrement.

Plusieurs pensaient qu'il serait appelé à la capitale,

---

[1]. *Ann. de la Prop. de la Foi*, vol. 33, p. 365.

mais le roi approuva simplement la sentence, telle qu'elle avait été rédigée par les mandarins du département, et le 3 novembre 1860, le prisonnier fut conduit au supplice. Le lieu choisi pour l'exécution était éloigné d'environ une demi-heure de la ville de Sontay. M. Néron y alla à pied, marchant les yeux baissés et récitant des prières. Un diacre et un prêtre annamite, mêlés à la foule, se placèrent en face de lui, à une distance de cinq ou six mètres. Mais tout absorbé dans la pensée du martyre et de Dieu, le missionnaire ne les aperçut pas. Le même lieutenant-colonel, qui l'avait amené à la ville, fut chargé de présider l'exécution. Cet homme s'était attaché au confesseur; avant de donner les derniers ordres, il descendit de cheval et vint lui parler un instant, « sans doute, dit Mgr Theurel, pour lui demander pardon de la coopération qu'il prenait à sa mort ». Le bourreau, lui aussi, chercha longtemps un remplaçant, offrant trois ligatures à qui donnerait le coup fatal ; personne n'accepta, et il dut remplir son office. Au second coup de sabre, la tête roula sur le sol. A l'étonnement de tous, avant, pendant et après l'exécution, les traits du martyr demeurèrent impassibles, son corps n'éprouva ni contractions ni convulsions; sans doute le prêtre appartenait déjà si complètement à Dieu, que les choses de la terre ne l'atteignaient plus.

A peine la tête fut-elle tombée, que bourreaux, capitaines et soldats se précipitèrent sur les restes sanglants pour les emporter comme des reliques, les uns déchirant par lambeaux les vêtements du missionnaire, les autres imbibant de son sang les étoffes apportées à cet effet. Par les soins du curé de la paroisse, un païen de la ville se présenta au nom de l'humanité; « le prêtre étranger n'a personne pour lui rendre les derniers devoirs, dit-il, je demande au mandarin la permission d'ensevelir son corps ». Cette autorisation fut donnée, et le corps de

M. Néron put reposer dans un cercueil, au lieu même du supplice. Selon la teneur du jugement, la tête fut couverte de sel, renfermée dans une caisse et suspendue publiquement pendant trois jours ; elle fut ensuite jetée dans le fleuve, et toutes les recherches pour la retrouver furent inutiles.

A la fin du même mois, un autre prêtre de la Société des Missions-Étrangères, également missionnaire au Tonkin occidental, fut encore arrêté. Le *Bulletin de l'Œuvre des Partants*, consacré au Séminaire et à la Société, a tracé de ce jeune et saint martyr le portrait suivant[1] :

« Théophane Vénard[2] naquit à Saint-Loup-sur-Thouet (Deux-Sèvres) le 21 novembre 1829. Il est connu, presque célèbre, chaleureusement sympathique à tous ceux qui ont lu ses lettres charmantes d'esprit et de cœur.

« On a dit « qu'il était né avec un bouton de rose sur les lèvres et un oiseau pour chanter à son oreille », tant ses paroles sont pleines de mélancolie aimable et douce, gracieuses les images qui reflètent sa pensée.

« Dès son enfance, il contracte des amitiés qu'il conserve ; il en forme d'autres plus tard et les entretient par une correspondance pieuse, savoureuse, tendre, sans fausse sentimentalité.

« Il chante ses joies, ses peines, les petits incidents de sa vie d'écolier, les ferveurs de son âme de lévite ; il chante en quittant la France, il chante dès qu'il aperçoit le Tonkin.

> Portés sur la brise légère,
> Nous touchons le port désiré.
> Salut ! salut ! nouvelle terre !
> Salut ! salut ! sol vénéré !

---

1. *Bulletin des Partants*, p. 440, n° 14.
2. Du diocèse de Poitiers, parti en 1852, mort le 2 février 1861.

> D'Annam ils sont beaux les rivages,
> Comme un jardin délicieux ;
> Grandioses ses paysages
> De monts entassés jusqu'aux cieux.
>
> Noble Tonkin ! Terre par Dieu bénie,
> Des héros de la Foi glorieuse patrie,
> Je viens aussi pour te servir,
> Heureux pour toi de vivre et de mourir !

« Sur les plages lointaines, son affection de fils et de frère lui reste au cœur, caressante et suave. Il écrit à sa famille souvent et longuement, lui racontant les détails de toute son existence. Il montre dans ses récits, la vie apostolique facile, aimable, joyeuse ; il la poétise, à moins qu'il ne la transfigure ; les rudes labeurs lui semblent aisés, les lourds fardeaux légers ; la maladie ne le frappe pas, elle l'effleure ; elle ne l'abat pas, elle l'arrête pour lui faire goûter quelques instants de repos ; les voyages à travers les plaines inondées, sur les chemins rocailleux, dans les montagnes malsaines, sont dépeints avec des couleurs si fraîches qu'on serait tenté de les prendre pour des promenades printanières ; c'est un lis qui a la force d'un chêne. L'effort n'apparaît jamais dans sa vie telle qu'il la décrit ; si parfois on le devine, il le cache sous les fleurs qu'il fait partout éclore, qu'il verse à pleines mains jusqu'à son trépas, sur ses travaux, sur ses souffrances, sur sa cage de bois, sur l'instrument de son supplice, sur la terre qui boira son sang. Les juges deviennent ses amis, les bourreaux ses admirateurs, presque ses fidèles, pour lui, le coup fatal qui tranchera sa tête « n'est que la pression légère qui détache la fleur destinée à orner l'autel ».

Le 30 novembre 1860, M. Vénard fut pris dans la paroisse de Ke-beo par un ancien chef de canton. Celui-ci, connaissant la retraite du missionnaire, prépara cinq ou six barques portant environ 20 hommes et se présenta à la maison qui servait d'asile au proscrit. Le missionnaire, ayant compris d'un coup d'œil ce qui se préparait, s'était déjà caché dans un double mur, construit pour de telles occasions. En arrivant dans la maison, le païen s'écria : « Que le prêtre européen paraisse ici. » A cette sommation, le catéchiste Khang se présente dans l'espoir de donner le change : « Il n'y a que moi ici, dit-il, j'y suis arrivé récemment. Si vous avez pitié de moi, je vous remercierai ; si vous me prenez, je me résignerai. » L'ancien chef de canton, tout en faisant signe à ses hommes de garrotter le catéchiste, s'avance droit vers le double mur qui cachait le missionnaire, et, l'enfonçant d'un coup de pied, il saisit M. Vénard et l'entraîne dans une barque.

Le chef de canton enferma le prêtre dans une cage de bambou, mit le catéchiste à la cangue, et, sur le soir, il se présenta à la sous-préfecture avec ses deux prisonniers. Le sous-préfet fut très poli envers le missionnaire, et changea sa cage de bambou pour une autre en bois plus longue et plus haute ; il lui fit fabriquer une chaîne extrêmement légère, pesant tout au plus un kilogramme. Enfin il porta les égards jusqu'à l'inviter à manger à la salle d'audience, comme un homme libre, en attendant son transfert à Hanoï, qui ne tarda pas.

Arrivé dans cette ville, le prisonnier écrivit à sa famille pour lui annoncer sa détention ; à la fin de cette lettre, il disait : « Je suis arrivé à la préfecture de Ké-cho[1]. Me voyez-vous siégeant tranquillement dans une cage de bois, porté par huit soldats, au milieu d'un peuple innombrable qui se presse sur mon passage ? J'entends dire autour de moi : « Qu'il est joli cet Européen ! Il est serein et joyeux comme quelqu'un qui va à la fête ! Il n'a pas l'air d'avoir peur ! Celui-là n'a aucun péché ! Il n'est venu en Annam que pour faire du bien, et ce-

---

1. L'ancien nom de Hanoï.

pendant on le mettra à mort. » — J'invoque la Reine des Martyrs et je la conjure d'assister son petit serviteur.

« Tout d'abord, le juge me gratifie d'une tasse de thé, que je bois sans façon dans ma cage. Ensuite il procède à l'interrogatoire selon la coutume. Il me demande d'où je suis, et je lui réponds que je suis du grand Occident, du royaume appelé France. « Qu'êtes-vous venu faire en Annam? — Je suis venu uniquement pour prêcher la vraie religion à ceux qui ne la connaissent pas. — Quel âge avez-vous? — Trente et un ans. » Le juge se dit avec un accent de compassion : « Il est encore bien jeune. » Puis il demande : Qui vous a envoyé ici? — Ce n'est ni le roi, ni les mandarins de France qui m'ont envoyé. C'est de mon chef que j'ai voulu aller prêcher les païens, et mes supérieurs en religion m'ont assigné le royaume annamite pour district. — Et les guerriers d'Europe qui ont pris Tourane et Saïgon, qui les a envoyés? Quel est leur but en faisant la guerre à notre pays? — Mandarin, j'ai bien entendu dire autour de moi qu'il y avait guerre, mais n'ayant aucune communication avec les guerriers d'Europe, je ne puis répondre à votre question.

« Sur ces entrefaites, arrive le préfet. A peine assis, il me crie d'une voix vibrante : « Ah! ça, chef de la religion chrétienne, vous avez une physionomie distinguée, vous saviez bien que les lois annamites défendaient l'entrée du royaume aux Européens, à quoi bon alors venir vous faire tuer par ici? C'est vous qui avez excité les navires européens à nous faire la guerre, n'est-ce pas? Il faut dire toute la vérité, ou bien on va vous mettre à la torture. — Grand mandarin, vous me demandez deux choses : à la première je réponds que je suis un envoyé du roi du ciel pour prêcher la religion à ceux qui l'ignorent, n'importe en quel lieu, en quel royaume. Nous respectons beaucoup l'autorité des rois de la terre, mais nous respectons encore plus l'autorité du Roi des Cieux. A la seconde question, je réponds que je n'ai excité en aucune manière les Européens à faire la guerre au royaume annamite. — En ce cas, voulez-vous aller leur dire de partir, et l'on vous pardonnera? — Grand mandarin, je n'ai aucune autorité pour régler une telle affaire ; cependant, si Sa Majesté m'envoie, je prierai les guerriers européens de ne plus faire la guerre à Annam, et si je n'atteins pas mon but, je reviendrai subir la mort. — Vous ne craignez pas la mort? — Grand mandarin, je ne crains pas la mort. Je suis venu ici prêcher la vraie religion; je ne suis coupable d'aucun crime, mais si Annam me tue, je verserai mon sang avec joie pour Annam. — Chef de la religion chrétienne, il faut déclarer les noms des lieux qui vous ont recélé jusqu'à ce jour? — Grand mandarin, l'on vous appelle le père et la mère du peuple : si je fais ces déclarations, je serai la cause de beaucoup de maux que le peuple aura à souffrir. Jugez vous-même si cela convient ou non! — Foulez la croix et vous ne serez pas mis à mort. — Quoi! j'ai prêché la religion de la croix jusqu'à ce jour, et vous voulez que je l'abjure! Je n'estime pas tant la vie de ce monde, que je veuille la conserver au prix d'une apostasie. »

Telles furent les questions les plus importantes adressées au prisonnier et les réponses qu'il y fit.

Le 3 janvier, il écrivit à Mgr Theurel : « J'ai le glaive suspendu sur ma tête, et je n'ai point de frissons. Le bon Dieu ménage ma faiblesse, je suis joyeux. De temps en temps, j'honore de mes chants le palais du mandarin.

> O Mère chérie
> Place-moi
> Un jour dans la patrie.
> Près de toi!

« Quand ma tête tombera sous la hache du bourreau, ô Mère immaculée, recevez votre petit serviteur, comme la grappe de raisin mûr tombé sous le tranchant, comme la rose épanouie cueillie en votre honneur. *Ave Maria!* Je lui dirai aussi de votre part : *Ave Maria!* »

Un prêtre annamite, le P. Thinh, put visiter le captif et lui porter le pain des forts. Le 20 janvier, M. Vénard écrivit à Mgr Jeantet et à tous les missionnaires du Tonkin occidental pour leur faire ses adieux. Il écrivit également à chacun des membres de sa famille des lettres admirables qui arrachèrent des larmes à bien des lecteurs. Nous en détachons une. Elle montrera que le missionnaire garde en son cœur un vivant amour pour les siens, et que s'il quitte patrie, famille, amis, c'est pour obéir à une voix plus haute, mais sans jamais oublier ceux auxquels l'unissent les liens du sang, de l'amitié, de la reconnaissance.

« En cage, au Tonkin.
« 20 janvier 1861. »

« Chère sœur,

« J'ai écrit[1], il y a quelques jours, une lettre commune à toute la famille, dans laquelle je donne plusieurs détails sur ma prise et mon interrogatoire; cette lettre est déjà partie, et j'espère, vous parviendra. Maintenant que mon dernier jour approche, je veux t'adresser, à toi, chère sœur et amie, quelques lignes d'un adieu spécial; car, tu le sais, nos deux cœurs se sont compris et aimés dès l'enfance. Tu n'as point eu de secret pour ton Théophane, ni moi pour ma Mélanie. Quand, écolier, je quittais, chaque année, le foyer paternel pour le collège, c'est toi qui préparais mon trousseau et adoucissais par tes tendres paroles les tristesses des adieux; toi qui partageais plus tard mes joies si suaves de séminariste; toi qui as secondé par tes ferventes prières ma

1. *Vie de Théophane Vénard*, p. 320.

vocation de missionnaire. C'est avec toi, chère Mélanie, que j'ai passé cette nuit du 26 février 1851, qui était notre dernière entrevue sur la terre, dans des entretiens si doux, si saints, comme ceux de saint Benoît avec sa sainte sœur.

« Et quand j'ai eu franchi les mers pour venir arroser de mes sueurs et de mon sang le sol annamite, tes lettres, aimables messagères, m'ont suivi régulièrement pour me consoler, m'encourager, me fortifier. Il est donc juste que ton frère, à cette heure suprême qui précède son immolation, se souvienne de toi, chère sœur, et t'envoie un dernier souvenir.

« Il est près de minuit : autour de ma cage de bois sont des lances et de longs sabres. Dans un coin de la salle, un groupe de soldats jouent aux cartes, un autre groupe jouent aux dés. De temps en temps, les sentinelles frappent sur le tam-tam et le tambour les veilles de la nuit. A deux mètres de moi, une lampe projette sa lumière vacillante sur ma feuille de papier chinois et me permet de te tracer ces lignes.

« J'attends de jour en jour ma sentence. Peut-être demain je vais être conduit à la mort. Heureuse mort, n'est-ce pas? Mort désirée qui conduit à la vie... Selon toutes les probabilités, j'aurai la tête tranchée : ignominie glorieuse dont le ciel sera le prix. A cette nouvelle, chère sœur, tu pleureras, mais de bonheur. Vois donc ton frère, l'auréole des martyrs couronnant sa tête, la palme des triomphateurs se dressant dans sa main! Encore un peu et mon âme quittera la terre, finira son exil, terminera son combat. Je monte au ciel, je touche la patrie, je remporte la victoire. Je vais entrer dans ce séjour des élus, voir des beautés que l'œil de l'homme n'a jamais vues, entendre des harmonies que l'oreille n'a jamais entendues, jouir des joies que le cœur n'a jamais goûtées. Mais auparavant il faut que le grain de froment soit moulu, que la grappe de raisin soit pressée. Serai-je un pain, un vin, selon le goût du Père de famille ! Je l'espère de la grâce du Sauveur, de la protection de sa Mère Immaculée, et c'est pourquoi bien qu'encore dans l'arène, j'ose entonner un champ de triomphe, comme si j'étais déjà couronné vainqueur.

« Et toi chère sœur, je te laisse dans le champ des vertus et des bonnes œuvres. Moissonne de nombreux mérites pour la vie éternelle qui nous attend tous deux. Moissonne la foi, l'espérance, la charité, la patience, la douceur, la persévérance, une sainte mort !...

« Adieu, Mélanie ! Adieu, sœur chérie, adieu !!!

« Ton frère.

« J.-TH. VÉNARD,

« *Missionnaire apostolique.* »

Le 2 février, les mandarins firent appeler le confesseur de la foi pour lui signifier sa sentence et l'envoyer à la mort.

Il prit un vêtement de coton blanc et un autre de soie qu'il s'était fait préparer pour son exécution et qu'il porta seulement ce jour-là.

Dieu le conviait à la grande fête des martyrs, il y voulait aller en habits de fête.

Lorsqu'il eut entendu sa sentence, il protesta qu'il n'était venu en Annam que pour y enseigner la vraie religion, et qu'il mourait pour cette cause.

Le convoi se dirigea vers le lieu de l'exécution. Il se composait de deux cents soldats et de deux éléphants de guerre commandés par un lieutenant-colonel. M. Vénard commença des chants latins et les prolongea jusqu'à la porte de la ville. Le lieu de l'exécution était éloigné d'environ une demi-heure ; lorsqu'il y fut parvenu, le missionnaire, tranquille et joyeux, promena ses regards sur toute la foule, cherchant sans doute le prêtre indigène, pour recevoir de lui une dernière absolution; mais celui-ci, ignorant l'heure du supplice, n'était pas venu au suprême rendez-vous.

Le bourreau était habitué à sa sinistre besogne, il avait déjà décapité quatre prêtres indigènes le 25 mars 1860; il demanda au martyr comme à un criminel ordinaire ce qu'il lui donnerait pour être exécuté habilement et promptement, et il reçut cette réponse :

— Plus ça durera, mieux ça vaudra.

Cependant, voyant que le missionnaire était vêtu d'habits propres et neufs, il voulut s'en emparer immédiatement, afin qu'ils ne fussent pas souillés de sang.

Il pria la victime de les quitter, et comme cette première invitation demeurait sans effet, il usa de ruse et dit à M. Vénard :

— Vous devez être Lang-tri, c'est-à-dire avoir les membres coupés à toutes les jointures, et le corps fendu en quatre.

« Soit qu'il crût à ce mensonge, ce que je ne pense pas, dit Mgr Theurel, soit pour en finir avec les importunités de ce bossu impitoyable, soit peut-être en souvenir de Notre-Seigneur qui, avant d'être crucifié, éprouva le même traitement, le missionnaire se dépouilla de sa double tunique.

Ensuite les soldats lui lièrent fortement les coudes derrière le dos, pour l'obliger à tenir la tête élevée, et à présenter le cou au sabre fatal; puis ils l'attachèrent à un pieu de bambou assez mal affermi. Dans cette position, et au signal donné, la victime reçut le premier coup de sabre qui effleura seulement la peau.

Le deuxième coup, mieux appliqué, trancha presque entièrement la tête, et renversa entièrement le martyr et le pieu.

Le bourreau, voyant son sabre ébréché, en prit un autre, donna encore trois coups, et saisissant la tête, il l'éleva pour la montrer au lieutenant-colonel. »

VI

Cette même année, le Vicaire apostolique de la Cochinchine orientale, le Vénérable Mgr Cuenot, fut également arrêté. Il avait conseillé à ses missionnaires de quitter la mission et de se réfugier à Saïgon, mais il avait refusé de partir, disant que « quand même un missionnaire serait réduit à ne pouvoir que réciter son bréviaire, il suffirait que sa présence fut connue pour retenir les chrétiens dans le devoir et conserver la foi parmi eux ». Forcé de quitter sa résidence de G.-thi, dans le courant d'octobre, il s'était réfugié à quelques lieues, dans la demeure d'une pieuse chrétienne, nommée Ba-Luu. Le dimanche 24, il venait de célébrer la messe, lorsque des mandarins et des soldats investirent à l'improviste la maison. Le prélat eut cependant le temps de se jeter avec ses servants dans une cachette qu'on lui avait ménagée, mais les ornements sacrés laissés sur la table trahirent sa présence, et le mandarin, sûr de sa proie, s'installa dans la maison, jurant qu'il la démolirait pièce à pièce plutôt que de renoncer à sa capture.

En attendant, les hôtes de l'évêque furent mis à la question, mais sans vouloir découvrir la retraite du proscrit, toujours dans sa cachette avec ses deux élèves. Au bout de deux jours et d'une nuit, pressé par une soif ardente et voyant d'ailleurs que le mandarin n'abandonnerait pas la place, Mgr Cuenot prit le parti de se livrer. Les satellites se jetèrent brutalement sur lui, le renversèrent et lui lièrent fortement les bras derrière le dos, mais l'officier, plus humain, ordonna de le délier et le fit même asseoir à ses côtés. Le surlendemain, le prélat, enfermé dans une cage étroite, fut porté, à Binh-dinh, chef-lieu de la province du même nom.

On était à l'époque de l'inondation ; dans certains passages, les porteurs avaient de l'eau jusqu'à la ceinture et la cage était inondée. Une pluie torrentielle aggrava encore la situation. Mgr Cuenot arriva à la préfecture ruisselant d'eau et fut jeté au cachot en cet état ; dès le lendemain, la maladie se déclara.

Il dut à cette circonstance de ne pas être mis à la question et de n'être interrogé qu'une seule fois. Le mandarin lui demanda :

— Pourquoi êtes-vous venu dans ce pays ?
— Pour prêcher la religion.
— Depuis combien de temps y êtes-vous ?
— Depuis 34 ans.
— Où êtes-vous allé pendant ce temps ?
— Je suis allé d'abord du côté de la capitale, dans la province du Binh-dinh, au Phu-yen, au Binh-thuan, puis je suis revenu au Binh-dinh.
— Depuis combien de temps étiez-vous chez la dame Luu ?
— Tout récemment, depuis environ dix jours.
— Que savez-vous de la guerre ?
— Rien. Je suis venu ici uniquement pour prêcher la religion ; je l'ai prêchée pendant 34 ans, tantôt dans un endroit, tantôt dans l'autre. Voilà tout. Que le mandarin m'inflige telle peine qu'il voudra ; mais il est bien inutile de m'interroger davantage, car en fait de nouvelles de la guerre, je ne sais rien.

Le 14 novembre, il mourut d'épuisement. Le lendemain de sa mort, arriva de Hué l'ordre de lui couper immédiatement la tête. Le chef de la justice voulait faire décapiter le cadavre, mais le gouverneur de la province s'y opposa en disant : « A quoi bon ? Puisqu'il est mort, qu'on lie le corps entre quatre bambous et qu'on l'enterre. » Les chrétiens détenus dans la prison, avaient voulu se cotiser pour acheter un cercueil ; on ne le leur permit pas, et le saint corps fut simplement roulé dans une natte, lié entre des bambous et déposé en terre.

Bien qu'il n'ait pas eu le bonheur de verser son sang pour Jésus-Christ, Mgr Cuenot n'en est pas moins un véritable témoin de Jésus-Christ, comme la sentence rendue par le roi après sa mort en fait foi. Elle est conçue en ces termes : « Le chef européen de religion Thé est venu, et s'est caché dans ce royaume depuis bientôt 40 ans ; il a prêché la religion perverse et trompé le peuple ; arrêté et interrogé, il a avoué ce crime énorme. Il devait avoir la tête tranchée et exposée sur le marché, mais, puisqu'il est mort en prison, il n'y a plus qu'à jeter son corps au fleuve.

En vertu de cette sentence, trois mois et dix-sept jours après la mort du prélat, son corps fut déterré pour être jeté à la mer. Les prêtres annamites, renfermés dans la citadelle, avaient prié un sergent païen, nommé Phuong, qui avait assisté l'évêque dans sa dernière maladie, de soustraire quelques ossements pour les leur donner. Mais à la grande surprise de cet homme, et à celle de tous les assistants païens comme lui, le corps, bien qu'inhumé sans aucune précaution, était parfaitement conservé et n'exhalait aucune mauvaise odeur. Lors du procès canonique pour l'introduction de la cause de Mgr Cuenot, ce prodige a été attesté par Phuong et par ceux qui avec lui relevèrent le corps du prélat.

Mgr Cuenot et M. Néel dont nous avons parlé précédemment furent au xixe siècle, les derniers prêtres de la Société des Missions-Étrangères juridiquement condamnés à la peine capitale, et morts dans les prisons ou sous le glaive du bourreau ; onze d'entre eux avaient souffert dans le royaume annamite, trois en

Corée et trois en Chine. Commencée en 1815 par Mgr Dufresse, la lignée des témoins de Jésus-Christ s'était continuée jusqu'en 1862 ; et elle devait bientôt se renouer, mais, excepté en Corée, dans des circonstances différentes, qui ne permettront pas d'assimiler complètement les nouveaux martyrs à ceux dont nous avons raconté le supplice.

Avec eux, 68 prêtres indigènes avaient gagné la palme glorieuse, ils s'étaient montrés dignes des maîtres qui les avaient instruits, et la Société des Missions-Étrangères, en se reportant à ses origines, en se rappelant les objections qu'on n'avait pas ménagées contre cette œuvre du clergé indigène, pouvait s'applaudir d'avoir toujours persévéramment marché dans la voie que les Souverains Pontifes lui avaient tracée, et remercier Dieu des grâces qu'il avait accordées à son obéissance.

Deux autres prêtres de la Société des Missions-Étrangères furent aussi condamnés à mort, mais la sentence ne fut pas exécutée ; c'étaient MM. Charbonnier et Mathevon, les anciens compagnons de Mgr Retord, qui avaient été arrêtés vers le milieu de l'année 1861. Etant arrivés à Tourane trop tard pour s'embarquer sur les navires français déjà partis pour Saigon, ils étaient revenus au Tonkin et s'étaient cachés dans une caverne non loin de Cua-bang, dans le sud du Tonkin occidental. Ils y furent découverts par des païens qui les dénoncèrent.

Conduits et emprisonnés au chef-lieu de la province de Thanh-hoa, ils rencontrèrent dans leurs cachots plusieurs prêtres indigènes, des catéchistes et de nombreux chrétiens détenus pour la foi. Ils furent enfermés dans des cages en bambou hautes de 1 mètre, longues et larges de 1 m. 20 et fermées par une clef que le capitaine préposé à la garde des captifs gardait soigneusement. Ils eurent à subir les interrogatoires ordinaires et à repousser de nombreuses propositions d'apostasier. Ces interrogatoires se faisaient avec un grand apparat d'instruments de supplice, sabres, lances, chaînes, rotins garnis de pointes de fer, tenailles froides et tenailles rougies[1]. Les patients étaient à la merci du mandarin qui présidait et choisissait, selon son caprice, les instruments de torture.

On leur appliqua le supplice des tenailles et celui des bâtonnets; ce dernier consiste à placer de petits bâtonnets entre les doigts du patient et à presser lentement et régulièrement les deux mains, de façon à écraser la chair et à broyer les os. Enfin ils furent condamnés à être décapités. La sentence fut expédiée à Hué, pour être ratifiée. Ce n'était plus qu'une question de jours : les confesseurs le savaient, ils étaient sûrs d'être martyrs. Cette pensée les soutenait, les fortifiait et leur donnait un avant-goût des joies célestes : de temps à autre, ils voyaient passer des prêtres indigènes arrêtés avant eux et conduits au supplice. Cette vue les enflammait et excitait l'ardeur de leurs désirs. Quand arrivait un courrier de la capitale, ils s'informaient auprès de leurs gardiens s'il n'apportait pas la ratification de leur sentence de mort. « N'est-il pas permis[2] à celui qui a confessé son Dieu, dont la sentence est portée, ne lui est-il pas permis, a écrit Mgr Puginier[3], de désirer l'arrivée de ce jour, où un coup de sabre brisera le dernier lien qui le retient à cette vie mortelle, et lui permettra de s'envoler vers ce Seigneur qu'il a servi et qu'il a aimé? »

Brusquement, au moment où ils s'y attendaient le moins, ils furent transférés à Hué où on leur déclara qu'ils allaient être remis en liberté et conduits à Saïgon.

---

1. *Nos missionnaires*, p. 165.
2. Notice manuscrite sur M. Mathevon.
3. Du diocèse d'Albi, parti en 1858, Vicaire apostolique du Tonkin occidental en 1868, mort en 1892.

En annonçant sa délivrance à ses amis de France, Mathevon écrivait ces paroles qui, sous la gaieté de la forme, laissent percer un regret : « J'ai cru pendant quelque temps qu'il ne me serait plus donné de vous entretenir ici-bas; mais le bon Dieu me permettant encore de vivre, je continuerai, pour ma consolation, de correspondre avec vous. Pour le moment, je n'ai pas lieu d'être satisfait. J'étais venu dans ce lointain pays pour y chercher fortune, la fortune du martyre, et voilà que je viens de manquer la plus belle occasion; j'aspirais à un avenir brillant et à des richesses immenses; je croyais les tenir, et voilà qu'ils m'échappent, et il faut me remettre à l'œuvre sans avoir peut-être les mêmes chances de succès. »

Que s'était-il donc passé, pour qu'un pareil changement s'opérât dans les habitudes de Tu-duc et de son gouvernement?

La France avait continué ses conquêtes en Basse-Cochinchine, elle s'était emparée de quatre provinces et menaçait d'en annexer deux autres. D'un autre côté, le royaume était aux abois, épuisé par la guerre, qui durait depuis quatre ans; de plus, la révolte était près de triompher au Tonkin.

Un prétendant, se disant de l'ancienne famille royale des Lê, avait soulevé une partie du pays; il avait sollicité le secours de la France, offrant de reconnaître sa suzeraineté sur le pays. C'eût été pour nous une occasion unique de faire une diversion heureuse contre Tu-duc, et de nous assurer, dès 1862, le protectorat du Tonkin, que nous poursuivons depuis vingt ans. L'amiral Bonnard avait malheureusement des préjugés trop nombreux et une connaissance trop superficielle de l'Annam, pour accepter les propositions qui lui furent faites à ce sujet. Tu-duc qui voyait plus juste, et redoutait vivement une alliance entre la France et le prétendant Le-phung, se décida à faire des ouvertures sérieuses de paix, afin d'enlever à ses ennemis toute chance de réussir près de nous.

Le 26 mai 1862, on vit arriver à Saïgon le fameux Phan-thanh-giang, à la tête d'une ambassade chargée de demander et de conclure la paix. Les négociations furent menées rapidement ; mais toujours fidèle à son système de défiance, l'amiral Bonnard se garda bien, pour tout ce qui touchait aux intérêts religieux, de consulter les missionnaires. A cette première époque de la conquête, les interprètes faisaient défaut, plusieurs prêtres de la Société s'étaient dévoués à cette tâche ingrate et en exerçaient officiellement la charge, ils furent systématiquement tenus à l'écart des négociations, ainsi que les élèves latinistes employés au service du gouvernement. Un officier français, qui savait un peu d'annamite, servit d'interprète dans cette circonstance.

Le 5 juin 1862, le traité entre Tu-duc et la France fut signé à Saïgon. Le roi d'Annam nous cédait les trois provinces, que déjà nous occupions, de Bien-hoa, de Saïgon et de My-tho ; la province de Vinh-long, que nous venions de prendre, devait être rétrocédée, quand le pays serait entièrement pacifié. Une somme de vingt millions de francs, payable en dix annuités. devait indemniser la France et l'Espagne des dépenses qu'elles avaient faites pendant l'expédition. Quant à la question religieuse, elle était ainsi réglée par l'article 2 du traité :

« Les sujets des deux nations de France et d'Espagne pourront exercer le culte chrétien dans le royaume d'Annam, et les sujets de ce royaume, sans distinction, qui désireraient embrasser et suivre la religion chrétienne, le pourront librement et sans contrainte ; mais on ne forcera pas à se faire chrétiens ceux qui n'en auront pas le désir. »

Cette dernière clause pourra sembler étrange, elle le paraissait bien plus encore aux missionnaires et aux chrétiens que la persécution décimait depuis tant d'années... Elle avait sans doute été inspirée à l'amiral Bonnard par un de ces préjugés, qui paralysèrent son administration en Cochinchine. Cet article avait également le défaut grave de manquer de précision et de ne spécifier aucune des conditions de la liberté promise aux chrétiens. Tu-duc allait l'appliquer à la façon des tyrans. Pour s'en rendre compte, on n'a qu'à lire le décret du mois de juillet 1862, par lequel il rend aux catholiques un semblant de liberté, sous forme d'une amnistie restreinte et comme une pure grâce, qu'il accorde à l'occasion de l'anniversaire de sa naissance; du traité qui vient d'être signé avec les Français, il n'est même pas fait mention dans cette pièce [1] :

« Il y a longtemps que l'ivraie du peuple est enfoncée dans sa fausse religion. Malgré tous nos avertissements, cette canaille ne sort pas de sa léthargie ; quand elle renie extérieurement son culte, c'est un mensonge. Nous avons enjoint aux gouverneurs de province d'emprisonner les chefs de ces hommes à dure cervelle, nous avons même ordonné de les disperser dans les villages païens, pour convertir leurs cœurs dépravés.

« Maintenant donc que cette tourbe est corrigée en partie, elle est devenue digne de compassion. C'est pourquoi à l'occasion de l'anniversaire de notre naissance, pour obéir à l'impulsion de notre cœur généreux, nous voulons que, soit à la cour, soit dans les divers chefs-lieux de province, on rende la liberté aux vieillards, aux femmes et aux enfants, qu'ils aient ou non marché sur la croix; seront également libres les chefs qui auront apostasié; ils pourront retourner dans leurs villages,

---

[1]. *La Coch. relig.*, vol. 2, p. 311.

s'il y a des païens ; mais ceux qui appartiennent à des villages tout chrétiens, même après avoir abjuré, devront rester dans l'endroit où ils étaient prisonniers.

« On rendra aux chrétiens leurs maisons et leurs champs ; jusqu'à nouvel ordre, ils seront exempts de l'impôt personnel..

« Les chefs qui n'ont pas encore apostasié, et les jeunes gens robustes qui persistent dans leur fausse religion, resteront prisonniers jusqu'à ce qu'ils l'abjurent.

« Nous recommandons à nos mandarins d'avoir l'œil sur cette populace, de la forcer à se tenir tranquille, comme fait notre véritable peuple, d'empêcher qu'elle ne se laisse encore tromper par les malfaiteurs, de peur de s'exposer à des châtiments qui seraient alors sans miséricorde. Ainsi se manifeste la clémence de notre cœur royal. »

Cette pièce intéressante en dit long, autant par ce qu'elle omet que par ce qu'elle exprime : l'esprit qui l'a dictée, les injures qui l'assaisonnent, les restrictions odieuses qu'elle impose, montrent bien, disons-le en passant, le cas que la cour de Hué fait des traités qu'elle est forcée de subir.

VII

Mais enfin quels que fussent l'édit et les intentions de Tu-duc, le traité de 1862 mettait fin à l'expédition de Cochinchine et en consacrait le succès. Cet acte terminait la phase des événements politiques, militaires et religieux, commencée en 1858 et marquée par des conventions qui avaient reconnu aux missionnaires le droit de prêcher la religion catholique, aux chrétiens la liberté de l'observer.

La Chine avait signé deux traités, le premier en 1858, le second en 1860 ; le Japon, plus résistant et surtout n'étant pas éprouvé par la guerre et par la défaite, avait accepté une sorte de compromis en 1858 ; l'Annam était venu le dernier en 1862. Des contrées évangélisées par la Société des Missions-Étrangères, le Thibet et la Corée, restaient seuls en dehors de ce mouvement de pacification et de liberté, mais on espérait qu'ils subiraient prochainement l'influence de leurs voisins, principalement de l'empire du Milieu qui les dominait.

Sans croire que les mauvais jours fussent complètement passés, la Société pensait que désormais les entraves mises au zèle de ses prêtres seraient notablement diminuées. Quoiqu'il en soit des espérances qui, à cette époque, se firent jour dans tous les cœurs, et qui furent loin de se réaliser totalement, il est certain que les traités amenaient un grand changement dans l'existence des ouvriers apostoliques. Jusqu'alors, sauf de rares exceptions, les missionnaires n'avaient été que tolérés en Chine[1] et en Annam, obligés de vivre obscurs et inconnus, de cacher leur nom et leur nationalité, de prêcher en secret, exposés à chaque instant, sur un simple caprice du souverain, à être chassés, emprisonnés ou mis à mort. Leurs chrétiens ne jouissaient pas d'un meilleur sort, continuellement en butte aux vexations des particuliers païens et des mandarins, sans pouvoir en appeler à aucune justice, accusés d'être des traîtres, des rebelles, de pactiser avec l'étranger, traités en parias et en ennemis. Dès lors, les uns et les autres, protégés par une nation européenne, la France, forts de traités solennels reconnus et acceptés

---

1. Nous ne parlons pas évidemment des missionnaires qui résidaient à Pékin et que le gouvernement chinois tolérait pour profiter de leur science, mais de ceux qui vivaient dans les provinces et depuis plus d'un siècle étaient en butte à la persécution ouverte ou sourde.

par les gouvernements naguère persécuteurs, peuvent se montrer au grand jour, réclamer devant les tribunaux, pour eux et pour leur foi, respect et liberté. Après bien des combats et des douleurs, ils ont enfin, grâce à notre pays qui, conscient ou non, continue à travers le monde sa mission civilisatrice et religieuse, ils ont droit de cité dans l'Extrême-Orient, dont les portes leur étaient légalement fermées depuis si longtemps.

Au moment où s'opérait ce changement dans les conditions de l'apostolat, disparaissaient, enlevés par la mort, des évêques et des prêtres, dont quelques-uns avaient, par leur situation, leurs talents ou leurs vertus, joué un rôle important dans les missions de la Société. Nous ne parlons pas des martyrs, nous avons longuement raconté leurs glorieux combats; mais en dehors d'eux, la Société perdit beaucoup de zélés missionnaires dont plusieurs furent illustres.

En 1860, Titaud, un des plus vaillants compagnons de Mgr Retord au Tonkin, mourut épuisé des privations que lui imposait la persécution; Borelle en Cochinchine, également usé par la misère; Lequeux à Siam, celui que nous avons vu tenter de rétablir avec Ducat la chrétienté de Jong-selang; en 1861, Verdier, missionnaire des sauvages Ba-hnars, ruiné par la fièvre des bois; Leturdu, l'ancien missionnaire du Japon, confesseur de la foi dans les prisons du Kouang-tong.

Bonnand, le grand Vicaire apostolique de Pondichéry, rendit son âme à Dieu le 21 mars, dans la ville de Bénarès, pendant qu'il faisait la visite des Indes, telle que la lui avait prescrite le Souverain Pontife.

Déjà il avait accompli la meilleure partie de sa tâche en appréciant l'état et les besoins de chaque église; il avait successivement parcouru le Coïmbatour, le Maduré, l'île de Ceylan, la côte malabare, le Mayssour, Hydérabad, Bombay et Agra.

La mort de ce saint évêque fut un deuil immense, non seulement pour le Vicariat apostolique de Pondichéry, mais pour l'Inde catholique entière. « Elle n'est pas un malheur isolé, écrivait le P. Tassis, Jésuite [1], elle affecte toutes les missions de l'Inde dont il était le Visiteur; mais nous la ressentons plus que personne, puisqu'il avait été si longtemps notre évêque et que nous avons été si souvent l'objet de sa sollicitude et de ses soins paternels. Il a mérité toute notre reconnaissance pour l'intérêt qu'il nous a toujours témoigné, et les peines qu'il a prises pour nous. » Le Vicaire apostolique de Jaffna disait : « Oh! il est vrai que ce n'est pas Mgr de Drusipare qui est à plaindre, mais bien nous tous qui perdons en lui le modèle le plus accompli, le guide le plus éclairé, le Père et le Pasteur le plus vigilant. »

Le Vicaire apostolique de Mangalore émettait le même jugement en ces termes :

« Mon clergé et moi, nous nous unissons à la douleur de l'Inde catholique, et pleurons celui dont la vie peut être présentée comme modèle de la vie épiscopale et religieuse : ma première parole a été : Il meurt victime de la sainte obéissance ! »

Enfin, Mgr Godelle, coadjuteur et successeur de Mgr Bonnand, écrivait aux directeurs du Séminaire des Missions-Étrangères :

« Je vous donnerai dans un extrait d'une lettre de M. Bonjean, missionnaire apostolique de Jaffna, comme le résumé de toutes les lettres de deuil, de regrets et d'éloges, que j'ai reçues au sujet du trépas partout regretté de Mgr de Drusipare.

« Je devrais, écrit ce Révérend Père, tracer ces lignes avec mes larmes ; car comment exprimer, autrement que

---

[1]. Arch. M.-É. non classées.

par des larmes, l'affliction dans laquelle nous plonge la mort de Mgr Bonnand, le fondateur et le père des missions de l'Inde! Le fil télégraphique qui a répandu dans toute l'Inde la nouvelle de son trépas a jeté dans le deuil les évêques, les missionnaires et tous les catholiques de Ceylan et des Indes, du cap Comorin jusqu'à l'Himalaya ; tous sentent qu'ils ont perdu un père : car ce mot de père est le premier qui vienne sur les lèvres quand il s'agit de Mgr de Drusipare ; tous regrettent le guide que la Providence leur avait donné ; tous disent qu'un saint nous est enlevé. Tous les regards étaient fixés sur lui, il nous semblait que celui que Dieu avait choisi, pour faire entrer les missions du sud de l'Inde dans la voie de progrès où elles marchent depuis une vingtaine d'années, et dont le zèle prudent et éclairé avait placé le Vicariat de Pondichéry à la tête des Vicariats de l'Inde, était aussi appelé à régénérer l'Inde entière. Nous suivions le progrès de la visite apostolique avec un intérêt, dont la mesure était notre amour pour ces missions et notre confiance illimitée dans les lumières et la sainteté de l'illustre délégué apostolique. Déjà notre amour l'élevait à quelque haute dignité, où il eût pu continuer à être l'âme des Églises, qui pleurent aujourd'hui sa perte. Pourquoi faut-il que de si belles espérances soient ensevelies dans le silence de la tombe[1] ? »

Le 6 mai suivant, à Tchen-tou, mourut Mgr Pérocheau

---

1. Ces éloges eurent un éloquent commentaire dans un discours de M. Maury, supérieur du Petit Séminaire de Pondichéry et mort directeur du Séminaire des Missions-Étrangères. Associant par une heureuse inspiration les deux plus célèbres évêques de la Société de 1830 à 1860, l'orateur traçait leurs portraits dans ces lignes :

« Ces deux hommes étaient dignes de se comprendre et semblaient faits pour s'aimer. Le même diocèse les avait vus naître, la même foi les poussa sur de lointains rivages, la même ambition dévora leurs cœurs d'apôtres, jamais ils ne se virent, et cependant une correspondance intime les unit toujours. L'un passa sa vie au milieu des persécutions et sous le glaive qui fait les martyrs, l'autre la consuma dans à l'âge de 74 ans. « Homme très pieux et d'une régularité exemplaire, a écrit un de ses missionnaires, Mgr Pérocheau était pour nous tous un modèle de vertus sacerdotales. Pendant les quarante-trois ans de sa carrière apostolique et malgré de fréquentes infirmités, je ne crois pas qu'il se soit jamais écarté sans nécessité grave du règlement qu'il s'était tracé. Plusieurs actes très importants pour les missions de Chine se sont accomplis pendant son épiscopat, avec le très actif concours de son coadjuteur Mgr Desflèches.

« Lorsqu'il prit en main l'administration de la mission, il avait sous son autorité les provinces du Su-tchuen, du Kouy-tcheou et du Yun-nan, qui forment aujourd'hui cinq Vicariats apostoliques par la division récente du Su-tchuen en trois Vicariats, sous le nom de Su-tchuen oriental, méridional et septentrio-occidental. C'est dans ce dernier Vicariat que résidait Mgr Péro-

---

les fatigues, les privations et les voyages; l'un soutenait ses frères au milieu d'une arène sanglante, l'autre encourageait les siens sur un théâtre non moins pénible; l'un désirait, avant de descendre dans la tombe, voir l'ère de la liberté religieuse s'ouvrir sur une terre si longtemps abreuvée du sang des martyrs, l'autre proclamait qu'il mourrait content s'il voyait le schisme s'éteindre au milieu de ses enfants; et ni l'un ni l'autre n'ont vu se réaliser leurs espérances dans ce monde. Le premier, écrivain remarquable et l'âme de l'Église dans un royaume qui rappelle les fureurs de Néron contre les chrétiens de Rome, est mort proscrit et errant sur les montagnes, avant d'avoir pu contempler le triomphe des armes françaises, et la Croix s'élevant rayonnante à côté des prétoires où elle avait été insultée; le second, administrateur habile, prélat infatigable, a rendu le dernier soupir au milieu de sa carrière et avant d'avoir vu couronner son œuvre.

« O Bonnand, ô Retord! Anges protecteurs de ces Églises souffrantes, qui nous donnera des hommes qui portent comme vous, d'une main ferme et courageuse, l'étendard de la Croix au milieu des combats, des persécutions et des glaives, ou dont le zèle ardent comme le vôtre fasse briller le flambeau de la civilisation chrétienne au milieu des nations idolâtres? Puissent vos vertus et vos exemples amener dans l'arène des héros qui vous imitent et vous ressemblent! Puissent ces missions lointaines trouver dans vos successeurs, et votre science et votre courage! Alors l'Église trouvera dans de nouvelles luttes de nouvelles victoires, des conquêtes inattendues la consoleront de ses douleurs anciennes et votre œuvre vivra. »

cheau, et c'est là qu'il est mort plein de jours et de mérites. »

Puis, ce fut en 1862, Mgr Pallegoix. Les funérailles du Vicaire apostolique de Siam se firent avec une solennité, que ne pouvaient espérer les missionnaires de Chine à peine sortis de la persécution. Le roi, Mongkout, voulut qu'on déployât la plus grande pompe, lui-même se plaça sur le parcours du cortège funèbre et le fit saluer de son drapeau.

Au moment où le cercueil descendit dans le caveau de l'église de la Conception, quinze coups de canon annoncèrent à la ville les honneurs que le souverain avait voulu jusqu'à la fin rendre à l'évêque catholique. Après les obsèques, les missionnaires adressèrent une lettre au roi, pour lui témoigner leur gratitude et celle de leurs chrétiens; ils lui offrirent en même temps comme souvenir l'anneau pastoral de Mgr Pallegoix. Le prince fut très sensible à ce double témoignage de reconnaissance et de respect, et exprima immédiatement sa satisfaction par la lettre suivante[1] :

« Révérends Messieurs,

« J'ai l'honneur de vous accuser réception de la lettre que vous m'avez adressée hier, pour me remercier d'avoir concouru aux funérailles du Très Révérend défunt évêque de Mallos, qui a été mon bon, intime et sincère ami pendant vingt-huit ans. Le contenu de votre lettre m'a fait le plus grand plaisir, de même que le présent qui l'accompagne. Cet anneau bénit, qui avait appartenu à Sa Grandeur, je l'ai reconnu aussitôt comme étant celui que le Très Révérend évêque, mon ami bien-aimé, portait lorsqu'il venait me voir, et qu'il m'avait donné à examiner autrefois. On m'a dit que Sa Grandeur

---

1. *Ann. de la Prop. de la Foi*, vol. 35, p. 72.

s'en servait aux jours de fête, pour bénir le peuple chrétien pendant le service divin Je reçois avec le plus grand plaisir le souhait que vous me faites, en m'envoyant ce souvenir de mon intime ami défunt : qu'il soit aussi pour moi une source de bénédictions. Je vous prie de recevoir mes sincères remerciements pour ce présent.

« J'ai l'honneur d'être votre bon ami.

« Le roi de Siam. »

Grand Palais, 9 juillet 1862.

Sans faire prendre à sa mission un élan considérable, Mgr Pallegoix l'avait mise sur un bon pied, grâce à ses relations avec le roi, à la diplomatie française, aux prêtres envoyés par le Séminaire. Le nombre des paroisses s'était élevé de 4 à 13, des églises et des chapelles avaient été bâties dans neuf provinces. Outre la direction de son Vicariat, Mgr Pallegoix se livrait avec ardeur à l'étude. Il avait composé d'excellents livres en langue siamoise : Ses principaux ouvrages sont : la *Journée du chrétien*, un recueil de *Vies des saints*, en deux volumes, un *Traité sur les fausses religions qui ont cours à Siam*, avec réfutation du bouddhisme et exposition des vérités chrétiennes; une *Grammaire siamoise*, texte latin. Tous ces ouvrages furent imprimés à Bangkok par les presses de la mission, réinstallées également par l'initiative de l'évêque. Nous avons parlé ailleurs de son vaste *Dictionnaire siamois-latin-français-anglais*, qu'il édita à Paris en 1854, aux frais de l'imprimerie impériale, ainsi que de son remarquable travail, intitulé : *Description du royaume Thai ou Siam*.

Quelques mois après, d'autres missionnaires suivirent dans la tombe ces ouvriers apostoliques. Herrengt, le provicaire de la Cochinchine orientale, que Mgr Cuenot avait désigné pour son successeur; Delamarre, l'interprète du baron Gros dont nous avons dit les travaux; Huot, le courageux et intelligent provicaire du Yun-nan; Renou, l'incomparable missionnaire du Thibet.

Tous s'en allaient au ciel recevoir la récompense de leur zèle, de leur courage, de leurs vertus, avec l'espérance que grâce aux événements qui venaient de se passer, leurs successeurs recueilleraient une moisson plus facile et plus abondante.

VIII

A cette époque, nous l'avons dit plus haut, un changement notable s'opère dans les conditions de l'apostolat, par conséquent dans l'action de la Société, dans la vie extérieure de ses évêques, de ses prêtres et de leurs chrétiens; il nous paraît donc utile de donner ici la **statistique des Vicariats apostoliques, du Séminaire et des établissements généraux**, extraite tout entière des rapports officiels.

Nous aurions pu présenter cette statistique dans un classement différent et suivre, par exemple, celui du personnel européen et indigène, des œuvres d'éducation et de charité, et à bien considérer le caractère général de notre travail, ce classement eût été plus logique; mais peut-être quelques lecteurs auraient regretté de ne pas trouver dans l'*Histoire des Missions-Étrangères*, au moins une fois, la situation, précisée par des chiffres, de chacun des Vicariats apostoliques; nous avons donc pris la mission pour unité et tout ramené à elle, réservant le premier groupement pour le tableau de l'état de la Société et de ses œuvres en 1893.

Les chiffres, que nous citons, sont ordinairement ceux

de 1862, s'il y a quelques exceptions, soit pour la population chrétienne, soit pour le nombre des conversions, principalement dans les missions de l'Indo-Chine que la persécution empêchait de faire un relevé complet, nous indiquons en quelle année a eu lieu le recensement.

La Société, en 1862, était chargée de 22 missions : 3 dans les Indes : Pondichéry, Maïssour, Coïmbatour; — 3 dans l'Indo-Chine orientale : Siam, presqu'île de Malacca, Birmanie; — 6 dans l'Indo-Chine occidentale : Cambodge, Cochinchine occidentale, orientale, septentrionale, Tonkin méridional et Tonkin occidental; — 7 en Chine : Su-tchuen occidental, oriental, méridional, Yun-nan, Kouy-tcheou, Kouang-tong et Kouang-si, Mandchourie; — 2 dans les pays dépendants de la Chine : le Thibet et la Corée; — 1 au Japon.

Voici maintenant la statistique de chacune de ces missions.

PONDICHÉRY :

1 évêque, 46 missionnaires, 14 prêtres indigènes, 99,826 chrétiens (recensement de 1856), 2 séminaires, 2 collèges, 273 églises et chapelles, 2 hôpitaux, 1,000 baptêmes d'adultes, 2,158 baptêmes d'enfants de païens.

COIMBATOUR :

1 supérieur, 13 missionnaires, 2 prêtres indigènes, 20,000 chrétiens (recensement de 1856), 1 séminaire avec 12 élèves, 1 collège, 172 églises et chapelles, 81 baptêmes d'adultes, 125 baptêmes d'enfants de païens, 9 abjurations de protestants et 3 de schismatiques.

MAISSOUR :

1 évêque, 17 missionnaires, 2 prêtres indigènes, 17,275 chrétiens (recensement de 1862), 1 séminaire

avec 26 élèves, 1 collège, 18 écoles, 3 couvents, 5 orphelinats, 168 baptêmes d'adultes, 95 baptêmes d'enfants de païens.

BIRMANIE :

1 évêque, 11 missionnaires, 1 prêtre indigène, 6,000 chrétiens, 1 collège, 370 baptêmes d'adultes, 1,075 baptêmes d'enfants de païens.

PRESQU'ILE DE MALACCA :

1 évêque, 13 missionnaires, 2 prêtres indigènes, 7,000 chrétiens (recensement de 1855), 2 couvents, 11 écoles, 10 églises et chapelles, 240 baptêmes d'adultes, 209 baptêmes d'enfants de païens, 7 abjurations de protestants.

SIAM :

1 évêque, 11 missionnaires, 4 prêtres indigènes, 6,300 chrétiens (recensement 1863), 1 séminaire, 1 collège, 14 églises et chapelles, 2 couvents, 2 orphelinats, 10 écoles, 183 baptêmes d'adultes, 1,100 baptêmes d'enfants de païens.

CAMBODGE :

1 évêque, 6 missionnaires, 1,770 chrétiens (recensement de 1863), 48 baptêmes d'adultes, 120 baptêmes d'enfants de païens.

COCHINCHINE OCCIDENTALE :

1 évêque, 10 missionnaires, 18 prêtres indigènes, 25,000 chrétiens (recensement de 1850), 2 couvents, 1,200 baptêmes d'adultes, 1,709 baptêmes d'enfants de païens.

COCHINCHINE ORIENTALE :

1 supérieur, 3 missionnaires, 20 prêtres indigènes,

32,731 chrétiens (recensement de 1858), 2 séminaires, 16 couvents, 3 orphelinats, 282 baptêmes d'adultes, 19,074 baptêmes d'enfants de païens.

COCHINCHINE SEPTENTRIONALE :

1 évêque, 4 missionnaires, 17 prêtres indigènes, 26,275 chrétiens, 25 baptêmes d'adultes, 515 baptêmes d'enfants de païens.

TONKIN MÉRIDIONAL :

1 évêque, 5 missionnaires, 28 prêtres indigènes, 75,000 chrétiens (recensement de 1856), 2 séminaires, 92 élèves, 10 couvents, 166 baptêmes d'adultes, 2,646 baptêmes d'enfants de païens.

TONKIN OCCIDENTAL :

2 évêques, 6 missionnaires, 63 prêtres indigènes, 139,000 chrétiens (recensement de 1856), 5 séminaires avec 190 élèves ecclésiastiques (recensement de 1856), 1 collège, 24 couvents, 643 baptêmes d'adultes, 19,586 baptêmes d'enfants de païens.

SU-TCHUEN OCCIDENTAL :

1 évêque, 10 missionnaires, 27 prêtres indigènes, 30,000 chrétiens (recensement de 1861), 1 séminaire avec 36 élèves, 300 baptêmes d'adultes, 67,000 baptêmes d'enfants de païens.

SU-TCHUEN ORIENTAL :

1 évêque, 10 missionnaires, 25 prêtres indigènes, 21,000 chrétiens (recensement de 1861), 1 séminaire avec 45 élèves, 1 petit collège, 505 baptêmes d'adultes, 38,617 baptêmes d'enfants de païens.

SU-TCHUEN MÉRIDIONAL :

1 évêque, 4 missionnaires. 8 prêtres indigènes, 18,000 chrétiens (recensement de 1856), 1 séminaire avec 46 élèves, 110 baptêmes d'adultes, 27,472 baptêmes d'enfants de païens.

THIBET :

1 évêque, 6 missionnaires, 1 séminaire, 5 baptêmes d'adultes.

YUN-NAN :

2 évêques, 7 missionnaires, 2 prêtres indigènes, 5,000 chrétiens (recensement de 1850), 1 séminaire, 1 petit collège, 145 baptêmes d'adultes, 10,646 baptêmes d'enfants de païens.

KOUY-TCHEOU :

1 évêque, 9 missionnaires, 2 prêtres indigènes, 2,000 chrétiens (recensement de 1856), 1 séminaire, 300 baptêmes d'adultes, 15,924 baptêmes d'enfants de païens.

KOUANG-TONG ET KOUANG-SI :

1 évêque, 16 missionnaires, 5 prêtres indigènes, 10,000 chrétiens (recensement de 1860), 1 séminaire, 740 baptêmes d'adultes et 3,000 baptêmes d'enfants de païens.

MANDCHOURIE :

1 évêque, 10 missionnaires, 6,000 chrétiens, 1 séminaire, 1 petit collège, 12 écoles, 41 baptêmes d'adultes, 2,038 baptêmes d'enfants de païens.

CORÉE :

2 évêques, 8 missionnaires, 19,748 chrétiens (recen-

sement 1863), 1 séminaire, 829 baptêmes d'adultes, 860 baptêmes d'enfants de païens.

JAPON :

1 supérieur, 4 missionnaires. Les chrétiens étaient encore inconnus.

Si maintenant nous cherchons le total des membres de la Société des Missions-Étrangères, des prêtres indigènes et des chrétiens qu'ils ont sous leurs ordres, des œuvres d'instruction qu'ils dirigent, nous arrivons aux chiffres suivants : 22 évêques; 3 supérieurs de missions; 229 missionnaires; 240 prêtres indigènes; 567,925 chrétiens. Les baptêmes d'adultes s'élèvent en moyenne au chiffre de 7,381 chaque année. Dans les 22 missions, on compte 469 églises ou chapelles, 23 grands et petits séminaires, 10 collèges, 71 couvents, sans parler de plusieurs centaines de vierges chinoises, qui, dans les missions de Chine, habitent la maison paternelle. Les établissements généraux de la Société sont: 2 procures, une à Hong-kong avec un procureur général et deux sous-procureurs, une à Singapore avec un procureur, le Séminaire de Pinang ayant 6 directeurs et 125 élèves; le Séminaire des Missions-Étrangères de Paris avec 8 directeurs et 80 aspirants à l'apostolat.

Nous terminons ici l'*Histoire générale de la Société des Missions-Étrangères*, écrite sur le plan et avec les développements que nous avons adoptés au début. La période qui commence est trop proche de nous, pour qu'il soit possible de publier les documents indispensables à l'intelligence de bien des faits, de parler, avec toute la liberté désirable, d'hommes qui vivent encore ou viennent à peine de disparaître de la scène du monde, d'apprécier comme il convient des événements dont nous voyons incomplètement les conséquences.

Mais, parce que plusieurs désireront certainement connaître la marche de la Société, pendant les trente dernières années et son état actuel, nous en présenterons un abrégé dans les deux chapitres suivants.

CHAPITRE IX
1862-1871

I. Services rendus aux missionnaires par les agents diplomatiques français. — Traité avec le Cambodge. — La liberté en Cochinchine occidentale. — Comment on en profite. — Continuation des travaux dans les Indes. — Conversions à Siam. — Évangélisation à Johore et chez les Mantras. — II. Découverte des chrétiens japonais. — III. Massacre de M. Mabileau. — Ruines de la mission du Thibet. — Mort de M. Durand. — Ruse chinoise. — Les principaux missionnaires du Yun-nan. — Massacre de M. Muller au Kouy-tcheou. — IV. La persécution en Corée. — Martyre de Mgr Berneux, de MM. de Breteniéres, Beaulieu et Dorie, de MM. Pourthié et Petitnicolas, Aumaitre et Huin. — Enthousiasme des catholiques de France et des aspirants du Séminaire des Missions-Étrangères à la nouvelle de ces martyres. — M. Ridel demande les secours du contre-amiral Roze. — Expédition française en Corée. — V. Services rendus à l'expédition du Mékong. — Révolte au Cambodge. — Massacre de M. Barreau. — Tu-duc veut établir un collège français à Hué. — Mgr Charbonnier arrêté. — La persécution au Japon. — État général d'après le compte rendu de 1868. — VI. Massacre de M. Rigaud au Su-tchuen. — Le massacre de Tien-tsin. — Le Mémorandum chinois. — Le concile. — VII. Le Séminaire des Missions-Étrangères pendant la guerre franco-allemande et la Commune.

I

La période que nous allons résumer présente comme celles qui l'ont précédée, des combats, des défaites et des victoires; mais les combats sont livrés au grand jour et plus nombreux par suite de l'augmentation des ouvriers apostoliques; les défaites, si l'on peut appeler ainsi les malheurs qui frappent les missions, se prolongent moins et sont plus vite réparées, les victoires sont plus grandes et paraissent plus sûres.

Les traités signés en Chine, au Japon, en Annam, n'avaient pas changé les sentiments des gouvernements païens, mais ils avaient introduit un nouvel élément avec lequel les autorités devaient compter : les représentants de la France, chargés de par les traités d'assurer le libre exercice du catholicisme.

La Société des Missions-Étrangères s'appuya plus d'une fois sur eux, et elle eut la satisfaction de rencontrer des hommes généralement bien disposés, sachant apprécier les missionnaires et leur rôle, désireux de faire observer les conventions conclues et même d'augmenter les libertés obtenues.

C'est ainsi qu'en 1862, M. Girard[1], le supérieur de la mission du Japon, voyant les sentiments favorables d'un certain nombre de Japonais, leur empressement à visiter l'église qu'il avait élevée à Yeddo, vint en France où il reçut les meilleures réponses du ministre des affaires étrangères, M. Drouyn de Lhuys. Les ambassadeurs du Nippon qui à ce moment visitaient l'Europe, firent espérer que le catholicisme aurait toute liberté chez eux.

Cette dernière affirmation n'était qu'un leurre, hélas! et bientôt des chrétiens devaient être condamnés à la prison et à l'exil.

Mgr Sohier reçut à Hué la visite solennelle de l'amiral Bonnard et du colonel Palanca venus pour apporter la ratification du traité de 1862, et cette visite, qui étonna la cour de Hué, lui inspira quelques craintes.

En 1863, l'amiral de la Grandière, le vrai fondateur de l'organisation de la colonie de Cochinchine, conclut avec le roi du Cambodge, Norodon, un traité dans lequel il inséra cette clause :

« Art. XV. — Les missionnaires catholiques auront le droit de prêcher et d'enseigner. Ils pourront, avec l'autorisation du gouvernement cambodgien, construire des

---

1. Du diocèse de Bourges, parti en 1848, mort le 9 décembre 1867.

églises, des séminaires, des écoles, des hôpitaux, des couvents et autres édifices pieux sur tous les points du royaume du Cambodge. »

Ce n'était pas seulement par conviction religieuse et par habileté politique qu'agissait ainsi l'amiral, mais également par reconnaissance pour Mgr Miche, qui avait usé de sa grande influence sur l'esprit de Norodon, pour le soustraire aux intrigues de la cour de Siam et l'incliner vers la France.

L'amiral témoigna des mêmes sentiments dans une autre circonstance. Mgr Miche ayant été nommé Vicaire apostolique de la Cochinchine occidentale, M. de la Grandière lui fit une réception solennelle.

L'évêque fut salué à son arrivée par une salve de coups de canons, trouva la garnison de Saïgon échelonnée tout le long de sa route, pour lui rendre les honneurs militaires, selon le cérémonial prescrit pour la réception des évêques en France, la première fois qu'ils font leur entrée dans leur ville épiscopale.

Cet appareil religieux et militaire, si imposant et si nouveau pour les Annamites, fit la plus vive impression sur la population, qui se pressait dans les rues de la ville ; les chrétiens étaient heureux et fiers de voir, au lendemain des persécutions sanglantes, ces honneurs extraordinaires rendus à leur premier pasteur, et les païens, habitués si longtemps à ne voir les apôtres de l'Évangile que lorsqu'ils marchaient au supplice, dans l'appareil du martyre, se disaient avec étonnement les uns aux autres :

« Celui-ci est vraiment le grand chef des chrétiens ! »

Et ils comprenaient qu'une ère nouvelle venait de commencer dans leur pays pour l'Église catholique.

Quelques mois après, le jeudi 15 juin 1865, une autre manifestation religieuse venait réjouir les néophytes :

pour la première fois, la Fête-Dieu était célébrée publiquement à Saïgon, pour la première fois, le Dieu de l'Eucharistie était porté en triomphe au milieu de ces rues, sur ces places publiques, où avait coulé le sang chrétien.

Une immense population, accourue de loin, était venue contempler ce spectacle extraordinaire ; les fidèles, comme de raison, y tenaient la place d'honneur. Toutes les paroisses des environs de la ville, précédées de leurs bannières, les orphelinats de la Sainte-Enfance, les Religieuses, les écoles formaient le cortège du Sauveur Jésus ; les missionnaires précédaient le dais, sous lequel le Vicaire apostolique élevait l'hostie rayonnante, qu'un grand nombre d'officiers, l'amiral gouverneur en tête, escortaient respectueusement.

Cette grande fête s'est renouvelée d'année en année jusqu'en 1881, sans qu'on ait jamais eu à regretter de la part des païens la moindre irrévérence.

L'amiral de la Grandière établit le budget des cultes. Peut-être avait-il eu la pensée de cet archevêque de Lima, qui répondait aux descendants des conquérants du Pérou lui demandant des secours :

« Ce n'est pas une aumône que je vous donne, c'est une justice que je vous rends. »

Grâce à ce secours, que l'on a supprimé en 1881, les missionnaires purent fonder et développer des œuvres nombreuses.

Les commencements de l'administration de Mgr Miche furent donc une période d'expansion et de progrès pour le catholicisme.

Les païens, s'apercevant que la religion était publiquement honorée, et que l'administration supérieure voyait sans déplaisir le mouvement des conversions, s'empressaient en grand nombre de se faire instruire pour recevoir le baptême ; chaque année, le chiffre des catéchumènes s'accroissait : en 1865, il y eut 1,365 baptêmes d'adultes ; 1,650 en 1866 ; 2,150 en 1867 ; 3,770 en 1868 ; 4,005 en 1869.

Pendant ce temps, M. Wibeaux[1], de sainte mémoire fondait le séminaire de Saïgon, qui compta bientôt plus de cent cinquante élèves. Les pieuses filles de Sainte-Thérèse appelées par Mgr Lefebvre, dès 1861, aidaient par leurs prières les travaux des ouvriers apostoliques ; à ceux qui s'étonnaient de leur présence et demandaient ce que faisaient les carmélites de Saïgon pour la cause de l'évangélisation, un missionnaire répondait avec éloquence et vérité : « Ce qu'elles font ? demandez plutôt ce que font la pluie et la rosée du ciel à l'herbe de nos prairies, aux fruits de nos vergers, à la moisson de nos champs. Elles prient pour les infidèles, pour les catéchumènes, pour les néophytes, elles prient surtout pour les séminaristes, afin qu'ils deviennent de bons prêtres. Or, je crois avec toute âme chrétienne à la fécondité de la prière et de la pénitence. »

La même année, les religieuses de Saint-Paul de Chartres avaient apporté leur concours aux missionnaires, ouvrant des orphelinats, des écoles, des hôpitaux. En 1865, Mgr Miche céda aux frères des Écoles chrétiennes le collège d'Adran, fondé par Mgr Puginier, mort Vicaire apostolique du Tonkin occidental.

C'était la floraison des œuvres auxquelles le soleil de la liberté est nécessaire.

Elle apparaissait de plus en plus belle dans les pays soumis à l'Angleterre ; à Pondichéry qu'administrait Mgr Godelle, au Maïssour où l'on espérait la conversion du rajah, et au Coïmbatour qui venait d'être placé sous le gouvernement de Mgr Dépommier. Des écoles et des orphelinats s'y multipliaient, des fermes agricoles s'y

---

1. Du diocèse de Cambrai, parti en 1859, mort en 1877.

établissaient. La famine, qui sévit en 1865 et en 1866, fit éclater plus visiblement la puissance de la charité des missionnaires, inclinant ainsi un grand nombre de païens vers le catholicisme.

Dans la presqu'île de Malacca, les missionnaires élevaient des églises en même temps qu'ils ouvraient de nouvelles stations chez les Mantras, et à Johore, dont le sultan leur donnait tout pouvoir, excepté celui de vie ou de mort sur un vaste territoire, « chose étrange, surtout de la part d'un musulman, écrivait Mgr Boucho, et qui ne s'explique que par les principes d'une éducation faite dans les écoles anglaises ».

A Siam, Mgr Dupond[1], près d'être sacré évêque d'Azoth, racontait la conversion d'un grand talapoin « âgé de 60 ans, ancien disciple du roi, oracle en religion, vénéré de tout le pays, chef de pagode, homme de bon sens, calme et grave ». Cette conversion fit grand bruit dans tout le royaume, et un mouvement de quelque importance se dessina en faveur du christianisme.

Mgr Bigandet, en Birmanie, augmentait son crédit en prenant part à la négociation d'un traité entre le roi et les Anglais, tandis que ses prêtres fondaient de nouveaux postes chez les Carians, et que le Vicariat apostolique était, en 1866, divisé en trois parties sous les dénominations suivantes : Birmanie méridio-occidentale, centrale et orientale. Ce dernier Vicariat fut confié au Séminaire des Missions-Étrangères de Milan, les deux premiers restèrent à la Société des Missions-Étrangères. Une autre division en 1870 amena un changement de limites et de dénominations telles qu'elles sont aujourd'hui : Birmanie méridionale, septentrionale et orientale.

---

1. Du diocèse d'Arras, parti en 1839, Vicaire apostolique à Siam en 1864, mort le 11 décembre 1872.

II

Mais le principal événement de cette époque, par les résultats qu'il eut et par le vif sentiment d'allégresse qu'il excita dans tous les cœurs catholiques, fut la découverte des chrétiens du Japon. Elle eut lieu à Nagasaki où une chapelle avait été élevée le 19 février 1865.

Ce fut à M. Petitjean[1] que la Providence réserva l'incomparable honneur et l'ineffable joie d'être l'instrument de cette découverte.

Il a raconté dans des pages émouvantes comment il fut mis sur les traces de cette Église chrétienne, que les persécuteurs croyaient avoir anéantie.[2] :

« Un mois à peine s'était écoulé depuis la bénédiction de l'église de Nagasaki. Le 17 mars 1865, vers midi et demi, une quinzaine de personnes se tenaient à la porte de l'église. Poussé sans doute par mon bon ange, je me rends auprès d'elle et leur ouvre la porte. J'avais à peine eu le temps de réciter un *Pater*, que trois femmes de cinquante à soixante ans s'agenouillent près de moi et me disent, la main sur la poitrine et à voix basse :

— Notre cœur à tous qui sommes ici ne diffère point du vôtre.

— Vraiment ! mais d'où êtes-vous donc ?

« Elles me nomment leur village et ajoutent :

— Chez nous, presque tout le monde nous ressemble.

« Soyez béni, ô mon Dieu ! pour tout le bonheur dont mon âme fut alors inondée. Quelle compensation des cinq années d'un ministère stérile ! A peine nos chers Japonais se sont-ils ouverts à moi, qu'ils se laissent aller à une confiance, qui contraste étrangement avec les allures

---

1. Du diocèse d'Autun, parti en 1860, Vicaire apostolique du Japon en 1866, mort le 7 octobre 1884.
2. *Annales de la Propagation de la Foi*, vol. 40, p. 117.

de leurs frères païens. Il faut répondre à toutes leurs questions, leur parler de *O Deous sama, O Yaso sama, santa Maria sama,* noms par lesquels ils désignent Dieu, Notre-Seigneur Jésus-Christ, la sainte Vierge. La vue de la statue de Notre-Dame avec l'enfant Jésus leur rappelle la fête de Noël, qu'ils ont célébrée au onzième mois, m'ont-ils dit. Ils me demandent si nous ne sommes pas au dix-septième jour du temps de tristesse (carême). Saint Joseph ne leur est pas non plus inconnu; ils l'appellent : le père adoptif de Notre-Seigneur : *O Yaso samano yo fou.* Au milieu des questions qui se croisent, un bruit de pas se fait entendre; tous aussitôt de se disperser. Mais dès que les nouveaux arrivants sont reconnus, tous accourent en riant de leur frayeur.

— Ce sont des gens de notre village, ils ont le même cœur que nous.

« Il fallut pourtant se séparer, afin de ne pas éveiller les soupçons des officiers dont je redoutais la visite.

« Le jeudi et le vendredi saints, 13 et 14 avril, quinze cents personnes visitent l'église de Nagasaki; le presbytère est envahi; les fidèles en profitent pour satisfaire en secret leur dévotion devant les crucifix et les statues de la sainte Vierge. Les premiers jours de mai, les missionnaires apprennent l'existence de deux mille cinq cents chrétiens, disséminés dans le voisinage de la ville.

« Le 15 mai, arrivent les députés d'une île peu éloignée d'ici. Après un court entretien, nous les congédions, ne gardant auprès de nous que le catéchiste et le chef de la pieuse caravane. Le catéchiste, nommé Pierre, nous donne les plus précieux renseignements. Disons d'abord que sa formule de baptême ne diffère pas de la nôtre et qu'il la prononce très distinctement. Il reste encore, affirme-t-il, beaucoup de chrétiens dans tout le Japon, un peu partout. Il me cite, en particulier, un point où sont groupées plus de mille familles chrétiennes.

Il nous interroge ensuite sur le grand chef du royaume de Rome, dont il désire savoir le nom.

« Lorsque nous lui disons que l'auguste vicaire de Jésus-Christ, le saint Pontife Pie IX, sera bien heureux d'apprendre les consolantes nouvelles que lui et ses compatriotes chrétiens viennent de nous donner, Pierre laisse éclater toute sa joie. Et néanmoins, avant de nous quitter, il veut s'assurer encore si nous sommes bien les successeurs des anciens missionnaires.

— N'avez-vous point d'enfants? nous demande-t-il d'un air timide.

— Vous et tous vos frères chrétiens et païens du Japon, voilà les enfants que le bon Dieu nous a donnés. Pour d'autres enfants, nous ne pouvons pas en avoir; le prêtre doit, comme vos premiers apôtres, garder toute sa vie le célibat.

« A cette réponse, Pierre et son compagnon inclinent leur front jusqu'à terre en s'écriant :

— Ils sont vierges. Merci! merci! »

Le lendemain, tout un village chrétien demandait la visite des missionnaires, et deux jours après, six cents autres catholiques envoyaient à Nagasaki une députation de vingt personnes. Au 8 juin, vingt-cinq chrétientés étaient connues des missionnaires et sept baptiseurs s'étaient mis en relation directe avec eux.

Ainsi, en l'absence de tout secours extérieur, sans les sacrements, sauf le baptême ; par l'action de Dieu d'abord, puis grâce à la fidèle transmission dans les familles des enseignements et des exemples des chrétiens et des martyrs japonais des seizième et dix-septième siècles, le feu sacré de la foi véritable, ou du moins une étincelle encore ardente de ce feu était demeurée dans un pays tyrannisé par le gouvernement le plus despotique et le plus hostile à la religion chrétienne! Il n'y avait donc qu'à souffler sur cette étincelle et à en ranimer la flamme pour réaliser une fois de plus le vœu exprimé par le Sauveur : « Je suis venu apporter le feu sur la terre et que veux-je, sinon qu'il s'allume. »

Un cri de joie sorti de tous les cœurs catholiques salua ce grand événement :

« La douceur des consolations, que me procurent les nouvelles de vos missions, écrivait Pie IX aux directeurs du Séminaire des Missions-Étrangères, surpasse l'amertume des chagrins que me cause l'impiété de la malheureuse Italie. Quant aux pertes que vous avez faites, soyez sans inquiétude, le sang de vos martyrs sera pour vous une semence de nombreux missionnaires. *Sanguis martyrum semen missionariorum.* »

III

Ces paroles de Pie IX étaient à peine prononcées, que la Société comptait un martyr de plus, M. Mabileau[1].

Les Chinois avaient conclu des traités et fait des promesses, mais ils les observaient assez mal.

Au Su-tchuen, la paroisse de Tchon-kin avait été saccagée et Mgr Desflèches avait dû aller porter ses plaintes à Pékin. Lorsqu'il fut revenu, et malgré la solennité de la réception qu'on lui fit, il rencontra de violentes oppositions dans plusieurs des nouvelles villes où il envoyait ses prêtres prêcher la foi. A Yeou-yang, à l'est du Su-tchuen oriental, M. Eyraud[2] faillit être massacré ; plusieurs de ses fidèles, et le païen qui lui donnait l'hospitalité furent tués ; M. Mabileau, qui succéda à M. Eyraud, eut d'abord à subir les injures les plus grossières.

---

1. Du diocèse de Nantes, parti en 1858, mort le 30 août 1865.
2. Du diocèse de Gap, parti en 1849, mort le 4 juillet 1874.

puis dans la soirée du 29 août 1865, une bande de païens s'emparèrent de lui, le frappèrent, le traînèrent au bord du fleuve et le précipitèrent dans les flots.

Mais, étonnés de voir qu'après plusieurs immersions, il respirait encore, et voyant dans ce fait une intervention surnaturelle, ils s'éloignèrent du rivage avec leur victime, et la déposèrent dans une des rues de la ville. A ce moment, M. Mabileau poussa un grand cri. Les bourreaux, saisis de crainte, placent à la hâte une énorme pierre sur sa tête, et se dispersent. Ce fut là que dans l'obscurité de la nuit et la solitude de l'abandon, l'âme du martyr se dégagea de ce corps mutilé.

Le mandarin, averti dès le début de ce qui se passait, avait refusé de venir au secours du missionnaire. Le lendemain matin, il alla reconnaître le cadavre conformément à la loi chinoise.

Dans son procès-verbal, il déclara avoir compté 82 plaies dont chacune était mortelle. Ce fait, constaté juridiquement, indique à quels excès on s'était porté envers le confesseur de la foi et les souffrances qu'il endura pendant son agonie.

Un procès commença, qui ne fut gagné par les missionnaires que plusieurs années après l'événement.

Au Kouy-tcheou, Mgr Faurie, M. Vielmon[1] et leurs compagnons eurent à subir les insolences du général Tien-ta-jen, jusqu'à ce qu'ils fussent dédommagés de ces avanies par la bienveillance du vice-roi Lao. Mais la haine que Tien-ta-jen avait semée dans la province porta des fruits empoisonnés, qui subsistent encore.

La mission du Thibet était bien plus éprouvée, et nous avons le regret d'être obligé de faire remonter une

---

1. Du diocèse de Périgueux, parti en 1858, mort le 30 novembre 1870.

partie de la responsabilité de ces désastres au ministre de France à Pékin, M. Berthemy, qui avait refusé des passeports aux missionnaires du Thibet, sous le prétexte que le traité de 1860 ne s'appliquait pas à ce royaume pourtant dépendant de la Chine. Le gouvernement impérial comprit tout le parti qu'il pouvait tirer de cet inqualifiable procédé, il força les ouvriers apostoliques à quitter d'abord Kiang-ka et ensuite Bonga. Le 29 du mois de décembre 1865, les deux missionnaires de cette dernière station furent attaqués par deux ou trois cents brigands armés, conduits par le chef de la lamaserie de Men-kong et par quatre personnages envoyés de Lhassa. Obligés de se retirer, ils voulurent emmener tous leurs néophytes; le lama s'y opposa et fit jeter un chrétien à l'eau, en déclarant qu'il en serait ainsi chaque jour jusqu'au départ des prêtres européens. Ceux-ci réclamèrent énergiquement, et après de longs pourparlers, ils durent donner une somme d'argent pour obtenir le rachat de leurs fidèles, puis ils se retirèrent sur le territoire chinois.

Une expédition semblable fut dirigée sur Kia-nothong, village dépendant de la province du Yun-nan. M. Durand[1], poursuivi par les ennemis et cherchant à traverser le fleuve[2] sur un pont de cordes, tomba dans l'eau et s'y noya.

Aucun missionnaire n'habitait plus le territoire du Thibet, aucun n'y pouvait rentrer, et Mgr Chauveau, récemment nommé Vicaire apostolique, s'établit provisoirement à Ta-tsien-lou[3], jusqu'à ce qu'un décret de la Propagande (1869) lui concédât définitivement les pays anciennement thibétains, mais actuellement réunis à

---

1. Du diocèse de Montpellier, parti en 1858, mort le 28 septembre 1865.
2. Le Yang-tze (fleuve Bleu).
3. En territoire chinois.

la Chine, et qui relevaient précédemment des missions du Su-tchuen et du Yun-nan.

Cependant, aux violences qui amenaient des réclamations de la part du gouvernement français, quelques mandarins préféraient parfois la ruse. En 1866, plusieurs magistrats du Su-tchuen s'avisèrent de rédiger des règlements sur l'intervention des évêques dans le jugement des affaires des chrétiens, et les présentèrent au prince Kong comme l'œuvre de Mgr Desflèches. Le prince se plaignit de l'intrusion des missionnaires dans les choses civiles au chargé d'affaires de France, M. de Bellonnet. Celui-ci en référa aux Vicaires apostoliques, qui déclarèrent que ces règlements avaient été fabriqués par des faussaires. La preuve en fut bientôt manifeste. Le graveur chinois, chargé de faire un sceau semblable à celui de Mgr Pinchon[1], et ignorant les caractères latins, avait renversé les mots : *Episcopus Polemoniensis*.

Le premier interprète de la Légation démontra au Tsong-ly-Yamen, par la simple superposition des timbres appliqués sur ces documents apocryphes, qu'il y avait falsification évidente.

Devant cette constatation brutale, le Tsong-ly-Yamen fut confondu, ou pour employer l'expression chinoise, il perdit la face.

M. de Bellonnet profita de l'occasion pour adresser au cabinet de Pékin des remontrances sévères : « C'est à la manière dont cette fourberie sera châtiée, dit-il au prince Kong, que Sa Majesté l'Empereur des Français jugera comment elle doit à l'avenir croire à la sincérité du gouvernement chinois. »

Cette même année, les musulmans, encore maîtres de quelques villes du Yun-nan, où les chrétiens étaient tou-

---

1. Du diocèse de Limoges, parti en 1846, Vicaire apostolique du Su-tchuen occidental en 1861, mort en 1893.

jours soutenus par les missionnaires de grand zèle et de haute expérience, Fenouil[1], Chirou[2], Proteau[3], Leguilcher[4], Chicard[5], troublèrent le Kouy-tcheou et massacrèrent à Hing-y-fou un prêtre de la Société, M. Muller[6] (24 avril 1866).

IV

Cependant, pour graves que fussent ces faits, de bien plus importants se passaient alors en Corée où neuf prêtres de la Société des Missions-Étrangères cueillaient la palme du martyre. Disons un mot des événements politiques qui amenèrent cette hécatombe.

La mort du roi, arrivée en 1864, avait rendu l'influence au vieux parti des persécuteurs. L'une des quatre veuves couronnées, la reine Tcho, s'empara par surprise du sceau royal, et, sous le nom du défunt, transmit le trône, suivant la coutume coréenne, à un prince de son choix. C'était un enfant de douze ans. Par ce moyen, elle s'assurait la régence.

Pour accomplir ce coup d'audace, elle avait dû s'appuyer sur une faction, qui était précisément celle des pires ennemis du christianisme. Aussi, bien que personnellement elle ne fût pas portée aux mesures de violences, elle dut prendre pour ministres les partisans de la persécution. Ainsi se préparaient les terribles événements qui devaient accabler de maux l'Église coréenne.

---

1. Du diocèse de Cahors, parti en 1847, Vicaire apostolique du Yunnan en 1881.
2. Du diocèse de Bayonne, parti en 1852, directeur au Séminaire des Missions-Étrangères en 1869.
3. Du diocèse de Luçon, parti en 1856, mort le 23 février 1888.
4. Du diocèse de Saint-Brieuc, parti en 1853.
5. Du diocèse de Poitiers, parti en 1858, mort le 17 juillet 1887.
6. Du diocèse de Strasbourg, parti en 1856.

Un incident de la politique étrangère en précipita la réalisation.

Depuis plusieurs années, les Russes faisaient en Tartarie des progrès inquiétants pour l'indépendance de la Corée. D'annexions en annexions, ils s'étaient rapprochés de la frontière septentrionale de ce royaume, et touchaient au petit fleuve qui forme la limite de la province de Ham-kieng [1]. En janvier 1866, un navire russe se présenta à Ouen-san, port de commerce sur la mer du Japon ; de là le commandant envoya à la cour de Séoul une lettre impérieuse réclamant la liberté du commerce et le droit pour les marchands russes de s'établir en Corée.

L'émoi fut grand à la cour et dans tout le royaume. Le zèle malencontreux de quelques chrétiens tourna contre l'Église le mouvement qui agitait le pays. Convaincus que de la démarche des Russes pouvait enfin sortir l'émancipation religieuse de la Corée, ils écrivirent au régent, pour lui persuader que l'unique moyen d'éloigner leurs puissants voisins était de contracter une alliance avec la France et l'Angleterre, et que le négociateur né de cette alliance était l'évêque catholique.

Le régent reçut la lettre sans manifester son sentiment. Partageait-il la manière de voir de ceux qui l'avaient écrite? En tous cas, il s'informa de Mgr Berneux et exprima le désir de lui parler. Celui-ci venait de quitter Séoul pour commencer l'administration en province, et jamais ses travaux apostoliques n'avaient été aussi féconds. L'invitation du régent lui ayant été transmise, il se hâta d'y déférer. Quatre jours après, le 25 janvier, il était de retour à la capitale. Mais le régent, informé de son arrivée, négligea de l'appeler, et cette abs-

---

1. Voir *Atlas de la Société des Missions-Étrangères*, carte de Corée.

tention laissa planer un doute terrible sur ses véritables dispositions. Dans l'intervalle, il est vrai, il avait eu avec un des auteurs de la lettre un long entretien sur la religion chrétienne, en avait admiré la doctrine morale, mais s'était plaint de l'interdiction qui proscrit les sacrifices aux ancêtres. En réalité, le régent gagnait du temps ; il voulait s'inspirer des événements.

Malheureusement une fois de plus, les menaces des Européens avaient été vaines et le navire russe s'était éloigné ; le parti de l'intolérance triompha. Le régent, à supposer que ses sentiments intimes fussent favorables, n'était pas homme à s'exposer pour protéger les catholiques.

Les mesures de violence et d'injustice ne répugnaient pas à son caractère. Il céda au courant, et la perte des missionnaires fut résolue.

Pendant ce temps, Mgr Berneux, las d'attendre inutilement, avait de nouveau quitté Séoul et repris ses travaux, mais sans s'éloigner beaucoup. Il revint le 5 février.

Quelques jours plus tard, il ne pouvait plus se faire d'illusions sur le sort qui l'attendait. Des satellites se présentèrent pour faire une perquisition chez lui, sous un prétexte fiscal. L'évêque comprit qu'on voulait s'assurer de sa personne, mais il crut d'abord qu'on se proposait seulement de le garder à vue, et dès lors il refusa de changer de retraite, craignant que, pour le découvrir, la police n'étendît ses investigations à toutes les maisons des fidèles, et que les vexations ne devinssent générales.

La perfidie de son domestique, assez mauvais chrétien, amena précisément le résultat que, dans son dévouement, le Vicaire apostolique avait voulu prévenir. Le traître indiqua aux satellites la résidence exacte des missionnaires dont l'arrestation fut immédiatement résolue et exécutée.

Mgr Berneux fut naturellement pris le premier.

Le 23 février, à quatre heures du soir, sa maison fut envahie ; il fut saisi, garrotté, puis comme il n'opposait aucune résistance, délié presque aussitôt et conduit d'abord au tribunal de droite, ainsi nommé parce qu'il est situé à droite du palais ; de là, à la prison criminelle du Kou-riou-kan, où sont enfermés pêle-mêle les criminels de bas étage, et, le surlendemain, il fut transféré à la prison Keum-pou réservée aux accusés nobles et aux criminels d'Etat.

Les soldats chrétiens, présents aux divers interrogatoires du confesseur de la foi, ont noté ses réponses et toutes les circonstances du drame.

« Quel est votre nom ? demanda le juge. — Tjiang (c'était le nom coréen de Mgr Berneux). — Qu'êtes vous venu faire en Corée ? — Sauver vos âmes. — Depuis combien d'années êtes-vous dans ce pays ? — Depuis dix ans, et pendant ce temps j'ai vécu à mes dépens ; je n'ai rien reçu gratis, pas même l'eau ou le bois. » L'évêque faisait allusion aux calomnies des païens qui prétendaient que les missionnaires, manquant du nécessaire dans leur propre pays, venaient en Corée pour s'enrichir. « Si on vous met en liberté, et qu'on vous ordonne de retourner dans votre pays, obéirez-vous ? — Si vous m'y reconduisez vous-même de force, il faudra bien que j'y aille, sinon, non. — Mais nous ne connaissons pas votre pays, comment donc pourrions-nous vous y reconduire ? Votre réponse signifie que vous ne voulez pas quitter la Corée. — Comme vous voudrez : je suis entre vos mains, et je suis prêt à mourir. »

Le lendemain, 27, nouvel interrogatoire auquel assistèrent le régent et son fils aîné. On proposa au captif d'apostasier. « Non certes, répondit-il, je suis venu prêcher la religion qui sauve les âmes, et vous voudriez que je la renie ! — Si vous n'obéissez pas, vous serez frappé et mis à la torture. — Faites ce que vous voudrez ; assez de questions inutiles. » L'effet suivit de près la menace. On fit subir au vénérable évêque, entre autres tortures, la bastonnade sur les jambes et la poncture des bâtons sur tout le corps, principalement sur les côtes. Les os des jambes furent dégarnis de leur chair, mis à nu et horriblement contusionnés ; bientôt le corps ne fut plus qu'une plaie. Le supplice terminé, on enveloppa les jambes avec du papier huilé et quelques morceaux de toile, et on reconduisit le confesseur en prison.

La même scène se renouvela, à diverses reprises, les jours suivants ; mais les forces de Mgr Berneux étaient tellement épuisées et sa voix devenue si faible, que les soldats chrétiens ne purent entendre ses paroles.

La sentence de mort fut enfin portée en ces termes : « L'accusé Tjiang refusant d'obéir au roi, et ne voulant ni apostasier, ni donner les renseignements qu'on lui demande, ni retourner dans son pays, aura la tête tranchée après avoir subi les différents supplices. »

Trois ou quatre jours après l'arrestation de Mgr Berneux, trois autres missionnaires, MM. de Bretenières [1], Beaulieu [2] et Dorie [3], avaient été pris. Tout se passa pour eux comme pour leur évêque. Ils expliquèrent en quelques mots la raison de leur présence en Corée et leur ferme résolution de mourir pour Dieu. Quant au reste, ils s'excusèrent de ne pas répondre, parce que nouvellement arrivés, ils ne connaissaient pas encore assez la langue ; ils reçurent la bastonnade sur les os des jambes et sur les pieds et subirent aussi la poncture des bâtons. Leur dernier interrogatoire se termina par une sentence de mort.

---

1. Du diocèse d'Autun, incorporé à Dijon, parti en 1864, mort le 8 mars 1866.
2. Du diocèse de Bordeaux, parti en 1864, mort le 8 mars 1866.
3. Du diocèse de Luçon, parti en 1864, mort le 8 mars 1866.

Quelques jours se passèrent dans l'attente de l'exécution, dans les souffrances d'un corps brisé, dans la joie de l'âme heureuse de ses saintes espérances réalisées et de son amour victorieux.

Enfin, le 8 mars 1866, les quatre condamnés furent extraits de la prison. Mgr Berneux était en tête ; MM. de Bretenières, Beaulieu et Dorie suivaient leur chef. Incapables de se tenir debout, ils étaient portés chacun sur une chaise de bois, les jambes et les bras étendus en avant et liés aux barreaux, la tête renversée en arrière et attachée par les cheveux. Au-dessus de leur tête, comme au-dessus de la croix du Sauveur, une planchette portait inscrite la sentence de condamnation :

« Un tel (le nom coréen du missionnaire), rebelle et désobéissant, condamné à mort après avoir subi plusieurs supplices. »

Pendant le trajet de la prison à Saï-nam-to, les porteurs se reposèrent plusieurs fois. Dans ces intervalles, Mgr Berneux s'entretenait avec ses prêtres, qui ne pouvaient dissimuler leur allégresse. Parfois, jetant les yeux sur la foule des curieux, il s'écriait en soupirant : « Hélas ! mon Dieu ! qu'ils sont à plaindre ! »

Quelques assistants ayant eu la lâcheté d'insulter et de railler les martyrs, le saint évêque, apôtre jusqu'au bout, leur dit avec fermeté : « Ne vous moquez pas et ne riez pas ainsi ; vous devriez plutôt pleurer. Nous étions venus pour vous procurer le bonheur éternel, et maintenant qui vous montrera le chemin du ciel ? Oh ! que vous êtes à plaindre ! »

Le cortège arrivé près du village de Saï-nam-to, Mgr Berneux est appelé. Ses bras sont liés fortement derrière le dos ; un bourreau replie l'une contre l'autre les deux extrémités de chaque oreille et les traverse, de haut en bas, par une flèche qui y demeure fixée.

Deux autres bourreaux aspergent d'eau le visage et la tête, qu'ils saupoudrent ensuite de chaux ; puis, passant deux morceaux de bois sous les bras, soulèvent l'évêque et le montrent aux spectateurs en lui faisant faire huit fois le tour de la place, rétrécissant chaque fois le cercle qu'ils forment en marchant, de manière à se trouver au milieu du terrain. La victime est alors placée à genoux, la tête inclinée en avant, retenue par les cheveux liés à une corde que tient un soldat. Les six bourreaux, brandissant de longs coutelas, tournent autour en exécutant une danse sauvage et en poussant des cris horribles ; chacun d'eux frappe à volonté. Au troisième coup, la tête du vénérable évêque roule sur le sol, et tous les soldats et les satellites crient à la fois : « C'est fini. »

La tête est aussitôt ramassée, et selon l'usage, elle est placée sur une petite table, avec deux bâtonnets, puis portée au mandarin, pour qu'il puisse constater de ses propres yeux que c'est bien celle du condamné.

De Bretenières lui succéda, puis Beaulieu et enfin Dorie qui, après avoir vu se répéter trois fois ces scènes sanglantes, consomma lui-même son glorieux martyre.

Le jour même de l'exécution de Mgr Berneux et de ses compagnons, deux autres missionnaires, Pourthié et Petitnicolas, étaient jetés dans les prisons de Séoul ; traduits immédiatement devant les juges, ils eurent à subir les mêmes interrogatoires et les mêmes tortures que les premiers confesseurs. M. Pourthié, épuisé par la maladie, ne prononça que quelques mots. M. Petitnicolas portait habituellement la parole, et pour cette raison sans doute il fut plus souvent et plus cruellement flagellé et percé de bâtons aiguisés. Leur sentence fut rendue presque aussitôt et exécutée le 11 mars.

Avec eux périrent un jeune Coréen de vingt-un ans, Alexis Ou, qui avait eu beaucoup de difficultés à surmonter pour devenir chrétien et qui se montra héroïque au milieu d'affreux tourments, et un catéchiste âgé de soixante-seize ans, Marc Tieng, serviteur dévoué des missionnaires, dont la constance ne fut pas moins admirable dans les supplices.

En quelques jours, six missionnaires avaient été mis à mort, mais la rage des persécuteurs n'était pas satisfaite; ils voulaient en finir de suite avec les prêtres européens.

Instruits par les dénonciations du traître Ni-Son-i, qui avait livré Mgr Berneux, les mandarins savaient la présence d'autres prêtres français en Corée; ils connaissaient même le lieu ordinaire de leur résidence. Les satellites furent lancés dans toutes les directions. Mgr Daveluy fut arrêté le premier. Appelé lui aussi par le régent, il avait quitté Séoul après une attente inutile, et avait repris sa tournée d'administration dans la plaine de Nai-ho, lorsqu'il reçut un billet de M. de Bretenières, l'informant de l'arrestation de Mgr Berneux. Il crut d'abord à un simple incident et pensa que le gouvernement tenait à avoir sous la main les évêques et les missionnaires, pour sortir plus aisément des complications politiques avec les Russes.

Le 11 mars, jour du martyre de MM. Pourthié et Petitnicolas, il fut arrêté chez un de ses catéchistes.

Encore convaincu que le gouvernement ne songeait pas à ordonner une persécution générale et n'en voulait qu'aux missionnaires européens, il craignit, en laissant se prolonger les recherches, de compromettre un plus grand nombre de chrétiens, et il fit dire à M. Huin[1], alors caché à Keu-to-ri, qu'il lui conseillait de venir le rejoindre.

Les satellites, en acceptant d'envoyer la lettre, promirent de ne pas procéder à d'autres arrestations; mais la

---

1. Du diocèse de Langres, parti en 1864, mort le 30 mars 1866.

promesse ne fut pas tenue, et bientôt la terreur s'étendit sur tout le pays. M. Huin déféra immédiatement à l'avis de son évêque. Presque en même temps, M. Aumaître, avant d'avoir reçu un semblable avis, que Mgr Daveluy lui avait d'ailleurs également expédié, mais obéissant à la même pensée de charité pour les pauvres Coréens, se livra aux satellites. Aussi bien, les mesures de rigueur prises par la police ôtaient aux missionnaires, nommément recherchés, tout espoir d'échapper aux poursuites; ils ne pouvaient, en se cachant quelques jours de plus, qu'attirer de nouveaux malheurs sur un plus grand nombre de maisons suspectées de catholicisme.

Satisfaits de cette reddition spontanée, les satellites mirent en liberté les chrétiens arrêtés avec l'évêque. Mais le serviteur de celui-ci, Luc Hoang, refusa de s'en aller et voulut partager le sort de son maître. Ici comme ailleurs, les exemples du dévouement le plus sublime côtoyaient ceux de la perfidie.

Tandis qu'on emmenait les confesseurs de la foi à la capitale, un riche païen s'approcha de Mgr Daveluy, et lui dit avec l'accent d'une respectueuse sympathie : « Au point de vue de l'âme, ce que vous faites est bien beau, mais votre sort est terrible et me fait grande compassion. »

Conduits à Séoul, et enfermés dans le Kou-riou-kan, les quatre prisonniers subirent les interrogatoires et les tortures ordinaires. Les détails manquent sur les circonstances de leur confession. Nous savons seulement que Mgr Daveluy fut le plus cruellement tourmenté, et que, questionné sur la religion, il fit de ses interrogatoires l'occasion d'une prédication développée de la foi chrétienne.

Le quatrième jour, leur sentence fut portée. Mais le roi était alors malade, et une nombreuse troupe de sorciers, réunis au palais, faisaient pour le guérir des cérémonies diaboliques; de plus il devait bientôt célébrer son mariage. On craignit que le supplice des Européens ne nuisît à l'effet des sortilèges, et que l'effusion de sang humain dans la capitale ne fût d'un fâcheux augure pour les noces royales. Ordre fut donné d'aller exécuter les condamnés dans la presqu'île de Sou-rieng, à vingt-cinq lieues au sud de Séoul. On les emmena de suite, en leur adjoignant un autre confesseur, Joseph Tjiang, catéchiste et maître de maison de M. Pourthié.

Ils furent conduits à cheval au lieu de l'exécution. Leurs jambes, brisées par la bastonnade, étaient enveloppées de papier huilé retenu par des lambeaux de toile; sur la tête, ils portaient le bonnet jaune, et autour du cou, la corde rouge. Leur cœur surabondait de joie, et plusieurs fois, au grand étonnement des satellites et des curieux, ils adressèrent à Dieu de ferventes actions de grâces, en chantant des psaumes et des cantiques.

Le jeudi saint, 29 mars, ils étaient arrivés assez près du lieu de l'exécution. Mgr Daveluy entendit les satellites qui, causant entre eux, se promettaient de retarder encore l'immolation des confesseurs pour aller les montrer à la ville voisine. Alors touché d'un saint désir de mourir le jour même de la mort du Sauveur, il les interrompit : « Non, s'écria-t-il, ce que vous dites là est impossible. Vous irez demain droit au lieu de l'exécution, car c'est demain que nous devons mourir. »

La parole du condamné fut obéie, et le lendemain, vendredi saint, 30 mars 1866, l'évêque, ses deux prêtres, son catéchiste et son serviteur donnèrent leur vie pour Jésus-Christ.

On dit que le mandarin qui présidait à l'exécution voulut que les martyrs se prosternassent devant lui. C'est l'usage, en Corée, que les condamnés saluent ceux qui les font mourir. Mgr Daveluy répondit noblement qu'il saluerait à la manière française, et il refusa de se mettre à genoux. Une poussée brutale le jeta la face contre terre.

Un autre incident horrible marqua le supplice du saint évêque.

L'exécuteur n'avait pas fixé le prix de sa sanglante besogne. Après avoir déchargé sur le condamné un premier coup qui lui entailla profondément la nuque, il s'arrêta et refusa de continuer si on ne lui promettait une forte somme. L'avarice du mandarin résistait à ses prétentions. Il fallut réunir les employés de la préfecture pour décider le cas. La discussion dura longtemps, la victime se débattait à terre dans les convulsions de l'agonie, enfin le marché fut conclu, et deux nouveaux coups de sabre délivrèrent l'âme du témoin de Jésus-Christ.

Lorsque la nouvelle de ces faits parvint en France, tous les diocèses, qui avaient l'honneur de compter les martyrs parmi leurs enfants, se réjouirent de leur triomphe et le célébrèrent par des fêtes solennelles. A Amiens, patrie de Mgr Daveluy, Mgr Mermillod, entouré du nonce et de dix-neuf archevêques et évêques, fut l'interprète éloquent des sentiments de l'admiration commune. A Dijon, le même grand évêque chanta plutôt qu'il ne raconta l'héroïsme de M. de Bretenières, le jeune martyr « qui honorait plus sa patrie par sa mort glorieuse que par l'éclat d'une carrière brillante aux yeux du monde ». Au Mans, Mgr Fillion, dans un langage d'une piété émouvante et douce, rappela les vertus de Mgr Berneux, dont il avait guidé les premiers pas sur les marches du sanctuaire. Partout les Églises remercièrent les martyrs du nouveau fleuron qu'ils attachaient à leur couronne, mais nulle part la reconnaissance ne fut plus touchante et la joie plus vive qu'au

Séminaire des Missions-Étrangères, sans doute parce que nulle part on ne recevait de ces morts une gloire plus resplendissante et des grâces plus abondantes.

Les aspirants étaient en vacances à Meudon, dans la maison de campagne du Séminaire. Le soir, le supérieur leur annonça qu'en Corée, dans l'espace de quelques jours, deux évêques et sept prêtres de la Société avaient versé leur sang pour Jésus-Christ. A cette glorieuse nouvelle, un cri de joie sortit de tous les cœurs; et aussitôt, improvisant une illumination dans les branches des grands érables qui protègent la statue de la Sainte Vierge, ils chantèrent un *Te Deum* d'actions de grâces, avec l'invocation, neuf fois répétée : Reine des martyrs, priez pour nous.

Trois missionnaires seulement restaient en Corée : Féron, Ridel et Calais. Les deux premiers purent se réunir et se cacher chez une pauvre veuve mère de six enfants en bas âge. La famine régnait dans la contrée, et les chrétiens du hameau faisaient leur nourriture d'orge verte. Les proscrits ne pouvant tenir à ce régime, les néophytes mirent en commun leurs dernières ressources pour leur procurer deux boisseaux de riz. M. Calais courut plus de dangers et fut arrêté deux fois comme suspect, mais il réussit à s'enfuir sans qu'on eût constaté qu'il était Européen; pendant huit jours, il coucha dans les bois, vécut de fruits sauvages et de racines, puis il quitta la montagne pour aller, malgré tous les dangers, prêcher dans la petite chrétienté de Soum-bu-kol. Il eut la consolation de baptiser quelques païens, qui ne craignirent pas d'embrasser le catholicisme même en face de la mort, car l'espoir des saintes victimes, qui avaient cru sauver les chrétiens de Corée par leur sacrifice, fut cruellement déçu.

La persécution prit en effet une extension plus grande,

et un caractère plus rigoureux que les précédentes. L'année 1866 ne vit que massacres, pillages, dévastations. Les catholiques furent traqués en tous lieux, arrêtés en grand nombre, tantôt soumis aux plus épouvantables tortures et exécutés solennellement, tantôt étranglés clandestinement dans leurs prisons. Privés du soutien des missionnaires, assistant sans espoir de délivrance à la ruine de leur Église, d'aucuns cherchèrent dans l'apostasie extérieure une protection qui souvent leur échappa; car la haine de leurs bourreaux semblait plus jalouse d'exterminer les croyants que de les ramener au culte national.

Le sabre des exécuteurs, la corde des étrangleurs n'allant plus assez vite au gré des mandarins, on imagina une espèce de guillotine en bois qui, en laissant retomber une longue poutre sur le cou des condamnés liés ensemble, faisait périr vingt ou vingt-cinq personnes à la fois. Ailleurs on alla jusqu'à enterrer les prisonniers vivants dans de larges fosses; la terre et les pierres qu'on jetait sur leurs corps leur donnaient en même temps la mort et la sépulture.

Au mois de juin, M. Féron, devenu par rang d'ancienneté supérieur de la mission, envoya M. Ridel en Chine, et le chargea de faire connaître les désastres de la Corée et de travailler à y porter remède, en avertissant les autorités françaises. A travers mille peines, l'apôtre réussit à gagner le rivage, à fréter une barque dont tous les matelots étaient chrétiens, et à faire le voyage avec cet équipage, étranger à la navigation du large, et que guidait seule la boussole du missionnaire.

Il aborda le 7 juillet à Tché-fou, d'où il gagna Tien-tsin, et informa le contre-amiral Roze des événements que nous venons de raconter. Celui-ci résolut de faire une démonstration sur les côtes coréennes, et il partit au mois de septembre, ayant à son bord M. Ridel qui lui servait d'interprète.

Les premières opérations furent bien conduites; on s'attaqua à l'île de Kang-hoa, arsenal et boulevard de la Corée. La ville et la citadelle furent enlevées de vive force. De là fut adressée au gouvernement coréen une sommation, qui réclamait des satisfactions pour le meurtre des Français. Exaltés par l'impunité qui avait suivi leurs précédents attentats, les chefs de la nation dédaignèrent de répondre. L'amiral envoya alors un détachement de cent soixante marins, sans artillerie, dans l'intérieur de l'île. La petite troupe dut s'arrêter devant une pagode fortifiée, d'où les Coréens abrités fusillaient nos matelots sans souffrir de leur feu. Après d'héroïques, mais inutiles efforts, le détachement dut se replier sur Kang-hoa, emportant plus de trente blessés et tenant vigoureusement tête à l'ennemi qui le poursuivait. Il était facile encore de réparer ce petit échec, en entrant avec la flottille dans le fleuve de Séoul et en allant bombarder la capitale. L'amiral craignit d'engager une affaire trop sérieuse sans instructions de son gouvernement, et il appareilla pour la Chine.

A ce moment même, MM. Féron et Calais essayaient de le rejoindre, mais n'ayant pu arriver à temps, ils se firent conduire à Tché-fou par des barques chinoises.

La Corée n'avait plus de missionnaires, et de longues années devaient s'écouler avant qu'aucun d'eux pût remettre le pied sur son sol.

V

L'amiral Roze avait essayé de rendre service aux prêtres de la Société des Missions-Étrangères; il faut lui tenir compte de ses bonnes intentions plus que du résultat. Son intervention est une preuve que la

France n'abandonnait pas les missionnaires, mais elle ne semblait pas disposée à une action aussi énergique qu'en 1858. De leur côté, les missionnaires gardaient pour leur pays un attachement, qu'ils manifestaient en toute circonstance, par des services rendus à leurs compatriotes. C'est ainsi qu'en 1866 ils furent pendant plusieurs mois les aides et les soutiens de l'expédition du Mékong, faite sous le commandement de M. de Lagrée, dans le but de s'assurer si le fleuve était ou non navigable jusqu'en Chine.

A peine les officiers français étaient-ils entrés dans le Yun-nan, qu'ils reçurent une lettre de M. Proteau offrant de mettre à leur disposition sa connaissance de la langue et du pays.

Francis Garnier a raconté en termes émus la réception de cette lettre[1] :

« Vers midi, on apercevait déjà les créneaux de la ville de Yun-nan se découper dans l'azur du ciel, quand un petit mandarin à cheval, accouru à notre rencontre, remit une lettre à M. de Lagrée. Elle était en français ! M. de Lagrée la parcourut, puis me la tendit. Ce fut avec un véritable battement de cœur que j'en dévorai le contenu. Elle était signée du P. Proteau, missionnaire apostolique français, et contenait un court souhait de bienvenue, un « *à bientôt* » qui nous fit tressaillir d'aise. Nous savions vaguement que nous allions trouver des missionnaires à Yun-nan ; nous ignorions leur nationalité ; rencontrer des compatriotes était pour nous une double joie et ce moment effaça le souvenir de bien de souffrances. »

Quelques jours après, M. Fenouil, alors provicaire et aujourd'hui Vicaire apostolique du Yun-nan, venait apporter aux voyageurs français l'appui de son influence.

---

1. *Voyage d'exploration en Indo-Chine*, t. I, p. 458.

« Grâce à lui, dit encore Francis Garnier, nos relations avec les autorités chinoises devinrent plus intimes et plus fréquentes. » Ce fut aussi M Fenouil qui décida le Ma-ta-jen à prêter à l'expédition l'argent, dont elle avait besoin, pour achever son voyage, et obtint pour elle l'amitié et la protection du Lao-papa, chef religieux des mahométans. Aussi quand les explorateurs quittèrent « ce prêtre, qu'ils connaissaient depuis dix jours à peine et qui était déjà devenu leur ami, dont le cœur tressaillait encore au nom de mère et de patrie, ne purent-ils se défendre d'une douloureuse émotion en échangeant avec lui une dernière poignée de main. »

Lorsqu'un missionnaire, appelé ailleurs par ses devoirs, quittait l'expédition, un autre le remplaçait; à M. Fenouil succéda M. Leguilcher. Après avoir, pendant plusieurs jours, donné l'hospitalité aux voyageurs, M. Leguilcher partit avec eux pour Taly. A son arrivée, il eut à subir la colère du sultan de cette ville et les injures des habitants; sa situation fut même assez compromise pour qu'il fût obligé de s'absenter de son poste pendant quelque temps. Aussi Garnier n'a-t-il fait que remplir un strict devoir en écrivant ces lignes[1] : « Je désire vivement que ce livre porte au P. Leguilcher l'expression de ma gratitude pour les immenses services qu'il a rendus à l'expédition française, de mon admiration pour un courage et un dévouement qui lui semblent si naturels. »

Les prêtres indigènes, en particulier les PP. Lu et Fang, tinrent aussi à honneur de rendre service à l'expédition.

Au Su-tchuen, les voyageurs reçurent une cordiale et généreuse hospitalité, d'abord chez Mgr Desflèches, et ensuite chez M. Vinçot[2], qui leur signala les intéressants

---

1. *Voyage d'exploration en Indo-Chine*, t. I, p. 539.
2. Du diocèse de St-Brieuc, parti en 1851.

débris paléontologiques des grottes voisines de Kouï-tcheou-fou.

Cet échange de services, entre les prêtres des Missions-Étrangères et les Français, affirmait aux yeux de tous la force du lien qu'engendre une même patrie, mais justement à cause de cette raison, il désignait les missionnaires à la haine des ennemis de la France. Et ce fut là une des causes du massacre de M. Barreau[1] au Cambodge[2], dans les circonstances suivantes :

Un aventurier cambodgien, nommé Poucom-bo, qui avait des prétentions au trône, essaya de se créer un parti et réussit à soulever un certain nombre de ses compatriotes, en excitant la révolte sur nos frontières de l'ouest; dans les premiers jours de 1867, une troupe de rebelles se montra aux environs de la paroisse de Mot-kresar, en grande partie fondée par M. Barreau, et composée de 300 chrétiens. Le missionnaire fit avertir le résident français de Phnom-penh, qui envoya aussitôt une canonnière pour le ramener à la capitale et le soustraire au danger. Malheureusement le bateau ne pouvait se charger de transporter les familles chrétiennes; alors, l'apôtre refusa, malgré les plus vives instances, d'abandonner ses néophytes encore faibles dans la foi, et résolut de rester avec eux, pour les encourager et les soutenir par sa présence. Cependant la situation était loin d'être sûre : les rebelles qui avaient fui à l'apparition du drapeau français revinrent bientôt.

Le 9 janvier, 1867, au matin, le prêtre faisait son

1. Du diocèse de Bordeaux, parti en 1857, mort le 9 janvier 1867.
2. « Préoccupé de l'état précaire de la mission du Cambodge qui comptait à peine 2,500 chrétiens, Mgr Miche lui céda les deux provinces cochinchinoises de Hà-tiên et de Châu-dôc, avec un peu plus de 6,000 chrétiens. Cette combinaison agréée par le Saint-Siège laissa à la Cochinchine occidentale les quatre provinces de Biên-hoà, Saïgon, Mi-Tho et Vinh-long. »

action de grâces après sa messe, quand l'ennemi se présenta. Il était seul, car, à l'exemple des disciples du divin Maître, les néophytes avaient pris la fuite, sans s'inquiéter de celui qui s'était exposé pour eux à la mort. A la vue des rebelles, l'homme apostolique ne se troubla pas :

— Que me voulez-vous? leur dit-il. Je n'ai fait de mal à personne; je viens ici uniquement pour prêcher la religion. Si vous me tuez, quel avantage retirerez-vous de ma mort?

— Pas tant de paroles, interrompit un des assassins; il nous faut ta tête pour la porter au bout d'une lance.

M. Barreau demande alors à ses bourreaux quelques instants pour se préparer à la mort, et il remonte dans sa chambre, afin de prendre son bréviaire. Comme il redescendait, il reçoit à la tête un coup qui le fait chanceler :

— Attends un peu, dit-il tranquillement, que je fasse ma prière.

Et il tombe à genoux au pied de l'autel; au même moment, il est assailli de tous côtés; une pique lui traverse la poitrine; sa tête est coupée et plantée au bout d'une lance; sa maison et sa chapelle livrées au pillage et son corps brûlé sur la place.

Quand les Français, avertis par un des chrétiens fugitifs, accoururent, ils ne trouvèrent plus que les ossements calcinés du missionnaire et sa tête fichée sur un bambou, au bord du fleuve. Ces restes précieux furent recueillis avec respect et rapportés à Phnom-penh, où ils reçurent les honneurs de la sépulture chrétienne.

Ce meurtre jeta l'épouvante parmi les néophytes, qui craignirent le renouvellement des horreurs de la persécution, il retarda beaucoup les progrès de l'apostolat sur les bords du Mékong. Les chrétiens, dispersés par les rebelles, reformèrent lentement leurs paroisses, et plusieurs même vinrent se fixer dans la mission de Cochinchine française.

Le roi Tu-duc et ses mandarins étaient-ils pour quelque chose dans cette révolte, qui s'étendit comme une traînée de poudre sur toutes les frontières de notre colonie? on l'a tour à tour nié et affirmé. Quoiqu'il en soit de sa conduite dans cette circonstance, Tu-duc était assurément plus favorable aux rebelles qu'aux Français, car il se résignait difficilement à la perte des provinces de Basse-Cochinchine, et beaucoup de ses mandarins le poussaient à les réclamer par la diplomatie ou à les reprendre par la force. Après avoir failli réussir, la diplomatie échoua, grâce à la fermeté du ministre de la marine, le marquis de Chasseloup-Laubat et de l'amiral de la Grandière, et quant à la force, Tu-duc n'osait y recourir, trop certain du résultat. On sentait qu'il restait l'ennemi des Français, mais sans pouvoir citer de sa part des actes d'une hostilité absolue.

Il semblait même donner quelques marques de sympathie aux missionnaires; il avait (1867) prié Mgr Gauthier, le Vicaire apostolique du Tonkin méridional, de lui trouver en France des professeurs pour fonder à Hué un collège de hautes études, mais lorsque l'évêque revint avec des maîtres, des instruments et des livres, la vanité haineuse et jalouse des lettrés empêcha l'exécution du projet.

D'autre part, le roi agissait peut-être ainsi pour cacher ses desseins, car il avait envoyé une ambassade à Paris, afin d'obtenir la rétrocession des trois provinces que nous possédions en vertu du traité de 1862.

L'ambassade ne réussit pas, et comme les menées des Annamites entretenaient des troubles dans notre colonie, l'amiral de la Grandière prit le parti de s'emparer des trois autres provinces occidentales Vinh-long, Châu-dôc et Hà-tiên, ce qui fit passer sous l'autorité de la France toute la Basse-Cochinchine. Cette conquête exaspéra les mandarins et les lettrés de l'Annam, ils se soulevèrent en plusieurs endroits, demandant à exterminer les chrétiens. Des placards incendiaires furent affichés, des églises pillées et brûlées.

Au mois de janvier 1868, Mgr Charbonnier, qui faisait tranquillement sa visite pastorale, fut arrêté par un mandarin militaire de la province du Quang-nam. Bien que l'évêque exhibât des passeports en règle, il fut, au mépris des traités, retenu plusieurs jours prisonnier, avec M. Van Camelbeke [1] et trois prêtres indigènes qui l'accompagnaient.

Le mandarin fit appliquer trente coups de rotin à chacun de ces trois prêtres, et vingt coups à chaque catéchiste. Il n'osa pourtant pas mettre à la question l'évêque et son missionnaire, mais il les traita avec un mépris et une insolence rares même chez ses pareils. Comme on lui demandait du riz pour les prisonniers qui jeûnaient depuis un jour : « Qu'ils meurent ! » répondit-il. Ce furent les chrétiens qui pourvurent aux besoins des captifs.

Cependant ce fonctionnaire trop zélé fut désavoué par le gouverneur de la province du Quang-nam, effrayé de la responsabilité que cette arrestation illégale allait faire peser sur lui. Le tyran subalterne fut donc forcé, au bout de deux jours, de lâcher sa proie. Dès que M. de la Grandière eut appris à Saigon cette violation du traité, il adressa à Hué les représentations les plus énergiques et exigea que le coupable fût cassé.

Tu-duc s'inclina. Il se sentait faible, et craignait d'attirer sur lui la foudre. C'est ce qu'il répondit aux conseillers trop zélés, qui parlaient à tort et à travers d'une

---

1. Du diocèse de Nantes, parti en 1863. Vicaire apostolique de la Cochinchine orientale, en 1884.

descente armée en Basse-Cochinchine : « Je ne demande pas mieux, mais vous commanderez les troupes et si vous vous laissez battre par les Français, vous aurez la tête coupée. Qui veut marcher en avant? » Comme on le suppose, personne ne se présenta pour encourir la chance; la proposition royale avait jeté un froid sur l'ardeur des combattants. Au lieu de s'armer pour descendre à Saïgon combattre les Français, les mandarins trouvèrent plus commode et moins périlleux de renouveler les vieilles calomnies contre les missionnaires. On fit passer à Tu-duc une lettre anonyme, dans laquelle on exposait gravement que Mgr Sohier avait fait venir de France 400 livres de poison, pour se débarrasser du roi et de ses grands officiers, après quoi le prélat devait, avec l'aide de ses chrétiens, se faire proclamer roi du pays, et soutenu par les Français de Saïgon, mettre à mort tous les païens qui ne voudraient pas embrasser la religion. Bien que cette pièce fût présentée par un de ses neveux, le roi eut le bon esprit de s'en moquer et plaisanta fort les mandarins sur leurs terreurs vraies ou supposées : « Puisque vous craignez, leur dit-il, d'être empoisonnés par les missionnaires, je vous défends expressément d'aller chez eux et de rien recevoir désormais de leurs mains. »

La France n'était pas partout aussi bien représentée qu'en Cochinchine, ses ministres et ses consuls ne montraient pas tous l'énergie de l'amiral de la Grandière.

Au Japon, qui venait de recevoir son premier Vicaire apostolique, Mgr Petitjean, la persécution commencée en 1867 ne rencontra dans notre ministre, M. Léon Roches, qu'une opposition bien faible. Soixante-cinq fidèles de la vallée d'Ourakami furent arrêtés; M. Laucaigne[1]

---

1. Du diocèse de Tarbes, parti en 1863, évêque d'Apollonie et auxiliaire en 1873, mort le 18 janvier 1885.

faillit être pris; il était, depuis un jour seulement, arrivé dans une des stations de la vallée d'Ourakami, et il se préparait à célébrer la sainte Messe, lorsqu'un chrétien, qui avait trompé la surveillance des satellites, accourut l'avertir du danger; accompagné d'un catéchiste, le missionnaire se réfugia aussitôt dans les bois où il passa toute la journée.

Les consuls européens, résidant à Nagasaki, formulèrent d'un commun accord un message, pour protester contre l'acte barbare commis envers les catholiques. Aucun résultat ne fut obtenu, sinon la défense plus qu'étrange faite par M. Léon Roches aux missionnaires « de se rendre à Ourakami ou ailleurs, dans un but de propagande religieuse ».

Cette persécution coïncida avec une révolution dans le gouvernement du Japon.

Au commencement de l'année 1868, plusieurs princes du Sud, sous prétexte de venger l'antique honneur du pays, blessé par l'empereur qui avait accepté la présence des Européens, renversèrent le Taïkoun et rendirent au Mikado l'autorité suprême, qu'il avait perdue depuis bientôt trois siècles.

Néanmoins, le nouveau gouvernement n'osa pas désavouer les traités existants, il en garantit même le maintien; cette promesse ne fut pas aussi bien tenue qu'on eût pu l'espérer; des attentats furent commis contre les Européens; le 10 mars, un officier français et 18 matelots furent attaqués; puis des édits impériaux contre le christianisme furent publiés.

Du mois d'octobre 1869 au mois de janvier 1870, 4,500 chrétiens furent enlevés d'Ourakami et des îles Goto et conduits en exil. Attentif à toutes les douleurs de ses fils, Pie IX leur adressa éloges et encouragements.

« C'est avec un transport bien doux de Notre cœur

que Nous avons reçu vos lettres, disait-il à Mgr Petitjean, il y brille, en effet, une foi si ferme, un si puissant amour de la religion, des sentiments si vifs de reconnaissance pour le bienfait de la doctrine évangélique, tant de soumission à cette chaire de Pierre, tant de grandeur d'âme, que non seulement l'affliction causée à notre cœur par vos infortunes en est effacée, mais que Nous sommes encore obligé de rendre grâces à Dieu pour le grand don de force fait à ces néophytes. »

De nouvelles protestations des consuls amenèrent un mémorandum japonais qui accusa les missionnaires de fomenter le désordre. Afin sans doute de terminer la discussion, que la cour de Tokio[1] aurait volontiers éternisée sur des détails, et ne pas avoir à se prononcer sur le point principal, les consuls déclarèrent qu'ils veilleraient désormais à ce que pareil reproche ne fût plus adressé, mais qu'il était toutefois bien entendu « que les chrétiens indigènes déportés d'Ourakami seraient tous rapatriés ». On attendit longtemps avant de remplir la condition.

Cet état, mélange de persécution et de liberté, que signalaient les lettres des Vicaires apostoliques de toutes les missions, et les résultats heureux qui presque partout étaient atteints, sont ainsi exposés par les directeurs du Séminaire dans le Compte rendu des travaux de la Société en 1868[2].

« La divine Providence a permis qu'en certaines missions, les sourdes menées des persécuteurs ou les bandes indisciplinées des rebelles arrêtassent, en partie du moins et momentanément, les conversions en masse qui s'annonçaient, mais Elle a détourné aussi de quelques autres les épreuves qui semblaient les menacer,

---

1. Nouveau nom donné à Yeddo.
2. Arch. des M.-É., vol. 171.

leur donnant ainsi le temps et la liberté de réparer les ruines non encore effacées des dernières persécutions.

« Les statistiques annuelles qui nous ont été envoyées, nous prouvent un fait certain : l'accroissement toujours de plus en plus marqué des chrétientés, des œuvres et des établissements religieux. Le clergé indigène s'accroît sur plusieurs points ; le nombre des conversions grandit aussi plus lentement peut-être, mais d'une manière plus sensible encore. De toutes parts, en un mot, de grandes espérances nous sont signalées et de nombreuses demandes de nouveaux ouvriers nous sont faites. »

VI

Ces grandes espérances ne se réalisèrent pas complètement, et dans quelques missions, les progrès furent payés assez cher.

Dans la ville de Yeou-yang (Su-tchuen oriental) arrosée du sang de M. Mabileau, la haine contre les chrétiens et contre les missionnaires était toujours vivace. A force de prudence, M. Rigaud[1] s'était cependant maintenu dans ce poste, baptisant et prêchant sans bruit. Malgré l'obscurité dont il s'enveloppait, les lettrés de Yeou-yang résolurent sa mort.

Dans la matinée du 2 janvier 1869, une bande armée entre dans la ville, attaque l'enceinte murée qui entoure l'église et les autres établissements de la paroisse. Les mandarins laissent faire. Le préfet empêche même les chrétiens de se défendre en leur disant que s'ils sont tranquilles, il répond de les sauver. C'était une perfidie et l'attaque continua. Comme la porte solidement barrée

1. Du diocèse de Besançon, parti en 1862, mort le 2 janvier 1869.

ne cédait pas, les païens la firent sauter avec de la poudre et alors commença le massacre.

« M. Rigaud[1] était à genoux devant l'autel avec ses deux élèves Pierre Lieou et Paul Tsin. Au moment où les meurtriers portent la main sur lui, il se lève et retombe frappé de deux coups de poignard. Il était déjà mort lorsqu'on lui trancha la tête.

« ...Pour se disculper d'avoir fait massacrer, dans l'église même, M. Rigaud et plusieurs dizaines de chrétiens, les mandarins eurent recours à des expédients qu'ils crurent ingénieux. Ils firent des chrétiens les persécuteurs, et des païens les persécutés. Ils dressèrent une liste « exacte » de tous les cadavres des hommes du « bon peuple » massacrés par les catholiques. Il y avait des vieillards, des femmes, des enfants, en tout deux cent soixante cadavres examinés un par un par les mandarins, qui, de plus, avaient compté le nombre et les genre des blessures. La relation ajoutait, en note, que, « outre le nombre connu, il y avait un nombre inconnu de victimes dont on n'avait pu découvrir les traces ». Cette pièce, revêtue des sceaux du sous-préfet, du préfet et du vice-roi, fut envoyée à Pékin.

Mgr Desflèches était alors en France. Il protesta immédiatement, et s'engagea à fournir dès son retour en Chine, toutes les preuves nécessaires pour démontrer, jusqu'à l'évidence, la fausseté des allégations du gouvernement chinois. C'est, en effet, ce qu'il fit. Lui-même porta son mémoire à Pékin. M. de Geofroy, alors ministre de France en Chine, voulut, avant de le présenter au Tsung-li-Yamen, s'assurer par un de ses agents de la vérité des faits dénoncés par l'évêque, et il délégua M. Blancheton, consul de France à Han-keou, pour aller faire une enquête.

---

1. *Missions cathol.* 1876, p. 111.

Le rapport de M. Blancheton confirma entièrement le mémoire du Vicaire apostolique. Or, d'après ce mémoire, il constate que : 1° Des deux cent soixante personnes soi-disant massacrées par les chrétiens en 1869, plusieurs n'ont jamais existé ; 2° quelques-unes étaient à cette date mortes et enterrées depuis dix et vingt ans ; 3° le plus grand nombre, une centaine environ, vivent encore.

L'imposture des Chinois était découverte, mais leur haine n'était pas satisfaite, aussi s'affirma-t-elle par des vexations nombreuses dans toutes les missions, au Yun-nan, au Kouy-tcheou, au Kouang-tong. Dans cette dernière province, malgré les efforts de Mgr Guillemin, les visites fréquentes de nos officiers de marine, la présence des autorités chinoises à des cérémonies chrétiennes solennelles, plusieurs missionnaires furent insultés et frappés. Cette haine se donna libre carrière, le 22 juin 1870, à Tien-tsin où périrent deux prêtres de la Congrégation de la Mission, huit religieuses de Saint-Vincent de Paul, le consul de France et plusieurs négociants, en tout dix-sept personnes. Ce drame, que l'infamie rendit plus atroce, jeta l'effroi dans le cœur des missionnaires de Chine, qui craignirent de nouveaux massacres dans leurs districts.

L'énergie des diplomates résidant à Pékin empêcha seule les catastrophes redoutées. M. de Rochechouart, ministre de France, M. Wade, ministre plénipotentiaire d'Angleterre, M. Low, ministre des États-Unis s'acquirent dans ces tristes circonstances des titres à la reconnaissance, non seulement de la Société des Missions-Étrangères et de l'apostolat, mais encore du monde civilisé.

Ils eurent bientôt à repousser une autre attaque, toute diplomatique et non moins dangereuse, du cabinet impérial. La revision, qui devait avoir lieu en 1872, du traité de Pékin conclu en 1860, fournit au gouvernement chinois l'occasion de présenter, dès 1870, une note connue sous le nom de Mémorandum. Il y proposait un nouveau règlement pour les affaires religieuses.

Les intentions secrètes des rédacteurs et des instigateurs du Mémorandum n'étaient un mystère pour personne. Ils voulaient voiler par des impostures le massacre de Tien-tsin, soutenir par une pièce officielle importante l'ambassade de Tsong-keou, députée en France pour présenter des excuses de cette sanglante tragédie, se venger de la légation française qui avait envoyé ses navires de guerre jusqu'à Han-keou sur le fleuve Bleu, et enfin frapper le catholicisme et ruiner le protectorat religieux définitivement établi par le traité de Pékin. Voici les principaux articles de ce factum :

« Les femmes missionnaires (les religieuses institutrices) et par conséquent toutes les écoles de filles sont supprimées comme contraires aux usages chinois.

« Aucune mission ne peut avoir plus de 40 chrétiens, et ceux-ci doivent être inscrits chez le mandarin. Les écoles de garçons ne recevront que des enfants de chrétiens, et il faudra en donner la liste.

« Tout enseignement contraire à la doctrine de Confucius et aux usages reçus en Chine est prohibé.

« Si un chrétien a une affaire de justice, on n'y donnera point de suite, dès que le missionnaire interviendra.

« Tous les établissements fondés ou dirigés par les missionnaires seront soumis à l'inspection des autorités chinoises. La fondation d'hôpitaux ou d'orphelinats est interdite aux chrétiens.

« Défense aux femmes d'assister aux services religieux des étrangers.

« En cas de nouveaux massacres d'Européens, les meurtriers seuls seront punis. Les villes où les meurtres auraient eu lieu ne seront condamnées à aucune amende ou compensation pécuniaire, et les terrains confisqués aux chrétiens ne seront pas restitués. »

Les ambassadeurs reçurent, comme ils le devaient, cette note, en contradiction ouverte avec les traités et d'une révoltante injustice.

Le ministre des États-Unis fit une réponse pleine d'appréciations généralement justes et de considérations élevées, celui d'Angleterre exprima froidement sa défiance envers les allégations du Mémorandum et son horreur pour les excès de brutalité commis aux portes même de Pékin; le ministre de France écrivit une réplique courte, sèche, quelque peu sarcastique, de façon à prouver qu'il ne croyait pas plus que les accusateurs eux-mêmes, aux calomnies lancées contre les chrétiens et les missionnaires.

Pendant cette campagne du gouvernement chinois contre le catholicisme, dix-sept évêques de la Société des Missions-Étrangères, treize Vicaires apostoliques et un coadjuteur siégeaient au concile du Vatican : Laouënan de Pondichéry qui fut membre de la Commission des Rites orientaux; Charbonnaux du Maïssour, membre de cette même Commission; Dépommier du Coïmbatour; Bigandet de Birmanie; Dupond de Siam; Sohier de la Cochinchine septentrionale; Croc, coadjuteur de Mgr Gauthier du Tonkin méridional; Guillemin du Kouang-tong; Faurie du Kouy-tcheou; Desflèches du Su-tchuen oriental; Pinchon du Su-tchuen septentrional; Pichon du Su-tchuen méridional; Verolles de Mandchourie; Petitjean du Japon. Seuls Miche, Vicaire apostolique de Cochinchine occidentale, Gauthier du Tonkin méridional, Puginier du Tonkin occidental, Ponsot du Yun-nan, Chauveau du Thibet, Boucho de la presqu'île de Malacca, Charbonnier de la Cochinchine orientale n'avaient pu venir par suite de l'état de leur mission ou de leur santé.

Le 5 juin, Mgr Ridel, promu Vicaire apostolique de la Corée, fut sacré au Gèsu et siégea parmi les Pères du concile.

C'est en voyant passer ces hommes apostoliques, dont plusieurs avaient été les témoins des grandes persécutions, que Louis Veuillot écrivit ce beau portrait des évêques missionnaires :

« De loin, dans leur sublime travail, ils nous apparaissent couronnés de toutes les auréoles vraiment augustes que peut conquérir le labeur de la vie. De près comme de loin, ils soutiennent le regard du monde, eux qui se sont éloignés du regard du monde pour vivre et mourir sous le regard de Dieu. Ils sont la poésie, l'enthousiasme et l'honneur de nos jours abaissés. Ils sont la folie de la croix, dans l'humanité appauvrie de cette reine des puissances et des vertus. Ils jettent vers le ciel le parfum de la prière choisie; ils purifient l'air par l'encens du sacrifice suprême. Dieu avance chez les nations à naître sur les traces de leurs pieds saignants. »

On sait comment se termina brusquement la grande assemblée. Le bruit de la guerre qui s'allumait entre la France et la Prusse vint tout à coup retentir à Rome, et l'on prit le parti de se hâter. La session publique fut fixée au 18 juillet. Vicaires du souverain Pontife, successeurs des Apôtres dans le monde infidèle, les évêques missionnaires ne pouvaient hésiter ni à croire ni à juger opportune la définition de l'infaillibilité pontificale.

Ils profitèrent également de leur réunion pour préciser certains points du règlement, en rapport avec la nouvelle situation des Missions et l'augmentation des membres de la Société.

Puis, avant de reprendre la route de leurs Vicariats apostoliques, ils vinrent passer quelques jours au Séminaire des Missions-Étrangères, jours qui auraient pu être si joyeux et qui furent attristés et assombris par nos défaites se succédant comme des coups de tonnerre au milieu de la tempête.

VII

Dès qu'ils purent prévoir le siège de Paris, les directeurs du Séminaire prirent les précautions commandées par la prudence, pour la sauvegarde des séminaristes et pour la conservation des relations avec les Missions. Cette époque rappela par quelque côté la grande Révolution.

MM. Delpech[1], supérieur, Tesson, assistant, Voisin, Charrier, Pernot, Guerrin et Chirou restèrent à Paris.

MM. Libois, Rousseille[3], Maury[4], Cazenaves[5] et Péan[6] demeurèrent en province pour le service de la Société. Les séminaristes furent licenciés, excepté une dizaine.

Le 18 septembre commença l'investissement complet qui devait durer 130 jours.

Une ambulance fut installée au Séminaire des Missions-Étrangères, et le 21 septembre, 34 malades y furent apportés ; depuis lors jusqu'au 5 mars, jour de l'évacuation complète de l'ambulance, 241 soldats furent recueillis, et sur ce nombre, quinze seulement moururent. La prière et les soins donnés aux malades furent

---

1. Du diocèse de Montauban, directeur au Séminaire général de Pinang en 1851, directeur du Séminaire des Missions-Étrangères en 1855, supérieur en 1867.
2. Du diocèse de Besançon, missionnaire au Kouang-tong en 1864, directeur au Séminaire en 1867.
3. Du diocèse de Bordeaux, parti en 1856, directeur du Séminaire en 1860.
4. Du diocèse de Rodez, missionnaire à Pondichéry en 1851, directeur du Séminaire en 1865, mort en 1884.
5. Du diocèse de Bayonne, parti en 1858, directeur du Séminaire en 1867.
6. Du diocèse de Laval, missionnaire à Siam en 1862, directeur au Séminaire en 1867, mort en 1893.

les principales occupations des directeurs et des aspirants pendant ces jours néfastes.

A partir du 5 janvier, le quartier du Séminaire fut criblé de bombes et d'obus. Dans ces conjonctures périlleuses, le conseil des directeurs présents à Paris fit, après mûre délibération, en l'honneur de la sainte Vierge, le vœu dont voici les considérants et la teneur :

« Aujourd'hui, lundi 9 janvier 1871, le Supérieur et les directeurs du Séminaire des Missions-Étrangères présents à Paris se sont réunis en conseil, pour examiner si la gravité toujours croissante des circonstances présentes ne demandait pas l'adoption de quelques mesures nouvelles. Les précautions temporelles que conseillait la prudence chrétienne ayant été prises en leur temps, le Conseil se borne à examiner ce que, au point de vue de la foi et vu l'imminence du danger qui nous menace, il serait convenable de faire, pour attirer sur nous le secours de Dieu et la protection de la très Sainte Vierge.

« Dès le milieu du mois de septembre dernier, comprenant déjà le grave danger que pourraient nous faire courir l'ennemi du dehors et celui du dedans; convaincus que le salut de la France, comme le nôtre en particulier, ne pouvait nous venir que par la prière, notre communauté n'a jamais manqué, depuis le commencement du blocus, de faire trois fois par semaine, devant le très Saint-Sacrement exposé, des prières et des supplications, pour appeler sur nous l'effusion de la divine Miséricorde. Aujourd'hui, le danger est devenu plus imminent du côté de l'ennemi extérieur. Depuis quatre jours, le canon des assiégeants ne cesse de lancer autour de nous et jusque dans notre jardin, des projectiles formidables. A chaque instant, les personnes de la maison sont exposées au feu de l'ennemi. Nous avons donc cru que le moment était arrivé de faire quelque chose de plus, pour implorer la divine Miséricorde et nous assurer la protection plus spéciale de la Reine des Apôtres.

« A cet effet, suivant les traditions de nos prédécesseurs, qui se sont toujours fait gloire de professer une dévotion spéciale envers la très glorieuse Vierge Marie, désirant en outre, au milieu des calamités présentes et pour apaiser la colère de Dieu, joindre à la prière quelque pratique expiatoire : après mûre délibération, et du consentement unanime de tous les membres du Conseil présents à Paris, nous avons résolu de faire, et nous faisons effectivement le vœu dont la teneur suit :

« Nous supplions la très auguste Mère de Dieu, Vierge immaculée et Reine des apôtres, de protéger notre communauté contre les attaques meurtrières de l'ennemi du dehors, et contre les menées subversives de l'ennemi du dedans. Et pour que cette bonne Mère nous obtienne la faveur que nous sollicitons, qui est de faire sortir saine et sauve notre communauté de la crise présente, nous faisons vœu :

« 1° D'établir une messe solennelle d'actions de grâces, qui sera célébrée une fois par an à perpétuité et dont le jour sera ultérieurement fixé ;

« 2° De faire précéder cette messe d'un jour de jeûne, qui sera également observé à perpétuité par la communauté du Séminaire des Missions-Étrangères ;

« 3° De renoncer pour une durée de dix ans, au privilège dont jouit le diocèse de Paris, de faire gras le samedi. Pendant ces dix années, nous continuerons à observer l'abstinence du samedi, selon les prescriptions du droit commun et cela en l'honneur de la très Sainte Vierge. »

Au milieu de ces alarmes, le 23 janvier, mourut M. Charrier, un des rares survivants des grandes persécutions du Tonkin, qui avait, comme nous l'avons dit, confessé la foi dans les prisons de Hué, et n'avait été sauvé de la mort que par l'intervention du commandant

Levêque. S'il avait vécu quelques semaines de plus, il eût pu se croire revenu aux jours périlleux de sa jeunesse.

L'amnistie conclue le 29 janvier et la paix bientôt après furent suivies de la Commune, qui amena le second siège de Paris. Les craintes des directeurs, sur le sort de leur maison, furent très vives et hélas trop justifiées par les pillages et les horreurs qui désolaient la capitale.

Ils prirent les mêmes précautions qu'au commencement de la guerre, et résolurent de se séparer; les uns demeurèrent au Séminaire et les autres quittèrent Paris.

Les événements marchèrent avec rapidité. Le 3 avril, la Commune décréta « la suppression des Congrégations religieuses et la confiscation de leurs biens meubles et immeubles au profit de l'État ». Ce décret fut immédiatement mis à exécution dans plusieurs couvents. Le 4 avril, deux missionnaires de Chine, étant sortis du Séminaire, et s'étant avancés jusque dans les environs du Panthéon en habit ecclésiastique, furent arrêtés et emprisonnés.

Le mardi de Pâques, un officier de la Commune se présenta au Séminaire, accompagné de treize gardes nationaux qu'il posta aux portes de la maison, rue du Bac et rue de Babylone; M. Delpech, supérieur et M. Péan, directeur, reçurent l'officier et ses hommes. « Ce fut, écrit M. Péan dans le récit de ces tristes événements adressé à toutes les missions, ce fut tout ce qu'il y avait de plus bénin dans les procédés de la Commune. Cet homme fut presque poli, malgré son ton sec et ses manières hautaines, et sa visite se borna à un simple interrogatoire sur un certain dépôt de l'assistance publique, qu'il supposait exister chez nous. Bref, quand il eut assez interrogé, il dit sèchement un : suffit, citoyen; bonjour, citoyen, et il partit avec ses gardes. »

La crainte causée par cette visite était à peine dissipée,

qu'un autre événement jeta les directeurs dans l'inquiétude. Afin d'éviter une nouvelle perquisition, M. Guerrin se présenta au commissaire de police, puis à la Préfecture de police pour réclamer certains objets, calice et papiers appartenant au Séminaire, et qu'on avait découverts et pris dans une maison particulière; il fut arrêté, conduit à Mazas d'abord, ensuite à la Roquette, et ne put obtenir la liberté malgré les nombreuses démarches faites en sa faveur.

Pendant ce temps, la situation devenait plus triste et plus grave. La Commune affirmait son pouvoir par le pillage et la dévastation des églises et des couvents, par des décrets dont la tyrannie rappelait les plus mauvais jours de la Terreur. Voyant bien, en face des progrès de l'armée régulière, que son autorité allait prendre fin, elle se portait aux plus sinistres excès. On pouvait s'attendre à la ruine complète de la capitale de la France. Dieu envoya le salut : le 20 mai, au soir, la porte de Saint-Cloud se trouva ouverte; et prévenue par un homme courageux, l'armée entra dans Paris. Le 22 mai, le Séminaire était à peu près dégagé. Il le fut complètement le 24, et c'est en mémoire de cette délivrance que chaque année, il fait une procession solennelle pour remercier la sainte Vierge de cette grâce signalée.

Les trois prêtres des Missions-Étrangères enfermés dans les prisons de la Commune furent aussi heureusement délivrés, mais en quittant la Roquette, l'un d'eux, M. Houillon[1] fut pris par les insurgés et massacré. On ne reconnut son corps que plusieurs mois après, le 30 décembre.

Dans son livre : *Les Convulsions de Paris*[2], Maxime

---

1. Du diocèse de Saint-Dié, missionnaire du Su-tchuen en 1862.
2. Vol. 1, p. 414.

Ducamp a raconté la générosité du directeur du Séminaire, M. Guerrin, envers un de ses compagnons de captivité, M. Chevriaux, proviseur du lycée de Vanves. Nous n'avons pas le droit de passer sous silence ce qu'un étranger a dit si haut :

« Pendant la nuit qui suivit l'assassinat de l'Archevêque, M. Guerrin appela M. Chevriaux avec lequel il pouvait causer, grâce à la disposition des fenêtres ; il lui dit alors : « Ici nul ne nous connaît, comme vous je suis vêtu en laïque : on ne vérifie pas l'identité ; lorsqu'on vous appellera, laissez-moi répondre à votre place ; ma vie est vouée au martyre et ma mort sera utile, si elle sauve un père de famille. M. Chevriaux refusa, M. Guerrin, avec une insistance héroïque, supplia son compagnon de lui promettre d'accomplir ce sacrifice, qu'il trouvait tout simple. M. Chevriaux fut inflexible et M. Guerrin le blâma doucement de ce qu'il appelait son obstination. Chacun d'eux, sans doute, lorsque Ramain vint faire l'appel de ceux qui allaient mourir rue Haxo, écouta avec angoisse s'il n'entendrait pas le nom de son voisin de captivité. Ni l'un ni l'autre de ces hommes de bien ne fut désigné. Leur dévoûment resta inutile, mais il n'en est pas moins admirable, car c'est du fond du cœur et d'une inébranlable résolution que tous deux avaient fait l'abandon de leur existence. »

En terminant le récit détaillé de leurs souffrances et de leurs dangers pendant la guerre et pendant la Commune, les directeurs du Séminaire ajoutaient cette parole de reconnaissance, de confiance et d'espoir : « Vous trouverez comme nous dans cette protection si visible de la divine Providence, un motif d'encouragement à persévérer dans les travaux de la carrière apostolique, et, nous en avons la confiance, le gage de bénédictions futures et d'heureux développements pour l'œuvre des Missions-Étrangères. »

CHAPITRE X
1871-1892

I. Les États de la Société dressés chaque année. — Conséquences de la défaite de la France en 1871. — Troubles en Cochinchine. — Massacre de M. Abonnel. — L'expédition de Garnier au Tonkin. — Lettre de Mgr Gauthier. — Le traité de 1874 entre la France et l'Annam. — Lettre de Pie IX au Séminaire des Missions-Étrangères. — II. Massacre de MM. Hue et Tay au Su-tchuen oriental, de M. Baptifaud au Yun-nan. — Destruction des stations chrétiennes du Thibet. — Le Japon divisé en deux vicariats. — Rentrée de Mgr Ridel en Corée. — Lettre des directeurs du Séminaire. — Arrestation et délivrance de Mgr Ridel. — III. Missions des Indes. — La famine. — L'œuvre des mariages. — Les protestants au Su-tchuen et au Japon. — Évangélisation du Laos, du Haut-Mékong. — IV. Séminaire des Missions-Étrangères. — Études. — Établissements généraux. — Sanatorium. — Maison de retraite. — Procès-verbaux des martyrs. — V. La guerre de la France au Tonkin. — Mort de Tu-duc. — Massacre des missionnaires : MM. Terrasse, Béchet, Gélot, Rival, Manissol, Séguret, Antoine, Tamet. — Troubles en Chine. — Lettre du Pape à l'Empereur de Chine. — Mort de M. Guyomard. — VI. Massacre de MM. Poirier, Guégan, Garin, Barrat, Dupont, Iribarne, Châtelet, et de 30,000 chrétiens. — VII. Le Concordat portugais. — La hiérarchie dans les Indes. — Traité des puissances occidentales avec la Corée. — La hiérarchie au Japon. — Troubles en Chine et au Thibet. — Paix dans l'Indo-Chine occidentale. — Conversions. — Bref du Pape. — VIII. Statistique de la Société : Personnel, établissements généraux. — Missions. — Statistique de la population chrétienne et païenne. — Évêques et prêtres. — Œuvres. — Clergé indigène. — Religieux et religieuses. — Œuvres de zèle et de prière. — Œuvres d'éducation. — Œuvres de charité. — Bref de Léon XIII.

I

La partie de l'histoire de la Société des Missions-Étrangères, qui nous reste à raconter, est remplie de péripéties émouvantes, de drames sanglants, d'événements religieux et politiques très importants. Mais ces faits sont encore plus proches de nous que ceux dont nous venons de donner le récit. Les raisons, qui ont exigé que nous résumions les événements contenus dans le chapitre précédent, sont plus pressantes. Notre narration sera donc encore plus succincte. Nous nous en tiendrons à peu près uniquement au document officiel principal : c'est-à-dire le compte rendu des travaux de la Société, que le Séminaire publie chaque année, et qui est composé avec les renseignements envoyés par les Vicaires apostoliques.

Sous leur forme actuelle, mais plus abrégés, ces comptes rendus ont commencé en 1840. Peu à peu ils ont notablement augmenté. Ils offrent quelques vues générales sur la situation politique et religieuse des contrées évangélisées, les progrès accomplis et les œuvres instituées, les faits particuliers les plus intéressants et les plus édifiants, une statistique très détaillée et des notices biographiques sur les missionnaires morts pendant l'année courante. Ils sont adressés au Séminaire, à la Propagande et à la Propagation de la Foi. D'autres sont envoyés à la Sainte-Enfance.

Cette coutume a son origine dans un ordre de la Propagande du 17 juin 1747, renouvelé par une circulaire du 2 avril 1759 et de nouveau confirmé le 31 octobre 1838. Ces circulaires ordonnent aux Vicaires apostoliques de rendre chaque année à la Sacrée Congrégation un compte exact de leurs missions. A partir de 1840, le Séminaire jugea bon de résumer les rapports et de les adresser à tous les membres de la Société ; ce sont ces documents précieux et indiscutables que nous analyserons ; à eux seuls, ils ne sauraient d'ailleurs suffire à écrire une histoire complète.

Les malheurs de la France pendant la guerre et la Commune eurent naturellement un grand retentissement en Extrême-Orient, et amenèrent des conséquences regrettables pour les chrétiens.

Ce fut d'abord la diminution des ressources données ordinairement par la Propagation de la Foi et par la Sainte-Enfance, qui, aux Indes et dans l'Indo-Chine occidentale, où régnait la liberté, arrêta les constructions d'églises, d'écoles et d'orphelinats, la distribution des secours aux catéchumènes, et obligea les établissements religieux à réduire leur personnel.

Dans d'autres pays, il y eut des vexations nouvelles contre les chrétiens.

En Annam, le gouvernement de Hué, osant concevoir un moment l'espérance de voir les Français quitter la Basse-Cochinchine, prescrivit un dénombrement très exact des fidèles et les chargea d'impôts plus lourds ; puis il fit rééditer et jeter dans le public, à quatre cent mille exemplaires, le décalogue autrefois composé par Minh-mang. La révolte contre la domination française, après avoir sourdement agité Saïgon, éclata en 1872. Elle fut assez promptement réprimée. Cependant un missionnaire, M. Jean Abonnel[1], fut massacré.

Au Tonkin, de graves complications surgirent, lors du voyage qu'un négociant français, M. Dupuis, voulut faire en remontant le fleuve Rouge jusqu'au Yun-nan. La cour de Hué refusa le passage, et pour dirimer la question, le gouverneur de la Cochinchine française envoya un officier de marine, le lieutenant Francis Garnier, qui, se voyant en butte à la mauvaise foi des Annamites, s'empara, par un hardi coup de main, de la ville de Hanoï, et, secondé par des officiers de valeur, occupa le delta et déclara le fleuve Rouge ouvert au commerce. Puis, aidé des conseils de Mgr Puginier et renforcé par les chrétiens, il organisa sa conquête.

---

1. Du diocèse de Gap, parti en 1870.

Mais presque aussitôt, le 21 décembre 1873, il fut tué dans une sortie. Des négociations commencèrent. Priés par les officiers français et par les mandarins, Mgr Puginier et Mgr Sohier que Tu-duc venait d'envoyer de Hué à Hanoï, prirent part à la rédaction d'un traité favorable à la France et accepté par les Annamites, qui allaient le signer, lorsqu'un inspecteur des affaires indigènes de Saïgon, M. Philastre, arriva muni de pouvoirs supérieurs.

Par une inconcevable aberration, celui-ci ordonna que les territoires conquis par les Français « fussent rendus sans conditions et sans stipuler de garanties sufsantes, tant en faveur des volontaires, qui s'étaient compromis au service de la France que des chrétiens, qui ne pouvaient manquer en raison même de leur religion, de porter, aux yeux de leurs compatriotes, la responsabilité de tous ces événements. »

Déjà dès les premiers jours de l'occupation, les lettrés, plutôt que de chercher à résister aux Français, ce dont ils se sentaient incapables, avaient incendié plusieurs chrétientés éloignées du théâtre des hostilités. Après le retrait des troupes, ils donnèrent libre cours à leur haine.

Durant quinze jours, ils promenèrent impunément le fer et le feu dans deux provinces.

Plus de trois cents chrétientés, grandes ou petites, furent incendiées. Des prêtres indigènes furent massacrés, ainsi que de nombreux catéchistes.

Les mandarins fermaient les yeux sur ces désordres qui, s'il ne se fût pas agi des catholiques, auraient été l'objet d'une répression énergique.

En face de cette inaction, les missionnaires permirent à leurs fidèles de se défendre, et Mgr Gauthier adressa aux mandarins cette juste et indiscutable explication de leur conduite[1] :

---

1. *Ann. de la Prop. de la Foi*, vol. 47, p. 334.

« Les chrétiens ont pris les armes, non pour s'insurger contre le roi, mais uniquement pour défendre leur vie contre leurs ennemis, à la merci desquels ils étaient abandonnés. Des milliers d'entre eux ont été massacrés ; qu'ont fait les mandarins pour empêcher les massacres et sauver les innocents ? Ce sont les mandarins qui, par leur inertie, ont mis les chrétiens dans la nécessité de pourvoir eux-mêmes à leur salut. Si vous les protégez d'une manière efficace, ils n'ont que faire de leurs armes ; mais en ce cas, commencez par faire déposer les armes à ceux qui nous ont attaqués les premiers, et ont juré notre ruine, sinon vous nous vouez à une mort certaine. Si tel est le but que vous vous proposez, c'est-à-dire l'extermination des chrétiens, à quoi bon les détours ? Faites-nous le savoir officiellement, et nous irons tous, l'évêque et les missionnaires en tête, nous livrer aux bourreaux ; vous savez que même aux jours les plus sombres de la persécution, jamais nous ne nous sommes défendus contre l'autorité légitime. Si tel n'est pas votre dessein, protégez-nous, non par des paroles, mais par des actes, ou bien nous nous défendrons nous-mêmes. »

A cette vigoureuse protestation, les mandarins ne répondirent que par des faux-fuyants, qui étaient de véritables mensonges. Ils ne tardèrent pas à porter la peine de cette coupable complaisance.

Vers le milieu de mai, des bandes indisciplinées, conduites en grande partie par des lettrés, levèrent l'étendard de la révolte contre le roi et les autorités légitimes. La province de Nghe-an tomba tout entière en leur pouvoir, à l'exception du chef-lieu. Les troupes envoyées par le roi furent battues en plusieurs rencontres, et le chef-lieu fut investi.

A ce moment, la rébellion fut sur le point de s'étendre aux autres provinces ; quelques soulèvements partiels eurent lieu, et si le triomphe des troupes royales eût tardé, la défection probable de plusieurs hauts dignitaires eût facilement entraîné une révolution complète. En ces conjonctures critiques, le salut vint des chrétiens, qui montrèrent que leur fidélité n'était pas un simple mot. Ils attaquèrent les rebelles et les défirent en plusieurs combats.

A la nouvelle de ces succès, les mandarins appelèrent à leur secours ceux que la veille ils proscrivaient ou laissaient piller. Les catholiques obéirent, ils se réunirent à l'armée régulière, battirent les rebelles et rétablirent la tranquillité.

Pendant ce temps, le 15 mars 1874, l'Annam avait signé un nouveau traité avec la France. L'article IX était très explicite sur la liberté religieuse et sur les droits des missionnaires. Il est ainsi conçu :

« Sa Majesté le roi d'Annam, reconnaissant que la religion catholique enseigne aux hommes à faire le bien, révoque et annule toutes les prohibitions portées contre cette religion et accorde à tous ses sujets la permission de l'embrasser et de la pratiquer librement.

« En conséquence, les chrétiens du royaume d'Annam pourront se réunir dans les églises en nombre illimité pour les exercices de leur culte. Ils ne seront plus obligés, sous aucun prétexte, à des actes contraires à leur religion, ni soumis à des recensements particuliers. Ils seront admis à tous les concours et aux emplois publics, sans être tenus pour cela à aucun acte prohibé par la religion.

« Sa Majesté s'engage à faire détruire ses registres de dénombrement des chrétiens faits depuis quinze ans, et à les traiter, quant aux recensements et impôts, exactement comme tous ses autres sujets. Elle s'engage en outre à renouveler la défense, si sagement portée par elle, d'employer dans le langage ou dans les écrits des termes injurieux pour la religion, et à faire corriger les articles du *Thap-Dieou*, dans lesquels de semblables termes sont employés.

« Les évêques et les missionnaires pourront librement entrer dans le royaume et circuler dans leurs diocèses, avec un passeport du gouverneur de la Cochinchine, visé par le ministre des rites. Ils pourront prêcher en tous lieux la doctrine catholique. Ils ne seront soumis à aucune surveillance particulière, et les villages ne seront plus tenus à déclarer aux mandarins ni leur arrivée, ni leur présence, ni leur départ.

« Les prêtres annamites exerceront librement, comme les missionnaires, leur ministère. Si leur conduite est répréhensible et si, aux termes de la loi, la faute par eux commise est passible de la peine du bâton ou du rotin, cette peine sera commuée en une punition équivalente.

« Les évêques, les missionnaires et les prêtres annamites auront le droit d'acheter et de louer des terres et des maisons, de bâtir des églises, hôpitaux, écoles, orphelinats et tous les autres édifices destinés au service de leur culte.

« Les biens enlevés aux chrétiens pour fait de religion, qui se trouvent encore sous séquestre, leur seront restitués.

« Toutes les dispositions précédentes sans exception s'appliquent aux missionnaires espagnols aussi bien qu'aux français.

« Un édit royal, publié aussitôt après l'échange des ratifications, proclamera dans toutes les communes la liberté accordée par Sa Majesté aux chrétiens de son royaume. »

On sent, en lisant cet article bien supérieur à l'article correspondant du traité de 1862, que toutes les précautions ont été prises pour prévenir et déjouer la mauvaise volonté des mandarins annamites. C'est que, en traitant au nom des intérêts religieux des chrétiens, le gouvernement avait demandé conseil à qui était capable de lui en donner, en particulier à Mgr Colombert, le Vicaire apostolique de la Cochinchine occidentale. Aussi en pourra-t-on bientôt constater les fruits : à partir de ce traité, on n'a plus seulement à enregistrer les conversions de quelques individus isolés ou de quelques familles, mais de villages entiers.

Cette disposition, si utile au développement et à la solidité des nouvelles Églises, s'accroît encore aujourd'hui, malgré des malheurs bien plus terribles que ceux dont nous venons de parler.

Durant ces divers événements, la Société des Missions-Étrangères n'avait pas été sans consolations. Le Séminaire avait reçu une lettre du Souverain Pontife, Pie IX, datée du 8 juillet 1873, louant son inviolable attachement à la chaire de saint Pierre : « Les sentiments de votre amour et de votre dévouement, chers fils, ne sont pas seulement une preuve d'hommage comme ceux qui nous viennent des autres fidèles; ils sont un gage d'affection et d'obéissance envers le Saint-Siège, affection et obéissance que vous allez répandre par la Propagation de la Foi dans les régions lointaines, soit que vous rameniez à Dieu les infidèles, soit qu'après les avoir convertis, vous continuiez de les enseigner. C'est pourquoi nous avons reçu votre lettre avec joie et reconnaissance, dans l'espoir que le bon Dieu donnera encore de plus grands fruits à vos fatigues, par cela même que vous êtes étroitement unis d'esprit et de cœur à cette pierre posée par Lui pour fonder son Église. »

Le 30 mars 1874, la Propagande approuva le Règlement de la Société avec les modifications de détails que le temps y avait apportées. Le 28 juin suivant, le Souverain Pontife confirma pour dix ans ce décret d'approbation.

II

Dans différents Vicariats apostoliques de Chine, la situation était assez tendue, principalement dans quelques parties du Su-tchuen. Les esprits s'échauffèrent à ce point qu'un missionnaire, M. Hue, et un prêtre indigène, M. Tay, furent massacrés à Kien-kiang, le 5 septembre 1873.

A la même époque, plusieurs stations de la mission du Thibet furent détruites : Bathang, Bommé, Yerkalo.

Peu après, le 17 septembre 1874, M. Baptifaud[1] fut massacré dans la province du Yun-nan.

Les missionnaires du Su-tchuen, du Thibet et du Yun-nan envoyèrent leurs réclamations à Pékin ; comme toujours, les choses traînèrent en longueur, et ce fut seulement en 1875, par un voyage à Tchong-kin et à Tchen-tou de M. de Rochechouart, que le procès fait à la suite de ces malheurs, fut terminé, et qu'on reconnut le bien fondé des réclamations.

Cette animosité des Orientaux, Chinois et Annamites, contre les catholiques, s'étendait à tous les Européens. Elle amena le meurtre au Yun-nan de M. Margary, voyageur anglais ; puis, de nouveau, il y eut des massacres et des pillages au Su-tchuen oriental, dans la ville de Kiang-pee.

Ces troubles entravaient les progrès de l'évangélisation sans les arrêter entièrement. Le Kouy-tcheou, malgré une hostilité qui ne devait pas cesser de sitôt, développait ses anciennes stations et en créait de nouvelles, principalement dans les vallées de l'Ou-kiang et de ses affluents.

La mission du Kouang-si, séparée du Kouang-tong en

---

[1]. Du diocèse de Clermont, parti en 1872.

1867, était érigée, en 1875, en préfecture apostolique, et les missionnaires commençaient à y obtenir quelques succès, ralentis par cette disposition contraire aux traités, mais imposée par le vice-roi de Canton, qu'aucun prêtre européen ne pourrait sortir de sa résidence habituelle, avant d'avoir donné au mandarin de la localité avis du but et de la durée de son voyage.

Du Kouang-tong, un missionnaire écrivait : « Les chrétiens se multiplient sur tous les points de la province, de nouveaux districts se forment et les œuvres se développent. » Pendant ce temps, le préfet apostolique de cette mission, Mgr Guillemin, élevait, à Sancian, une église en l'honneur de saint François Xavier, mort dans cette île ; à Canton, une magnifique cathédrale, la plus belle de l'Extrême-Orient avec celle de Saïgon, et un monument funéraire à la mémoire des soldats français. La bénédiction de ce monument fut très solennelle, et l'amiral Véron y prononça un discours remerciant chaleureusement l'évêque et ses prêtres.

Les missionnaires de Mandchourie continuaient à s'avancer vers les régions du Nord, habitées par des peuplades encore ignorantes du vrai Dieu, à construire des églises, établir des orphelinats que venaient diriger les Religieuses de la Providence, de Portieux.

Les nouvelles du Japon devenaient peu à peu meilleures.

Ce pays faisait une évolution rapide sur le terrain politique, littéraire et scientifique ; il marchait à la tête de l'Extrême-Orient dans la voie du progrès matériel, mais se montrait plus tenace sur la question religieuse. Néanmoins, en 1873, il mit un terme à la persécution, supprima en fait les édits proscripteurs, et, par un décret du 14 mars, rendit la liberté aux prisonniers pour la foi. Mais il ne permit pas encore aux missionnaires de prêcher l'Évangile à l'intérieur du pays.

Cependant ces actes de libéralisme bien entendu faisaient présager des jours plus heureux. Aussi s'empressa-t-on d'envoyer de nouveaux ouvriers apostoliques. Des Religieuses en plus grand nombre y portèrent aussi le parfum de leur charité.

Le 22 mai 1876, cette mission fut divisée en deux Vicariats sous la dénomination de Japon méridional et de Japon septentrional.

Plus au nord, la mission de Corée, après dix ans de veuvage, revoyait son évêque et ses prêtres. Retiré depuis sa consécration épiscopale à Tcha-keou, chrétienté de Mandchourie plus connue sous le nom de Notre-Dame des Neiges, Mgr Ridel tenta, dès 1874, d'obtenir par voie diplomatique l'autorisation de retourner dans son Vicariat. La Chine, toute puissante sur le gouvernement de Séoul, refusa d'agir, ce qui confirma les missionnaires dans la pensée de ne compter que sur Dieu et sur eux-mêmes et de marcher en avant.

Consulté sur cette question, le Séminaire de Paris partagea leur opinion et le leur dit dans deux lettres, dont la dernière surtout offre un caractère de vigueur tout apostolique[1] : « Nous avons pesé une à une les difficultés graves, très graves que Votre Grandeur expose dans sa lettre, et il nous a paru qu'au point de vue de la foi et des devoirs de la vocation apostolique, ces difficultés prises à part ou toutes réunies, ne pouvaient prévaloir contre la nécessité de secourir vingt mille chrétiens, depuis huit ans privés de prêtres et dénués de tous les secours de la religion.

« Sans doute, la rentrée en Corée dans les circonstances présentes, constitue un acte vraiment héroïque et non pas seulement un devoir ordinaire, mais dans certaines vocations et principalement dans les vocations aposto-

---

1. Arch. des M.-É., non classées.

liques, les actes héroïques peuvent devenir et deviennent souvent un devoir. Quoi qu'il en soit, il est absolument hors de doute que ceux qui auront la générosité de se dévouer, pour courir au secours de ces pauvres abandonnés, ceux-là auront aux yeux de Dieu et de l'Église, accompli l'acte de la plus excellente charité. Et s'ils venaient à tomber sous le glaive de la persécution, non seulement ils seraient martyrs, mais leur mérite serait d'autant plus grand que l'éventualité de cette mort, sans être recherchée, aurait été plus clairement prévue et plus généreusement acceptée pour Notre-Seigneur Jésus-Christ.

« Si dans un avenir prochain nous avions pu prévoir une facilité plus grande de rentrer en Corée, nous aurions conseillé un retard; mais cette espérance, nous ne la voyons briller nulle part.

« Quoique notre réponse à Votre Grandeur soit appuyée sur une conviction entière, nous n'avons cependant pas voulu nous en tenir à nos seules lumières, et, moins pour mettre à couvert notre propre responsabilité que pour donner à Votre Grandeur une assurance et une consolation de plus, nous avons exposé au cardinal préfet de la Propagande, le projet difficile que vous aviez l'intention de réaliser, en le recommandant à ses prières et en sollicitant pour sa réussite une spéciale bénédiction du Saint-Père. Par les soins du cardinal, cette bénédiction a été obtenue, dimanche, dans l'octave de l'Épiphanie.

« Après cela, il semble que rien ne manque pour que vous puissiez mettre la main à l'œuvre, en vous confiant, pour le résultat, en la bonté de Celui pour l'amour duquel plusieurs confrères vont s'exposer aux plus rudes labeurs et peut-être à la mort. »

Une première tentative au mois de septembre 1875 ne réussit pas; une seconde, l'année suivante, eut plus de succès. Deux missionnaires, MM. Blanc et Deguette, réussirent à entrer en Corée. Mgr Ridel les y suivit bientôt. Onze ans s'étaient écoulés depuis qu'il avait quitté cette mission; il la retrouva bien éprouvée par la persécution, mais toujours fidèle, et travailla à réparer ses malheurs.

Trois mois à peine s'étaient écoulés depuis son arrivée, lorsque les chrétiens, qui apportaient le courrier d'Europe, furent arrêtés à la frontière. Sous les coups, ils firent quelques révélations, et l'ordre de saisir tous les missionnaires fut donné.

Mgr Ridel fut arrêté le 28 janvier 1877, à quatre heures du soir; il fut traîné à travers les rues de Séoul et conduit au tribunal. Il a raconté ses interrogatoires, ses souffrances pendant les longs mois de prison, sa délivrance, son retour en Mandchourie[1].

Jeté dans un cachot infect où la promiscuité avec les voleurs ajoutait aux horreurs de la captivité, il y fut témoin des atrocités commises par les satellites contre les malheureux emprisonnés avec lui : plusieurs d'entre eux périrent de misère ou succombèrent dans les supplices; d'autres furent étranglés sous ses yeux. Maintes fois il crut toucher à sa dernière heure et se prépara au martyre. Mais la Corée n'osait plus, comme en 1866, jeter un semblable défi à la face de l'Europe; elle demanda conseil au gouvernement chinois, qui déjà avait été prié par l'ambassadeur de France à Pékin de s'entremettre, pour obtenir la délivrance du captif.

De son côté, le gouvernement japonais, sollicité par Mgr Osouf et par le ministre de France à Tokio de faire une démarche analogue, saisit l'occasion de prouver aux nations européennes qu'il comprenait enfin la tolérance religieuse, et invita la cour de Séoul à rendre la liberté à l'évêque.

---

1. *Relation de la captivité et de la délivrance de Mgr Ridel.*

Ces démarches aboutirent, et Mgr Ridel fut reconduit en Mandchourie. Quelque temps après, un de ses missionnaires, M. Deguette[1], fut également arrêté et reconduit à la frontière, pendant que d'autres prêtres de la Société, plus heureux, parvenaient à entrer dans le royaume et à y travailler en secret.

Le Vicariat apostolique de Corée allait relever ses ruines et prospérer ainsi obscurément, jusqu'au jour peu éloigné où l'Europe devait lui permettre de manifester ses succès au grand jour.

III

Les missions de l'Inde, celle de Pondichéry principalement, avançaient de plus en plus dans la voie du progrès, non seulement par leurs écoles et leurs collèges, qui, chaque année, devenaient plus prospères, mais encore par de nombreuses conversions d'infidèles.

Dans ses courses à travers le pays, en étudiant l'origine, le développement et l'état présent des chrétientés, Mgr Laouënan avait constaté que certaines castes se multipliaient rapidement, par exemple les Telougous du nord et les Vannars, en général toute la grande division des Pallys. Des villages, fondés 30 ou 40 ans auparavant avec huit ou dix familles, en comptaient à cette époque plus de cent. Malheureusement ils étaient resserrés dans des limites étroites; d'autre part des espaces considérables, souvent d'anciens villages étaient abandonnés et cependant faciles à mettre en culture. On pouvait donc établir des familles dans ces terrains incultes. L'essai fut tenté près de Cortampettou avec des Telougous et près de Covilour avec des Vannars. Il eut un plein succès et fut continué.

1. Du diocèse de Coutances, parti en 1876, mort en 1889.

L'évêque s'attacha également à la conversion des parias. Depuis ses origines, le christianisme a toujours trouvé de nombreux adeptes parmi les petits et les humbles. C'est une loi de son existence qui se réalisa aux Indes comme ailleurs. Cet élan vers le catholicisme avait commencé depuis plusieurs années, lorsqu'en 1876 une épouvantable famine désola l'Inde entière. « Tout le pays, pouvait-on écrire avec vérité, ressemble à un immense champ de bataille, où chaque jour la mort couche des centaines d'Hindous, dont les vautours se disputent les cadavres. »

Les évêques et les missionnaires adressèrent de pressants appels à la France catholique ; M. Maury, directeur du Séminaire des Missions-Étrangères et procureur des missions de la Société dans les Indes, déploya une admirable activité pour obtenir et envoyer des secours. Toujours généreux envers les misères, de quelque côté qu'elles viennent, notre pays donna largement pour les affamés. Ces secours et ceux que fournit le gouvernement anglais, furent distribués par les missionnaires aux chrétiens et aux païens. Cette charité égale pour tous toucha le cœur des infidèles, et, la grâce de Dieu aidant, ils se convertirent en grand nombre. C'est ainsi que dans les trois Vicariats apostoliques de Pondichéry, du Maïssour et du Coïmbatour, pendant les deux années 1877 et 1878, on compta 66,706 baptêmes d'adultes. Jamais en aucun temps la Société des Missions-Étrangères n'avait enregistré un chiffre si élevé de baptêmes d'infidèles. La douleur, en effet, est souvent pour les individus et pour les peuples la voie du retour à Dieu, parce qu'elle leur montre leur faiblesse et la nécessité du recours à un être supérieur, qui frappe et récompense à son gré.

Ces néophytes, venus tout d'un coup et en si grand nombre, formèrent de nouvelles paroisses que l'on dut se hâter de doter d'églises, d'orphelinats, d'écoles surtout, car le gouvernement anglais développait de plus en plus l'instruction, et pour le suivre, il fallait se hâter.

Les néophytes avaient aussi un pressant besoin d'une éducation religieuse plus complète, afin que l'on fût assuré de leur persévérance dans la foi. Mgr Laouënan avouait lui-même qu'il n'avait pas été sans inquiétude à ce sujet. « Mais, ajoutait-il[1], je suis heureux de voir et de pouvoir dire que, par la grâce de Dieu, nos néophytes persévèrent, pratiquent avec ferveur leur nouvelle religion et résistent aux tentations que l'ennemi leur présente. Les ministres protestants et leurs agents ont essayé à plusieurs reprises, et essaient encore tous les jours, par des promesses et des offres brillantes, de les attirer à leurs sectes. Nous avons quelquefois tremblé pour la constance et la foi de ces pauvres gens; mais ils sont sortis victorieux de l'épreuve, et j'espère qu'il en sera ainsi jusqu'au bout. Après la grâce divine, ce qui les retient, c'est qu'ils sont venus à la religion, non seulement par familles, mais par villages et par castes entières; ils ont ainsi apporté avec eux et ils gardent tout ce qui constitue la parenté et la vie sociale. Unis et massés comme ils sont, ils ont une force de résistance qu'il est bien difficile, pour ne pas dire impossible, d'entamer.

« Ce qui nous rassure à cet égard, c'est que l'expérience est déjà faite. Le mouvement actuel des conversions a précédé la famine et s'est produit dans les mêmes conditions; peu d'individus isolés, mais des familles, des villages, des agrégations de villages ont persévéré malgré les efforts des protestants, qui s'acharnent à les détourner de nous. »

Ce n'était pas seulement dans les Indes que les protestants combattaient la propagande catholique, mais égale-

---

1. *Missions catholiques*, 1878, p. 288.

ment dans la presqu'île de Malacca, en Birmanie, à Siam, en Chine. Depuis longtemps, ils étaient fixés dans la mission du Kouang-tong et dans les missions du littoral; en 1878, ils jugèrent que le Su-tchuen leur serait favorable, et s'établirent à Tchong-kin d'où ils rayonnèrent peu à peu dans la province, prodiguant avec les bibles les injures au catholicisme, à son culte et à la plupart de ses dogmes. Leurs succès furent très minimes, et le seul côté par lequel ils ont réussi à faire échec aux missionnaires est celui des écoles, parce que leurs ressources très abondantes leur permettent de donner aux maîtres une haute rémunération et aux élèves la nourriture et le vêtement.

Ils se sont également répandus dans les autres Vicariats de l'intérieur de la Chine, mais leur propagande est loin d'y obtenir le succès qu'elle a au Japon. Ce n'est pas que dans ce dernier pays, ils amènent à leur doctrine beaucoup d'infidèles, mais ils ont une influence considérable par leurs écoles, leurs livres, leurs journaux, ils jettent dans les esprits le mépris du catholicisme et trop souvent le dédain de toute croyance. Les âmes qu'ils touchent se dessèchent par le scepticisme, comme les fleurs sur lesquelles passe un vent de tempête.

Près d'eux, dans l'empire du Mikado, l'hérésie russe travaille à faire des prosélytes; probablement en s'attachant à elle, les convertis oublient que le czar réunit dans sa main l'autorité politique et religieuse, et que leur conversion les fait dépendre d'un souverain temporel étranger.

Cependant l'hérésie n'aborde pas toutes les plages. Certaines contrées plus dangereuses sont encore l'héritage incontesté des missionnaires catholiques; telle cette longue bande de terre qui s'étend entre l'Annam et le Siam, le Laos.

Les missionnaires de Siam entrèrent dans ce pays en 1876 par les frontières qui touchent au nord et à l'est de leur mission. L'expédition du côté de l'est a seule et admirablement réussi, puisqu'en seize années, elle a fondé cinq postes principaux et baptisé plusieurs milliers de catéchumènes.

Du côté du Tonkin, Mgr Puginier, après avoir chargé des catéchistes d'aller prendre des renseignements sur les tribus laotiennes, qui dépendent de son Vicariat, envoyait M. Fiot dans cette contrée, en novembre 1878. Trois ans plus tard, en 1881, on comptait au Laos 1,500 néophytes et 3,500 catéchumènes, disséminés dans plus de 40 villages appartenant à des tribus différentes. Cette dispersion était un bon signe, qui prouvait en quelle estime les tribus tenaient la religion, et facilitait la diffusion de l'Évangile. Les missionnaires du Tonkin méridional s'avancèrent également vers le nord-ouest, dans le Tranninh. Malheureusement, cette région était depuis une dizaine d'années ravagée par des pillards chinois et des bandes de sauvages, et après quelques succès, les ouvriers apostoliques, sans asile, durent revenir en Annam ; mais ils établirent à la frontière des postes avancés, d'où ils espéraient bientôt repartir pour de nouvelles expéditions.

De leur côté, les missionnaires du Cambodge se portaient sur le Haut-Mékong où des émigrants annamites écoutaient leur parole.

A la même époque, la Société des Missions-Étrangères renouvelait ses anciennes tentatives pour pénétrer au Thibet par l'Inde. Des missionnaires se fixaient à Phédong, dans le district civil de Darjeeling, sur les frontières du Népal, du Sikkim et du Boutan.

IV

Ces entreprises demandaient évidemment un grand nombre d'ouvriers apostoliques. Aussi le Séminaire ouvrait-il plus largement ses portes aux aspirants à l'apostolat : en 1877, il ajoutait un cours de philosophie aux cours ordinaires de théologie ; en 1883, il divisait les séminaristes en deux sections : la première, exclusivement composée de théologiens, resta à Paris ; la seconde composée d'élèves de philosophie et de théologie de première année, se fixa à Meudon.

Quelques années avant, le Séminaire avait porté sa sollicitude sur les missionnaires fatigués par les labeurs de l'apostolat, et avait établi à Hong-kong un sanatorium, où ils devaient retrouver les forces nécessaires à leurs travaux. Une autre maison de ce genre fut établie en France[1] quelques années plus tard.

En 1883, le Séminaire réalisa un dessein conçu depuis longtemps : l'érection d'une maison spécialement destinée à la prière et aux exercices spirituels, pour les ouvriers apostoliques qui, non contents de la retraite annuelle, désirent puiser dans une retraite plus prolongée de nouvelles forces pour de nouveaux combats.

De 1871 à 1883, arrivèrent à Rome les procès apostoliques relatifs à la Cause de Béatification de 52 Martyrs des missions de Cochinchine orientale, occidentale et septentrionale, du Tonkin occidental et méridional, du Su-tchuen oriental, du Kouy-tcheou et du Kouang-si. Parmi ces 52 martyrs déclarés Vénérables, on compte 2 évêques et 8 prêtres de la Société : Mgr Dufresse, Mgr Borie, MM. Gagelin, Marchand, Cornay, Jaccard, Delamotte, Schœffler, Bonnard, Chapdelaine. Les autres sont des prêtres, des catéchistes ou des chrétiens indigènes[2].

Une seconde Cause d'autres serviteurs de Dieu avait été introduite, dès avant l'achèvement des procès apos-

---

1. A Montbeton près de Montauban.
2. Les Biographies de ces Martyrs ont été publiées sous ce titre : *Les cinquante-deux Vénérables serviteurs de Dieu.*

toliques, par un décret de la Propagande en date du 1er février 1879, approuvé par Léon XIII le 13 du même mois. Outre 31 martyrs indigènes, elle comprend 1 évêque et 3 prêtres de la Société : Mgr Cuenot, MM. Néron, Vénard et Néel.

Cette même année 1879, l'application d'un nouveau moyen de progrès pour les missions de la Société fut prescrite par Rome.

La Propagande avait depuis longtemps recommandé les synodes aux Vicaires apostoliques, particulièrement : dans un décret du 12 juin 1764, puis dans une instruction du 23 novembre 1845, et dans une lettre du 8 décembre 1869. Par un décret du 23 juillet 1879, elle ordonna la réunion d'un synode. Il se tint en 1880. D'après une instruction du 17 avril 1884, les synodes doivent être tenus tous les cinq ans[1].

De tous les évêques de la Société, seuls les Vicaires apostoliques du Tonkin occidental et du Tonkin méridional ne purent jouir de cette première réunion, dans la crainte trop fondée d'exciter les susceptibilités du gouvernement de Hué, déjà éveillées par les bruits d'une expédition française.

V

Cette expédition, amenée par la mauvaise foi annamite bien plus que par l'esprit de conquête de la France, commença en 1882. Le 26 mars, le commandant Rivière fut envoyé à Hanoï avec deux navires de guerre et 400 hommes; comme autrefois Francis Garnier, il ne tarda pas à conclure, en face des vexations et de l'attitude des man-

---

[1]. Les évêques se réunissent en plusieurs groupes, selon la position géographique de leurs missions.

darins, qu'il fallait s'établir par la force, et le 25 avril 1882, il s'empara de la citadelle. Ce coup de main retentit au loin, et la Chine résolut d'entrer en ligne, au moins secrètement.

Au Yun-nan, l'effervescence populaire, excitée par le gouverneur Tien-ta-jen, se déchaîna contre les missionnaires et les chrétiens ; une bande de 300 hommes, commandés par les lettrés, massacra le P. Terrasse[1] (28 mars 1883). La paroisse tout entière de Tchang-yn fut dévastée ; le lendemain et les jours suivants, les paroisses voisines eurent leur tour, le pillage fut général et les meurtres nombreux.

Cependant, malgré sa haine contre les Européens, le gouverneur du Yun-nan, redoutant de se compromettre, arrêta ces scènes d'horreur ; s'il avait entrevu l'avenir, peut-être se serait-il moins hâté. Un mois et demi s'était à peine écoulé, que le commandant Rivière qui s'était emparé de Nam-dinh après avoir pris Hanoï, succomba dans une sortie contre les Pavillons-Noirs, le 19 mai.

Vingt-quatre heures après, un missionnaire du Tonkin occidental, M. Béchet[2], fut décapité avec des catéchistes et des chrétiens.

La persécution sembla devoir s'étendre dans tout l'Annam. Il fut question, dans le conseil royal, d'un massacre général des prêtres et des chrétiens. Le roi Tu-duc s'y opposa. Ce fut un de ses derniers actes, car il mourut le 17 juillet, après 35 ans d'un règne souvent criminel et toujours malheureux.

Les Annamites attendirent les événements, et la France, profondément émue de la mort de Rivière, envoya des renforts considérables. Le général Bouët prit le commandement du corps expéditionnaire, l'amiral

---

1. Du diocèse du Puy, parti en 1874.
2. Du diocèse de Lyon, parti en 1881.

Courbet de la division navale, et le docteur Harmand fut nommé commissaire général de la République au Tonkin, avec ordre d'établir notre administration et notre protectorat, à mesure que l'armée ferait la conquête du pays.

Diverses opérations militaires eurent lieu, la principale fut le bombardement des forts de Thuan-an et la prise de Hué, à la suite desquelles un traité de paix fut signé le 25 août. Mais la Chine, loin de rappeler ses bandes irrégulières, les laissa agir au Tonkin, et comme si ce pays était sous sa dépendance, elle les renforça par des soldats de l'armée régulière.

Avec ces troupes qui traversaient les provinces chinoises limitrophes au Tonkin, l'agitation devint plus vive. Deux missionnaires du Kouang-si furent frappés et menacés de mort.

En Annam, des événements très graves se multiplièrent. Hiep-hoa, successeur de Tu-duc, fut détrôné par ses deux principaux ministres Tuong et Tuyet, et remplacé en décembre 1883, par un jeune homme de seize ans Kien-phuoc.

Sous son gouvernement, le projet de massacrer tous les chrétiens fut de nouveau mis en délibération, et il reçut un commencement d'exécution. Dans les environs de Hué, quatre paroisses furent détruites, une cinquantaine de chrétiens décapités, un prêtre indigène massacré. La prise de Son-tay, 14 et 15 décembre, vint encore exciter la colère des ennemis de la France et des chrétiens; de Hué, arriva au Tonkin l'ordre de massacrer les missionnaires et leurs néophytes. Les bandes, dispersées dans la province de Thanh-hoa, obéirent à cet appel. Elles avaient déjà ravagé les provinces de Son-tay et de Nam-dinh, où plus de cent chrétientés avaient été ruinées, elles coururent à une besogne plus facile, et se dirigèrent vers le Laos qu'évangélisaient sept missionnaires envoyés par Mgr Puginier. En passant à Nhan-lo, les brigands massacrèrent le prêtre indigène, ses catéchistes et 160 chrétiens, puis ils s'enfoncèrent plus avant dans l'intérieur du pays. Le 6 janvier 1884, à Ban-pong, ils massacrèrent trois missionnaires Pierre Gélot[1], Etienne Rival[2] et Eugène Manissol[3]; le 9 janvier, à Muong-deng, deux autres missionnaires, Joseph Séguret[4] et Charles Antoine[5], et trois mois plus tard le 9 avril un autre missionnaire André Tamet[6] qui avait jusque-là réussi à se soustraire à leurs recherches. Un seul prêtre échappa au massacre, M. Pinabel[7]. De nombreuses paroisses furent détruites, des églises brûlées, des centaines de chrétiens massacrés, des milliers de néophytes se jetèrent dans les forêts pour échapper à la mort. Et sous le coup de ces douleurs multipliées, Mgr Puginier écrivait en toute vérité : « Que de fois j'ai pensé au saint homme Job dans son épreuve, car comme à lui m'arrivent sans discontinuer des messagers de nouveaux malheurs. » En apprenant cette terrible épreuve qui frappait la mission du Tonkin occidental et la Société tout entière, le Souverain Pontife Léon XIII écrivit au supérieur des Missions-Étrangères ces paroles de foi et d'espérance :

« Nous avons éprouvé une peine profonde, cher Fils, en mesurant l'étendue des pertes que vient de subir, par la mort de ces vaillants propagateurs du royaume de Jésus-Christ, la phalange des missionnaires par vous envoyés pour porter le flambeau de la foi parmi les nations infidèles. Toutefois, nous estimons que ce ne

1. Du diocèse de Luçon, parti en 1867.
2. Du diocèse de Lyon, parti en 1879.
3. Du diocèse de Lyon, parti en 1883.
4. Du diocèse de Rodez, parti en 1880.
5. Du diocèse de Saint-Dié, parti en 1882.
6. Du diocèse de Lyon, parti en 1881.
7. Du diocèse de Coutances, parti en 1870, mort le 3 juillet 1885.

sont pas des larmes, mais des louanges et des acclamations qu'il faut donner à ceux qui ont glorieusement terminé leur carrière, en combattant le bon combat du Christ. Nous avons, en effet, la ferme confiance qu'ils ont déjà reçu la couronne de l'immortelle vie, qu'ils se souviendront auprès de Dieu de ceux qui gémissent encore dans la tribulation, et qu'ils obtiendront par leurs prières protection et salut à leurs frères, grâce et secours à ceux qu'ils ont enfantés en Jésus-Christ. »

Pendant ces désastres, nos diplomates continuaient de signer des traités et nos soldats de remporter des victoires. Bac-ninh fut occupé, puis Kep, Thai-nguyen, Hung-hoa. M. Patenôtre remplaça M. Tricou dans ses fonctions de ministre plénipotentiaire. Le régent Nguyen-van-Tuong acquiesça à toutes les demandes et promit de donner une indemnité aux missionnaires et aux chrétiens, et d'amnistier les mandarins qui avaient servi la France. Le 2 juin 1884, il signa un traité qui semblait établir la paix.

La Chine, de son côté, avait, le 11 mai précédent, conclu une convention avec le capitaine de vaisseau Fournier. Tout semblait donc arrangé ; en réalité, les Annamites et les Chinois trompaient les Français, comme le prouva le guet-apens de Bac-lé (24 juin 1884). La guerre recommença, et cette fois la France s'attaqua directement à la Chine ; l'amiral Courbet bombarda Fou-tcheou, les forts de la rivière de Min et anéantit la flotte ennemie.

L'émotion causée par ces victoires se répandit en Chine avec la rapidité de la foudre et y excita naturellement la plus furieuse colère. A Canton, la foule se rua contre les établissements de la mission, et les autorités ordonnèrent au Vicaire apostolique et aux missionnaires de quitter la ville et la province ; au Kouang-si, les missionnaires furent également expulsés ; au Kouy-tcheou, de nombreuses églises furent pillées, des orphelinats, saccagés, des paroisses détruites.

A Ing-tse, en Mandchourie, la population voulut incendier l'église et les établissements chrétiens. Heureusement le gouverneur de Moukden, qui arriva bientôt, fit immédiatement placarder un édit, et de concert avec lui, le Tao-tai prit des précautions pour calmer l'effervescence ; à la demande du consul anglais, M. Gardner, cinquante soldats furent postés pour garder la concession européenne et disperser les rassemblements.

Le Su-tchuen et le Yun-nan furent heureusement moins agités, sans être complètement préservés. En face de tant de malheurs, le Souverain Pontife prit en main la cause des chrétiens de Chine, et députa un envoyé spécial porter une lettre à l'empereur. Le Tsung-ly-Yamen répondit en termes respectueux au Père commun des fidèles, l'impératrice régente donna un édit prescrivant de traiter les catholiques avec autant de bienveillance que ses autres sujets ; mais le mal commis ne fut pas réparé et les missionnaires, pour rentrer dans leurs postes, durent attendre des jours meilleurs.

La mission du Cambodge eut également à souffrir : le gouverneur de Cochinchine, M. Thomson, ayant cru le moment favorable pour s'emparer de l'ancien royaume des Khmers, la révolte répondit à cet acte de conquête, et un missionnaire M. Guyomard fut massacré à Tra-ho le 30 janvier 1885 ; d'autres missionnaires et beaucoup de chrétiens furent obligés de s'enfuir devant les rebelles.

Ainsi des frontières du Cambodge à celles de la Tartarie, c'était partout la lutte, le ravage, la confiscation, l'incendie, l'exil, l'emprisonnement, la mort.

Au Tonkin, les opérations militaires se continuaient. Lang-son était pris le 13 février et Dong-dang le 22. Mais le 28 mars, les Chinois ayant repris l'offensive, Lang-son fut abandonné. Déjà à ce moment, le Tsung-li-Yamen, inquiet des victoires de l'amiral Courbet aux Pescadores et à Formose, avait accepté les conditions posées par le gouvernement français et avait donné à son mandataire l'autorisation de signer immédiatement le protocole; le 4 avril, les préliminaires de la paix furent signés à Paris; le 9 juin, le traité définitif avec la Chine fut conclu à Tien-tsin, et le 11 juin, il fut ratifié par décret impérial.

VI

Mais les Annamites n'avaient pas désarmé, bien au contraire, et de son côté, après le soi-disant échec de Lang-son, la France s'était résolue à une action plus énergique.

Hélas! de tristes jours se préparaient.

Le général de Courcy, parti pour Hué avec une nombreuse escorte, fut attaqué la nuit même de son arrivée (5 au 6 juillet) par une armée de 30,000 hommes. Cette trahison échoua grâce au courage de nos troupes. Mais le lendemain, le roi Ham-nghi, le nouveau successeur de Kien-phuoc et le deuxième régent Tuyêt, prenaient avec leurs soldats la route de Cam-lô. Le premier régent, Nguyên-van-Tuong, restait à la capitale, comptant sur sa fourberie, qui jamais ne lui avait fait défaut, pour tromper les Français. Les missionnaires, soupçonnant la trahison et craignant d'immenses malheurs, avertirent les autorités françaises.

Deux d'entre eux partirent pour Hué et voulurent prévenir le général de Courcy. Les mandarins avaient pris leurs précautions. « Il y a eu des troubles, avaient-ils dit, quelques chrétiens ont été massacrés, maintenant la plus grande tranquillité règne. »

Il fut donc répondu aux missionnaires « qu'ils pouvaient

rentrer dans leurs districts, le ministre annamite, Tuong, veillait et répondait de l'avenir. » Cet avenir, voici ce qu'il fut, le plus sanglant qu'enregistrent les annales de la Société.

Sur l'ordre de Tuyêt, auquel obéissaient les mandarins et les lettrés, les six provinces de la mission de Cochinchine orientale se levèrent en masse contre les chrétiens. Ce ne fut plus quelques bandes opérant isolément sur un point déterminé, mais des milliers et des milliers d'hommes qui, aidés des soldats de l'armée régulière, enveloppèrent les villages catholiques, frappant partout, sans distinction d'amis ou de parents, de femmes ou d'enfants, de fugitifs ou de combattants. Il y eut des hommes enterrés vivants, des femmes éventrées, des enfants précipités à la mer avec une pierre au cou après qu'on leur eut coupé le nez, les lèvres et les mains. D'autres furent jetés dans les rivières, attachés vivants à des bananiers, afin de les empêcher de couler trop vite à fond, d'autres brûlés vifs, d'autres coupés en morceaux.

Huit missionnaires furent massacrés : Le premier, le P. Poirier[1], avait vu sa paroisse de Ban-goc cernée dans la nuit du 14 au 15 juillet : le 16 il célébra la messe à deux heures du matin et y communia tous ses chrétiens. Ce fut le viatique des martyrs.

Le prêtre était rentré dans sa maison, proche de l'église, et ses chrétiens étaient réunis dans la cour quand, au petit jour, retentirent les hurlements des bandits et le son lugubre des tambours et des tam-tam battant la guerre. Tous les fidèles se jetèrent à genoux en s'écriant : « Ah ! Père, les voilà qui viennent nous massacrer !.. Mon Dieu ! Jésus ! Marie ! Joseph ! » Le prêtre leur donna une absolution générale ; puis il se

---

1. Du diocèse de Rennes, parti en 1873.

mit à genoux, se tourna vers son petit autel, et les yeux levés vers l'image du Sauveur, il attendit en priant.

Les égorgeurs font irruption dans le jardin de l'église, en poussant de sauvages clameurs. Les chrétiens se sauvent de tous côtés; partout ils sont repoussés, alors ils se précipitent dans l'église. Les païens vont droit au presbytère, sans toucher aux chrétiens. M. Poirier est toujours à genoux, tourné vers l'autel; il ne fait aucun mouvement et son regard reste attaché à l'image sainte.

Deux coups de fusil le font tomber; aussitôt les ennemis se jettent sur lui, ils le frappent, lui arrachent la barbe; l'un d'eux lui tranche la tête, pendant qu'un autre lui fend la poitrine.

Le même jour, M. Guégan[1], un ancien engagé dans les zouaves pontificaux, pendant la campagne de France, fut massacré dans le district de Phu-hoa.

Le 18 juillet, M. Garin[2] expira dans les plus atroces souffrances; quelques jours avant, sur les instances de ses chrétiens, il s'était retiré du côté des montagnes, pensant qu'on épargnerait son district. Le grand mandarin de la province lui fit dire qu'il n'avait plus rien à craindre, qu'il pouvait rentrer en sa résidence, lui, grand mandarin, répondant de la paix, d'ailleurs les lettrés et tous les ennemis des chrétiens et des Français s'étaient éloignés. Le missionnaire trop confiant rentra chez lui, il fut immédiatement cerné et tomba entre les mains de ses bourreaux, qui, après lui avoir fait subir toutes sortes d'injures et d'avanies, le condamnèrent au supplice des cent plaies. Il fut solidement attaché à un poteau, et, à chaque instant, les assassins venaient, armés de crocs et de tenailles, lui arracher des lambeaux de chair palpitante. « Rien[3] ne manquait à ce nouveau pré-

1. Du diocèse de Quimper, incorporé à Vannes, parti en 1852.
2. Du diocèse de Tarentaise, parti en 1873.
3. *Lettre* de M. Dépierre.

toire : même rage dans les bourreaux, même résignation dans la victime. C'est à la fin du troisième jour de ce supplice atroce que l'âme du martyr s'envola vers les cieux. »

Le 2 août, ce fut le tour de M. Macé.

Esprit alerte, intelligence grande ouverte, inébranlable dans ses idées, pieux d'une piété ardente et raisonnée, Henri Macé était le digne descendant de ces paysans vendéens, généreux jusqu'au sacrifice, parfois francs jusqu'à la rudesse, gens de devoir, qui plaçaient le devoir avant tout, parce que le devoir est l'ordre de Dieu.

MM. Barrat[1] et Dupont[2] le suivirent dans cette voie royale du martyre les 3 et 4 août.

Malgré les limites restreintes de notre chapitre, nous citerons la dernière lettre écrite à son frère par M. Dupont, comme nous avons naguère reproduit celle de Théophane Vénard, nobles et saintes paroles, vrais cris du cœur enflammé du plus pur amour pour Dieu et pour les âmes.

« Gia-huu, 23 juillet 1885.

« Bien-aimé Félix,

« Aurais-tu donc, dans ta dernière lettre, été prophète sans le savoir ? Tu m'exhortais avec toute ta charité de prêtre, de parrain et de frère, à me montrer toujours digne de ma vocation apostolique, fidèle jusqu'au sacrifice de la vie. O Félix ! peux-tu le croire et l'entendre ! Le martyre est là, à ma porte. Encore quelques heures, et il est possible que je sois pris, c'est-à-dire brûlé, massacré, déchiré en mille pièces. Ah ! quelle situation,

---

1. Du diocèse de Nantes, parti en 1879.
2. Du diocèse d'Angers, parti en 1884.

frère! Quelle joie, d'une part! mais aussi quelles douleurs, quelles tortures de cœur!

« Coup sur coup, depuis neuf jours, les nouvelles les plus épouvantables nous arrivent ici. Trois missionnaires, les PP. Garin, Poirier, Guégan, cinq à six mille chrétiens massacrés avec une rage diabolique; le reste en fuite sur les montagnes, où les bêtes et la faim surtout vont les achever; églises brûlées, bûchers de chrétiens, orphelinats, couvents noyés dans le sang. L'épouvante est partout, le carnage est partout dans cette malheureuse province du Tu-ngai. Et les Français?.. Rien. Tous les cœurs soupirent après eux... Pas ombre de secours. Il faut donc que tous nos pauvres enfants, toutes nos œuvres soient anéantis! O douleur! ma maison est comme encombrée des petites affaires des chrétiens. Près de nous, ils ont moins peur, ils croient que nous les sauverons. Et que faire, grand Dieu? Nous mourrons ensemble!

« A plus tard, frère bien-aimé. Si j'en réchappe, je te donnerai les détails. Vraiment, il y en a qui sont d'une atrocité pour ainsi dire invraisemblable.

« Mais, est-ce possible! Je succomberais martyr! Ah! si c'était vrai! Bénis, mon âme, ah! bénis le Seigneur!

« Frère, chante avec allégresse le *Te Deum*; mais, auparavant, pleurons le *Miserere*, car j'ai été bien misérable dans ma vie. Si j'y passe, oh! Félix, dis bien à tous, je ne puis nommer tout le monde, à toute la famille, que je meurs en les conjurant tous de me pardonner offenses et ingratitudes, tous manquements envers eux.

« Et maintenant, vienne la mort. Aidé de Jésus et de Marie, me souvenant de maman, de Victor, d'Octavie, de tous nos bienheureux défunts, je ne faillirai pas. Mais pas de larmes au pays. Non! que les âmes exaltent la miséricorde de Dieu! Souvent déjà j'ai imploré le

Dieu des forts, la Reine des martyrs; je ne suis pas loin d'être exaucé.

« Merci! mon Dieu, merci!

« Enfin, frère, adieu et à Dieu! J'embrasse tout le monde et vous étreins tous pour la dernière fois peut-être.

« Honoré Dupont. »

La mort de M. Iribarne[1] a été racontée en ces termes par Mgr Van Camelbecke, Vicaire apostolique de la Cochinchine orientale.

« Notre missionnaire a été massacré le 19 août, non loin de sa chrétienté de Quan-cau. Ne pouvant plus tenir au milieu des incendies de ce village, et se voyant cerné de près par une forte troupe de rebelles, il se décida à tenter la fuite de toute la vitesse de son cheval. Il espérait trouver au port voisin une barque pour s'éloigner en mer. Malheureusement il n'en trouva aucune et dut revenir vers son point de départ. L'ennemi l'attendait. Il fut tout d'abord renversé de cheval et percé de deux coups de lance. Les bourreaux, voulant le faire souffrir plus longtemps et repaître les yeux de la populace du spectacle de sa mort, le garrottèrent avec la dernière barbarie et le portèrent jusqu'auprès du marché. Là, le pauvre et cher Père fut décapité, en présence de la multitude ameutée. Sa tête fut attachée aux branches d'un grand arbre, et tout son corps fut dépecé et grillé comme de la viande de boucherie. Le catéchiste qui l'accompagnait eut le même sort, ainsi qu'une foule de chrétiens de l'endroit. »

Le P. Chatelet[2] fut tué le 26 août à Cay-gia. Les païens avaient assiégé l'église et le presbytère entourés d'un

---

1. Du diocèse de Bayonne, parti en 1883.
2. Du diocèse de Lyon, parti en 1880.

rempart de bambous, auquel ils avaient fait plusieurs larges brèches. Alors les chrétiens entourent leur père spirituel, lui demandent une dernière bénédiction, et se retirent dans l'église pour attendre le moment du dernier sacrifice. Le P. Chatelet rentre dans sa maison administrer les sacrements à une quinzaine de blessés. Il accomplit pieusement ce ministère de charité, sans être ému des imprécations, des insultes grossières, des clameurs de la tourbe des assaillants qui entourent déjà le presbytère, et somment le missionnaire de descendre dans la cour et de s'y agenouiller, afin qu'on lui tranche la tête.

— Je n'irai pas si loin, répond le prêtre ; si vous voulez ma tête, venez la prendre ici, je ne la défendrai point.

« En même temps, il s'avance sous la véranda, son clerc à sa gauche ; les injures redoublent ; enfin, tandis que les uns lui jettent à la tête tout ce qui leur tombe sous la main, un autre monte à la dérobée, du côté droit de la véranda, s'approche et frappe d'un coup de lance le P. Chatelet, qui tombe le visage contre terre ; un second bandit le frappe de deux coups de couperet et la victime expire. »

Avec ces huit missionnaires, près de 25,000 chrétiens furent tués. Le recensement des catholiques de la Cochinchine avait donné en 1884, le chiffre de 41,234, il n'en compta plus que de 17,000 en 1886.

La mission de Cochinchine septentrionale ne perdit aucun prêtre européen, mais elle eut à déplorer la perte de dix prêtres indigènes et de dix mille chrétiens.

Dans toute cette partie de l'Annam, qui va du Tonkin méridional à la Cochinchine française, les chrétiens furent traqués comme des bêtes fauves. Les uns, conduits par leurs prêtres, se réfugièrent à Hué, et les autres à Qui-nhon. Quelques milliers furent sauvés par des navires que Mgr Colombert[1], le Vicaire apostolique de la Cochinchine occidentale, fréta et envoya explorer les côtes.

Cependant, revenus de leur stupeur, les fidèles essayèrent de résister, les missionnaires les aidèrent. Il n'y avait aucune opposition entre cette conduite et celle des nombreux martyrs qui, dans ce même pays, loin de faire aucune résistance, se contentèrent de verser généreusement leur sang pour affirmer leur foi. Les circonstances seules étaient changées ; autrefois un gouvernement légitime et régulier appelait les chrétiens à sa barre, les jugeait et les condamnait ; aujourd'hui ceux qui les voulaient massacrer étaient des rebelles, s'insurgeant contre l'autorité française maîtresse du pays. Les chrétiens avaient donc non seulement le droit, mais le devoir de se défendre eux-mêmes et de protéger leurs vieillards, leurs femmes et leurs enfants.

De longs et sanglants combats eurent lieu dans les missions de l'Annam et du Tonkin, qui sauvèrent la vie à des milliers de catholiques, non sans coûter bien des morts.

« Cependant, selon la parole de saint Chrysostome, le Dieu des miséricordes a toujours soin de mêler quelques consolations aux tribulations de ses serviteurs, faisant ainsi, de la vie des justes, par ce mélange de l'adversité et des saintes joies, une toile d'une admirable variété. » C'est ce qu'il réalisa encore pendant cette douloureuse année 1885, puisque la Société enregistra 19,705 baptêmes de païens adultes, 180,960 d'enfants d'infidèles en danger de mort et 205 conversions d'hérétiques.

« C'est bien là assurément, disait le Compte rendu de 1885[2], la première consolation pour le cœur d'un ouvrier

---

[1]. Du diocèse de Laval, parti en 1863, évêque et coadjuteur en 1872 Vicaire apostolique en 1873.
[2]. *Compte rendu des travaux de la Société des Missions-Étrangères*, 1885, p. 2.

apostolique. Mais elle n'est pas la seule que Dieu ait donnée à la Société. Pour remplacer ceux qui ont succombé, il a multiplié le nombre des vocations apostoliques. Le sacrifice même, que nos missionnaires ont fait de leur sang, nous devient un sujet de joie suave, si nous considérons la manière dont ils l'ont accompli.

« On ne peut considérer sans attendrissement le calme et la sérénité, avec lesquels ils ont vu approcher l'heure du sacrifice suprême. On est heureux de voir quelle ardente dévotion et quelle confiance inébranlable ils ont, dans ces terribles épreuves, témoignées envers la Mère de Dieu, la Reine des Apôtres. On est particulièrement touché et édifié de ce sentiment d'humilité profonde, qui les faisait s'estimer indignes de verser leur sang pour la sainte cause de Notre-Seigneur Jésus-Christ. N'y a-t-il pas encore un grand sujet de consolation dans cette foi vive, dont des milliers de chrétiens ont donné la preuve à leurs derniers moments? Voyant approcher les bandes d'assassins, ils se pressaient autour du prêtre, remplissaient les églises, assiégeaient le confessionnal et voulaient tous recevoir une dernière absolution, avant de répandre leur sang.

« Puisse l'immolation de tant de victimes apaiser la divine justice, et être, pour ces Églises en deuil, le gage de la résurrection! Puisse-t-elle faire descendre sur les païens aveuglés, et sur les meurtriers eux-mêmes, la grâce de la conversion! »

VII

En dehors de ces succès qu'obtenait l'apostolat, même au milieu de tant de désastres, des signes se laissaient apercevoir en quelques contrées, présageant des jours meilleurs.

En 1885, la Birmanie, restée indépendante, fut conquise par l'Angleterre, et si les vainqueurs apportèrent avec eux le protestantisme, du moins donnèrent-ils aux missionnaires une liberté entière de prédication.

Dans les Indes, les écoles, qui avaient pris un développement plus grand, par suite de règlements spéciaux faits par les Anglais, recevaient une plus vive impulsion des Vicaires apostoliques.

La question du patronage portugais faisait un nouveau pas qui, cette fois, semblait définitif. Mgr Laouënan était appelé à Rome pour hâter l'élucidation de la question, et le 23 juin 1886, un concordat était signé entre Rome et le Portugal. Les clauses étaient les suivantes :

1º Le droit de patronage est reconnu au roi de Portugal dans l'archidiocèse de Goa et les trois diocèses suffragants de Cranganore, Cochin et San Thomé de Méliapour. Une disposition annexe déterminera les limites précises de chacun de ces diocèses.

2º Quelques-uns des groupes principaux des chrétientés goanaises, bien que situés en dehors des susdits diocèses, y seront rattachés.

3º Le gouvernement portugais s'engage à doter convenablement lesdits diocèses; à les pourvoir d'un chapitre, de prêtres en nombre suffisant et de séminaires.

4º Les chrétientés portugaises de Malacca et de Singapore, qui actuellement relèvent, en fait, de l'archevêché de Goa, seront désormais sous la juridiction de l'évêque portugais de Macao.

5º En dehors du droit de présentation aux sièges de Goa, Cranganore, Cochin et Méliapour, le roi de Portugal jouira d'un droit indirect de présentation aux quatre sièges à ériger de Bombay, de Mangalore, de Quilon et de Trichinopoly. Chaque fois qu'un de ces quatre sièges est vacant, les évêques de la province proposeront une liste de trois noms, laquelle sera transmise par l'archevêque de Goa au gouverneur de cette ville, qui, à son tour, choisira, pour le présenter à Sa Sainteté, un des trois noms. Cette présentation devra avoir lieu dans le délai de six mois ; après quoi le choix est dévolu au Souverain Pontife.

6° Par concession spéciale du Saint-Siège, l'archevêque de Goa est maintenu dans la dignité de patriarche *ad honorem* des Indes orientales; en cette qualité, il jouit du droit de présider les conciles nationaux de l'Inde, lesquels devront se tenir à Goa, à moins d'une disposition particulière.

7° Le droit de patronage ainsi réglé, le Saint-Siège jouit dans tout le reste du territoire de la pleine liberté de nommer des évêques, et de prendre toutes les mesures qu'il jugera utiles au bien des fidèles.

Un autre résultat du concordat fut l'établissement de la hiérarchie dans les Indes. Par la constitution *Humanæ Salutis* du 1ᵉʳ septembre 1886, le Souverain Pontife érigea en métropoles et sièges archiépiscopaux sept Vicariats apostoliques, et les autres en évêchés. Des trois missions que la Société possédait dans les Indes, Pondichéry fut créé archevêché, Coïmbatour et Maïssour évêchés.

Un autre changement se fit aussi à cette époque dans la mission de Pondichéry; le 10 mars 1887, un décret de la Propagande déclara supprimée la préfecture apostolique de Pondichéry et réunit au nouvel archidiocèse le territoire qu'elle administrait.

Plus tard, par un bref du 10 août 1888, une mission de l'Indo-Chine occidentale, celle de la presqu'île de Malacca, fut érigée en diocèse, sous le titre d'évêché de Malacca, mais le titulaire continua de résider à Singapore.

Si des Indes nous nous transportons à l'extrémité septentrionale des missions de la Société, nous voyons la Corée s'avancer malgré ses résistances dans la voie de la liberté. Elle conclut d'abord avec le Japon un traité, qui assure l'ouverture de trois ports, puis un traité semblable avec les États-Unis en 1882.

En 1883, ce fut le tour de l'Angleterre, dont le traité de commerce servit de type à ceux que signèrent successivement l'Allemagne, l'Autriche, la Russie et l'Italie. Ces nations n'avaient rien gagné pour la liberté religieuse. La France, qui négociait depuis 1882, conclut enfin en 1886 un traité ratifié en 1887. Après bien des efforts, notre plénipotentiaire M. Cogordan, sans obtenir que la présence des missionnaires et leurs prédications fussent explicitement autorisées, réussit à faire insérer une clause que personne n'avait pu arracher à l'obstination jalouse des Coréens. Dans l'article IV de la convention, il fut stipulé que les Français, résidant en Corée, pourraient professer leur religion. On introduisit également dans le traité une disposition permettant à tout sujet français de circuler à l'intérieur du pays, moyennant un passeport, pour y étudier ou y professer la langue écrite ou parlée, les sciences, les lois ou les arts.

Le Japon marche plus rapidement que la Corée dans la voie de la civilisation occidentale, oubliant trop peut-être que la civilisation en dehors du christianisme est un arbre qui porte des fruits de mort pour les âmes.

La liberté religieuse y fait cependant des progrès. L'empereur publie le 11 août 1884 un décret, qui détache officiellement son gouvernement des deux anciennes religions païennes, le shintoïsme et le bouddhisme, et déclare que les bonzes cessent d'être des fonctionnaires de l'État.

En 1885, il reçoit solennellement Mgr Osouf [1], envoyé par Léon XIII pour lui porter une lettre autographe.

Le Souverain Pontife, qui espère en l'avenir de ce

---

1. Du diocèse de Coutances, procureur à Singapore en 1856, à Hong-kong en 1866, directeur au Séminaire des Missions-Étrangères en 1875, Vicaire apostolique du Japon septentrional en 1877.

peuple intelligent, ne se contente pas de cette marque d'affectueuse estime, il multiplie les circonscriptions ecclésiastiques.

Le 20 mars 1888, le Japon septentrional est divisé en deux Vicariats dont l'un devient le Japon central. Le 17 avril 1891, il est subdivisé en deux autres Vicariats. Quelques semaines plus tard, la hiérarchie est établie dans cet empire, et par Lettres apostoliques en date du 15 juin 1891, un archevêché est érigé à Tokio ayant pour suffragants les évêchés de Nagasaki, Osaka et Hakodaté.

Dans ces quatre diocèses, sans jouir encore d'une liberté absolue, les missionnaires peuvent prêcher sans crainte la parole de Dieu, ils se dépensent à faire des conférences, à construire des églises, à ouvrir des établissements d'instruction et de charité, ils redoublent d'activité pour ramener les anciens chrétiens, qui gardent quelques vestiges de la foi de leurs pères.

En Chine, au contraire, depuis la guerre du Tonkin, les autorités se montrent plus hostiles au catholicisme.

Cette hostilité s'accuse partout et de toutes manières; ici par des vexations contre les chrétiens et les néophytes; là par des dénis de justice envers les missionnaires; ailleurs par des pillages et des meurtres comme il est arrivé dans le Su-tchuen oriental, à Tchong-kin en 1886, et à Ta-tsiou en 1890.

Ces événements ont leur contre-coup dans les missions voisines, principalement dans le Kouy-tcheou, dont les districts du nord sont ravagés, dans le Yun-nan et dans le Kouag-si.

Au Kouang-tong, le vice-roi affiche ouvertement ses sentiments de haine envers les missionnaires et les Européens.

Cependant un décret de l'empereur finit par apporter quelque calme dans les esprits, et actuellement la situation, sans être bonne, paraît moins tendue.

Le Thibet reste fermé. Toutes les tentatives faites par les prédicateurs de l'Évangile sont inutiles, celles des Européens le sont également ; des Autrichiens, des Russes, des Anglais, des Américains ont successivement échoué. Redoutant de voir l'Angleterre pénétrer dans ce pays par les Indes [1], la Chine veut le sauvegarder en le déclarant province de l'Empire.

Mais les Lamas ont tenu ferme même contre les Chinois, à moins, ce que plusieurs ont supposé, qu'il n'y eût entente entre eux.

Fiers de ces victoires successives, les Lamas ont chassé les missionnaires de leurs postes ; Ta-tsien-lou, la résidence de l'évêque et le centre des œuvres, a failli être enveloppé dans le désastre.

Aujourd'hui, les ruines ne sont pas encore relevées, et l'avenir est sombre.

L'Indo-Chine orientale, au contraire, encore toute épouvantée des horribles massacres qui l'ont désolée, n'a jamais donné plus d'enfants à l'Église de Dieu. Les conversions s'y multiplient par milliers, et c'est une grâce dont les missionnaires ne peuvent assez remercier Dieu, de voir leurs anciennes paroisses rétablies, de nouvelles fondées, des œuvres prospères, sur une terre encore fumante du sang des martyrs.

Désastres et succès, tyrannie et liberté, bienveillance et persécution, telles sont les phases au milieu desquelles continue de vivre la Société ; mais malgré les ennemis du Christ, le progrès s'affirme lentement au gré des saintes impatiences, mais continuellement.

La Société enregistre depuis plusieurs années un plus grand nombre de conversions.

En 1888, elle inscrit 26,990 infidèles convertis ; en

---

1. Récemment (1894), l'Angleterre, a conclu avec la Chine un traité qui lui permet de s'établir dans la vallée de Chum-bi appartenant au Thibet. Il se pourrait que cette clause facilitât les travaux des missionnaires.

1889, 31,761 ; en 1890, 37,333 ; en 1891, 38,101 ; en 1892, 37,495.

Il y a donc là une progression constante.

Tels sont les résultats actuellement atteints par la Société. Ce n'est évidemment qu'une partie de ses travaux, et pour les connaître tous, nous devons jeter un coup d'œil d'ensemble sur son personnel, ses établissements généraux : séminaires, procures, maisons de retraite ; sur ses Vicariats apostoliques, population païenne et chrétienne, districts et stations, et sur les œuvres par lesquelles ses évêques et ses prêtres soutiennent la foi de leurs néophytes et procurent la conversion des infidèles, c'est le meilleur moyen et le plus court de nous rendre un compte exact des forces dont elle dispose, et de la manière dont elle les emploie.

PERSONNEL

Depuis sa fondation jusqu'en 1892, la Société des Missions-Étrangères a envoyé en Extrême-Orient, 1,968 missionnaires, dont 1,578 sont partis depuis 1840.

Parmi eux, 17 condamnés à mort en haine de la Foi, par sentence juridique des tribunaux païens, ont eu le bonheur de répandre leur sang pour Notre-Seigneur Jésus-Christ. Ils ont été, nous l'avons dit, déclarés vénérables par décrets de Grégoire XVI, Pie IX et Léon XIII, et leur cause de béatification se poursuit à Rome. Neuf autres ont été également condamnés à mort par les tribunaux et exécutés en haine de la Foi. Leur Cause, qui ne laisse subsister aucun doute, sera, nous l'espérons, prochainement introduite auprès du Saint-Siège. En outre, une cinquantaine de missionnaires de la Société, sans avoir été condamnés par sentence juridique, ont été mis à mort par les infidèles à différentes époques et de diverses manières.

En 1892, la Société compte 28 évêques et 927[1] prêtres. Elle a aussi récemment ouvert ses rangs à des auxiliaires laïques, dont les services sont précieux et méritoires, elle en compte 8.

ÉTABLISSEMENTS GÉNÉRAUX

Les établissements généraux de la Société sont : en premier lieu, le Séminaire des Missions-Étrangères de Paris. Nous avons noté, chaque fois que nous en avons eu l'occasion, le développement des études dans cette maison, et l'augmentation du nombre des aspirants à l'apostolat.

Les deux sections, celle de Paris et celle de Bièvres, dans l'établissement de l'Immaculée-Conception qui, grâce à M. le Baron de Gargan, a remplacé celui de Meudon en 1890, ont un règlement intérieur et un enseignement à peu près semblables à ceux de nos grands séminaires de France, avec cette différence que la formation spirituelle, comme les études philosophiques et théologiques, sont plus spécialement dirigées vers la pratique du saint ministère dans les missions. La chose est, du reste, facile à réaliser, puisque les directeurs des deux séminaires sont des missionnaires, ayant passé plusieurs années dans les missions ou dans les établissements communs de la Société en Extrême-Orient. Le cours complet des études est de quatre années, et comprend la philosophie, la théologie dogmatique et morale, l'Écriture-Sainte, le droit canon et la liturgie. Parmi les aspirants[2] reçus quelques-uns sont déjà prêtres;

---

1. Dans ce nombre sont évidemment compris tous les prêtres de la Société, c'est-à-dire ceux qui sont en mission, au Séminaire de Paris, de l'Immaculée-Conception à Bièvres, du Séminaire général, des différentes procures et des maisons de retraite.
2. Les séminaristes des Missions-Étrangères portent le nom d'aspirants.

d'autres, sans être encore arrivés jusqu'au sacerdoce, ont déjà achevé leurs études théologiques; beaucoup, le plus grand nombre n'en ont fait qu'une partie ou ne les ont pas encore commencées. Il a donc été nécessaire d'établir, outre le cours de philosophie, trois cours distincts de théologie, afin que tous les aspirants pussent facilement et utilement distribuer, ou revoir, ou continuer, ou commencer leur théologie.

La durée des études et du temps de probation est au moins d'une année, pour ceux qui, en entrant, sont déjà prêtres, et de quatre années pour ceux qui n'ont pas encore commencé leurs études philosophiques; pour les autres, elle est fixée entre ces deux termes.

Il y a soixante ans, le Cardinal Préfet de la Propagande écrivait aux directeurs du Séminaire des Missions-Étrangères :

« De toutes parts, les chrétiens qui vivent au milieu des infidèles, réduits à une extrême et déplorable nécessité, implorent l'arrivée et le secours des ministres sacrés. Dans la violence même de la persécution, ces terres arrosées du sang des martyrs ont donné à Jésus-Christ de nouveaux enfants qu'il faut élever et soutenir. Plusieurs, parmi ces païens, prêtent une oreille favorable à la prédication de l'Évangile. C'est donc une portion de la sollicitude pastorale que l'envoi des ministres évangéliques empressés de voler au secours de leurs frères, en proie à tant de besoins. Que l'on ne craigne point d'en éprouver un affaiblissement dans le ministère sacré; plus nombreux éclateront les exemples d'une si louable charité, plus le saint zèle se réveillera parmi les enfants du sanctuaire. »

Ces paroles ont été entendues, ces vœux en partie réalisés. Le nombre total des séminaristes était, à la date du 11 octobre 1892, de 260 : 150 à Paris et 110 à l'Immaculée-Conception de Bièvres, tous destinés à être envoyés dans les missions.

Admirable recrutement, si l'on se reporte à 50 ans en arrière, où l'on comptait seulement une dizaine de séminaristes ; bien modeste si on le compare avec les 225 millions de païens que la Société est chargée d'évangéliser. Une œuvre s'est fondée pour aider d'une façon particulière le Séminaire des Missions-Étrangères, elle a pris le titre d'Œuvre des Partants[1] du nom que l'on donne aux jeunes missionnaires prêts à s'embarquer pour l'Extrême-Orient ; elle a pour but défini de fournir le

---

[1]. ÉRECTION. — L'Œuvre des Partants a été érigée canoniquement dans la Chapelle du Séminaire des Missions-Étrangères, par ordonnance de S. E. le Cardinal-Archevêque de Paris, en date du 16 janvier 1886.

BUT. — L'Œuvre a pour but de fournir le trousseau : objets du culte, linge de corps, et de payer le voyage des jeunes missionnaires qui partent chaque année pour les vingt-sept vicariats apostoliques de la Société.

MOYENS. — 1° *La Prière*, en union avec la Très Sainte Vierge Marie et les saintes femmes de l'Évangile, pour la conversion des infidèles ;

2° *La Souscription*, soit annuelle de 5 fr., soit perpétuelle de 120 fr. ;

3° *Le Travail* des Zélatrices et des Associées, qui confectionnent la plus grande partie du trousseau des Partants, en même temps qu'elles réparent et entretiennent la lingerie des élèves du Séminaire.

ASSOCIATION DES DÉFUNTS. — Les défunts peuvent être associés à l'Œuvre par la *Souscription* soit annuelle, soit perpétuelle.

AVANTAGES SPIRITUELS. — Notre Saint-Père le Pape Léon XIII a daigné bénir cette pieuse Association et l'a enrichie des indulgences suivantes applicables aux vivants et aux morts :

1° *Une Indulgence plénière*, pour les Zélatrices et les Associées, qui assisteront à la messe célébrée chaque mois, à leurs intentions, dans la chapelle du Séminaire des Missions-Étrangères, ou, si elles sont absentes de Paris ou empêchées, dans une autre église ou chapelle, si, s'étant confessées et ayant communié, elles prient aux intentions du Pape.

2° *Une indulgence plénière*, spéciale aux Zélatrices, qui recueillent les offrandes d'au moins dix Associées, aux fêtes de l'Immaculée-Conception, de saint Joseph, de saint François-Xavier et de sainte Thérèse patrons de l'Œuvre, sous les mêmes conditions que ci-dessus ;

3° *Une indulgence partielle de 7 ans et 7 quarantaines*, une fois par semaine, aux Zélatrices et Associées, qui travailleront au moins deux heures, un jour par semaine, à la confection du trousseau et du vestiaire des Séminaristes, et qui réciteront pour les païens, les prières spécialement ordonnées ;

4° *Une indulgence partielle de 300 jours*, aux Zélatrices et Associées qui réciteront, une fois le jour, l'invocation suivante : *Étoile de la mer, priez pour nous et pour les missionnaires naviguants.*

trousseau, objets du culte, linge de corps, et de payer le voyage aux cinquante ou soixante prédicateurs de l'Évangile qui partent chaque année pour les vingt-sept Vicariats confiés à la Société.

Après le Séminaire des Missions-Étrangères, plaçons le Séminaire général de Pinang, le seul de ce genre qui existe en Extrême-Orient; il peut recevoir les élèves de tous les Vicariats apostoliques de la Société. En temps ordinaire, chaque Vicariat a le droit d'y placer 12 enfants aux frais de la Société et 24 pendant les persécutions. Les études que l'on y fait sont analogues à celles des petits et des grands séminaires de France : des classiques pendant quatre ou cinq ans : une année de philosophie et trois années de théologie.

En 1892, le séminaire de Pinang comptait 7 directeurs et 67 élèves. Ce nombre relativement restreint, puisqu'il s'éleva autrefois à près de deux cents, est dû à ce que des séminaires particuliers ont été installés dans chaque Vicariat.

Outre leurs études classiques et théologiques, les élèves de Pinang impriment eux-mêmes avec les presses de la maison, sous la surveillance d'un directeur, une partie des livres dont ils se servent.

Les autres établissements généraux de la Société sont : les procures, les sanatoriums et la maison de Retraite spirituelle.

La procure de Rome, indispensable pour traiter les affaires des Missions, exista dès l'origine de la Société. Tenue pendant quelque temps par des prêtres étrangers à la Société, puis abandonnée par intervalles, elle a été définitivement rétablie en 1866. Depuis lors, elle a toujours été gérée par un directeur du Séminaire des Missions-Étrangères.

La procure de Marseille, ouverte en 1864 par d'excellents chrétiens, MM. Germain, et depuis 1878 dirigée par un prêtre de la Société, reçoit les ouvriers apostoliques, pendant les quelques jours qui précèdent leur embarquement, elle pourvoit à une partie des achats et des expéditions d'objets nécessaires aux missions.

En Extrême-Orient, la première procure fut installée à Juthia, en 1666. Elle y resta jusqu'à la défaite des Français et la persécution qui en fut la suite en 1688. Une seconde procure pendant quelque temps fixée à Bantam, et une troisième à Surate disparurent bientôt.

En 1688, la procure de Juthia fut transférée à Pondichéry, elle y fonctionna jusqu'à l'année 1795.

La procure de Chine établie à Canton en 1700, à Macao en 1732, à Hong-kong en 1847, est actuellement la procure générale, elle est dirigée par un prêtre de la Société ayant le titre de procureur général. Il est aidé dans cette fonction par plusieurs sous-procureurs.

Elle a deux annexes : une à Singapore depuis 1857, une autre à Chang-haï depuis 1864, toutes les deux gérées par un procureur, mais sous la direction du procureur général, qui lui-même dépend du Séminaire de Paris.

Les Sanatoriums dont nous avons dit la fondation sont au nombre de deux : celui de Hong-kong est sous la direction d'un supérieur et d'un assistant, prêtres de la Société, aidés par un auxiliaire laïque également de la Société ; une vingtaine de malades y peuvent recevoir l'hospitalité et les soins que réclame leur état ; celui de Montbeton, en France, peut admettre vingt-cinq malades.

La maison de retraite spirituelle, fondée à Hong-kong, est sous l'autorité d'un supérieur assisté de cinq prêtres de la Société.

Une imprimerie y fonctionne, elle possède des matrices et des caractères latins, chinois, annamites, cambodgiens, japonais, coréens ; également les caractères latins adaptés par des signes particuliers aux langues chinoises, annamites, malaises, ba-hnars ; elle a déjà publié de nombreux ouvrages et opuscules de liturgie, de théologie, de droit canon, de philosophie, des classiques, des livres de philologie et de piété.

MISSIONS

Les missions confiées à la Société s'étendent, nos lecteurs le savent, des régions tropicales aux glaces des contrées septentrionales depuis le 1° degré jusqu'au 55° degré de latitude nord et du 73° au 155° longitude est.

Elles se sont augmentées par des divisions et des subdivisions et par l'adjonction de nouveaux territoires; la Société en possède aujourd'hui 27, dont nous allons donner les noms avec la population chrétienne et païenne, le nombre des évêques, des prêtres, des districts et des stations chrétiennes.

Nous ne donnons pas ici le chiffre des prêtres indigènes qui sera reporté à un tableau spécial. Nous tenons à en prévenir nos lecteurs qui pourraient être surpris de voir parfois un nombre considérable de fidèles et peu de missionnaires, mais dans ce cas, ceux-ci sont aidés par le clergé indigène.

Voici quelques explications sur la signification des termes que nous employons : district, paroisse, chrétienté.

Le district est placé tantôt sous la direction d'un prêtre européen, tantôt sous celle d'un prêtre indigène; en général, il est composé de plusieurs chrétientés dont une, la principale, est la résidence du prêtre.

Dans quelques missions, principalement celles du Tonkin et de l'Annam, le district est toujours sous l'autorité d'un missionnaire européen, il est composé de plusieurs paroisses dirigées par des prêtres indigènes; la paroisse renferme plusieurs chrétientés.

Nous nommons chrétienté toute agglomération de fidèles où le prêtre ne réside pas.

Toute la statistique suivante date de 1892.

JAPON

Le Japon comprend un archidiocèse et trois diocèses.

HAKODATÉ

Population païenne	7.000.000
Population chrétienne	4.044
Evêque	1
Missionnaires	15
Districts	10
Paroisses	7
Chrétientés	41

TOKIO

Population païenne	14.045.000
Population chrétienne	9.002
Archevêque	1
Missionnaires	27
Districts	8
Paroisses	6
Chrétientés	54

OSAKA

Population païenne	13.184.000
Population chrétienne	3.880
Evêque	1
Missionnaires	22
Districts	15
Chrétientés	43

NAGASAKI

Population païenne	6.020.700

Population chrétienne 28.886
Evêque 1
Missionnaires 22
Districts 16
Chrétientés 104

A L'EST ET A L'OUEST DE LA CHINE

CORÉE

Population païenne 10.000.000
Population chrétienne 20.840
Evêque 1
Missionnaires 23
Districts 18
Chrétientés 407

THIBET

Population païenne 4.000.000
Population chrétienne 1.238
Evêque 1
Missionnaires 15
Districts 7
Chrétientés 19

CHINE

MANDCHOURIE

Population païenne 22.000.000
Population chrétienne 15.075
Evêque 1
Missionnaires 27
Districts 22
Chrétientés 165

SU-TCHUEN OCCIDENTAL

Population païenne	25.000.000
Population chrétienne	39.478
Evêque	1
Missionnaires	31
Districts	50
Chrétientés	500

SU-TCHUEN ORIENTAL

Population païenne	15.000.000
Population chrétienne	31.000
Evêque	1
Missionnaires	37
Districts	49
Chrétientés	458

SU-TCHUEN MÉRIDIONAL

Population païenne	20.000.000
Population chrétienne	18.000
Evêque	1
Missionnaires	33
Districts	34
Chrétientés	270

YUN-NAN

Population païenne	12.000.000
Population chrétienne	10.383
Evêque	1
Missionnaires	26
Districts	32
Chrétientés	112

KOUY-TCHEOU

Population païenne	8.000.000

Population chrétienne 16.526
Evêque 1
Missionnaires 33
Districts 30
Chrétientés 437

KOUANG-TONG

Population païenne 30.000.000
Population chrétienne 30.128
Evêque 1
Missionnaires 47
Districts 43
Chrétientés 640

KOUANG-SI

Population païenne 10.000.000
Population chrétienne 1.077
Evêque 1
Missionnaires 12
Districts 10
Chrétientés 45

INDO-CHINE ORIENTALE

TONKIN OCCIDENTAL

Population païenne 8.000.000
Population chrétienne 220.000
Evêque 1
Missionnaires 53
Districts 14
Paroisses 54
Chrétientés 1.196

TONKIN MÉRIDIONAL

Population païenne 2.000.000

Population chrétienne 88.227
Evêque. 1
Missionnaires. 31
Districts 12
Paroisses 51
Chrétientés 514

COCHINCHINE SEPTENTRIONALE

Population païenne. 2.000.000
Population chrétienne 28.040
Evêque. 1
Missionnaires. 23
Districts 5
Paroisses 33
Chrétientés 154

COCHINCHINE ORIENTALE

Population païenne 3.500.000
Population chrétienne 32.717
Evêque. 1
Missionnaires. 30
Districts 26
Chrétientés ou paroisses 214

COCHINCHINE OCCIDENTALE

Population païenne. 1.375.000
Population chrétienne 57.050
Evêque. 1
Missionnaires. 52
Districts 38
Chrétientés 220

CAMBODGE

Population païenne 1.700.000
Population chrétienne 21.130

Évêque 1
Missionnaires 29
Districts 22
Chrétientés 78

INDO-CHINE OCCIDENTALE

SIAM

Population païenne 7.000.000
Population chrétienne 22.000
Évêque 1
Missionnaires 39
Districts 38
Chrétientés 79

BIRMANIE MÉRIDIONALE

Population païenne 3.600.000
Population chrétienne 26.458
Évêque 1
Missionnaires 28
Districts 23
Chrétientés 70

BIRMANIE SEPTENTRIONALE

Population païenne 3.500.000
Population chrétienne 4.500
Évêque 1
Missionnaires 20
Districts 17
Chrétientés 44

MALACCA

Population païenne 1.200.000

Population chrétienne	17.511
Évêque	1
Missionnaires	27
Districts	20
Paroisses	23
Chrétientés	43

INDES

PONDICHÉRY OU COTE DE COROMANDEL

Population païenne	7.500.000
Population chrétienne	217.562
Archevêque	1
Missionnaires	88
Districts	72
Chrétientés . . . . . . environ	1.000

MAISSOUR

Population païenne	5.000.000
Population chrétienne	34.642
Évêque	1
Missionnaires	40
Districts	15
Paroisses	10
Chrétientés	65

COIMBATOUR

Population païenne	2.000.000
Population chrétienne	31.307
Évêque	1
Missionnaires	32
Districts	22
Chrétientés	117

CLERGÉ INDIGÈNE

Dans les Instructions que la Propagande donna en 1659 aux premiers Vicaires apostoliques de la Société, elle disait :

« La raison principale qui détermine la Sacrée Congrégation à vous envoyer dans les Missions en qualité d'évêque, est que vous vous efforciez par tous les moyens possibles d'instruire des jeunes gens, afin de les rendre capables d'être élevés au sacerdoce. » Fidèle à cette recommandation, la Société des Missions-Étrangères a ainsi formulé le 1er article de son règlement :

« La première vue que Dieu donna aux évêques et aux ecclésiastiques français qui se réunirent en Société, au milieu du XVIIe siècle, pour travailler à la conversion des infidèles dans les pays étrangers, et la principale intention du Saint-Siège en les envoyant dans les missions avec les titres de Vicaires apostoliques et de missionnaires, furent d'accélérer la conversion des gentils, non seulement en leur annonçant l'Évangile, mais surtout, en préparant par les meilleurs moyens possibles, et élevant à l'état ecclésiastique ceux des nouveaux chrétiens ou de leurs enfants qui seraient jugés propres à ce saint état, afin de former dans chaque pays un clergé et un ordre hiérarchique tel que Jésus-Christ et les apôtres l'ont établi dans l'Église. Ils avaient compris que c'est là l'unique moyen de fonder la religion sur des bases permanentes, et que, d'ailleurs, il est difficile que l'Europe fournisse perpétuellement des prêtres, qui sont longtemps à apprendre les langues, et qui, dans les persécutions, sont aisément reconnus, arrêtés, chassés ou mis à mort; au lieu que les prêtres du pays se cachent plus facilement, s'insinuent plus promptement, s'accréditent plus sûrement, et peuvent enfin mettre leur patrie en état de n'avoir plus besoin de secours étrangers. »

Le second article est la conséquence du premier : « Tous les ouvriers évangéliques qui appartiennent à la Société des Missions-Étrangères doivent donc comprendre aussi que leur principale fin, leur principale obligation est de s'appliquer à la formation d'un clergé indigène, aussitôt que, dans les lieux où ils travaillent, il y aura un nombre suffisant de chrétiens pour composer une Église et pouvoir en tirer des pasteurs. Pénétrés d'un esprit vraiment apostolique et n'ayant d'autre intérêt que celui de la religion, lorsqu'ils verront le clergé formé de manière à se perpétuer lui-même et les nouvelles Églises assez solidement établies pour pouvoir se conduire elles-mêmes et se passer de leur présence et de leurs soins, ils consentiront avec joie, si le Saint-Siège le juge à propos, à céder tous leurs établissements et à se retirer pour aller travailler ailleurs. »

Tel est l'ordre donné ; il est appliqué dans toutes les missions, mais il n'obtient pas partout les mêmes résultats, par suite du caractère, de l'éducation, des mœurs des habitants et des circonstances politiques ou religieuses.

Cinq missions sur vingt-sept, la Corée, le Kouang-si, Tokio, Osaka, Hakodaté ne comptent aucun prêtre indigène, parce que leur formation récente et les persécutions ne le leur ont pas permis.

Toutes les autres en possèdent et s'en réjouissent, en présence des services que ces dignes ouvriers leur rendent, de la stabilité qu'ils donnent aux Églises, dont ils sont les fils en même temps que les pasteurs.

Un grand nombre d'entre eux ont courageusement versé leur sang pour Jésus-Christ, et parmi ces derniers, 26 ont été déclarés Vénérables. Pour toutes ces raisons, il nous a paru bon de dresser un tableau spécial du clergé indigène dans chaque mission de la Société.

NAGASAKI
Prêtres indigènes 15

THIBET
Prêtres indigènes 1

MANDCHOURIE
Prêtres indigènes 5

SU-TCHUEN OCCIDENTAL
Prêtres indigènes 46

SU-TCHUEN ORIENTAL
Prêtres indigènes 33

SU-TCHUEN MÉRIDIONAL
Prêtres indigènes 10

YUN-NAN
Prêtres indigènes 8

KOUY-TCHEOU
Prêtres indigènes 8

KOUANG-TONG
Prêtres indigènes 11

TONKIN OCCIDENTAL
Prêtres indigènes 101

TONKIN MÉRIDIONAL
Prêtres indigènes 72

COCHINCHINE SEPTENTRIONALE
Prêtres indigènes 28

COCHINCHINE ORIENTALE

Prêtres indigènes 17

COCHINCHINE OCCIDENTALE

Prêtres indigènes 44

CAMBODGE

Prêtres indigènes 12

SIAM

Prêtres indigènes 12

BIRMANIE MÉRIDIONALE

Prêtres indigènes 10

BIRMANIE SEPTENTRIONALE

Prêtres indigènes 2

MALACCA

Prêtres indigènes 2

PONDICHÉRY

Prêtres indigènes 34

MAISSOUR

Prêtres indigènes 10

COIMBATOUR

Prêtres indigènes 6

CATÉCHISTES, RELIGIEUX ET RELIGIEUSES

Au-dessous du Clergé indigène, puisqu'ils n'ont pas le caractère sacerdotal, se placent les Catéchistes, les Religieux enseignants, les Religieuses européennes et indigènes. Tous sont les auxiliaires des missionnaires, mais à des titres divers. Les Religieux et les Religieuses européens ont été appelés par les Vicaires apostoliques ou par les missionnaires, ils ont été installés et aidés par eux, mais ils gardent leur autonomie; ils sont les auxiliaires dans les missions, comme ils le sont en France des évêques et des curés ; quelquefois même ils tiennent des établissements fondés par l'État : écoles ou hôpitaux.

Les Religieux et les Religieuses indigènes sont formés, entretenus, dirigés par la mission, ils lui appartiennent plus spécialement. Ils ne sont employés qu'à son service, dans les écoles, les orphelinats, les fermes, les couvents, les catéchuménats, les hôpitaux ; établissements qui tous sont les œuvres de la mission.

Parmi eux, on ne rencontre aucune congrégation d'hommes, sinon un commencement au Maïssour.

Les Catéchistes ne forment pas un institut religieux, les uns font des vœux temporaires de chasteté, les autres sont mariés, mais à quelque catégorie qu'ils appartiennent, ils ne font pas les vœux de pauvreté et d'obéissance et demeurent libres de rester dans leur état ou de le quitter.

Les Religieuses, au contraire, forment de véritables congrégations, avec leurs supérieures particulières, leurs règlements, leurs fonctions bien déterminées.

Il faut remarquer cependant que dans les missions du Su-tchuen, du Kouy-tcheou et du Kouang-tong, les Religieuses, connues sous le nom de Vierges chinoises, quoiqu'elles suivent un règlement uniforme, ne vivent pas en communauté, mais dans leur famille ; et sous ce rapport, elles ne peuvent être assimilées aux instituts de Religieuses dans les autres missions.

Ces auxiliaires des missionnaires sont ainsi répartis

TOKIO

Catéchistes 30

Religieux (Société de Marie[1]) : 1 couvent : 16 frères, 2 postulants indigènes.

Religieuses du Saint-Enfant Jésus (Dames de Saint-Maur) : 2 couvents : 19 européennes, 4 indigènes.

Religieuses de Saint-Paul de Chartres : 1 couvent : 11 religieuses européennes.

HAKODATÉ

Catéchistes 17

Religieuses de Saint-Paul de Chartres : 4 couvents : 20 européennes, 3 indigènes.

OSAKA

Catéchistes 51

Religieuses du Saint-Enfant Jésus (Chauffailles) : 13 européennes, 5 indigènes.

NAGASAKI

Catéchistes : 40 pour les infidèles, 160 pour les chrétiens.

Religieux (Société de Marie) : 1 couvent : 6 frères.

Religieuses du Saint-Enfant Jésus (Chauffailles) : 3 couvents : 8 européennes, 6 indigènes.

CORÉE

Catéchistes 10

Religieuses de Saint-Paul de Chartres : 1 couvent : 3 européennes, 1 chinoise, 18 postulantes indigènes.

THIBET

Vierges chinoises (en 2 couvents) 6

---

1. De la Société qui dirige le Collège Stanislas à Paris.

MANDCHOURIE

Catéchistes 105

Religieuses indigènes du Saint-Cœur de Marie : 2 couvents : 40 religieuses.

Religieuses indigènes (Vierges chinoises) : 203.

Religieuses de la Providence de Portieux : 2 couvents : 12 européennes, 20 indigènes.

SU-TCHUEN OCCIDENTAL

Catéchistes 70
Vierges chinoises 500

SU-TCHUEN ORIENTAL

Catéchistes 187
Vierges chinoises 300

SU-TCHUEN MÉRIDIONAL

Catéchistes 66
Vierges chinoises 260

YUN-NAN

Catéchistes 51
Vierges (en cinq couvents) 60

KOUY-TCHEOU

Catéchistes 76
Vierges chinoises 115

KOUANG-TONG

Catéchistes 195
Vierges chinoises 50

Religieuses européennes de Marie-Immaculée (1 couvent) : 5.

KOUANG-SI

Catéchistes et baptiseurs 21

TONKIN OCCIDENTAL

Catéchistes 530
Religieuses indigènes (Amantes de la Croix) : 20 couvents : 421 religieuses.
Religieuses européennes (Saint-Paul de Chartres) : 15 religieuses.

TONKIN MÉRIDIONAL

Catéchistes 224
Religieuses indigènes (Amantes de la Croix) : 8 couvents : 175 religieuses.

COCHINCHINE SEPTENTRIONALE

Catéchistes 13
Religieuses indigènes (Filles de la Sainte-Vierge) : 4 couvents : 297 religieuses.
Religieuses de Saint-Paul de Chartres : 1 couvent : 3 européennes, 8 indigènes.

COCHINCHINE ORIENTALE

Catéchistes 60
Religieuses indigènes (Amantes de la Croix) : 8 couvents : 230 religieuses.
Religieuses de Saint-Paul de Chartres : 1 couvent : 4 religieuses.

COCHINCHINE OCCIDENTALE

Frères des Ecoles chrétiennes : 1 couvent : 12 frères.
Religieuses indigènes (Filles de la Sainte-Vierge) : 4 couvents : 410 religieuses.
Religieuses du Carmel : 1 couvent : 6 européennes, 30 indigènes.
Religieuses de Saint-Paul de Chartres : 12 couvents : 70 européennes, 127 indigènes.

CAMBODGE

Catéchistes 30
    Religieuses indigènes (Sacré-Cœur de Marie) : 2 couvents : 35 religieuses.
    Religieuses de la Providence de Portieux : 1 couvent : 26 européennes, 60 indigènes.

SIAM

Catéchistes 65
    Religieuses indigènes (Amantes de la Croix) : 3 couvents : 58 religieuses.
    Religieuses du Saint-Enfant Jésus (Dames de Saint-Maur) : 1 couvent : 6 religieuses européennes.

BIRMANIE MÉRIDIONALE

Catéchistes 54
Frères 28
Religieuses du Bon-Pasteur 38
Religieuses de Saint-Joseph de l'Apparition . . 19

BIRMANIE SEPTENTRIONALE

Catéchistes 10
Religieuses de Saint-Joseph de l'Apparition . . 8

MALACCA

Catéchistes *31
    Frères de la Doctrine chrétienne : 2 couvents : 22 frères.
    Religieuses du Saint-Enfant Jésus (Dames de Saint-Maur) : 5 couvents : 54 religieuses européennes, 18 religieuses indigènes.

PONDICHÉRY

Catéchistes 160

Religieuses indigènes : Carmélites : 2 couvents : 49 religieuses.

Religieuses indigènes du Sacré-Cœur de Marie : 20 couvents : 180 religieuses.

Religieuses indigènes de Notre-Dame de Bon-Secours : 6 couvents : 62 religieuses.

Religieuses indigènes de Saint-Louis de Gonzague : 4 couvents : 33 religieuses.

Religieuses de Saint-Joseph de Cluny : 8 couvents : 45 européennes, 47 indigènes.

MAÏSSOUR

Catéchistes 23
Frères indigènes de Saint-Joseph. 2

Frères européens de l'Immaculée-Conception : 1 couvent : 3 novices.

Religieuses indigènes (Immaculée-Conception) : 1 couvent : 14 religieuses.

Religieuses du Bon-Pasteur : 2 couvents : 40 européennes.

Religieuses Magdeleines : 17 européennes, 4 indigènes.

Religieuses de Sainte-Marthe : 11 européennes.

Religieuses de Sainte-Anne : 49 européennes.

Religieuses de Saint-Joseph de Tarbes : 1 couvent : 17 européennes.

COIMBATOUR

Catéchistes 24
Religieux irlandais de Saint-Patrice : 1 couvent : 5 frères.

Religieuses indigènes (Présentation de la Sainte Vierge) : 7 couvents : 55 religieuses.

Religieuses Franciscaines Missionnaires de Marie : 2 couvents : 30 religieuses européennes.

ŒUVRES DE ZÈLE ET DE PRIÈRE

La première œuvre de zèle, après la formation du clergé indigène et la conservation des chrétiens, celle à laquelle s'attachent principalement les prêtres de la Société des Missions-Étrangères, est évidemment la conversion des païens. C'est pour arracher les âmes au démon et pour les conduire à Dieu que le missionnaire a quitté sa patrie et sa famille ! Dans sa prière de chaque jour, il répète la parole des saints et des apôtres : « Mon Dieu, donnez-moi des âmes. »

Il est bien rare, dans les missions d'Extrême-Orient, que cette prière ne soit pas exaucée, quand elle est faite avec un grand amour accompagné d'un travail actif.

Près de la conversion des infidèles se placent le baptême des enfants à l'article de la mort : « Laissez venir à moi les petits enfants, » disait le Sauveur; les missionnaires les lui conduisent. C'est non seulement une belle et sainte œuvre, c'est une œuvre de succès certain. La jeune âme, régénérée dans les eaux du baptême, s'envole souvent vers les hauteurs éternelles, revêtue de sa robe immaculée.

Dans un grand nombre de Vicariats, les prêtres doivent encore tourner leur zèle vers les égarés, ceux que l'erreur a enlacés, et qui, aveuglés par la demi-lumière dans laquelle ils vivent, sont souvent difficiles à ramener dans le chemin de la vérité.

Nous pouvons, nous semble-t-il, faire rentrer la construction des églises et des chapelles dans les œuvres de zèle, elle coûte beaucoup de peines et de sacrifices aux missionnaires et aux chrétiens. Quant aux pieuses industries particulières que les ouvriers évangéliques emploient pour opérer tout ce bien, nous n'avons pas l'intention de les énumérer, et d'ailleurs le pourrions-nous?

Elles sont multiples comme les manifestations de la grâce de Dieu.

Nous ne parlerons pas davantage des prédications nombreuses, souvent répétées plusieurs fois par jour, ni des catéchismes et des conférences, ni de tous ces actes qui sont le fond de la vie apostolique, et sans lesquels on ne la conçoit pas.

Nous indiquerons seulement les œuvres générales, confréries et associations, organisées d'après une autorisation régulière, sur un plan uniforme, et qui fonctionnent selon les règlements des vicariats.

Avant d'entrer dans le détail des œuvres des missions, nous devons signaler une œuvre de prière qui, sous le nom de prière perpétuelle, embrasse toute la Société des Missions-Étrangères.

Elle est née de la méditation de cette parole de Notre-Seigneur :

« Je vous le dis encore, si deux d'entre vous s'unissent pour demander quoi que ce soit, mon Père le leur accordera. Quand deux ou trois sont assemblés en mon nom, je me trouve au milieu d'eux. »

Le Compte rendu des travaux de la Société en 1885 fit connaître le désir exprimé par plusieurs d'établir la prière perpétuelle.

« Pour être agréée de Dieu, était-il dit[1], cette union de prières n'a sans doute pas besoin de revêtir parmi nous une forme particulière et déterminée. Il n'en est pas moins vrai que souvent, la forme extérieure est un garant d'exactitude et un stimulant pour la ferveur. Ensuite les besoins de l'heure présente sont si urgents et si multiples, que plusieurs se sont demandé s'il ne serait pas utile de donner parmi nous à la prière une organisation telle, que tous les jours de l'année et à

---

1. P. 140.

chaque heure du jour, il y eût un ou plusieurs membres de la Société, chargés de représenter tous les autres devant le trône de Dieu et d'implorer la divine miséricorde pour la Société entière. »

Depuis cette époque, ce projet a été mis à exécution.

Par suite de la différence de longitude entre Paris et les différentes missions d'Extrême-Orient, la prière est perpétuelle sans prendre sur les heures de la nuit.

Les 24 heures du jour sont réparties entre les 27 Vicariats de la Société, les établissements communs et le Séminaire de Paris.

Chaque mission doit remplir ce devoir officiel de la prière, quatre heures par semaine; chaque missionnaire une demi-heure, également par semaine; le Séminaire de Paris et celui de l'Immaculée-Conception de Bièvres avec les établissements généraux en France, ensemble huit heures par jour, qui correspondent aux heures de nuit dans les missions.

Il y a donc ainsi 150 prêtres ou lévites qui consacrent chaque jour une demi-heure à cette dévotion.

Outre la prière perpétuelle et générale pour la Société, les Vicariats ont chacun leurs confréries et associations pieuses; quelques-uns ont également des œuvres qui peuvent être rangées dans les œuvres de zèle ou dans celles de charité : telle que la Propagation de la Foi; nous les avons inscrites ici, parce qu'elles sont faites en faveur d'étrangers, et nous avons réservé pour le tableau des œuvres de charité, celles qui sont établies uniquement en faveur des missions où elles fonctionnent.

Nous allons donner le détail de ces œuvres en suivant cet ordre : Baptêmes d'adultes, baptêmes d'enfants de païens, conversions d'hérétiques avec le chiffre atteint dans la seule année 1892; le nombre des églises et des chapelles actuellement existantes, le nom des confréries et des associations.

HAKODATÉ

Baptêmes d'adultes	371
— d'enfants de païens	236
Conversions d'hérétiques	4
Eglises et chapelles	25

Confréries du Scapulaire de N.-D. du Mont-Carmel et du Rosaire vivant.

TOKIO

Baptêmes d'adultes	1.263
— d'enfants de païens	504
Conversions d'hérétiques	3
Eglises et chapelles	40

Confréries du Saint-Sacrement, du Sacré-Cœur, de la Sainte-Face, de N.-D. du Mont-Carmel, du Saint-Rosaire, du Rosaire vivant, des Enfants de Marie.

Œuvre de la Sainte-Enfance.

OSAKA

Baptêmes d'adultes	510
— d'enfants de païens	145
Conversions d'hérétiques	30
Eglises et chapelles	39

Confréries du Rosaire et du Scapulaire.

NAGASAKI

Baptêmes d'adultes	662
— d'enfants de païens	281
Conversions d'hérétiques	8
Eglises et chapelles	81

Confréries du Saint-Rosaire, du Mont-Carmel, de la Sainte-Face, Apostolat de la prière, Scapulaires de l'Immaculée Conception et de la Passion.

Œuvres de la Propagation de la Foi et de la Sainte-Enfance.

CORÉE

Baptêmes d'adultes	1.443
— d'enfants de païens	1.340
Eglises et chapelles	13

Confréries du Saint-Rosaire et du Sacré-Cœur.
Œuvre de la Propagation de la Foi.

THIBET

Baptêmes d'adultes	25
— d'enfants de païens	531

Société du Bon-Pasteur : elle donne des secours pour la célébration des fêtes, l'éducation chrétienne des enfants et l'assistance des indigents. — Une seconde Société s'occupe des mariages et des enterrements. Chaque sociétaire donne 600 sapèques au chrétien associé qui se marie ou marie un des siens, également 600 sapèques pour l'enterrement d'un membre associé ou d'un de ses parents. — Une troisième Société existe en faveur des âmes du Purgatoire. A la mort de chaque membre, 4 messes sont célébrées pour le repos de l'âme du sociétaire, et, autant que les ressources le permettent, ordinairement une fois par mois, une messe est célébrée pour les âmes du Purgatoire, en particulier pour l'âme des sociétaires défunts.

MANDCHOURIE

Baptêmes d'adultes	535
— d'enfants de païens	6.834
Eglises et chapelles	152

Confréries du Saint-Rosaire et du Sacré-Cœur.
Œuvres de la Propagation de la Foi et de la Sainte-Enfance.

SU-TCHUEN OCCIDENTAL

Baptêmes d'adultes	1.095
— d'enfants de païens	32.919

Eglises et chapelles 54
Confréries du Saint-Rosaire et du Sacré-Cœur.

SU-TCHUEN ORIENTAL

Baptêmes d'adultes 1.580
— d'enfants de païens 28.518
Eglises ou chapelles 64
Confréries du Saint-Rosaire et du Sacré-Cœur.

SU-TCHUEN MÉRIDIONAL

Baptêmes d'adultes 1.250
— d'enfants de païens 31.300
Eglises ou chapelles 42
Confréries du Saint-Rosaire, du Sacré-Cœur, du Saint-Cœur de Marie, de N.-D. du Mont-Carmel.

Œuvres de la Propagation de la Foi et de la Sainte-Enfance.

YUN-NAN

Baptêmes d'adultes 457
— d'enfants de païens 4.508
Eglises ou chapelles 53
Confréries du Scapulaire, du Rosaire, de la Sainte-Trinité qui prie pour le salut des infidèles, du Sacré-Cœur et de N.-D. des Victoires. La Société de la Bonne-Mort donne aux pauvres des secours qui varient suivant les stations.

KOUY-TCHEOU

Baptêmes d'adultes 419
— d'enfants de païens 4.956
Eglises ou chapelles 77
Confréries du Rosaire, du Scapulaire du Mont-Carmel, du Sacré-Cœur de Jésus, du Saint-Cœur de Marie, de la Bonne-Mort.

Œuvre de la Sainte-Enfance.

KOUANG-TONG

Baptêmes d'adultes 715
— d'enfants de païens 16.910
Eglises ou chapelles 140
Confréries du Saint-Rosaire et du Sacré-Cœur.
Œuvres de la Propagation de la Foi et de la Sainte-Enfance.

KOUANG-SI

Baptêmes d'adultes 32
— d'enfants de païens 173
Eglises ou chapelles 14
Confrérie du Sacré-Cœur.

TONKIN OCCIDENTAL

Baptêmes d'adultes 6.453
— d'enfants de païens 25.655
Conversions d'hérétiques 4
Eglises ou chapelles 885
Confréries du Saint-Rosaire, du Sacré-Cœur et de la Bonne-Mort formées exclusivement par les Dames françaises.

TONKIN MÉRIDIONAL

Baptêmes d'adultes 1.620
— d'enfants de païens 4.070
Eglises ou chapelles 300
Confréries de N.-D. du Mont-Carmel, du Saint-Cœur de Marie, érigées par ordonnance de Mgr Retord du 10 juin 1843, du Saint-Rosaire.

COCHINCHINE SEPTENTRIONALE

Baptêmes d'adultes 1.811
— d'enfants de païens 7.468
Eglises ou chapelles 100

Confréries du Saint-Cœur de Marie, de N.-D. du Mont-Carmel.

COCHINCHINE ORIENTALE

Baptêmes d'adultes	3.026
— d'enfants de païens	3.048
Eglises ou chapelles	219

Confrérie du Saint-Rosaire.

COCHINCHINE OCCIDENTALE

Baptêmes d'adultes	1.512
— d'enfants de païens	4.865
Eglises ou chapelles	206

Confréries du Saint-Sacrement et adoration dominicale, du Saint-Rosaire.

Œuvre de la Sainte-Enfance.

CAMBODGE

Baptêmes d'adultes	882
— d'enfants de païens	3.350
Eglises ou chapelles	76

Confrérie de N.-D. du Mont-Carmel.

SIAM

Baptêmes d'adultes	1.553
— d'enfants de païens	1.327
Conversions d'hérétiques	4
Eglises ou chapelles	53

Confréries du Saint-Rosaire et du Sacré-Cœur.

Œuvre de la Sainte-Enfance.

BIRMANIE MÉRIDIONALE

Baptêmes d'adultes	1.246
— d'enfants de païens	31
Conversions d'hérétiques	17

Eglises ou chapelles 63
Confréries du Scapulaire, du Sacré-Cœur, Apostolat de la Prière.

BIRMANIE SEPTENTRIONALE

Baptêmes d'adultes 302
— d'enfants de païens 68
Conversions d'hérétiques. 8
Eglises ou chapelles 26
Confréries du Scapulaire, du Sacré-Cœur, Apostolat de la Prière.

MALACCA

Baptêmes d'adultes 1.678
— d'enfants de païens 222
Conversions d'hérétiques 23
Eglises ou chapelles 43
Confréries du Saint-Rosaire et du Sacré-Cœur.
Œuvres du Denier de Saint-Pierre, de la Propagation de la Foi et de la Sainte-Enfance.

PONDICHÉRY

Baptêmes d'adultes 5.905
— d'enfants de païens 1.801
Conversions d'hérétiques 247
Eglises ou chapelles 630
Confréries du Saint-Sacrement, du Saint-Rosaire, du Sacré-Cœur.
Œuvres de la Propagation de la Foi et de la Sainte-Enfance.

MAÏSSOUR

Baptêmes d'adultes 604
— d'enfants de païens 191
Conversions d'hérétiques 73
Eglises ou chapelles 82
Confréries du Saint-Rosaire, du Sacré-Cœur, de Saint-

Joseph, du Mont-Carmel, Tiers-Ordre de Saint-François d'Assise.

Œuvres du Denier de Saint-Pierre, de la Propagation de la Foi et de la Sainte-Enfance.

COIMBATOUR

Baptêmes d'adultes	486
— d'enfants de païens	506
Conversions d'hérétiques	43
Eglises ou chapelles	88

Confréries du Saint-Sacrement, du Saint-Rosaire, des Enfants de Marie, des Saints-Anges, du Sacré-Cœur, du Scapulaire du Mont-Carmel, du Tiers-Ordre de Saint-François.

Œuvres du Denier de Saint-Pierre, de la Propagation de la Foi et de la Sainte-Enfance.

ŒUVRES D'ÉDUCATION

La première des œuvres d'éducation, dont s'occupe la Société des Missions-Étrangères, est évidemment l'établissement et la direction des séminaires nécessaires à la création et à la formation d'un clergé indigène.

Chaque mission a un ou plusieurs séminaires. Dans les petits séminaires, les études latines sont complètes, les autres sciences, sans être étudiées autant qu'en France, ne sont pas négligées. Les grands séminaires sont installés sur le modèle des nôtres.

Près des séminaires, les prêtres de la Société ont élevé des établissements d'éducation pour les jeunes gens qui ne se destinent pas au sacerdoce et pour les jeunes filles.

Nous voyons dans nos pays d'Occident les efforts qui sont faits chaque jour pour répandre l'instruction et pour en élever le niveau.

Les missionnaires ont mis la main à cette œuvre, il y a longtemps; s'ils n'ont pas marché aussi vite qu'ils le désirent, c'est que les ressources leur manquent. Néanmoins les résultats de leurs travaux sont assez grands. La situation de toutes les missions, sans doute, ne leur permet pas d'établir des collèges dont les études puissent rivaliser avec celles d'Europe; il serait aujourd'hui absolument impossible d'en avoir en Chine ou au Thibet, également dans certains Vicariats nouveaux ou composés d'un petit nombre de chrétiens; mais dans l'Inde, dans l'Indo-Chine et le Japon il en est autrement; et par elles-mêmes ou par des auxiliaires, ces missions possèdent des établissements qui peuvent soutenir la comparaison avec ceux d'Europe.

Il y a également quelques écoles professionnelles pourvues d'ateliers, où les jeunes indigènes apprennent différents métiers : photographie, imprimerie, menuiserie, etc., des ouvroirs qui enseignent aux jeunes filles la couture et la broderie.

Mais près de ces collèges et de ces pensionnats où l'instruction est supérieure, près de ces ateliers qui mettent les élèves en état de gagner honorablement leur vie, il y a, non seulement dans les missions qui jouissent de la liberté complète et que peuvent habiter des religieuses européennes, mais dans toutes les missions de la Société depuis les Indes jusqu'au Thibet, des écoles élémentaires tenues par des catéchistes ou des religieuses indigènes.

Nous n'avons pas à revenir sur les avantages qu'offrent les écoles, nous avons entendu les Vicaires apostoliques et les missionnaires les énumérer longuement. Tout ce qu'ils ont dit peut se résumer dans ces paroles de la Propagande, que « rien n'est plus efficace pour établir fortement la foi et pour honorer la religion ». (Instruction de 1845.)

Une œuvre nécessaire, si l'on veut que l'école réussisse et donne au dedans et au dehors tous les résultats que l'on s'en promet, est la publication d'ouvrages classiques, de livres de piété et de propagande.

« Les livres continuent l'enseignement, » disait M. Moÿe, et plus récemment le synode de Pondichéry proclamait « la nécessité d'en composer et d'en imprimer beaucoup ». Les missions ont donc installé des imprimeries, qui possèdent les caractères de la langue indigène, et souvent les caractères latins accentués de différentes manières, afin d'indiquer la tonalité et la prononciation des mots.

Voici la statistique des séminaires, des collèges, des écoles et des imprimeries des missions de la Société, avec l'indication des établissements tenus par les Religieux ou les Religieuses d'Europe ; chaque fois que cette indication n'existe pas, c'est que les établissements sont dirigés par les missionnaires, les prêtres indigènes, les catéchistes ou les religieuses indigènes du Vicariat.

Nous donnons également le nom d'un certain nombre d'ouvrages publiés par les missionnaires.

HAKODATÉ

4 séminaristes à Nagasaki.
3 écoles primaires : 282 élèves.
Religieuses de Saint-Paul de Chartres : 4 écoles : 154 élèves.

TOKIO

1 séminaire : 2 élèves. 4 élèves à Nagasaki.
L'école cléricale de Tokio est actuellement vacante, les nouvelles admissions à Nagasaki n'ayant lieu que dans 3 ans.
4 ateliers : 37 élèves. Métiers enseignés : boulanger, charpentier, tailleur, cordonnier.

15 écoles primaires : 620 élèves.

Frères de la Société de Marie[1] : 1 collège : 119 élèves.

Religieuses de Saint-Paul de Chartres : 1 pensionnat : 44 élèves. 1 école : 101 élèves. 1 ouvroir : 21 élèves.

Religieuses du Saint-Enfant Jésus (Dames de Saint-Maur) : 2 pensionnats : 80 élèves. 3 écoles : 467 élèves. 2 ouvroirs : 19 élèves.

1 petite imprimerie pour les circulaires et les brochures de la mission.

OSAKA

6 séminaristes à Nagasaki.

10 écoles : 479 élèves.

Les religieuses du Saint-Enfant Jésus de Chauffailles tiennent 4 de ces écoles.

Un journal bi-mensuel, *Le Ko-ye* (la Voix).

NAGASAKI

1 grand séminaire : 18 élèves. 1 petit séminaire : 40 élèves.

1 école de catéchistes : 12 élèves.

7 écoles primaires : 500 élèves.

Frères de la Société de Marie : 1 collège : 50 élèves qui suivent le programme de l'enseignement secondaire (français, anglais, allemand, japonais).

Religieuses du Saint-Enfant Jésus de Chauffailles : 3 écoles : 180 élèves. 2 ouvroirs : 100 élèves.

CORÉE

1 séminaire : 33 élèves.

Religieuses de Saint-Paul de Chartres : 1 ouvroir : 50 élèves. 1 atelier : 30 apprentis.

---

1. De la Société qui dirige le Collège Stanislas à Paris.

1 imprimerie en caractères latins, a publié le Coutumier de la mission rédigé par Mgr Blanc.

1 imprimerie en caractères du pays. Publications principales : Livre de prières, 4 volumes, traduit du chinois par Mgr Imbert. — Catéchisme, traduction du catéchisme de Pékin, revue par Mgr Berneux. — Pensez-y bien, 2 volumes. — Le droit chemin du ciel. — Rituel (soins des mourants, sépulture); ces ouvrages ont été traduits par Mgr Daveluy. — Préparation au baptême. — Manuel des pénitents. — Examen de conscience. — Doctrine des sept sacrements.

Exposé sommaire de la religion pour les païens, 2 volumes, par un chrétien coréen, Augustin Tyeng, martyr de 1801. — Histoire sainte (ancien et nouveau Testament), 2 volumes. — Explication des principales fêtes, 4 volumes. — Mois de saint Joseph, 1 volume. — Méditation sur la Passion, 1 volume. — Principales vérités (catéchismes des vieillards), 1 volume. Ces ouvrages ont été traduits du chinois par Mgr Blanc. — Mois de Marie, 1 vol., traduit du chinois par M. Robert.

Explication des Evangiles des dimanches et fêtes, 9 ou 10 volumes, traduits du chinois, revus par Mgr Mutel, en cours de publication.

THIBET

1 séminaire : 12 élèves. 14 écoles : 192 élèves.

Livre de prières. — Catéchisme. — Vie de Notre-Seigneur. — Introduction à la religion catholique. — Dictionnaire thibétain-français-latin-anglais, lithographié par M. Desgodins.

MANDCHOURIE

Grand séminaire : 30 élèves. Petit séminaire : 12 élèves. 2 collèges : 42 élèves.

47 écoles tenues par les employés de la mission :

638 élèves. 4 ateliers : 45 élèves, où l'on enseigne la cordonnerie, le tissage, la menuiserie, la culture.

48 écoles tenues par les Vierges chinoises : 732 élèves.

Religieuses de la Providence de Portieux : 6 écoles : 417 élèves. 2 ouvroirs.

SU-TCHUEN OCCIDENTAL

Grand séminaire : 45 élèves. Petit séminaire : 60 élèves.

213 écoles tenues par les employés de la mission : 3,616 élèves. 4 ateliers : 60 élèves (tailleurs, menuisiers).

150 écoles tenues par les Vierges chinoises : 2,000 élèves.

1 imprimerie en caractères du pays. Publications principales : Catéchisme, — Rituel, — Paroissien, — Vie des Saints, — Différents livres de piété à la portée des chrétiens de la campagne.

SU-TCHUEN ORIENTAL

Grand séminaire : 25 élèves. 2 petits séminaires : 62 élèves.

55 écoles tenues par les employés de la mission : 1,069 élèves. 81 écoles tenues par les Vierges chinoises : 945 élèves.

1 imprimerie en caractères latins. Publications principales : Grammaire latine, par M. Gourdon. — Meditationes ad usum alumnorum missionis Tchouan-tong, par M. Blettery, provicaire. — Sermons de Mgr Pérocheau.

1 imprimerie en caractères chinois pour l'impression de tous les livres de prière et de doctrine en usage dans la mission et qui sont très nombreux.

SU-TCHUEN MÉRIDIONAL

Grand séminaire : 45 élèves. Petit séminaire : 30 élèves. 67 écoles : 1,330 élèves.

1 petite imprimerie en caractères latins pour les imprimés du service courant. 1 imprimerie en caractères chinois pour l'impression des livres de prières et d'instruction de première nécessité.

YUN-NAN

Séminaire : 23 élèves. 49 écoles : 951 élèves.

1 imprimerie en caractères chinois. Publications principales : Calendriers — Catéchisme — Livres de prières.

KOUY-TCHÉOU

Grand séminaire : 9 élèves. Petit séminaire : 12 élèves Ecole cléricale : 14 élèves.

80 écoles sous la direction des employés de la mission : 1,000 élèves. 40 écoles-ouvroirs tenues par les Vierges chinoises : 600 élèves.

1 imprimerie en caractères chinois.

Publications principales : Anciens livres de doctrine et de prières du Su-tchuen.

KOUANG-TONG

Grand séminaire : 30 élèves. Petit séminaire : 20 élèves.

125 écoles tenues par les employés de la mission : 1,700 élèves. 1 atelier de couture : 60 élèves.

Sœurs de Marie-Immaculée, à Canton, 1 école qui reçoit par an plus de 1,000 élèves. 1 ouvroir avec 50 élèves.

KOUANG-SI

1 école cléricale : 1 élève. 6 écoles : 47 élèves.

TONKIN OCCIDENTAL

1 séminaire de théologie : 30 élèves. 2 séminaires de latin : 326 élèves. 54 écoles cléricales. 2 écoles

de catéchistes : 38 élèves. 1 collège : 200 élèves. 524 écoles : 6,280 élèves.

1 imprimerie en caractères latins.

Publications principales : Dictionnaire annamite-latin, par Mgr Theurel. — Dictionnaire latin-annamite, par M. Ravier. — Catéchisme, par Mgr Longer. — Doctrine chrétienne de Lhomond, par M. Serard. — Réfutation du paganisme et démonstration du christianisme. — Traité sur les sacrements. — Les Quatre Evangiles, par M. Vénard. — Quelques sermons tirés de Bourdaloue. — Memoriale vitae sacerdotalis. — Selva. — Le prêtre à l'autel. — La Mère de Dieu. — Mois de Marie. — Mois du Sacré-Cœur. Ces ouvrages ont été traduits par M. Cadro. — L'Imitation de Notre-Seigneur Jésus-Christ traduit par M. Pinabel. — Livre des prières en usage dans la mission. — Histoire de l'Église, par M. Ravier. — Manuels classiques à l'usage des élèves des petits séminaires, par MM. Fautrat et Ravier. — Manuels à l'usage des élèves du collège tenu par la mission, par MM. Robert Amb., Drouet et Bon. — Sous presse : Compendium de Théologie morale.

1 imprimerie en caractères annamites.

Publications principales : Recueil d'homélies pour tous les dimanches de l'année. — Catéchisme. — Livre de prières. — Livre de Méditations. — Fins dernières. — Réfutation du paganisme et démonstration du christianisme. — Traité sur les sacrements. — Perfection chrétienne. — Combat spirituel. — Traité sur les commandements de Dieu et de l'Église. — Doctrine chrétienne de Lhomond. — Quelques sermons de Bourdatoue.

1 lithographie.

1 papeterie pour la confection du papier annamite.

TONKIN MÉRIDIONAL

Grand séminaire : 20 élèves. Petit séminaire : 200 élèves. 1 école pour former les catéchistes : 25 élèves.

64 écoles tenues par les employés de la mission : 2,384 élèves. 3 ateliers : 67 élèves, où l'on enseigne la culture, la couture, l'élevage du ver à soie.

6 écoles tenues par les Amantes de la Croix (indigènes) : 127 élèves.

1 imprimerie en caractères annamites.

Publications principales : Calendrier. — Livres de prières. — Catéchisme de Mgr Longer. — 31 Méditations. — Méditations sur la Passion de Notre-Seigneur Jésus-Christ.

COCHINCHINE SEPTENTRIONALE

Grand séminaire : 13 élèves. Petit séminaire : 85 élèves.

4 écoles tenues par les employés de la mission : 115 élèves.

15 écoles tenues par les Filles de la Sainte-Vierge (indigènes[1]) : 455 élèves.

COCHINCHINE ORIENTALE

Grand séminaire : 10 élèves. Petit séminaire : 84 élèves. 1 école pour les catéchistes : 10 élèves.

Dans le compte rendu de cette mission, la statistique des écoles n'est pas séparée de celle des orphelinats, c'est pourquoi nous l'avons portée aux Œuvres de Charité.

COCHINCHINE OCCIDENTALE

Grand séminaire : 61 élèves. Petit séminaire : 112 élèves.

31 écoles tenues par les employés de la mission :

---

1. Elles portaient autrefois le nom d'Amantes de la Croix, de même qu'en Cochinchine occidentale et au Cambodge.

1,778 élèves. 80 écoles tenues par les Filles de la Sainte-Vierge (indigènes) : 3,200 élèves.

Frères des Écoles chrétiennes : 1 collège : 263 élèves.

Religieuses de Saint-Paul de Chartres : 1 pensionnat : 180 élèves. 6 écoles : 1,431 élèves.

1 imprimerie en caractères latins.

Publications principales : Un dictionnaire français-annamite et un dictionnaire annamite-français. — Manuel de conversation française-annamite. — Notions pour servir à l'étude de l'annamite ; tous par Mgr Caspar. — Livres de Géographie et d'Histoire. — Livres de Doctrine. — Les Évangiles. — Vie des Saints. — Grand et petit catéchisme. — Pensez-y bien. — L'examen particulier... etc. — Le total dépasse 60 ouvrages.

CAMBODGE

1 séminaire : 75 élèves. 56 écoles : 3,677 élèves.

5 écoles tenues par les Religieuses indigènes lu Saint-Cœur de Marie : 320 élèves.

Religieuses de la Providence de Portieux : 1 pensionnat : 20 élèves. 3 ouvroirs : 180 élèves.

SIAM

Grand séminaire : 18 élèves. Petit séminaire : 46 élèves.

1 collège : 223 élèves. 1 école pour les catéchistes : 7 élèves.

24 écoles tenues par les employés de la mission : 1,403 élèves.

23 écoles tenues par les Amantes de la Croix : 1,381 élèves.

Religieuses du Saint-Enfant Jésus (Dames de Saint-Maur) : 1 pensionnat : 92 élèves.

1 imprimerie en caractères latins.

Publications principales : Paroissien ou livre de

prières. — Livre de Méditations. — Vie des Saints et livre de controverses religieuses, par Mgr Pallegoix. — Catéchisme. — Chants religieux. — Poèmes, par Pascal, chef civil et militaire des chrétiens. — Imitation de Notre-Seigneur, par M. Joseph, prêtre indigène. — Histoire sainte et ancien Testament. — Le chemin du ciel, par M. Grandjean. — Dictionnaire siamois-français-anglais et Dictionnaire latin-siamois, par Mgr Pallegoix. — Vocabulaire anglais-siamois.

1 imprimerie pour la publication des mêmes ouvrages en caractères siamois.

BIRMANIE MÉRIDIONALE

1 séminaire : 47 élèves. 48 écoles : 3,280 élèves.

Frères des Ecoles chrétiennes : 2 pensionnats et écoles et 1 école professionnelle.

Religieuses du Bon-Pasteur : 2 pensionnats et écoles.

Religieuses de Saint-Joseph de l'Apparition : 1 pensionnat.

1 imprimerie en caractères latins et birmans.

Publications principales : Epîtres. — Evangiles. — Homélies. — Vie de saint François Xavier. — Vie de Notre-Seigneur. — Recueil d'hymnes et de cantiques.

BIRMANIE SEPTENTRIONALE

1 séminaire : 11 élèves. 25 écoles : 660 élèves.

Religieuses de Saint-Joseph de l'Apparition : 1 pensionnat et école.

MALACCA

Cette mission n'a pas de séminaire particulier, elle envoie ses séminaristes au Séminaire général de Pinang situé sur son territoire (11 élèves).

11 écoles tenues par des maîtresses indigènes : 375 élèves. 6 écoles et 6 ouvroirs : 230 élèves.

Frères des Écoles chrétiennes : 2 pensionnats . . 700 élèves.

Religieuses du Saint-Enfant Jésus (Dames de Saint-Maur) : 3 pensionnats : 175 élèves. 3 écoles : 800 élèves. 3 ouvroirs : 250 élèves.

PONDICHÉRY

Grand séminaire : 22 élèves. Petit séminaire : 25 élèves.

4 collèges tenus par les missionnaires : 1,075 élèves. 87 écoles tenues par les employés de la mission : 2,437 élèves. 23 écoles tenues par les Religieuses indigènes du Saint-Cœur de Marie : 1,759 élèves. 6 écoles tenues par les Religieuses indigènes de Notre-Dame de Bon-Secours : 300 élèves. 5 écoles tenues par les Religieuses indigènes de Saint-Louis de Gonzague : 370 élèves.

Religieuses de Saint-Joseph de Cluny : 2 pensionnats : 155 élèves. 9 écoles : 684 élèves. 4 ouvroirs : 140 élèves.

1 imprimerie en caractères latins.

Publications principales : Dictionnaire tamoul-français, par MM. Mousset et Dupuis. — Dictionnaires français-tamoul, et latin-tamoul, par M. Mousset. — Vocabulaire français-tamoul et tamoul-français, par M. Lap. — Grammaire française-tamoule, par M. Lap. — Directoire de la mission, par Mgr Laouënan. — Du brahmanisme et de ses rapports avec le judaïsme et le catholicisme, par Mgr Laouënan, etc.

1 imprimerie en caractères du pays.

Publications principales : Quatre Recueils de prières. — Mois du Sacré-Cœur, par M. Analoysius, prêtre indigène. — Imitation de Jésus-Christ, par le même. — Mois de Marie et Notre-Dame de Lourdes, par M. Bottero. — Trésor spirituel. — Traité sur les vertus domestiques. — Traité de la perfection chrétienne. — Examen des religions anciennes, par M. Dupuis, etc.

MAISSOUR

Séminaire : 15 élèves, 1 collège affilié à l'Université de Madras : 350 élèves.

40 écoles tenues par les employés de la mission : 1,800 élèves.

1 école tenue par les Religieuses indigènes de l'Immaculée-Conception : 20 élèves.

Religieuses de Saint-Joseph de Tarbes : 1 école : 130 élèves.

Religieuses du Bon-Pasteur : 2 pensionnats : 105 élèves. 5 écoles : 230 élèves.

COIMBATOUR

Grand séminaire : 4 élèves. Petit séminaire : 8 élèves. 1 collège affilié à l'Université de Madras, tenu par les missionnaires : 394 élèves.

42 écoles tenues par les employés de la mission : 1,400 élèves.

12 écoles tenues par les Religieuses indigènes de la Présentation : 500 élèves.

Frères de Saint-Patrice : 1 collège : 84 élèves.

Religieuses franciscaines missionnaires de Marie : 2 pensionnats : 75 élèves. 4 écoles : 150 élèves.

ŒUVRES DE CHARITÉ

« Les racines[1] de notre vie sont au ciel. Que la prière y monte, comme pour les arroser et en tire une sève plus abondante, c'est bien, c'est nécessaire ; mais cette vie pousse ses rameaux ici-bas, et, même après la racine arrosée, ces branches nombreuses, fragiles, souvent exposées, y ont besoin d'une culture spéciale. Une part très principale en revient à la charité, elle y pourvoit surtout par les œuvres. Dieu entend

---

1. *La Vie et les Vertus chrétiennes*, vol. 3, p. 320. Mgr Gay.

faire de notre activité un organe régulier de sa douce providence. Au fait, il veut en nous, et par nous, continuer d'être le serviteur des hommes. C'est ce qu'il a été d'abord en Jésus, un serviteur public, un serviteur universel, c'est ce qu'il a été ensuite dans les Apôtres, Pierre, Paul, Jean, les douze, ceux que les douze élurent et envoyèrent, c'étaient des serviteurs : ils prenaient ce titre partout ; il n'y en avait pas un autre dont ils fussent aussi fiers. » Afin d'imiter autant que possible ceux qui seront toujours leurs irréalisables modèles, les ouvriers apostoliques ont créé des œuvres multiples pour secourir le corps, ce qui est une façon d'atteindre les âmes, de manifester la vérité de la foi faisant éclater les merveilles de la charité.

Naturellement cette charité s'incline vers la faiblesse ; l'homme est faible à toutes les époques de sa vie, sans doute, mais plus particulièrement dans l'enfance, dans la maladie et dans la vieillesse ; les missionnaires ont donc établi des orphelinats où ils recueillent les petits païens abandonnés par leurs parents et les chrétiens sans familles ; des hôpitaux dans lesquels ils reçoivent les malades sans rétribution aucune et sans distinction de religion ; des asiles de vieillards pour permettre aux malheureux de passer leurs derniers jours dans le calme et la paix.

Les orphelinats réguliers ne fonctionnent que depuis la fondation de la Sainte-Enfance ; avant cette œuvre bénie, les missionnaires ne pouvaient les établir à cause de la pénurie de leurs ressources ; ils confiaient les enfants recueillis aux meilleures familles chrétiennes, qui les élevaient tantôt gratuitement, tantôt moyennant une légère rétribution, c'est ainsi d'ailleurs qu'ils agissent encore lorsque les orphelinats sont trop éloignés ou trop petits ou que, pour des raisons particulières, ils préfèrent les familles à l'orphelinat.

Dès les origines de la Société, nous avons vu des missionnaires, en particulier M. Paumard à Siam, M. Langlois en Cochinchine, prodiguer leurs soins aux malades, leur donner des remèdes, établir même des hôpitaux et y recevoir les malheureux. Cette tradition s'est conservée, et avec le nombre des missionnaires, la liberté et les ressources, ces établissements se sont développés et multipliés. Il est bien peu de Vicariats de la Société qui ne possèdent des hôpitaux, des asiles de vieillards tenus par les religieuses européennes ou indigènes ou directement par les missionnaires.

Parmi ces derniers, plusieurs, émus du spectacle affligeant qu'offrent les lépreux, ont fondé pour eux des hôpitaux spéciaux et les entourent des soins les plus vigilants.

Cette charité non plus n'est pas nouvelle ; nous avons vu qu'au Tonkin occidental, en pleine persécution, Mgr Retord recevait des secours du gouvernement annamite pour les lépreux dont la mission prenait soin.

Il est bon de faire remarquer qu'au Tonkin, et parfois en Chine, les léproseries n'affectent pas le caractère d'un hôpital. Les lépreux sont réunis en famille dans des villages particuliers, chacun à sa demeure, et rien, sinon l'affreuse maladie qui les ronge et les secours que le prêtre leur donne, ne distingue leur situation de celle des autres chrétiens.

En Chine, les asiles de vieillards ressemblent plutôt à une cité ou à un établissemeut de petits ménages qu'à un hospice. Les malheureux que les missionnaires accueillent ont leurs maisons particulières qu'ils peuvent habiter avec leurs femmes et leurs enfants infirmes.

Les pharmacies existent surtout dans l'empire du Milieu, elles sont tenues par des médecins chrétiens et distribuent gratuitement des ordonnances et des remèdes. Elles sont un des moyens dont se sert l'apostolat pour pénétrer dans les villes ou dans les gros villages complètement païens.

De même que pour les collèges et les pensionnats, chaque fois que nous n'indiquons pas quels religieuses ou religieux européens dirigent les établissements de charité, ils sont tenus directement par les missionnaires ou par les employés de la mission.

HAKODATÉ

1 orphelinat (en voie de formation) : 17 enfants.
Religieuses de Saint-Paul de Chartres : 2 orphelinats : 140 enfants. 4 pharmacies (80,000 personnes secourues chaque année).

TOKIO

1 orphelinat : 129 enfants. 1 asile : 25 vieillards. 1 léproserie : 75 lépreux.
Religieuses de Saint-Paul de Chartres : 1 orphelinat : 164 enfants. 1 pharmacie (environ 1,000 personnes secourues par an et visitées à domicile).
Religieuses du Saint-Enfant Jésus (Dames de Saint-Maur) : 2 orphelinats : 681 enfants. 2 pharmacies (100 à 150 personnes secourues par an). 2 hôpitaux : 95 lits.

OSAKA

Religieuses du Saint-Enfant Jésus de Chauffailles : 5 orphelinats : 339 enfants. 4 pharmacies.

NAGASAKI

1 orphelinat tenu par les missionnaires : 20 enfants.
4 orphelinats tenus par les employés de la mission : 175 enfants. 2 pharmacies (150 personnes secourues par an). 1 dispensaire (6 à 700 personnes secourues par an).
Religieuses du Saint-Enfant Jésus de Chauffailles : 2 orphelinats : 105 enfants.

Il y a dans la mission 8 communautés comprenant 200 femmes vivant de leur travail et qui ne sont liées par aucun vœu, elles donnent l'instruction religieuse, visitent les malades surtout en temps d'épidémie, recherchent et baptisent les enfants païens moribonds, donnent asile aux jeunes filles avant leur mariage.

CORÉE

1 orphelinat tenu par les employés de la mission : 12 enfants. 1 asile : 15 vieillards.

Religieuses de Saint-Paul de Chartres : 1 orphelinat : 168 enfants.

Trois Associations de secours mutuels : 1° deux associations dites « de la Charité », une à Séoul et une à Taï-kou, formées dans le but d'aider à la sépulture des chrétiens pauvres, chacun des membres verse annuellement une petite cotisation qui est capitalisée. Les intérêts permettent de donner un secours à la famille du défunt membre de l'Association. Environ 300 membres. 2° Association des Ecoles. — Un capital, fourni en grande partie par le missionnaire, est placé à intérêts, la rente sert à l'entretien des écoles. Chacun des enfants participants verse annuellement une petite cotisation.

THIBET

5 pharmacies.

MANDCHOURIE

12 orphelinats : 570 enfants. 19 pharmacies : 1 hôpital : 18 lits.

Religieuses de la Providence de Portieux : 4 orphelinats : 548 enfants. 2 pharmacies. 2 hôpitaux : 100 lits.

SU-TCHUEN OCCIDENTAL

3 orphelinats tenus par les employés de la mission :

213 enfants. 40 pharmacies (1,200 personnes secourues par an). 2 fermes-écoles : 110 enfants. 1 hospice : 300 lits.

SU-TCHUEN ORIENTAL

2 hôpitaux : 69 lits. 69 pharmacies. 1 orphelinat tenu par les Vierges chinoises : 207 enfants.

SU-TCHUEN MÉRIDIONAL

3 hôpitaux et asiles de vieillards tenus par les employés de la mission : 300 lits. 58 pharmacies (20,000 personnes secourues par an).

5 orphelinats tenus par les Vierges chinoises : 350 enfants.

YUN-NAN

15 orphelinats : 264 enfants. 17 pharmacies.

KOUY-TCHEOU

4 orphelinats tenus par les employés de la mission : 264 enfants. 38 pharmacies (10,000 personnes secourues par an).

8 orphelinats tenus par les Vierges chinoises : 382 enfants.

KOUANG-TONG

1 orphelinat tenu par les missionnaires : 90 enfants. 2 pharmacies.

1 orphelinat tenu par les employés de la mission : 20 enfants. 2 pharmacies.

Vierges chinoises : 3 orphelinats : 120 enfants.

Religieuses de Marie-Immaculée : 1 orphelinat : 60 enfants.

Association de la Bonne-Mort. — Dans les districts où elle est établie, on se réunit une fois l'an, et chacun a droit à un certain nombre de messes après la mort selon les revenus des cotisations affectées à cette œuvre.

KOUANG-SI

9 orphelinats tenus par les employés de la mission : 68 enfants. 2 pharmacies.

TONKIN OCCIDENTAL

6 orphelinats : 1,144 enfants. 4 léproseries : 30 pharmacies. 1 hôpital indigène.

Religieuses de Saint-Paul de Chartres : 2 hôpitaux militaires.

Les missionnaires peuvent exercer leur ministère dans 1 hôpital dont le personnel est exclusivement composé d'infirmiers militaires.

TONKIN MÉRIDIONAL

2 orphelinats : 120 enfants. 4 pharmacies (320 personnes secourues par an).

Amantes de la Croix (indigènes) : 4 orphelinats : 60 enfants. 8 pharmacies (980 personnes secourues par an).

COCHINCHINE SEPTENTRIONALE

6 pharmacies tenues par les missionnaires.

Filles de la Sainte-Vierge (indigènes) : 2 orphelinats : 142 enfants.

Religieuses de Saint-Paul de Chartres : 1 orphelinat : 163 enfants. 1 hôpital indigène : 70 lits. 1 pharmacie (100 personnes secourues par an).

COCHINCHINE ORIENTALE

8 orphelinats tenus par les missionnaires avec l'aide des Amantes de la Croix (indigènes) : 600 enfants.

4 orphelinats tenus par les employés de la mission : 379 enfants. 2 pharmacies.

Religieuses de Saint-Paul de Chartres, 1 hôpital militaire où les missionnaires peuvent exercer leur ministère : 100 lits.

COCHINCHINE OCCIDENTALE

1 maison de sourds-muets tenue par les missionnaires : 10 enfants.

1 orphelinat tenu par les employés de la mission : 30 enfants.

Filles de la Sainte-Vierge (indigènes) : 8 orphelinats : 289 enfants. 1 hôpital : 40 lits.

Religieuses de Saint-Paul de Chartres : 7 orphelinats : 691 enfants. 1 dispensaire (132 personnes secourues par an). 6 hôpitaux : 500 lits, plus 2 hôpitaux militaires. 1 hospice pour dames européennes. 4.500 personnes reçoivent des consultations ou des remèdes.

CAMBODGE

Religieuses de la Providence de Portieux : 5 orphelinats : 350 enfants. 4 pharmacies (1,615 personnes secourues par an). 2 hôpitaux pour les hommes : 200 lits. 2 hôpitaux pour les femmes : 200 lits. 1 hôpital mixte du Gouvernement : 40 lits.

SIAM

3 hôpitaux tenus par les employés de la mission : 38 lits. 3 dispensaires (120 personnes secourues par an).

Les missionnaires peuvent exercer leur ministère dans un hôpital européen.

18 orphelinats tenus par les Amantes de la Croix : 624 enfants.

BIRMANIE MÉRIDIONALE

7 orphelinats : 600 enfants. 1 etablissement agricole. 8 maisons de charité.

Plusieurs de ces établissements sont tenus par les Religieuses du Bon-Pasteur.

BIRMANIE SEPTENTRIONALE

1 hôpital de lépreux tenu par les missionnaires.

Religieuses de Saint-Joseph de l'Apparition : 12 orphelinats : 302 enfants. 2 pharmacies. 1 dispensaire. 1 asile pour les femmes âgées.

MALACCA

21 orphelinats : 322 enfants. 2 fermes : 48 enfants.

Religieuses du Saint-Enfant Jésus (Dames de Saint-Maur) : 3 orphelinats : 362 enfants.

15 hôpitaux : 3 pour les Européens : 100 lits. 12 pour les indigènes : 1,600 lits, dont 2 de lépreux, établis et administrés par le Gouvernement, mais que les missionnaires peuvent visiter en toute liberté. Les Religieuses du Saint-Enfant Jésus (Dames de Saint-Maur) desservent 2 de ces hôpitaux.

2 Associations de Saint-Vincent de Paul : 24 membres (même organisation qu'en Europe).

PONDICHÉRY

4 orphelinats : 38 enfants. 7 pharmacies. 1 hôpital : 15 lits.

Religieuses indigènes de Notre-Dame de Bon-Secours : 2 orphelinats : 42 enfants. 2 pharmacies. 1 hôpital. 50 lits. 2 dispensaires.

Religieuses indigènes de Saint-Louis de Gonzague : 2 orphelinats : 55 enfants. 1 pharmacie. 2 dispensaires.

Religieuses indigènes du Saint-Cœur de Marie : 4 orphelinats : 41 enfants. 5 pharmacies.

Religieuses de Saint-Joseph de Cluny : 4 orphelinats : 141 enfants.

1 hôpital colonial de 50 à 60 lits et 2 hôpitaux pour les indigènes (100 lits) tenus par les Religieuses de Saint-Joseph de Cluny. Les missionnaires peuvent y exercer leur ministère.

MAÏSSOUR

3 orphelinats : 135 enfants. 3 fermes : 152 enfants.

Religieuses indigènes de l'Immaculée-Conception : 1 orphelinat : 9 enfants. 1 hôpital : 12 lits. 1 dispensaire (250 personnes secourues par an).

Religieuses du Bon-Pasteur : 2 orphelinats : 120 enfants. 1 hôpital : 48 lits. 1 dispensaire (1,200 personnes secourues par an).

Les missionnaires peuvent exercer leur ministère dans 3 hôpitaux militaires et 4 hôpitaux indigènes dépendant du gouvernement, dont 2 sont tenus par les Religieuses de Saint-Joseph de Tarbes.

Œuvre de Saint-Vincent de Paul : 20 membres.

Ligue de la Croix pour l'instruction religieuse et le maintien de la tempérance chez les soldats européens : 63 membres.

COIMBATOUR

2 orphelinats : 140 enfants. 1 ferme : 40 enfants.

Religieuses indigènes de la Présentation de la Sainte-Vierge : 2 orphelinats : 60 enfants.

Religieuses Franciscaines missionnaires de Marie : 1 orphelinat : 65 enfants. 2 pharmacies. 2 hôpitaux : 40 lits.

Si nous récapitulons tous ces chiffres en les groupant selon la classe d'individus, d'établissements ou d'œuvres à laquelle ils appartiennent, nous arrivons aux totaux suivants pour les vingt-sept Vicariats confiés à la Société des Missions-Étrangères.

POPULATION

Population païenne 236.224.700
Population chrétienne. 1.030.001

Archevêques	2
Evêques	26
Missionnaires	837
Districts et paroisses	852
Chrétientés	7.091
Prêtres indigènes	487
Auxiliaires (catéchistes, religieux indigènes, religieuses et religieux européens)	6.652

ŒUVRES DE ZÈLE ET DE PRIÈRE

Baptêmes d'adultes	37.495
Baptêmes d'enfants de païens	181.757
Conversions d'hérétiques	464
L'Œuvre du denier de St Pierre existe dans	3 missions
— de la Propagation de la Foi —	9 —
— de la Sainte-Enfance —	12 —
La Confrérie du St-Rosaire est établie —	20 —
— du Sacré-Cœur	17 —
— du Scapulaire	15 —
— de l'Apostolat de la Prière —	4 —
— du Saint-Cœur de Marie —	4 —
— du Saint-Sacrement —	4 —
— de la Bonne-Mort —	3 —
— du Rosaire vivant —	2 —
— de la Sainte-Face —	2 —
— des Enfants de Marie —	2 —
— du Bon-Pasteur —	1 —
— des Ames du Purgatoire —	1 —
— de la Sainte-Trinité —	1 —
— de N.-D. des Victoires —	1 —
— de Saint-Joseph —	1 —
— des Saints-Anges —	1 —
Le Tiers-Ordre de Saint-François —	2 —

ŒUVRES D'ÉDUCATION

Établissements d'instruction publique : 2.165. — 59.386 élèves.
Séminaires dans les Missions : 39. — 1.715 élèves.
Ateliers, ouvroirs, etc. : 81. — 1.849 élèves.
Imprimeries : 20.

ŒUVRES DE CHARITÉ

Orphelinats, établissements agricoles, etc. : 243. — 12.484 enfants.
Hôpitaux, hospices, asiles, refuges : 58.
Pharmacies, dispensaires : 324.

Tels sont l'état et les travaux de la Société des Missions-Étrangères, telles sont les œuvres qu'elle a fondées, qu'elle développe et soutient. — Puisse la bénédiction d'En-haut descendre sur elle, toujours plus abondante et plus féconde; l'animer dans ses labeurs; la fortifier dans ses combats et ses périls; lui inspirer les fécondes initiatives nécessaires aux temps et aux besoins nouveaux; augmenter son espoir et sa confiance en Celui-là seul, « qui tient tout en sa main, qui sait le nom de ce qui est et de ce qui n'est pas, qui préside à tous les temps et prévient tous les conseils »; lui donner la joie d'ouvrir la voie royale de la vérité aux nations, que le Pontife romain lui a confiées; lui accorder l'honneur de les amener à la connaissance et à l'adoration du Dieu trois fois saint, à la soumission et à la fidélité envers l'Église catholique; la rendre toujours plus digne de ces paroles que le Souverain Pontife, Léon XIII, lui adressait, en signant, le 12 août 1890, le bref approbatif de ses Constitutions :

« Chargé de la plus haute fonction apostolique, Nous n'avons rien tant à cœur que d'envoyer aux nations, séparées de nous par une immense étendue de continents et de mers, des ecclésiastiques, qui sachent se faire une gloire de tout entreprendre et de tout souffrir, pour propager le nom du Christ et sauver cette portion si éloignée de son troupeau. C'est ainsi que les Souverains Pontifes romains ont toujours enveloppé d'une affection et d'une bienveillance spéciales ces hommes qui, dans leur ardeur extrême à porter l'Évangile aux nations barbares, se sont formés en Société, ont désiré et sollicité avec les plus vives instances cette glorieuse et bienfaisante mission.

« Parmi les Instituts qui ont le mieux mérité de l'Église catholique, on doit en toute justice mentionner la Société fondée depuis longtemps à Paris, dans le but d'entreprendre ces saintes expéditions à travers les nations étrangères. Depuis plus de deux siècles qu'elle compte d'existence, que de pays et de peuples ne doivent pas à ses membres de connaître Jésus-Christ, sur quelle immense étendue en Asie, principalement chez les nations barbares et reculées, n'a-t-elle pas fait briller le flambeau de la foi chrétienne ! Mais son plus beau titre de gloire lui vient de l'héroïsme de ses membres, qui souvent ont répandu leur sang pour Jésus-Christ, et, en s'immortalisant eux-mêmes, ont ainsi couvert de gloire leur propre Société et l'Église tout entière. »

FIN

TABLE DES MATIÈRES

CHAPITRE PREMIER
1836-1838

I. La Société des Missions-Étrangères dans les Indes. — Le protestantisme. — Le patronage portugais. — Bulle *Multa præclare*. — Le schisme de Goa. — Le Maduré donné aux Jésuites. — II. Visite pastorale de Mgr Bonnand. — État du Vicariat apostolique de Pondichéry. — III. Persécutions en Annam. — Leurs causes. — Leurs avantages et leurs inconvénients. — IV. Vie des missionnaires. — Mgr Havard, Vicaire apostolique du Tonkin. — Projet de M. Borie. — Arrestation et martyre de M. Cornay. — Martyre de prêtres et de catéchistes tonkinois. — Lettre de M. Retord au P. Khoan. — V. Souffrances de M. Jaccard. — Son martyre. — Arrestation de M. Borie. — Son martyre. — La salle des Martyrs. — VII. La Société des Missions-Étrangères en Chine. — Mort de M. Escodéca et de Mgr Fontana. — Statisque de 1836 à 1838. 1

CHAPITRE II
1839-1842

I. Les martyrs en Corée. — Mgr Imbert. — État général de la mission de Corée. — Persécution. — L'évêque est trahi, il ordonne à ses missionnaires de se livrer. — Obéissance de Maubant et de Chastan. — II. Appréciation de la conduite de Mgr Imbert. — Martyre de l'évêque et de ses prêtres. — III. Décret pour l'introduction de la Cause de Béatification de plusieurs martyrs. — Persécution en Cochinchine et au Tonkin. Arrestation de M. Delamotte. — Sa mort en prison. — Ambassade annamite en France. — Mort de Minh-mang. — Thieu-tri. — Arrestation de MM. Berneux, Galy, Charrier. — IV. Expédition de MM. Miche et Duclos chez les Moïs. — Leur emprisonnement. — Leurs interrogatoires. — Leur délivrance. — Jugement porté sur eux par un officier de l'*Héroïne*. — Jugement des directeurs du Séminaire sur l'intervention française dans les Missions. — V. Augmentation des aspirants à l'apostolat. — M. François Albrand. — Développement des études au Séminaire des Missions-Étrangères. — La Mandchourie confiée à la Société. — Détails sur ce pays. — Mgr Verrolles et ses prédications en faveur de la

Propagation de la Foi. — VI. Division du Vicariat apostolique de Siam, Singapore. — Travaux de M. Albrand à Singapore. — Mgr Courvezy. — MM. Chopard et Beaury aux Iles Nicobar. — L'isolement des missionnaires a toujours été une exception, il n'existe plus. — VII. Mgr Pallegoix et ses travaux. — Évangélisation des Chinois par M. Albrand. — Expédition de Grandjean et de Vachal dans le Laos et le Siam septentrional. 62

CHAPITRE III
1843-1844

I. Fondation de la Sainte-Enfance. — Mgr de Forbin-Janson. — Utilité de la Sainte-Enfance. — L'infanticide en Chine. — II. Reconnaissance des missionnaires. — Baptêmes des enfants des païens au Su-tchuen, au Kouy-tcheou, au Tonkin et en Cochinchine. — Les baptiseurs et les baptiseuses. Organisation et fonctionnement. — Opposition des païens. — La Sainte-Enfance à Siam et dans les Indes. — III. L'instruction à Pondichéry. — Rôle de Mgr Bonnand. — M. Dupuis. Imprimerie. — Publications de livres de piété et de science. — Le synode de Pondichéry; ses principales décisions. — Ce qu'en pensent les directeurs du Séminaire. — Une nouvelle réunion. — La question de la hiérarchie dans les Indes. — IV. Les œuvres qui soutiennent l'apostolat au xixe siècle. — La guerre de l'opium en Chine. La situation du Su-tchuen. — V. La France en Chine. M. de Lagrenée. — Traité de Whampou 1844. — L'Édit de tolérance. — Défense de M. de Lagrenée par le Séminaire des Missions-Étrangères — Le protectorat des Missions de Chine, ses inconvénients, ses avantages, son avenir 123

CHAPITRE IV
1845-1847

I. Grégoire XVI et la Société des Missions-Étrangères. — Bref adressé à MM. Langlois et Dubois, directeurs du Séminaire. — Envoi du corps de saint Phosphore. — Division des anciennes missions. — Nouvelles missions confiées à la Société. — Craintes. — Confiance des directeurs en la Providence. — État du séminaire général de Pinang. — Relations épistolaires des élèves avec les séminaristes de Lyon. — Nouveaux Vicaires apostoliques. On songe à établir la hiérarchie en Extrême-Orient. — Situation des Missions. — II. Deuxième arrestation de Mgr Lefebvre en Cochinchine. Sa délivrance. — Son refus d'accepter la protection de l'Angleterre. — III. Mgr Retord, son caractère. — Son pacte avec la Sainte Vierge. — IV. Ses travaux apostoliques. La vaccination. — Arrestation de prêtres indigènes. — V. La Société des Missions-Étrangères dans le nord de la Mandchourie, massacre de M. de la Brunière. — Expédition de M. Vénault. — VI. La Société au Japon. — M. Forcade au Lieou-kiou. — M. Leturdu et M. Adnet. — Services rendus aux missionnaires par la marine française. — VII. Difficultés pour entrer en Corée. Mgr Ferréol et M. Daveluy y pénètrent. — Lettre de l'amiral Cécile au gouvernement coréen. — Martyre d'André Kim. — VIII. Interventions passagères de la France. — Le combat de Tourane. — Lettre de Mgr Retord à Louis-Philippe 167

CHAPITRE V
1847-1853

I. Bref de Pie IX aux directeurs du Séminaire des Missions-Étrangères — Quelques articles du règlement de la Société. — Les Lettres apostoliques de Mgr Boucho et le règlement de la mission de la presqu'île de Malacca. — Le second synode de Pondichéry. — II. La mission du Kouang-tong et du Kouang-si confiée à la Société. — Opposition des Portugais au Kouang-tong, à Malacca et aux Indes. — III. Fidélité et affection des Vicaires apostoliques envers le Souverain Pontife. — Lettre de Mgr Verrolles à Pie IX. — IV. Le Jubilé de 1850. — Incident à Siam. — Exil de huit missionnaires. — Leur rappel. — Mgr Pallegoix reçu par le roi et par le Pape. — Travaux philologiques de Mgr Pallegoix. — M. Beurel à Singapore : il appelle des religieuses et des frères. — Part que M. Albrand, directeur du Séminaire, prend à ces négociations. — V. La Société en Chine. Troubles. Incidents. — M. Berneux en Mandchourie. — M. Leturdu emprisonné au Kouang-tong. — M. Vachal meurt dans les prisons du Yun-nan. — Révolte des mahométans. — VI. Martyre de M. Schœffler. — VII. Lettre de Mgr Retord au vice-roi du Tonkin. — Martyre de M. Bonnard. — VIII. Mort de MM. Dubois et Langlois. — Résumé de l'histoire de la Société pendant un demi-siècle. 224

CHAPITRE VI
1853-1856

Travaux de la Société. — I. Évangélisation des Ba-hnars. — M. Combes et M. Dourisboure. — M. Colombet et M. Taillandier au Tran-ninh. — Mgr Miche au Cambodge et sur le haut Mékong. — MM. Cordier et Beuret à Stung-treng. — MM. Lequeux et Ducat à Jongselang. — II. La Société des Missions-Étrangères au Thibet. — Bref d'érection du Thibet en Vicariat apostolique. — Obstacles : la Chine et les Lamas. — Première expédition de M. Renou. — Tentative par les Indes de MM. Rabin, Krick, Bernard et Bourry. — Massacre de MM. Krick et Bourry. — Deuxième expédition de M. Renou. — III. La Société des Missions-Étrangères et l'Immaculée-Conception. — Lettres de Mgr Cuenot, de M. Jarrige, de Mgr Retord. — IV. La Société en Birmanie. — Situation politique et religieuse de la Birmanie. — Mgr Bigandet. — Ses idées sur la nécessité de l'instruction. — V. Exhortations de Mgr Bonnand à ses missionnaires. — Mgr Charbonnaux. — Ses travaux. — Il demande des secours en Europe. — VI. Mauvaises dispositions de la Chine envers les missionnaires. — MM. Mesnard et Franclet arrêtés en Mandchourie et conduits à Canton. — M. Jacquemin en prison. — VII. Martyre de M. Chapdelaine. — VIII. La persécution en Annam. — La France en Indo-Chine. — M. de Montigny. — Traité avec Siam. — Echec à Hué. — Mgr Pellerin en France. . . 281

CHAPITRE VII

1857-1859

La Société des Missions-Étrangères de 1857 à 1859. — I. La révolte des cipayes aux Indes. — Les écoles. — Travaux des Vicaires apostoliques et des missionnaires de l'Inde. — Le schisme portugais. — Le Concordat de 1857. — M. Albrand à Rome. — Mgr Bonnand chargé de la visite de l'Inde catholique. — II. Le décret de 1857 pour l'introduction de la cause de Mgr Imbert, de MM. Maubant, Chastan, Delamotte, Schœffler, Bonnand, Chapdelaine. — Lettre de Pie IX aux aspirants du Séminaire des Missions-Étrangères. — III. Intervention de la France en Chine. — Situation religieuse et politique des Missions. Victoire des Français et des Anglais. — Traité de Tien-tsin, 27 juin 1858. — Joie des missionnaires. — Déception. — IV. La France au Japon. — Mort de M. Colin. — M. Libois. — Les missionnaires au Lieoukiou et sur les côtes du Japon. — Traité du 9 octobre 1858. — Espérances de M. Girard. — V. La persécution en Annam. — Édits de Tu-duc contre les missionnaires et contre les chrétiens. — Révolte. — Mgr Retord ordonne d'obéir au souverain. — Épreuves de Mgr Jeantet, de MM. Vénard, Néron, de Mgr Retord. — Mgr Sohier. — Son désir de la paix. — VI. L'expédition française. Rigault de Genouilly à Tourane. — Les missionnaires attaqués et défendus. — Mort de Mgr Retord. — Appréciation que font de lui ses contemporains. — VII. Les Français à Saïgon. — État de l'Indo-Chine orientale. 345

CHAPITRE VIII

1860-1862

I. L'expédition de Chine. — MM. Delamarre et Deluc, prêtres de la Société, interprètes. — Traité de Pékin. — État des Missions de la Société dans l'ouest de la Chine. — Mauvaises dispositions du Conseil de Régence. — II. Le Thibet, marche des missionnaires sur Lhassa. — III. Martyre de M. Néel. — Édit en faveur du catholicisme. — Espérance des missionnaires. — Leurs projets. — Leur reconnaissance envers la France. — IV. Situation de la Corée. — Épouvante qu'y jette la victoire des alliés. — Travaux de Mgr Berneux, de Mgr Daveluy, de MM. Petitnicolas, Pourthié, du P. Tsoi. — V. Les Missions d'Annam. — Les Français à Saïgon. — Persécution. — Édit de dispersion des chrétiens. — Martyre de M. Néron. — Martyre de M. Vénard. — VI. Arrestation et mort de Mgr Cuenot. — Arrestation de MM. Charbonnier

et Mathevon. — Leur délivrance. — Le traité du 5 juin 1862.
— VII. Changement des conditions de l'apostolat. — Mort
d'évêques et de missionnaires : Titaud, Borelle, Lequeux, Ducat,
Verdier, Leturdu, Bonnand, Pérocheau, Pallegoix. — VIII. Statisque des missions et de la Société. 386

CHAPITRE IX
1862-1871

I. Services rendus aux missionnaires par les agents diplomatiques français. — Traité avec le Cambodge. — La liberté en Cochinchine occidentale. — Comment on en profite. — Continuation des travaux dans les Indes. — Conversions à Siam. — Évangélisation à Johore et chez les Mantras. — II. Découverte des chrétiens japonais. — III. Massacre de M. Mabileau. — Ruines de la mission du Thibet. — Mort de M. Durand. — Ruse chinoise. — Les principaux missionnaires du Yun-nan. — Massacre de M. Muller au Kouy-tcheou. — IV. La persécution en Corée. — Martyre de Mgr Berneux, de MM. de Bretenières, Beaulieu et Dorie, de MM. Pourthié et Petitnicolas, de Mgr Daveluy, Aumaitre et Huin. — Enthousiasme des catholiques de France et des aspirants du Séminaire des Missions-Étrangères à la nouvelle de ces martyres — M. Ridel demande les secours du contre-amiral Roze. — Expédition française en Corée. — V. Services rendus à l'expédition du Mékong. — Révolte au Cambodge. — Massacre de M. Barreau. — Tu-duc veut établir un collège français à Hué. — Mgr Charbonnier arrêté. — La persécution au Japon. — État général d'après le compte rendu de 1868. — VI. Massacre de M. Rigaud au Sutchuen. — Le massacre de Tien-tsin. — Le Mémorandum chinois. — Le concile. — VII. Le Séminaire des Missions-Étrangères pendant la guerre franco-allemande et la Commune. . . 451

CHAPITRE X
1871-1892

I. Les États de la Société dressés chaque année. — Conséquences de la défaite de la France en 1871. — Troubles en Cochinchine. — Massacre de M. Abonnel. — L'expédition de Garnier au Tonkin. — Lettre de Mgr Gauthier. — Le traité de 1874 entre la France et l'Annam. — Lettre de Pie IX au Séminaire des Missions-Étrangères. — II. Massacre de MM. Hue et Tay au Sutchuen oriental, de M. Baptifaud au Yun-nan. — Destruction des stations chrétiennes du Thibet. — Le Japon divisé en deux Vicariats. — Rentrée de Mgr Ridel en Corée. — Lettre des directeurs du Séminaire. — Arrestation et délivrance de Mgr Ridel. — III. Mission des Indes. — La famine. — L'œuvre des mariages. — Les protestants au Su-tchuen et au Japon. — Évangélisation du Laos, du Haut-Mékong. — IV. Séminaire des Missions-Étrangères. — Études. — Établissements généraux. Sanatorium. — Maison de retraite. — Procès-verbaux des martyrs. —

V. La guerre de la France au Tonkin. — Mort de Tu-duc. — Massacre des missionnaires : MM. Terrasse, Béchet, Gélot, Rival, Manissol, Séguret, Antoine, Tamet. — Troubles en Chine. — Lettre du Pape à l'Empereur de Chine. — Mort de M. Guyomard. — VI. Massacre de MM. Poirier, Guégan, Garrin, Barrat, Dupont, Iribarne, Châtelet, et de 30,000 chrétiens. — VII. Le Concordat portugais. — La hiérarchie dans les Indes. — Traité des puissances occidentales avec la Corée. — La hiérarchie au Japon. — Troubles en Chine et au Thibet. — Paix dans l'Indo-Chine occidentale. — Conversions. — Bref du Pape. — VIII. Statisque de la Société : Personnel, établissements généraux. — Missions. — Statisque de la population chrétienne et païenne. — Evêques et prêtres. — Œuvres. — Clergé indigène. — Religieux et religieuses. — Œuvres de zèle et de prière. — Œuvres d'éducation. — Œuvres de charité. — Bref de Léon XIII. . . 499

TABLE ALPHABÉTIQUE ET ANALYTIQUE

EXPLICATION DES ABRÉVIATIONS

Soc. des M.-É.   signifie Société des Missions-Étrangères.
Sém. des M.-É.   — Séminaire des Missions-Étrangères.
Vic. apost.   — Vicaire ou Vicariat apostolique.
sup.   — Supérieur.
dir.   — Directeur.
m.   — Missionnaire.
biog.   — Biographique.
Orient.   — Oriental.
Occid.   — Occidental.

A

Abonnel, m. en Cochinchine occid. Note biog., mort, III, 501.

Acadie, évangélisation de 1699 à 1718, I, 444-446. De 1713 à 1760. II, 1-27. Etat politique et religieux en 1754. Serment d'allégeance, 2-3, Division en six paroisses, 5. Ses missionnaires en 1754, 6. Persécution des Anglais, 10-27. Expulsion des Acadiens, 12-13. Le dernier missionnaire, 20. Les descendants des Acadiens aux Missions-Étrangères, 16. Voir : *Maillard, Lelouîre, Girard, Manach.*

Adnet, m. aux Lieou-kieou. Note biog., III, 207.

Aiguillon (duchesse d'), aide à la fondation des Vic. ap., I, 15, 22, établit une rente pour la fondation de deux évêchés en Extrême-Orient, 22. Correspondance avec Mgr Pallu, 25. Affection pour les missions, 53, 155. Son éloge funèbre, 237.

Alary, dir. du Sém. des M.-É. Note biog., II, 46, missionnaire à Siam, 46. Sa captivité, 46, 49, à Rangoon, à Macao, 49, au Su-tchuen, 49. Départ pour l'Angleterre, 277. Supérieur du Sém. des M.-É., 424.

Albrand (Etienne Mgr), note biog., III, 116. m. à Malacca, 109. Evangélisation des Chinois, 121-122. Premier Vic. apos. du Kouy-tcheou, 172-255, 256, sa mort, 256, son tombeau, 257.

Albrand (François), supér. du Sém. des M.-É. Note biog., III, 103. Part qu'il prend dans l'établissement des religieuses et des frères à Singapore, 248-250. Mesures qu'il inspire pour augmenter le nombre des missionnaires, 103-104. Députation de M. François Albrand à Rome pour exposer l'état des affaires religieuses de l'Inde, 353.

ALEXANDRE VII (Pape), reçoit la supplique de M. Pallu, I, 27-30. Approuve le choix de MM. Pallu et de La Motte Lambert comme évêques, 34, 41-43. Nomme M. Cotolendi évêque de Métellopolis, 46. Règles qu'il donne sur les rites chinois, 384. Sa mort, 163.

ALEXANDRE VIII (Pape), concède aux Portugais les évêchés de Pékin et de Nankin avec droit de patronage, I, 362.

AMANTES DE LA CROIX, leur fondation au Tonkin, leur règlement, raisons de leur nom, I, 142-144. Leur établissement en Cochinchine, 149. Leur dévouement pendant la persécution, III, 373. Statistique en 1780, II, 150, en 1862, III, 444-449, en 1892, III, 5??.

AMAT, m. au Kouang-tong. Note biog., III, 234.

AMÉRIQUE, évangélisation au xvi° siècle, I, 4, de 1684 à 1713, 442-450. Fin de l'apostolat des prêtres de la Société des M.-É., II, 26-27. Voir *Acadie, Canada, Louisiane, Québec.*

ANDRIEUX, m. à Siam. Note biog., II, 41. Prisonnier des Birmans, 46-49. Délivrance 49.

ANGELO (le Père), m. à Siam, envoyé au Laos, I, 294.

ANGLAIS, leurs prévenances pour les missionnaires, I, 70. Impression que fait sur eux Mgr Pallu, 70. Donnent des lettres de recommandation à Mgr Pallu, 70. Leur conduite en Acadie, au Canada, aux Indes, en Chine. Voir *Acadie, Canada, Inde, Chine.*

ANNAM, description physique, I, 86-87. Etat politique, social, religieux au xvii° siècle, 87-91. Persécution de 1737 à 1744, 576-580. Etat du catholicisme en 1815, II, 491-495. Persécution en 1836, III, 20-57. Troubles en 1848, 258-259. Persécution en 1855, 337-344. La flotte française sur les côtes en 1857, 339-342. Joie que cause aux missionnaires la nouvelle de l'ambassade française, 341. Persécution en 1859, 365-385. La révolte, la guerre civile, 366-367. Expédition de Napoléon III en 1858. Attaques contre les missionnaires à ce sujet, leur justification, 375-385. Persécution en 1861, 412-436. Edit de dispersion, 413-414. Arrestation en masse des chrétiens, 414. Traité du 5 juin 1862, 434-436. Révolte contre la domination française. Répression, 501. Nouveau traité avec la France, 1874, 504-506. Voir *Cochinchine* et *Tonkin.*

ANTOINE, m. au Tonkin occid. Note biog., sa mort, III, 521.

ANTONELLI (Cardinal), lettre aux dir. du Sém., II, 262-263. Lettre appelant M. Boiret à Rome, 272.

APOSTASIE, l'apostasie des chrétiens est-elle véritable, I, 128.

APOSTOLAT, marche générale de l'apostolat en Orient, I, 1, en Occident, 2, en Extrême-Orient, 3, dans le Nouveau Monde, 3. Opposition du Portugal, 91. Bienfaisance de l'influence française, 170. Etat de l'apostolat et de la Société des Missions-Étrangères à la mort de Mgr Pallu, 306. Œuvres qui soutiennent l'apostolat au xix° siècle, II, 500-516, III, 123-129, 151-152. Valeur morale des convertis, II, 193-197.

ARDIEUX, m. à Siam. Note biog., I, 294.

ARGOLI (d'), voir *Bernardin.*

ARGENSON (d'), procureur des Vic. apost., I, 59.

ARNOUX, m. en Cochinchine. Note biog., III, 286.

ARTAUD, m. à Siam. Ses tribulations au Cambodge, II, 60-62, mort, 63.

ARTIGUES (d'), m. au Su-tchuen. Note biog., I, 562, mort, 563.

ASIE, évangélisation, son caractère, I, 3, 5. *Presque tous les pays évangélisés par la Société des Missions étant en Asie, ce qui les concerne a été placé à leur nom particulier.*

AUDEMAR (Mgr), coadj. en Cochinchine. Note biog., II, 422. Promotion à l'épiscopat, 493, mort 493.

AULAGNE, m. en Mandchourie. Note biog., III, 142.

AUMAITRE, m. en Corée. Se livre aux persécuteurs, III, 472. Condamnation à mort et martyre, 472-473.

AUSIÈS, m. en Cochinchine. Sentiments apostoliques, I, 509, mort, 509.

B

BABYLONE (évêque de), en religion Bernard de Sainte-Thérèse, vend son séminaire aux procureurs des Vic. apos., I, 76. N'est pas le fondateur du Sém. des M.-É., 76. Secours accordés par le Sém. des M.-É. à l'évêque de Babylone pour la mission de Perse, 261, voir *Picquet, Perse*.

BAGOT (le P.), jésuite. Directeur de la congrégation de la Sainte-Vierge; Conduit le P. de Rhodes dans une association de jeunes gens, rue Copeaux, I, 13. Se défend d'avoir fait opposition à la fondation de la Soc. des M.-É., 20.

BA-HNARS, évangélisation, III, 282-286.

BALUÈRE (de la), m. en Chine. Travaux au Su-tchuen, I, 464, bannissement, 477. Son retour au Su-tchuen, mort, 479, 484.

BAPTIFAUD, m. au Yun-nan. Note biog., mort, III, 507.

BARDOUIL, m. à Pondichéry. Note biog., III, 17, forme des maîtresses d'école, 321.

BARIOD, m. au Yun-nan. Note biog., III, 357, captivité, délivrance, 357-358.

BARON, directeur de la Compagnie française des Indes-Orientales, qualités, travaux, I, 189, 279, va au Tonkin, 279-280.

BARROUDEL, procureur des M.-É. à Macao. Note biog., I, 523.

BARRAN, sup. du Sém. des M.-É., Note biog., I, 523.

BARRAT, m. en Cochinchine orient. Note biog., mort, III, 527.

BARREAU, m. aux Indes. Note biog. II, 271, 303. Son appel aux prêtres exilés de France, 303-304.

BARREAU, m. au Cambodge. Note biog., III, 480. Sa mort, 480-481.

BASSET, m. au Su-tchuen. Note biog., I, 317. Lettre sur la mission du Su-tchuen, 365. Travaux, 464. Bannissement, 477.

BAUME (Mgr de la), naissance, I, 532. Nommé visiteur apostolique, 532. Relations avec les M.-É., 532. Lettre pastorale aux missionnaires, 536. Visite en Cochinchine, 536. Décrets pour la fixation des territoires aux diverses congrégations se consacrant à l'apostolat en Cochinchine, 537-538. Approbation de ses décisions par le Souverain Pontife, 538, mort, 538.

BEAULIEU, m. en Corée, a travaillé au livre : *La Salle des Martyrs*, III, 54. Note biog., III, 468. Arrestation et martyre, 468-470.

BEAURY, m. dans la presqu'île de Malacca. Note biog., III, 110, mort, 111.

BÉCHET, m. au Tonkin occid. Note biog., mort, III, 519.

BELOT, Vic. ap. du Tonkin occid. Note biog. I, 366, sa lettre sur les visites pastorales de Mgr de Bourges, 367. Arrestation, 456-457. Portrait, 511-512.

BÉNARD, m. en Chine. Note biog.. Envoyé à Rome par le cardinal de Tournon, I, 478.

Bennetat, coadj. en Cochinchine. Note biog., I, 567. Lettre d'encouragement que lui adresse Benoît XIV, 568-569, à Pondichéry, 569. Entrevue avec Dupleix, 570-571. Retour en Cochinchine. Audience du Roi, 571. Arrestation et expulsion, 572-573. Nouvelle entrevue avec Dupleix, 573, Mémoire au Pape, 573-574.

Benoît XIV (Pape), la Constitution : *Ex quo singulari*, tranchant la question des Rites, I, 439-540. Lettre d'encouragement aux persécutés de Cochinchine, 568-569.

Bérard, m. à Siam. Note biog., II, 574.

Bernard, m. au Thibet et en Birmanie. Note biog., III, 296.

Bernardin (Mgr), franciscain évêque d'Argoli, coadjuteur de Mgr Pallu. I, 242.

Berneux (Mgr), Vic. apost. de la Corée. Note biog., III, 84. Arrestation au Tonkin, 84-85. Interrogatoire et condamnation à mort, 85-86, délivrance, 98. Son portrait d'après un officier de l'*Héroïne*, 99. En Mandchourie, 101, 253. Lettre au pape sur la Corée, 408. Ses talents et ses vertus, 408-409. Ses travaux apostoliques, 1866, III, 465. Appelé à la cour du Régent de Corée, 465-466. Arrestation et condamnation à mort, 467-468. Supplice, 469-470. Eloge par Mgr Fillion, 474.

Bernon, m. au Kouang-tong. Note biog., III, 231.

Beurel, m. dans la presqu'île de Malacca. Note biog., III, 228. Caractère. Travaux à Singapore, 247-250. Son appel aux religieuses et aux frères, 248.

Beyries (de), dir. du Sém. des M.-É. Note biog., II, 259. Pendant la Révolution, 277.

Bézard, 1er assistant du Supér. du Sém. des M.-É., I, 80.

Bhamo, importance de ce poste, III, 318, voir *Birmanie*.

Biet (Alexandre), m. au Thibet. Note biog., III, 395.

Biet (Joseph), m. en Mandchourie. Note biog., mort, III, 330.

Bigandet, Vic. apost. de la Birmanie méridionale. Note biog., III, 228. Etablit des frères des Ecoles chrétiennes à Pinang, 250. Sacre, résidence à Rangoon, 317. Réception par le roi de Birmanie, 317, à Bhamo, 318. Ses idées sur la nécessité de l'instruction, 318-320. Etablissement d'écoles, 320-321. Travaux en Birmanie, 1866, III, 456. Au concile du Vatican, 491-492.

Bigot-Beauclair, m. aux Indes. Note biog., III, 142, ses travaux, 148.

Bilhère, sup. du Sém. des M.-É. Note biog., II, 259. Pendant la Révolution, 277-279. Il rachète le Sém. des M.-E., 349-350. Son mémoire sur la Société des M.-É., 351-352. Démarches pour obtenir la reconnaissance légale du Sém., 354-355. Démarches pour le rétablissement du Séminaire, 374-376, mort, 424.

Birmanie, objet de la sollicitude de Mgr Pallu, I, 244. Avantages d'évangéliser ce pays, 244-245. 1re invasion des Birmans à Siam au xviiie siècle, II, 41-45. 2e invasion à Siam, 45-47, propositions à Mgr Brigot, 53. Offerte à la Soc. des M.-É., III, 315-316. Situation religieuse et politique en 1856, 314-317. Ses premiers missionnaires, 314-315. Son roi, 317. Obstacles à l'évangélisation, 318. Nécessité de l'instruction, 318-320. Une imprimerie birmane, 320. Les Frères des Ecoles chrétiennes, 320. 1re division en plusieurs Vic. apost., 1866. 2e division, 1870, III, 456. Travaux de Mgr Bigandet, 1866, 456. Propagande des protestants, 1878, 515. Conquise par l'Angleterre, 1885. Liberté religieuse, 533. Statistique en 1862, 446.

Birmanie méridionale et septentrionale, statistique en 1892. Population païenne et chrétienne, nombre d'évêques, de missionnaires, de districts, de chrétientés, 550, de prêtres indigènes 555, de catéchistes, de frères. de religieuses européennes, 560, de baptêmes d'adultes, d'enfants de païens, conversions d'hérétiques, 569, d'églises, chapelles, confréries, 570, de séminaires, de pensionnats, d'écoles, d'imprimerie avec ses principales publications 581, d'orphelinats, d'établissements agricoles, de maisons de charité, 590.

BISSACHÈRE (de la), m. au Tonkin, dir. du Sém. des M.-É. Note biog., II, 322. Poursuites ordonnées contre lui, 327-328.

BLANC (Mgr), Vic. ap. de la Corée. Entrée en Corée, 1876, III. 511.

BLANCHARD, m. au Coïmbatour. A travaillé au livre : *La Salle des Martyrs*, III, 54.

BLANCHETON, consul de France à Hang-kéou, III, 488. Délégué au Sutchuen, 489.

BLANDIN, dir. du Sém. des M.-É.-Note biog., II, 205. Départ pour l'Angleterre, 277, mort, 344.

BLOT, dir. de la Cie française des Indes Orient. Ses qualités, I, 189.

BOIRET, m. en Cochinchine, dir. du Sém. des M.-É. Note biog., II, 59. Talents, 59. Départ pour l'Extrême-Orient, 259. Voyage à Rome, 273. Efforts pour obtenir l'embarquement de missionnaires, 296, 300. Son projet de fonder un Séminaire en Italie, 345-348. Recueil des constitutions et des décrets sur les missions, 403-405.

BOISSERAND, m. en Cochinchine. Note biog., II, 242. Frappé par les mandarins, 331.

BONAMIE (Mgr), président du Conseil de la Sainte-Enfance, II, 125.

BONGA, la vallée de Bonga, situation, III, 308-309. Travaux de M. Renou, 393-394. Le procès de Bonga, 395-398. Ruine en 1865, III, 462.

BONNAND (Mgr), Vic. apost. de Pondichéry. Premiers travaux aux Indes, III, 10. Elévation à l'épiscopat, sa juridiction, 10. Négociations avec Rome pour la cession du Maduré aux Jésuites, 10-11. Voyage au Maduré pour affermir l'autorité des Jésuites, 11-17. Son rapport sur la mission de Pondichéry en 1836 et en 1842, 18. Projet de créer des écoles, 140. Lettre pastorale relative aux questions à traiter dans le premier synode de Pondichéry, 142. Réunion du premier synode de Pondichéry, 142. Deuxième synode de Pondichéry, 230. Accepte la direction du Collège colonial, 150. Lettre à la Propagande et au Pape au sujet des vexations des Portugais, 234-236, 351-353. Lettre à Pie IX (1849) au sujet des malheurs du Saint-Siège, 236-237. Joie à la nouvelle de la proclamation du dogme de l'Immaculée-Conception, 314. Zèle pour l'instruction, 324-327. Ecoles, 349-350. Visiteur apostolique de l'Inde, 353. Mort, 438. Son influence dans l'Inde, 327-328. Ses travaux apostoliques, 438-439. Qualités et jugement porté sur lui par les missionnaires de l'Inde, 151, 439-441.

BONNARD, m. au Tonkin occid. Arrestation, III. 269. Interrogatoires, 272-273-274. Dernière lettre, 275-276. Martyre, 276-278. Introduction de la cause de Béatification, 353-356.

BORELLE, m. en Cochinchine. Note biog., III, 373. Epreuves pendant la persécution, 373. Mort, 438.

BORGIA (Cardinal), préfet de la Propagande, II, 347. Dévouement aux M.-É., 373-374. Mort, 374.

BORIE (Mgr), Vic. apost. du Tonkin occid. Départ pour les missions, III, 46-47. Projet de présenter une apologie du christianisme, 34. Arrestation, martyre, 46-53.

BOSSUET, sermon à la prise de possession du Sém. des M.-É. par les prêtres de la Société, I, 79.

Bouchard m. en Cochinchine. Note biog., I, 138. Départ, 196. Chargé de chercher des missionnaires chez les Dominicains et les Franciscains, mort, 273.

Boucho (Mgr), Vic. apost. de la presqu'île de Malacca. Note biog., II, 574. Ses *Litteræ pastorales*, III, 228-229. Efforts pour arrêter la révolte des prêtres portugais, 233. Négociations pour l'adjonction de la Birmanie aux Missions de la Société, 315-316. Démarche auprès de Pie IX relative au schisme portugais, 351. Exposition au Souverain Pontife de l'état des affaires religieuses des Indes, 352-353.

Bourges (Mgr de), Vic. apost. du Tonkin. Note biog., I, 54. Détachement de sa famille, 54. Accompagne Mgr de la Motte Lambert, 54. Jugement sur l'administration et la puissance turques, 66. Chargé d'affaires à Rome, 94. Retour d'Europe à Siam, 1669, 138. Arrestation et délivrance, 201-202. Élu Évêque d'Auren et Vic. apost. du Tonkin, 242. Sa relation du voyage de Mgr de la Motte Lambert, 273. Demande de missionnaires. 273. Visite de son Vicariat. Influence au Tonkin, 367. Son expulsion du Tonkin, 454-458. A Siam, 459. Mort, 459, vertus, 459-461. Son rôle dans la fondation de la Société, 461.

Bouray, m. au Thibet. Note biog., III, 304. Expédition au Thibet, 304. Mort, 305. Monument funèbre, 398.

Bramany, dir. du Sém. des M.-É. Note biog., II, 259. Pendant la Révolution, 277.

Braaquet, fondation en faveur des missions, I, 504-505.

Braud, m. à Siam. Note biog., I, 366.

Brésillac (Mgr de), Vic. apost. du Coïmbatour. Note biog., III, 143. Administrateur du Coïmbatour, 172. Lettre à Pie IX, 236-237. Démarches auprès de Pie IX relativement au schisme portugais, 351.

Bretenières (de), m. en Corée. Note biog., III, 468. Arrestation et martyre, 468-470. Éloge par Mgr Mermillod, 474.

Bricart, sup. du Sém. du Tonkin, II, 68.

Brigot (Mgr), Vic. apost. de Siam et Sup. à Pondichéry. Note biog., II, 42. Conduite pendant les invasions des Birmans,142-53. Captivité, 53-54-57. Charité, 55-56. A Rangoon, 56. Sup. de la mission de Pondichéry, 107-108. Arrivée à Pondichéry, 114. Son installation à Pondichéry, 115-119. Mort, 292.

Bugnon, m. à Siam. Visite au tombeau de Mgr Cotolendi, I, 74. Mort, 273.

Brindeau, m. en Cochinchine. Note biog., I, 61, 126. Sa captivité à Macao, 127. Sa mort, 146.

Brisacier (de), sup. du Sém. des M.-É. Détails biog., I, 269. Lettre à Mgr Picquet, 266. Avis aux missionnaires partant pour la Perse, 268-269. Premier supériorat, 269. Éloge funèbre de la duchesse d'Aiguillon, 269. Fait construire un nouveau Séminaire, 269. Compliment à l'Archevêque de Paris à la pose de la première pierre, 270. Discours aux ambassadeurs siamois, 326-327. Appréciation de la politique coloniale française au Nouveau-Monde, 337-338, 374. Craintes au sujet des troubles de Siam, 363. Les sentiments sur le Jansénisme et son rôle dans cette question, 491-496. Résumé de sa vie, 527-528. Mort et éloge, 527-530.

Brosson, m. au Su-tchuen. Note biog., II, 499.

Bruguière (Mgr), Vic. apost. de la Corée. Détails biog., départ pour la Corée, sa mort, 576-585.

Brunel, m. Note biog., I, 60. Sa mort, 72.

Brunière (de la), m. en Mandchourie. Note biog., III, 198. Expédition dans le nord de la Mandchourie. Sa mort, 198-201.

TABLE ALPHABÉTIQUE ET ANALYTIQUE 609

Burguerieu, sup. du Sém. des M.-É. Note biog., II, 96. Intervention dans l'affaire du règlement, 96-97.

C

Calais, m. en Corée. Note biog., III, 411. Conduite pendant la persécution de Corée, 1866, III, 475-477.

Cam, prêtre tonkinois. Captivité et délivrance, III, 266-268.

Cambodge, gouvernement civil en 1662, I, 89. Apostolat de M. Chevreuil, 121. Persécution en 1670, 125. Etat du christianisme en 1682, 287. Le Séminaire général y est établi, II, 60. Persécution en 1770, 51, 64. Evangélisation en 1854, III, 287-288. Statistique en 1862, 446. Liberté religieuse obtenue par M. de la Grandière, III, 452-453. Révolte en 1867, 480. Adjonction de deux provinces cochinchinoises, 480. Evangélisation sur le Haut-Mékong en 1876, 516. Troubles et révolte en 1884, 523. Statistique de 1892, population païenne et chrétienne, 549. Nombre d'évêques, de missionnaires, de districts, de chrétientés, 550, de prêtres indigènes, 555, de catéchistes, de religieuses indigènes et européennes, 560, de baptêmes d'adultes, d'enfants de païens, d'églises, de chapelles, de confréries, 569, de séminaires, d'écoles, 580, d'hôpitaux, de pharmacies, 590.

Can (Xavier), catéchiste du Tonkin. Martyre, III, 36.

Canada, Mgr de Laval y est nommé Vic. apost., I, 38. La Société des M.-É. y est appelée, 156. Difficultés parmi les sauvages, passion pour les liqueurs fortes, 157-158. Travaux des missionnaires français et différence de leur situation dans la Société avec les missionnaires d'Extrême-Orient, 161. Action du Séminaire de Québec, 306. Démission de Mgr de Laval et élection de Mgr de Saint-Valier, 336. Difficultés, conseils des directeurs de Paris, 336-337. Incursion des Anglais en 1690, 373-374. Evangélisation de 1684 à 1699, 442-444. Courage et victoires des Français, II, 23. Capitulation de Montréal, 25. Conquête par les Anglais, 20-27.

Candalh, m. en Cochinchine. Note biog., III, 43.

Canh, prince annamite, conduit en France par Mgr Pigneau, II, 239.

Canton, apostolat de M. de Cicé, I, 365. Procure des M.-É., 426. M. Souviron emprisonné à Canton. Voir Kouang-tong.

Caponi (de), m. en Cochinchine. Note biog., I, 407. Son arrestation et ses souffrances, 407. Sa mort, 509.

Caprara (Cardinal), rapport à Portalis pour défendre la Soc. des M.-É., II, 367-373.

Capucins (les PP.); à Ispahan, ils reçoivent les évêques et les prêtres des M.-É., I, 69. Leur église à Bagdad, 69. Leur appréciation sur les difficultés de l'œuvre des missions au Tonkin, 69. Au Thibet, III, 291.

Carmélites, en Cochinchine, en 1861, III, 455.

Castex, m. au Tonkin occid. Note biog. Apporte du vaccin au Tonkin, III, 194.

Catéchistes, qualités requises dans les catéchistes, I, 105-107. Leurs fonctions, 105. Statistique générale en 1892, III, 556, 594.

Catéchuménat, temps et mode, II, 190-193.

Catholicisme, importance et utilité politique d'aider le catholicisme en Extrême-Orient, I, 321-322.

Cazenave, dir. du Sém. des M.-É. Note biog. pendant la guerre de la Commune, III, 493.

Céberet, ambassadeur à Siam. Caractère, I, 342.

CÉCILE (amiral), délivrance de Mgr Lefebvre, III, 179-180. Protection qu'il donne aux missionnaires dans les îles Lieou-Kieou, 204-207. Tentative pour ouvrir le Japon, 207. Intervention en Corée au nom de la France, 213-215.

CHAMAISON, m. en Cochinchine et dir. du Sém. des M.-É. Note biog., III, 94. Lettre au commandant Levêque, 94.

CHAMESSON (de), départ avec Mgr Pallu, I, 61. vertu, II, 64.

CHAMPENOIS (Mgr), sup. de la mission de Pondichéry. Note biog., II, 120. Refus de célébrer la messe devant l'arbre de la liberté. Départ de Pondichéry, 286. Difficultés que lui créent les Portugais et les Anglais, 312-316. Qualités, 318. Visiteur apostolique du Thibet, 319.

CHANDEBOIS DE FALANDIN, m. à Siam. Note biog., I, 184. Austérité, 232. Réputation de médecin, 232.

CHANG-MAI, fondation de la procure, III, 543.

CHAPDELAINE, m. au Kouang-si. Note biog., III, 331. Arrestation et martyre au Kouang-si, 331-335. Introduction de sa cause de béatification, 353-356.

CHARBONNAUX (Mgr), Vic. apost. du Maïssour, III, 172. Lettre à Pie IX, 236. Travaux apostoliques, 328. Demande de secours à la Propagation de la Foi, 328-329. Son séminaire, ses écoles, 329-330, 349. Démarches auprès de Pie IX relativement au schisme portugais, 351, 353. Au concile du Vatican, III, 491.

CHARBONNEAU, chirurgien à Juthia, 1, 232.

CHARBONNIER (Mgr), Vicaire apost. de Cochin. orient. Note biog., III, 369. Epreuves pendant la persécution, 369-372. Arrestation, 431-432. Condamné à mort et délivré, 434-435. Arrestation en 1868, III, 483.

CHARLES, m. de la Perse, I, 378.

CHARMOT, m. en Chine. Note biog., I, 365. Procureur à Rome, 483. Démarches et travaux pour faire trancher la question des Rites, 392.

CHARRIER, m. au Tonkin occident., dir. du Sém. des M.-É. Note biog., III, 84. Arrêté, 84-87, 88. Condamné à mort, 88. Délivré. 98. D'après un officier de l'*Héroïne*, 100. Retour en France, 101. Le vrai et le faux Charrier, 192-193. Mort, III, 495.

CHASTAN, m. en Corée. Arrivée en Corée, II, 588. Démarches de son catéchiste aux îles Lieou-Kieou, III, 203. Se livre aux persécuteurs, 73-75. Martyre, 75-76. Introduction de sa cause de béatification, 353-356.

CHATEL.T, m. en Cochinchine orient. Note biog. Mort, III, 529-530.

CHAUMONT (de), ambassadeur de France à Siam, I. 316-325. Audience solennelle du roi de Siam, 320. Départ de Siam, 325.

CHAUMONT, sup. du Sém. des M.-É., II, 260. En Angleterre, 277, 361, 364. Services rendus aux Missions, 430-431. Rentrée en France, 432. Brochures sur les Missions, 503.

CHAUVEAU (Mgr), Vic. apost. du Thibet. Note biog., III, 257, 462.

CHEREAU, m. Note biog., I, 60. Mort, 72.

CHEVREUIL, m. en Cochinchine, au Cambodge et à Siam. Note biog., I, 63. Envoyé en Cochinchine 95, 96. Récit sur la persécution en Cochinchine, 122, 124. Expulsion, 123. Evangélise le Bas Cambodge, 124-125. Prisonnier des Portugais, 125. Pendant la persécution à Siam, 350-351.

CHICARD, m. au Yun-nan. Courage, III, 392-393. Note biog., 464.

CHIGI, légat en France. Lettre confirmant l'établissement du Sém. des M.-É., I, 81.

CHINE, gouvernement en 1662, I, 88. Religions, 89-90, 381-384. La religion catholique en 1662, 91. Arrivée de Mgr Pallu, 298. L'empereur

Kang-hi, 298. Persécutions locales, 298. L'apostolat en Chine, 364. Prêtres de la Société en Chine en 1691, 364. Question des rites, 364, 380-392, 395-402, 466-489. Edit de liberté religieuse en 1692, 366. Edit de persécution en 1706, 465. Bannissement des missionnaires, 514-515. Fin de la question des rites, 538-542. Persécution en 1746, 562-565. Les prisons chinoises, II, 75. Persécution en 1760, 75-77. Cause des persécutions contre la religion catholique, 79. Persécution en 1769, 79-92, en 1795, 306-312. Synode du Su-tchuen, 396-402. Persécution en 1814 et les années suivantes, 434-448. Persécution en 1835, III, 58-59. L'infanticide, 126-129. Organisation, fonctionnement de la Sainte-Enfance en Chine, 131-137. Opposition à la Sainte-Enfance, 133. La guerre de l'opium, 152-154. Traité de Whampou en 1844, 156. Négociation avec la France en 1845. Edit de tolérance 156-159. Troubles en 1853, 251-253. Persécution en 1856, 330-335. Arrestation et Martyre de M. Chapdelaine, 331-335. Intervention de la France en 1857, 359-362. Traité de Tien-tsin, 360-362. Expédition franco-anglaise en 1859, 387-390. Traité de Pékin, 388-390. Edit en faveur au catholicisme, 390. La guerre civile obstacle à l'apostolat, 391. Mauvaises dispositions du conseil de régence, 393. Persécution en 1861, 399-402. Edit impérial en faveur du catholicisme en 1862, 402-403. Le massacre de Tien-tsin, 1870, III, 489. Le mémorandum, 490-491. Propagande des protestants, 515. Persécution en 1884, 522-523. Convention avec la France en 1884, 522. Effets de la guerre de la France au Tonkin, 1884, 522. Vexations contre les chrétiens, 1886 à 1890, 536. Voir *Kouang-tong, Kouang-si, Kouy-tcheou, Su-tchuen, Yun-nan*.

CHIROU, m. au Yun-nan. Dir. du Sém. Note biog., III, 464. Pendant la guerre et la Commune, 493.

CHOISY (l'abbé de), adjoint au chef de la 1ʳᵉ ambassade française à Siam, I, 316. Son ordination sacerdotale, 325.

CHOPARD, m. dans la presqu'île de Malacca. Note biog., III, 110. Aux îles Nicobar. Sentiments de foi, 111. Mort, 112.

CHRÉTIENS, leur valeur morale, II, 193-197. Raisons de leur résistance aux lettrés au Tonkin, 1873, III, 502-503. Statistique en 1862, en 1892.

CHRÉTIENTÉ, signification de ce mot, III, 544.

CICÉ (Mgr de), Vic. ap. de Siam. Note biog., I, 365. Procureur à Canton, 365. Lettre aux Jésuites à propos de la question des rites, 402. Prend part à la rédaction du règlement général de la Soc. des M.-E., 413. Travaux à Siam, 453-454. Sentiments sur le Jansénisme, 494. Mort, 414. Qualités, 414.

CLAUDET, m. à Siam. Note biog., III, 120.

CLÉMENCEAU, m. à Siam. Note biog., III, 116.

CLÉMENT IX (Pape), son élection. Sa bienveillance pour Mgr Pallu, I, 163. Son bref à Louis XIV en faveur de la Soc. des M.-E. et de Mgr Pallu, 164-165. Approbation des *monita*, 178. Lettres au roi de Siam, 181, 216-218. Règle de conduite sur la question des rites, 384.

CLÉMENT X (Pape), approbation du 1ᵉʳ synode du Tonkin, I, 141. Brefs à l'inquisition de Goa, aux catéchistes du Tonkin et de la Cochinchine. Constitution *Decet Romanum* en faveur des Vic. apost., 194-195.

CLÉMENT XI (Pape), bulle *Ex illâ die*, 1715, sur les rites, I, 484.

CLÉMENT XIII (Pape), bienveillance pour Dupleix, I, 574.

CLERGÉ INDIGÈNE, sa nécessité, ses services, I, 5-7. Objection à sa création, 11. Ce que le Pape exige pour l'ordination des prêtres indigènes, I, 43. Qualités requises, 107-108. But principal de la Société, 11-12, 421-425, III, 552-553. Grande préoccupation des missionnaires, 130. Premiers prêtres cochinchinois, 137. Ordination, 126, 140, 141. Au Tonkin en 1682, 286. En Cochinchine en 1682, 287. Vie des premiers prêtres du Tonkin, 368. Leurs services, 537. Courage des prêtres indigènes pendant la persécution, III, 36, 553. Création d'évêques indigènes, I, 240. Fonctions des évêques indigènes, 240-246, 553. Statistique des prêtres indigènes en 1862, 445-449, en 1892, 552, 593.

Cochard, chirurgien à Siam. Sa mort, I, 273.

Cochinchine, état du catholicisme en 1664, I, 95, 127. Persécution, en 1666 122, 123. Apostolat de M. Hainques, 126. Les premiers prêtres cochinchinois, 137. Etablissement des Amantes de la Croix, 149. Persécution en 1670, 149. Rapports sur l'état de la mission par Mgr de la Motte Lambert, 150. Obstacles à l'évangélisation. Conversions, 196-198. Evangélisation des sauvages (Moïs), 199. Voyage de Mgr de la Motte Lambert, 229-231. Liberté religieuse en 1676, 231. Visite apost. de Mgr Laneau. 283. Synode de Fay-Fo, 285. Etat du catholicisme en 1682, 287. Intervention du roi en faveur des missionnaires persécutés à Siam, 348. L'apostolat en Cochinchine en 1693, 368-370. Persécution en 1698, 402-409. Ses missionnaires au commencement du xviii° siècle, 509-510. Dissensions au point de vue religieux. Les causes, 530-531. Visite de Mgr de la Baume, 536-538. Persécution en 1750, 566-570, 572-575. Supplique du Sém. des M.-E. au Pape pour obtenir la partie de la Cochinchine administrée par les jésuites, II, 100-102. Guerre civile 1765 à 1778, 132-133. Statistique à la fin du xviii° siècle, 147. Organisation de la mission, 156. Ses séminaires, 164. La Cochinchine et la France en 1787, 229-249. Episcopat de Mgr Pigneau de Béhaine, 132-140, 229-249, 328-340. Etat politique et religieux en 1789, 249-256. Haine des mandarins contre les missionnaires, 330-332. Conduite de Gia-long envers les missionnaires, 386-393. Le catholicisme en Cochinchine sous Gia-long, 386-393. Etat du catholicisme en 1815, 491-495. Situation du catholicisme sous Minh-mang, 526-529, 534-535, 537, 573. Révolte de la Basse-Cochinchine, 556-563. Persécution en 1840, III, 78-101. Ambassade annamite en France, 1840, 81-83. Le commandant Levêque en Cochinchine, 95-99. Jugement sur les interventions françaises, 101-102. Divisions en plusieurs Vicariats, 170. Persécution en 1844, 176-183. Intervention française en 1847, 216-217. Edits de persécution en 1847, 217-218. Mort de Thieu-Tri 218. Troubles en 1848, 258-259. Persécution en 1851, 260-265. Travaux apostoliques de 1851 à 1855, 282-286. Persécution en 1855, 337-344. Persécution en 1857, 372-385. Persécution en 1861, 428-431. Liberté religieuse, 1862, III, 453-455. Honneurs rendus par Mr de la Grandière à Mgr Miche, 453. Grande manifestation catholique, la Fête Dieu de 1865, 453-454. Baptêmes de 1865-1869, 454-455. Les Religieuses de Saint Paul de Chartres, 455. Les Carmélites, 1861, 455. Révolte contre la domination française, 501. Persécution en 1885, 525-531. Evangélisation en 1890, 537. Statistique des missions de Cochinchine, 1862, III, 446-447. Voir *Annam, Tonkin, France*.

Cochinchine occidentale, orientale, septentrionale, statistique de 1892. Population païenne et chrétienne, nombre d'évêques, de missionnaires, de districts, de paroisses, de chrétientés, 549, de prêtres indigènes, 554, de religieuses indigènes et européennes, 559, de baptêmes d'adultes, d'enfants de païens, d'églises ou chapelles, 568, confréries, 569, séminaires, écoles, 579, pharmacies, orphelinats, hôpitaux, 589.

Coïmbatour, séparation de la mission de Pondichéry, III, 170. La famine de 1876, III, 513. Créé évêché, 534. Satistique en 1862, 447. En 1892, population païenne et chrétienne, nombre d'évêques, de missionnaires, de districts, de chrétientés, 551, de prêtres indigènes, 555, de catéchistes, de religieux, de religieuses européennes, 561, de baptêmes d'adultes, d'enfants de païens, conversions d'hérétiques, d'églises, de chapelles, de confréries, d'Œuvres, 571, de séminaires, de collèges, d'écoles, de pensionnats, 583, d'orphelinats, de fermes, de pharmacies, d'hôpitaux, 592.

Colbert, lettre que lui écrit Mgr Pallu, I, 299, 300.

TABLE ALPHABÉTIQUE ET ANALYTIQUE 613

Collin, m. en Mandchourie. Préfet apost. du Japon: Sa mort, III, 362.

Colombert (Mgr), Vic. apost. de Cochinchine occid. Note biog., III, 287, participe au traité de Saïgon en 1874, 506.

Combes (Alexis de), sup. du Sém. des M.-E., I, 530.

Combes, m. de Cochinchine orient. Note biog. Évangélise les Ba-hnars, III, 283-285. Sa mort, 286.

Compagnie française des Indes orientales. Sa création, sa générosité pour les missionnaires, I, 58. Mémoire de Mgr Pallu, 166-169. Traité avec le roi de Siam, 323. Voir *Baron* et *Blot*.

Conain, m. en Chine. Fonde la procure de Macao, I, 515-516.

Concile, Vic. apost. au concile du Vatican, 1870, III, 491-492.

Condé (Mgr), Vic. apost. de Siam. Note biog. En prison, II, 127. Expulsion de Siam, 131. Retour, 131.

Confucius, culte en Chine, I, 381.

Conversions, obstacles, II, 172-181. Leurs causes. Quelques faits, 182-190. Valeur morale des convertis, II, 193-197. Statistique des conversions en 1862, en 1892. Voir *Birmanie, Chine, Cochinchine, Corée, Indes, Japon, Malacca, Siam, Tonkin*.

Cordier, m. au Tonkin occid. Note biog., I, 512.

Cordier (Mgr), Vic. apost. au Cambodge. Note biog., III, 288.

Corée, offre de cette mission à la Soc. des M.-E, II, 575. Description et histoire du pays, 578-580. Origine de l'Eglise coréenne, 580-582. Lettre des Coréens au Souverain Pontife, 582. Entrée du premier missionnaire européen, 586. Les jours paisibles, III, 66-67. Persécution en 1839, 67-77. Martyre de Mgr Imbert et de MM. Maubant et Chastan, 76. Difficultés pour entrer en Corée, 208. Intervention de l'amiral Cécile, 213-215. Conversions en 1861, 406-410. Persécution en 1866, 464-477. Expédition française, 477. Retour de Mgr Ridel, 509-511. Traité avec le Japon et les Etats-Unis, avec l'Angleterre, avec la France, 535. Statistique de 1862, 448, en 1892. Population païenne et chrétienne, nombre d'évêques, de missionnaires, districts, chrétientés, 546, de prêtres indigènes, de catéchistes, de religieuses européennes, indigènes, 577, baptêmes d'adultes, d'enfants de païens, d'églises, de chapelles, de confréries, d'œuvres, 566, de séminaires, de collèges, d'écoles, 574, d'orphelinats, d'ouvroirs, d'hôpitaux, 587, d'imprimeries avec ses publications, 575.

Cornay, m. au Tonkin occid. Note biog., III, 31. Arrestation et martyre, 31-35.

Corre, m. à Siam. Note biog., II, 50. Lettre aux directeurs du Séminaire relativement à la guerre de Siam, 51. Retour à Siam, 125.

Coste, un des fondateurs de l'œuvre de la Propagation de la Foi, II, 510-513.

Cotolendi (Mgr), s'offre aux M.-E., I. 45, 69. Dévotion à la T. S. Vierge, III, 310. Vertus, I, 45, 46. Sacré évêque, I, 46. Voyage en Extrême-Orient, 62-63. Mort, tombe, 73, 74.

Cocarde (La), château où furent formés les premiers missionnaires des M.-E., I, 52.

Courbet (Amiral), ses victoires, III, 522-524.

Courcy (Général de), à Hué, 1885, III, 524.

Courtaulin (de) m. en Cochinchine. Note biog., I, 184. Qualités et défauts, 196-197.

Courvezy (Mgr), Vic. apost. de la presqu'île de Malacca. Note biog., Travaux, III, 109-110.

Croc (Mgr), au Concile du Vatican, III, 494.

Crucientaux, sauvages d'Amérique. D'où vient leur nom, 442.

Cuenot (Mgr), Vic. apost. de la Cochinchine orient. Lettre de remerciement à Grégoire XVI à l'occasion de l'introduction de la Cause des martyrs, III, 77-78. Son projet d'évangélisation des sauvages, 282. Sa dévotion à la T. S. Vierge. Le dogme de l'Immaculée-Conception, 311-312. Ses épreuves pendant la persécution, 372-373. Son arrestation, 428. Son interrogatoire et sa mort, 429. Condamnation à mort posthume, 430. Introduction de sa cause de béatification, 1879, III, 518.

D

Dallet, m. au Maïssour, auteur de l'*Histoire de l'Église de Corée*, II, 578.

Dat (Jean), prêtre tonkinois. Son martyre, II, 324-325.

Danry, m. en Chine. Note biog., I, 462. Au Yun-nan, 462-465. Exilé, 467.

Daveluy (Mgr) Vic. apost. de la Corée. Note biog., III, 211. Travaux, 409-416. Arrestation. Ordre à M. Huin de se livrer, III, 471. Martyre, 472-474. Éloge par Mgr Mermillod, 474.

Davion, m. dans la Louisiane, I, 446.

Davoust (Mgr), Vic. apost. du Tonkin occid. Note biog., II, 584. Intervention dans l'affaire du règlement, 97. Lettres relatives à la persécution et aux malheurs du Tonkin, 142-144.

Deguette, m. Entrée en Corée, 1876, III, 511. Captivité et délivrance 512.

Delamarre, m. au Su-tchuen. Note biog., III, 58. Interprète de l'expédition française en Chine, 382-388. Voyage à travers la Chine, 390-391. Espérances à la suite du traité de Pékin, 404. Mort, 444.

Delamotte, m. en Cochinchine. Arrestation et mort en prison, III, 79-81. Introduction de la cause de béatification, 353-356.

Delavigne, fondateur de la procure de Pondichéry, I, 363. Directeur du Sém. des M.-E., 413. Participe à la rédaction du règlement. Qualités, 414.

Delpech, sup. du Sém. des M.-E. Note biog., III, 493. Pendant la guerre et la commune, 496-497. Voir *Séminaire* des M.-E.

Delpont, m. au Su-tchuen. Note biog., II, 209. Arrestation, 210. Translation dans la prison de Pékin, sa mort, 216.

Deluc, m. au Kouang-tong. Note biog., III, 388. Interprète de l'expédition française en Chine, 388. Mort, 388.

Depommier (Mgr), Vic. apost. du Coïmbatour. Note biog., III, 17. Au Concile du Vatican, III, 491.

Deschavannes, m. à Siam. Note biog. Ses travaux au Laos, II, 573-574.

Descourvières, procureur des M.-E. à Macao. Vexations des Chinois, II, 223-224. Départ de Macao, 224. Dir. du Sém. des M.-E., 260. A Rome, 273, 344.

Desfarges, commandant de l'expédition française à Siam, II, 341. Caractère, 342. Entrevue du commandant avec Pitra-Cha, 345. Courage, 345-346.

Desflèches (Mgr), Vic. apost. du Su-tchuen orient. Note biog., III, 58. Soumet un projet à Grégoire XVI relatif à la création de plusieurs Vic. apost. au Su-tchuen, 171. Visite à Napoléon III : exposé de la situation en Chine, 387. Voyage à Pékin et réclamations au sujet des troubles du Su-tchuen, III, 460. Calomnies des mandarins chinois dévoilées, 462. Hospitalité qu'il donne à l'expédition de Mékong, 479. Réfutation des accusations calomnieuses des Chinois contre ses chrétiens, 488-489. Au Concile du Vatican, 491.

Desgodins, m. au Thibet. Note biog., III, 394. Expédition au Thibet par l'Inde, 394. En route vers Lhassa, 397. Dictionnaire 576.

Desgouts, m. chez les Ba-hnars. Note biog., III, 283.

Desjardins, dir. du Sém. des M.-E. Son arrestation, II, 426. Captivité lettres, 426-428. Rentrée au Séminaire, 432.

Devaut, m. au Su-tchuen. Note biog., II, 209. Arrestation, 210. Translation dans les prisons de Pékin, mort, 216.

Devaut, m. au Tonkin occid. Note biog., qualités, I, 584.

Deydier (Mgr), Vic. apost. du Tonkin. Note biog. Départ, I, 55. Manière de combattre les voleurs, 66. Réponse à propos des difficultés du Tonkin, 69. Portrait, arrivée au Tonkin, 127. Lettres aux fidèles tonkinois, lettres de grand vicaire de Mgr Pallu, 129. Manière d'agir vis-à-vis des catéchistes tonkinois, 129-133. Apostolat au Tonkin, 133. Lettre à Mgr de la Motte Lambert en lui envoyant des catéchistes à ordonner, 137. Vertus apostoliques, 201-203. Elu évêque, 242. Audience du roi du Tonkin, 280. Mort 1693, 360. Rôle dans la fondation de la Société, 461.

Dich (Antoine), tonkinois. Martyre, III, 36.

District, signification de ce mot, III, 544.

Dorie, m. en Corée. Note biog., III, 468. Arrestation et martyre, 468-470.

Dourisboure, m. chez les Ba-hnars. Note biog., III, 283. Ses travaux, 283-286. Son livre Les Sauvages Ba-hnars, 283.

Dubois (Pierre), m. à Siam. Note biog., II, 452.

Dubois (Jean), sup. du Sém. des M.-E. Note biog., II, 272. Son apostolat au Maïssour : son livre des *Mœurs, Institutions et Cérémonies des Peuples de l'Inde*, 318, 383-385. Bref que lui adresse Grégoire XVI, 168-170.

Ducas, m. à Siam. Note biog., III, 289. Expédition à Jongselang, 289-290.

Duclos, m. en Cochinchine. Note biog., III, 89. Expédition chez les Moïs, 90. Arrestation, 90-93. Sa délivrance, 98. D'après un officier de l'*Héroïne*, 100. Retour en Cochinchine, 180. Seconde arrestation, mort, 180.

Duckey, aidé par M. Boiret pour la fondation du Sém. de Sallanches, II, 347.

Dufresse (Mgr), Vic. apost. du Su-tchuen. Note biog., II, 209. Fuite arrestation, évasion. 211. Nouvelle arrestation, 212. Translation dans les prisons de Pékin, 516. Délivrance, 217. Réception triomphale à Manille, 218. Retour en Chine, 219. Promotion à l'épiscopat. Son administration, 395. Synode du Su-tchuen, 396-402. Arrestation et martyre, 440-444. Approbation de la mort de Mgr Dufresse par l'empereur de Chine, 446. Éloge par Pie VII, 447. Son bréviaire, 447-448.

Dumollard, m. en Birmanie. Note biog., III, 320. Imprimerie birmane, 320-321.

Dumont, m. au Yun-nan. Note biog., III, 257.

Dupleix, gouverneur des Indes. Bienveillance pour les missionnaires, en relation avec eux, I, 570, 573.

Dupond (Mgr), Vic. apost. de Siam. Note biog., III, 456. Au Concile du Vatican, 491-492.

Dupont, m. en Cochinchine orient. Lettre à sa famille, mort, III, 527, 529.

Dupuis, m. à Pondichéry, III, 141. Son livre contre l'hérésie, 141. Dictionnaire, 149. Zèle pour l'instruction, fondateur des institutrices indigènes, 149-150.

Dupuy, m. à Socotora. Départ de Marseille, II, 33. Arrivée en vue de Socotora, 35. Excursion à l'intérieur de Socotora, 36. Expulsion de Socotora, 36. Nouvelle tentative pour entrer dans l'île de Socotora, 36-37. Mort, 37. Qualités, 32.

Durand, m. au Thibet. A Kiang-ka, III, 395-397. A Bonga, 398 Mort, III, 462. Note biog., 462.

Duval, m. en Cochinchine. Note biog., II, 272.

Duyet, prêtre annamite. Son courage, II, 544.

E

Écoles, les maîtres d'école, I, 104. Les livres pour les maîtres et les élèves, II, 170, 172. Dans les missions, 164, 172. Approbation de la Propagande, 168, 169. La question des écoles dans les Indes, III, 149-150. En Birmanie, III, 318-320. Dans les missions. Leurs avantages, III, 572. Statistiques des écoles en 1892, III.

Escodéca de la Boissonnade, m. au Su-tchuen. Zèle, mort, III, 50.

Estarchy (d'), m. en Cochinchine. Note biog., I, 407. Arrestation, 407. Captivité, 408.

Évangélisation, voir *Apostolat, Conversions, Birmanie, Cambodge, Chine, Cochinchine, Corée, Indes, Japon, Malacca, Thibet, Tonkin, Siam.*

Évêques, en Extrême-Orient. Suppliques du P. Valignani pour en obtenir, I, 7. Supplique du P. de Rhodes, 8. Actes du Saint-Siège pour l'envoi des évêques en Extrême-Orient, 8, 9. La Propagande fait tous ses efforts pour ériger des évêchés en Extrême-Orient (1633), 9-10. Opposition du Portugal à l'envoi des évêques, 10. Actes de la Propagande pour leur création, 15. Supplique au Souverain Pontife, 19. Le clergé de France adresse une lettre au Souverain Pontife, 21. La duchesse d'Aiguillon en demande à Rome, 22. Alexandre VII nomme les premiers évêques missionnaires, Vicaires apostoliques, 34. Raisons qui ont déterminé le Pape à nommer les évêques missionnaires, évêques *in partibus*, 44. Pallu adresse au Pape une supplique à l'effet d'en obtenir pour toute la Haute-Asie, 238, 243. Voir *Clergé indigène.*

Extrême-Orient, l'apostolat avant le XVIᵉ siècle, I, 3. L'Extrême-Orient au point de vue physique, social, religieux, 87-91. Etat du catholicisme en 1662, 91. Etat de la femme, 142. Question de la fondation des comptoirs français, 165, 166. Création de nouveaux Vic. apost., 242. Manière dont les Orientaux traitent les missionnaires, 571. Voir *Birmanie, Cambodge, Chine, Cochinchine, Corée, Indes, Japon, Malacca, Thibet, Tonkin, Siam.*

Eyot, m. au Tonkin occid. Note biog., II, 388.

Eyraud, m. au Su-tchuen. Note biog., III, 460.

F

Fage, m. au Thibet. Ses travaux à Bonga, III, 394. A Kiang-ka, 395-397.

Faï-fo, synode de Faï-fo, I, 285.

FALCONNET, m. en Chine. Note biog., II, 78. Sa mort, 78.

FAULET, m. en Cochinchine. Note biog., II, 136. Sa mort, 251.

FAURIE (Mgr), Vic. apost. du Kouy-tcheou. Note biog., III, 401. Avanies qu'il a subies au Kouy-tcheou, III, 464.

FAVRE, m. dans la presqu'île de Malacca. Note biog., III, 232.

FÉNELON, ses paroles en l'honneur de Mgr Pallu, I, 257.

FENOUIL (Mgr), Vic. apost. du Yun-nan. Note biog. III, 464. Services rendus à l'expédition de Mékong, 1866, 478-479.

FÉRET, m. en Cochinchine. Note biog., I, 294. Son arrestation, 407. Sa mort, 509.

FERMANEL, dir. du Sém. des M.-E. Nommé procureur des Vic. apost., I, 59. Reçoit des pouvoirs de Mgr Pallu, 60. Econome du Sém. des M.-E., 80. Lettre sur les procédés des Portugais relativement aux affaires des Missions, 238.

FÉRON, m. en Corée. Note biog. Travaux, III, 410. Pendant la persécution de Corée, 475-477.

FERRÉOL (Mgr), Vic. apost. de la Corée. Note biog., III, 208. Tentatives pour entrer en Corée, 208. Lettres au Souverain Pontife et aux directeurs du Séminaire au sujet de son élévation à l'Episcopat, 208-210. Entrée en Corée, 212. Arrivée à Séoul, 212.

FERREUX (Mgr), Vic. apost. de Siam. Note biog., I, 393. Nommé coadjuteur de Mgr Laneau à Siam, 393.

FILLION (Mgr), Eloge de Mgr Berneux, III, 474.

FLOREAS JEAN-LOUIS (Mgr), Note biog., II, 397. Au synode du Su-tchuen, 1803, 397-400.

FLORENS ESPRIT (Mgr), Vic. apost. de Siam. Note biog., II, 495. Son zèle, 573-574. Désintéressement en faveur de la Corée, 577.

FLORY (de), m. en Cochinchine. Note biog., I, 510.

FO-KIEN, apostolat de Mgr Maigrot, I, 364. Chrétienté d'Hing-hoa.

FONTAINE, m. en Cochinchine. Note biog., III, 283.

FONTANA (Mgr), Vic. apost. du Su-tchuen. Note biog., II, 422. Lettre touchant la persécution en Chine, III, 59. Mort, 60.

FORBIN-JANSON (Mgr), fondateur de la Sainte-Enfance, III, 124. Premières réunions de l'œuvre de la Sainte-Enfance, 124-125.

FORCADE (Mgr), note biog., III, 203. Sous-procureur à Macao, 203. Expédition aux Iles Liou-kiou, 204-207. Vic. apost. du Japon, 206.

FORGET, m. en Cochinchine. Note biog., I, 184.

FOULON, procureur des M.-E. Note biog. Mission au Thibet, II, 319.

FRANCE, qualités des français, I, 12. Question de la fondation d'un comptoir français à Siam, 166. L'influence française sur les missions, 170, 340. Le protectorat français, III, 161-166. Vues de Mgr Pallu sur la manière dont devait s'exercer l'influence française, I, 188. Sollicitude de Mgr Pallu pour les Français établis dans les Indes, 190-191. Protection accordée par Louis XIV aux missionnaires de Perse, 264-265, de Siam, 218, 219, 251, du Tonkin, 253, 280-282. L'ambassade de Siam en France, 314-317. L'ambassade française à Siam, 316-323. Traité avec le roi de Siam en faveur de la religion catholique, 322-323. Impression produite par l'ambassade à Siam, 324-325. Nouvelle ambassade siamoise en France, 326-333. 2e ambassade à Siam, 341-354. L'expédition de la France à Siam. Attaques contre les missionnaires à l'occasion de l'échec des Français à Siam, 355-357. Comment les missionnaires comprennent leurs devoirs envers la France, 356-358. La France appelle la Soc. des M.-E. dans les Indes, II, 102-108. Les guerres de la France dans les Indes, 383. Les interventions partielles de la France en Cochinchine, III, 101-102. La France en Cochinchine en 1843, 101-102, en 1847, 216-217, en 1857, 339-342, en 1858, 375-377, en 1859, 380-382, en 1860-1862, 411, 412, 434-437, 483, en 1884 et 1885, 520-524. La France au Tonkin en 1873, 504-506, en 1882, 518-530, en 1883, 520. La France en Chine en 1844, 156-159, en 1857, 357-361, en 1859, 386-390, en 1870, 488-491, 501. Le traité de 1874, 504-506, en 1883, 520. La France au Japon en 1858, 362-365, 485-487. La France en Corée, en 1867, 476-478, en 1886-1887, 535. Services rendus aux missions par la France, 451-453. Voir *Louis XIV*, *Louis XV*, *Napoléon*, *de Lagrenée*, *Lévêque*, *Cécile*, *de la Grandière*. La guerre allemande, la commune, 491, 496-498. Protectorat français, III, 161-166.

FRANCLET, m. en Mandchourie. Note biog., III, 330. Arrestation, expulsion, 330. Exploration en Mandchourie. 404.

FRANÇOIS-XAVIER (saint), apostolat en Extrême-Orient, I, 4. A Socotora, II, 28-29.

FRÈRES (des Ecoles chrétiennes), dans la presqu'île de Malacca, III, 248, en Birmanie, 320, en Cochinchine, 455. Voir *Religieux*.

FRICAUD, m. à Pondichéry. Note biog. III, 142.

G

GAGELIN, m. en Cochinchine. Note biog., II, 493, 546. Qualités, 547. Appelé à Hué. Discours au roi de Cochinchine, 531-532. Ses gardiens, 534. Arrestation, 547-548. Correspondance avec M Jaccard, 549, 550-551. Condamnation à mort, 549. Martyre, 551-553. Sépulture, 554. Déclaré Vénérable par Grégoire XVI, 554.

GAILHOT, m. à Pondichéry. Note biog., III, 143.

GALABERT, m. à Siam. Note biog., II, 574.

GALY, m. au Tonkin et en Cochinchine. Note biog., III, 84. Arrestation et condamnation à mort, 84-86. Délivrance, 98. D'après un officier de l'*Héroïne*, 100. En France, 101. Retour au Tonkin, épreuves pendant la persécution, 377.

GARIBAL (de), procureur des Vic. apost., I, 59. Demande la reconnaissance légale du Sém., 77.

GARIN, m. en Cochinchine orient. Note biog., mort, III, 526-527.

GARNAULT (Mgr), Vic. apost. de Siam. Note biog., II, 126. Expulsé, 131. Revient à Siam, 131.

GANNIER (Francis), témoignage qu'il rend aux missionnaires, III, 478-479. Victoires au Tonkin, 501. Mort, 502.

GAUDEREAU, m. en Perse, I, 378.

GAUTHIER (Mgr), Vic. apost. du Tonkin mérid., III, 172. Sa lettre relative à la persécution d'Annam en 1859, 382-383. Invité par Tu-duc à fonder un collège français à Hué en 1867, III, 482. Explication de la résistance des chrétiens aux lettrés, 1873, 502-503.

GAYME, m. à Siam. Note biog., I, 185. Procureur général à Siam, 275. Sa réputation de sainteté à Siam, 275. Interprète des ambassadeurs siamois, 575. Naufrage et mort, 277.

GAZIL, dir. du Sém., procureur des Vic. apost., I, 59. Pouvoirs reçus de Mgr Pallu, 60. Demande la reconnaissance légale du Sém., 77. Sup. provisoire du Sém., 77. Ses qualités, 174. Sup. du Sém., 174. Son départ pour Rome pour combattre le projet de vœux et de Congrégation apostolique. Ses relations avec Mgr Pallu, 174-175.

GEFFRARD, m. à Siam. Porte des lettres de Louis XIV au roi du Tonkin, I, 280. Sa mort, 359.

GÉLOT, m. au Tonkin occid. Note biog. Sa mort, III, 521.

GENDREAU (Mgr), Vic. apost. du Tonkin occid. Note sur les maisons de Dieu, I, 585.

GENOUD, m. à Siam, au Cambodge, au Pégou, I, 371. Note biog., 371. Arrestation et exécution, 372, 373.

GERVAISE, note biog., I, 256.

GIA-LONG, appelé d'abord Nguyên-anh. Détails biog., relations avec Mgr Pigneau, II 135, 136. demande des secours à la France, 229. Son respect pour Mgr Pigneau, 32°. Eloge de Mgr Pigneau, 334. Conduite envers les missionnaires en 1802, II. 386-393. Déclaration en faveur du catholicisme en 1802, 389. Edit injurieux contre le catholicisme en 1804, 390. Aveux au sujet du catholicisme, 392. Mort, testament, 493-495.

GIRARD, m. en Acadie, II, 6. Naufrage, 16.

GIRARD (Prudence), m. au Japon, III, 365. Note biog., III, 452. Lettre aux Conseils centraux de la Propagation de la Foi. Espérances, 365. Sup. de la mission du Japon. Voyage en France, 1862, 452.

GLEYO, m. au Su-tchuen. Note biog., II, 78. Vertus, 79. Arrestation et captivité, 79. Interrogatoire et tortures, 81-82. Visions, 82, 83-85, 86, 87. Appréciation de ses visions, 87, 89. Lettre à Mgr Pottier, 90. Démarches en sa faveur, 90-92. Délivrance, 91-92. Ses travaux apostoliques. Incident de voyage, 481-482.

GODEFROY, m. à Siam et en Cochinchine. Note biog., I, 452.

GODELLE (Mgr), Vic. apost. de Pondichéry. Ses vertus, III, 348. Son sacre, 348. Son administration au Coïmbatour, 349. Ses écoles. 349. Exposition au Souverain Pontife de l'état religieux des affaires des Indes, 352-353. Lettre aux directeurs de Paris. Eloge de Mgr Bonnand, 439-440.

GOUGES, m. en Cochinchine. Note biog., II, 267. Arrestation. I, 407. Captivité (1700-1704), 408.

GOUST, m. à Pondichéry. Note biog., III, 17.

GOUTELLES, m. au Thibet. Note biog., III, 396. A Bonga, 398.

GRANDIÈRE (Amiral de la), fondateur de l'organisation de la colonie de Cochinchine. Traité avec le roi de Cambodge, 1863, III, 452-453. Ses sentiments pour Mgr Miche, 453. Services qu'il rend à la religion en Cochinchine, 1865, 453-454. Conquête de trois provinces en Basse-Cochinchine 1867, 483. Représentations à Hué au sujet de l'arrestation de Mgr Gauthier et de M. Van Camelbeke 1868, 483.

GRANDJEAN, m. à Siam. Note biog., III, 119. A Xieng-mai, 119. Retour à Bangkok, 120.

GRANDMOTTET, m à Pondichéry. Note biog., II, 120.

GRAVÉ, m. en Cochinchine. Note biog., I, 364.

GRÉGOIRE, m. Sa mort, I, 273.

GRÉGOIRE XVI (Pape), sa sollicitude pour les missions des Indes, III, 6, 10. Erection de nouveaux Vic. apost. dans les Indes, 7. Sa bulle : *Multa præclaré*, 8, 10. Bref aux persécutés d'Annam, 57. Sa bienveillance pour la Soc. des M.-E., 168-170. Création de Vic. apost., 170-172. Nouvelles missions confiées par lui à la Soc. des M.-E., 172. Projet d'établir la hiérarchie en Extrême-Orient, 172. Erection d'un Vic. apost. au Japon, 206. Bref d'érection du Thibet en Vic. apost., 292-293. Demande aux Vic. apostoliques leur opinion sur le dogme de l'Immaculée-Conception, 310.

GRENIER, m. en Cochinchine. Note biog., II, 135.

GAILLET, m. en Cochinchine. Note biog., II, 242. Son costume à Macao, 472.

GROSSE, m. à Siam. Note biog., I, 294.

GUÉRIN, dir. du Sém. des M.-E. Note biog., III, 493. Arrestation et incarcération à Mazas, 497-498.

GUÉTY, m. en Chine. Note biog., I, 453. Décret d'exil contre lui, 474.

GUÉGAN, m. en Cochinchine orient. Note biog. Sa mort, III, 526.

GUILLEMIN (Mgr), préfet apost. du Kouang-tong. Note biog., III, 232. Expose au Souverain Pontife l'état des affaires religieuses des Indes, 352-353. Elevé à l'épiscopat, 353. Ses espérances à la suite du traité de Pékin, 405. Au Concile du Vatican, III, 491-492. Elève une église à saint François Xavier à Sancian, 508.

GUINÉE, évangélisation de 1766 à 1776, II, 38-39.

GUISAIN (Mgr), Vic. apost. du Tonkin, I, 366. Arrestation, 456-457. Sacre, mort, 512.

GUYARD, m. en Cochinchine. Mort, I, 196.

GUYOMARD, m. au Cambodge. Mort, III, 523.

H

HAINQUES, m. en Cochinchine. Note biog., I, 58. Départ, 124. Apostolat à Faï-fo. Sa lettre circulaire. Conversion des apostats, 125-126. Persécuté par les Portugais, 126. Succès de son apostolat, mort, 146.

HAKODATÉ (Japon), érigé en diocèse, III, 531. Population païenne et chrétienne, nombre d'évêques, de missionnaires, de districts, de chrétientés, de paroisses, 545, de catéchistes, de frères, de religieuses européennes, 557, baptêmes d'adultes, d'enfants de païens, conversions d'hérétiques, églises et chapelles, confréries, 565, séminaires, écoles primaires, 573-574, d'orphelinats, de pharmacies, 586.

HALBOUT, m. en Cochinchine. Note biog., II, 59. Fuite pendant les persécutions, 59.

HAMEL, m. au Su-tchuen. Ses travaux au Séminaire, II, 437-438. Mort 437. Vertus, 438.

HAVARD (Mgr), Vic. apost. du Tonkin occid. Détails biog., III, 28-29.

HÉBERT (Mgr), sup. de la mis. de Pondichéry. Note biog., II, 272. Craintes des français, 382. Sentiments sur les malheurs de l'Eglise pendant la révolution Française, 430. Qualités, 495. 497. Sa mort, III, 10.

HERBRENGT, m. en Cochinchine orient. Note biog., III, 373. Ses épreuves pendant la persécution, 373. Lettre relative à la persécution d'Annam, 383-384, mort, 443-444.

HERVÉ, m. en Chine. Note biog. Captivité à Macao, I, 478.

HEUTTE, m. à Siam et en Cochinchine. Note biog., I, 452, mort, 509.

HIÉRARCHIE, la question de la hiérarchie en Extrême-Orient, III, 172. Etablissement de la hiérarchie aux Indes, 1887, III, 534. Au Japon, 536.

HOANG, coréen. Martyre, III, 472-473.

HO-DINH-HY, mandarin de Cochinchine. Martyre, III, 372.

HODY, sup. du Sém. des M.-E. Note biog., II, 259. Refus de recevoir dans l'Eglise les prêtres intrus de Saint-Sulpice, 273-274. Pendant la révolution, 277. Lettre à la municipalité de Paris, 280-281.

HOLLANDE, refus de conduire les missionnaires, I, 56. Opposition aux missionnaires, 57. Persécution contre les missionnaires, 439, 359. Jalousie à la vue des honneurs faits aux Vic. apost. par le roi de Siam,

219. Calomnies réduites à néant par M. Vachet, 312-314. Ennemis de la France, 316.

Hong-Kong, procure général des M.-E., III, 543. Sanatorium, 517, 543. Maison de retraite, 543.

Hôpitaux, nécessité et statistique, III, 585.

Houillon, m. au Su-tchuen. Incarcération à Mazas, mort, III, 496-497.

Hue, m. au Su-tchuen, mort, III, 507.

Hué (Annam), captifs à Hué, voir *Gagelin, Jaccard, Charrier, Miche*. Prise de la ville par les Français, 1883, III, 520.

Huin, m. en Corée. Note biog., III, 471. Se livre, 472. Condamnation à mort et martyre, 472-473.

Hung-hoa (Fo-kien), chrétienté du Fo-kien. Satistique sur la fin du XVIII° siècle, II, 148.

Huot, m. au Yun-nan. Note biog., III, 257, mort, 444.

I

Imbert (Mgr), Vic. apost. de la Corée. Note biog., III, 58. Détails biog., 63-64. Qualités. Départ pour le Su-tchuen. Nomination de Vic. apost. de Corée. Entrée en Corée. Débuts en Corée, 65-66. Projets d'évangélisation pour le Japon, 202-203. Arrestation, 67, 69. Ordre à MM. Maubant et Chastan de se livrer, 70-73. Martyre, 76. Introduction de sa cause de béatification à Rome, 353-356.

Indes, voir *Pondichéry, Maïssour, Coïmbatour*.

Indo-Chine, voir *Annam, Cochinchine, Malacca, Tonkin, Siam*.

Inglesi (l'abbé), prend part à la fondation de la Propagation de la Foi, II, 510-511.

Innocent X (Pape), reçoit un mémoire du P. de Rhodes demandant des évêques pour le Tonkin, I, 8. Veut sacrer le P. de Rhodes, 9. Charge le P. de Rhodes de trouver des évêques, 20. Sa prétendue opinion sur les Français, 20. Mort, 21. Règles de conduite à propos de la question des rites, 384.

Innocent XII (Pape), audience à M. Quémener, I, 392. Nomme M. Pin au Vic. apost. du Tche-kiang et du Kiang-si, 392. Détermine la juridiction des évêchés de Pékin et de Nankin qu'il a créés, 393. Bulle d'octobre, 1696, pour la nomination de plusieurs Vic. apost., 393. Bref d'encouragement à Mgr Maigrot, 394. Bref au Sém. de Paris, 394-395. Nomme une congrégation de Cardinaux pour examiner la question des Rites, 395

Iribarne, m. en Cochinchine orient. Note biog., mort, III, 529.

J

Jaccard, m. en Cochinchine. Détails biog., II, 540-541. Interprète à la cour de Hué, 336. Plaidoiries devant les tribunaux cochinchinois, 538-542. Condamné à mort, 542. Lettre aux chrétiens de Cochinchine pour les empêcher de prendre part à la révolte, 559-561. Exilé à Aï-lao, 561. Souffrances, III, 38-44. Interrogatoires, 39, 43-44. Travaux, 42. Martyre, 44. Héroïsme de sa mère, 44-45. Son souvenir parmi les chrétiens annamites, 45-46.

Jacquemin, m. au Kouang-tong. Incarceré, III, 330-331.

Jalabert, m. aux Indes. Note biog., II, 120.

Jansénisme, réponse de Mgr Pallu accusé de Jansénisme, I, 183-184. Maigrot accusé, 333. Sentiments des missionnaires sur le Jansénisme, 490-491. Trois directeurs du Séminaire accusés de Jansénisme quittent la Société, 491-493. Conduite de M. de Brisacier et de M. Tiberge. Supplique au Souverain Pontife, 591-492. Rescrits de la Propagande à la Soc. des M.-E., 492. Sentiments des missionnaires de la Société, 493-495. Nouvelles accusations contre la Société. Réponse et justification par M. de Brisacier, 495-496.

Japon, persécution, I, 4. Mgr Laneau et Mgr de Cicé Vic. apost. du Japon, III, 202. Confié à la Soc. des M.-E. en 1844, 172. Les Iles Lieou-Kieou, 202. Mgr Imbert songe à essayer de l'évangéliser, 202-203. Création du Vic. apost. en 1846, 206. Tentative de l'amiral Cécile pour l'ouvrir au commerce européen, 207. intervention de la France en 1858. Traité 362-365. Ports ouverts au commerce français, semi-liberté religieuse, 364-365. Statistique de la mission de 1862, 449. Découverte de chrétiens, 1865, III, 457-465. Persécution en 1867, 484-487. Révolution en 1868, 485. Edits contre les catholiques en 1868, 485-487. Suppression des édits de prescription, 508. Division en plusieurs Vicariats, 509, 536. Intervention en Corée du gouvernement japonais, 511-512. Propagande des protestants en 1878, 515. La liberté religieuse en 1884 et 1885, 535. Etablissement de la hiérarchie. Division : un archevêché, Tokio, 3 évêchés en 1891, 536.

Jaricot (Mlle), zèle pour l'association en faveur des infidèles. II, 509. Part qu'elle a eue dans la fondation de l'œuvre de la Propagation de la Foi, 512-513, et dans l'œuvre de la Sainte-Enfance, III, 123-124.

Jarot, m. en Cochinchine. Note biog., II, 272.

Jarric, m. à Pondichéry. Note biog., II, 120.

Jarrige, note biog., III, 142. Sa croyance au dogme de l'Immaculée-Conception, 1825, 312-313.

Jean de Plan-Carpin, son ambassade près des Tartares, I, 3.

Jeantet (Mgr), Vic. apost. du Tonkin occid. Note biog., II, 492. Les épreuves pendant les persécutions, III, 368-378.

Jésus (Compagnie de), apostolat dans l'Empire du Milieu, I, 4. Sentiment de la plupart de ses missionnaires dans la question des Rites. Voir *Rites*.

Joanno, m. en Corée. Note biog., III, 411.

Jonselang (Ile de), prise de l'île par les Birmans, II, 417. Expédition de M. Ducas et Lequeux, III, 289-290.

Joret, m. à Siam. Note biog., I, 371. Son apostolat au Pégou, 371. Arrestation et mort, 372-373.

Jubilé, le jubilé de 1850. Effet qu'il produit dans les missions, III, 243-244.

Juaines, dir. du Sém. des M.-E. Note biog., II, 523.

Juthia, Procure des M.-E., I, 294., III, 543. Siège de Juthia par les Birmans, II, 51-53. Ruines de cette ville, 53-54.

K

Kang-hi, empereur de Chine. Sa célébrité, I, 298. Son édit de liberté religieuse, 1692, 366. Mesures rigoureuses contre le catholicisme, 466-480. Sa conduite dans la question des Rites. Réception de Mgr de Tournon, 469. Audience à Mgr Maigrot, 472-473. Colère contre Mgr Maigrot, 474. Audience à Mgr Mezza-Barba. Défense de publier la bulle *Ex illâ die*, 486-487. Mort, qualités, 514.

Karikal (Inde), pendant la Révolution française, II, 247. Fondation du collège, III, 326.

Kerhervé (Mgr), m. à Siam. Vic. apost du Su-tchuen. Note biog., II, 42. Chargé des élèves de Siam. L'invasion birmane, 42. Retour à Juthia, 44.

Kiang-si, apostolat de M. Pin, I. 365.

Kim, prêtre coréen. Dévouement, III, 210-211. Elévation au sacerdoce, 211. Arrestation et martyre, 212-215.

Krick. m. au Thibet. Note biog., III, 296. Expédition au Thibet, 296-305. Mort, 305. Jugement contre son meurtrier, 398.

Kouang-si, confié à la Soc. des M.-É., III, 230-231. Arrestation et martyre de M. Chapdeleine, 331-335. Statistique en 1862, 446. Erection en préfecture apost., III, 508. Vexations contre les chrétiens en 1884, 522-523, en 1886 et 1890, 536. Population païenne et chrétienne, nombre d'évêques, de missionnaires, de districts, de chrétientés, 548, de catéchistes, 558, baptêmes d'adultes, d'enfants de païens, d'églises, de chapelles, de confréries, 568, de séminaires, d'écoles, 577, d'orphelinats, de pharmacies, 589.

Kouang-tong, confié à la Soc. des M.-É., III, 230-231. Troubles religieux, 330-331. Vexations des païens en 1869, III, 489. Evangélisation en 1875, 508. Haine du Vice-roi pour les missionnaires, 1886-1890, 536. Statistique en 1862, 448, en 1892. Population païenne et chrétienne. nombre d'évêques, de missionnaires, de districts, de chrétientés 548, de prêtres indigènes, 554, de catéchistes, de religieuses indigènes, européennes, 558, baptêmes d'adultes, d'enfants de païens, d'églises, de chapelles, de confréries, d'œuvres, 568, de séminaires, d'écoles, 577, d'orphelinats, 588.

Kouy-tcheou, statistique à la fin du XVIII° siècle, II, 148. Création du Vicariat, III, 171. Premier évêque, 172. Apostolat de M. Albrand, 255-256. Persécution, 399. Troubles en 1865, III, 461. Vexations des païens, 1869, 489. Persécution contre les chrétiens en 1884, 522-523, de 1886 a 1890, 536. Statistique en 1862, 448, en 1892. Population païenne et chrétienne, nombre d'évêques, de missionnaires, de districts, de chrétientés, 547-548, de prêtres indigènes, 554, de catéchistes, de vierges chinoises, 558, baptêmes d'adultes, d'enfants de païens, d'églises, de chapelles, confréries, d'œuvres, 567, de séminaires, d'écoles, d'imprimeries, 577, d'orphelinats, d'hôpitaux, 588.

L

Labartette (Mgr), note biog., II, 136. En Haute-Cochinchine, 252. Jugement sur Gia-long, 387. Mort, 494. Funérailles, 495.

Labbé (Mgr), Vic. apost. de Cochinchine. Note biog., I, 393. Nommé coadjuteur de Mgr Pérez, 393. Participation dans la rédaction du règlement, 413, Evêque de Tilopolis, 414. Travaux en Cochinchine, 509. Mort, 510.

Lalanne (de), sup. du Sém. des M.-E. Note biog., III, 231.

La Loubère, ambassadeur à Siam. Son caractère, I, 342.

Lambert (Mgr), voir *La Motte Lambert* (de).

Lambert, m. aux Indes. Note biog., II, 271.

Lamego (Mgr), ambassadeur du Portugal à Rome. Son zèle pour faire triompher sa cause contre les Vic. apost., I, 237-238.

Lamothe (Mgr), coadjuteur du Vic. apost. du Tonkin occid. Promotion à l'épiscopat, II, 323. Arrestation et délivrance, 325-326. Mort, 491.

LA MOTTE LAMBERT (Mgr de), Vic. apost. de Cochinchine. Détails biog. Qualités et vertus, I, 30-32, 191. Action dans la nomination des Vic. apost., 33, 34. Nommé évêque de Beryth et Vic. apost. 34, 41. La supplique pour obtenir la fondation d'un sém. des M.-E. 39-40. Départ, maladie, 53-55. Voyage, 63, 70-75. Les actions de grâces en apprenant l'établissement du séminaire, I, 83. Sollicitude pour le séminaire de Paris, I, 110-113. Lettre aux directeurs de ce séminaire, 212-215. Projet de congrégation apostolique. Formule de vœux qu'il propose, 111-112. Un des rédacteurs des *Monita ad missionarios*, 98. Publication de son voyage, 273. En butte à la haine du Portugal, 91. Ses démêlés. Excommunié par l'Inquisiteur de Goa, 192. Départ pour la Chine, naufrage 93-95. Audience du roi de Siam, 116, 117. Requête au roi de Siam pour obtenir un terrain à Siam, 118, 119. Audience du roi de Siam, 121. Première ordition d'indigènes à Siam, I, 126. Départ pour le Tonkin, 138-141. Fondation des Amantes de la Croix, 142-144 Lettre à ces religieuses, 145-146. Départ pour la Cochinchine, 146-147. Etablit une maison des Amantes de la Croix, 149. Bref d'éloges de Rome, I, 192. Lettre du cardinal Barberini, 193-194. Lettre au Sup. de Saint-Sulpice pour obtenir des missionnaires, 208-210. Démarches près des ordres religieux pour le même objet, 210. Audience du roi de Siam, 215-219. Deuxième voyage en Cochinchine, 228-231. Nommé administrateur général des missions de Cochinchine, du Tonkin et du Japon, 242. Sa mort, ses funérailles, 252. Son rôle. Influence de sa mort sur la Soc. des M.-E., 304-310. Son éloge par Mgr Pallu, 253-254. Par le Pape, 254. Son influence, 113.

LANDRE, m. en Corée. Note biog., III, 411.

LANEAU (Mgr), note biog., I, 60. Conversion d'un talapoin, 121. Elévation à l'épiscopat, 205-206. Talents, 206-207. Audiences du roi de Siam, 215-219, 214. Charité pour les malades, 232. Demande de missionnaires, 273. Départ pour la Cochinchine, 283. Nommé administrateur général, 283. Sacre M. Mahot, 283-285. Son exposé de l'état des missions, 285-288. Donation générale du Sém. de Siam au Sém. de Paris, 295-296. A l'audience solennelle donnée par le roi de Siam à l'ambassade française, 320. Son rôle dans les entrevues des ministres siamois et des ambassadeurs français, 324. Avertissement au ministre Phaulcon, 343. Violences exercées sur lui par les Siamois, 346-347. Lettre aux dir. du Sém. des M.-E. Sa captivité à Siam, 349-352. Son livre de *Deificatione justorum*, 352-353. Sa lettre à Louis XIV, 357-358. Demi-liberté, 359. Lettre aux chanoines de Saint-Martin, 360, 361. Charité de l'évêque envers les Français, 361. Envoi d'un missionnaire à Rome pour plaider la cause des Vic. apost., 363. Sacre Mgr Pérez, 368. Envoi de missionnaires au Pégou, 370-371. Lettre à M. Delavigne, 413. Rôle dans la fondation de la Société, 461-462.

LANGLOIS, m. à Siam et en Cochinchine. Note biog., I, 369. Travaux à Siam, 232, 369. Travaux en Cochinchine, 369. Provicaire de Mgr Pérez, 369. Connaissance de la langue annamite, 369. Vertus, 369. Arrestation, 404-407. Mort, 408.

LANGLOIS, Sup. du Sém. des M.-E., note biog., au Tonkin, II, 272. Retour en France, 168. Expulsé de Rome par ordre de Napoléon, II, 428. Retraite à Rennes, 429. Rentrée au Sém., II, 432. Publie les *Nouvelles Lettres édifiantes*, 507. Bref de Grégoire XVI, III, 168-170. Mort, 279. Ses qualités, 279.

LAOS, description physique, II, 70. Religion, 70-71. Envoi de missionnaires. Instruction que leur donne Mgr Pallu, I, 289. Objet de la sollicitude de Mgr Reydellet, II, 69-72. Tentative d'évangélisation, 144-145-574. Tentative d'évangélisation au XIXᵉ siècle, III, 288. Evangélisation en 1876, III, 515-516. Massacre de missionnaires. Voir *Tonkin*.

LAOUENAN, note biog., III, 353. Jugement sur la constitution de la Société des Missions, I, 178, sur Mgr Bonnand, III, 151. Au Concile du

Vatican, 491-492. Zèle pour la conversion des infidèles, 512-513. A Rome pour la solution de la question du patronage portugais, 533-534.

LAUCAIGNE (Mgr), évêque auxiliaire au Japon. Note biog., III, 484.

LAVAL (Mgr de), note biog., I, 38. Se retire à l'ermitage de Caen, 22. Désigné pour l'épiscopat (1658), 38. Supplique pour obtenir la fondation d'un Sém. des M.-E., 39-40. Nommé Vic. apost. du Canada, 157. Zèle pour combattre la passion pour les liqueurs fortes, 118. Demande le secours du Sém. des M.-E., 159-160. Eloge des dir. du Sém., 259. Lettre au Souverain Pontife sur le Sém. des M.-E., 259. Nommé évêque de Québec, 259. Construction du Sém. de Québec, 260. Dispositions en faveur du Sém. des M.-E., 260. Mandement pour l'union des deux Sém. des M.-E. de Paris et de Québec, 260. Démission, 261, 336.

LAVOUÉ, m. en Cochinchine. Note biog., II, 242.

LAZARISTES, secours donnés aux Lazaristes, II, 260-261.

LEBLANC, Vic. ap. du Yun-nan. Note biog., I, 365. Nommé Vic. apost. du Yun-nan, 393. Au Yun-nan, 462. Exilé, 477. Rentre en Chine, 478. Sentiments pendant la persécution, 479, mort II, 251.

LE BON (Mgr), Vic. apost. de Siam. Note biog. Travaux, II, 126. Exilé, mort, 131.

LE BRETON, m. au Tonkin occid. Note biog. Envoie des catéchistes au Laos, II, 144.

LE CHEVALIER, m. à Siam. Sa mort, I, 359.

LE CLERC, m. en Cochinchine. Note biog. Travaux, II, 136

LEFEBVRE (Mgr), Vic. apost. de Cochinchine occid. Note biog., III, 174, 176 Arrestation, 176-177. Interrogatoire et délivrance, 177-180. Deuxième arrestation, 180. A Hué, 181. Deuxième délivrance, 181-182. A Singapore. Réponse patriotique au gouvernement anglais, 182-183. Sa tête mise à prix, fuite, 380. A bord de la flotte française, 381.

LEFEBVRE (François), note biog., I, 256. Porte des lettres de Louis XIV au Tonkin, 280.

LEFEBVRE (Urbain), arrivée en Chine, I, 565. Arrestation, son expulsion, 565.

LEFÈVRE (Mgr), Vic. apost de Cochinchine. Note biog., I, 567. Ses dernières années, 574-575. Sa mort, 575.

LE GERMAIN, m. en Cochinchine. Note biog. Départ, II, 300.

LEGUILCHER, m. au Yun-nan. Note biog., III, 464. Services qu'il rend à l'expédition du Mé-kong, 479.

LEHODEY, m. à Pondichéry. Note biog., III, 142.

LELABOUSSE, m. en Cochinchine. Note biog., II, 242. Travaux, 252. Lettre pour défendre Mgr Pigneau, 330. Lettre sur la mort de Mgr Pigneau, 333.

LELOUTRE, m. en Acadie. Ses qualités, II, 6-7. Ruse pour échapper aux Anglais, 7. Captivité en Angleterre, 7-8. Sa tête mise à prix, 9. Conseils d'émigration aux Acadiens, 8. Retour en Acadie, 8. Luttes, 8. Deuxième captivité en Angleterre, 15. A Belle-Ile, 17.

LÉON XIII (Pape), établit la hiérarchie à Pondichéry, III, 149. Lettre d'encouragement au Sém. des M.-E., 521-522, 534. Lettre à l'empereur de Chine, 523. Lettre à l'empereur du Japon, 535. Etablit la hiérarchie au Japon, 536. Bref approbatif des constitutions de la Société, 594-595.

LEPAVEC, m. au Tonkin. Occid. Note biog., II, 227. Remonte le fleuve Rouge, 320. Son arrivée à Macao, 472.

LEQUEUX, m. à Siam. Note biog. Expédition à Jongselang, III, 289. Sa mort, 438.

Le Roux, m. au Tonkin occid. Note biog., I, 584. Son éloge par les Annamites, 584-587.

Leroux, m. à Pondichéry. Note biog., III, 143.

Leroy, m. au Tonkin. Note biog. Lettre sur les travaux de M. Blandin, II, 205.

L'Espinasse (de), m. à Siam Note biog., I, 256.

Lesserteur, dir. du Sém. des M.-E., 6. Sa brochure, *Les premiers prêtres indigènes au Tonkin*, I, 368. A travaillé au livre *La Salle des Martyrs*, III, 54.

Lestrade, m. en Cochinchine. Note biog., départ, II, 300.

Lettres édifiantes (nouvelles), publiées par M. Langlois, II, 507.

Letondal, procureur des M.-E. à Macao. Note biog., II, 224. Réponse aux gouverneurs portugais, 225-226. Habileté pour déjouer les ruses des Chinois, 307-310. Reconnaissance pour les Portugais, 309-310. Démarches et mémoire pour rétablir le Sém. général, 407-416. Voyage au Mexique, 411-412. Projet d'établir le Sém. général à Manille, 412-413. Choix de l'île de Pinang pour l'établissement du Sém. général, 414-416. Réparation du désastre causé par l'incendie au Sém. de Pinang, 418-419. Mort à Pondichéry, 419.

Leturdu, m. à Kouang-tong. Note biog., III, 207. Arrestation, délivrance, 253. Mort, 438.

Levavasseur, m. en Cochinchine. Note biog., II, 58. Au Cambodge, 58. Zèle et talents, 58-59. Mort, 59.

Levêque, commandant de la corvette l'*Héroïne*, III, 93-94. Sauve les missionnaires, 95-99.

Libois, procureur des M.-E. à Macao. Note biog., III, 203. Pouvoirs qu'il reçoit de Mgr Imbert pour le Japon, 203. Sup. du Kouang-tong, 231. Sup. de la mission du Japon, 362.

Lionne (Mgr de), Vic. apost. du Su-tchuen. Note biog., I, 256. Éloge, 294. A l'audience solennelle donnée par le roi de Siam à l'ambassade française, 320. Interprète des ambassadeurs siamois en France, 325. Discours aux ambassadeurs siamois, 327-329. Désire des religieuses européennes en mission, 330. Entrevue avec Pitra-cha, 344. Lettre au commandant de l'escadre française à Siam, 345. A Hing-hoa et Chan-lo, 364-365. Nommé Vic. apost. du Su-tchuen avec caractère épiscopal, 393-414. Sa lettre au P. Bourdaloue, II, 470.

Liot, m. en Cochinchine. Note biog., II, 136. Lettre pour réfuter les accusations contre Mgr Pigneau de Béhaine, II, 137-138. Mort, 492.

Liou-kiou (Iles), dépendance du Japon, III, 202. Expédition de M. Forcade, 204-207.

Lirot, m. en Chine. Note biog., I, 478. Lettre d'éloges que lui adresse Mgr de Tournon, 478.

Livres, nécessité pour les maîtres d'écoles, les élèves et les chrétiens, II, 170-172, publications principales, III, 581-593.

Lolivier, m. en Chine. Note biog., II, 271. A Hing-hoa, sup. du Sém. général de Pinang, 415.

Longer (Mgr), Vic. apost. du Tonkin occid. Note biog., II, 139. Son catéchisme, 171. Nommé Vic. apost. du Tonkin, I, 254. A l'audience de Gia-long, II, 388-389. Ses coadjuteurs, 491.

Lopez (Mgr), dominicain chinois. Éloge, I, 187. Nommé évêque de Basilée, 242.

Lottraux, m. Note biog., I, 184. Mort, 273.

Louis, m. au Tonkin. Son journal de voyage au sujet de Socotora, II, 28-30.

Louis XIV, accorde une pension aux Vic. apost., I, 53. Privilèges aux missionnaires, 59. Lettres-patentes accordant la reconnaissance légale au Sém. des M.-E. 77-78. Générosité envers le Sém., 78. Mesures en faveur du Canada. Bienveillance pour les Vic. apost., 166. Générosité en faveur de Mgr Pallu, 181, 251. Lettres aux rois de Siam et du Tonkin, 181, 218-219, 251, 280-283. Opposition à la prestation du serment d'obéissance aux Vic. apost., 250. Faveurs accordées aux missionnaires, 251. Protection accordée aux missions de Perse, 264-265, 377. Bienveillance pour le Sém. des M.-E., 270. Audience aux ambassadeurs siamois, 314-315. Zèle pour la religion catholique, 316. Instruction à l'ambassade française à Siam, 317. Sa lettre au roi de Siam (1685), 321. Audiences à la 2ᵉ ambassade siamoise, 331, 333. Relations avec Siam. Le traité, 331-333. Résultat de son expédition au Siam, 354. Ses sentiments sur la question des rites, 399. Gratification en faveur du Sém. de Québec, 448. Diplomatie pour renouer sa relation avec Siam, 450-452.

Louis XV, lettre en faveur de Mgr de Lolière, I, 569. Lettres-patentes en faveur de la Soc. des M.-E., II, 98.

Louis XVI, confirmation des lettres-patentes accordées par Louis XV, 98.

Louis XVIII, lettres-patentes confirmant celles de Louis XVI en faveur de la Soc. des M.-E., II, 523-524.

Louis-Philippe refuse de recevoir les ambassadeurs annamites, III, 82. Action en Annam, 93. Lettre que lui adresse Mgr Retord, 219.

Louisiane, évangélisation de 1698 à 1707, I, 446-447.

Luquet (Mgr), envoyé à Rome par les missionnaires des Indes, III, 149.

M

Mabileau, m. au Su-tchuen. Note biog., III, 460. Mort, 460-461.

Macao, situation, II, 472. La procure des M.-E. y est établie, I, 516-517, 473. Tracasseries des Portugais contre les procureurs et les missionnaires, I, 516. Voir *Conain, Descourvières, Letondal, de Tournon*.

Macé, m. en Cochinchine orient. Qualités, III, 527. Mort, 527.

Maduré, cession de cette mission aux Jésuites en 1839, III, 10-11. Voyage de Mgr Bonnand, 11, 17. Nombre de chrétiens, 11. Etendue de la mission, 18.

Magdinier, m. au Tonkin. Note biog., II, 499.

Mahapram, village siamois où fut établi le premier Sém. général de la Soc. des M.-E., I, 120.

Mahot (Mgr), Vic. apost. de Cochinchine. Détails biog., I, 146. A la cour de Hué. Réception du roi. Circulaire aux chrétiens. Lettre à Mgr de la Motte Lambert, 196. Demande des missionnaires, 273. Nommé évêque de Bide. Son sacre. Vertus et mort, 283-285.

Maigrot (Mgr), Vic. apost. du Fokien. Note biog., I, 256, 333. Départ pour la Chine, 297. Jugement sur Mgr Pallu, 302. Accusé faussement de Jansénisme, 333-335. Nommé Vic. apost. du Fokien, 335. Apostolat dans le Fokien, 364. Attaqué par Voltaire, fausseté de l'accusation, 385. Quatre dissertations sur la question des rites, 385-386. Son mandement sur la question des rites, 387-390. Mauvais traitements qu'il subit, 391. Effet de son mandement, 391. Envoie M. Charmot à Rome, 392. Nomination à l'épiscopat, 393. Bref d'encouragement du Pape Innocent XII, 393-394. Appelé à Pékin par Mgr de Tournon, 470. Part qu'il prend dans l'affaire des rites chinois pendant son séjour à Pékin, 470-474. Décret d'exil contre lui, 474-475. Loué par Mgr de Tournon, 475-477. Lettre sur la mort du cardinal de Tournon, 480. Sa justification d'une accusation de superstition, 481. Vie à Rome, 483.

MAIGROT (J.-B.), procureur des M.-É. à Macao. Note biog., I, 567.

MAILLARD, m. en Acadie, II, 6, 9. Son autorité sur les Acadiens, 17. Lettre à Robichaud, 17-19. Travaux en Acadie, 17-20. Derniers moments, 19-20.

MAÏSSOUR, persécution de Tippou Sahib en 1793, II, 317-318. Conversion des apostats, 318-319. Travaux de M. Dubois, 383, 385. Créé Vic. apost., III, 170. Son premier évêque, 172. Séminaire, écoles, 329. Attaques des protestants, 329-330. Statistique de 1862, 445. Floraison des œuvres en 1865, 455. La famine de 1876, 513. Créé évêché, 534. Population païenne et chrétienne, nombre d'évêques, de missionnaires, de districts, de chrétientés. 551, de prêtres indigènes, 555, de catéchistes, de religieux et de religieuses européennes et indigènes, 561, de baptêmes d'adultes, d'enfants de païens, de conversions d'hérétiques, d'églises, de chapelles, de confréries, d'œuvres, 570-571, de séminaires, de collèges, d'écoles, 583, d'orphelinats, 591-592.

MALACCA, historique du diocèse, III, 107. Erection du Vic. apost. de Malacca, 108. Ses habitants, 108. Ses postes principaux, 109. Le patronage portugais. 110. Statistique en 1862, III, 448. Travaux des missionnaires, 1865. III, 456. Propagande des protestants, 1878, 515. Erigé en diocèse, 1878, 534. Population païenne, en 1892, 550, chrétienne, 551, nombre d'évêques, de missionnaires, de districts, de paroisses, de chrétientés, 551, de prêtres indigènes, 555, de catéchistes, de religieux, de religieuses européennes et indigènes, 550, de baptêmes d'adultes, d'enfants de païens, de conversions d'hérétiques, d'églises ou chapelles, de confréries, d'œuvres, 570, d'élèves au séminaire de Pinang, d'écoles, d'élèves, 581-582, d'orphelinats, d'hôpitaux, 591.

MANACH, m. en Acadie, II, 6. Captivité, 16. Lettre aux chrétiens, 16-17.

MANDCHOURIE, confiée aux M.-E. en 1838, III, 105. Climat, 105. Mgr Verrolles, son premier Vic. apost., 105. Expédition de M. de la Brunière. 198-201. Expulsion des missionnaires en 1850 et 1855, 330. Expédition de missionnaires en 1861, 404. Statistique de 1862, 448. Evangélisation en 1875, 508. Vexations des chrétiens, 1884. 523. Population païenne, chrétienne, nombre d'évêques, de missionnaires, de districts, de chrétientés, 540, prêtres indigènes, 554, catéchistes, religieuses européennes, indigènes, 558, baptêmes d'adultes, d'enfants de païens, églises, chapelles, confréries, œuvres, 566, séminaires. écoles, 575, ateliers, 576, orphelinats, pharmacies, hôpital, 587.

MANILLE, générosité du clergé de Manille envers les missionnaires de Siam, I, 347. Appui qu'y trouve M. Létondal. Voir *Létondal, Séminaire général*.

MANISSOL, m. au Tonkin occid. Note biog. Mort, III, 521.

MANOEL, m. à Siam. Note biog., I, 317. Emprisonné, 349. Lettre sur la persécution au Siam, 349. Démarches infructueuses pour rétablir les relations entre Siam et la France, 354.

MARCHAND, m. en Cochinchine. Arrestation, II, 565. Refus d'entrer dans les rangs des rebelles, 562-563. Lettre écrite du fort de Saïgon, 563. Interrogatoire. Le supplice des tenailles rougies, 565-569. Martyre, 569-573. Déclaré Vénérable par Grégoire XVI en 1840, 573.

MARIETTE, m. au Su-tchuen. Note biog., III, 59.

MARTILIAT (Mgr de), Vic. apost. du Su-tchuen. Son opinion sur les conséquences de la bulle *Ex quo singulari*, I, 541-542. Départ du Su-tchuen, 565. Ses plaintes relativement au règlement, II, 96.

MARTIN, m. à Siam. Note biog., II, 42. Chargé des élèves du Séminaire de Siam pendant l'invasion birmane, 42. Retour à Juthia, 44.

MARTINEAU, m. à Siam. Note biog., I, 393. Sa vie pendant la persécution au Siam, 350, 351. Nommé coadjuteur de Mgr Laneau, 393. Nommé procureur à Paris. Sa mort, 413.

Martyrs, la salle des Martyrs, III, 54-55. Introduction de la cause de béatification de plusieurs martyrs en 1840, 77. En 1843, en 1853, 353, en 1879, 518, Procès relatifs à la cause de béatification des 52 martyrs, 1871 à 1883, 518.

Marseille, fondation de la procure, III, 542-543.

Mathevon, m. au Tonkin Occid. Note biog., III, 369. Epreuves pendant la persécution en 1859, 369, 378. Arrestation, 431. Sentence de mort, 432. Délivrance, 432-433.

Mathon, m. à Pondichéry. Détails biog., II, 107.

Maubant, m. en Corée. Note biog., II, 583-584. Ses préparatifs. Ministère en Corée, 585-587. Se livre aux bourreaux. Adieux aux membres de la Soc. des M.-E. Martyre, 73-76. Introduction de sa cause de béatification, 353-356.

Maury, dir. du Sém. des M.-E. Note biog., III, 440. Eloge de NN. SS. Retord et Bonnand, 440-441. Son zèle pour les missions des Indes, 513.

Medellin (comte de), lettre à Mgr Pallu, I, 235-236.

Méhay, m. aux Indes. Note biog., III, 10. Travaux au Maduré, 10. Aide qu'il prête aux Jésuites, 11.

Mélan (Sém. de), M. Boiret du Sém. des M.-E. aide à sa fondation, II, 348.

Mermillod (Mgr), éloge de Mgr Daveluy et de M. de Bretenières, III, 474.

Mesnard, m. en Mandchourie. Note biog., III, 330. Son expulsion de Mandchourie, 330.

Métral-Charvet, m. à Pondichéry. Note biog., III, 143.

Meur (de), sup. du Sém. des M.-E. Nommé procureur des Vic. apost., I, 59, 60. Supérieur, 80. Détails biog., 81. Demande à Rome la confirmation de l'établissement du séminaire, 81. Sa lettre aux évêques de France, 155, 156. Sa mort, ses vertus, 171-172.

Meyère, m. au Tonkin. Son journal de voyage de France en Extrême-Orient. Socotora, II, 28-30.

Mezzabarba (Mgr), chargé d'étudier la question des rites, I, 486-488. Les huit permissions qu'il donne, 487. Elles sont déclarées nulles, 539.

Michael, chrétien de Maïssour. Sa conduite pendant la persécution de 1793, I, 317-318.

Miche (Mgr), Vic. apost. de Cochinchine occid. Note biog., III, 89. Expédition chez les Moïs. 90. Arrestation, 90-93. Délivrance, 98. D'après un officier de l'*Héroïne*, 100. Au Cambodge, 287-288. Projet d'évangélisation du Laos, 288-289. Réception solennelle à Saïgon, 453.

Mi (Michel), martyre, III, 36.

Minh-Mang, roi d'Annam. Caractère, II, 525-526. Haine pour les européens, 526. Commencement d'hostilité (1824), 527-528. Edit de 1825 pour défendre l'introduction des missionnaires dans son royaume, 529. Convocation des missionnaires à Hué (1825), 529-530. Edit de persécution (1833), 544-546. Persécution de 1837, III, 20-57. Ses instructions aux mandarins contre les chrétiens (1840), 78-84. Mort, jugement des missionnaires sur ce prince, 83-84.

Missions-Etrangères (Société des), ses fondateurs, I, 37. Son mode de fondation et d'organisation, 37-38. Ses premiers évêques, 38-46. Départ des trois premiers missionnaires, 55. Son but général et exclusif, 42, 83, 266-267, 309. Son but particulier, 83-84. Constitution définitive, 84, 178. Considérations générales sur la marche suivie pour arriver à l'établissement définitif, 84-85. Liens qui unissent ses membres, 110. Œuvres pour la soutenir, 154-155. Sympathies du clergé de France, 156. Au Canada, 156-161. Nationalité de ses membres, 186. Sa vocation, 211. Le *modus vivendi* de 1673, 211-212. Organisation. Conseil du Vic. apost.; ses pouvoirs, 295, 296. Etat à la mort de Mgr Pallu, 306. Son action à Québec et en Perse, 306. Influence de la mort des deux premiers Vic. apost., 307-309. Son patriotisme, 339-340, III, 182-183. Sur le patriotisme voir *Pallu, Laneau, Pigneau, France, Siam, Cochinchine, Tonkin, Chine.* Question des rites, 380-392, 395-402, 540-542. Coup d'œil rétrospectif en 1700, 410-411, 412-413. Son règlement (voir *Règlement*), 410-440. La Soc. des M.-E. pendant la première partie du xviiie siècle, 497-498-499-500. Ses charges, 501-502. Répartition des ressources en 1722, 501-502. Les contrats de fondations pieuses, 503-506. Coup d'œil général sur les travaux des missionnaires au xviiie siècle, 587. Etat de la Soc. en 1795, II, 30. Bref de Pie VI, 65-67. La Soc. des M.-E. pendant la deuxième partie du xviiie siècle, 93-94. Difficultés qui surgirent au sujet du règlement, 94-99. Nouvelles missions offertes par la Propagande (1773), 99-100. Statistique de ses missions en 1780, 147-155. Œuvres, 155-203. Vie des missionnaires, 151. Organisation des missions, 151-172. Fausseté des accusations des Portugais relatives aux obstacles apportés au commerce par les missionnaires. Justification de ceux-ci, 227-229. La Soc. des M.-E. pendant la Révolution (voir *Séminaire*), 257-304. Différence entre la Soc. des M.-E. et une congrégation religieuse. Décret de dissolution de la Soc. des M.-E., 425-429. Voyages des missionnaires en Extrême-Orient, 449-486. Coup d'œil sur son passé (1665-1815), 487-489. Statistique de la Soc. des M.-E. en 1815, 499. Son développement au xixe siècle; causes, 501. Part que la Soc. a dans la fondation de l'Œuvre de la Propagation de la Foi, 512. Messes célébrées par les missionnaires pour les associés de l'Œuvre de la Propagation de la Foi, 517-518. Perfectionnement du règlement de la Soc., 521-522. Vie des missionnaires pendant la persécution, III, 28. Statistique de 1836 à 1838, 61. Pas d'isolement des missionnaires, 113-114. Influence des missionnaires, 161-163. Eloges de Grégoire XVI à la Soc., 168-170. Eloges de Pie IX à la Soc., 225-226. Perfectionnement du règlement en 1847, 227-228. Résumé de l'histoire de la Soc. pour la première partie du xixe siècle, 280-282. La dévotion à la Très Sainte Vierge, 309-314. Encouragements de Rome à la Soc., 346. Attaques contre les missionnaires à propos de l'expédition d'Annam; leur justification, 375-377. Les missionnaires, interprètes de l'expédition française en Chine, 387-388. Reconnaissance des missionnaires envers la France, 405-406. Changement des conditions des missions en Extrême-Orient, 437-438. Services reçus des agents diplomatiques français, 451, 455. Aide à l'expédition du Mé-kong, 1866, 478-480. Etat général des missions d'après le compte rendu de 1868, 486-487. Les Vic. apost. au Concile du Vatican 1870, 491. Les comptes rendus dressés chaque année depuis 1840, 500. Les Séminaires de Paris, Meudon et autres établissements généraux, 517. Ses martyrs, 538. Son personnel depuis sa fondation jusqu'en 1892, 538-539. Les deux sections de son séminaire: Paris, Bièvres, 539-540. Ses Etablissements généraux, 539-544. L'Œuvre des Partants (note), 541. Statistique en 1852, 444-449. Statistique générale, en 1892, 544-594. Clergé indigène. 552-553. Auxiliaires, religieux et religieuses, 556. Œuvres de zèle et de prières, 562-564. Prière perpétuelle, 563-564. Œuvres d'éducation, 571-573. Ecoles, livres, 572-583. Œuvres de charité, 583-586. Approbation des constitutions de la Soc. par Léon XIII, 12 août 1890, 594-595.

Mois, évangélisation de ce peuple en 1671, I, 199. Au xixe siècle. III, 90.

MONDORY (Le Court de), m. à Siam. Note biog., I, 256.

MONESTIER, m. à Siam. Note biog., I, 294. Mort, 359.

MONITA, résumé des enseignements qu'ils contiennent, I, 98-108. Ils sont approuvés par la Propagande, 178. Inspirent Synode du Su-tchuen, II, 399.

MONTIGNY (de), m. à la Louisiane, I, 446.
MONTIGNY (de), consul de France. Traité avec Siam. Liberté religieuse (1856), III, 338-339.
MONTRÉAL, capitulation en 1759, II, 25.
MORANGIS (de), procureur des Vic. apost. Demande la reconnaissance légale du Sém. des M.-E., I, 77.
MORVAN, m. en Cochinchine. Note biog., II, 57.
MOTHE (de la), m. au Tonkin. Note biog., I, 455. Départ pour la Chine, 456.
MOTTET, m. aux Indes. Note biog., II, 120.
MOUSSET, m. Note biog , III, 14. Son dictionnaire, 149.
MOYE, m. au Su-tchuen. Vertus, II, 153-154. Sa commisération pour les esclaves, 465. Départ pour la Chine, 154. Dangers qu'il court durant son voyage, 482. Restauration de l'Institut des Vierges chrétiennes, 154, 164-172. Fondation d'écoles, 165-168. Livre de prières, 171. Ses avis aux âmes charitables d'Europe en faveur des enfants abandonnés, 201. Appréciation des visions de M. Gleyo, 87.
MULLER, m. au Kouy-tcheou. Note biog., III, 464. Sa mort, 464.

N

NAGASAKI, bénédiction de l'église, 1865, III, 457. Découverte des chrétiens, 1865, 457-460. Erigé en diocèse 1891, 536. Population chrétienne et païenne : nombre d'évêques, de missionnaires, de districts, de chrétientés, 546, de prêtres indigènes, 554, de catéchistes, de frères, de religieuses européennes, 557. Baptêmes d'adultes, d'enfants de païens, conversions d'hérétiques, confréries, œuvres, églises, de chapelles, 565. Séminaire, écoles, 574, orphelinats, dispensaire, 586, communautés, 587.
NAM (Jacques), prêtre tonkinois. Son martyre, III, 36.
NAPOLÉON Ier, lettre à l'archevêque de Paris relative aux missions, II, 353. Lettre au Pape relative aux missions, 354-355. Décret rétablissant le Sém. des M.-E., 377-379. Projet d'unir la Soc. des M.-E. avec les Congrégations du Saint-Esprit et des Lazaristes, 419, 422. Décret établissant une seule Congrégation de missionnaires, 421. Décret de dissolution de la Soc. des M.-E., 421-422. Sa défaite, 432.
NAPOLÉON III, fait un traité avec Siam, III, 338-339. Envoie M. de Montigny en Annam, 339-342. Intervention en Chine, 357-360. Traité de Tien-tsin, 1858, 360-361. Intervention au Japon en 1858, 362-365. Promesse de protecteur aux persécutés d'Annam, 374. Expédition en Annam en 1858, 375-385. Expédition en Chine en 1859, 386-390. Traité de Pékin, 388-390.
NÉEL, m. au Kouy-tcheou. Note biog., III, 399. Arrestation et martyre, 399-401. Introduction de sa cause de béatification, 1879, 518.
NÉEZ (Mgr), Vic. ap. du Tonkin occid., détails biog., I, 512-513. Sentiments sur le Jansénisme, 494-495. Administration, 512-513, 576. Vertus, 513-514. Lettre au Souverain Pontife, 540-541. Relations avec la famille royale, 577-578. Zèle pour la formation d'un clergé indigène, 579-580. Amour pour la France, 580-583. Lettres à Louis XV et à la reine Marie Leckzinska, 580-583.
NÉGRERIE, m. en Mandchourie. Note biog., III, 330. Captivité en Mandchourie. Expulsion, 330.
NÉRON, m. au Tonkin occid. Détails biog., III, 414-415. Arrestation, captivité et martyre, 415-418. Introduction de sa cause de béatification 1879, 518.

NICOBAR (Iles), essai d'évangélisation en 1842, III, 110-112. Cruauté des habitants, châtiments des Anglais, 112. Départ des missionnaires, 112.

NGO (Louis), mort en prison, III, 179.

O

ODORICO (le P.), franciscain captivité et mort, II, 558-562.

ŒUVRES de zèle et de prières, en 1892, III, 562-571, d'éducation, 571 charité, 583-593.

OLLIVIER (Mgr), coadj. au Tonkin. Note biog., 491.

ORLÉANS (duc d'), fondation en faveur des missions, I, 505.

ORPHELINATS, dans les missions, III, 584.

OSAKA, érigé en diocèse, 1891, III, 536. Population païenne et chrétienne : nombre d'évêques, de missionnaires, de districts, de chrétientés, 545, de catéchistes, de religieuses européennes, 557. Baptêmes d'adultes, d'enfants de païens, conversions d'hérétiques, nombre d'églises, de chapelles, confréries, 565. Séminaire, écoles, journal, 574, orphelinats, pharmacies, 586.

OSOUF (Mgr), démarches près du gouvernement japonais pour obtenir son intervention en Corée, III, 511. Audience de l'empereur du Japon, 1885, 533.

OU (Alexis), coréen. Martyre, III, 470.

OZANON, m. au Su-tchuen. Note biog., II, 227.

P

PACREAU, m. aux Indes. Note biog., III, 142.

PAJOT DE LA CHAPELLE, procureur des Vic. apost., I, 59.

PALLEGOIX (Mgr), Vic. ap. de Siam note biog., III, 110. Détails sur sa vie, 115. Nommé coadjuteur, 115. Ses travaux, 116-117. Audience du roi de Siam, 244. Voyage à Rome et en France, 245-246. Ses ouvrages littéraires et scientifiques, 246, 443. Nouveaux travaux, 289-290. Lettre à Pie IX sur les chisme portugais, 331. Sa mort, ses funérailles. Son éloge par le roi de Siam, 442-443.

PALLU (Mgr), détails biog., I, 22-25. Désigné pour être évêque en Extrême-Orient, 15, à Rome, 25. Sollicite la nomination des Vic. apost. en Extrême-Orient, 26-34. Nommé évêque d'Héliopolis, 34. Supplique pour obtenir l'établissement d'un séminaire pour la conversion des infidèles, 39-40. Sacre, 40. Bref confirmant sa nomination, 41. Ses pouvoirs, 42-43. Il présente Cotolendi au Souverain Pontife, 45. Opuscule sur les missions d'Extrême-Orient, 51. Forme les aspirants missionnaires, 52. Établit le 1er Sém. des M.-E., 52, 59. Associations de dames de charité, 54. Conférences d'homnes, 54. Traité avec la compagnie française de l'Orient et de Madagascar, 56. Compagnie commerciale, 56, 58. Privilèges qu'il obtient de Louis XIV, 59. Nomme ses procureurs, 59. Son départ de France, 60. Sa lettre à la Propagande pour rendre compte de sa conduite, 60. Son premier voyage en Extrême-Orient, 62-75. Son arrivée à Juthia, 75. Préparatifs de départ pour la Chine, 95. Séjour forcé à Siam, 96. Sa lettre aux fidèles Tonkinois, 96. Sa participation dans la composition des Monita, 98. Son départ pour l'Europe, 115. Sa lettre au Séminaire des Missions sur son retour, 153-154. Son attitude, 162-163. Voyage à Rome, son séjour, ses mémoires, 162-163. Ses mémoires à Louis XIV, 165-166. Son mémoire aux directeurs de la Compagnie royale des Indes-Orientales, 166-169. Genre de protection qu'il désirait pour ses chrétiens en Extrême-Orient, 169. Obéit à Rome qui refuse les vœux et la Congrégation apostolique, 176-178. Lettre à Deydier au sujet des vœux, 1669, 177-178. Obtention de pouvoirs plus étendus, 179-180. A Versailles, Générosité de Louis XIV, 181. Se défend d'être Janséniste, 182-184. 2° départ de France, 185. Plans exposés à Colbert, à la Propagande, au Pape, à la Compagnie des Indes-Orientales, à Louis XIV, 187. Rencontre le P. Navarette, 187. Ses vues sur la manière dont devrait s'exercer l'influence française, 188. Conseils à Deydier et à de Bourges, 188. Sollicitude pour les Français établis dans les Indes, 190-191. Lettre au supérieur de Saint-Sulpice pour obtenir des missionnaires, 208-210. Démarches près des ordres religieux pour obtenir des missionnaires, 210. Lettre aux directeurs du Séminaire sur leurs devoirs, 212-215. Audience du roi de Siam, 215-219. Départ pour le Tonkin, 224. Son arrestation à Manille, 224-227. Départ pour Madrid, 227. Séjour en Espagne, 234-236. Voyage à Rome, 237. Démêlés avec le Portugal, 237-238. Réponse victorieuse au mémoire sur la question du patronage Portugais, 238. Projet sur la création d'évêques indigènes, 238-242. Nommé administrateur général des missions de Chine, 242. Sollicitude pour la Birmanie, demande de juridiction sur cette contrée, 244. Son désir d'entrer en relation avec la Russie, Lettre à Colbert, 245-246. Faveurs obtenues à Rome pour le Séminaire, 246. Question du serment, 248-249. Ses dispositions en faveur des Jésuites, 249. Audience de Louis XIV, 251. Son rôle dans la création de l'organisation des M.-E., 252-253. Lettre à M. Desfontaines chargé d'affaires des M.-E. à Rome, 255-256. 3° départ de France, 256. Paroles de Fénelon sur lui, 257. Avis à M. Gayme sur la conduite à tenir vis-à-vis des ambassadeurs siamois, 275-277. Audience du roi, 277. Instruction aux missionnaires du Laos, 289-293. Indulgence pour les nouveaux chrétiens, 293. Perfectionnement de l'administration des missions, 294. Départ pour la Chine, 297. Séjour à Formose, 297. Arrivée en Chine, 1684, 298. Lettre à tous les missionnaires de Chine, portant notification de ses pouvoirs, 298. Ses dernières lettres, 299-300. Conseils sur la charité, 301. Sa mort, ses funérailles, 302-303. Réparation de son tombeau, 303. Son rôle d'organisateur, 304-310. Son règlement pour les voyages, 454.

Pallu (Etienne), dir. du Sém., I, 265. Envoyé dans les missions pour le règlement de la Soc. des M.-E., 412.

Paris, dir. du Sém. des M.-E. Note biog., II, 427.

Paroisses, qualités requises dans les chefs de paroisses, I, 101. Règles du gouvernement des paroisses, 101-102. Fonctions des chefs de chrétientés, 101-104. Ce que l'on entend par paroisse en mission, III, 544.

Pariset, m. en Perse, I, 378.

Partants (Œuvre des), fondation de l'Œuvre en 1886, son but, ses moyens, etc., III. Note, 541.

Pascot, m. à Siam. Note biog., I, 310. Sa visite à la tombe de Mgr Cotolendi, 74. Attaché à l'ambassade de Siam en France, 310.

Patronage portugais, en quoi il consiste, I, 16. S'oppose à la fondation de la Soc. des M.-E., 15. Rome veut s'y soustraire, 17. Droit de patronage concédé par Alexandre VIII sur les deux évêchés de Nankin et de Pékin, 1690, 362. L'archevêque de Goa s'appuie sur le patronage pour résister aux ordres du Pape, III, 5-9. Patronage Portugais aux Indes, 5-17. A Malacca, 110. Ses effets à Malacca et aux Indes, 232-236. Mesures que prend Pie IX, 236. Il engendre le schisme aux Indes, 350-351. Solution des difficultés par la conclusion d'un concordat entre Rome et le Portugal, 1886, 533-534. Voir *Portugal*.

Paumard, m. à Siam. Dans les prisons de Siam, I. 350. Mort, 359.

Péan, dir. du Sém. des M.-E. Note biog., III, 493. Pendant la guerre et la Commune, 493, 496-497.

Pécot, m. à Siam. Note biog., II, 495.

Pégou, évangélisation au XVII° siècle de MM. Genoud et Joret, I,

369. Sollicitude de Mgr Laneau. Envoi de missionnaires, 370-371. Apostolat au Pégou, 1692, 370-373. Persécution, 372-373.

PELMENAUD, m. en Amérique. Ses courses apostoliques en Acadie, I, 444.

PÉKIN, création de l'archevêché, I, 3. Création d'un évêché obtenu par les Portugais, 362.

PELLERIN (Mgr), Vic. apost. de la Cochinchine sept. Se refugie sur la flotte française, III, 341. Voyage en France, 343-344. Traite la question de Cochinchine devant le gouvernement français, 374. Son retour dans sa mission, 374.

PÉREZ (Mgr), son origine. Difficultés de son épiscopat, I, 368.

PÉRIGAUD, m. Note biog., I, 60. Sa mort, 72.

PERNOT, dir. du Sém. des M.-E. Note biog. Ses épreuves pendant la persécution en Cochinchine, III, 373.

PÉROCHEAU (Mgr), Vic. apost. du Su-tchuen. Note biog. Sa consécration épiscopale, II, 490. Loue le Sém. de Pinang, III, 175. Lettre à M. Langlois, 226. Sa lettre sur les troubles du Su-tchuen, 358-359. Mort, 441. Travaux apostoliques, 441-442.

PERRIN, m. aux Indes. Note biog., II, 120. Lettre sur la conduite du gouverneur anglais de Pondichéry.

PERSE, description des bateaux persans, I, 72. Secours accordés aux missions de Perse, 261. L'évangélisation, 262-269. Etat des missions en 1683, 265-266. Arrivée de deux missionnaires français, 267. Action du Séminaire, 306. Services rendus par la Société aux missions de Perse pendant l'épiscopat, de Mgr Picquet, 375-376. Voir *Louis XIV, Picquet, Sanson, Roch.*

PERSÉCUTIONS, causes générales, III, 20-22. Avantages et inconvénients, 23-27. Voir *Cambodge, Cochinchine, Chine, Corée, Siam, Thibet, Tonkin.*

PETITJEAN (Mgr), Vic. apost. du Japon. Note biog., III, 457. Découverte de chrétiens au Japon, 457-460. 1er Vic. apost. du Japon, 484. Lettre de Pie IX, 485. Au concile du Vatican, 491-492.

PETITNICOLAS, m. en Corée. Note biog., III, 410. Travaux, 410. Martyre, III, 470.

PHARMACIES, leurs avantages. III, 585-586.

PHAULCON, premier ministre à Siam. Ses diverses aventures. Son désir de l'alliance française, I, 278-279. Situation du ministre Phaulcon au moment de l'expédition française, 341. Sa mort, 343-344.

PHOSPHORE (Saint), envoi du corps du martyr au Sém. de Paris par Grégoire XVI, 1845, III, 168.

PHRA NARAÏ, roi de Siam. Détails biog., I, 116. Portrait 320. Ses relations avec les Vic. apost. et avec la France. Voir *France et Siam.* Sa mort, 345.

PHUNE, cochinchinois. Martyre, III, 413.

PICHON (Mgr), Vic. apost. du Su-tchuen méridional. Au concile du Vatican, III, 491.

PICQUET (Mgr), consul de France à Alep. Ses qualités, I, 65. Nommé évêque de Babylone, 262, 263-264. Résignation de son prieuré en faveur de M. Etienne Pallu, 264. Ambassadeur de Louis XIV, près du roi de Perse, 264. Services rendus à la mission de Haute-Arménie. 164. Lettre à M. de Brisacier, 265-266. Demande des prêtres au Sém. des M.-E. Services qu'il reçoit du Sém. des M.-E., 267, 375-376. Sa mort, ses dernières dispositions, 376.

PIE VI, bref aux évêques et prêtres de la Société, II, 65-67. Bref à Mgr Pottier et à Mgr Saint Martin, 216-221. Démarches près de la reine de Portugal en faveur des missionnaires français résidant à Macao, 225.

Pie VII, ses démarches pour le rétablissement du Sém. de la Soc. des M.-E., II, 377.

Pie IX, bref aux directeurs du Séminaire en 1847, III, 224-226. Mesure qu'il prend contre le patronage Portugais, 236, 351. Impression que fit sur lui la lettre de Mgr Verroles, 238-242. Le dogme de l'Immaculée-Conception, 312-314. Décret de 1857 pour l'introduction de la cause de plusieurs martyrs de la Soc. des M.-E., 353-356. Lettre aux aspirants du Sém. des M.-E., 356-357. Joie que lui causent les travaux des missionnaires, III, 460. Encouragements aux chrétiens du Japon, 485-486. Confirmation pour dix ans de l'approbation donnée au règlement par la Propagande en 1874, 506.

Pigneau de Béhaine (Mgr). Vic. apost. de Cochinchine. Note biog., II, 57. Translation du collège général de Pondichéry. Sollicitude pour le Sém. général approuvé du Pape, 64-67. Détails biog., 134-137. Réfutation des accusations portées contre lui, 137-139. Ses ouvrages, 171-172. Offre le secours de la France à Nguyên-anh, 229-230. Ses négociations aux Indes et en France, 232-240. Traité de Versailles, 240. Son portrait, 242. Nouvelles négociations à Pondichéry, 243-248. Son patriotisme, 247. Secours qu'il porte à Nguyên-anh, 249. Son influence sur Nguyên-anh, 328.329. Dernière maladie, 333. Mort, funérailles à Saïgon, 334-337. Son tombeau, 337-338. Ses vertus, 338-340. Son rôle politique et religieux, 340-342. Obligation de la France pour ses services, 352.

Piguel (Mgr), Vic. apost. de la Cochinchine. Note biog., I, 574. Ses vertus, II, 57-58.

Pillon, m. en Cochinchine. Note biog., II, 242. Sa mort, 252.

Pinang, voir *Séminaire général*.

Pinchon (Mgr), Vic. apost. du Su-tchuen occid. Note biog., III, 463. Au concile du Vatican, 491.

Pinabel, m. au Tonkin occid. Note biog. Echappe au massacre, III, 521.

Pin, m. en Chine. Note biog., I, 256. Ses craintes sur les troubles de Siam, 363. Vic. apost. du Kiang-si, 365.

Pinto, séminariste siamois. Thèse soutenue en Sorbonne et à Notre-Dame, I, 329-330.

Pique, curé de Saint-Josse à Paris, I, 22. Désigné pour l'épiscopat, 15.

Pitra-cha, son origine, I, 343. Sa révolte, 343-344. Menace M. de Lionne, 344. Ses complots, 343-344. Usurpe le trône de Siam, 345. Sa mort, 451.

Pocard, m. en Cochinchine. Note biog., II, 242. Sa mort, 252.

Pocquet, m. à Siam. Note biog., I, 413, 414. Ses qualités, son caractère, 414. Sa participation à la rédaction du règlement général de la société, 413. Partage les erreurs Jansénistes, 491.

Poirier, m. en Cochinchine. Note biog., III, 525. Sa mort, 525-526.

Poitevin, procureur des Vic. apost. Demande la reconnaissance légale du séminaire, I, 77.

Poivre, voyageur, I, 505.

Pondichéry, fondation d'une procure, I, 363, 426. Mission offerte à la Société, II, 102-108. Description physique, 109. Ses habitants, 109-110. Ses religions, 110-114. Evangélisation dans la 2ᵉ partie du xviiᵉ siècle, 113-114. Installation de Mgr Brigot, 115-119. Déclaration des Jésuites, 118-119. Guerre anglo-française. Capitulation, 120. Réclamation de la liberté religieuse, 120-121. Reconquis par la France. Traité de Versailles, 122-123. Statistique à la fin du xviiiᵉ siècle, 148. La Révolution française à Pondichéry, 282-286. Prise par les Anglais, 287. Retour de la France aux Indes, 381-382. Division de la mission par Grégoire XVI,

III, 170. Statistique en 1836, III, 18. Rapport de Mgr Bonnand sur la mission, 18. 1er synode de Pondichéry, 142-147. 2e synode, 230. Statistique de 1862, 445. Ses séminaires et écoles, 140, 150, 164, ses collèges, 321-329, 349-350. Floraison des œuvres, 1865, III, 455. Evangélisation, 512-513. Famine en 1876, conversions, 513. Question de la hiérarchie, 148-149. Erigé en archidiocèse, 534. Voir *Bonnand, Portugal*. Population païenne et chrétienne, nombre d'évêques, de missionnaires, de districts, de chrétientés, 551, de prêtres indigènes, 555, de catéchistes, 560, de religieuses indigènes, européennes, 561. Baptêmes d'adultes, d'enfants de païens, conversions d'hérétiques, églises, chapelles, confréries, 570, séminaires, collèges, écoles, imprimeries avec publications, 582, orphelinats, établissements agricoles, maisons de charité, 591, d'hôpitaux, 591.

Pons (de), fondation en faveur des missions, I, 503-504.

Ponsot (Mgr), Vic. apost. du Yun-nan. Note biog., III, 58. Apostolat au Yun-nan, 171, 257.

Portalis, 1er rapport à Napoléon sur les missions, II, 356-359. 2e rapport à Napoléon sur les missions, 365-366. Impossibilité d'admettre les plans, 368-373.

Portugal, s'oppose à l'envoi des évêques, I, 10. Actes des Papes en sa faveur, 16. Opposition des Portugais aux missionnaires, 56, 70, 91, 94. 123, 125-127, 139, 150, 191, 197. Persécution des Portugais contre les missionnaires, 125, 127, 191, 192, 197. Intervention de Rome, 192. Démarches à Rome contre les Vic. apost., 237. Lettres contre les Vic. apost., 237. Réclame le patronage. Echec en 1677, 238. Nouvelles démarches en 1690, 362. Difficultés de la lutte contre eux, 363. Leur connivence avec l'empereur de Chine dans l'arrestation de Mgr de Tournon, 477. Tracasseries contre les missionnaires à Macao, 516. Tracasseries et vexations contre les missionnaires, II, 221-222. Fausseté de leurs accusations, justification des missionnaires français, 227-229. Protection que les Portugais accordent à M. Letondal, 308-310. Vexation contre Mgr Champenois, 312-316. Vexations aux Indes, III, 5-17. Lettre de l'archevêque de Goa, pour encourager à la résistance aux Vic. apost., 232-233. Le schisme, 350-351. Le concordat de 1857. Rejet par le Pape, 351-352. Concordat, 1886, avec le Saint-Siège tranchant la question du patronage Portugais, III, 533, 534. Voir *Patronage*.

Pottier (Mgr), Vic. apost. du Su-tchuen. Détails biog., son départ pour la Chine, II, 73-74. Ses dispositions intérieures pendant son voyage au Su-tchuen, 474-475. Son arrestation, 74. Délivrance et nouvelle arrestation, 75. Bannissement, 75-77. Apostolat au Su-tchuen, 77. Son sacre, 79. Démarches pour obtenir la délivrance de Gleyo, 89. Sagesse de son administration, II, 168. Bref du Pape Pie VI, 219-221. Sa mort, 292. Son éloge, 292-295.

Pouplin, m. à Pondichéry. Note biog., III, 143.

Pourthié, m. en Corée. Note biog., III, 410. Ses travaux, 410. Arrestation et martyre, III, 470.

Prêtres indigènes, voir *Clergé indigène*.

Prière, la prière perpétuelle dans les missions, III, 563-564.

Priou, dir. du Sém. des M.-E. Note biog., prend part à la rédaction du règlement de la Soc., I, 414.

Procure, procure générale à Juthia, I, 109. Procure à Pondichéry, 363. à Canton, 365, à Macao, 516, II, 473, à Hong-kong, III, 543, à Rome. Sa nécessité, I, 48, 246-248, III, 542. A Marseille, 542-543.

Propagande, décrets pour la création d'un clergé indigène, I, 9, 10. Instructions aux Vic. apost., 46, sur le choix des missionnaires, 47, sur l'établissement d'un procureur à Rome, 48, sur les qualités des directeurs du Sém., sur le voyage, 48, sur les travaux à entreprendre, 49, sur les rapports des missionnaires avec les gouvernements, 49-50. Jugement dans l'affaire des vœux, 176. Lettre à Mgr de la Motte Lambert, 193. Réception des mémoires des Portugais, 238. Soumission d'un projet de Mgr Pallu touchant la création d'évêques indigènes, 238-242. Décrets relatifs à la création de nouveaux Vic. apost. en Extrême-Orient, 242. Ordres à propos du Jansénisme, 492. Instruction relative au baptême des enfants païens, II, 203-204. Défense près du gouvernement français des intérêts de la Soc. des M.-E., 367-373. Confirmation des actes du synode du Su-tchuen, 400-401. Protège le Sém. de Pinang, 418. Encouragements à la Soc. des M.-E., 574-575. Ordre de faire les comptes rendus des travaux des missionnaires, III, 500. Approbation du règlement de la Soc. des M.-E., 506. Prescrit les réunions synodales, 518.

PROPAGATION DE LA FOI, association qui la précède, part qu'y prend le Sém. des M.-E., II, 502-504. Fondation définitive de l'Œuvre de la Propagation de la Foi, 511-512. Reconnaissance des missionnaires, 514. Lettre commune des missionnaires de Cochinchine aux Conseils centraux de l'Œuvre, 514-516. Premières collectes, secours alloués à la Soc. des M.-E., 518. Les Annales de la Propagation de la Foi, 519. Utilité de l'Œuvre, 520-521.

PROTEAU, m. au Yun-nan. Note biog., III, 464. A l'expédition de Mékong, 1866, 478.

PROTECTORAT, voir *France*.

PROTESTANTISME, aux Indes, III, 2-5, 514, en Chine, au Japon, dans l'Indo-Chine occid., 515.

PUGINIER (Mgr), Vic. apost. du Tonkin occid. Note biog., III, 432. Réponse à des accusations d'antipatriotisme, I, 357. Ses conseils aux officiers français, III, 501-502. Évangélisation du Laos, 515-516. Son épiscopat, 521.

Q

QUÉBEC, érection de l'évêché de Québec, I, 158. Fondation d'un Sém. à Québec, son organisation, 158. Dépendance du Sém. de Québec vis-à-vis du Sém. de Paris, 160-161. Traités d'union avec le Sém. des M.-E. de Paris, 254-260. Nouvelle construction du Sém. de Québec, 260. Attaque des Anglais, défense de la ville (1690), 373-374. Le Sém. de Québec pendant l'expédition anglaise, 374. Premier incendie du Sém. (1701), 447. Deuxième incendie du Sém. (1705), 449. Pauvreté du Sém. de Québec, 500. Siège de Québec, capitulation (1759), II, 24-25.

QUÉMENER (Mgr), m. en Chine, évêque de Sura. Note biog., I, 363. Départ pour Rome, 363. Audience du Pape, 392. Qualités, 392. Nomination d'évêque de Sura, 393. Chargé de négocier la reprise des relations de la France avec Siam, audience du ministre de Siam, 451.

QUERVILLE, m. à Socotora. Qualités, II, 32. Départ, 33. A Socotora, 35. Expulsion, 36. A Pondichéry, 36. Nouvelle tentative sur Socotora, mort, 36-37.

QUI (Pierre), prêtre cochinchinois. Martyre, III, 413.

R

RABEAU, m. à Siam. Détails biog., II, 301. Mort, 417-418.

RABIN, m. au Thibet. Note biog., III, 296. Expédition au Thibet, 296-297.

RECTENWALD, m. à Siam. Note biog., chargé de Pinang, II, 227.

RÈGLEMENT général de la Soc. Comment il se forme, I, 110, 211-215, 411-415. Rédacteurs, 412-415. Caractères, 415-419. Promesse d'engagement dans la Soc. au xvii⁰ siècle, 417. Articles, 420-427. Administration des biens de la Soc., 427. Difficultés à ce sujet au xviii⁰ siècle, II, 94, 99. Intervention de Mgr de Martiliat, 96, et de M. Burguerieu, 57. Accord entre le Sém. et les Vic. apost., 97-98. Lettres-patentes de Louis XIV, I, 77-78, de Louis XV, II, 98, de Louis XVI, 98, de Louis XVIII, 523. Précision de certains points en 1870, III, 492. Approbation de la Propagande 1874, 506, de Léon XIII, 595, Règlement du Sém. des M.-E., I, 428-440, des missions, règles générales (*monita*), 93-108.

RELIGIEUSES, RELIGIEUX. Voir *Birmanie, Cambodge, Chine, Cochinchine, Inde, Japon, Malacca, Siam Tonkin, Thibet.* Statistique générale, III, 593.

RENOU, m. au Thibet. Note biog., III, 58. Expéditions au Thibet, 294-295, 305-309. A Bonga, ses travaux, 393-394. Vexations des Thibétains, 394. Dangers, 395. Plaintes aux autorités, 395, 397. Le procès de Bonga 395-398. En route vers Lhassa, 398. Mort, 444.

RETORD (Mgr), Vic. apost. du Tonkin occid. Détails biog., III, 31, 184-185. Tristesse causée par la persécution, 31. Une lettre au P. Khoan, 37-38. A la Propagation de la Foi, 55-56. Episcopat, 186. Devise, 372. Caractère de son apostolat, 187. Son pacte avec la sainte Vierge, 188. Visites pastorales, 193-194. Vaccinations, 194-195. Influence sur les païens, 195. Sa lettre à Louis-Philippe, 219-222. Au vice-roi du Tonkin, 266-268. Lettre à M. Bonnard, 274-275. Sa foi au dogme de l'Immaculée-Conception, 313. Ordre d'obéir à Tu-duc, 366. Epreuve pendant la persécution, 367-372, 377-379. Confiance, 378-379. Mort, 379. Appréciation des contemporains, 379-380.

RETZ (de), m. au Su-tchuen. Note biog., II, 227.

RÉVOLUTION FRANÇAISE, maux qu'elle engendre pour la Soc. des M.-E., II, 282-296. Voir *Séminaire.*

REYDELLET (Mgr), Vic. apost. du Tonkin occid. Note biog., I, 584. Lettre sur l'apostolat au Tonkin en 1770, 68-69. Sollicitude pour le Laos, 69-72. Lettre sur la guerre au Tonkin, 140-142. Mort, 142.

RAYMOND (de), m. en Chine. Note biog., nommé Vic. apost. du Su-tchuen, II, 73.

RHODES (le P. de), projet de faire nommer des évêques en Extrême-Orient, I, 8. Refuse l'épiscopat, 9. Expose les besoins des missions de l'Extrême-Orient, 14. Cherche des évêques, 14. Quitte la France sans avoir réalisé ses désirs, 21. Supérieur des Jésuites en Perse, et n'est pas un des fondateurs de la Soc. des M.-E., 21.

RICHON, m. aux Indes. Note biog., III, 143.

RIDEL (Mgr), Vic. apost. de la Corée. Note biog., III, 411. Pendant la persécution de 1866, III, 475. Voyage en Chine, 1866, 476, 477. Sacre et présence au concile du Vatican, 492. Rentrée en Corée, 1876, 509, 511. Lettre des dir. du Sém. au sujet de son retour en Corée, 509, 510. Délivrance, 511-512.

RIGAUD, m. au Su-tchuen. Note biog., III, 487. Mort, 488.

RIGAULT DE GENOUILLY, vice-amiral commandant de la flotte expéditionnaire en Annam, III, 375. Prise de Tourane, 375. Prise de Saïgon, 381.

RITES, instructions de Mgr Pallu sur les rites à supprimer et les rites à tolérer en les modifiant, I, 293-294. Les rites en Chine, 1691, 364. Question des rites chinois, influence sur les esprits, 380. Règles de conduite données par Innocent X, Alexandre VII et Clément IX. Rites en Chine, 1692, 380-392. Points principaux sur lesquels portaient la question des rites, 381. Manière d'agir de quelques missionnaires, 382-383. Questions à résoudre, 383-384. Mandement de Mgr Maigrot, 386-

391. Travaux et démarches de M. Charmot, 392. Nomination par le Pape Innocent XII d'une congrégation de cardinaux, 39. Ardeur de la discussion, 396. Lettre de Fléchier et de Mme de Maintenon au Sém. des M.-E., 396-398. Sentiments du Sém. des M.-E. sur la question. Lettre à Innocent XII, 398-399. Sentiments de Louis XIV, 399. Mémoire du Sém. sur la question, 399-401. Sentiments de M. de Cicé, 401-402 Question des rites au tribunal de l'empereur de Chine, conduite des Jésuites, 402. Rites en Chine en 1702, 466, 489. Raisons qui soulevaient de nouveau cette question, 466-477. Bulle *Ex illa die* de Clément XI, 1715, 484. Serment prêté par les missionnaires à ce sujet, avant leur départ, 485. Continuation de polémiques, 486-489. Fin de la question, 538-542. Constitution de Benoît XIV *Ex quo singulari*, 1742, 539. Lettre de Néez à Benoît XIV, 540-541. Triomphe de l'opinion soutenue par la Soc. des M.-E., 540-542. Opinion de M. de Martiliat sur les conséquences heureuses de la bulle *Ex quo singulari*, 541-542.

Rival, m. au Tonkin occident. Note biog. Sa mort, III, 521.

Rivière (Commandant), à Hanoï, 1882, III, 518-519. Succès, mort, 1883, 519.

Rivoal, m. en Cochinchine. Note biog., I. 557. Arrestation, 572. Captivité et expulsion, 573. Retraite au Cambodge, 574.

Robert, m. Note biog., I, 60. Mort, 72.

Roch, m. en Perse, I, 267. Vertus, talents, 267. Substitut de Mgr Picquet, 376 Difficultés avec le gouverneur de Babylone. Recours au roi de Perse et à Louis XIV, 377.

Roger, m. à Pondichéry. Note biog., III, 143.

Romain, procureur des M.-E. à Macao. Note biog., II, 197.

Rouge, m. au Tonkin occid. Sa mort, III, 193.

Rousseille, dir. du Sém. des M.-E. Publie le *Collectanea*, II, 405. Pendant la guerre et la Commune, III, 496.

Roux, m. Note biog. Mort, II, 255.

Roxas de la Rocha (Mlle), bienfaitrice des missions. Portrait, II, 412.

Roze (contre-amiral), expédition en Corée, III, 476.

Rupelmonde (Madame de), générosité pour l'évangélisation de Socotora, II, 30-31.

S

Saigrt, m. au Tonkin occid. Note biog., III, 369.

Saint-Côme, m. dans la Louisiane, I, 446. Massacré, 447.

Sainte-Enfance, baptême des enfants de païens dans les missions, II, 197-204. Travaux de M. Moye pour établir une œuvre et baptiser des enfants, 201-202. Avis de M. Moye aux âmes charitables en faveur des enfants abandonnés, 201. L'œuvre des baptêmes d'enfants païens de M. Moye, 202. Instruction de la Propagande relative au baptême des enfants païens, 203-204. Baptême des enfants païens au Tonkin, 204-207. A Siam, I, 454. Statistique des baptêmes vers la fin du XVIIIe siècle, 206. La fondation de l'Œuvre en 1843, III, 124. Première réunion de l'Œuvre, 124, 125. Organisation et but de l'Œuvre, 124, 125. Ses annales, 130. Reconnaissance de missionnaires enverselle 130, 131. Organisation et fonctionnement de l'Œuvre en Chine, 131, 137. Résultats en Chine, 131, 137. Ses résultats à Siam et aux Indes, 137, 138. Opposition qu'elle rencontre en Chine, 138. Statistique générale des baptêmes d'enfants en 1862, 449, en 1892, 593.

Saint-Germain (l'abbé de), juridiction sur le Sém. des M.-E., I, 78.

SAINT-MARTIN (Mgr de), Vic. apost. du Su-tchuen. Note biog., II, 92. Approbation des écoles, 169, 170. Ses ouvrages, 170. Arrestation, 210. Translation dans les prisons de Pékin, 216. Délivrance, 217. A Manille, 218. Lettre aux dir. du Sém., 218, 219. Bref élogieux de Pie VI, 219, 221. Administration et mort, 394-395.

SAINT-VALIER (Mgr de), évêque de Québec, I, 336. Ses difficultés. Son caractère, 337.

SAISSEVAL (de), m, Note biog., I, 60. Mort, 72.

SARRANTE. m. au Tonkin. Note biog., I, 235.

SANSON, m. en Perse, I, 267. Substitut de Mgr Picquet, 376. Difficultés avec le gouverneur de Babylone. Recours au roi de Perse et à Louis XIV, 377.

SAVARY, m. au Tonkin occid. Travaux, II, 68.

SCHŒFFLER, m. au Tonkin occid. Note biog., III, 260. Son arrestation et martyre, 260-263. Introduction de la cause de béatification, 353, 356.

SÉGURET, m. au Tonkin occid. Note biog., mort, III, 521.

SÉMINAIRE des M.-E., supplique demandant l'autorisation de le fonder, I, 38, 39, 40. Sa fondation, 52. Revenus, 53. Acte de 1661 établissant des procureurs au Sém. des M.-E., 59. Estime que l'on doit faire de la fonction de procureur, 247. Situation du Sém. en 1667, 59. Achat de la maison de l'évêque de Babylone. Le contrat : ses conditions, 76. Reconnaissance légale, 77. Le Sém. est l'objet des générosités de Louis XIV, 78. Lettres-patentes de Louis XIV accordant la reconnaissance légale en 1663, 77, 78. But du Sém., 78. Installation de MM. Gazil et Poitevin, 79. Fin de la juridiction de l'Abbé de Saint-Germain, 79. Résumé des phases diverses de la fondation, 80. Réunion générale de 1664 pour la nomination d'un supérieur, 80. Confirmation de l'établissement par une lettre du légat, 81. Esprit du Sém. des M.-E., sa fin principale, 151. Règlement, 428-440. Influence de Mgr Pallu: lettre, 153. Formation des missionnaires, 154. Le Sém. des M.-E. se charge du Sém. de Québec, 160-161. Mesures d'organisation. Conseils, 212-215. Importance des fonctions des dir., 214-215. Intervention des dir. en faveur de Mgr Pallu, 234. Lettre des dir. à Colbert, 234. Traité d'union entre Paris et Québec. Principaux articles, 259. Le Sém. propose M Piquet comme évêque de Babylone, 262. Accord des dir. de Paris avec le Vic. apost. de Babylone, 266. Avis aux missionnaires envoyés en Perse, 267. Construction de l'église, 269. Construction et description des nouveaux bâtiments, 272. Appel en faveur des Missions, 271. Publication des relations des Missions, 273. Donation générale du Sém. de Siam au Sém. de Paris, 295. Pouvoirs du conseil de Paris, 295. Réception des ambassadeurs siamois, 317, 324-329. Intervention des dir. en faveur de M. Maigrot accusé de Jansénisme, 334. Instruction des dir. aux missionnaires à propos du Jansénisme, 335. Sollicitude des dir. de Paris pour le Sém. de Québec, 336. Prières du Sém. et des communautés religieuses de France pour obtenir la fin de la persécution, 359. La dévotion à Saint-Martin, 360. Etat précaire, 1690, 375. Services rendus aux missions de Perse pendant l'épiscopat de Mgr Picquet, 375. Sollicitude pour la mission de Perse, 378. Bref du Pape Innocent XII, 394. Rôle dans la question des rites, 396-401. Elaboration du règlement de la Soc., 412. Son importance dans la Soc. des M.-E., 419, 441. Gouvernement, 422. Rôle à Québec, 441. Le Sém. et le Jansénisme, 491. Manque d'aspirants, et de ressources, 498. Lettre des dir. aux persécutés de Siam, 525. Démarches pour faire nommer des évêques, 524. Lettre des dir. aux dir. de Québec, II, 23, 24. Demande relative à Socotora, 31. Lettres-patentes de Louis XV et de Louis XVI, 98. Pendant la Révolution française, 257. Inventaire des biens pendant la Révolution, 263. Mémoire des dir. à l'Assemblée nationale, 265. Refus de prêter serment à la constitution civile, 270. Dispersion des dir., 277. Difficultés pour envoyer de nouveaux missionnaires, 295-300. Intervention en faveur de Mgr Champenois, 316. Négociations pour relever le Sém. (après la Révolution, en 1799), 345. Projet d'établissement en Savoie, 347. Rachat du Sém., 349-350. Mémoire de M. Bilhère pour obtenir son rétablissement, 351. Rétablissement légal par Napoléon, 377. Résumé du rôle des dir. pendant la Révolution, 379. Conseils du cardinal Fesch, 422. Sém. dissous par Napoléon, 425. Son rétablissement par Louis XVIII, 432, 523. Le Sém. en 1815, 498. Associations de prières et de charité établie par les dir. en 1817 en faveur des missions, 504. La Salle des Martyrs, III, 54. Mémoire des dir. relatif à la persécution de Cochinchine, en 1840, 82. Jugement des dir. sur l'intervention française dans les missions, 102. Mesures inspirées par M. Albrand pour augmenter le nombre des aspirants, 103. Défense en faveur de M. de Lagrenée, 159. Le corps de saint Phosphore, en 1845, 168. Bref de Grégoire XVI, 168. Confiance en la Providence, 172. Mode d'élection, 227. Les dir. à M. Libois au sujet du Kouang-tong, 231. Pie IX aux aspirants, 356. Les dir. à Mgr Gauthier au sujet de la persécution, 384. Bref de Pie IX en 1865, 460. Joie que cause la nouvelle du triomphe des martyrs coréens, en 1866, 475. Pendant la guerre franco-allemande, 493-496. Vœu à la Sainte Vierge, 494. Pendant la Commune, 496-498. Lettre de Pie IX, 506. Lettre des dir. à Mgr Ridel sur la nécessité de rentrer en Corée, 509, 511. Augmentation du nombre des aspirants, 516, 517. Etudes, 517. Etablissements généraux, 517. Lettre de Léon XIII en 1884, 521, 522. Nombre des séminaristes en 1892, 540. L'œuvre des Partants, 541.

SÉMINAIRE GÉNÉRAL, question de la fondation d'un Sém. en Extrême-Orient, I, 108. Raisons de la fondation d'un Sém. à Siam, 109. Le premier établissement, 120. Importance, 151. Règlement, 109. Maîtres et élèves, 288. Séance théologique au Sém. de Siam, 324. Transporté à Hon-dat, II, 57. A Pondichéry, 64. Sollicitude du Souverain Pontife, 65-67. Au commencement du XIX° siècle, 406-407. Démarches de M. Lestondal en 1805 pour le rétablir, 407-416. Choix de l'île de Pinang pour cet établissement, 414-416. Incendie, 418. Amélioration, III, 173. Relations épistolaires des élèves de Pinang avec les séminaristes de Lyon, 173-174. Statistique en 1862, 449, en 1892, 542. Séminaires dans les missions au XVIII° siècle, II, 161, 164, en 1862, 445-449, en 1892, 594.

SENNEMAND (de), m. en Cochinchine. Note biog., I, 407. Arrestation. Condamnation, 407.

SÉRARD, m. Sup. du Sém. du Tonkin, II, 68. Traductions et ouvrages, 171.

SERMENT, réclamations des religieux relativement à la prestation du serment, I, 248. Voir *Pallu*.

SEVENO, m. aux Indes. Note biog., II, 120.

SEVIN, m. Note biog., I, 184. Négociations à Rome, 194.

SIAM, gouvernement au XVII° siècle, I, 89. Hospitalité qu'y trouvent les missionnaires, 96. Audience du roi aux missionnaires, 116. Obstacle aux conversions, 120. Conversion d'un mandarin siamois, 121-122. Question de la fondation d'un comptoir français, 166. Siam placé sous la juridiction des Vic. apost., 180. Evangélisation en 1671, 205. Audience royale solennelle aux Vic. apost., 215-219. Nouvelles audiences du roi aux Vic. apost., 219. Liberté religieuse, 221, 231. Bienveillance du roi pour les Vic. apost., 274-275. Première ambassade à Louis XIV et au Pape, en 1680, 275. Admiration du roi pour Louis XIV, 277. Naufrage de la 1re ambassade, 277. Audience à Mgr Pallu, 277. Seconde ambassade à Louis XIV, 278. Etat de la religion catholique en 1682, 286. L'ambassade siamoise en France, 311-318. Privilèges accordés aux missionnaires en 1685, 329. Traité en faveur de la compagnie des Indes, 323. Troisième ambassade, 325-331. Baptême à Saint-Sulpice de Paris de douze

Siamois en 1686, 330. Traité avec la France en 1686, 331. L'expédition française à Siam, 340-346. Persécutions, 346-361. Diplomatie pour renouer les relations entre la France et Siam, 450, 452. Travaux des missionnaires en 1703, 453. Baptêmes d'enfants ne 1662, et 1715, 454. Accusation contre les chrétiens, 518-519. Persécution en 1729, 520-526. La pierre de scandale, 525. Lettre des dir. aux persécutés, 525-526. 1re invasion des Birmans, 1754, II, 41-45. 2e invasion des Birmans en 1764, 45-57. Captivité des missionnaires en 1767, 53. Rentrée des missionnaires en 1769, 125. Persécutions en 1775, 127. Persécution en 1779, 131. Statistique à la fin du XVIIIe siècle, 147-148. Organisation de la Mission, 156. Etat du catholicisme en 1825, 495-496. Division en deux Vicariats, III, 108. Dispositions de la famille royale, 116-120. Exil de huit missionnaires. Leur rappel, 244. Audience solennelle à Mgr Pallegoix, 244. Lettre du roi à Pie IX, 245. Lettre de recommandation donnée par les autorités siamoises aux missionnaires de Jong-se-lang, 289-290. Traité avec la France en 1856, 358. Statistique de 1862, 446. Conversion d'un talapoin, 456. Propagande des protestants en 1878, 515. Population païenne et chrétienne, nombre d'évêques, de missionnaires, de districts, de chrétientés en 1892, 550, de prêtres indigènes, 555, de religieuses indigènes et européennes, 560, de baptêmes d'adultes, d'enfants de païens, de conversions d'hérétiques, d'églises ou chapelles, de confréries, d'œuvres, 569, de séminaires, de collèges d'écoles, d'imprimeries avec leurs publications, 580-581.

SINGAPORE, état de la chrétienté pendant la première moitié du XIXe siècle. Travaux apostoliques de M. Beurel, III, 247. Ecoles, 248, 250. Procure, 543.

SIROU, m. à Siam. Note biog. Destruction de la pierre de scandale, II, 43.

SOCOTORA, situation géographique et dispositions des habitants relativement au christianisme, II, 28-30, 33-34. Apostolat des prêtres de la Soc. des M.-E., 27-39.

SOHIER (Mgr), Vic. apost. de Cochinchine sept. Note biog., III, 373. Désir de la paix, 373-374. Epreuves pendant la persécution, 373-374. Sa lettre relative à le persécution d'Annam, 383. Reçoit la visite de l'amiral Bonnard, 452. Au concile du Vatican, 491, 492.

SONTAY, prise de la ville pour les Français, 1883, III, 520.

SOTELO (Le P.), dominicain demande des évêques pour l'Extrême-Orient. I, 8.

SOUVIRON, m. en Chine. Note biog., II, 300. Arrestation, 306. Mort, 310-312.

STEINER, procureur des M.-E. à Macao. Note biog., II, 90.
SUCHET, m. en Cochinchine Orient. Note biog., III, 586.
SUPRIÈS, m. à Pondichéry et Siam. Note biog. Travaux à Nicobar, II, 574.
SU-TCHUEN, apostolat au XVIIe siècle, I, 464. Banissement de MM. de la Baluère et Basset, 477. Définitivement confié à la Soc. des M.-E., 546. Prêtres indigènes, 562. Persécutions en 1746, 565. Statistique à la fin du XVIIIe siècle, II, 148. Organisation, 156-157. Séminaire, 163. Persécution en 1784. Causes, 209-217. L'évangélisation, 393-395. Synode de 1803, 396-402. Etat de la mission en 1815, 490. Situation religieuse en 1844, III, 154-155. Projet de création de plusieurs Vic. apost., 471. Situation des missionnaires en 1857, 358-359. Division en trois Vic., 441. Troubles en 1865, 463. Ruse des mandarins pour compromettre Mgr Desflèches, 463. Persécution en 1869, 487, 488. Accusations calomnieuses contre les chrétiens en 1869. Réfutation par Mgr Desflèches, 488-489. Massacres et pillages en 1875, 507. Propagande des protestants en 1878, 515. Vexations contre les chrétiens en 1886, et 1890, 536.

SU-TCHUEN mérid., occid., orient., statistique en 1862, III, 447, en 1892, population païenne et chrétienne, nombres d'évêques, de missionnaires, de districts, de chrétientés, 547, prêtres indigènes, 554, de catéchistes, de religieuses chinoises, 558, baptêmes d'adultes, d'enfants de païens, 566, nombre d'églises, de chapelles, de confréries, 567, de séminaires, d'écoles, d'imprimeries avec ses publications, 576, d'orphelinats, 587, de pharmacies, de fermes-écoles, 588.

T

Tabebd (Mgr), Vic. apost. de Cochinchine. Note biog., II, 493. Retraite à Siam et à Pinang, 555-556. Dictionnaire, 172.

Tachard (le P.), aide les relations entre Siam et la France, I, 324, 354.

Taillandier, m. au Tonkin occid. Note biog., III, 159. Arrestation. Délivrance, 153.

Tamet, m. au Tonkin occid. Note biog. Mort, III, 521.

Tarin, m. en Cochinchine. Note biog., II, 242. Mort, 251.

Tavernier, sur les bords de l'Euphrate, I, 69.

Tay, prêtre chinois. Mort, III, 507.

Terrasse, m. au Yun-nan. Note biog. Sa mort, III, 519.

Tessier de Queralay (Mgr), Vic. apost. de Siam, I, 518. Ses sentiments sur le Jansénisme, 494. Ses qualités, 517-518. Persécuté. Ses interrogatoires, 519-522.

Tesson, dir. du Sém. des M.-E. Note biog., II, 496-497, 523.

Theurel (Mgr), Vic. apost. du Tonkin occid. Note biog., III, 369. Epreuves pendant la persécution, 369, 377, 378. Lettre relative à la persécution d'Annam, 382.

Thibet, confié à la Soc. des M.-E., III, 172-291. Bref d'érection du Thibet en Vic. apost., 293. Situation, 290. Evangélisation, en 1846, 290-309., Obstacles à l'évangélisation, 293-294, 537. Evangélisation, en 1858 393-398. Ruine de la mission en 1865, III, 461-462. Réunion au Vic. des anciens pays Thibétains, 462. Statistique en 1862, 448, en 1892, Population païenne et chrétienne, nombre d'évêques, de missionnaires, de districts, de chrétientés, 546, religieuses indigènes, 557, baptêmes d'adultes, d'enfants de païens, 566, séminaires, 575, pharmacies, 587,

Thiébaud, m. au Tonkin. Travaux, II, 68. Note biog. Mort, 255.

Thien (Thomas), chrétien cochinchinois. Martyre, III, 44.

Thomine-Desmazures (Mgr), Vic. apost. du Thibet, III, 394. A Kiang-ka, 395-397. Voyage à travers le Thibet, 397. A Pékin, 398.

Thury, m. au Canada. Travaux, I, 442-443.

Tiberge, sup. du Sém. des M.-E. Qualités, I, 331. Sentiments sur le Jansénisme, 491-492. Eloge, 529.

Tieng (Marc), coréen. Martyre, III, 471.

Tien-tsin, traité, III, 360-361.

Titaud, m. au Tonkin occid. Note biog., III, 369. Ses épreuves pendant la persécution, 369, 377, 378. Sa mort, 428.

Tjiang (Joseph), coréen, martyre, III, 473.

Tokio, érigé en archidiocèse en 1891, III, 536. Statistique en 1892. Population païenne et chrétienne : nombre d'évêques, de missionnaires, de districts, paroisses, chrétientés, 545, catéchistes, frères, religieuses européennes, 577. Baptêmes d'adultes, d'enfants de païens, conversions d'hérétiques, églises, chapelles, confréries, œuvres, 565. Sém., écoles, ateliers, 573, orphelinats, pharmacies, 586.

Tonkin, persécution de 1664, I, 95. Persécution en 1666, ses effets, 128. Etat du catholicisme après la persécution en 1669, 128-131. Fondation du premier Sém., 132. Guerre civile de 1593 à 1668, 136. Paroles du roi à propos d'un clergé indigène, 137. Premiers prêtres indigènes, 132-141. Difficultés d'entrer au Tonkin au xvii° siècle, 139. Synode, 141. Religieuses Amantes de la Croix, 142. Etat du catholicisme en 1671, 201-203. Persécution contre MM. Deydier et de Bourges, 201-203. Progrès de la foi, 203-204. Lettre et présents de Louis XIV au roi, 280, 282. État du catholicisme en 1682, 285. Première division en 1693, 366. Clergé indigène et apostolat en 1691, 367-368. Persécution en 1712, 454-459. Missionnaires au commencement du xviii° siècle, 510-514. Troubles intérieurs, 575-596. Situation politique et religieuse en 1737, 575-588. Conversion de princes de la famille royale, 577, 578. Les maisons de Dieu, II, 67. Prospérité du Sém. et de la mission, 67-69. Supplique au Souverain Pontife pour obtenir la partie du Tonkin administrée par les Jésuites, 100-102. Guerre civile, 140. Statistique : fin du xviii° siècle, 147. Organisation, 155. Les Sém., 163. Baptêmes d'enfants de païens. Malheurs de la mission en 1786, 204. Etat politique en 1785 et 1789, 244-256. Edit de persécution en 1795, 321-328. Fin de la persécution. Arrestation de Mgr Longer et sa délivrance, 327. La persécution en 1837, III, 28-57. Vénalité des mandarins, 29-31). Divisions de la mission par Grégoire XVI (1846), 171. Persécutions en 1846, 183-197, en 1851, 260-277, en 1855, 337-344, en 1857, 365-372, en 1858, 375-385, en 1861, 412-428, en 1862, 431-436. Prise de Hanoï par les Français, 501. Négociations en 1873, 502. Persécution en 1873, 502. Résistance des chrétiens aux lettrés, en 1873. Explication de leur conduite par Mgr Gauthier, 502-503. Persécution en 1883, 520. Traité de 1884, 22. L'évangélisation en 1890-1893, 537. Voir *Annam, Bourges* (de), *Bonnard, Borie, Cochinchine, Cornay, Deydier, France, Néez, Néron, Puginier, Retord, Theurel, Vénard.*

TONKIN mérid. et occid. statistique de 1862, III, 447. En 1892, population païenne et chrétienne, nombre d'évêques, de missionnaires, de districts, de paroisses, de chrétientés, 548, de prêtres indigènes, 554, de catéchistes, de religieuses indigènes et européennes, 559, de baptêmes d'adultes, d'enfants de païens, de conversions d'hérétiques, d'églises et chapelles, de confréries, 568, de séminaires, d'écoles, 577. 578, d'imprimeries avec ses publications, de lithographies, de papeteries, 578, d'orphelinats, de léproseries, de pharmacies, d'hôpitaux, 589.

TOURNON (Cardinal de), famille. Nommé visiteur apost. en Chine, I, 467. Lettre aux dir. du Sém., 468. A Pondichéry, 469. A la cour de Kang-hi, 469. Ordre de quitter l'empire chinois, 474. Départ de Pékin, 475. Lettre à Mgr Maigrot, 475-477. Mandement sur les rites, 477. A Macao, 477. Encouragements à M. Lirot, 478. Promotion au cardinalat, 479-480. Mort, 480.

TREMBLAY, dir. du Sém. des M.-E. Note biog. Participe à la rédaction du règlement, I, 414.

TRENCHANT (Mgr), coadjuteur au Su-tchuen. Note biog., départ, II, 271.

TRIBOULOT, m. à Pondichéry. Note biog., III, 143.

TRIEU (Emmanuel), prêtre cochinchinois. Martyre, II, 324-325.

Tsoï (Thomas), prêtre coréen. Travaux, III, 410.

TU-DUC, son avènement au trône, III, 218. Dispositions pour les chrétiens, 218. Persécuteur, 263-277. Conseils qu'il tient à propos du catholicisme, 335-337. Edit de persécution (1855), 337-344. Refuse de recevoir l'ambassadeur de Napoléon III, 339. Edits de persécution en 1857, 365, Persécute en 1857, 365-385, en 1860, 412-436. Le traité de Saïgon en 1862, 434, en 1874, 504. Prie Mgr Gauthier d'établir un collège françois à Hué, 482. Crainte de la France, 483-484. Mort en 1883, 519. Voir *Tonkin* et *Cochinchine*.

TU (Pierre), arrestation, III, 48.

TUY (Pierre), prêtre tonkinois. Martyre, II, 548.

V

Vachal, m. à Siam et au Yun-nan. Note biog., III, 119. A Xieng-mai, 119. Arrestation et interrogatoire au Yun-nan. Mort, 254-255.

Vachet, m. en Cochinchine. Détails biog., appréciation de ses mémoires, I, 147. En Cochinchine, 196-200. Au sacre de Mgr Mahot, 285. Interprète de l'ambassade de Siam en France, 310. Audience du roi Charles II d'Angleterre, 311. Il réduit à néant les calomnies des Hollandais sur l'ambassade, 312-314. Audience de Louis XIV, 314. Discours à Louis XIV, 314-315. Audience du roi de Siam, 319.

Valignani (le P.), demande des évêques pour le Japon, I, 7.

Vallon, m. dans la presqu'île de Malacca. Note biog., chez les Nias, II, 574.

Van Camelbeke (Mgr), Vic. apost. de la Cochinchine orient. Arrestation et mise en liberté, III, 483.

Vénard, m. au Tonkin occid. Note biog., III, 369, 419. Epreuves pendant la persécution, 377. Portrait, 419. Arrestation, 420. Lettres à sa famille, 421-424. Martyre, 426. Introduction de sa cause de béatification III, 518.

Vénault, m. en Mandchourie. Note biog., III, 198. Expédition dans le nord à la recherche de M. de la Brunière, 199-201. Exploration dans la Mandchourie septentrionale, 404.

Verdier, m. en Cochinchine orient. Note biog., chez les Ba-hnars, III, 286. Mort, 438.

Verrolles (Mgr), Vic. apost. de Mandchourie. Note biog., III, 58. Nommé Vic. apost., 105. Prédications en faveur de la Propagation de la Foi, 107. Lettre à Pie IX (1850), 238. Attaqué par les païens, 252. Ses espérances à la suite du traité de Pékin, 404. Au concile du Vatican, 491.

Verthamon (de), m. au Su-tchuen. Note biog., I, 562. Persécutions, son journal, 563-565. Départ du Su-tchuen, 565. Lettre à M. de la Bourdonnais, II, 473.

Veuillot (Louis), portrait des évêques missionnaires, III, 492.

Viard, m. au Tonkin. Mort, II, 68.

Vicaires apostoliques, raisons de ce titre, I, 19-20. Nomination des premiers Vic. apost., 34. Brefs de nomination (1659), 41-43. Mécontentement des Portugais, 45. Motifs déterminant leur nomination, 49. Privilèges obtenus de Louis XIV, 59. Pensions accordées par Louis XIV, 53. Etendue de leur juridiction, 86. Ils demandent la juridiction sur le Siam, 94. Organisateurs des églises d'Extrême-Orient, 141-145. Pouvoirs accordés aux Vic. apost., 179-180. Ils choisissent saint Joseph pour patron des missions, 180. Bref les exemptant de la juridiction de l'archevêque de Goa (1673), 195. Leur rôle, 212-213. Jugement sur leurs relations avec les princes, 221-222. Création de nouveaux Vic.; nouvelles limites de juridiction, 242. Leur rôle dans leurs relations entre Siam et la France, 323-324. Leur zèle pour créer des relations entre l'Extrême-Orient et la France, 340. Tentatives des Portugais près d'Alexandre VIII pour obtenir le rappel des Vic. apost., 362. Envoi d'un missionnaire pour plaider leur cause à Rome contre les Portugais, 363. L'affaire de leur juridiction devant le pape Innocent XII, 392. Au concile du Vatican 1870, III, 491-492. Au Sém. des M.-E. 1870, 492-493. Voir *Pallu* et *La Motte Lambert* (de).

Vielmon, m. au Kouy-tcheou. Note biog., travaux et souffrances, III, 461.

Vierges, considérations générales sur l'empire qu'exerce la virginité chez tous les peuples, I. 142-143. Vierges chinoises. 144, voir *Religieuses*.

Villegonan (de la), m. au Su-tchuen. Note biog., départ, II, 272.

Vinçot, m. au Su-tchuen. Note biog., services qu'il rend à l'expédition du Mékong, III, 479-480.

Virot, m. aux Indes. Note biog., III, 143.

Vœux, Mgr de la Motte Lambert propose une formule de vœux pour les missionnaires, I, 111, 112. L'affaire des vœux à Paris et à Rome. Avis des théologiens et de la Propagande, 173-176.

Voisin, dir. du Sém. des M.-E. Note biog. Départ pour la Chine, II, 522. Pendant la guerre et la commune III, 496.

Voyages, voyages des premiers Vic. apost., I, 62-77. Voyages des missionnaires. De France à Macao, II, 449-471. Règlement tracé par Mgr Pallu, 454. Apostolat des missionnaires à bord, 455. Les fêtes religieuses à bord, 456-457. Les batailles navales, 458-461. Charité des missionnaires, 461-462. Escales, 462-471. A Macao, 471-475. De Macao en Cochinchine, 475-478. Au Tonkin, 478-480. En Chine, 480-486. De Chine en Corée, 583-588.

W

Wibaux, m. en Cochinchine occid. Note biog., fondateur du Sém. de Saïgon, III, 455.

Y

Yun-nan, l'apostolat, I, 462. Bannissement de MM. Leblanc et Danry, 477. Statistique à la fin du xviiie siècle, II, 148. Erigé en Vic. apost., III, 170. Les Lolos, 391-393. Troubles en 1853, 257. Situation des missionnaires en 1857, 357. Troubles en 1866, 463-464. Principaux missionnaires en 1866, 464. Vexations des païens en 1869, 489. Animosité contre les européens en 1874, 507. Persécution des lettrés en 1883, 519. Vexations contre les chrétiens en 1886-1890, 536. Statistique en 1862, 448, en 1892. Population païenne et chrétienne : nombre d'évêques, de missionnaires, de districts, de chrétientés, 547, prêtres indigènes, 554, catéchistes, vierges, 558. Baptêmes d'adultes, d'enfants de païens, églises, chapelles, confréries, 567, séminaires, imprimeries avec publications, 577, orphelinats, pharmacies, 588.

SE VEND

Pour accompagner *l'Histoire générale de la Société des Missions-Étrangères,* dont le Prix est de **22 fr. 50**

L'ATLAS DES MISSIONS

DE

LA SOCIÉTÉ DES MISSIONS-ÉTRANGÈRES

27 cartes; in-folio et 5 couleurs

avec 27 notices historiques et géographiques

Prix : 15 Francs

Les deux ouvrages réunis, net 25 francs

au lieu de 37 fr. 50

OUVRAGES DU MÊME AUTEUR

Histoire générale de la Société des Missions-Étrangères, depuis sa fondation (1658) jusqu'à nos jours. 3 volumes in-8°. 22 50

Atlas des missions de la Société des Missions-Étrangères, 27 cartes in-folio, en 5 couleurs, avec 27 notices historiques et géographiques . . . . . . 15 »

Histoire ancienne et moderne de l'Annam, un volume in-8°. 7 50

La Société des Missions-Étrangères pendant la guerre du Tonkin, brochure in-8°. 1 25

Nos Missionnaires, précédé d'une étude sur la Société des Missions-Étrangères, un volume in-12 . 3 »

Le Séminaire des Missions-Étrangères pendant la Révolution, brochure grand in-8°. 1 50

La Mission de Birmanie, par Mgr Bigandet. Traduit de l'anglais. Illustré de vingt gravures sur bois 2 »

Mgr Retord et le Tonkin catholique, un volume grand in-8°. 40 gravures 4 50

Les Cinquante-Deux Serviteurs de Dieu, Français, Annamites, Chinois, mis à mort pour la foi en Extrême-Orient, de 1815 à 1856, dont la Cause de Béatification a été introduite en 1840, 1843, 1857. 2 vol. in-8°. . . . . 6 »

TÉQUI, LIBRAIRE-ÉDITEUR

33, RUE DU CHERCHE-MIDI, PARIS

EXTRAIT DU CATALOGUE

Album de Notre-Dame de Pontmain, portraits des témoins, vues de Pontmain en chromolithographies représentant les différentes poses de l'Apparition, in-8° cartonné.   3 »

Andrieux (P.), *Missionnaire du Sacré-Cœur*. Le Cimetière et le Purgatoire, considérations pour l'Octave et le mois des Morts, suivies des prières et de pratiques de piété, enrichies d'indulgences applicables aux âmes du Purgatoire, in-12 VI-200 pages. 1 »

Arminjon (Abbé). Panégyrique et discours choisis, in-12. 3 »
    Table des matières : Panégyriques de sainte Thérèse de Jésus, discours pour la fête de saint François de Sales, panégyrique de saint Louis de Gonzague, sainte Agathe, saint Benoît, J. Labre, saint Vincent de Paul, saint Laurent de Brinde, saint Maurice, du Vénérable J. Vianey, discours sur la paroisse.

Arnaud (Chanoine). Le saint mois de Marie, une lecture, un exemple et une prière pour tous les jours, in-12.   2 »

Arnaud (Lazare). Preuves de la Religion, in-18.   1 »

Ayen (le duc d'). Revenu, Salaire et Capital, leur solidarité, 1 vol. in-18.   1 »

Barraud (Abbé). Chrétiens et grands hommes, 3 in-12.   9 »

Beaurepaire (le colonel de). Jérôme le Trompette, in-12. 3 »

— Manjo le Guérillero, in-12   3 »

Beaurepaire (Case de). L'Heure maudite, in-12.   2 »

— Naguère, Aujourd'hui, in-12.   2 »

— Le Crime de Keralain, in-12.   2 »

— Marthe de Bellesmont, in-12.   2 »

— Sauveteurs de l'Asphalte, in-12.   2 »

Besson (Mgr). Vie de la Révérende Mère Marie-Joseph, in-12.   3 50

Bigandet (Mgr). Voyage en Birmanie traduit de l'anglais et augmenté d'une introduction sur le pays et les habitants, par le R. P. Launay, in-12.   2 »

Blot (le P.). Le mois de la Sainte Agonie, 1 vol. in-18.   1 »

— Le mois du Cœur agonisant, 1 vol. in-18.   1 »

— Un mois au Jardin des Olives, 1 vol. in-18.   1 »

Boumes (Chanoine). Mois du Sacré-Cœur, à l'usage des âmes pieuses, des communautés et des paroisses, in-18.   1 50

Ce nouveau mois du Sacré-Cœur est très pratique, parce qu'il est bien écrit, court, suivi chaque jour d'un exemple pris dans la vie des saints qui se sont le plus distingués par leur dévotion au divin Cœur de Jésus. Il se termine par une prière courte et bien sentie. Tous les sujets sont pris dans les principales circonstances de la vie du Sauveur où son amour pour nous s'est montré davantage. Il est de plus très propre à répandre cette dévotion si suave et si bien appropriée aux besoins de notre époque.

                                   (*Revue du diocèse de Lyon*.)

— Mois de saint Joseph à l'usage des âmes pieuses, des communautés et des paroisses, in-12.   2 »

Bourgoin (R. P.). Méditations pour tous les jours de l'année, revues par le R. P. Ingold, 3 beaux vol. de près de 500 pages chacun. Prix : 10 f. 50 ; reliure en pleine toile, tranches jaspées, par volume 0 fr. 50.

— Méditations sur les litanies du saint nom de Jésus et de Marie, par les mêmes, 1 vol. in-18.   3 50

     Ces Méditations ont été approuvées par Nos Seigneurs les Archevêques et Evêques d'Autun, Angoulême, Luçon, etc., etc.

— Direction pour l'Oraison contenant 24 avis pour faire bien la Méditation, in-18.   1 »

Brulom (Abbé). Une explication du Catéchisme, accueillie et recommandée par S. E. Mgr le Cardinal Langénieux, 4 gros vol. in-12.   12 »

Broeckaert (R. P.). Etude de l'Eglise catholique, in-8°. 2 »

— Panégyriques de saint Ignace d'Antioche et des saints Juventin et Maximien, par saint Jean Chrysostome, avec traduction et analyse, par le P. Broeckaert, in-8.   1 »

Buet (Charles). Six mois à Madagascar, 1 vol. in-12.   3 »

— Le Roi Charlot, 2 vol. in-12.   6 »

Buis (l'Abbé). Une martyre. L'Année 1793. Poème, 1 vol. in-8°.   2 »

Candellier. Les miracles de Notre-Seigneur Jésus-Christ au point de vue topographique, exégétique et pratique, un fort vol. in-12.   2 50

Calas. La Bible de tout le Monde, récits complets, historiques, poétiques et moraux, 2 vol. in-12.   6 »

Cartier. Les Moines de Solesmes. Expulsions du 6 novembre 1880 et du 22 mars 1882, in-12.   8 »

Célestin de Labroque (R. P.). Les Résolutions chretiennes, in-12.   3 »

Ceci et Cela, idées d'un rustique, par un rural, 1 vol. in-12.   2 »

Chabrély. Une Excursion à Carthage, in-12.   0 50

Chamard (Dom François). Les Eglises du monde romain, notamment celles des Gaules, 1 vol. in-8.   5 »

Chamtrel. Histoire de la canonisation des Saints Martyrs du Japon, in-18.   1 50

Charvaz (Mgr). Défense de la religion catholique contre les erreurs des sectes protestantes ou Guide des dissidents dans l'étude de la véritable religion, 5 vol. in-12.   10 »

— Œuvres pastorales et oratoires, 3 vol. in-8.   15 »

Chaudé (Abbé). Botanique descriptive, 1 vol. in-12, figure hors texte.   2 »

Chauvet (Chanoine). Exposition de la Doctrine catholique, dogme, morale, culte divin avec questionnaires et traits historiques, division des sections en trois points, chaque section peut fournir amplement la matière d'un catéchisme, d'un prône ou d'une conférence. 3 vol. in-8°, de vi-465, 322, 323 pages.   10 »

Clair S. J. (R. P.). Vie de Notre-Dame tirée des œuvres de saint François de Sales, in-18.   2 »

Chevallier (Abbé). Le Vénérable Guillaume, abbé de St-Bénigne de Dijon, réformateur de l'ordre des bénédictins au xi° siècle. Etude sur l'influence religieuse et sociale des institutions monastiques au moyen âge, in-8.   3 »

Clerc (Abbé). Mémorial littéraire ou choix de compositions françaises, in-8°.   3 »

Le Clergé et le Service militaire, in-12.   0 25

Cloquet (l'abbé). Vrais principes et conditions authentiques pour gagner des indulgences, 1 vol. in-18.   2 »

Croiset (le P.). Dévotion pratique au Sacré-Cœur de Jésus, 1 vol. in-18.   1 50

Deidier (R. P.). L'Extase de Marie ou le Magnificat, in-12.   1 25

— Le mois des Opprobes ou Jésus outragé, in-18.   2 »

Demimuid (Mgr). Pierre le Vénérable ou la vie et l'influence monastiques au douzième siècle, 1 vol. in-8.   3 »

Demimuid (Mgr). Le bienheureux Jean-Gabriel Perboyre, prêtre, missionnaire et martyr, discours prononcés les 3, 4 et 5 décembre 1889. 1 vol. in-12, de 180 pages, illustré de 3 gravures. 1 »

— Saint Vincent de Paul, panégyrique prononcé le 19 juillet 1891, in 8. 0 50

Demolins (Edmond). Histoire de France, 12 tomes en 6 vol. petit in-16. 3 »

Des Essarts (Alfred). La Femme sans Dieu, 1 vol. in-12. 2 »

Desprez (le Cardinal). La Franc-Maçonnerie, in-32. 0 15

Dévotion à saint Joachim, par un Père de la Compagnie de Jésus, 1 vol. in-18. 2 »

Dexlion et J. de la **Nézière**. Huit jours en Italie, in-12. 3 50

Douillet (Abbé). Sainte Colette, in-12. 4 »

— Le même, in-8. 6 »

Dourisboure (R. P.). Les Sauvages Ba-Hnars, 3ᵉ édition ornée du portrait de l'auteur, in-12. 2 »

Druon (Mgr). Saint Vincent de Paul. Panégyrique, in-16. 1 »

Donnet (Card.). Oraison funèbre de Mgr de Salinis, in-8. 1 »

Dutrent. Une Couronne à Marie, 32 Cantiques à une ou deux voix, avec accompagnement d'orgue ou d'harmonium, in-8. 3 »

Emmanuel de Rennes (le R. P.). Abrégé de la vie et du martyre des Révérends Pères Agathange de Vendôme et Cassien de Nantes, 1 vol. in-18. 2 »

France S. J. (R. P.). Direction de Conscience. Lettre à une Supérieure, in-12. 1 »

— La Nouvelle Théorie de la suggestion destinée à expliquer l'Hypnotisme, in-12. 1 25

Félix S. J. (R. P.). La Destinée, 2ᵉ édition, in-12. 3 »

— L'Eternité, 2 édition, in-12. 3 »

— La Prévarication, in-12. 3 »

— Le Châtiment, in-12. 3 »

— Les Passions, in-12. 3 »

— Le Prodigue, in-12. 3 »

— La Confession. Pourquoi on se confesse, pourquoi on ne se confesse pas? 1 vol. in-12 avec un portrait de l'auteur. 3 »

— L'article 7 devant la raison et le bon sens ou Contradictions de M. J. Ferry, in-8. 3 »

— Le même, in-12. 1 »

— Photographie du R. P. Félix. 1 »

Féval (P.). Les Parvenus, in-12, avec un portrait de l'auteur, 3 »

— Pas de divorce, réponse à M. Alexandre Dumas, in-12. 3 »

Ferret (Abbé). La cause de l'Hypnotisme, 1 vol. in-12. 3 »

L'hypnotisme et tous les phénomènes qui s'y rattachent ont, dans ces derniers temps, tellement préoccupé les esprits, qu'on ne saurait s'en désintéresser complètement. Un livre écrit avec méthode, mesure et sagesse, qui, plein de faits, étudierait la question sans parti pris et montrerait à quel agent secret il faut attribuer la cause de l'hypnotisme, serait certes bien venu, et tout en satisfaisant une légitime curiosité, il donnerait la véritable solution de cette importante question. Tel est le livre que vient d'écrire M. l'abbé Ferret, et que nous n'hésitons pas à recommander à nos lecteurs. Il est plein d'un réel intérêt, écrit avec verve et conforme à la sainte doctrine. (*L'Univers*.)

Forbes S. J. (R. P.). Mémoires du R. P. Gérard, in-8. 3 50.

Fouqué (Abbé). Leçons élémentaires de Littérature à l'usage des établissements d'enseignement primaire supérieur (style), in-12. 2 »

Freppel (Mgr), évêque d'Angers. Œuvres polémiques, 9 vol. in-12 sauf le t. 1er qui est format in-8°, du prix de 6 fr.
Chaque série se vend séparément 3 fr.

— L'Instruction obligatoire, discours prononcé à la Chambre. 0 25

Friaque (le R. P.). Manuel de la dévotion au St-Esprit, 1 vol. in-18. 2 »

Ire PARTIE : Opportunité de la dévotion au Saint-Esprit. — En quoi elle consiste. — Ses effets. — Le Saint-Esprit et l'Oraison. — Le Saint-Esprit et l'Eucharistie, etc., etc.

IIe PARTIE : Les Exercices propres à la Dévotion au Saint-Esprit. — Exercices, Neuvaine, Petit office, Litanies, Cantiques, etc.

Fressencourt S. J. (R. P.). Lettres spirituelles du R. P. Lejeune, écrites à plusieurs personnes de piété vivant en religion et dans le monde touchant la direction de leur intérieur. in-12. 3 »

Gassiat. Le Juif de Goritz (Histoire contemporaine), in-12. 2 »

Gergères (J.-B.). La Charité pour les morts et la consolation pour les vivants, 2e édition. 1 vol. in-18. 2 50

Guerrin. Manuel pratique des élections législatives, in-12. 0 30

Guiot (L.). La Mission du Su-tchuen, in-8. 4 »

Grenade (le P. Louis de). Le dévouement à Dieu, 1 vol. in-12. 2 50

— La Religion chrétienne, 1 vol. in-12. 2 50

— La Vertu, 1 vol. in-12. 2 50

— La Vie de N.-S. J.-C., in-12. 2 50

Grenade (le P. Louis de). Le Mystère de la Rédemption, 1 vol. in-12. 2 50
— Le Service de Dieu, ses motifs et sa pratique, 1 vol. in-12. 2 50
— La Science des Saints, 6 beaux vol. in-12. 15 »

Grou (le R. P.). La Science du Crucifix en forme de Méditations, Nouvelle édition revue par le R. P. Cadrès, 1 vol. in-18. 1 »

Hallet. La Rage conjurée. Manuel du Pèlerin de saint Hubert, 1 vol. in-18. 1 »

Heymans (Abbé). Sermons sur le Purgatoire in-12. 1 »
Table des matières : Que souffre-t-on en Purgatoire ? Pourquoi y a-t-il un Purgatoire ? Qui punit dans le Purgatoire ? Qui souffre dans le Purgatoire ? Combien de temps faudra-t-il souffrir en Purgatoire ? Quel secours les âmes ont-elles en Purgatoire ? Quelle consolation y a-t-il dans le Purgatoire ? Pour qui est le Purgatoire ?

Honoré (le R. P.). Les Ordres eucharistiques, 1 vol. in-8. 3 »

Huguet (R. P.). Petit Manuel du culte perpétuel de saint Joseph, in-18. 0 05

Jacquier. De la Conduite légale des Communautés religieuses en France, in-8. 7 »

Javal (Julien). La Question religieuse au xixe siècle, 1 fort vol. in-12. 3 50

Jausion (R. P.), *Bénédictin de Solesmes* Petit office de la B. V. Marie pour les différents temps de l'année avec un commentaire en forme de Méditations, in-12. 3 »

Joly (l'abbé). Le Règne de J.-C. et la Question sociale, 1 vol. in-12. 3 »

La Bouillerie (Mgr de). L'homme, sa nature, son âme, ses facultés et sa fin, d'après saint Thomas d'Aquin, in-8°. 6 »

Laage S. J. (R. P. de). La Famille chrétienne, in-18. 2 »
— Le zèle sacerdotal, in-18. 1 50

Lafond (Edmond). Notre-Dame des poètes, choix de poésies composées en l'honneur de la sainte Vierge. 1 vol. in-12. 2 »
— Rome œcuménique, lettres à un ami, 1 vol. in-18. 1 »
— Pèlerinage d'Assise, histoire de saint François, 1 v. in-12. 2 »

Lapeyrade (Abbé). Le livre du Mariage et de la Famille, in-12. 2 »

Lasserre (H.). Les apparitions et les guérisons miraculeuses de N.-D. de Lourdes. 1 »

Launay (R. P.). Les 52 serviteurs de Dieu, Français, Annamites, Chinois, 2 vol. in-8. 6 »
— Histoire générale des Missions-Étrangères, 3 gros vol. in 8. 22 50

Laubespin (Marquise de). Esquisses de Voyages, in-12. 3 »
— Sainte Marie Madeleine, in-18. 0 50
Laval (J. B. de). Aventures d'un coureur de Bois, in-12. 3 »
— Trompe-la-Mort, in-12. 3 »
— Rolland, ou les aventures d'un Brave, in-12. 1 »
Lebleu. Vingt-cinq ans de Sorbonne et de Collège de France, in-12. 3 »
Lecoy de la Marche. La Société au XIIIe siècle, in-12. 3 »
Lejeune S. J. (R. P.). Lettres spirituelles, in-12. 3 »
Lemenant des Chesnais. La Foi catholique et les périls intérieurs de la France, 1 vol. in-8°. 2 »
Lerpigny. Un arbitrage pontifical au XVIe siècle, in-12. 3 »
Leurin (le R. P. François-Adams). Jésus modèle, ou la vie parfaite. Nouvelle édition, 1 vol. in-12. 3 »
Liguori (St Alphonse de). Dévotion quotidienne à saint Joseph, 1 vol. in-32 raisin, orné d'une gravure. 0 50
Loomans. De la connaissance de soi-même; Essais de psychologie analytique, in-8. 7 »
Loudun (Eugène). Les Pères de l'Eglise, choix de lectures morales, 4e édition, in-12. 2 »
Maistre (l'abbé). Grand sermonnaire nouveau et complet, méthodique et suivi, contenant tous les sujets de la chaire catholique, discours, sermons, homélies, allocutions, conférences, exhortations, panégyriques, instructions, courts, substantiels et pratiques, 2 vol. in-8. 10 »
Manuel à l'usage des familles qui mettent leurs enfants sous la protection de saint Leu et de saint Gilles, 1 vol. in-18. 1 »
Manuel de l'adoration perpétuelle du très Saint-Sacrement, 1 vol. in-18. 1 25
Manuel des petits séminaires et des maisons d'éducation chrétienne, 1 vol. in-32. 1 40
Manuel théorique et pratique d'Horticulture, par un Religieux de 26 ans de pratique et d'enseignement, nouvelle édition. 1 vol. in-12 de 700 pages, *prix* : 4 fr.
Meignan (le Cardinal). Le Monde et l'homme primitif selon la Bible, 1 vol. in-8. 6 »

Parmi les attaques récentes dirigées contre les origines du monde et de l'homme suivant la Bible, les plus violentes sont celles de l'école positiviste. Des hommes plus modérés mais non moins dangereux comme Darwin et ses disciples, ont émis des théories inconciliables avec la vérité des traditions religieuses; des savants consciencieux mais intempérants, comme Lyell, ont mis en péril l'ancien accord de la géologie et de la Bible.

Il importait qu'un travail sérieux vînt arrêter l'essor de pareilles erreurs. L'Eglise et la science accueilleront donc avec empressement le livre de S. E. le Cardinal MEIGNAN : *le Monde et l'Homme primitif d'après la Bible.*

Meignan (le Cardinal). — Les Evangiles et la critique au XIX· siècle, in-8. 6 »

Son Eminence le cardinal Meignan a entrepris de venger nos saints Livres des attaques d'une exégèse aventureuse ou malintentionnée ; il a mis à profit les découvertes et les progrès de la science moderne et fait servir à la cause de Dieu les armes que des esprits égarés avait forgées pour le combattre. Cet ouvrage se distingue par la méthode et la clarté ; il est le fruit d'une étude patiente et dirigée par la foi : les apologistes de la religion et les interprètes de la sainte Ecriture y trouveront des indications utiles et de judicieux aperçus.

Marco de Saint-Hilaire. Histoire anecdotique et populaire de Napoléon Ier et de la Grande Armée, suivie de l'Histoire des Maréchaux de l'Empire, in-8. 5 »

Marc (F. de). Légitimité et Révolution, étude sur le principe d'autorité, in-12. 3 »

Marin de Boylesve S. J. (R. P.). L'Eglise et l'Hérésie, in-8. 2 »

Memain (le P.). Etudes chronologiques pour l'histoire de N.-S. J.-C., in-8°. 6 »

Mermillod (le Cardinal). La Question ouvrière, in-8. 1 »

Mérie (Abbé). La Chute originelle et la responsabilité humaine, 3· édition, 1 vol. in-12. 2 »

— L'Autre Vie, 2 vol. in-12. 6 »

— Vie de M. Emery, 2 vol. in-12. 6 »

— Les Erreurs Sociales des temps présents, in-12. 3 50

Meunier (R. P.). Mon âme est immortelle, in-12. 1 »

Mirabel (Abbé). Saint-Andéol, in-12. 2 »

Morizot (Abbé). Instructions sur les fêtes de l'année, 2 vol. in-12. 4 »

Mothon (le P.). Vie du Bienheureux Jourdain de Saxe, 1 vol. in-12. 3 »

Moreau (Louis). Joseph de Maistre, 1 vol. in-12. 3 »

Muller. Chants divers en l'honneur du Saint-Sacrement et de la Sainte Vierge, in-8. 1 50

Mullois (Abbé). Nouveau Recueil de Sermons et Prônes, in-12. 1 »

— Industrie du zèle sacerdotal, 2 vol. 2 »

— Manière de prêcher en ce temps-ci, in-12. 1 50

Mun (de). Discours contre la proscription des princes in-8°. 1 »

Murray. L'Oiseau de la Prairie. Voyages et aventures dans l'Amérique du Nord, 2 forts vol. in-12. 6 »

Muzzarelli. L'infaillibilité du Pape, 1 vol. in-12. 1 50

Neveu (Abbé). Procès des Templiers, in-8. 1 »

Nouet (le P.). Le Guide de l'âme en retraite. 3 vol. in-12. 8 »
— Dévotion envers N.-S. J.-C., 3 vol. in-12. 8 »
— Pratique de l'Amour de Dieu, 1 vol. in-12. 2 50
— Le Chrétien à l'Ecole du Tabernacle, in-12. 3 »
— Retraite spirituelle de dix jours, in-12. 2 50
— Introduction à la vie d'Oraison, in-12. 3 »

Ollier (Abbé). Introduction à la vie et aux vertus chrétiennes, in-12. 2 »

Organisation et Fondation des diverses universités catholiques de France d'après la Loi du 12 juillet 1875 relative à la Liberté de l'enseignement supérieur. 4 »

Extrait des principaux chapitres : Vote de la loi. — Débats qui ont eu lieu. — Discours de Mgr Dupanloup à la Chambre. — Application de la loi. — Organisations et programmes des diverses facultés. — Documents généraux. — Règlements. — Adhésions. — Pétitions. — Brefs de notre Saint Père le Pape. — Discours et lettres pastorales de leurs Eminences, et de nos Messeigneurs les évêques et archevêques. — Inaugurations. — Souscriptions. — Administrations, etc., etc.

Overberg (abbé). Guide du catéchisme, ou méthode pour enseigner la doctrine chrétienne aux jeunes enfants, 1 vol. in-12. 2 »
— Manuel de religion catholique pour s'instruire soi-même et servir de guide au catéchiste, 2 vol. in-12. 6 »

Pélissier (Chanoine). Le chant religieux, in-8. 0 50

Perret de Chezelles. Imitation de Jésus-Christ, (traduction littérale en vers français) papier et impression de luxe 3 »

Petitot (*ancien Missionnaire arctique*). Exploration du Grand lac des Ours, in-12 illustré. 4 »

Pinamonti (R. P.). La Religieuse dans la solitude, in-12. 2 »

Plantier (Mgr). Enseignements et consolations attachés à nos derniers désastres, 1 vol. in-12. 2 »
— Grandeurs et devoirs à la vie religieuse, in-12. 2 »

Pluot (Abbé). Mois de Marie d'après les prédicateurs contemporains, 1 vol. in-12. 3 »
— Prônes, sermons et homélies pour les dimanches et fêtes de l'année, 3 vol. in-8. 18 »

Pluot (Abbé). L'Eucharistie, d'après les Prédicateurs contemporains, 1 vol. in-8. 4 »
— Retraite spéciale d'hommes, d'après les Prédicateurs contemporains, 1 vol. in-8. 4 »
— Retraite pascale d'après les prédicateurs contemporains, in-12. 3 »
— Retraites spéciales de femmes, d'après les prédicateurs contemporains in-8. 4 »

Pougeois (Abbé). Le général de La Moricière, in-12. 2 »
— Le Pape Léon XIII et le Conclave, in-8. 0 50

P. Grandval (Mgr). Dieu et son Christ ou la vraie Religion dans ses causes, ses moyens, et ses motifs, 4 gros vol. in-12. 10 »
— Le même, 4 vol. in-8. 20 »

Pouplard (le R. P.). Un mot sur les Visions, 1 vol. in-12. 1 »

Poujoulat. Les Folies de ce temps en matière de religion, 1 vol. in-8. 3 »

Preveraud. L'Eglise et le peuple, Etudes sur la liberté, l'égalité et la propriété, 1 vol. in-12. 2 »

Prières à Notre-Dame de Lourdes. 0 10

Razzi (Silvano). Méditations sur les litanies de N.-D. de Lorette, traduit de l'italien, 1 vol. in-12. 1 50

Redon. Echos de l'enseignement laïque, in-12. 2 »

Reibecq (F. de). Les projets de lois sur l'enseignement primaire, in-8. 0 60

Reinhard de Liechty (Abbé). Albert-le-Grand et Saint-Thomas d'Aquin, in-12. 3 »

Recueil de divers exercices de dévotion aux Sacrés Cœurs de Jésus et de Marie, par un Père de la Compagnie de Jésus, 1 vol. in-12. 1 25

Reymaud (le P.). La Morale du Christ, 1 vol. in-12. 1 »

Reulet (Abbé). Un Inconnu célèbre. Recherches sur Raymond de Sebonde, 1 vol. in-12. 2 »

Rondelet. Philosophie des sciences sociales, 1 vol. in-12. 2 »

Rupert. Que penser et que faire ? 1 vol. in-12. 2 »

Saillard (Abbé). Les Fêtes de la sainte Vierge, in-18. 2 »

Saint Jean Chrysostome. Panégyrique de saint Ignace d'Antioche et des saints Juventin et Maximin, avec traduction et analyse, par le R. P. Broeckaert. in-8°. 1 »

Saint-Jure (le P.). De la connaissance et de l'amour de N.-S.J.-C., 4 vol. in-12. 10 »

Saint-Genix (de). Histoire de Savoie, 3 gros vol. in-12. 12 »

Sainte-Marie. Un Siècle de révolutions en France, in-12. 3 »

Sales (Saint François de). Directions spirituelles recueillies et mises en ordre par l'abbé H. Chaumont. Avec une préface générale par Mgr de Ségur, et une lettre de Mgr Mermillod, 8 vol. in-18. (*Edition de propagande.*)

    1° Des Fins dernières. 0 75
    2° Traité de la Confession. 0 75
    3° Traité de l'Eucharistie. 0 75
    4° Mois de saint François de Sales. 0 75
    5° Traité de la Croix. 1 25
    6° De l'Oraison. 1 50
    7° La Souffrance. 0 75
    8° Des Tentations. 0 75

— Les larmes du veuvage, essuyées par saint Françoi de Sales, in-18. 1 »
— Le Pape, avec une introduction du Cardinal Mermillod, in-18. 1 »

Sallouy. La Papauté et le rôle politique des temps modernes, 1 vol. in-12. 2 »

Sauvé (Mgr). Questions religieuses et sociales de notre temps, 1 vol. in-12. 4 »

— L'Encyclique aux catholiques de France, objections et réponses, in-12. 1 50
— Qu'est-ce qu'un nonce, in-18. 0 30

Servais-Dirks. Fleurs du tiers-ordre séraphique, in-12. 2 25

Semigon. Coup d'œil sur la génération des erreurs sociales et religieuses, ou négation de la hiérarchie divine dans les sociétés domestiques, civiques et religieuses, in-12 de 200 pages. 1 »
— Etudes sur le pouvoir dans la société et les formes sociales, in-8. 2 »
— La liberté, in-18. 0 50

Smieders. Petite sœur des Pauvres, in-12. 2 »

Stanislas (R. P.). Quelques sermons, in-8. 2 »

Tardi (L.). *Moine augustin*. Vie de Ste Claire de la Croix, in-12. 3 »

Terrier de Loray (Marquis). Jean de Vienne, amiral de France, 1341-1396, in-8. 6 »

Teysseyre (Abbé). Histoire d'un Héros ou vie de Mgr Galibert, évêque d'Eno, in-12. 3 »

Thérem (Abbé). Etudes sociales, in-12. 3 50

Thomin (L.). Le Fond de l'Abîme, 1 vol. in-12. 2 »
— Les Chevaliers de la Dynamite, 1 vol. in-12. 2 »
— Le Fantôme de l'Abbaye, 1 vol. in-12. 2 »
— La Route de la Sibérie, 1 vol. in-12. 2 »
— Le Carnet sanglant, 1 vol. in-12. 2 »

Thomain (L). La Bombe nihiliste, 1 vol. in-12.   2 »
— Le Secret fatal, 1 vol. in-12.   3 »
— Le Poignard du Vésuve, 1 vol. in-12.   3 »

Tondini (le P.). Etude sur la question religieuse de Russie, La Primauté de St-Pierre, 1 vol. gr. in-8°.   2 50

Valson. Les Savants illustres du xvi° et xvii° siècle. 2 vol. in-12.   6 »

Vattier (Mme). Martine, histoire d'une sœur aînée, in-12.   3 »
— Six Orphelins, *seconde partie de Martine*, in-12.   3 »
— L'Ami de la jeunesse, in-12.   1 25
— La Vie en pleine air, lectures et récits champêtres, beau vol in-12, illustré d'un grand nombre de gravures.   3 »

Vaubert (le P.). Traité de la Communion, ou conduite pour communier saintement. 1 vol. in-18.   2 »

Vaudon (J.). Par Monts et Par Vaux, in-12.   3 »

Verhaege. Saint Joseph protecteur de l'Eglise, 2° édition, 1 vol. in-12.   3 »

Véritable petit Albert ou le Trésor du peuple, in-12.   1 »

Vie de Mgr Peyramale, in-12.   0 50

Vie d'un Frère Prêcheur expulsé, le R. P. C. Goulesque, in-12.   2 »

Vie de saint Louis, in-12.   1 50

Villefranche. Histoire de dix-neuf martyrs de Gorcum exécutés en Hollande, 1 vol. in-18.   0 60
— Les Martyrs du Japon, 7° édition, 1 vol. in-18.   0 50

Veuillot (Eugène). Critiques et croquis, in-12.   3 50

Voyages et Découvertes géographiques. Collection publiée sous la direction de MM. Cortambert et de Bizemont, in-18.   1 »
    1° Barbier, A travers le Sahara.
    2° Bizemont (H. de). Amérique centrale et Panama.
    3° Bizemont (H. de). Indo-Chine.
    4° Castonnet des Fosses. Madagascar.
    5° Champion (Paul). Le Canada.
    6° Charmetant. D'Alger à Zanzibar.
    7° Delavaud. L'Australie.
    8° Gaffarel. Nunez de Balboa.
    9° Girard (J.). Les côtes de France.
    10° Tournafond. La Corée.

Vuillaume. La Sainte maison de Lorette, preuves authentiques du Miracle et de la translation, in-12.   1 »

Paris. — Imp. Téqui, 92, rue de Vaugirard.

www.ingramcontent.com/pod-product-compliance
Lightning Source LLC
Chambersburg PA
CBHW050317240426
43673CB00042B/1444